밀알 아카데미 08

이환진 교수의 구약 강의

구약성서 속에서 노닐다

이환진 지음

신앙과지성사

아버지 이순 교장선생님과 어머니 송숙의 권사님께

이 책을 바칩니다.

머리말

이 책은 구약성서에 대해서 그 동안 써왔던 글을 모은 책입니다. 물론 모두 발표했던 글은 아니고 필요한 부분은 글을 써서 보충한 것입니다. 특히 구약의 배경을 이루는 앞부분은 새로 쓴 부분입니다. 구약성서를 읽는 분들에게 조금이나마 도움이 되도록 쉽게 쓰려고 노력하였습니다.

이 책은 3부로 나뉘어 있습니다. 제1부는 "성경 뒤에서"로, 제2부는 "성경 속으로" 그리고 제3부는 "성경 앞에서"라는 제목을 붙여보았습니다. "성경 뒤에서"는 구약의 배경에 대한 이야기이고, "성경 속으로"는 구약 각 책을 이렇게 읽어볼 수도 있다고 나름대로 풀이해 본 것입니다. 그리고 "성경 앞에서"는 특히 유대인들이 성경을 어떻게 읽어 왔는가 하는 점을 살펴본 부분입니다. 유대인들이 남긴 문헌 가운데 성경 주석인 여러 미드라쉬의 성경 읽기는 어떤 것이 있으며, 『조하르』라는 기원후 13세기경의 유대교 신비주의 작품은 구약성경을 어떻게 읽고 있는가 살펴본 부분입니다.

성서를 역사적 배경에서 읽어보려 한 지난 200년간의 비평 방식을 우리는 역사비평이라고 부르는데요, 요즘은 성경의 배경도 중요시하지만 오늘날 우리에게 어떤 의미가 있을까에 관심을 더 기울이고 읽는 방식이 많아졌습니다. 이런 방식을 문예비평이라고 합니다. 따라서 제3부 "성경 앞에서"는 이러한 문예비평 방식으로 성경을 읽는 분들에게 약간이나마 도움이 되리라 생각합니다. 유대인들은 일찍이 자신의 상황 속에서 성경을 읽어왔으니까요. 물론 신약성서의 구약 읽기도 같은 맥락에서 이해할 수 있습니다.

제1부 "성경 뒤에서"는 구약의 배경에 대한 이야기입니다. 우선 우리가 성경을 쉽게 접할 수 있는 것은 성경이 우리말로 번역되었기 때문인데요, 시기적

으로 먼저 나온 한글성경 순서대로 설명하지는 않았습니다. 다만 성경 번역상에 잘 알려지지 않은 이야기를 해보려고 노력했습니다. 그리고 한글성경의 용어에 많은 영향을 미친 두 한문성경을 곁들여 설명하였습니다. 곧 1854년에 나온 『대표본』이라는 성경과 『쉐레쉐브스키 쉬운 문리역』(1902)이라는 성경입니다. 『대표본』은 우리말 성경 각 책의 이름이나 교회에서만 사용하는 용어에 많은 영향을 미쳤구요, 『쉐레쉐브스키 쉬운 문리역』이라는 성경은 우리가 지금도 예배용으로 사용하고 있는 『개역』 성경 용어의 약 50-60%쯤 영향을 미친 성경입니다.

그리고 다음으로는 가장 오래전에 구약성경을 베끼고 보존했던 쿰란 사람들이 가지고 있던 성경은 어떤 것이 있었는지 살펴보았습니다. 이분들의 노력 때문에 우리는 가장 오래된 성경 사본을 읽을 수 있게 되었죠. 또 성경 사본에는 여러 전통이 있다는 것도 알게 되었습니다. 곧 본문의 다양성을 알려준 고마운 분들입니다.

다음 고대어 번역 성경에서는 일찍부터 성경이 번역되어 읽혀졌다는 사실과 함께 우리가 지금 읽고 있는 성경의 배열이 신앙 전통에 따라 다르다는 것도 알게 될 것입니다. 그리스어 칠십인역과 시리아어 페쉬타역 그리고 아람어 타르굼을 간략하게 소개하였습니다.

그리고 고대 중동 문학 부분에서는 구약성서의 배경이 되는 여러 문헌들을 소개해 보았습니다. 특히 1929년에 시리아의 지중해 해변 라스 샤므라라는 곳에서 발견되기 시작하여 지금도 발굴하면서 여전히 연구하고 있는 우가릿 문학은 언어 면에서 구약성서와 약 60-70%가 같기 때문에 구약을 읽을 때는 반드시 한 번은 읽어보아야 할 문학입니다. 특히 『바알』이라는 문학에는 구약과 똑같은 표현이 많이 나오기에 집중적으로 설명하였습니다. 또한 메소포타미아 문학에서는 주로 아카드어가 모국어였던 그들의 신화를 집중적으로 소개했는데요, 가장 대표적인 신화라 할 수 있는 『아트라하시스』와 『길가메쉬』와 『내려가는 이쉬타르』 그리고 바빌론 창조 이야기인 『에누마 엘리쉬』를 구약과 함께 소개했습니다. 그들의 세계관과 성서 신앙인들의 세계관이 같기 때문입니다. 이집트 문학에서는 그들의 죽음에 대해 아주 간략하게 말해 보았습니다. 그리고 북서방 셈어 문학에서는 단 새김글, 쿤틸렛 아주르드, 케테프 힌놈 새김글, 데이르 알라 새김글 그리고 이집트 아스완 댐 부근에서 발견된 엘레판틴 파피루스를 간결하게 설명하였습니다. 따라서 이들의 문학작품을 구약과 함께 읽어보면 모호한 구약의 표현이 좀 더 잘 이해가 될 수 있으리라 생각합니다.

제2부 "성경 속으로"는 구약의 원어인 히브리어성경의 순서를 따랐습니다. 모든 책을 다 다루지는 못했습니다. 먼저 구약의 앞 다섯 권의 책은 "토라"라는 제목으로 묶어 나름대로 설명해 보았습니다. 창세기에서는 인간이 하느님의 모습으로 창조되었다는 것은 포로기 신앙인들의 인권선언이라고 말하면서 남자와 여자가 동등한 모습이라는 점을 말하려고 했구요, 출애굽기는 이스라엘의 탄생 이야기로 하느님의 이름은 그들에게 무슨 의미가 있는지를 살펴보았습니다. 레위기는 성과 속의 구분이 그들에게 어떤 의미가 있으며 어떤 역사적 배경에서 나온 것인지를 설명해 보고자 했습니다. 민수기에서는 사제 축복문(6:24-26)을 중심으로 하느님의 얼굴이라는 메타포에 대해서 역사적으로 살펴보았습니다. 신명기는 "온 맘과 온 몸과 온 힘으로"라는 표현이 들어 있는 쉐마(6:4)를 "심"(心)과 "성"(誠)이라는 『중용』의 개념과 함께 읽어 보았습니다.

두 번째로는 "예언서"라는 제목으로 신명기 역사가들의 신학을 열왕기상하를 중심으로 살펴보고 이어서 대 예언자인 이사야와 예레미야와 에스겔을 설명해 보았습니다. 특히 이사야는 14장에 나오는 스올 신탁이 제국주의를 비판하는 기능을 하였다는 점을 살펴보았구요, 이어서 19장을 다룬 글에서는 이사야를 국제질서의 평화 지킴이라는 이름으로 부르면서 제국주의와 피식민지 국가인 이스라엘 간의 평화를 이사야가 모색하였다는 관점에서 설명해 보았습니다. 이어지는 예레미야와 에스겔 부분에서는 예레미야를 하느님께 대들며 반창조와 창조를 꿈꾸는 예언자로, 에스겔은 포로기를 살면서 새로운 창조를 꿈꾸는 환상의 예언자로 읽어보았습니다. 그리고 12 소 예언서 가운데에서는 호세아가 가장 이른 시기에 씌어진 가장 대표적인 책으로 보고 이 책만 설명하였습니다. 호세아는 소명 때문에 불행한 가정생활을 한 예언자지만 그 결혼을 통하여 동시에 야훼신앙을 확립하고자 노력한 예언자이죠.

그리고 이어지는 세 번째 "성문서" 부분에서는 시편과 잠언과 욥 그리고 다섯 두루마리를 읽어보았습니다. 시편에서는 시편 시인들이 말하는 인간이 죄인이면서 동시에 의인이라는 점 그리고 신앙은 끊임없이 어두운 질곡 속에서도 노래를 부르는 일이라는 것을 말하고자 했습니다. 잠언의 경우 "지혜"와 "야훼 경외"를 수련이라는 관점으로 읽어보고자 했습니다. 곧 "수련"이 "성화"와 같은 것이고 그 구체적인 실천은 "인의"(체다카) 곧 "나눔"으로 표현될 수 있다고 생각해 보기도 했습니다. 욥은 특히 박틴의 다성론(polyphony) 이론에 입각하여 욥과 세 친구 또는 네 친구 가운데 누가 옳은가를 살펴보았습니다. 그리고 다섯 두루마리에서는 룻, 아가, 전도서, 애가, 에스더를 성경 공부할 수 있는 방식으로 꾸며보았는데요, 토라의 다섯 권에 짝을 맞추기 위해 이렇게 구성해 보았습니다.

제3부 "성경 앞에서"는 앞서 말씀드린 대로 오늘날 문예비평의 입장과 맞물리는 상황적 읽기가 유대인들의 전통적인 성경 읽기라는 점을 설명하고자 했습니다. 유대인들의 성경주석인 미드라쉬와 유대 신비주의의 출발점인 모세스 데 레온의 『조하르』가 구약을 어떻게 해석하는지 살펴보았습니다.

이렇게 "성경 뒤에서"는 역사비평 방식의 성경 읽기이고, "성경 앞에서"는 문예비평 방식의 성경 읽기이며, "성경 속으로"는 이 두 방식을 모두 아울러 성경을 이렇게 읽어볼 수도 있다는 가능성을 그저 제시해본 것이 본 책입니다. 글 모음이기 때문에 앞뒤가 잘 안 맞는다 해도 읽어보시고 많은 충고의 말씀을 부탁드립니다. 그리고 이 책을 내주신 신앙과지성사의 최병천 대표님께도 깊이 감사합니다.

2011년 여름 독박골에서

이환진

차례

제1부

성경 뒤에서

“성경 뒤에서”는 성경의 배경을 가리키는 말입니다. 제3부의 “성경 앞에서”와 짝을 이룹니다. “성경 뒤에서” 성경을 읽어본 것이라는 뜻입니다. 성경에 대한 역사적인 관심이라고 말할 수 있습니다. 이러한 성경 읽기 방식을 역사비평이라고 부릅니다.

먼저 우리가 지금 손쉽게 읽을 수 있는 우리말 성경이 어떻게 우리 손에까지 다다르게 되었을까요? 중요한 한글성경으로는 최초의 한글 신약 『예수셩교젼셔』(1887) 그리고 최초의 한글 완역 성경인 『구역』(1911) 그리고 이 성경을 개정한 『개역』(1938)이 있습니다. 이 『개역』은 『개역 한글판』(1961)과 『개역 개정판』(2004)이라는 이름으로 약간 고쳐 지금껏 우리나라 개신교회에서 사용하고 있지요. 이들 성경은 주로 외국 선교사들과 한국인 번역가들이 함께 낸 것이지만 해방 이후에는 한국인 번역가들이 『공동번역』(1977)과 『새번역』(2004)과 같이 아름다운 우리말로 성경을 펴냅니다. 이들 성경을 공인역 성경이라고 합니다. 그런데 이들 한글성경에 깊은 영향을 미친 한문성경으로는 『대표본』(1854)과 『쉐레쉐브스키 쉬운 문리역』(1902)이 있습니다. 이들 두 성경이 『개역』과 이후에 나온 교정본에 미친 영향은 약 60-70%라고 할 수 있어요. 2000년대에 들어서는 한글성경이 봇물을 이루는 시대가 되었습니다. 한국 가톨릭교회는 개신교회와 함께 펴낸 『공동번역』(1977)을 사용하다가 2005년에 자체적으로 『성경』을 펴내어 사용하고 있습니다. 『가톨릭 성경』이라고도 부릅니다. 한국 개신교회는 『현대어 성경』(1991)과 『쉬운 성경』(2005)을 위시한 다섯 권의 한글성경을 펴내기도 합니다. 물론 이러한 한글성경은 『구약 공부』(1893)에서 시작하여 『시편 촬요』(1898)와 『게일-이원모역』(1925)의 전통을 잇는 개인역 성경입니다.

그런데 이들 한글성경이 있기 이전에 구약의 원어인 히브리어 본문은 어떻게 우리에게 전달되었을까요? 토라 공동체, 할라카 공동체, 묵시 공동체, 지혜 공동체로 성격 지을 수 있는 쿰란 사람들이 히브리어성경을 사랑하여 열심히 공부하고 베낀 사람들입니다. 이들이 남긴 성경 가운데 가장 완벽하고 긴 두루마리는 "성 마가 수도원 이사야 두루마리"(1QIs[a])인데요, 지금 우리가 가지고 있는 "마소라 본문"과 같기도 하고 많은 부분에서 다르기도 합니다. "원 마소라 본문 군"과 "원 칠십인역 본문 군"과 "원 사마리아 오경 본문 군" 그리고 "쿰란 공동체 본문 군"을 우리는 이들이 남긴 여러 성경 두루마리를 통해서 확인할 수 있습니다. 이렇게 쿰란 공동체가 남긴 약 200여 개의 성경 두루마리는 본문의 다양성을 증명합니다. 또한 본문 전승 과정에서 여러 공동체가 여러 본문을 보존해 왔다는 사실도 알 수 있습니다.

그런데 이런 히브리어성경은 어떤 배경에서 탄생했을까요? 주로 시리아-메소포타미아 문화권입니다. 물론 이집트 문화도 빼놓을 수 없지요. 시리아 문화권을 대표하는 것으로는 우가릿 문학이 있습니다. 이 가운데에서 가장 유명한 것은 『바알』이구요. 특히 "신들의 싸움"(theomachy) 주제가 이 신화의 특징입니다. 성경 전체에 이 모티브는 메아리칩니다. 메소포타미아 문학으로 대표적인 것으로는 『아트라하시스』와 『에누마 엘리쉬』와 같은 창조 신화 그리고 죽음의 문제를 다루는 『길가메쉬』와 『내려가는 이쉬타르』가 있습니다. 이들 문학을 통하여 세계와 인생을 어떻게 생각하였는지 알 수 있는데요, 이들의 인생관과 세계관은 성경 속의 신앙인들과 별반 다르지 않습니다. 성경 속의 신앙인들이 바로 시리아-메소포타미아 문화권에서 살았기 때문입니다. 그런데 이들의 세계관은 인류 최초의 문명인 수메르 문화에서 비롯되었습니다. 따라서 수메르인들의 생각과 세계관은 성경 속에 그대로 들어와 있다고 생각해도 별 무리가 없습니다. 다르다면 주변의 문화권 사람들은 다신론 신앙(polytheism)을 가지고 있었던 데 비해 고대 이스라엘의 신앙인들은 유일신 신앙(mono-theism)을 가지고 있었다는 것뿐입니다.

또한 좀 더 가까이는 북서방 셈어 문학을 말하지 않을 수 없습니다. 북서방 셈어란 히브리어와 매우 가까운 언어라고 말할 수 있죠. 아람어나 페니키아어 그리고 데이르 알라어 같은 언어를 북서방 셈어라고 하는데요, 이들 언어와 히브리어가 가까운 정도는 우리말로 비교하자면 서울말과 경상도 말이나 제주도 말 만큼이나 가까운 언어입니다. 따라서 이렇게 가까운 언어를 사용하던 여러 민족들이 남긴 문학은 주로 짧은 새김글이지만 구약의 배경을 이해하는 데 없어서는 안 될 문학 작품입니다. 아람어로 기록된 단 새김글에는 "다윗 가문"이라는 표현이 나와서 다윗 왕가의 역사적 실제성을 증명하고 있구요. 히브리어로 기록된 쿤틸렛 아주르드 새김글에는 "야훼와 그의 아세라"라는 표현이 나와서 고대 이스라엘 사람들이 야훼 하느님뿐만 아니라 여신 아세라도 함께 섬겼다는 충격적인 사실을 증언하고 있습니다. 또한 히브리어로 기록된 케테프 힌놈 새김글은 최초의 성경 본문이 들어 있는 새김글입니다. 민수기(6:24-28)의 사제 축복이 들어 있는 부적이죠. 또 길르앗어라고도 부르는 언어로 기록된 데이르 알라 새김글에는 "브올의 아들 발람"이라는 표현이 나와 발람이 당시 유명한 이방 예언자라는 사실을 알 수 있구요. 아람어로 기록된 엘레판틴 파피루스를 통해서는 잠언과 내용이 무척 비슷한 『아히카르 이야기』를 읽어볼 수 있습니다. 따라서 성서의 잠언은 신앙의 지침서로도 유용하지만 고대 중동의 지혜 문학의 보고라고도 말할 수 있습니다.

1. 한글성경

우리가 지금 읽고 있는 성경은 한글로 되어 있는 성경입니다. 한글로 옮긴 성경이 없다면 우리는 성경 속에서 말씀하시는 예수님의 말씀, 하느님의 말씀, 선지자들의 말씀을 알 수 없을 것입니다. 이만큼 성경이 우리말로 되어 있기에 우리는 편하게 성경을 읽고 있습니다.

그렇다면 우리말 성경은 언제 처음 나왔을까요? 지금부터 약 100여 년 전입니다. 우리나라에 그리스도교가 들어온 지는 약 200년이 넘었지만 우리글로 성경을 읽은 역사는 이렇게 백년 남짓합니다. 마침 올해 2011년은 우리말로 된 성경전서가 나온 지 꼭 백년이 되는 해입니다. 여기서 성경전서라는 말은 구약과 신약이 모두 들어 있는 성경을 말합니다. 우리는 이 성경을 『구역』성경이라고 부릅니다. "옛 번역"이라는 뜻이죠. 그러니까 우리가 우리말로 되어 있는 성경을 마음 놓고 읽을 수 있게 된 지 백년이 되었다는 말입니다.

이렇게 마음 놓고 우리말로 읽을 수 있는 성경은 이제 백 살이 되었습니다만 이렇게 읽을 수 있도록 노력한 선배 신앙인들의 노력을 우리는 잊어서는 안 될 것입니다. 그리스도교가 우리 땅에 들어온 지 이백년이 넘었다는 말은 가톨릭교회를 가리키는 말입니다. 우리 개신교회의 성경은 처음 가톨릭교회의 노력에 빚진 것이 많습니다. 이 점은 나중에 더 말씀드리기로 하겠습니다.

1)『예수셩교젼셔』(1887)

예수셩교젼셔 (미국성서공회 성서 도서관)

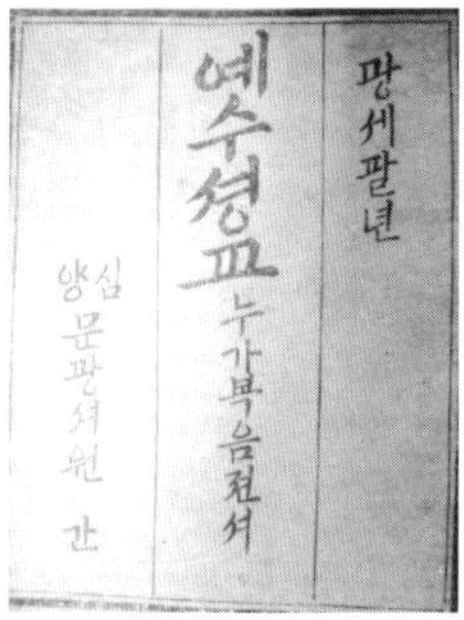

예수셩교젼셔 누가복음

그럼 우리말로 된 첫 성경은 어떤 책일까요?『예수셩교젼셔』라는 신약성경입니다. 1887년에 나왔습니다. 우리나라에서 나온 것이 아닙니다. 중국 만주에서 나왔습니다. 심양(센양)이란 곳에서 동관교회를 처음으로 세우신 존 로스(John Ross) 목사님의 노력으로 나온 책입니다. 이분은 영국 스코틀랜드연합장로교회 소속 중국 선교사였는데요, 중국 선교사였지만 당시 조선인들에게 복음을 전해야겠다는 일념으로 고려문이라는 곳에서 의주 청년인 김진기, 백홍준, 서상륜과 같은 30대 청년들을 만나 한글을 배우고 함께 성경을 번역했습니다. 우선 1883년에 누가복음을 번역하여 펴냈구요. 이후로 다른 책을 펴내다가 1887년에『예수셩교젼셔』를 펴낸 것이죠.

이 신약성경은 여러 가지로 뜻 깊은 책입니다. 순 한글로 인쇄한 성경이구요. 또 당시 의주 청년들이 함께 번역하여 펴낸 성경이기 때문에 평안도 말이 많이 들어 있는 성경입니다. 마태복음(6:9-13)에 들어 있는 주기도문을 읽어보면 이렇습니다.

우리 하날에 게신 아바님
아바님의 일홈이 셩ᄒᆞ시며
아바님 나라이 님ᄒᆞ시며
아바님 ᄠᅳᆺ이 ᄯᅡᆼ에 일우기를

하날에 힝ᄒᆞ심 갓치 ᄒᆞ시며
쓰ᄂᆞᆫ바 음식을 날마당 우리ᄅᆞᆯ 주시며
사ᄅᆞᆷ의 빗샤함 갓치 우리 빗ᄋᆞᆯ 샤ᄒᆞ시며
우리로 시험에 드지 안케 ᄒᆞ시며
오직 우리ᄅᆞᆯ 악에 구완ᄒᆞ여 ᄂᆡ소셔

재미있지 않나요? 주님께서 가르쳐 주신 이 기도를 우리를 주기도문이라고 부르죠. 이 기도는 "아버지"를 "아바님"으로 부르고 "날마다"를 "날마당"이라고 하죠. 또 "하늘"은 "하날"이라고 하고 "이름"을 "일흠"이라고 합니다. 지금은 "일용할 양식을 주시며"를 "쓰는 바 음식을 주시며"라고 기도합니다. 또 약간 어려운 말도 들어 있는데요, "성하시며"는 "거룩하게 하시며"라는 한자말 표현이죠. 특히 "아바님"이나 "날마당"은 당시 평안도 말입니다. 이 기도를 요즘 말로 다시 바꾸어 읽어보겠습니다.

우리 하늘에 계신 아버님
아버님의 이름이 성하시며
아버님 나라가 임하시며
아버님 뜻이 땅에서 이루기를
하늘에 행하심 같이 하시며
쓰는 바 음식을 날마다 우리를 주시며
사람의 빚 사함 같이
우리 빚을 사하시며
우리로 시험에 들지 않게 하시며
오직 우리를 악에 구원하여 내소서

이렇게 되어 있는 성경이 『예수셩교젼셔』입니다. 재미난 점은 이 성경이 빌라도를 "사또"로 부른다는 점입니다. 우리는 지금 그를 총독이라고 부릅니다. 그런데 왜 『예수셩교젼셔』는 빌라도 사또라고 부를까요? 총독은 일본 강점기 이후에 생겨난 말이기 때문이죠. 아직 일본 강점기가 아닌 당시에는 고을을 다스리는 이를 사또라고 불렀기 때문에 이렇게 부른 것이죠. 그리고 이 성경은 "바늘 귀"라는 말을 사용합니다. 당연한 것이 아니냐고 묻는 분이 계실 줄 압니다. 우리말이니까 당연합니다. 그러나 신약 희랍어 원문성경에는 이 말이 "바늘 눈"으로 되어 있어요. 그것을 우리말에 맞게 "바늘 귀"로 부릅니다. 달리 말하자면 우리말에 맞게 옮겼다는 얘기입니다. 이런 것이 또 하나 있습니다. "목욕재계"라는 말입니다. 우리 조상님들은 중요한 일이 있으면 목욕재계하고 치성을 드렸습니다. 중요한 신앙의 모습입니다. 그런데 『예수셩교젼서』는 금식하라는 말이 나올 때 "목욕재계"하라고 읽었습니다. 당시에는 금식한다는 것이 무척 어려운 일이었습니다. 날마다 밥 먹듯 굶고 있는 분들에게 금식하라는 것은 너무 가혹한 얘기이죠. 그래서 금식한다는 것이 신앙의 표현이라는 점을 착안하여 우리 조상님들이 대대로 해오던 목욕재계 관습을 머리에 떠올리고는 이렇게 바꾸어 읽은 것입니다. 이렇게 놓고 보면 성경을 옮기는 일은 새로운 창조라는 것을 알 수 있습니다.

이 성경이 중요한 점이 또 하나 있습니다. 우리가 지금 편하게 그분을 "하나님"이라고 부르고 있지 않나요? 그런데 "하나님"이라는 말이 바로 이 성경에서 비롯된 것이죠. 처음 나온 누가복음에서는 "하느님"으로 적었어요. 그러다가 신약 전체가 나올 때 "하나님"으로 바꾸어 적은 것이죠. 그런데 이렇게 한 것은 다 이유가 있습니다. 이 책을 처음 생각하고 우리말로 옮기는 작업을 지휘했던 존 로스 목사님은 왜 이 성경에서 그분을 "하나님"으로 적었는가 설명한 글이 있습니다. "한글 신약성경"(Corean New Testament)이라는 글인데요, 1883년에 영어로 쓴 글입니다. 여기서 로스 목사님은 이렇게 말합니다. 조선인들이 가장 오래도록 숭배해온 대상은 하늘이라는 것이죠. 곧 하늘을 조선인들은 오래도록 그것도 마치 살아있는 분으로 생각하여 숭배해 왔으므로 "하늘"이라는 말에 "님" 자를 붙여서 만든 말이라고 했습니다. 위의 주기도문에서도 볼 수 있듯이 "우리 하날에 게신 아바님"이라고 하지 않습니까? 이렇게 "하날"이라는 말에 "님" 자를 붙여서 "하날님" 하고 부른 것이죠. 이렇게 부르기가 불편하니까 "하나님"이라고 한 것입니다. 그런데 우리는 지금 "하늘"이라고 흔히 부르죠. 그러니까 "하늘님" 하고 부를 수도 있는 것을 "하느님"으로 부르고 있기도 하지요. 한국 개신교회와 가톨릭교회가 처음으로 함께 펴낸 『공동번역』(1977)이라는 성경은 이렇게 우리가 섬기는 그분을 "하느님"으로 적고 있어요. 이렇게 놓고 보면 "하나님"과 "하느님"은 같은 말이라는 것을 알 수 있어요.

소리의 차이가 있을 뿐이죠. 물론 한 분뿐이신 그분을 이렇게 부르는 것이 당연하다고 생각하시는 분도 있을 줄 압니다. 실제로 100여 년 전 외국인 선교사들은 그렇게 의미부여를 하고 그렇게 부르자고 주장하기도 했어요. 그런데 이렇게 소리의 차이로 부르는 그분의 호칭을 우리는 때때로 오해하기도 합니다. 그리고 "하느님"이라고 부르면 큰일나는 것처럼 말씀하시는 분도 있어요. 이러한 사정을 알면 그렇게 말씀할 수 없을 겁니다.

이렇게 "하나님"이라는 호칭이 "하늘"을 높이 부르는 말이라는 것은 존 로스 목사님만 얘기하지 않았습니다. 우리가 지금 예배용으로 사용하고 있는 『개역』 성경도 마찬가지입니다. 『개역』성경이 처음 나온 때는 1938년입니다. 지금부터 약 70여 년 전의 일이죠. 우리 개신교회가 지금 읽고 있는 이 성경은 자세히 살펴보면 『개역 한글판』이라는 이름이 붙어있고 또 『개역 개정판』이라는 이름이 붙어있기도 합니다. 이 『개역 한글판』은 1961년에 나온 것이구요. 『개정 개정판』은 2004년에 나온 것입니다. "개역"이라는 이름이 둘 다 붙어 있는 것은 우리가 지금 보고 있는 성경이 바로 『개역』을 약간 고친 것이라는 뜻이죠. 그런데 이 『개역』을 만들어낸 분은 여러분이 계시지만 이원모 장로라는 분과 알렉산더 피터스(Alexander A. Pieters) 목사라는 선교사였습니다. 물론 레널즈 목사님도 함께 작업을 하셨지만 주로 앞의 두 분이 10여 년 동안 작업을 하셨어요. 특히 피터스 목사님은 우리말 이름이 피득(彼得)인데 이분도 "구약 개정에 대한 노트"(Notes on Old Testament Revision)라는 1940년의 글에서 개역성경이 "하나님"으로 표기하는 것은 "하늘"에 "님"자를 붙여 이렇게 한 것이라고 분명히 말하고 있거든요. 이렇게 초기 우리말 성경에 그분을 "하나님"으로 적은 것은 분명히 "하늘"(天)이라는 개념을 높여 그렇게 붙인 것입니다. 하나라는 말이 한 분뿐이기 때문이라고 말하는 것은 신학적 해석입니다. 우리말은 숫자에 "님"자를 붙이지 않습니다. 만약 이렇게 할 수 있다면 둘님, 셋님 또는 넷님하고 불러야 할 텐데 우리는 그런 말을 쓰지 않죠. 그러니 "하느님"이라는 말을 쓴다고 해서 이단이라고 부르는 것은 좀 지나친 생각이라고 말씀드릴 수 있겠군요. 둘 다 아름다운 우리말입니다.

2) 『구역』(1900, 1911)

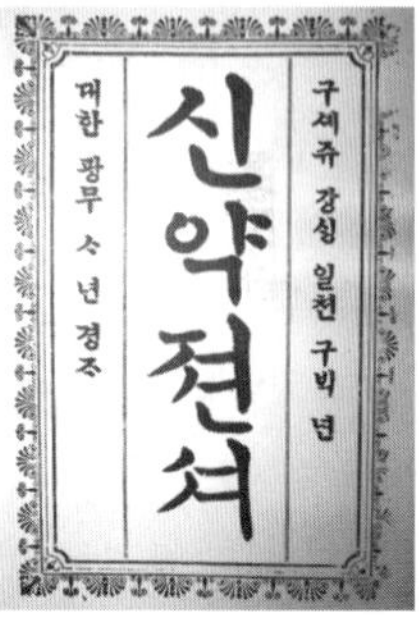

구역 신약(1900)

구역 신약(1906)

앞에서 『개역』이라는 말을 했습니다. 『개역』은 고친 번역이라는 뜻이죠. 그렇다면 『개역』은 무엇을 고친 것일까요? 그렇습니다. 그 이전에 나온 성경을 고친 것인데요, 바로 우리가 지금은 『구역』이라고 부르는 성경을 고친 것입니다. "구역"은 "옛번역"이라는 뜻입니다. 이 성경책은 1911년에 처음 구약과 신약이 다 나온 우리나라 첫 성경이라고 말씀드렸습니다. 이 성경은 당시에는 이름이 없었습니다. 그냥 『셩경젼셔』였어요. 그런데 『개역』이 나오고 나서 이름을 『구역』이라고 붙였죠.

구역 구약(1911)

그런데 이 『구역』성경은 역사가 좀 깁니다. 우선 신약이 먼저 나옵니다. 그 해가 바로 1900년입니다. 그렇지만 그 이전에 선교사들은 한국인 번역가들과 함께 낱권으로 복음서를 펴내기도 했습니다. 정동제일교회가 매주 주간지 형태로 펴낸 책이 있는데요, 「죠션 크리스도인 회보」라는 주간지입니다. 이 주간지는 몇 달 뒤에 「대한 크리스도인 회보」라는 이름으로 다시 부르기도 했습니다. 조선의 국호를 대한으로 했기 때문이라고 했습니다. 이 회보는 교회 소식과 성경공부 등을 실은 책입니다. 처음에는 4쪽으로 만들다가 나중에는 8쪽 또는 12쪽으로 펴내기도 한 이 주간지는 1897년에 처음 나오기 시작하여 1905년까지 계속 됩니다. 이 책을 보면 1900년에 신약성경이 다 완성되어 팔고 있으니 많이 사서 보시라는 기사가 이렇게 실려 있습니다. 1900년 5월 9일자 「대한 크리스도인 회보」 제4권 제19호에 실려 있는 "셩경번역"이라는 글입니다.

> "서국 목사 중에 다섯 사람을 특별히 대한 국문으로 번역하는 위원을 책정하였는데 원두우 목사와 리 목사와 시란돈 목사와 기일 목사와 아편설라 목사요 그중에

대한크리스도인 회보

THE KOREAN CHRISTIAN ADVOCATE.
Rev. H. G. Appenzeller, Editor
36 cents per annum in advance. Postage extra.
Wednesday, June, 22th, 1898.

최병헌 역 창세기가 실려 있는 대한 크리스도인 회보 (1898)

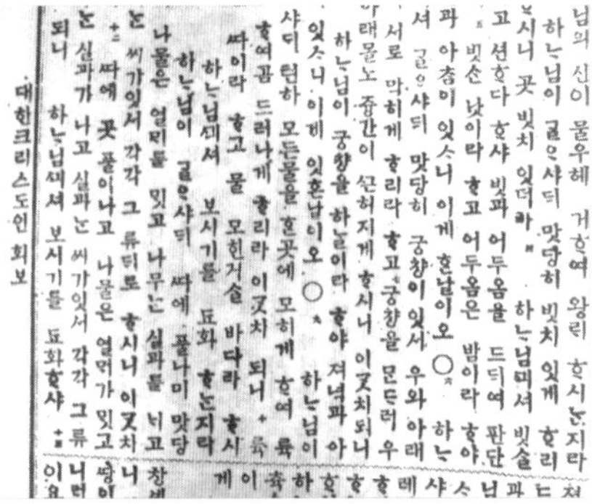
최병헌 역 창세기 (대한 크리스도인 회보, 1898)

원 목사는 회장이 되고 아 목사는 서기가 되어 신약 이십칠 권을 십년 동안에 다 번역한지라 신약 중에 마태복음은 팔년 전부터 출판하였거니와 묵시록까지 다 되기는 금년에 마쳤으니 대한 교우들에게 또한 크게 기쁜 일이더라"

요즘 표기법으로 바꾸어 읽은 것입니다. 원두우 목사는 언더우드(Underwood)를, 리 목사는 리눌서 목사 곧 레널즈(Reynolds)를, 시란돈 목사는 스크랜튼(Scranton)을, 기일 목사는 게일(Gale)을, 아편설라 목사는 아펜젤러(Appenzeller)를 각각 가리키는 우리말 이름이죠. 재미있습니다. 이렇게 처음 나온 『구역』 신약성경은 오래전부터 여러 선교사들이 한국인 번역가들과 함께 옮긴 것이죠. 불행하게도 위의 기사에는 한국인 번역가들의 이름이 나오지 않습니다만 다른 기록에 보면 최병헌, 조성규, 이창직, 정동명, 송덕조, 김명준, 홍준, 송순용 그리고 김정삼, 이승두 같은 분들이 이 작업에 함께 참여하였습니다.[1] 이 성경의 마

---

1) 「대한 크리스도인 회보」 제3권 제43호(1899년 10월 25일)에는 "셩경을 번역홈"(성경을 번역함)이라는 제목의 글에 이러한 내용이 나온다. 표기법을 고쳐 읽어보기로 한다. 이 글에는 한국인 번역가들이 세 사람 참여했다고 하나 그 이름이 나오지 않는다. 이 글 가운데 "대한 형제 중에 세 사람이 함께 앉아 말씀의 미흡한 구절을 의론하야 작정하니"라는 표현이 그것이다.
"구세주의 교를 전하는 데 성경 번역이 급한지라 그런고로 장로교회와 미이미교회에서 의론하고 특별히 다섯 사람을 택정하야 성경 번역의 사무를 맡겼는데 장로회 목사 원두우 씨와 게일 씨와 리 목사이오 미이미회 목사 시란돈 씨와 아편설라 씨라 이 다섯 분이 비단 본국 글을 잘 알 뿐 아니라 대한 방언도 잘 아는 고로 이 사무를 맡은지라 그러나 시란돈 씨 목사는 지금 대한에 없는 고로 네 분이 날마다 모여 이왕에 번역한 신약성경을 다시 교정할새 누가복음까지 마치고 또 요한복음을 시작하였으며 외국 목사들만 이 일을 보는 것이 아니라 대한 형제 중에 세 사람이 함께 앉아 말씀의 미흡한 구절을 의론하야 작정하니 생각건대 이후에 새로 출판하는

태복음 주기도문(6:9-13)을 읽어보겠습니다.

하늘에 계신 우리 아바지여
일홈의 거륵ᄒᆞ심이 나타나옵시며
나라히 림ᄒᆞ오시며
ᄯᅳᆺ이 하늘에셔처럼 ᄯᅡ헤셔도 일우여지이다
오늘날 우리의게 일용ᄒᆞᆯ 량식 주옵시고
우리 죄ᄅᆞᆯ 면ᄒᆞ여 주옵쇼셔
우리도 우리게 죄지은 사ᄅᆞᆷ을 면ᄒᆞ여 주엇ᄉᆞ옵ᄂᆞ니다
우리ᄅᆞᆯ 시험에 들지 말게 ᄒᆞ옵시고
다만 악에셔 구ᄒᆞ옵쇼셔
대개 나라와 권셰와 영광이 아바지ᄭᅴ 영원이 잇ᄉᆞ옵ᄂᆞ니다 아멘

사실 이 주기도문은 1898년에 나온 마태복음의 기도문입니다. 어떠신가요? 지금 우리가 외우고 있는 주기도문과는 비슷하기도 하고 또 사뭇 다르기도 하죠. 특히 "일홈이 거륵ᄒᆞ심이 나타나옵시며"나 "우리 죄ᄅᆞᆯ 면ᄒᆞ여 주옵쇼셔"와 같은 부분은 다릅니다. 그리고 앞에서 인용한 『예수셩교젼셔』(1887)와는 다르게 "대개 나라와 권셰와 영광이 아바지ᄭᅴ 영원이 잇ᄉᆞ옵ᄂᆞ니다 아멘"이 들어가 있어요. 지금 우리가 외우는 기도의 마지막 부분과 같지요. 표기만 다릅니다. 이렇게 어떤 고대 사본에만 들어가 있는 부분을 여기서는 넣어 읽었습니다. 우리 『개역』성경은 이 부분을 괄호 속에 집어넣었습니다. 그리고는 난하주에 "고대사본에 이 괄호 내 구절이 없음"이라고 설명했군요. 이렇게 신약성경은 우리가 지금 읽고 있는 성경과 무척 가깝습니다. 그래서 이 성경을 『개역』의 이른 형태라 해서 『구역』이라고 부릅니다. 이번에는 구약 가운데 시편 23편을 읽어보죠.

다윗의 시라
여호와ᄭᅴ셔 나의 목쟈시니 내게 부족함이 업스리로다

성경은 본 말뜻도 구비하고 대한말도 순순하야 알아보고 공부하기에 편리할 듯하더라"

나로 ᄒᆞ여곰 푸른 풀밧에 눕게 ᄒᆞ시며
잔잔ᄒᆞᆫ 물 가으로 나를 인도ᄒᆞ시도다
나의 령혼을 회복ᄒᆞ시고
ᄌᆞ긔 일홈을 위ᄒᆞ샤 공의의 길노 인도ᄒᆞ시도다
쏘ᄒᆞᆫ 내가 비록 ᄉᆞ망의 음침ᄒᆞᆫ 골짝이로 ᄃᆞᆫ닐지라도
해 밧음을 두려워ᄒᆞ지 아니ᄒᆞᆷ은
쥬씌셔 나와 ᄒᆞᆷ씌 계심이라
쥬의 막닥이와 쥬의 집힝이가 나를 안위ᄒᆞ시ᄂᆞ이다
쥬씌셔 나를 위ᄒᆞ샤 내 원슈 압헤 샹을 베프시고
기름으로 내 머리에 부으시니 나의 잔이 넘치ᄂᆞ이다
진실노 션ᄒᆞᆷ과 인ᄌᆞᄒᆞ심이 나의 사ᄂᆞᆫ 날ᄊᆞ지 나를 ᄊᆞ르리니
내가 여호와의 뎐에 영원토록 거ᄒᆞ리로다

지금 우리가 읽는 『개역』성경과 무척 닮았습니다. 별로 달라진 것이 없습니다. 『구역』성경 신약은 사실 여러 차례 고치기도 했습니다. 1906년, 1908년 그리고 1910년에 새로 고쳐 나온 것을 보면 잘 알 수 있습니다. 그런데 이 『구역』성경의 글자체는 탁사 최병헌 목사님의 글씨입니다. 이분의 글씨를 활자로 떠서 인쇄한 것이지요. 최병헌 목사님이 주필로 일한 1898년 6월 15일자 「대한 크리스도인 회보」 제2권 제24호에는 이런 글이 들어있습니다.

"한 곳에 이르니 높은 산이 있고 붉은 먹으로 썼으되 예수교 복음 회사라 하였거늘 문에 들어가니 일본사람 수십명이 대상에서 점심밥을 먹는데 그중에 한 사람이 나를 보고 뜰에 나아와 례하여 가로되 존형은 뉘시며 무슨 일로 이곳에 오시니까 오래간만에 다시 고국 의관을 뵈오니 기쁘다 하거늘 피차 반가운 마음으로 인사하고 청루에 올라가니 이는 구세주를 진실히 믿는 형제 리창식이라 또한 일본 교우와 반가이 인사하고 돌아오니라 그 이튿날부터 낮에는 국문 글자를 쓰고 밤에는 성경에 있는 글자를 유취하여 보기를 편케 하더니…"

탁사 목사님은 일본으로 이때 여행을 가서 요꼬하마에 있는 후꾸인 인쇄 출판사(the Fukuin Printing Co.)에서 이렇게 성경 활자를 뜰 한글 글자를 썼다고

기록하고 있어요. 바로 1920년대에 관동 대지진으로 이 출판사의 건물이 모두 불타고 또 성경과 인쇄기와 활판이 모두 불타 없어질 때까지 여기서 찍어낸 한글성경은 모두 탁사 최병헌 목사님의 글씨체인 것이지요.

그런데 구약은 레널즈, 김승두, 이정삼 세 분이 시간에 쫓겨 급하게 번역한 것이기에 어색한 부분이 많다고 말했어요. 그리고 또 번역 대본도 주로 영어 성경을 사용했다는 것이죠. 그래서 지금 우리가 읽고 있는 개역을 빨리 내야 한다는 의견이 많았습니다. 그렇긴 해도 이 『구역』성경은 우리나라 최초의 구신약성경전서입니다. 한국인 번역가들은 주로 한문성경 『브리지만-컬벗슨역』(1864)을 번역하고 외국인 선교사들은 주로 영어성경 『미국표준역』(American Standard Version)을 많이 참조했어요. 한문성경을 우리 한국인 번역가들이 우리말로 옮기면 선교사들은 원문성경과 함께 영어성경을 주로 참조하면서 고쳐 나가는 식으로 번역한 것이죠. 『구역』의 용어 가운데 약 50-60%는 한문성경 『브리지만-컬벗슨역』에서 오기도 하였습니다.

대한성서공회에서는 1979년에 이 『구역』의 신약의 표기법을 바꾸어 『신약전서 구역 한글판』이라는 이름으로 신약을 펴내기도 했구요. 또 2011년에는 이 『구역』의 신약을 표기법을 바꾸지 않은 채 『셩경젼셔』라는 이름으로 그대로 영인본을 펴내기도 했습니다.

3) 『개역』(1938)

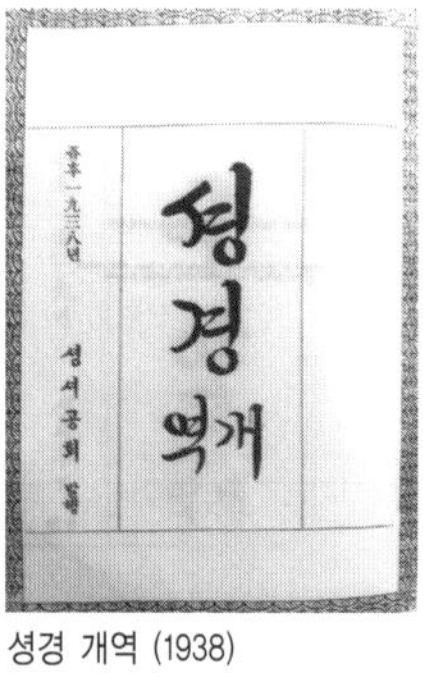

셩경 개역 (1938)

선교사들과 한국인 번역가들이 다시 모임을 만들어 『구역』성경을 고치기 시작했습니다. 그 이유는 『구역』이 너무 빨리 번역하여 나온 성경이기 때문에 문제가 많다는 생각에서였습니다. 그러나 교회일이 바쁘고 또 아프거나 안식년으로 쉬는 선교사들이 많아 진척이 그렇게 빨리 진행되지 않았습니다. 그래서 『구역』이 나온 지 20년이 다 되도록 새로운 성경이 나오지 못했어요. 그래서 히브리어에 밝은 피터스 목사와 한글과 한문에 능한 이원모 장로가 1930년대 직전에 작정하고 개역작업에 몰두했습니다. 레널즈 목사는 구역의 책임번역가였기에 자문역할만 맡아 했습니다.

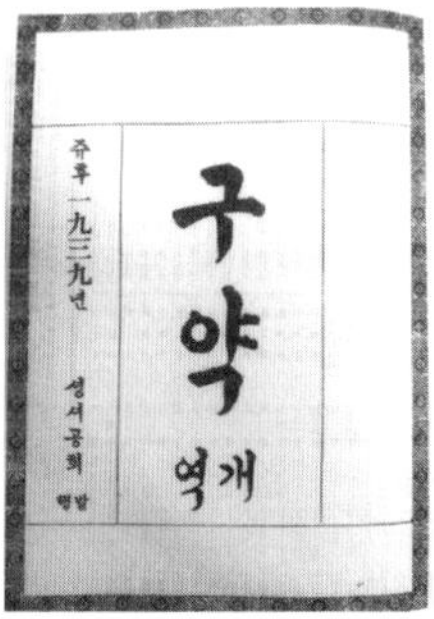

구약 개역 (1938)

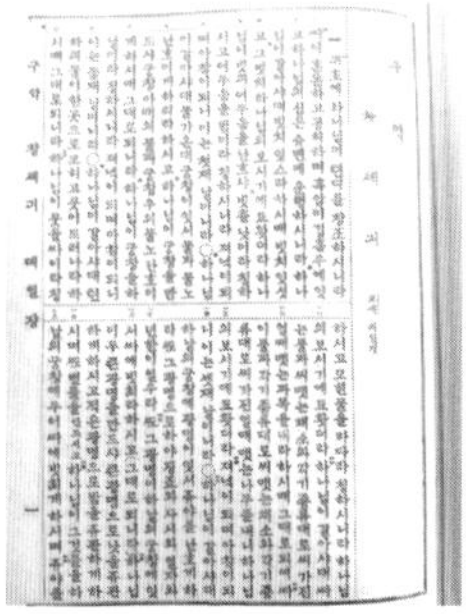

개역 창세기 제1장

그런데 북한 조선그리스도교련맹의 강양섭 목사의 증언에 따르면 레널즈 목사 곧 이눌서 목사님과 함께 짝을 이루어 한국말 작업을 하신 분이 이영태 선생이라고 합니다. 저는 이 이야기를 대한성서공회 총무를 지내셨던 민영진 목사님에게서 들었습니다. 강양섭 목사님의 증언이 사실이라면 『개역』성경은 네 분이 마무리 작업을 한 성경인데요, 피터스 목사님은 이원모 장로님과 짝을 이루고 레이놀즈 목사님은 이영태 선생과 짝을 이루어 『개역』 작업을 마무리하신 것이죠. 놀라운 사실은 이영태 선생이 바로 1980년대 초반에 북한에서 나온 성경을 번역작업하신 분이라는 사실입니다.

이영태 선생에 대한 강양섭 목사님의 말씀은 다음과 같습니다. 바로 토마스 선교사가 1800년대 중반에 우리나라 대동강에 배를 타고 처음 선교를 오셨을 때 평양 사람들은 외국 배가 허락도 없이 조선 땅에 들어왔다고 하여 그 배를 불 질렀다고 하죠. 배가 강으로 침몰하자 배에 타고 있던 사람들이 모두 배에서 뛰어내려 목숨을 건지려고 했는데요, 토마스 목사도 배에서 뛰어내려 강가로 헤엄쳐 나왔지만 사람들이 그를 죽이려고 달려들었겠죠. 토마스 목사는 자신의 목숨을 앗아간 그분에게 마지막 숨을 거두면서 한문성경을 건네면서 예수를 믿으라고 했다는 겁니다. 토마스 목사를 죽인 그분은 그 성경책을 들고 집에 돌아갔는데 나중에 그분의 아들이 그 성경책을 읽고 예수님을 믿게 되었다는 겁니다. 그런데 놀라운 일은 바로 이분의 후손이 바로 이영태 선생이라는 것이죠. 앞서 말씀드린 대로 민영진 목사님께 들은 이야기인데요, 민 목사님은 대한성서공회 부총무로 번역실 책임을 맡고 계시면서 일본에서 있었던 번역세미나에 참석하여 북한성경에 대해서 발표를 하셨다고 합니다. 그때 북한 조선그리스도교련맹의 목사님들이 함께 참석하셨는데 마침 그때 강양섭 목사님이 같이 오셨다고 하시더군요. 이때 민 목사님은 이눌서 목사님에 대해 길게 말씀하셨는데 강 목사님이 이 이야기를 듣고는 "목사님은 참 학자십니다"라는 얘기를 하시더라는 거죠. 그러면서 이영태 선생에 대해서 이렇게 말씀하시더라고 민영진 목사님이 제게 이야기해 주셨습니다. 그러니까 이영태 선생은 우리 남한의 개신교회가 예배용으로 읽고 있는 『개역』성경 번역작업뿐만 아니라 북한 그리스도교인들이 읽고 있는 북한성경 번역작업에 참여하신 훌륭한 분입니다. 놀라운 일이 아닐 수 없습니다. 이 북한성경을 민영진 목사님은 "공동번역 평양교정본"이라는 이름을 붙이기도 하셨는데요, 이 점에 대해서는 뒤에서 공동번역을 이야기할 때 또 말씀드리겠습니다.

그러면 이제 피터스 목사님에 대해서 얘기해야 하겠군요. 이분은 본디 유태계 러시아 분이었습니다. 그리스도인이 된 뒤 1890년대에 조선에 성경 권서로 파송 받아 일하기도 한 분입니다. 이때 이분은 쪽 복음을 팔러 다니면서 성경을 번역하기도 했는데요, 사실 쪽 복음을 파는 일이 그냥 값을 받지 않고 성경을 주는 일보다 비용이 더 들었습니다. 그런데 권서를 시켜 성경을 팔게 한 까닭은 그냥 주면 가치가 없다고 생각하여 버릴 것이 뻔하기 때문에 쌀 한 됫박이나 콩 얼마를 받고서라도 쪽 복음 성경을 판 것입니다. 피터스는 아직 목사가 되기 전에 우리나라에 와서 이런 일을 몇 년간 했습니다. 그러면서 우리나라 최초의 구약 단행본인 『시편촬요』(1898)를 번역하여 펴내기도 했죠. 이분은 선교사들 사이에 "언어학자"(linguist)라는 별명을 들을 정도로 정통유대인 집안에서 태어난 분으로 히브리어로 된 기도문을 외울 정도로 히브리어에 능숙한 분이었습니다. 그뿐만이 아니죠. 러시아 사람이니까 러시아말도 잘하고 독일말도 잘하고 라틴어도 잘하고 또 영어도 잘 하는 분이었어요. 그래서 이러한 그의 재능을 아까워한 선교사들이 그를 미국으로 유학을 보냅니다. 시카고에 있는 맥코믹 신학교를 들어가 수석으로 졸업합니다. 그리고는 한국으로 돌아와 선교사 일을 수 십 년 동안 수행한 분입니다. 지금도 과천 넘어가는 남태령 부근에는 이분이 개척한 교회가 여럿 있어서 그분의 훌륭한 선교사역을 기억하는 분들이 많습니다. 이러한 알렉산더 피터스 목사님이, 곧 피득 목사님이 바로 우리가 지금 읽고 있는 『개역』의 구약 책임번역가였습니다.

『개역』은 홍길동전과 똑같은 문체로 옮긴 성경입니다. 그래서 읽으면 우리 입에 쩍쩍 달라붙습니다. 그러나 어려운 말이 많습니다. 또 번역 투가 너무 많아요. "사람들이 싫어버린 바 되었으며"라는 말은 이사야(53:3)의 고난 받는 종을 말하고 있는데요, 그냥 "사람들이 싫어하며"라고 하면 될 것을 이렇게 우리말에는 잘 사용하지 않는 수동태 문장으로 되어 있습니다. 이런 문장이 『개역』

에는 무수히 많습니다. 피터스 목사는 히브리어를 직접 우리말로 옮기는 과정에서 독자들이 히브리어 원문에 익숙해지기를 바라는 마음으로 이렇게 히브리어 문장을 그대로 옮겼다고 했습니다. 또 전도서에 보면 "그 신후사를 보게 하려고"(3:22)라는 말이 나옵니다. "신후사"(身後事)는 문자 그대로는 "몸 뒤의 일"이라는 뜻인데요, 바로 "죽은 뒤의 일"이라는 뜻입니다. 어려운 말이죠. 한문성경 『쉐레쉐브스키 쉬운 문리역』(1902)에 나오는 "신후지사"(身後之事)라는 말을 그대로 따온 것이어서 그렇습니다.

또 아가 마지막 부분에는 이런 표현도 나옵니다. "너 동산에 거한 자야"라구요. "너 동산에 사는 사람아"라는 뜻이라고 짐작하실 겁니다. 그렇지만 그런 뜻이 아닙니다. "그대 동산에 사는 님이여"나 "그대 동산에 거하는 이여"라는 뜻입니다. "자" 자가 바로 "자"(子)로 표기할 수 있는 한자말인데요, 이 말은 여기서 "아들"이란 뜻이 아니라 "그대"나 "님"이라는 높임말입니다. 이렇게 우리가 지금 읽고 있는 『개역』성경은 문체 자체는 홍길동전처럼 술술 잘 읽히지만 수동태 문장이 많고 어려운 한자말이 많아 읽기가 쉽지 않은 것이 사실입니다.

그렇지만 지금 우리 개신교회에서는 이 성경을 70년 이상 읽고 있습니다. 『개역 한글판』(1961)이라는 것은 한글맞춤법 통일안에 맞추어 표기법을 바꾼 것이고요. 『개역 개정판』(2004)이라는 것은 번역을 약간 바꾼 것입니다. 지금 한국 개신교회는 이 개정판을 사용하자는 운동을 벌입니다. 그런데 좋은 면과 나쁜 면이 다 있습니다.

창세기(2:4)에 보면 이런 표현이 나옵니다. "여호와 하나님이 천지를 창조하신 때에 천지의 창조된 대략이 이러하니라"라고 되어 있지요. 아무런 문제가 없습니다. "하늘과 땅"이란 뜻의 "천지"(天地)가 두 번 나옵니다. "하늘 천 따 지"라는 천자문이 생각나는 구절인데요, 그런데 히브리어 원문성경으로 읽어보면 앞의 "천지"는 "하늘과 땅"으로 되어 있지만 뒤의 "천지"는 "땅과 하늘"로 되어 있습니다. 이렇게 되어 있는 것은 2장이 땅에 대한 이야기이기 때문에 히브리어성경은 이 점을 강조하기 위하여 이렇게 말의 순서를 바꾸어 읽은 것이죠. 그런데 『개역 개정판』은 이 점을 잘 알아차리고 이 부분을 "이것이 천지가 창조될 때 하늘과 땅의 내력이니 여호와 하나님이 땅과 하늘을 만드시던 날에"라고 읽습니다. 앞은 "하늘과 땅"이라고 하고 뒤에서는 "땅과 하늘"이라고 나누어 읽으면서 맨 앞에서는 "천지가 창조될 때"라고 하여 "천지"라는 말을 사용했어요. 좀 어색하기는 하지만 히브리어 원문성경의 어순을 있는 그대로 보존하여 잘 고쳤습니다. 하지만 어색한 부분도 없지 않아 있습니다. 때로 "공의"로 되어 있는 것을 "의"로 고치고 "의"로 되어 있는 것을 "공의"로 고친 것이 그러한 경우이지요. 그렇기는 하지만 지금 대한성서공회가 2004년에 4판이라는 이름으로 펴낸 『개역 개정판』은 예배용 성경으로 자리 잡아 가고 있습니다.

4) 『공동번역』(1977)

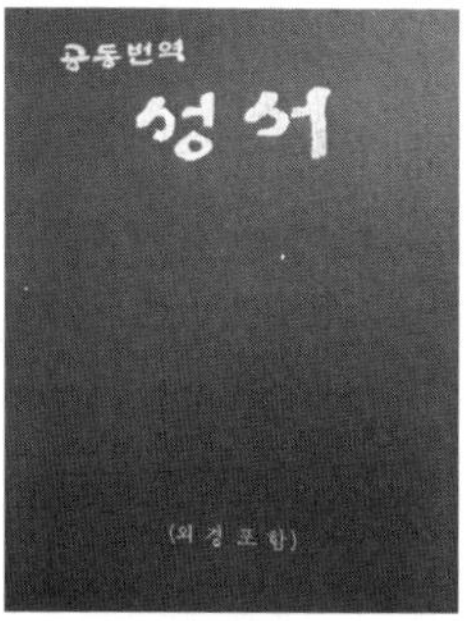

공동번역 성서 (1977)

이것이 대충 한국 개신교회의 공용 성경을 말씀드린 것입니다. 그럼 한국 가톨릭교회는 어떤 성경을 펴냈을까요? 바로 『성경』이라고 그냥 이름 붙인 성경입니다. 2005년에 나왔어요. 지금 한국 가톨릭교회가 사용하고 있는 공인성경인데요, 이 성경이 나오기 전까지는 『공동번역』(1977)이라는 성경을 미사용으로 사용하였습니다. 이름을 보면 알 수 있듯이 가톨릭교회와 개신교회가 함께 작업하여 펴낸 성경입니다. 구약번역은 늦봄 문익환 목사님과 선종완 신부님이 주로 옮기는 작업을 하셨습니다. 히브리어에서 직접 옮긴 성경인데요, 세계에서 두 번째로 나온 구교와 신교의 공역 성경입니다.

선종완 신부님은 오래도록 성경 번역을 해 오신 분입니다. 이분은 1959년부터 혼자 성경을 번역하여 구약을 거의 다 펴내기도 하셨는데요, 『공동번역』이 나오기 한해 전에 하느님의 부르심을 받았습니다. 그래서 이 성경을 보지 못하고 소천하셨지만 이 성경의 원고가 다 마무리되자 "이제야 하느님이 우리말을 제대로 하시게 됐군"이라고 하셨다고 합니

공동번역 성서 (대한성서공회 창립 100주년 기념호, 1995)

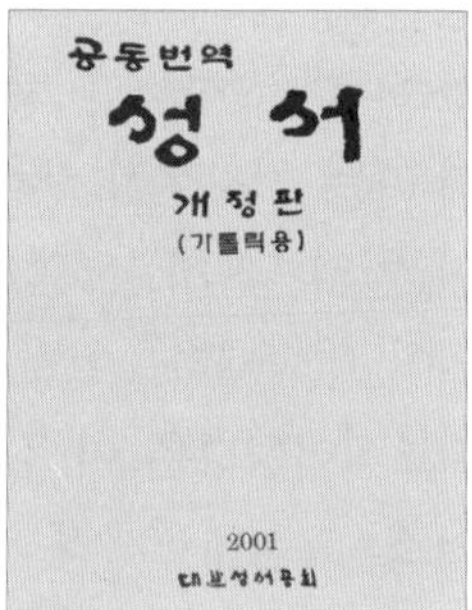

공동번역 성서 개정판 (2001)

다. 그분이 번역한 성경 원고 창세기 1장을 보면 수도 없이 고치고 또 옆에다가 메모한 흔적을 많이 볼 수 있는데요, 『공동번역』 창세기는 "한 처음에"라는 말로 시작하는 것으로 유명합니다. 그런데 그분의 원고에는 "비롯음에"라는 말이 적혀 있고 그 말을 지우고 한 흔적이 있는 것을 보면 얼마나 고심하면서 성경을 옮겼는지 잘 알 수 있는 대목입니다.

문익환 목사님은 민족 시인이시죠. 통일운동가이시구요. 또 구약학자이시고 한국신학대학 교수이셨죠. "나는 평양으로 갈 테야"라는 시를 쓰시고는 북한으로 직접 가셨어요. 그리고 구속되셨죠. 이렇게 통일운동에 여념이 없던 관계로 이 『공동번역』이 나온 일년 뒤에나 감옥에서 풀려나오셨어요. 저는 개인적으로 이분을 1978년 가을에 감리교신학대학 대학원장 건물에서 열렸던 한국구약학회에서 뵌 적이 있습니다. 한 댓 분의 구약 교수님들이 이 모임에 참석하셨고 마침 장신대학교 총장을 지내신 김중은 교수님이 스위스에서 받은 박사학위의 논문을 발표하는 모임이었습니다. 한글성경 번역사로 박사학위를 받으신 김 교수님의 발표가 거의 마무리될 무렵 문익환 목사님은 흰 수염을 휘날리시면서 방으로 들어오셨어요. 발표가 끝나고 문익환 목사님은 『공동번역』이 왜 하느님의 이름을 "야훼"로 하게 되었느냐는 답변을 하셨습니다. 바로 감신대 구약학 교수로 가르치시다가 대한성서공회로 옮겨 총무를 지내신 민영진 박사님 때문이었다는 겁니다. 민 박사님이 연세대 연합신학대학원을 졸업하시면서 졸업논문을 어머니이신 전양자 사모님 앞에서 읽어드렸대요. 그랬더니 그 어머님은 "얘야, 왜 자꾸 야외 하느님, 야외 하느님 하는 거야? 하느님이 야외로 나가셨니?" 하시더라는 거죠. 그래서 그 이야기를 듣고 문 목사님은 맞다, 야웨 하느님 하면 그분이 밖에 계신 분으로 오해할 수 있으니까 학계에서 사용하고 있던 "야웨"라는 이름의 "웨"에 "ㅎ"을 집어넣어 "야훼" 하느님으로 표기하자고 했다는 것입니다.[2)]

---

2) 그런데 이 "야훼"라는 하느님의 이름은 고대 교부들의 문헌에서도 찾아볼 수 있는 음역이기도 하다. 사마리아 사람들은 하느님의 거룩한 이름 네 글자(יהוה)를 "야베"라고 읽는 전통이 있었다. 사마리아 오경을 보면 그렇다. 그런데 알렉산드리아의 클레멘트라는 교부의 글에는 이 이름을 "야우"나 "야후"로 표기하기도 하였다. 또한 이레네우스나 크리소스토무스 같은 교부는 "야오"나 "야호"로 읽기도 하였다. 또 이집트의 엘레판틴이라는 곳에서 용병 공동체를 이루고 살았던 기원전 5세기의 유대인들도 "야호"나 "야후"로 하느님의 이름을 표기하는 전통이 있었는데 바로 그들이 남긴 엘레판틴 파피루스라는 아람어 문헌에서 이렇게 표기한다. 따라서 "야웨"의 "웨"라는 소리에 "ㅎ" 자를 넣어 읽는 전통은 사실 오래된 전통이라고 말할 수 있다.

또 하나 『공동번역』이 획기적인 점은 "하나님"이 아니라 "하느님"으로 그분의 호칭을 사용하고 있다는 점입니다. 개신교회의 『개역』이 "하나님"으로 자리잡게 된 것은 앞서도 말씀드린 대로 백여 년 전 선교사들의 주장 때문입니다. 그렇지만 탁사 최병헌 목사님이 1899년 6월 14일자 「대한 크리스도인 회보」 제3권 제24호에 쓰신 "동방셩인들도 하ᄂᆞ님을 공경ᄒᆞ엿소"라는 글은 이렇게 시작합니다.

> "우리 교에 샹쥬라 샹뎨라 텬쥬라 대쥬ᄌᆡ라 하ᄂᆞ님이라 ᄒᆞᆷ은 유가셔에 샹뎨라 ᄒᆞᆷ과 음셩은 비록 다르나 ᄯᅳᆺ은 다름이 업ᄂᆞ니"

곧 이 글을 보면 지금부터 약 100여 년 전에 아직도 하느님(하나님)을 부르는 호칭이 하나가 되지 못하고 여러 이름으로 불렀던 것을 알 수 있죠. "상주"(上主)라고도 하고 "상제"(上帝)라고도 하고 "천주"(天主)라고도 하고 "대주재"(大主宰)라고도 하고 또 "하ᄂᆞ님"이라고 부르기도 했다는 것입니다. 이렇게 혼란스런 상황에서 『구역』이 처음 나오던 1900년에 선교사들은 "하ᄂᆞ님"으로 표기할 것을 천명한 것이죠. 이렇게 놓고 보면 그분을 부르는 호칭이 이렇게 달라진 것을 알 수 있어요.

> 하느님 ⇨ 하나님(예수셩교젼셔) ⇨ 하ᄂᆞ님(구역) ⇨ 하나님(개역) ⇨ 하느님(공동번역)

처음 "하느님"으로 적은 성경은 『예수셩교젼셔 누가복음』(1883)입니다. 지금 한국 개신교회에서는 "하나님"으로, 가톨릭교회에서는 "하느님"으로 적고 또 부르고 있습니다. 물론 가톨릭교회는 오래도록 "천주님"이라는 호칭을 사용해 왔습니다. 최초의 한국 가톨릭교인이었던 이벽 선생의 "천주공경가"(1786)는 그분을 "천주"로 부르고 있죠. 사사조로 되어 있는 "천주공경가"는 이렇게 시작합니다.

> 어와세상 벗님네야
> 이내말씀 들어보소

집안에는 어른있고
내몸에는 영혼있고
하늘에는 천주있네
부모에게 효도하고
임금에는 충성하네
삼강오륜 지켜가자
천주공경 으뜸일세

이렇게 1700년대 말부터 200여 년 동안이나 불렀던 그 호칭을 한국 가톨릭교회는 과감하게 "하느님"으로 바꾸어 사용하고 있습니다. 1977년 이후의 일입니다. 지금은 2005년에 나온 『성경』이라는 이름으로 가톨릭교회는 새 성경을 예배용으로 사용하고 있어요. 그런데 사실 이 책이 나오기 훨씬 전 1897년에 이미 『성경직힉』(성경직해)이라는 교리서를 발간하여 사용하고 있는데 이 교리서에는 사복음서의 약 1/3을 담고 있는 책이죠. 그리고 『ᄉᆞᄉᆞ성경』(四史聖經)이라고 해서 사복음서를 따로 1910년에 펴냈습니다. 그러다가 1951년에 "신약성서"라는 이름으로 신약 전체를 펴내게 됩니다. 주로 라틴어성경인 불가타역을 참조하여 번역했습니다. 그리고 구약은 선종완 신부님이 1959년부터 혼자 창세기를 필두로 성경을 번역하다가 『공동번역』 작업에 참여하게 되죠. 그러니까 구약까지 합해서 말한다면 한국 가톨릭교회는 1977년에 처음으로 구신약성경전서를 갖게 된 것이죠.

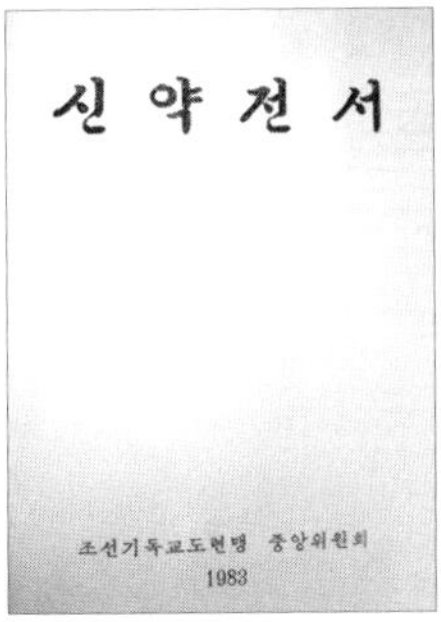

북한성경 (신약, 1982)

북한성경 (구약, 1984)

그런데 이 『공동번역』성경은 한국 가톨릭교회와 개신교회의 연합성경이기도 하지만 통일성경이기도 합니다. 1982년과 1984년에는 북한에서도 성경이 나오는데요, 우리는 이 성경을 편하게 『북한성경』이라고 부릅니다. 하지만 앞서도 언급했듯이 대한성서공회의 총무를 역임하신 민영진 목사님은 이 성경을 "공동번역 평양교정본"이라고 부르십니다. 구약을 자세히 살펴보면 『공동번역』을 북한의 표준어인 문화어로 바꾸어 번역한 성경이기 때문이죠. 사사기를 보면 『공동번역』은 "사사"들을 "수령"이라는 말로 많이 읽습니다. 그런데 북한에서는 당시 "수령"이라는 말을 함부로 쓸 수가 없었어요. 한 분에게만 쓸 수 있는 말이었죠. 그래서 "수령"을 모두 "두령"으로 바꾸어 읽습니다. 이것이 가장 두드러진 특징인데요, 남한 그리스도교인들이 먼저 북한 그리스도인들과 손잡고 성경을 펴내기도 전에 북한 그리스도교인들은 벌써 남한에서 나온 『공동번역』을 대본으로 성경을 번역하여 펴낸 것이죠. 따라서 이 북한성경인 "공동번역 평양교정본"은 통일성경이라고 불러도 손색이 없습니다. 실제로 우리나라의 첫 성경인 『예수셩교젼셔』(1887)를 펴낸 분들도 북한 의주 청년들이었습니다. 이런 면에서 북한 그리스도교인들의 통일 노력은 결코 작은 것이라고 말해서는 안 될 것입니다. 사실 『북한성경』이 나오기 이전에 북한 그리스도교인들은 우리가 지금 보고 있는 『개역』성경을 독자적으로 찍어내어 사용하기도 했습니다. 그러다가 이렇게 『북한성경』을 번역하여 읽고 있는 것이죠.

5) 『구약촬요』(1899)와 『조만민광』(1892)

구약촬요 (1899)

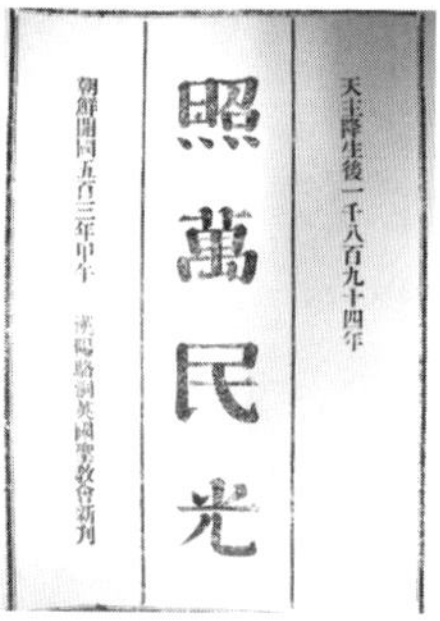

조만민광 (1892)

한국성공회도 성경을 펴낸 역사가 있습니다. 지금도 기도문 속에서 "상주"라는 하느님 호칭을 사용하고 있는 유일한 한국 그리스도교 전통이 바로 성공회입니다. 저의 친구인 성공회대학교 역사신학교수 이정구 신부는 지금도 제 앞에서 "상주님"이라고 부르면서 기도합니다. 이렇게 기도하더군요.

"전능하시고 무시무종하신 천주 성부 상주여
우리들이 시시처처에 주께 감사함은
당연하고 마땅한 본분이로소이다"

이정구 박사의 말로는 1980년대 중반까지도 "감사성찬례" 때 이 기도문을 외웠다고 합니다. 지금은 공식적으로 이 기도문을 사용하지는 않지만 이렇게 이 신부는 이 기도문을 제 앞에서 외웁니다. 정말 훌륭한 전통이 아닐 수 없습니다. 초기 한국 그리스도교인들이 사용하던 "상주"라는 호칭을 끝까지 보존하고 지켜온 신앙 공동체가 바로 한국 성공회입니다. 이 기도문을 외우면서 이 신부님은 "시시처처"라는 말이 무척 신기하지 않느냐고 내게 말하더군요. "어느 때나 어느 곳에서나"라는 뜻이 "시시처처에"라고 제게 설명해 주더군요. 그런데 저는 "무시무종하신 천주"라는 말이 더 재미있어요. 이 표현은 한문성경 『대표본』(1854)의 시편(90:2)에 나오는 표현이거든요. 160여 년 전 하느님을 무시무종하시다고 고백하던 시편 시인의 기도가 아직도 살아있으니까요.[3] "무시무종"은 "시작도 없고 끝도 없다"는 뜻이죠. 그리고 감리교회 토착화 신학의 토대를 놓으신 탁사 최병헌 목사님도 그의 글과 책에서 "무시무종하신 상제"라는 말을 자주 사용하셨구요. 또 우리나라 개신교회 최초의 구약번역인 『구약공부』(1893)라는 책에도 "예수씨는 영으로 보건데 무시무종하시고 전능하신 주"라는 표현을 사용하기 때문입니다. 룻기 해설부분에 나오는 표현입니다. 그리고 더 성공회와 직접적인 관련이 있는 것은 성공회 강화성당 본 건물의 외벽 기둥에도 무시무종하신 하느님을 말하는 한문구절이 쓰여 있습니다.[4] 이렇게 한국 성공회는 토착화의 산실이면서 그 전통을 아직도 간직하고 있는 놀라운 신앙 공동체입니다.

성공회 강화성당

---

3) "爾爲上帝, 無始無終兮"(이위상제, 무시무종혜)라고 『대표본』 시편 90:2의 마지막 부분에 나오는 표현이다.

4) 이 본 건물 앞면 기둥에는 다섯 한문 문장이 써 있는데 맨 오른쪽 기둥에 "無始無終先作形聲真主宰"(무시무종선작형성진주재)라고 하여 "시작도 없고 끝도 없는 분 짓기 전에 소리를 드러내시니 참 주재시어라"라고 옮길 수 있는 표현이다.

이 성공회는 1899년에 『구약촬요』라는 성경을 번역해 냅니다. 제목은 구약에서 뽑아낸 것이라고 되어 있지만 사실은 창세기만을 실었습니다. 한문성경 『대표본』(1854)을 발췌하여 싣고 이어서 한글번역을 실었습니다.

"처음때에 텬쥬— 텬디를 비로소 지으셧ᄂᆞᆫ지라
따히 공허ᄒᆞ고 어두어 혼돈 셰계되니
텬주의 셩신이 물우희로 운힝ᄒᆞ시거늘"

이렇게 하느님을 "텬쥬"(천주)라고 표기하고 성령을 "셩신"(성신)으로 적는 것이 특이합니다. 그런데 이 한글번역은 한문성경을 번역한 것이라기보다는 독자적인 번역입니다. "천주의 성신이 물위로 운행하시거늘"이라는 표현은 지금 우리가 읽고 있는 『개역』성경과 거의 같은 읽기죠. 다른 한문성경을 참조했을 가능성이 큰 읽기인데요, 이러한 사정은 뒤에 가서 한문성경을 얘기할 때 다시 말씀드리겠습니다. 그런데 구약만 이렇게 번역한 것이 아니라 1892년에는 신약 4복음서를 중심으로 성경공부할 수 있도록 『조만민광』(照萬民光)이라는 책을 펴냅니다. "만민에게 비추는 빛"이라는 뜻이죠. 같은 이름의 영어 책을 옮긴 이 책은 매우 특이하죠. 그렇긴 해도 이 책 역시 한문과 한글을 나란히 싣고 있는 전도용 책이기도 합니다.

6) 『구약공부』(1893)

구약공부 (1893)

자, 이렇게 신약을 중심으로 말씀드렸습니다만 최근에 감리교신학대학교의 한국 교회사 교수이신 이덕주 박사께서 책 하나를 발견하셨는데요, 바로 『구약공부』(1893)라는 책입니다. 19세기 말 프랑스 영사로 조선에 부임했던 뿔랑시(Plancy)라는 분이 당시에 사 모았던 여러 책 곧 이른바 "뿔랑시 문고" 속에 들어 있는 책입니다. 이 책은 성경공부용 책이지만 그 안에 성경본문을 정성스럽게 번역하여 실었습니다. 지금껏 발견된 것으로는 우리나라 개신교회 최초의 구약입니다. 이 책에는 여호수아 일부와 룻기(1

장) 그리고 사무엘상 일부가 실려 있어요. 우리나라에서 처음으로 나온 성경전서를 『구역』(1911)이라고 부른다고 앞서도 말씀드렸습니다만 이 『구약공부』는 이 번역에 지대한 영향을 미칩니다. 룻기(1:16-17)를 보면 이렇습니다.

> 대개 어마님 가ᄂᆞᆫ 바 곳에 나도 가고
> 머므ᄂᆞᆫ 곳에 나도 머므ᄅᆞ고
> 어마님 본토 ᄇᆡᆨ셩은 ᄯᅩᄒᆞᆫ 나의 ᄇᆡᆨ셩이오
> 어마님 샹뎨ᄂᆞᆫ ᄯᅩ한 나의 샹뎨이오
> 어마님이 몰ᄒᆞᄂᆞᆫ 곳에 나도 죽어 뎌긔 영ᄌᆞᆼ하리니
> 오직 죽을 바 외에 서로 ᄯᅥ나미 잇ᄉᆞ면
> 원컨ᄃᆡ 여호와계셔 이ᄀᆞᆺ치 내게 ᄌᆡ앙을 주시고
> ᄯᅩ 더ᄒᆞ게 하쇼셔

아름다운 신앙고백인 이 부분은 쉬운 토박이말을 많이 사용합니다. 또 마지막 절에는 "보리가을 처음"이라는 표현이 나오는데요, "보리 거두기 시작할 무렵"이라는 뜻을 이렇게 아름다운 우리말로 표현합니다. 물론 어색한 표현도 있어요. 또 어려운 한자말 표현도 나옵니다. 그런데 재미난 점은 하느님을 "샹뎨"(상제)로 적는다는 점이죠. 앞서 탁사 목사님이 이렇게 여러 호칭으로 그분을 부른다고 한 말이 생각납니다. 그런데 그분의 이름을 여기서 벌써 "여호와"로 적고 있어요. 이렇게 우리 개역성경에 나오는 하느님의 이름 여호와는 『구약공부』에서 비롯되었습니다. 이 책을 번역한 분은 조지 존스(G. H. Jones)라는 감리교회 선교사님입니다. 조원시(됴원시) 목사라고 우리말로는 부르죠.

이렇게 처음 성경을 우리말로 옮기는 작업은 쉬운 일이 아니었습니다. 용어나 말을 새로 만들어야 했으니까요. 앞서도 여러 번 언급한 적이 있는 탁사 최병헌 목사님은 거의 같은 시기에 「죠션 크리스도인 회보」에 사무엘상과 창세기 절반을 우리말로 옮겨 "례ᄇᆡ일(예배일) 공과"로 사용하기도 했어요. 1897년부터 이렇게 이 회보에 실었죠. 그런데 이 회보 속의 성경에는 하느님의 이름을 "야화화"라고 적었습니다. 앞의 『구약공부』에서 존스 선교사는 "여호와"로 적었죠.

7) 『시편촬요』(1898)

시편촬요 (1898)

그런데 이렇게 하느님의 이름을 여호와로 부르는 성경으로 『시편촬요』(1898)라는 책이 있습니다. 시편에서 몇 편을 뽑아냈다는 뜻이죠. 『구약촬요』와 같은 성격의 성경입니다. 이 『시편촬요』는 시편 가운데에서 62편을 골라 옮긴 것이죠. 우리가 지금도 읽고 있는 『개역』성경 구약부분을 책임적으로 히브리어에서 우리말로 옮긴 알렉산더 피터스 목사의 작품입니다. 피득 목사라고도 부른다고 했습니다. 이분은 앞서도 말씀드렸지만 본디 러시아인이었지만 유대인이었기에 히브리어로 직접 이렇게 시편을 펴냈습니다. 지금 우리가 읽고 있는 『개역』과 무척 비슷합니다. 시편 23편을 읽어보죠.

여호와ᄂᆞᆫ 나의 목쟈가 되셧스니
내게 부죡ᄒᆞᆷ이 업ᄉᆞ리로다
여호와가 날노 ᄒᆞ여곰 방초 동산에 눕게 ᄒᆞ시고
쉬울만ᄒᆞᆫ 물 가흐로 나ᄅᆞᆯ 잇ᄭᅴ시며
내 령혼을 회복ᄒᆞ시고 ᄌᆞ긔 일홈을 위ᄒᆞ샤
나ᄅᆞᆯ 올흔 길노 인도ᄒᆞ시도다

앞 두절을 읽은 것입니다. 지금 우리가 읽고 있는 『개역』과 그다지 다르지 않습니다. 하느님을 여기서도 "여호와"라고 부릅니다. "내가 부족함이 없으리로다"가 "내게 부족함이 없으리로다"로, 곧 "내가"가 "내게"로 되어 있죠. 히브리어성경을 있는 그대로 읽자면 "내가"가 맞지만 우리말 어법에 맞게 "내게"로 옮긴 결과입니다. 푸른 풀밭은 "방초 동산"으로 읽었군요. 그리고 『개역』의 시편에 수도 없이 등장하는 "영혼"이 벌써 피득 목사의 『시편촬요』에 등장한다는 점이죠. 히브리어로 되어 있는 시편을 우리말로 읽을 수 있도록 했다는 점에서는 높이 평가할 수 있습니다만 우리가 영혼만을 가지고 신앙생활 하도록 했다는 점에서는 부정적입니다. "내 영혼을 회복하시고"는 "나를 기운 차리게 하시고"라고 읽어도 아무런 상관이 없는 말이기 때문이죠. 그런데 이 『시편촬요』는 『구역』에도 『개역』에도 별로 바뀌지 않은 채 들어갑니다. 그러니까 우리가 지금 읽고 있는 시편은 피득 목사의 『시편촬요』를 약간 바꾸어 읽고 있는 것이라고 해도 지나친 말은 아닙니다.

시편과 아가 (최민순 역)

그런데 이렇게 영혼만을 가지고 신앙생활 하도록 넌지시 읽었던 『시편촬요』보다는 오히려 최민순 신부께서 펴낸 시편이 훨씬 더 아름답습니다. 시인이셨던 최 신부님의 『시편과 아가』(1999)라는 성경은 이 시편을 이렇게 읽습니다.

> 야훼는 나의 목자, 아쉬울 것 없어라
> 파아란 풀밭에 이 몸 뉘어 주시고
> 고이 쉬라 물터로 나를 끌어주시니
> 내 영혼 싱싱하게 생기 돋아라

이 성경은 본디 "시편"이라는 제목으로 1968년에 나왔습니다. 『공동번역』이 나오기 거의 10년 전이죠. 이 시편은 『공동번역』에 많은 부분 그대로 들어갑니다. "야훼"라는 하느님의 이름이 그렇고 또 "아쉬울 것 없어라"라는 표현도 『공동번역』 시편에 그대로 이어집니다. 가톨릭 전통에 따라 라틴어성경을 대본으로 옮긴 시편입니다. 그렇긴 해도 『공동번역』의 가톨릭교회 대표이셨던 선종완 신부님이 일일이 다 확인해 주셨습니다. 물론 여기서도 최민순 신부님은 "내 영혼 싱싱하게 생기 돋아라"라고 "영혼"이라는 말을 사용하긴 했으나 아름다운 시어로 우리의 가슴을 울리고 있지 않나요?

8) 한문성경 『대표본』(1854)

이렇게 "여호와"라는 이름과 함께 또 하나 생각해야 할 점이 바로 『구약공부』의 "샹뎨"(상제)라는 말입니다. 이 용어는 사실 한문성경에서 왔습니다. 한문성경 가운데에서도 우리나라 성경에 절대적인 영향을 미친 책이 바로 『대표본』(1854)이라는 성경입니다. 영어로는 "Delegates' Version"이라고 부르는데요, 이름 그대로 중국 선교사 대표들이 모여서 번역한 경서체 한문성경입니다. 욥기(28:3)에는 "격물치지"라는 말이 나오는데요.[5] "대학"(5장)에 나오는 구절을 이렇게 그대로 가져와 "깊이 탐구하다"라는 뜻의 히브리어(하카르)를 옮긴 성경입니다. 또 전도서(7:14)에는 이런 구절이 나오죠.

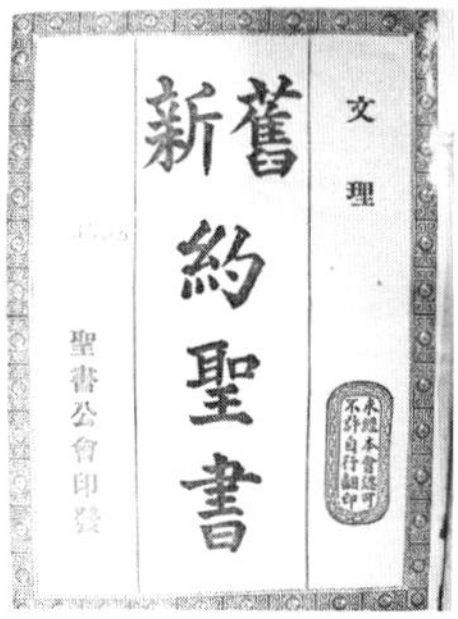

한문성경 대표본 (1854)

복이 오면 기뻐할 수 있고
화가 미치면 슬퍼할 수 있다.
하느님 -
이 둘이 서로 잇대어 생겨나게 하신다.

그런데 이 구절은 『노자』(왕필본 58장)를 약간 바꾸어 읽은 것이죠.[6] 이렇게 한문성경 『대표본』은 읽는 독자들에게 친숙하게 하려고 원문을 자유롭게 읽은 성경입니다. 그래서 저는 "한문 타르굼"이라는 이름을 붙이고 싶습니다. 타르굼은 유대인들이 히브리어성경을 기원후 8세기에 설명을 집어넣으면서 아람어로 옮긴 구약이거든요. 이 옛 성경은 다음 장에서 자세히 설명하겠습니다.

1800년대 중국에는 약 2만여 명의 서양 선교사들이 활동합니다. 이 선교사들은 통일된 성경이 필요하다고 생각하여 각 지역 대표들은 뽑아 성경 번역을 시작합니다. 그렇게 해서 1852년에는 신약을 냅니다. 사서삼경과 같은 문체로 번역한 성경이죠. 그래서 이 문체를 "문리"(文理) 체라고 합니다. 그런데 구약을 번역하다가 의견이 갈립니다. 하느님 호칭을 영국 선교사들은 "상제"로 하자고 하고 미국 선교사들은 "신"으로 하자는 것이죠. 그리고 영국 선교사들은 자연스러운 한문 문장을 선호한 반면 미국 선교사들은 원문에 충실해

5) 이 구절은 "窮極奧妙, 格物致知, 陰翳暗邃之穴, 皆能遍察"이라고 되어 있다.

6) 전도서(7:14)는 "福來可喜, 禍之可慮, 上帝使二子迭相倚伏"이라고 되어 있다. 히브리어성경은 "복된 날은 복을 즐기라 나쁜 날은 곰곰이 생각하라 이것도 저것도 하느님 하시는 일이니 사람은 그분의 흠을 찾을 수 없다"라고 읽을 수 있다. 『노자』 왕필본 58장에는 "禍兮福之所倚, 福兮禍之所伏"이라고 하여 "화란 복이 기대어 있는 것이고 복이란 화가 그 속에 엎드려 있는 것이다"라고 되어 있다. 『대표본』의 "福"과 "禍" 그리고 "倚伏"이 바로 『노자』의 용어다.

야 한다고 했습니다. 결국 갈라섭니다. 그리고 영국 선교사들은 1854년에 구약을 펴냅니다. 이렇게 해서 구약과 신약을 한꺼번에 내는데 이 성경을 『대표본』이라고 부릅니다. 주로 제임스 렉(Jame Legge)이라는 당대 최고의 영국인 한문학자가 중심이 되어 아름다운 한문으로 옮긴 성경이죠. 반면 미국 선교사들은 따로 원문에 충실한 성경을 내놓습니다. 『브리지만-컬벗슨역』이라는 성경으로 1864년의 일인데요, 주로 영어성경 『제임스왕역』(KJV)을 많이 참조한 듯합니다.

그런데 『대표본』도 두 종류가 있습니다. 하나는 상제판(上帝版)이고 다른 하나는 신판(神版)입니다. 그런데 불행하게도 이 두 판은 지금껏 중국인들이 사용하는 성경에 그대로 이어져 내려옵니다. 지금 사용하는 중국인들의 성경은 『화합본』(和合本, 1919)이라고 부르는데요, 이 『화합본』에도 상제판과 신판이 따로 있습니다. 2005년에 중국교회는 개정판을 냈지만 그 사정은 마찬가지입니다.

앞에서 우리말 "하느님"과 "하나님"을 만들어낸 『예수셩교젼셔』의 책임번역가 존 로스 목사님은 이러한 사정을 잘 알고 있었습니다. 그래서 조선의 그리스도인들은 이러한 혼란을 막아야 한다는 생각에 "하늘"에 "님" 자를 붙여 "하느님"이나 "하나님"으로 불렀던 것이죠. 급기야 "하나님"으로 통일되었지만 이렇듯 성경 번역은 단순한 작업이 아니었습니다. 한 말 한 용어 속에는 이러한 속사정이 숨어 있는 것이죠. 초기 성경 번역가들의 엄청난 노력이 들어 있는 성경이 바로 우리가 지금 읽고 있는 한글성경입니다.

다시 한문성경으로 돌아가 보겠습니다. 제임스 렉이라는 당대의 최고 한문학자가 책임지고 번역한 『대표본』(1854)은 우리말 성경에 지대한 영향을 미칩니다. 우리가 지금 사용하고 있는 성경의 각 책 이름이 바로 이 성경에서 비롯되었습니다. 창세기니 출애굽기니 민수기니 신명기니 시편이니 잠언이니 전도서니 마태복음이니 마가복음이니 하고 우리는 쉽게 이름을 부르지만 바로 『대표본』에서 비롯된 이름입니다. 또 안식년이니 희년이니 번제니 하는 이름 또한 이 성경에서 온 것이죠. 십자가의 도나 은총 같은 말도 다 이 성경에서 나온 표현이죠.

그뿐만이 아닙니다. "태초에 하나님이 천지를 창조하시니라"라는 구절도 한문성경 『대표본』에서 온 것이죠. 『대표본』은 "태초지시, 상제천지창조"라고 읽

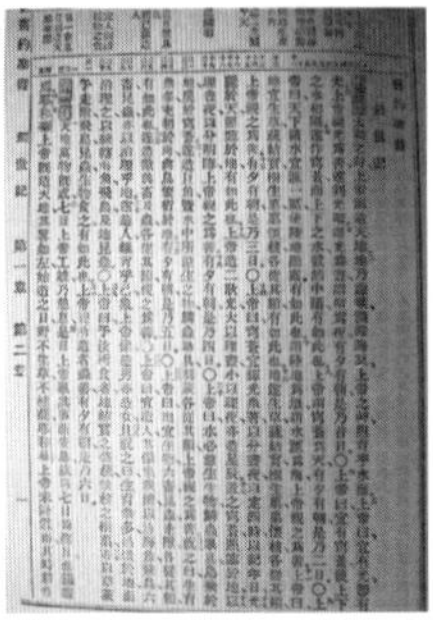

한문성경 대표본 창세기 제1장

습니다.[7] "지시"와 "상제"만 빼고 "태초"나 "천지" 그리고 "창조"가 다 『대표본』에서 고스란히 들어온 표현이죠. 이렇듯 『대표본』은 우리말 성경의 용어나 표현에 엄청난 영향을 미칩니다. 그만큼 초기 한글성경 번역가들은 『대표본』을 보고 성경을 옮겼습니다. 그러다보니 여기에서 온 말과 표현이 많습니다. 지금도 우리는 제임스 렉을 비롯한 영국 선교사들이 번역한 『대표본』에게 빚을 지고 있는 셈입니다. 제임스 렉이라는 선교사는 영국 옥스퍼드대학교의 중국학 초대 교수이자 "영국의 주자"로 불릴 정도로 영어권에서 중국학을 연구하는 데 이분의 책을 읽지 않을 수 없을 만큼 한문에 능한 분이었어요. 사서삼경을 비롯하여 예기 춘추와 노자의 도덕경과 장자까지 모두 영어로 번역하고 주석을 단 분입니다. 지금도 인터넷에 들어가 이분의 이름을 치면 20권 이상의 책이 뜹니다. 그만큼 지금도 이분의 책을 중국 고전을 연구하는 이들이 읽고 있는데요, 이분은 성경 번역가이고 한문학자이고 선교사이고 목사이고 교수이셨습니다.

9) 한문성경 『쉐레쉐브스키 쉬운 문리역』(시주교역, 1902)

또 한 사람 이야기해야 할 분이 있습니다. 쉐레쉐브스키(S. I. J. Schereschewsky)라는 분입니다. 리투아니아 태생의 유대인입니다. 나중에 미국으로 건너가 미국성공회 소속 중국 선교사가 되죠. 중국의 최초 근대식 대학을 세운 분이기도 합니다. 그런데 이분도 성경을 번역하여 그 공로로 중국 선교부 주교가 되신 분이기도 합니다. 이분은 두 종류의 성경을 번역합니다. 『쉐레쉐브스키 북경관화역』(1875)이라는 성경과 『쉐레쉐브스키 쉬운 문리역』(1902)이라는 성경입니다. 앞의 성경은 쉬운 북경말로 된 구약성경이고 뒤의 것은 약간 쉬운

7) "太初之時, 上帝創造天地"(대표본)와 "太初上帝創造天地"(쉐레쉐브스키 쉬운 문리역)의 차이는 "太初" 다음에 "之時"가 빠져 있는 것뿐이다. 그런데 한국성공회 초기 한글성경 번역인 『구약촬요』(1899)에는 "처음 때에 천쥬ᅳ 텬디ᄅᆞᆯ 비로소 지으셧ᄂᆞᆫ지라"라고 『대표본』의 "(太初)之時"의 "之時"를 "때에"로 읽었으며 탁사 최병헌 목사도 이보다 앞서 1898년 6월 22일자 「대한 크리스도인 회보」 제2권 제25호에 실은 그의 창세기 번역에서 "태초 ᄯᅢ에 하ᄂᆞ님이 텬디를 창조ᄒᆞ시니"라고 마찬가지로 『대표본』의 "(太初)之時"의 "之時"를 "ᄯᅢ에"라고 읽는다.

문리체로 된 성경전서입니다. 앞의 북경말 성경은 지금도 중국인들이 보고 있는 『화합본』(1919)의 전신입니다.

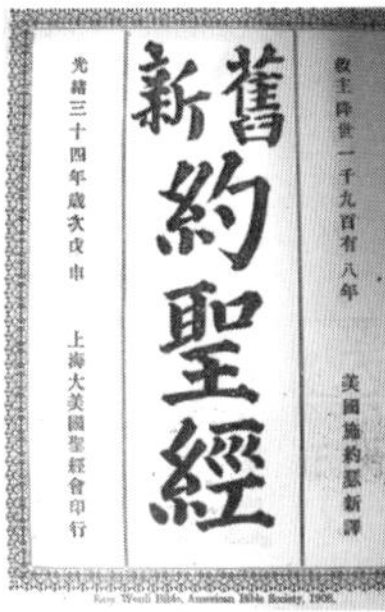

한문성경 시주교역 (1902)

하느님은 조선에 알렉산더 피터스라는 유대인 목사님을 보내셔서 한글로 성경을 번역하도록 했다면 중국에는 쉐레쉐브스키라는 유대인 주교를 보내셔서 한문으로 성경을 옮기도록 하셨습니다. 그만큼 히브리어에 능한 분들이었죠. 또 피터스 목사님은 우리말에 능했다면 쉐레쉐브tm키 감독은 한문에 능했습니다. 그래서 중국인들과 한국인 번역가들의 도움을 받기는 했지만 각각 한문과 한글로 두 분 유대인 선교사들은 성경을 번역한 것이죠. 특히 구약을 번역하는 데 이 두 분의 공헌은 절대적이었습니다.

쉐레쉐브스키 주교는 중국 이름이 "시요셉" 곧 "시요슬"(施約瑟)이어서 그냥 시(施) 주교라고 부르겠습니다. 이분은 1800년대 후반에 북경 지역에서 활동하셨습니다. 그래서 북경말로 구약을 번역하죠. 이 구약은 지금도 중국의 표준말이 북경말이니 중국인들의 현대성경에 지대한 영향을 미칠 수밖에 없었습니다. 이즈음 중국 선교사들은 대회를 열어 다시 중국 그리스도인들이 통일된 성경을 읽자고 결의했습니다. 각 지역 선교사들은 번역가들을 모아 세 종류의 성경을 펴내기로 합니다. 문리체와 쉬운 문리체 그리고 국어이죠. 여기서 국어라는 것은 북경말을 말합니다. 중국어로는 "관화"(官話)라고도 부르죠. 그런데 선교사들은 이 작업을 제대로 해내지 못합니다. 히브리어나 희랍어에 능해야 하고 또 한문에도 능해야 하는 까닭이죠. 1919년에 세 종류의 한문성경이 나옵니다. 선교사회의가 열린 지 무려 25년도 더 지난 때죠. 결국 문리체는 『대표본』을 그대로 사용하기로 합니다. 그런데 쉬운 문리체 성경은 『쉐레쉐브스키 쉬운 문리역』(시주교역)을 그대로 사용하고 국어체 성경은 『쉐레쉐브스키 관화역』을 약간 고쳐 사용하기로 합니다. 바로 이 성경을 우리는 『화합본』(和合本, Union Version)이라고 부르는데요, 국어체로 된 이 『화합본』은 지금도 중국인 그리스도인들이 사용하는 성경입니다. 결국 쉐레쉐브스키 주교가 번역한 것을 거의 그대로 받아들인 셈이죠. 이만큼 시 주교는 엄청난 영향을 미칩니다. 그런데 이분이 이 성경을 펴낼 때는 몸이 마비되어 두 손가락만 가지고 타자를 쳤다고 해서 이 성경을 "두 손가락 성경"이라는 뜻으로 "이지역본"(二指譯本)이

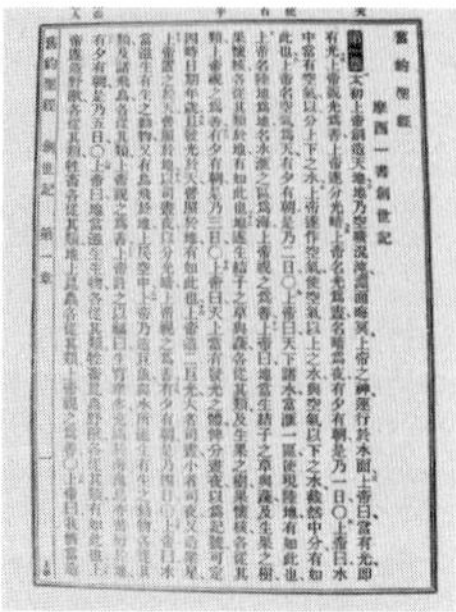

한문성경 시주교역 창세기 제1장

라고 부르기도 합니다.

쉬운 문리체 성경을 펴내자고 했던 것은 문리체 『대표본』이 너무 어렵기 때문입니다. 아름다운 한문으로 번역된 것이지만 일반인들이 읽기에는 너무 난해하다는 것이죠. 그래서 약간 쉬운 문체로 내자고 해서 나온 것이 쉬운 문리체 성경인데요, 이 성경을 저는 『쉐레쉐브스키 쉬운 문리역』(시주교역, 1902)이라고 부릅니다. 이 성경을 언급하는 데는 이유가 있습니다. 이 성경 역시 『대표본』과 함께 우리말 성경에 엄청난 영향을 미칩니다. 특히 용어가 그렇습니다. 이 성경을 자세히 살펴보면 『대표본』과 자신이 이전에 번역한 『쉐레쉐브스키 북경관화역』 그리고 히브리어성경을 앞에 놓고 『대표본』의 표현을 그대로 받아들이면서도 『대표본』이 히브리어성경을 반영하지 않았다고 생각되는 부분은 집어넣어 번역한 것입니다. 그래서 문체는 『대표본』보다 아름답지 못하지만 히브리어성경을 잘 반영했다는 평가를 받습니다. 그리고 약간 쉬운 한문이라는 까닭에 초기 한국인 성경 번역가들이 이 성경을 선호했습니다. 창세기(1:1-2)를 읽어보면 금방 알 수 있습니다.

태초에 하나님이 천지를 창조하시니라
땅이 혼돈하고 공허하며 흑암이 깊음 위에 있고
하나님의 신은 수면에 운행하시니라

太初上帝天地創造
地乃空曠混沌, 淵面晦冥,
上帝之神, 運行於水面

한문은 『시주교역』을 인용한 것인데요, 첫 절에서 『시주교역』은 『대표본』에 나오는 "태초지시"의 "지시"를 빼고 그대로 읽습니다. 그런데 "혼돈"이란 말이나 "수면에 운행하시니라"에 나오는 "수면"과 "운행"은 『시주교역』에서 온 말인 것을 금세 알 수 있습니다. 이렇게 『시주교역』은 우리말 『개역』성경에 또한 지대한 영향을 미치는데요, 아마도 용어나 표현에서 약 50-60%는 이 성경에서 온 것으로 보입니다. 물론 『시주교역』은 『대표본』을 그대로 따른 부분이 무척 많습니다. 이렇게 놓고 보면 두 한문성경 『대표본』(1854)과 『시주교역』(1902)은 우리말 성경 『개역』의 어머니 성경이라고 말할 수 있습니다. 곧 70-80%의 용어와 표현이 이 두 한문성경에서 비롯된 것이기 때문이죠. 심지어 1891년에는 한문성경 『대표본』과 한글 번역을 나란히 실은 『한한(韓漢) 요한복음』도 나온 적이 있지요. 그런데 이 쪽 복음이 어디에 있는지 지금으로서는 알 수 없습니다.

10) 유성준과 최병헌의 국한문성경(1906, 1925)

유성준의 국한문 신약 (1906)

이러한 사정은 초기 한국인 번역가들이 펴낸 국한문성경을 보아도 분명합니다. 곧 한자말로 바꿀 수 있는 것은 모두 한자말로 바꾸어 번역한 성경이 국한문성경이라고 합니다. 최근에도 이러한 성경이 나왔죠. 『개역 개정판 간이국한문』(2006)입니다. 대한성서공회 번역실 책임자인 전무용 박사가 번역한 성경입니다. 그런데 이런 국한문성경의 처음은 유성준 장로의 『국한문 신약전서』(1906)와 탁사 최병헌 목사의 『창세기 선한문』(1925) 그리고 『게일-이원모역』(1925)입니다.

우선 유성준의 『국한문 신약』과 한문성경 『대표본』을 함께 읽어보죠. 마태복음(6:9-13)에 나오는 주기도문을 읽어 보기로 하겠습니다. 왼쪽은 한문성경 『대표본』의 주기도문이고 오른쪽은 유성준 장로의 번역입니다.

吾父在天	天에 在ᄒᆞ신 我等의 父여
願爾名聖	名을 聖ᄒᆞ게 ᄒᆞ옵시며
爾國臨格	國이 臨ᄒᆞ옵시며
爾旨得成	旨가 天에서 成ᄒᆞᆫ 것ᄀᆞᆺ치
在地若天	地에셔도 成ᄒᆞ여지이다
今日錫我	今日 我等의게 日用ᄒᆞᆯ 糧食을 賜ᄒᆞ옵시고
我免人負	我等이 我等의게 罪를 得ᄒᆞᆫ 자를 赦ᄒᆞ야 준 것ᄀᆞᆺ치

求免我負　　　　　我等의 罪를 赦ᄒᆞ야 주옵시고
俾勿我試　　　　　我等을 試驗에 入ᄒᆞ지 말게 ᄒᆞ옵시고
拯我出惡　　　　　다만 惡에셔 救ᄒᆞ옵쇼셔
以國, 權, 榮　　　大槩 國과 權勢와 榮光이
皆爾所有, 爰及世世 父씌 永遠이 有ᄒᆞ옵ᄂᆞ이다 아멘

이 두 번역을 이렇게 나란히 비교해 보면 유성준 장로의 주기도문의 용어는 절반 이상이 『대표본』에서 온 것을 알 수 있어요. 앞부분의 세 문장만 비교해 보아도 금세 알 수 있어요. "천"(天)이나 "재"(在)나 "부"(父) 그리고 "명"(名)과 "성"(聖) 또 "국"(國)과 "임"(臨)이 모두 『대표본』의 용어입니다. 그러니까 유성준 장로는 한글성경 『구역』과 한문성경 『대표본』을 나란히 놓고 번역한 것이죠. 이렇게 유성준 장로의 『국한문 신약』을 읽어보면 조선시대 양반계층의 말투가 그대로 들리는 듯합니다. 고종 임금이 이 성경을 읽고 무척 칭찬했다는 얘기가 있습니다. 그만큼 훌륭한 식자층용 성경인 까닭이죠.

최병헌 역 창세기 선한문 (1925)

최병헌 역 창세기 선한문 속표지

그런데 이와 비슷한 성경이 또 하나 있죠. 바로 앞서 언급한 탁사 최병헌 목사의 『창세기 선한문』(1925)입니다. 유성준 장로의 『국한문 신약』이 『구역』을 한문 투로 옮긴 것이라면 탁사 목사님의 창세기는 『개역』을 한문 투로 옮긴 것입니다. 『게일-이원모역』(1925)과 『개역 한글판』(1961)과 함께 창세기(12:1-3)를 읽어보죠.

너는 너의 본토 친척 아비 집을 떠나
내가 지시할 땅으로 가라
내가 너로 큰 민족을 이루고 네게 복을 주어
네 이름을 창대케 하리니
너는 복의 근원이 될지라
너를 축복하는 자에게는 내가 복을 내리고

너를 저주하는 자에게는 내가 저주하리니
땅의 모든 족속이 너를 인하여 복을 얻을 것이니라 (개역 한글판)

너ᄂᆞᆫ 親戚과 아비 집을 離別ᄒᆞ고 本土에셔 ᄯᅥ나
내가 指示ᄒᆞᆯ ᄯᅡᆼ으로 가라
내게 네게 福을 주어 너로 큰 民族을 일우어
네 일홈이 나타나게 ᄒᆞ리니
너ᄂᆞᆫ 福의 機關이라
너를 爲ᄒᆞ야 비ᄂᆞᆫ 者의게ᄂᆞᆫ 내가 福을 ᄂᆞ리고
너를 蔑視ᄒᆞᄂᆞᆫ 者의게ᄂᆞᆫ 내가 詛呪ᄒᆞ리니
天下 萬族이 너를 因ᄒᆞ야 福을 엇으리라 (게일-이원모역)

爾는 爾의 本土와 親戚과 父家를 離ᄒᆞ야
내가 指示ᄒᆞᆯ 地로 往ᄒᆞ라
我가 爾로 大族屬을 成ᄒᆞ고
爾의게 福을 錫ᄒᆞ야 名이 顯케 ᄒᆞ리니
爾는 福의 機關이라
爾를 爲ᄒᆞ야 祝ᄒᆞᄂᆞᆫ 者의게는 내가 福을 降ᄒᆞ고
爾를 詛呪ᄒᆞᄂᆞᆫ 者의게는 我가 詛呪ᄒᆞ리니
地의 모든 族屬이 爾를 因ᄒᆞ야 福을 得ᄒᆞ리라 (탁사)

재미난 점은 "너는 복의 근원이 될지라"(개역 한글판)가 탁사나 『게일-이원모역』에는 "너는 복(福)의 기관(機關)이라"고 되어 있다는 점입니다. 그런데 사실 히브리어성경을 읽어보면 "너는 복이라"나 "너는 복덩이라"로 읽을 수 있는 말이죠. 그래서 한때 『개역 한글판』은 "복의 근원"이란 말 가운데 "의 근원"을 작은 글자로 적기도 했어요. 원문에는 없다는 뜻이죠. 그 사정이야 어떻든 탁사 목사님의 창세기는 『개역』의 이른 형태를 보이는 번역인데요, 바로 『게일-이원모역』과 함께 이렇게 "복의 기관"이라는 말을 사용하기 때문에 이렇게 말할 수 있는 것이죠. 그러니까 탁사의 『선한문 창세기』는 『게일-이원모역』과 자매라고 말할 수 있어요. 같은 『개역』 계열에 속하는 번역이기 때문이죠. 또

하나 언급할 것이 있습니다. 탁사 목사님이 번역한 『선한문 창세기』의 한자 표현은 대부분 한문성경 『대표본』(1854)과 『시주교역』(1902)의 용어입니다.[8] 앞서도 두 한문성경이 우리말 『개역』성경에 들어온 용어는 약 70-80%쯤 되는 듯하다고 말씀드렸는데요, 이렇게 두 한문성경의 영향이 우리가 지금 읽고 있는 성경에 이토록 크다 할 수 있습니다.

11) 『게일-이원모역』(1925)

게일 목사와 이원모 장로는 『개역』성경 번역위원이었지만 번역 원칙이 맞지 않아 탈퇴했어요. 그리고는 이렇게 『게일-이원모역』을 따로 펴냈는데 『개역』을 다듬기 이전의 원고를 이렇게 펴낸 것입니다. 그런데 게일 목사와 이원모 장로는 이 원고를 그냥 인쇄하여 내지 않고 수많은 번역을 참고하여 옮겼습니다. 이 성경의 서문에는 이런 얘기가 나오는군요. 한자말을 모두 한글로 바꾸고 띄어쓰기도 요즘 표기법을 따라 읽어보겠습니다.

게일-이원모역 (1925)

"번역할 때에 전인의 번역을 참조하는 것은 거의 제이 원칙이라 영국 일세 야고보의 역복으로 볼지라도 전인 퇸달의 역본 중에서 십분의 구나 인용한 고로 본 성경을 번역할 때에도 히브리문 구약과 헬라문 칠십인역 구약과 독일 루터 선생의 역본과 영국 일세 야고보의 영어역본과 일천 팔백 십일년에 개정한 역본과 영국 옥스벳 대학 출신 모펫 씨의 최신 역본이며 선문(鮮文)으로는 현행하는 역본과

8) "너"를 "이"(爾)라고 했고 "아비 집"을 "부가"(父家)라고 했고 "땅"을 "지"(地)로 "가라"를 "왕(往)ᄒᆞ라"라고 했다. 또 "이름"을 "명"(名)으로 "나타나게 하리니"를 "현(顯)케 ᄒᆞ리니"라고 읽었다. 그리고 "이루다"를 "성"(成)이라고 읽었다. 모두 『대표본』(1854)의 용어와 표현이다.
한편 "爾를 爲ᄒᆞ야 祝ᄒᆞᄂᆞᆫ 者의게는 내가 福을 降ᄒᆞ고"라는 표현은 『시주교역』(1902)의 "위이축복자, 아필강지이복"(爲爾祝福者, 我必降之以福)을 그대로 옮긴 듯한 인상을 받는다. 또한 마지막의 "地의 모든 族屬이 爾를 因ᄒᆞ야 福을 得ᄒᆞ리라"도 "천하만족, 필인이획복"(天下萬族, 必因爾獲福)에서 "인"(因)과 "복"(福)을 그대로 따와서 읽었다. 그런데 『시주교역』의 "천하만족"(天下萬族)은 『게일-이원모역』 속에 들어와 있다. 그래서 이렇게 탁사의 『선한문 창세기』와 『게일-이원모역』이 두 한문성경을 모두 참조하였고 번역도 비슷하기에 자매 번역이라고 부fms다.

한문(漢文)으로는 문리(文理)역본과 유대인의 번역이며 기타 일문(日文)역본까지 참조하여 서로 비교하고 히브리와 헬라 자전에 대조하여 만분의 일이라도 유루하거나 모호함이 없도록 노력하였노라"

이 서문을 읽어보면 특히 "선문으로는 현행하는 역본"과 "한문으로는 문리역본과 유대인의 번역"이라는 표현에 주의를 기울여 보도록 하죠. 당시 사용하고 있던 우리말 성경은 구역이죠. 그런데 한문성경으로는 "문리역본"과 "유대인의 번역"이라고 했는데 여기서 "문리역"은 바로 『대표본』(1854)을 가리키고 "유대인의 번역"은 『시주교역』(1902)을 가리키는 것 같습니다. 왜냐하면 앞서도 본 것처럼 『게일-이원모역』에는 이 두 한문성경에서 용어가 많이 들어와 있기 때문이죠. 또 일본어성경도 참조했다는 점이 특이한데요, 이러한 사정은 사실 『개역』성경도 별반 다르지 않습니다. 창세기(2:7)를 읽어보죠.

여호와 하ᄂᆞ님이 사ᄅᆞᆷ을 ᄒᆞᆰ으로 지으시고
생기(生氣)를 그 코에 불어너흐시니
생령(生靈)이 된지라 (게일-이원모역)

여호와 하나님이 흙으로 사람을 지으시고
생기를 그 코에 불어넣으시니
사람이 생령이 된지라 (개역 한글판)

똑같지 않나요? 다른 점이 있다면 "사람을 흙으로"(게일-이원모역)와 "흙으로 사람을"(개역)로 단지 순서만 바꾸어 읽은 것이죠. 그리고 "사람이 생령이 된지라"(개역)는 "사람이"란 말을 빼고 그냥 "생령이 된지라"라고만 읽었습니다. 그런데 일본어성경 가운데 『문어역』(1888)이라는 성경이 있는데요, 이 일본어성경에도 "생기"라는 말과 "생령"이란 말이 똑같이 나온다는 사실을 알 수 있어요. 그런데 이 두 용어는 한문성경 『시주교역』(1902)과 이보다 더 일찍 나온 한문성경 『브리지만-컬벗슨역』(1864)에도 나오는 용어입니다.[9] 이렇게 여러

9) "耶和華神以地塵造人, 嘘生氣入其鼻, 而人成爲生靈"(브리지만-컬벗슨역)과 "主上帝以土造人, 以生氣嘘入其鼻, 而人成爲生靈"(시주교역)으로 밑줄 친 말이 공통 용어다. 『대표본』은 "耶華和上帝

성경을 참조하여 옮긴 성경이 『게일-이원모역』인데요, "짧은 풀이역"이라는 평가를 받습니다. 민영진 박사님의 표현입니다. 『게일-이원모역』은 간결하게 아름다운 우리말로 번역하려고 무척 애쓴 성경입니다. 서문에 또 이런 말이 나옵니다.

> "본 성경은 조선에 처음으로 있는 신역본이라 대저 번역하는 일이 두 가지 원칙이 있으니 저작자의 본뜻을 분명히 아는 것이 그 하나이오 그 본뜻을 가지고 각기 지방의 어풍과 문법을 따라가는 것이 그 둘이라 본 성경을 번역할 때에 창세기로 묵시록까지 할 수 있는 대로는 조선어풍에 어기지 아니하기로 노력하였노라"

이렇게 아름다운 우리말로 옮기려고 우리말 어풍에 맞게 옮기자는 취지로 옮긴 것이 『게일-이원모역』인데요, 그런데 이 성경 가운데 가장 아름답고 의미 깊은 문장은 아무래도 시편(119:18)에 들어 있는 것 같습니다. 이 성경 서문 앞에 큰 글씨로 적혀 있는 말씀입니다.

> "내 눈을 여심이여 律法의 奧妙를 보게 ᄒᆞ쇼셔"

"내 눈을 여심이여 율법의 오묘를 보게 하소서"라고 바꾸어 읽어볼 수 있는데요, "나의 두 눈을 여세요 주님의 토라로부터 비롯되는 놀라운 일을 나는 볼 수 있을 것이죠"라고 읽을 수 있을 텐데, 『게일-이원모역』은 이렇게 간결하게 읽었습니다. 그리고 나름대로 해석합니다. "나의 두 눈"은 "내 눈"으로, "여세요"를 "여심이여"로 바라는 것과 동시에 바라는 그것이 이렇게 이루어졌다는 점을 동시에 나타내고 있어요. 그러면서 "주님의 토라로부터 비롯되는 놀라운

摶土爲人, 噓氣入鼻, 而成血氣之人"으로 앞의 두 한문성경과 사뭇 다르다. 탁사 최병헌 목사는 1897년 3월 7일자 「죠션 크리스도인 회보」 제1권 제7호에 실은 "만물의 근본"이라는 글에서 이 부분을 "흙으로 사름을 문드신 후에 긔운을 부러 코으로 드려보내샤 혈긔 잇는 사름이 되게 ᄒᆞ시고"라고 읽었는데 여기서 "혈긔 잇는 사름"(혈기 있는 사람)은 대표본의 "혈기지인"(血氣之人)을 이렇게 옮긴 것이다. 이러한 읽기는 1898년 8월 17일자 「대한 크리스도인 회보」 제2권 제33호에 실려 있는 창세기(6:17) 번역에도 "내가 홍슈로 ᄒᆞ여곰 짜헤 늠쳐 억죠를 멸ᄒᆞ리니 텬하에 므롯 혈긔 잇는 쟈는 반ᄃᆞ시 ᄉᆡᆼ져 망ᄒᆞ리라"에서 "혈긔 잇는 쟈"(혈기 있는 자)는 『대표본』의 "혈기자"(血氣者)를 그대로 옮긴 것이며, 또한 "억죠"(억조)도 『대표본』의 "억조"(億兆)를 그대로 옮긴 것이다.

일"을 "율법의 오묘"로 무척 간결하게 읽었죠. 정말 놀랍습니다.

이렇게 아름다운 우리말로 옮기려는 노력은 『개역』과는 정반대의 방향인 듯합니다. 될 수 있는 한 문자적으로 원문성경을 옮기고자 노력했다고 한 개역 구약 번역 책임자인 피득 목사의 태도와는 사뭇 다릅니다.

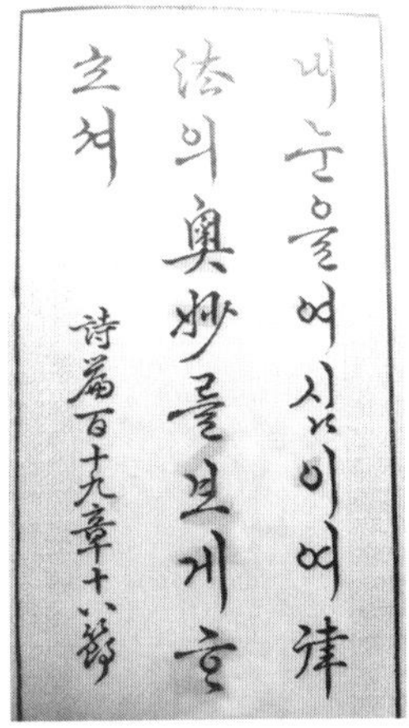
게일-이원모역의 속표지

해방이 되고 나서 우리말이 달라지고 또 표기법도 바뀌었지만 한국 개신교회는 여전히 『개역』을 그대로 사용했습니다. 그렇지만 그냥 사용하기만 하지는 않았습니다. 한글맞춤법 통일안에 맞추어 표기법을 달리하고 번역도 약간 고쳐 내놓은 성경이 바로 『개역 한글판』 성경입니다. 1956년의 일이죠. 지금부터 약 60여 년 전의 일입니다. 그러니까 한글판이라는 말이 붙은 까닭은 이렇게 당시 한글맞춤법 통일안(1933)에 따라 고쳐 적은 것이라는 뜻이죠. 종로감리교회의 김태룡 장로님이 이 일을 하셨습니다. 이분은 앞에서 언급한 『게일-이원모역』을 영인본(1986)으로 펴내기도 하시고 또 이 성경을 쉬운 말로 풀이하여 내시기도 했습니다.

12) 『새번역』(2004)

이제 한국에는 선교사 번역가들은 없습니다. 그래서 일본 강점기가 끝나고 복음동지회라는 모임이 결성되어 박창환, 전경연, 김철손, 윤성범, 김재준, 전영택 같은 분들이 모여 신약 희랍어 원문성경을 읽으면서 우리말 성경을 처음으로 펴냅니다. 이 성경을 『새번역 신약』(1967)이라고 부르는데요, 지금 교회학교 학생들이 읽어도 다 알아들을 수 있도록 쉬운 말로 옮겼습니다.

그러다가 구약까지 함께 번역하자는 의견이 모아져 『공동번역』을 발간하게 됩니다. 신약은 1971년에 나오는데요, 이 성경이 재미있는 것은 예수님이 존댓말을 쓰신다는 점입니다. 그리고 한국 가톨릭교회 학자들과 개신교회 학자들이 함께 원문성경에서 번역한 성경이라는 점이 그 특색입니다. 구약과 함께 성경전서가 1977년 부활절에 나옵니다. 구약번역 책임은 문익환 목사님이 맡으셨고 신약은 박창환 교수님이 맡으셨죠. 이 성경을 다시금 얘기하는 것은 아름다운 우리말로 번역한 성경으로 이 책을 꼽기 때문입니다. 특히 구약번역 책임자이셨던 문익환 목사님은 "히브리어에서 한국어로"(1985)라는 글을 쓰셔서 원문성경의 문장을 우리말 문장에 맞게 잘게 부수어 새롭게 창조해야 한다는 주장을 펼쳤습니다.

톱니바퀴 이론을 펼치셨는데요, 두 언어를 톱니바퀴에 비유하여 원문이라는 톱니가 수용언어라는 톱니에 맞게 잘게 부숴져야만 한다는 것입니다. 우리나라 성경 번역 이론으로는 처음 글이 아닌가 생각하는데요, 문 목사님의 설명 가운데 잠언(1:7) 설명은 그야말로 압권입니다. 개역성경에는 "여호와를 경외하는 것이 지식의 근본이어늘"이라는 말이 나오죠. 여기서 "지식의 근본"이라는 말이 무슨 말이냐는 겁니다. "수학의 근본"이나 "영어의 근본"이라고 하면 가장 먼저 알아야 할 토대라는 말이겠죠. 그런데 "지식의 근본"은 그렇다면 "지식의 토대"라는 말로 읽을 수 있는데 그래도 무슨 뜻인지 잘 알 수 없습니다. 히브리어로 읽으면 "무엇보다도 먼저 알아야 할 것"이라는 뜻이 문 목사님의 주장입니다. 그렇다면 이 구절은 "사람이 무엇보다도 먼저 알아야 할 것은 야훼 경외"라는 뜻으로 풀어서 읽을 수 있다는 겁니다. 달리 말하자면 "사람은 모름지기 그 무엇보다도 야훼님 모시고 사는 법을 알아야 한다"고 읽을 수 있다는 것이죠. 곧 "야훼 경외가 으뜸 지식"이라는 말을 이렇게 잘게 부수어 읽어야 읽는 이가 그 뜻을 제대로 알 수 있다는 겁니다.

이런 생각은 미국성서공회의 번역실장을 오래도록 지내셨던 유진 나이다(Eugene Nida) 박사님의 생각입니다. 이분의 생각을 문 목사님이 나름대로 풀어내신 것이 바로 톱니바퀴 이론입니다. 나이다 박사님의 이론은 "내용의 동등성"(dynamic equivalence) 이론이라고도 부릅니다. 나중에는 "기능의 동등성"(functional equivalence)이라는 말로 그 이론의 이름을 바꿉니다만 원문의 형식보다는 내용에 초점을 맞추어 원문을 읽는 사람이나 번역문을 읽는 사람이나 똑같은 반응을 이끌어내야 한다는 것이죠. 저도 개인적으로 나이다 박사님의 강의를 일주일간 들은 일이 있습니다. 1987년 여름 홍콩성서공회에서 열린 성서번역자회의에서 그분의 강의를 들었습니다. 『새번역』 번역자회의 때 일입니다. 쉬운 말로 번역 이론을 설명해 주시던 나이다 박사님의 인자한 모습이 지금도 떠오릅니다. 누구의 질문도 소홀히 넘어가지 않고 잘 들어주시고 애정을 갖고 대답해 주시던 훌륭한 목사님이십니다.

아무튼 이런 생각으로 나온 성경이 바로 『공동번역』(1977)이고 또 『새번역』(2004) 성경입니다. 순수 한국인 번역가들이 약 15년간 걸쳐 번역하여 펴낸 두 성경은 우리나라 개신교회의 자랑입니다. 『새번역』은 민영진 박사님이 책임번역가였습니다. 이 성경은 원문 연구 결과를 충실하게 가장 잘 반영하여 펴낸 성경입니다. 이것을 약간은 어려운 말로 본문비평이라고 부르는데요, 사실 잘 알 수 없는 부분이 구약에는 적어도 1/4가량 됩니다. 신약의 복음서 가운데에도 약 800군데가 넘습니다. 그런데 어떻게 성경을 그렇게 잘 번역했느냐고 묻는 분이 계실 텐데요, 그것은 전통적으로 내려온 성경을 따라 그대로 읽은 결과입니다. 아무튼 이런 본문의 역사 연구 결과를 충실히 반영한 성경이 『새번역』입니다. 시편(145:13)을 읽어보면 그 사정을 잘 알 수 있습니다.

"주의 나라는 영원한 나라이니
주의 통치는 대대에 이르리이다" (개역 한글판)

"주님의 나라는 영원한 나라이며
주님의 다스리심은 영원무궁합니다.
(주님이 하시는 말씀은 모두 다 진실하고
그 모든 업적에는 사랑이 담겨 있다.)" (새번역)

『새번역』에는 이렇게 괄호 속의 내용이 덧붙어 있어요. 그리고는 이 괄호 앞에 "ㅁ" 자를 붙여놓았죠. 난하주를 보라는 뜻인데요, 거기를 보면 "한 마소라 사본과 사해 사본과 칠십인역과 시라아어역에는 괄호 안의 본문이 있음" 하고 설명하고 있죠. 곧 여러 성경 본문을 정밀하게 읽고 평가하여 이 말씀이 빠졌다고 생각하여 이렇게 괄호 속에 집어넣은 것입니다. 특별히 사해 사본이라는 말이 인상적인데요, 지금부터 약 2000년 전의 성경 사본인 이 사해 사본(11QPs[a])을 이렇게 읽고는 성경 본문 속에 집어넣을 정도로 엄청난 노력을 기울여 펴낸 성경이 바로 『새번역』 성경입니다.10) 『공동번역』도 이 부분을 "야

10) "11QPs[a]"라는 말은 사해 서북쪽 쿰란 지역에 있는 11개 동굴에서 성서 사본 200개와 나머지 650개 정도의 외경(제2경전)과 위경의 사본 그리고 쿰란 공동체의 저작이 1947년부터 1956년

훼의 말씀은 언제나 진실되고, 그 하시는 일 모두 사랑의 업적이다"라고 읽었습니다.

『새번역』 책임자는 민영진 박사님이라고 앞서 말씀드렸습니다. 감리교신학대학의 구약학 교수를 오래 하시다가 1988년부터 대한성서공회 번역실 총무로 또 오래 일하셨죠. 그리고는 2008년에 은퇴하셨는데요, 지금도 세계성서공회연합회 번역자문위원으로 활동하시고 특히 몽골성경 번역 자문위원으로 "보르항"이라는 몽골어 고유 신명을 정착하게 하는 데 지대한 공을 세우신 분이기도 합니다. 이분은 시인이기도 하세요. "유다의 키스"(2007)는 이분의 대표적인 시라고 말할 수 있겠군요. 또 신학과 문학의 만남을 신학 과제로 삼고 김춘수 시인의 예수 시를 발굴하여 『교회 밖에 핀 예수꽃』(2011)이라는 책을 펴내신 목사이십니다. 또한 이분이 쓰신 『히브리어에서 우리말로』(1996)라는 책은 우리나라에서는 처음으로 나온 성경 번역 이론서입니다.

『새번역』은 본디 1993년에 『표준 새번역』이라는 이름으로 나왔지만 2001년에 개정판을 내면서 『표준 새번역 개정판』이라는 이름을 썼죠. 그러다가 너무 길어 그냥 『새번역』(2004)으로 이름을 바꾸기도 하였습니다. 또 이 성경은 그림을 집어넣어 펴내기도 했어요. 컬러 일러스트레이션 『새번역』(2003)이죠. 교회학교 어린이들부터 청년들까지 성경을 시각 이미지로 이해할 수 있도록 한 것이죠. 새로운 시도입니다. 이 성경의 특징은 한마디로 "주(主) 성경"입니다. 구약의 야훼를 모두 "주"로 바꾼 때문이죠. 신약 원문성경이 이미 하느님의 이름을 "주님"이라는 뜻의 "퀴리오스"로 읽은 전통이 있기에 이렇게 따랐다고 서문에 밝히고 있습니다. 번역 성격은 『개역 한글판』(1961)과 『공동번역』(1977)의 중간쯤이라고 생각하시면 됩니다. 저도 개인적으로 이 성경을 번역하는 작업에 원문 대조를 한 적이 있습니다. 문장은 주로

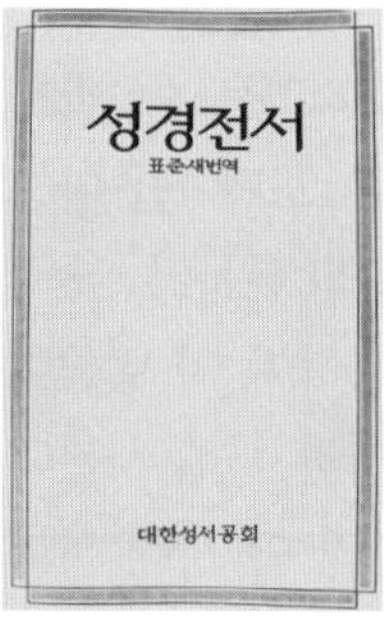

새번역 (1993)

새번역 (2001)

까지 발견되었는데, 이 가운데에서 11번째 동굴에서 발견된 시편(Ps) 두루마리(Psalms Scroll)의 첫 번째 사본(a)이라는 뜻이다. 가장 긴 시편 두루마리 사본이기 때문에 그냥 "시편 두루마리"라고 보통 부른다.

전무용 시인이 다듬었습니다. 또 하나 특이한 점은 끊어 읽기 쉽게 일일이 쉼표를 찍은 것이 특징입니다. 박창해 교수님의 이론을 따른 것입니다. 제가 기억하기로 룻기와 전도서 그리고 요나서 같은 짧은 책은 고치고 또 고치고 하기를 약 20-30번도 더 한 것 같습니다. 민 교수님과 전무용 시인 그리고 제가 한자리에 앉아 이렇게 수십 차례 읽은 기억이 납니다.

우리는 이런 성경을 외면합니다. 『공동번역』 또한 그 이름처럼 가톨릭교회와 함께 번역한 교회일치 성경입니다. 그런데 『새번역』도 『공동번역』도 개신교회에서는 잘 사용하지 않습니다. 그저 『개역』만 선호합니다. 지금은 『개역개정판』이란 이름으로 고쳐 읽고 있다고 앞에서 말씀드렸습니다.

13) 『가톨릭 성경』(2005)

가톨릭 성경 (신약, 2005)

가톨릭 성경 (2005)

한국 가톨릭교회는 『공동번역』을 이제껏 사용하다가 따로 성경을 펴냅니다. 2005년의 일입니다. 이름은 그냥 『성경』입니다. 본디 해설 성경을 내는 것이 가톨릭교회의 전통이고 또 라틴어 불가타역을 그대로 옮기는 것이 또 다른 전통인데요, 앞서 언급한 『ᄉᆞᄉᆞ성경』(四史聖經)과 같은 성경이 바로 라틴어성경을 옮긴 것이죠. 그러나 이 『성경』은 히브리어와 희랍어 원어성경을 직접 옮긴 것이 그 특징입니다. 시편(23:1-3)을 읽어보죠.

> 주님은 나의 목자, 나는 아쉬울 것 없어라.
> 푸른 풀밭에 나를 쉬게 하시고
> 잔잔한 물가로 나를 이끄시어
> 내 영혼에 생기를 돋우어 주시고
> 바른길로 나를 끌어 주시니
> 당신의 이름 때문이어라.

대체로 『공동번역』과 비슷합니다. 이렇게 많은 용어는 『공동번역』을 그대로 따른 것이죠. 따라서 한국 가톨릭교회가 직접 성경을 번역하여 낸 처음 한글 성경입니다. 『셩경직히』라는 교리서 속에다 복음서를 번역하여 실었던 1890년대로부터 계산한다면 무려 120년 만의 결실입니다. 이렇게 함께 성경을 사용하지 못하고 다시 따로 성경을 펴내어 읽고 있다는 것이 우리 한국 그리스도교의 슬픈 현실입니다.

* * *

지금까지 우리는 주로 교회연합기관인 성서공회에서 펴낸 성경에 대해 말씀드렸습니다. 이렇게 연합기관에서 펴낸 성경을 한마디로 공인번역이라고 부릅니다. 그렇다면 개인과 개인 출판사가 펴낸 성경은 개인번역이라고 부릅니다. 앞서 말씀드린 『게일-이원모역』(1925)은 우리나라 최초의 개인번역 성경전서입니다. 일본 강점기가 끝나고 우리나라에는 개인번역이 많이 등장합니다. 그 이전에 "원산 번역"이라는 별명이 붙은 『펜윅역』(1919)이 나온 적이 있습니다. 신약성경인데요, 성령을 "성숨님"이라고 옮긴 특이한 성경입니다. 한문성경 『대표본』을 우리말로 옮긴 것이죠. 두 역본을 나란히 싣기도 한 성경입니다. 이 성경 또한 초기 한글성경이 한문성경의 영향이 컸다는 점을 가리키는 성경입니다.

일본 강점기가 끝나고 또 한국 교회가 많이 성장하여 이제는 개인출판사가 성경을 펴내기 시작합니다. 1980년대와 90년대의 일인데요, 『현대인의 성경』과 『현대어 성경』입니다. 『현대인의 성경』은 생명의말씀사에서 나왔고, 『현대어 성경』은 성서원(성서교재간행사)에서 나왔습니다. 둘 다 영어성경과 독일어 성경을 대본으로 나온 성경입니다. 『현대인의 성경』은 영어 『생활성경』(Living Bible)을, 『현대어성경』은 독일어 『복음성서』(Die Gute Nachricht)와 영어 『복음성경』(Good News Bible)을 대본으로 옮긴 성경이죠.

『현대인의 성경』은 어떤 의미로 보면 삼중번역이라고 해야 할 것입니다. 영어 『생활성경』(Living Bible)은 영어성경 『미국표준역』(ASV)을 쉬운 영어로 바꾼 성경이기 때문이죠. 이것을 다시 우리말로 옮긴 성경이 『현대인의 성경』입니다. 그렇지만 아름다운 우리말 문장은 알아주어야 합니다. 읽기가 편하게 되어 있습니다.

14) 『현대어 성경』(1991)

현대어 성서 (신약, 1978)

현대어 성경 (1991)

『현대어 성경』은 제가 번역작업에 참여하여 구약의 절반을 번역하였습니다. 신명기와 시편과 잠언과 욥기와 전도서와 아가와 애가를 제가 옮겼죠. 히브리어성경을 옮겼습니다만 영어 『복음성경』(GNB)의 본문 결정을 많이 따랐습니다. 또 신약은 본디 정용섭 목사께서 번역하신 것인데요, 본문 결정은 영어 『생활성경』(Living Bible)을 따랐고, 성경전서를 펴내면서 신약은 제가 희랍어성경으로 일일이 대조 작업을 하였죠. 그리고 각 책 서두에는 짤막한 책 내용을 소개하였는데요, 저의 작품입니다. 구약의 다른 부분은 이양구 목사께서 주로 독일어 『복음성경』(DGN)을 참조하여 번역하였습니다. 문장은 성귀영 시인이 다듬었습니다. 이분은 교회를 다니지 않는 분이지만 성경을 무척 사랑하는 분입니다. 이 『현대어 성경』(1991)은 본디 신약만 나왔을 때는 『현대어 성서』(1978)라고 했어요. 그러다가 이름을 바꾼 것인데요, 2000년에는 개정판을 내기도 합니다. 그러나 성경본문은 하나도 고치지 않았습니다. 이 성경은 룻기의 경우 모압 여인 룻을 "모압댁"으로 부르기도 한답니다. 친근한 우리말로 옮기려고 무척 애썼죠. 또 설명을 많이 집어넣어 옮기기도 했습니다. 그래서 "한글 타르굼"이라고도 부를 수 있을 만큼 "긴 풀이역"이라고 그 특징을 말씀드릴 수 있겠군요. 시편(23:1-2)을 한번 읽어보죠.

> 여호와는 나의 목자시니
> 내게 그 무엇이 부족하리오.
> 편히 쉬라 푸른 풀밭으로 인도하시고
> 고이 쉬라 시원한 시냇가로 데려가시네.

15) 『쉬운 성경』(2005), 『우리말 성경』(2007), 『새즈문 성경』(2007)

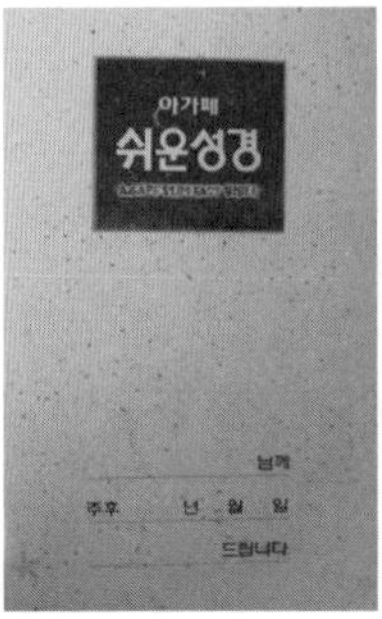

쉬운 성경 (2005)

우리말 성경 (2007)

그러다가 2000년대에 들어서면 개인번역이 폭발적으로 등장합니다. 이때 가장 먼저 나온 것으로는 아가페 출판사의 『쉬운 성경』(2005)이 있습니다. 또 두란노서원의 『우리말성경』(2007)이 있구요, 계속해서 두란노서원에서 유진 피터스(Eugene Peterson) 목사의 『메시지』(The Message)라는 영어성경을 우리말로 옮겨 신약을 2009년 가을에 펴냈습니다. 그리고 또 하나 특이한 성경은 『새즈믄 성경』(2007)이라는 번역입니다. 본디 이름은 『새즈문 우리말 구약정경』인데요, 최의원 교수께서 혼자 번역하신 구약 번역입니다. 책 순서는 히브리어성경을 따라 오경과 예언서와 성문서 순서로 되어 있습니다. 그러니까 이 성경은 우리나라 최초의 구약성경이라고 해야 할 것 같군요. 주님을 "당신님"이라고 부르고 있어요. 좀 오래된 말이 많이 등장하긴 하여도 수려한 우리말로 번역한 훌륭한 구약 번역 성경입니다. 각각 시편(23:1-3)을 비교하여 읽어보죠.

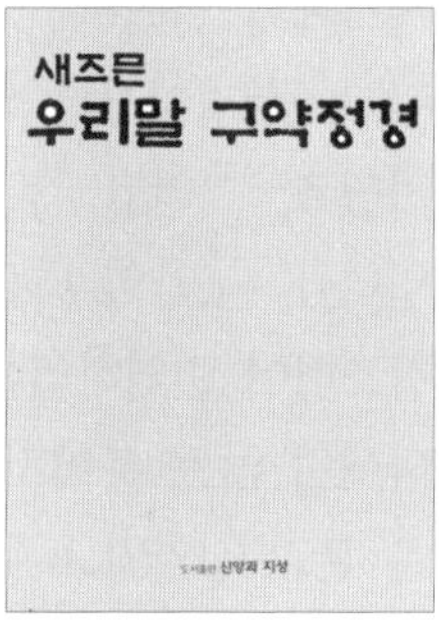

새즈문 성경 (2007)

여호와는 나의 목자시니 내게 부족함이 없습니다.
그가 나를 푸른 풀밭에서 쉬게 하십니다.
여호와는 나를 잔잔한 물가로 이끌어 쉬게 하시며
나에게 새 힘을 주십니다.
자신의 이름을 위하여, 주님은 나를 의로운 길로 인도하십니다. (쉬운 성경)

여호와는 내 목자시니 내게 부족한 것이 없습니다.
그분이 나를 푸른 목장에 눕히시고 잔잔한 물가로 인도하십니다.
내 영혼을 회복시키시고 당신의 이름을 위해 의로운 길로 인도하십니다. (우리말 성경)

여호와는 내 목자시니 나는 아쉬운 것이 없다.
그는 나를 방초동산에 재우시며
샘물 흐르는 쉼터에 이끄신다. (새즈문 성경)

그리고 저도 개인적으로 『시편 풀님』(2005)이라는 시편 번역을 펴내기도 했습니다. 단순한 번역이 아니고 번역 주를 길게 붙이고 뒤 부록에는 쿰란 공동체가 남긴 9개의 시를 번역하여 비교하여 읽어보도록 했습니다.[11] "풀님"이라는 말은 가톨릭교회가 해설 성경의 특징을 지니고 성경을 냈다고 했는데요, 바로 『성경직히』(성경직해, 1897)나 『ᄉᆞᄉᆞ성경』(사사성경, 1910)과 같은 성경에 들어 있는 설명 부분의 제목이 "풀님"이었어요. 토박이말이죠. 그래서 여기서 따온 이름입니다. 한번 시편(23:1-3)을 읽어보시죠.

야훼님은 나의 목자
아쉬울 것 없으니, 하나 없으니 -
푸르른 초원에서 뒹굴게 하시고
잔잔한 시내가로 데리고 가시어
정신 들게 하시니
님의 이름에 걸맞게 바른 길로 이끌어 주시니 -

2천년대에 나온 이들 개인번역의 특징은 주로 보수적인 신앙배경을 갖고 있는 학자들이 번역한 성경이라는 겁니다. 그래서 하느님의 이름이 "여호와"로 되어 있어요. 그리고 1980년대와 1990년대의 개인번역과는 다르게 원문성경에서 직접 번역한 성경이라는 점이죠.[12] 이렇게 개인번역이 많이 나온 까닭에 우리 한국 교회는 이제 성경을 여러 번역으로 읽을 수 있게 되었습니다. 앞으로는 이런 개인번역 성경이 많이 나올 것입니다. 이러한 번역을 통하여 우리는 성경을 더욱 풍요롭게 읽을 수 있을 것입니다.

---

11) 쿰란 공동체가 남긴 "시편 두루마리"(11QPs[a]) 속에 들어 있는 시편 8개와 한 개의 산문을 가리킨다.

12) 구약성경은 독일성서공회에서 펴낸 비블리아 헤브라이카 슈투트가르텐시아(BHS)를, 신약성경은 세계성서공회연합회가 펴낸 UBS 4판이나 독일성서공회의 네슬-알란트(Nestle-Aland) 27판을 주로 대본으로 사용하여 번역하였다.

16) 한중일 성경의 영향 관계

앞서 한글성경은 그 용어나 표현에 있어서 여러 성경의 영향을 많이 받았다고 했는데요, 여기서는 그 영향 관계를 도표로 그려보겠습니다. 괄호 속에 들어 있는 H는 히브리어성경을, C는 한문성경을, J는 일어성서를, K는 한글성경을 각각 가리킵니다.

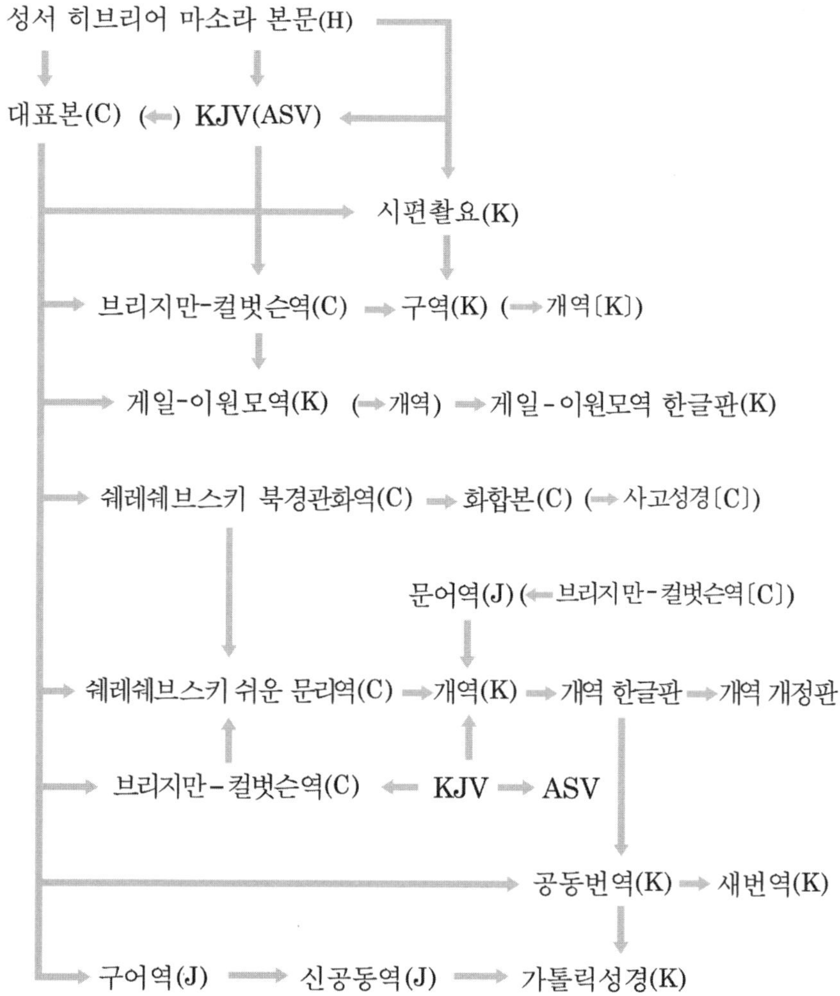

2. 쿰란사람들이 남긴 성경

달력 두루마리 (4Q321)

1947년이 우리 민족에게는 고난의 시절이었습니다. 남과 북이 갈라져 신탁을 한다, 만다 하여 온 나라가 떠들썩하고 또 생각이 많이 갈려 서로 원수처럼 고통스럽게 지내던 해이기도 했습니다. 결국 다음해에 북한과 남한은 서로 갈라섰습니다. 그러니까 우리에게는 분단의 해로 기억되는 한 해입니다.

그런데 이스라엘은 이즈음 나라를 세우기에 바빴던 한 해였습니다. 그럴 즈음 사해 서북쪽 바닷가에 가까운 키르벳 쿰란이라는 지역에서는 놀라운 일이 벌어집니다. 바로 성경 두루마리를 발견한 사건이죠. 이 지역을 그냥 쿰란 지역이라고 부르죠.

베두윈 목동 두 사람이 그해 겨울 가축떼를 몰고 이 지역을 돌아다니다가 그만 양 한 마리를 잃어버리죠. 무하메드 에드-디브(Muhammed ed-Dib)라는 소년과 줌아 무하메드 칼릴(Zum'a Muhammed Khalil)이라는 소년인데요, 줌아는 걱정이 앞섰죠. 그래 밤늦게까지 여기저기 돌아다니다가 어느 동굴에 혹

사해

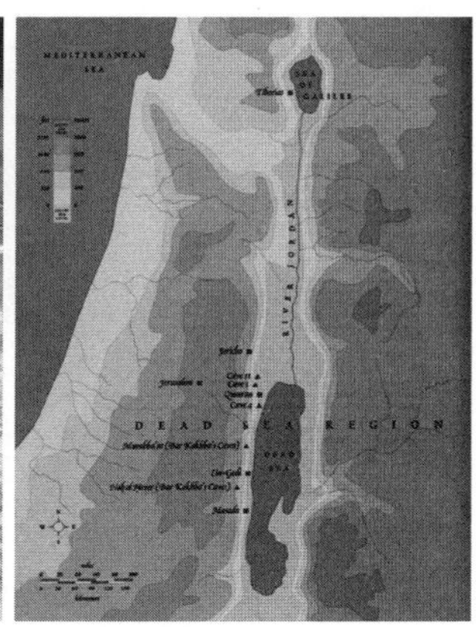

사해와 쿰란 동굴들

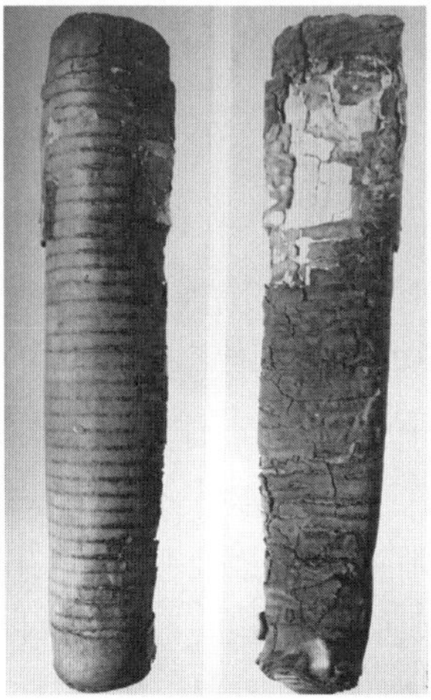

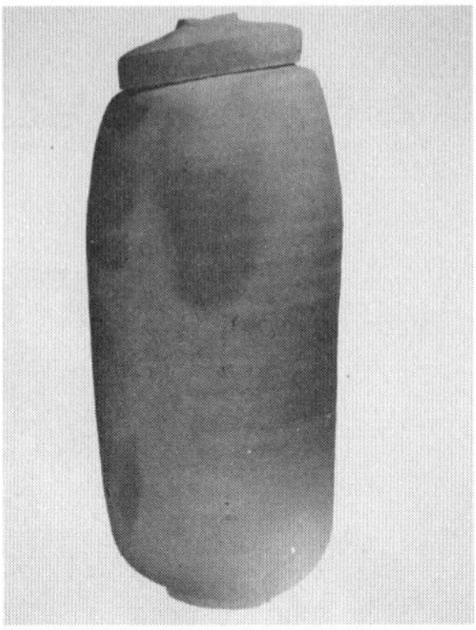

두루마리 단지

사해 두루마리의 본디 모습 (창세기 외경)

시 들어갔을까 해서 그곳에 돌멩이를 집어던집니다. 늑대라도 나오면 큰일이니까요. 그런데 그만 쨍그랑 하고 그릇 깨지는 소리가 들렸어요. 무서운 나머지 그날 밤 그냥 텐트로 돌아옵니다. 그리고는 다른 소년과 함께 다음날 아침 그 동굴로 다시 찾아갑니다.

그 동굴 속에 들어가 보니 자기가 던진 돌멩이에 깨진 기다란 단지가 보이고 그 속에는 가죽 두루마리가 들어 있었던 거죠. 횡재다 싶었겠죠. 힘든 목동 생활을 하면서 저 오래되어 보이는 가죽 두루마리를 팔면 그래도 생활이 펴지겠다 싶었겠죠.

마르 사무엘 대주교

이 가죽 두루마리를 들고 소년들은 칸도(Kando)라는 별명으로 유명한 고물상 상인에게 찾아갑니다. 이 사람의 이름은 칼릴 이스간디 샤힌(Khalil Iskander Shahin)인데요, 중요한 이름이기 때문에 이렇게 적어 봅니다. 칸도는 시리아 정교회 교인이었습니다. 예루살렘 구 시가지에 있는 성 마가 수도원에 다니는 교인이었는데요, 마침 이 수도원의 책임자였던 사무엘 대주교는 이 말을 칸도에게서 듣고 어떻게 해서든 그 두루마리를 가져오도록 합니다.

칸도는 결국 이 소년들에게서 두루마리를 구입하여 마르 아타나시우스 사무엘(Mar Athanasius Samuel) 대주교에게 갖다 줍니다. 주교는 칸도에게 24파운드를 주었는데 칸도는 다시 이 소년들에게 2/3에 해당하는 16파운드를 주었다고 합니다. 그렇게 처음 약속을 한 때문이죠. 당시 파운드는 팔레스타인 파운드인데 미화로 약 100 달러쯤 되는 돈이라고 합니다. 이 두루마리의 가치를 잘 몰랐기 때문이죠. 아무튼 당시 소년들에게는 큰 돈이었을 것이 분명합니다.

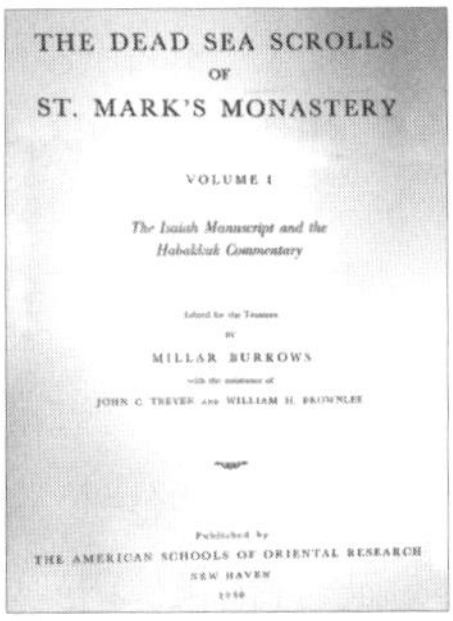

성 마가 수도원 사해 두루마리 출판본 표지

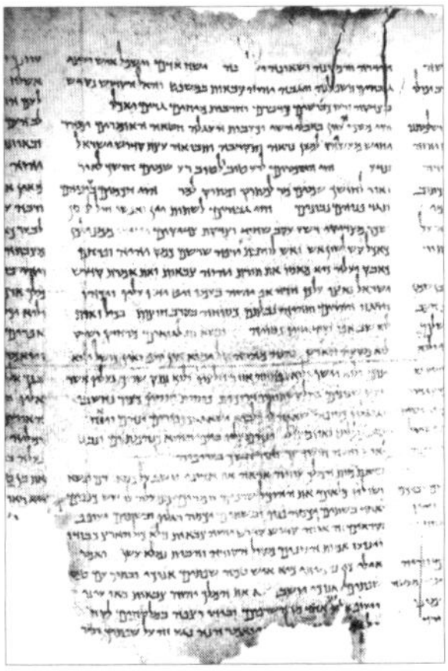

이사야 두루마리 (1QIs[a])

사무엘 대주교는 이 두루마리가 고대 문헌이라는 것을 백방으로 알아봅니다. 결국 이 두루마리가 예수님 당시까지 거슬러 올라가는 무척 오래된 두루마리라는 것을 알고 무척 기뻐합니다. 이분이 가지고 있던 두루마리는 “이사야 두루마리(a)”와 “하박국 주석”과 “공동체 규정” 그리고 “창세기 외경”이었습니다. 여러 차례에 걸쳐 이 두루마리를 팔려고 했지만 거래가 성사되지 않았습니다. 이러한 사정을 들은 윌리엄 브라운리(William Brownlee)라는 학자는 사무엘 대주교를 만나 사진이라도 찍게 해달라고 간청합니다. 사무엘 대주교는 허락하죠. 그렇게 해서 최초의 이사야 두루마리(a) 사진판과 하박국 주석의 사진판이 발행되는데요, 이것이 바로 『성 마가 수도원 사해 두루마리』라는 제목의 책으로 나옵니다. 지금도 가장 완벽한 형태로 남아 있는 이 두루마리는 이사야서를 연구하는 데 무척 소중한 자료입니다. 사무엘 대주교가 이렇게 사진을 찍도록 허락한 이유는 이렇게 해서 일반 사람들에게 이 두루마리의 존재가 알려지면 그 가치가 더 올라갈 것으로 생각한 때문이죠.

몇 년이 지나도 거래가 성사되지 않았습니다. 사무엘 대주교는 당시 시리아 정교회의 미국 순회 사절단으로 임명됩니다. 1948년 말입니다. 그렇게 해서 사무엘 대주교는 가방 속에 이들 네 두루마리를 갖고 미국으로 갑니다. 그리고 얼마 지나서 뉴욕 맨해튼에 있는 공공도서관에서 전시회를 엽니다. 지금도 이때의 영상 기록이 남아 있습니다. 미국 평화방송(PBS)에서 제작한 영상물이죠. 수염을 길게 기른 사무엘 대주교가 이사야 두루마리(a)를 펼치는 장면은 무척 인상적입니다.

또 몇 년이 지나도 두루마리를 사려는 사람이 없었습니다. 급기야 뉴욕에서 발행하는 「월 스트리트 저널」에 자그마한 광고 하나가 나옵니다. 1954년의 일입니다. 그러니까 두루마리가 처음 발견된 지 7년 뒤이죠. 사무엘 대주교는 이 두루마리를 소개하면서 종교기관이나 학교에서 교재용으로 무척 유용할 것이니 이 두루마리를 사라는 광고를 실은 거죠. 유대인 학자 이가엘 야딘(Yigael Yadin)은 자금을 동원해서 25만 달러에 이들 세 두루마리를 삽니다. 중개인을 통해서 구입한 것이죠. 그리고는 이 두루마리가 예루살렘으로 돌아옵니다. 1955년의 일입니다.

흔히 사람들은 말합니다. 사무엘 대주교는 두루마리를 들고 미국에 건너가 혼자 호의호식하려고 했다고 말입니다. 그러나 그렇지 않습니다. 이분은 뉴저지 유니온이라는 소도시에서 교회를 시작합니다. 그리고는 시리아에서 건너오는 이민자들에게 직업을 알선해 주기도 했습니다. 교인들을 돌본 것이죠.

1995년쯤으로 기억하는데요, 제가 뉴욕대학교에서 구약을 공부하고 있을 때입니다. 영어가 서툴렀던 저는 뉴욕 유니온신학대학원 뒤에 있는 리버사이드 교회(Riverside Church)의 영어 프로그램에 참석하여 일주일에 한 번씩 공부한 적이 있습니다. 은퇴하신 미국인들이 유학생들에게 영어를 가르쳐주는 프로그램이죠. 한 분 선생님과 한 시간 영어로 이야기를 나누는 프로그램인데요, 저에게 그때 영어를 가르쳐 주신 분의 이름은 잊어버렸습니다. 하지만 아프리카계 미국인이었고 할머니였습니다. 중학교 영어교사를 평생 하셨던 분인데요, 한 70쯤 되시는 분입니다. 그분 말로는 자원봉사라고 했습니다. 처음 만나 그분이 무슨 공부하느냐고 해서 저는 구약을 공부하는데 지금은 사해 두루마리를 공부하고 있다고 했습니다. 그랬더니 시편의 "셀라"가 무슨 뜻이냐고 묻기도 하셨어요. 그런데 몇 주 뒤에 그분은 제게 신문조각 하나를 내미셨습니다. 자신이 사시는 동네에서 나오는 신문인데, 그 신문에는 사무엘 대주교의 장례식을 치렀다는 기사가 실려 있었습니다. 사무엘 대주교에 대해서 비교적 소상히 설명하고 있더군요. 그런데 저는 깜짝 놀랐습니다. 그 장례식에 10만 명의 교인들이 참석했다는 것입니다. 그러면서 이분은 존경받는 주교였다는 겁니다.

그러니까 1950년대 중반부터 이분은 그곳 뉴저지 소도시에서 교회 일을 보셨던 거죠. 찾아오는 이민자 교우들에게 직업을 알선하면서 그분들을 정성껏 돌본 것이죠. 소문대로 혼자만 잘살려고 두루마리를 판 것이 아니라 그 돈으로 이민자 교우들을 돌본 것입니다. 사무엘 대주교는 훌륭한 분이었습니다.

그런데 이와는 별도로 엘르아자르 수케닉(Eleazar L. Sukenik) 교수라는 분이 있었습니다. 이분의 이름도 꼭 기억해야 할 이름입니다. 처음으로 이 두루마리를 보고 기원전 2-1세기 문헌인 것을 알아본 학자이기 때문입니다. 이분은 본디 유대인 무덤 새김글을 연구하는 전문가였습니다. 그러니까 무덤 속의 관에 새겨져 있거나 쓰여 있는 글씨를 잘 알아볼 수 있는 몇 안 되는 학자였던 셈이죠. 이분은 이 두루마리를 보고 고대 문헌인 것을 확신합니다. 당시 자신이 얼마 전에 연구하여 발표한 무덤 새김글의 글씨와 너무나 비슷하게 생겼기 때문입니다. 어렵게 통로를 통하여 거래하였죠. 집을 전당잡혀 그 두루마리들을 사려고도 했습니다. 결국 "이사야 두루마리(b)"와 "감사 찬송" 두루마리 그리고 "전쟁 두루마리"를 구입합니다. 무척 흥미로운 사실은 이분의 아들인 이가엘 야딘(Yigael Yadin) 박사는 앞서도 말씀드린 분인데요, 이즈음 청년이었는데 아버지가 두루마리를 보러 간다고 했을 때 위험한 상황이니 가시지 말라고 어머니와 함께 설득하여 처음에는 가지 못하게 했다는 것입니다. 나중에 수케닉 교수는 식구들에게 알리지 않고 몰래 중개인과 만나 일을 성사시켰지만 말입니다. 몇 년 뒤인 1953년에 아버지인 수케닉 교수가 갑자기 돌아가시고 야딘은 동 예루살렘을 탈환한 장군으로 유명해졌는데요, 당시 칸도라는 중개인이 갖고 있던 "성전 두루마리"를 압수해 옵니다. 나중에 돈을 지불하였지만 말이죠. 그리고는 이 두루마리를 연구하여 세 권이나 되는 방대한 책을 각각 히브리어와 영어로 펴내기도 합니다. 그러니까 수케닉 교수와 이가엘 야딘 박사는 사해 두루마리 연구에 결정적인 공을 세운 부자(父子) 학자들인 셈입니다. 야딘 박사는 나중에 "전쟁 두루마리"를 『빛의 자녀들과 어둠의 자식들의 싸움』이라는 책으로 펴내기도 합니다.

이렇게 해서 우여곡절 끝에 쿰란 제1동굴에서 발견된 일곱 개 두루마리는 지금 이스라엘 예루살렘의 "책의 전당"(Shrine of the Book)이라는 박물관에 잘 보관되어 있습니다. 이 박물관은 쿰란 동굴에서 발견된 두루마리 단지의 뚜껑과 똑같이 디자인되어 있습니다. 그리고 검은색의 네모난 건물이 바로 옆에서 있습니다. “전쟁 두루마리”에 나오는 빛의 자녀들과 어둠의 자식들을 상징화한 건물입니다.

1) 쿰란 제1동굴

이렇게 베두윈 목동 소년들이 처음 발견한 두루마리는 모두 7개인데요, 그 해 겨울에 발견한 두루마리는 세 개로 “이사야 두루마리(a)”와 “전쟁 두루마리” 그리고 “감사찬송 두루마리”였습니다. 그리고 그해 여름 이 소년들은 네 개의 두루마리를 그곳에서 더 발견합니다. 그 두루마리는 “이사야 두루마리(b)”와 “창세기 외경”과 “공동체 규정”과 “하박국 주석”이라는 두루마리입니다. 그러니까 그해에 발견하여 시리아정교회 마르 사무엘 대주교가 구입한 두루마리를 다시 나열하면 이렇습니다.

이사야 두루마리(a) (1QIs^{a})
이사야 두루마리(b) (IQIs^{b})
감사찬송 (1QH^{a})
전쟁 두루마리 (1QM)
공동체 규정 (1QS)

이사야 두루마리 (1QIs^{b}) (1)

창세기 외경 (1QapGen)
하박국 주석 (1QpHab)

각각 괄호에 들어 있는 것은 학자들이 이름 붙이는 전문용어입니다. 잠시 뒤에 설명하겠습니다. 우선 이곳 동굴에서 발견된 일곱 개의 두루마리는 무척 중요합니다. 성경 이사야 두루마리가 두 개이구요, 또 쿰란 사람들이 쓴 두루마리가 다섯 개입니다.

이사야 두루마리는 두 종류가 발견된 것이죠. "a"라고 붙인 이사야 두루마리는 가장 완벽한 형태로 길이가 약 9미터나 되는 이사야 전체를 다 담고 있는 두루마리고, "b"라고 이름 붙은 두루마리는 이사야서 일부만 들어 있는 두루마리입니다. 저는 앞의 것(a)을 "성(聖) 마가 수도원 이사야 두루마리"라고 부르고, 뒤의 것(b)을 "히브리대학교 이사야 두루마리"라고 부릅니다. 발견된 이후 앞의 것은 성 마가 수도원에, 뒤의 것은 히브리대학교에 비치되어 있었기 때문에 이렇게 이름 붙이는 거죠.

그리고 쿰란 사람들이 쓴 나머지 다섯 두루마리 가운데에서 "전쟁 두루마리"는 쿰란 사람들이 가장 늦게 쓴 작품입니다. 기원전 1세기 중반에 쓴 것으로 짐작합니다. 내용은 민수기와 비슷합니다. 전쟁 대형을 자세하게 그리고 있어요. 옛날에는 이 두루마리를 "빛의 자녀들과 어둠의 자식들의 싸움"이라고 불

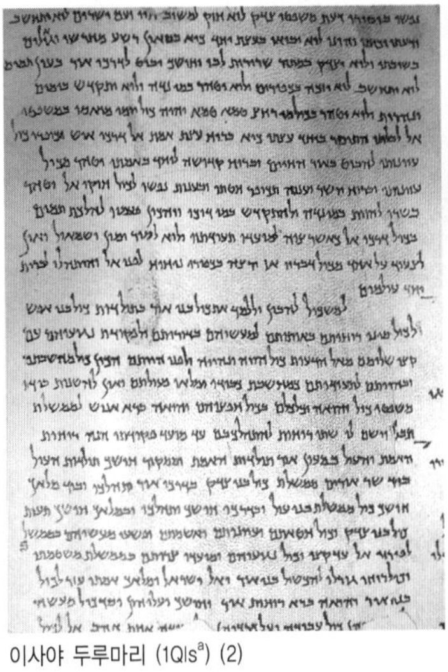
이사야 두루마리 (1QIs[a]) (2)

이사야 두루마리 (1QIs[b]) (3)

감사찬송 (1QH) (1)

렀습니다. 로마 제국과 싸우기 위해 이러한 전략 지침서를 쓴 것으로 보입니다. 자신들은 빛의 자녀들이고 로마 제국은 어둠의 자식들인 셈이죠. 이렇게 빛과 어둠이라는 이분법적 사고를 이 마지막 두루마리를 통해 알 수 있습니다. 신약의 요한 서신에 나오는 빛과 어둠의 대비가 생각나는 두루마리이기도 합니다.

그리고 "감사 찬송" 두루마리는 쿰란 사람들을 이끌었던 그들의 스승이 쓴 작품으로 알려져 있는데요, 초기 작품입니다. 성경의 시편과 거의 같다고 생각하시면 됩니다. "나는 찬양합니다"라는 히브리 말(오데)로 매 단락이 시작하기 때문에 이 표현에서 따와서 "호다욧"이라고 부르기도 합니다. 쿰란 사람들은 자신들을 "공동체"(약하드)나 "사독 사람들"이라고 불렀는데요,[13] 이 공동체를 처음 시작하면서 얼마나 힘들었는가를 시 형식으로 잘 말해 주고 있는 두루마리입니다. 마치 해산하는 어머니처럼 고통스럽고 죽음의 문턱에 다가가는 기분이라고 이 시를 썼던 공동체의 스승은 말합니다.

하박국 주석

또 "하박국 주석"이라는 두루마리는 이름 그대로 하박국을 주석한 것인데요, 주석이라고 하니까 무척 어렵게 느껴지시겠지만, 어렵지 않습니다. 신약의 편지를 썼던 이들이 구약을 설명하는 방식과 똑같습니다. 당시의 상황을 말하고 있어요. 예루살렘의 대제사장을 "멜기 레샤"라고 부르고 자신들

13) 히브리어로 "공동체"란 뜻의 "약하드"는 "יחד"(1QS i 1)로, "사독 사람들"이란 뜻의 "브네이 짜도크"는 "בני צדוק"(1QS iii 20)로 각각 표기한다. 여기서 "1QS"의 "1"은 쿰란 제1동굴을, "Q"는 "쿰란"(Quran)의 첫 자로 쿰란동굴을, 또 "S"는 "공동체 규정"이란 뜻의 히브리어 "Serek"(סרך)의 영어음역 첫 글자를, "iii"은 셋째 란을, "1"은 첫째 행을 각각 가리킨다. 따라서 "1QS iii 20"은 "쿰란 제1동굴에서 나온 공동체 규정 제3란 제20행"을 가리킨다.

공동체 규정 (1QS)

의 스승을 "바른 스승"이라고 부르고 예루살렘의 대사제를 "나쁜 제사장"으로 부르죠.[14] 두 그룹의 갈등이 얼마나 심각했는가를 잘 말해 주는 두루마리입니다.

"공동체 규정"이라는 두루마리는 쿰란 지역에서 공동체를 이루고 살았던 그분들의 내부 규정입니다. 내규라고 해야 하겠군요. 매우 철저합니다. 이들을 저는 쿰란 공동체 정회원이라고 부릅니다. 그냥 그렇게 불러보는 거죠. 도시에 흩어져 살았던 쿰란 공동체 일원들도 있었는데 이들을 저는 준회원이라고 부릅니다. 이들이 지켜야 했던 규정은 "다메섹 문서"라고 따로 있습니다. 나중에 발견됩니다.

창세기 외경

"창세기 외경"은 특이한 책입니다. 옛날에는 "라멕의 책"이라는 이름으로 부르기도 했는데요, 이름을 보아서 알 수 있듯이 창세기 이야기를 주제로 쓴 두루마리입니다. 다른 두루마리는 모두 히브리어로 썼는데요, 이 두루마리만 아람어로 썼습니다. 그래서 이 두루마리와 함께 두 개의 이사야 두루마리는 쿰란 사람들이 쓴 것이 아니라 외부에서 가져온 것으로 짐작합니다. 이집트 왕에게 끌려간 아내 사라를 생각하며 눈물 흘리며 기도하는 나약한 아브라함의 모습이 담겨 있구요, 또 사라의 아름다움이 성경에는 그냥 "몹시 아름다웠다"라고 되어 있는데 이 두루마리에는 6-7행으로 길게 묘사되어 있기도 합니다. 성경의 아가를 연상하시면 됩니다. "틈 메우기" 기법이라고 하여 영어로는 "gapping"이라고 하는데 유대인들이 전통적으로 성경을 읽는 방식입니다. 성경이 말하고 있지 않은 부분은 무한한 상상력을 동원하여 그 틈을 메우

14) 히브리어로 "바른 스승"(모레 하-쩨덱)은 "מורה הצדק"(vii 4)으로 "나쁜 제사장"(하-코헬 하-레샤)은 "הכוהן הרשע"(viii 8)로 표기한다.

는 글쓰기 방식입니다.

이렇게 이 동굴에서 발견된 두루마리는 무척 흥미로운 내용을 담고 있습니다. 이 동굴을 학자들은 제1동굴이라고 부릅니다. 그래서 앞의 괄호 속 표기 가운데 "1"이라고 쓴 숫자는 바로 그 동굴의 이름을 가리킵니다. 1957년까지 모두 11개의 동굴에서 약 850종류의 사본이 발견되었는데요, 이렇게 동굴에 숫자를 매긴 것은 발견된 순서대로 붙인 것입니다. 특별한 의미는 없습니다. 그리고 "Q" 자는 바로 "쿰란"의 영어 표기인 "Qumran"의 약자입니다. 그리고 이사야의 경우 "Is"는 이사야서의 영어 이름 "Isaiah"의 약자입니다. 그리고 이사야는 "a"와 "b"가 있다고 했는데 이렇게 영어 알파벳으로 표기한 것은 이 문헌을 연구하는 학자들이 유럽인들이거나 미국인들이기 때문에 이렇게 붙인 것이죠. 순서도 의미가 없습니다. 다만 이사야 두루마리(a)와 (b)는 "a"가 완벽한 형태의 두루마리이기 때문에 그렇게 먼저 이름 붙인 것 같습니다.[15)]

2) 쿰란 사람들의 성경

쿰란 사람들의 등잔

쿰란 사람들의 잉크병

이렇게 제1동굴에서 나온 두루마리를 설명드렸는데요, 여기서 특별히 말할 것은 이사야 두루마리이죠. 두 개의 이사야 두루마리가 이렇게 한 동굴에 있었다는 것은 쿰란 사람들이 얼마나 성경을 사랑하고 연구하고 베끼고 또 소중히 보관했는지 잘 알 수 있는 대목입니다. 사도 바울은 우리 몸을 "성령께서 사시는 성전"(고전 6:19)이라고 말하기도 하고 "살아계신 하

15) "하박국 주석"은 "1QpHab"이라고 표기하는데 "Hab"은 영어 이름 하박국(Habakuk)의 약자다. 그 앞에 소문자로 붙어 있는 "p"는 "주석"이라는 뜻의 히브리어(페쉐르, פשר)의 약자다. 또 "공동체 규정"은 "1QS"로 표기하는데 이 두루마리의 히브리어 이름(쎄렉)의 첫 글자다. 그리고 "전쟁 두루마리"도 마찬가지다. 전쟁을 히브리어로 "밀하마"(מלחמה)라고 부르는데 이 이름의 영어 표기인 "Milhama"의 첫 글자를 따와 "M"으로 표기한다. 특이한 경우는 "창세기 외경"이다. "1QapGen"라고 표기하는데 "Gen"은 창세기의 영어 이름(Genesis)의 약자다. 그 앞에 붙어 있는 "ap"는 "외경"이란 뜻의 영어 이름(Apocrypha)의 약자다.

느님의 성전"(고후 6:16)이라고 했죠. 그런데 쿰란 사람들은 자신들을 "말씀의 전"이라고 부를 정도로 성경을 소중하게 생각했습니다.

이분들이 남긴 성경 두루마리는 모두 200개쯤 됩니다. 성경이라고 하면 여기서는 구약을 가리킵니다. 신약을 읽어보면 "경에 기록되기를"이나 "성경에 이르시기를"이라는 말이 자주 나옵니다. 이렇게 신약시대 예수님의 성경은 구약이었고 또 사도들의 성경도 구약이었습니다. 구약이란 이름은 주후 4세기나 되어서야 생겨난 말입니다. 당시는 성경을 그냥 "토라"라고 불렀습니다. "가르침"이라는 뜻입니다만 때로 "모세 오경"을 가리키기도 하고 또 "구약 전체"를 가리키는 말로 사용되기도 했습니다. 그러면 쿰란 사람들이 남긴 성경의 사본은 몇 개씩 되는지 한번 보기로 하죠. 임마누엘 토브(Emmanuel Tov)라는 학자가 분류한 대로 인용해 보기로 하죠. 각 책 왼쪽은 지금 우리가 가지고 있는 히브리어성경과 같은 정방형 히브리어 글자체로 기록된 두루마리의 숫자고, 오른쪽은 고(古) 히브리어 글자체로 기록된 두루마리입니다.

	정방형 히브리어 글자체	고(古) 히브리어 글자체
창세기	16–[16]	3
	17[17]	
출애굽기	14[18]	1
레위기	8[19]	4
민수기	6	1
신명기	29	2
여호수아	2	
사사기	5	
사무엘상하	4	
열왕기상하	3	

16) 4QGen-Exod[a], 4QpaleoGen-Ex[l]에는 출애굽기도 함께 들어 있다.

17) 출애굽기도 함께 들어 있는 두루마리 숫자다.

18) 4QExod[b]에는 창세기도 함께 들어 있으며 4QExod-Lev[f]에는 레위기도 함께 들어 있다.

19) 4QLev-Num[a]에는 민수기도 함께 들어 있다.

이사야	21	
예레미야	6	
에스겔	6	
열두 예언서	8-9	
시편	36	
욥	3	1
잠언	3	
룻	4	
아가	4	
애가	4	
전도서	2	
다니엘	8	
에스라-느헤미야	1	
역대상하	1	

모두 205-6개의 사본입니다. 이 가운데에는 두 책이 한 두루마리에 필사된 것들도 있어요. 곧 창세기와 출애굽기가 또 출애굽기와 레위기가 하나로 붙어 있는 경우도 있어요. 이는 모두 쿰란의 11개 동굴에서 발견된 성경 두루마리의 숫자입니다. 또 희랍어로 기록된 성경 두루마리도 있어서 정확한 숫자를 헤아리기가 어렵습니다.

이 가운데 에스더서는 아직껏 발견되지 않았습니다. 이 당시 성경으로 인정받지 못했는지도 모르죠. 아니면 우연히 발견되지 않았을 수도 있습니다. 느헤미야의 경우는 좀 다릅니다. 본디 히브리어성경에는 에스라와 하나였거든요. 그래서 발견되지 않은 것이라고 말할 수는 없죠. 이들 가운데에는 위의 오른쪽에 표시한 대로 고(古) 히브리어 글자체로 기록된 두루마리의 수가 보이죠. 특이한 것은 레위기가 가장 많고요. 아마도 제사규정을 중시했던 사람들이 바로 쿰란 사람들이었기 때문이 아닐까 생각합니다. 또 욥기도 이 글자체로 기록된 것이 하나 있다는 사실인데요, 욥은 전통적으로 유대인들이 사사시대의 작품으로 간주하는 전통이 있기 때문이 아닐까 짐작합니다. 실제로 이 전통을 물려받은 시리아 교회의 성경에는 오경 다음에 욥기가 들어 있는 성경도 있습니다. 이것을 다시 각 동굴에서 어떤 두루마리가 나왔는지 다시 보기로 하겠습니다.

제1동굴	17
제2동굴	18
제3동굴	3
제4동굴	137
제5동굴	7
제6동굴	7
제7동굴	1
제8동굴	2
제9동굴	0
제10동굴	0
제11동굴	10

쿰란 제4동굴에서 바라본 사해

쿰란 제4동굴

이렇게 놓고 보면 제4동굴에서 나온 성경 두루마리가 제일 많습니다. 200여 개의 두루마리 가운데 137개 두루마리니까 약 70%가 이 동굴에서 나왔습니다. 쿰란 사람들이 공동체를 이루고 살았던 그 지역 바로 옆에 있는 가장 유명한 동굴입니다. 옆의 사진에서도 보듯이 아마도 이 쿰란 제4동굴이 쿰란 사람들의 두루마리 보관소가 아니었을까 짐작합니다. 처음 이 동굴을 발견한 이들의 증언을 보면 벽과 벽을 잇는 나무 기둥이 쏟아져 내려앉아 있었고 그 위에 두루마리가 여기저기 흩어져 있었다고 했으니까요.

열한 개 동굴에서 발견된 모든 문헌의 숫자가 약 850 정도 되니까 성경 두루마리 200여 개는 그 가운데 약 1/4이 됩니다. 그만큼 이들 쿰란 사람들은 성경을 많이 베끼고 또 보관하고 있었습니다. 단지 자신들이 좋아하는 성경만이 아니라 외부에서도 두루마리를 많이 가지고 왔을 가능성이 큽니다. 따라서

쿰란 유적지 a, b, c, d, e

꼭 쿰란 사람들의 선호도만 가리키지 않습니다. 물론 쿰란 사람들의 선호도라고 말할 수도 있겠죠.

위에서 본 대로 많이 남긴 사본의 수를 기준으로 쿰란 사람들이 어떤 성경책을 더 좋아했을까 하고 조사해 보면 시편이 가장 많습니다. 모두 36개의 두루마리를 남겼습니다. 이 가운데에서 가장 유명한 것은 제11동굴에서 나온 "시편 두루마리"(11QPs[a])라는 것입니다. 그리고 다음으로 많은 성경은 신명기(31)와 이사야(21)입니다. 그리고 이어서 창세기(19)와 출애굽기(17) 그리고 레위기(12)입니다. 지금 우리가 좋아하는 구약 책과 별반 다르지 않습니다. 그러니까 구약 가운데에서도 쿰란 사람들이 좋아하던 성경책은 시편과 신명기와 이사야였다는 사실을 알 수 있습니다. 신약성경에 인용된 구약도 그 빈도수를 따라 세어보면 똑같습니다. 그러니까 신약성경도 유대인들이 썼다는 사실을 감안하면 기원전 2세기에서 기원후 2세기까지 유대인들이 가장 많이 읽었던 구약책은 바로 이렇게 다섯 권의 책이라는 사실을 알 수 있습니다. 왜 이들 책을

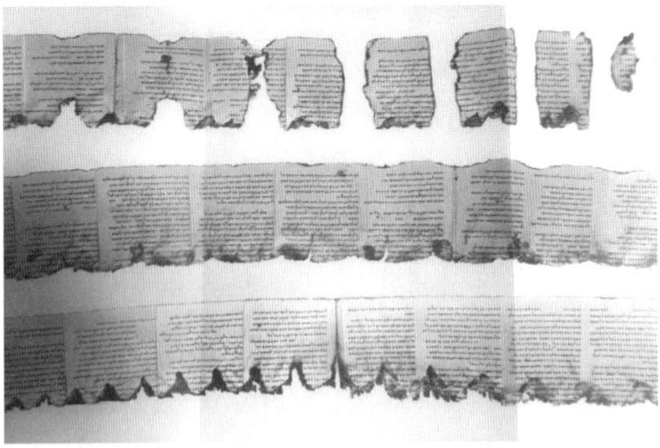
시편 두루마리 (11QPs)

좋아했을까요?

시편을 좋아한 까닭은 기도이기 때문이죠. 기원전 6세기 포로기 이후부터는 예배드릴 성전이 없어졌기 때문에 기도가 강조되었습니다. 기도는 "하느님이 받으시는 향기로운 제물"(시 141:2)인 까닭이죠. 시편에도 이런 생각이 들어있습니다만 한 곳에서만 하느님을 섬기지 않고 어디서나 그분께 기도드리면 그것이 바로 예배였던 셈이죠. 그래서 유대인들은 시편을 무척 사랑했습니다. 그들의 분노, 그들의 절망, 그들의 희망, 그들의 기도가 바로 이 시편 속에 들어있죠.

이사야서는 메시아에 대한 책이기 때문입니다.[20] 쿰란 사람들은 이렇게 말하죠. 자신들이 광야에서 이렇게 고통스럽게 살아가는 이유는 온 이스라엘의 죄를 대속하기 위해서라고 말입니다.[21] 이사야 53장의 고난 받는 종을 자신들과 동일시했던 것 같습니다. 그래서 이렇게 이 책을 많이 사랑했던 듯합니다.

신명기를 좋아했던 이유는 그 속에 하느님을 어떻게 사랑해야 하는가 적어놓은 책이기 때문입니다. 지금도 "쉐마"라고 하여 신명기(6:4)에 나오는 기도문을 유대인들은 회당에서 외웁니다. 우리가 주기도문을 외우듯 그렇게 외우죠. 그만큼 한 분 하느님을 사랑하라는 명령은 그분들에게 가장 중요한 명령이죠. 그런데 쿰란 사람들은 경구함이라 하여 성경 귀절을 작은 갑 속에 넣고는 끈을 매달아 머리에 답니다. 또 팔뚝에 매기도 하죠. 또 집 출입문 기둥에 성경구절을 넣은 작은 함을 붙이기도 합니다. 신명기에 나오는 명령을 준수하려는 것이죠. 몸에 매다는 것은 "경구함"(經句函, 테필린)이나 "성구 갑"이라고 부르고 집 대문에 붙이는 것은 "메주자"라고 부릅니다. 경구함은 신약성경 마태복음(23:5)에도 등장합니다. 이들 속에 들어 있는 성경구절은 주로 신명기(6:4-9)와 출애굽기 십계명(20:2-17)입니다. 이렇게 출애굽도 이분들에게는 중요한 역사 경험입니다. 출애굽이라는 고난의 경험이 없었다면 이스라엘도 없었을지 모릅니다. 지금도 유대인들은 넘는절(유월절)이 되면 예식을 가정에서 거행합니

---

20) 우리나라에서도 처음 구약이 번역될 때 이사야 53장을 번역한 분이 있다. 알렉산더 피터스(Alexander A. Pieters)라는 선교사로 1898년 장로교회에서 펴낸 『찬셩시』라는 찬송가(제70장)에 이사야 53장을 번역하여 노래로 부르도록 했다.

21) "회중 규정"(1QSa i 1-3)에는 이런 내용이 나온다. "마지막 때 곧 제사장들인 사독 사람들과 공동체 회원들의 규칙에 따라 그들이 [함께 걸어]야 할 때를 이르는 말이다. 이들은 땅[을 대]속(代贖)하기 위하여 악(惡) 한가운데에서 언약을 지키는 이들이다."

다. 바로 그 이야기 또한 그 중심은 출애굽입니다. 이렇게 경구함과 메주자도 쿰란 동굴에서 여럿 발견되었죠.

그리고 창세기는 아브라함과 사라의 이야기입니다. 유대인들은 전통적으로 이 선조 할머니 할아버지와 자신들을 동일시했습니다. 앞에서 인용한 "창세기 외경"(1QapGen)이라는 책이 그렇습니다. 아브라함과 사라의 이야기는 신약에도 많이 나오지 않습니까? 레위기 또한 쿰란 동굴에서 많이 발견되었는데요, 쿰란 사람들은 본디 사두개인들입니다. 예루살렘에서 제사장 일을 보던 이들이죠. 그래서 제사규정이 많이 나오는 레위기는 무척 중요한 책이죠. 특히 이분들이 무척 관심을 기울였던 것이 바로 정결법이었습니다. 그러니 레위기가 많이 나올 수밖에 없었을 것입니다. 심지어 레위기는 옛날 히브리어 글자체로 레위기 전체를 베낀 두루마리도 있습니다. "고(古) 히브리어 레위기 두루마리"(11QpaleoLev)라고 부르죠. 또 하나 우리가 관심을 기울여야 할 책은 다니엘입니다. 다니엘은 학자들의 생각으로는 쿰란 사람들이 공동체를 이루고 살기 시작한 시대와 거의 동시대에 쓴 책이라고 말합니다. 곧 기원전 2세기 중반인데요, 이 책은 메시아와 종말에 대한 책이죠. 그러니 이 책이 무척 중요할 수밖에 없었을 것입니다. 그래서 많은 두루마리가 발견되었던 듯합니다.

3) 쿰란 사람들은?

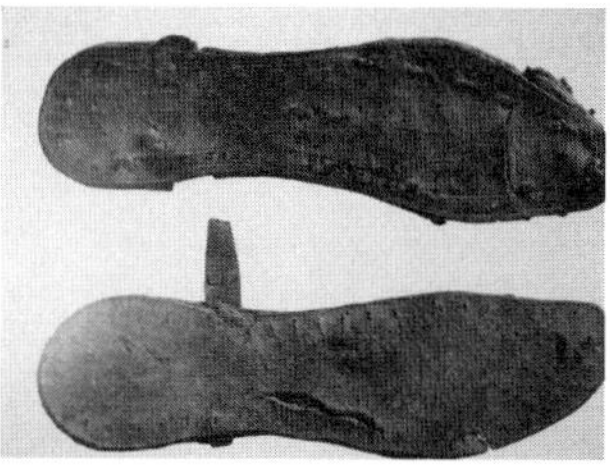
쿰란 사람들의 샌들

앞서도 잠깐 말씀드렸습니다만 쿰란 사람들은 언제부터 그곳에서 공동체를 이루고 살았는지 사실 잘 알 수 없습니다. 다만 대략 기원전 150년경부터 이 공동체가 시작되지 않았을까 짐작할 뿐이죠. 그리고 이들은 어떤 사람들이었는가에 대해서도 의견이 분분합니다. 기원후 1세기에 활동한 요세푸스라는 유대인 역사가가 쓴 『유대 고대사』에는 에세네 사람들이라는 말이 나옵니다. 학자들은 쿰란 사람들이 이들의 일부가 아니었을까 짐작합니다. 요세푸스에 의하면 에세네 사람들은 당시 약 4천 명쯤 있었다고 합니다. 바리새인들은 약 6천 명쯤 있었다고 하니까 에세네 사람들의 수도 엄청난 것을 알 수 있어요. 또 다른 그룹은 사두개 사람들이었습니다. 또

독립운동을 벌이던 열심당원도 있죠.

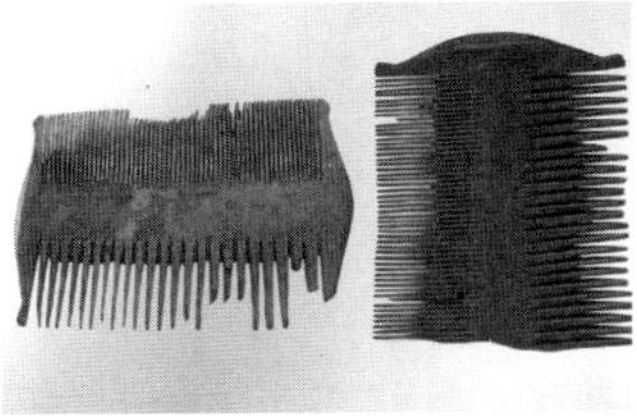
쿰란 사람들의 머리 빗

쿰란 사람들의 단지

신약성경에는 사두개인들과 바리새인들 그리고 열심당원이 나오죠. 그런데 에세네 사람들은 나오지 않습니다. 예수께서 활동하시기 전에 많은 사람들을 감동시켰던 세례자 요한이 있죠. 그의 생활모습이 쿰란 사람들과 비슷하다고 하여 그가 아마도 쿰란 사람들과 어떤 접촉이 있었을 것이라고 생각하는 분들도 많습니다. 하지만 확실하지 않아요. 심증은 가지만 물증이 없다는 거죠.

할라카 편지 (MMT)

쿰란 사람들이 남긴 두루마리 가운데 가장 늦은 것은 "전쟁 두루마리"(1QM)라고 말씀드렸습니다. 그런데 가장 이른 것은 "할라카 편지"(MMT)라는 문헌입니다. 이 문헌을 보면 어떻게 이들이 예루살렘 제사장 그룹과 의견이 달랐는지 잘 말해 주고 있어요. 편지 형식의 이 문헌은 22개의 조항으로 왜 자신들이 갈라설 수밖에 없었는지 조목조목 설명하죠. 그런데 그 가운데에서도 가장 유명한 것은 바로 정결법입니다. 자세한 이야기는 여기서 다 할 수는 없습니다. 다만 이들 쿰란 사람들이 예루살렘 제사장 그룹보다 더 엄격한 규칙을 지켰다는 것이죠.

예루살렘 제사장 그룹도 쿰란 사람들도 사실 모두 사두개인들입니다. 사두개인이라는 사실은 자신들을 "사독 사람들"이라고 부르는 것에서 잘 알 수 있습니다. 사독은 잘 아시는 대로 다윗이 제사장으로 삼은 두 사람 가운데 한 사람이죠. 다윗은 아비아달과 사독 두 사람을 대제사장으로 삼았는데 솔로몬은 사독만 대제사장으로 삼습니다. 그 까닭은 아비아달이 솔로몬이 왕이 되는 것을 반대한 때문이죠. 사독 후손들은 이때부터 바빌론 포로기 50년을 빼고는 예루살렘의 대제사장직을 계속 이어갔어요. 이러한 사실은 에스겔(44:15)을 읽어보면 잘 알 수 있죠.

"그러나 이스라엘 자손이 나에게서 떠나 잘못된 길로 갔을 때에도
레위 지파 가운데서 사독의 자손 제사장들은
내 성소에서 맡은 직분을 지켰으므로
그들은 내게 가까이 나아와서 나를 섬길 수 있고
내 앞에 서서 내게 기름과 피를 바칠 수 있다.
나 주 하나님의 말이다."

한글 『새번역』으로 읽어본 것인데요, 에스겔의 이 부분은 바빌론 포로기 이후에 쓴 것으로 학자들은 생각합니다. 에스겔 40장-48장은 이스라엘의 새로운 성전 비전을 말하고 있는 부분이기 때문에 더욱 그렇습니다. 이 새로운 성전에서 가장 중요한 역할을 할 제사장 가문은 사독 가문이라는 거죠. 그 까닭은 지금껏 성실하게 그 임무를 잘 수행한 때문이라고 말합니다.

이렇게 사독 가문은 오래도록 대제사장 직을 수행해 왔습니다. 그런데 문제가 생겼습니다. 기원전 2세기 초반에 프톨레미 왕조라는 제국이 유다 땅을 다스리고 있던 때인데요, 이 제국의 왕 가운데 안티오코스 제2세라는 왕은 포악하기로 소문난 왕이었습니다. 안티오코스 에피파네스라고도 부르는 왕인데요, 이 왕은 심지어 예루살렘에서 제사를 드리지 못하게 했습니다. 이러한 사정은 다니엘을 보면 잘 알 수 있습니다. 그 시대상황이 얼마나 암울했는지 잘 알 수 있어요.

당연히 유다사람들은 격분합니다. 그래서 봉기를 일으킵니다. 특히 마타디야라는 사람이 자기 아들들과 함께 봉기를 일으켜 성공합니다. 그리고는 하스몬이라는 왕조를 세웁니다. 거기까지는 좋습니다. 그런데 이들이 대제사장직까지 박탈하고 왕이면서 동시에 대제사장 노릇까지 합니다. 그러니 또 유대인들은 격분할 수밖에 없었죠. 특별히 사두개인들이었던 제사장들 가운데에는 하스몬 왕조의 정책에 동조하는 사람들도 있었지만 그렇지 않은 사람들도 있었어요.

바로 이렇게 하스몬 왕가의 종교정책에 반기를 들고 결국 갈라선 그룹이 바로 쿰란 공동체의 시작이라고 알려져 있죠. 처음에는 그렇게 적대적이지 않았어요. 예루살렘 제사장 그룹과 그래도 의사소통은 했던 것 같아요. 바로 앞서 언급한 "토라 규정"이라는 두루마리가 그걸 말합니다.

그런데요, 시간이 흐르면서 사정이 달라집니다. 서로 반목하게 되었죠. 그러한 상황을 잘 이야기하고 있는 두루마리가 바로 "하박국 주석"이라는 문헌이죠. 앞서도 언급한 것처럼 자신들의 지도자를 쿰란 사람들은 "바른 스승"이란 뜻의 "모레 (하-)체덱"이라고 불렀지만 예루살렘 대제사장은 "나쁜 사제"란 뜻의 "하-코헨 하-레샤"라고 불렀어요. 그러면서 때가 되면 자신들이 그렇게 기다리던 그날이 올 것이라고 믿었습니다. 그래서 "의인은 믿음으로 살리라"(합 2:4)는 성경구절을 이렇게 읽죠.

"그 뜻은 이렇다.
유다 집안에서 토라를 준수하는 이들을 가리키는 말이다.
하느님은 심판받을 집안에서 이들을 구해주실 것이다.
그들이 열심히 일하고 또 신의를 지킨 까닭이다."

이렇게 자신들의 때를 기다리던 쿰란 사람들은 그 때를 독특하게 해석했는데요, 바로 메시아가 오시는 때라고 믿은 겁니다. 물론 이러한 생각은 쿰란 사람들만의 생각은 아니죠. 이미 구약성경에 이러한 생각이 들어 있어요. 스가랴서(3:8, 9:9-10)에 보면 이러한 생각을 읽어볼 수 있구요, 또 말라기(4:5)와 시편 110편에서도 이러한 생각을 읽어볼 수 있죠.

그런데 이들은 두 메시아를 기다렸어요. 하나는 왕 같은 메시아고, 다른 하나는 제사장 같은 메시아죠. 포로기 이전의 모세나 아론 그리고 포로기 이후의 스룹바벨이나 여호수아와 같은 지도자들 곧 정치적 메시아와 종교적 메시아를 고대한 것이죠. 우리는 이 두 성향의 메시아를 예수님이라고 고백합니다. 히브리서 7장을 보면 예수님은 멜기세덱처럼 왕이면서도 동시에 대제사장이시죠. 그래서 멜기세덱 계통의 메시아 곧 그리스도라고 고백하는 것이죠. 그분은 자신의 몸을 드리시어 단박에 우리의 죄를 용서받게 하셨죠. 그러면서도 우리가 섬기는 왕 중의 왕이시죠.

실제로 쿰란 사람들은 "멜기세덱"(11QMelch)이라는 문헌을 남겼어요. 그러니까 히브리서에 나오는 멜기세덱 이야기는 히브리서를 쓴 이의 고유한 생각이 아니라 당시 유대인들이 널리 갖고 있던 생각을 예수님께 적용한 것이라고 말해야 할 것 같군요. 또 이분들이 남긴 두루마리에는 별 점에 대한 문헌도 있어요. 하늘에 메시아별이 있다고 믿고 있었어요. 마태복음에 나오는 동방박사 이야기가 생각나는 대목이기도 하죠. 별을 따라 베들레헴에 왔다고 하지 않나요? 그런데 제사장 같은 메시아와 왕 같은 메시아에는 서열이 있었습니다. "회중 규정"이라는 문헌에는 이런 얘기가 나옵니다(1Sa ii 11-22).

> "공동체 모임에 부름 받은 이들이 갖는 회의 때, 하느님이 그들을 메시아와 함께 불러 모으실 때, 이스라엘 온 회중의 대 사제와 사제들인 그의 형제 아론 사람들, 모임에 참여하도록 부름 받은 사제들, 이름 있는 사람들은 들어간다. 그들은 서열에 따라 각각 그 앞에 앉는다. 그런 뒤 이스라엘 메시아가 들어가고 그 앞에는 이스라엘 각 부대의 우두머리가 서열에 따라 앉는다. 진영에서 배치되어 있는 위치와 전진할 때 차지하고 있는 자리에 따라 앉는다. 회중 각 지파의 우두머리는 현자들과 함께 각 서열에 따라 그들 앞에 앉는다.
> 그들이 햇포도주를 마시려고 공동체의 밥상에 모일 때 또는 공동체의 식탁과 마실 햇포도주가 마련되어 있을 때 햇곡식으로 만든 빵과 포도주에 사제보다 먼저 손을 뻗어서는 안 된다. 햇곡식으로 만든 빵과 포도주를 두고 그들 앞에서 먼저 축복기도를 해야 할 이가 바로 그 사제인 까닭이다. 그러면 이스라엘의 메시아가 빵을 향하여 손을 뻗는다. 이렇게 그들이 공동체의 온 회중에게 각 서열에 따라 축복한다. 적어도 열 사람이 모여 식사할 때마다 이 규칙에 따라야 한다."

이 문헌은 중간에 없어진 부분이 많습니다. 마르티네와 티켈라르라는 두 학자가 재구성한 것을 따라 읽었어요.[22] 아무튼 이렇게 쿰란 사람들은 서열이 다른 두 메시아를 고대하고 있었지만 또한 말씀을 떠나서는 살 수 없는 사람들이었죠. 특히 말씀을 베끼고 공부하고 또 지키고 살아가려고 무척 애썼는데요, 베꼈다는 것은 앞서도 언급했듯이 성경을 베꼈다는 거죠. 길게 앞에서 말씀드렸습니다. 이들이 베낀 성경 가운데 가장 완벽하게 남아 있는 것은 물론 "성 마가 수도원 이사야 두루마리"입니다. 학자들이 지금도 이 성경 두루마리를 열심히 연구하고 있습니다만 지금 우리가 갖고 있는 이사야서와는 그렇게

---

22) Florentino García Martínez and Eibert J. C. Tigchelaar. The Dead Sea Scrolls. 2 vols. Study Edition. Leiden: Brill, 2000를 가리킨다. 요즘 거의 표준 본문으로 사용하고 있는 책이다.

다르지 않습니다. 철자 정도만 다르다고나 할까요?

말씀을 공부했다는 것은 이분들이 성경을 열심히 읽고 설명했다는 것입니다. 앞서 언급한 "하박국 주석"이 그 대표적인 두루마리이구요, 이밖에도 이사야 주석과 시편 주석 그리고 나훔 주석과 스바냐 주석이 있습니다. 모두 두루마리 단편이어서 그 모든 내용을 다 짐작하기는 어렵습니다. 하지만 그분들은 신약성경의 저자들이 구약을 읽는 방식과 똑같이 자신들이 처해 있는 상황에서 구약을 읽었습니다. 그리고 구구절절 해석하죠. 이 성경을 유대인들은 전통적으로 "토라"라고 불렀습니다. 이분들은 토라를 그렇게 사랑하여 베끼고 공부했습니다.

특별히 "공동체 규정"이라는 두루마리에는 그들 공동체 일원이 어떻게 생활해 나가야만 하는지 그 가이드라인이 적혀 있습니다. 이것을 전문용어로는 "할라카"라고 하는데요.[23] "걸어가야 할 길"이라는 뜻입니다. 앞서도 언급했듯이 이 두루마리는 공동체 내규라고 말씀드렸어요. 그러니까 약 200여 명의 공동체 정회원들이 어떤 절차를 지키며 공동체 생활을 했는지 담고 있는 두루마리죠. "사독 단편" 또는 "다메섹 문헌"(CD)이라고 부르는 두루마리도 있는데요, 이 두루마리에는 공동체 밖에서 살던 재가 회원들이 지켜야 할 규정을 모아놓은 것입니다. 여기에는 여성들도 회원이 될 수 있다고 적혀 있는 등 성차별이 없는 공동체를 이룩하려고 했던 쿰란 사람들의 노력을 엿볼 수 있습니다. 실제로 쿰란 동굴 부근에는 천여 구의 무덤이 발견되기도 했는데요, 그 무덤에는 여성과 어린이들의 무덤도 있는 것을 보아서 이분들의 생각이 어떠했는가를 짐작할 수 있는 유적이죠.

말씀에 있는 대로 메시아를 기다렸다는 것은 그들의 상황이 암울했다는 뜻이기도 하고 또 그 상황을 헤쳐 나가려고 몸부림쳤다는 뜻이기도 합니다. 이 메시아 운동은 급기야 무장투쟁까지 하려고 한 흔적을 우리는 첫째 동굴에서 나온 "전쟁 두루마리"를 통해 알 수 있습니다. 로마 사람들은 어둠의 자식들이고, 자신들은 하느님의 뜻을 따르고자 했던 빛의 자녀들이었습니다. 실제로 로마 군인들은 유다에 쳐들어올 때 쿰란 공동체의 본거지인 이곳을 제일 먼저 쳐들어와서는 모두 죽이려고 했습니다. 쿰란 제4동굴이 위치해 있는 바로 그

23) 히브리어로는 "할라카"(הלכה)라고 쓴다. 본디 탈무드(기원후 8세기)에 들어 있는 규정을 가리키는 말인데 지금은 쿰란 사람들의 여러 규정도 이 말로 부른다.

곳이죠. 그래서 쿰란 사람들 일부는 이것을 미리 알고 성경 두루마리를 들고 마싸다(Masada)라는 요새지로 도망칩니다. 남쪽으로 약 10리 정도 내려가면 2-300미터 높이의 천연 요새가 나타나는데요, 이곳에서 마싸다 전투가 벌어지죠. 기원후 68년 쿰란 지역에 쳐들어와

마싸다

공동체를 없애버린 로마제국 군대는 70년에는 예루살렘 성벽을 점령하고 성전을 허물죠. 그리고는 마싸다로 내려가 3년 동안 대치하다가 결국 73년에 천여 명의 마지막 유대 항전군을 죽음에 몰아넣습니다. 이들의 장엄한 전사는 요세푸스의 『유대 전쟁』에 자세히 묘사되어 있습니다. 그런데 바로 여기서도 쿰란 동굴에서 발견된 여러 두루마리와 같은 성경과 그 이외 문헌이 발견되었죠. 이러한 사정 때문에 쿰란 사람들 일부가 마싸다로 피신하여 함께 로마제국 군대와 대치했던 사실을 알 수 있는 거죠.

안식일 노래

말씀을 깨달으려고 노력했다는 것은 이분들이 남긴 "공동체 규정"이라는 두루마리 뒷부분의 말씀을 깨닫기 위해 얼마나 몸부림쳤는가를 말합니다. 또 "안식일 노래"라는 두루마리도 있는데요, 이 두루마리를 쓴 이는 하늘 성전에서 천사들과 함께 하느님을 찬양하는 노래를 부른다고 적고 있어요. 이러한 생각은 천년이 지나 유대인들 가운데 카발라 전통이 생겨납니다. 유대교의 선불교라고 부를 수 있을까요? 이렇게 신비전통에서 하느님과 직접 만나고 또 천사들과 함께 그분께 찬양하고자 하는 전통이 벌써 이분들이 남긴 문헌 가운데 들어 있습니다. 쿰란 제4동굴에서 나온 글 하나(4Q413)를 한번 읽어보죠.

1.　찾은 깨달음,

지혜를
나는 그대들에게 가르치련다.

1-2. 곰곰이 바라보라.
인간이 걷는 길을.
사람이 하는 일을.

2. 하느님 아끼는 이
그 누구나
진실한 깨우침을 더욱 더 얻게 하시나니.

2-3. 하나
귀를 따라가는 이
눈을 따라가는 이
님은 정말 싫어하시니.
이런 못된 이
살아남지 못하리니.

3-4. 자, 이제
이전 일을 …
지난 세대에 벌어진 일
곰곰이 들여다 보라.
하느님
드러내 주신 대로.

이 글을 읽어보면 "귀를 따라가고 눈을 따라간다"는 말은 어디서 많이 듣던 얘기 아닌가요? 그렇죠. "이생의 자랑과 안목의 자랑"이라고 말한 사도 바울의 말과 비슷합니다. 그것을 따르지 말라고 바울은 말했는데요, 여기서도 마찬가지이군요. 그런데 이렇게 깨우침과 앎을 중시하는 지혜에 대한 관심이 여기서는 지난 일을 돌이켜 보면서 하느님이 드러내 보이시는 앞일을 곰곰이 생각하는 것과 결합되어 있어요. 지혜와 묵시가 하나인 셈이죠. 매우 특이한 본문입니다. 사실 이분들이 쓴 것은 아니지만 중요하게 생각한 두루마리 가운데 "에녹"이라는 두루마리가 있는데 이 두루마리도 이러한 생각을 잘 대변하는 문헌입니다. 신약에서도 이런 흔적을 찾아볼 수 있죠. 골로새서(2:18)에 나오는 천사 숭배가 바로 그 흔적입니다.[24] 그리고 우리가 영원히 살 곳은 "하늘 장막"이라고 말하는 것도 마찬가지입니다.

특히 이분들은 "바른 스승"이라는 자신들의 지도자를 중심으로 성경을 새롭게 해석하기도 했는데요, 이것을 그들은 "닫힘"과 "열림"이라는 말로 설명하기도 했어요.[25] "닫힘"과 "열림"의 변주곡이라고나 할까요? 닫혔다는 것은 말씀의 바른 뜻이 다른 이들에게는 닫혀 있다고 말하는 것이고, 열려 있다는 것은 말씀의 바른 뜻이 자신들에게만 열려 있다는 뜻입니다. 이러한 비밀스런 의미를 쿰란 사람들은 "바른 스승"을 통해서만 하느님이 알려 주셨다고 믿는 것입니다. 신약성경에서 예수님이 이 말씀의 뜻은 누구에게도 말하지 말라고 했던 모습과도 비슷합니다. 이 "바른 스승"을 쿰란 사람들은 그분이 죽은 뒤에 메시아라고 생각하기도 했던 것 같습니다. 이렇게 놓고 본다면 두 메시아를 기다렸던 쿰란 사람들은 세 메시아를 기다렸다고 말할 수도 있겠죠. 이렇게 세 메시아 전통은 구약을 통해서도 확인할 수 있는데요, 미가라는 선지자는 이렇게 말하죠. "나는 그대들을 모세와 아론과 미리암을 통하여 종살이 하던 집 이집트에서 데리고 나왔다. 몸값을 지불하고 말이다"(6:4)라고 한 말씀 속에서 확인할 수 있어요. 모세와 아론은 초기 이스라엘 형성기의 정치 지도자이고 종교 지도자입니다. 미리암도 중요한 지도자였죠. 그는 야훼 신앙을 노래하고 춤추고 전수한 위대한 지도자입니다. 드보라처럼 신앙의 어머니였죠. "바른 스승"도 "감사 찬양"(1QH[a]) 두루마리에서 자신을 쿰란 공동체를 낳은 어머니처럼 묘사합니다. 죽음을 넘나들며 산고를 겪고 쿰란 공동체를 낳은 어머니 말이죠. 그러니 이렇게 "바른 스승"을 야훼 신앙의 어머니인 미리암에 비유해도 그렇게 틀린 말은 아닐 것입니다. 쿰란 공동체에게 "바른 스승"은 어머니와 같은 지도

---

24) "아무도 겸손과 천사 숭배를 주장하면서 여러분을 비방하지 못하게 하십시오. 그런 자는 자기가 본 환상에 도취되어 있고, 육신의 생각으로 터무니없이 교만을 부립니다"(골로새 2:18, 새번역).

25) "닫힘"은 "니쓰타롯"(נסתרות)이라고 부르고 "열림"은 "므길롯"(מגילות)이라고 부른다. 로렌스 쉬프만(Lawrence Schiffman) 교수가 그의 책 『쿰란의 할라카』(The Halakah at Qumran)라는 책에서 사용하는 용어다.

자였습니다.

그래서 저는 쿰란 사람들을 토라 공동체, 할라카 공동체, 묵시 공동체, 지혜 공동체라고 부릅니다. 토라 공동체라는 것은 말씀을 사랑하여 베끼고 공부했다는 뜻이고, 할라카 공동체는 말씀을 지키고 살아가려고 노력했다는 뜻이고, 묵시 공동체는 메시아를 기다렸다는 뜻이고, 지혜 공동체는 말씀을 깨달으려 노력했다는 뜻입니다.

4) 쿰란 사람들이 남긴 두루마리

에녹서

이렇게 대충 쿰란 사람들이 어떤 사람들이었는지 설명드렸는데요, 이 설명 속에서 이미 이분들이 남긴 두루마리를 다 말씀드렸습니다. 성경 두루마리는 약 사분의 일 정도입니다. 그리고 나머지 절반이 각각 외경과 위경 그리고 쿰란 사람들이 직접 쓴 작품입니다.

우리는 외경 또는 위경이라고 부르지만 이들 두루마리는 그분들에게 무척 중요한 두루마리였죠. 특히 "에녹"이라고 부르는 두루마리와 "희년서"라고 부르는 두루마리가 그렇습니다. 에티오피아정교회는 지금도 쿰란 공동체처럼 복음서 다음으로 중요하게 꼽는 정경이 있는데 그것은 "에녹서"와 "희년서"입니다. 이렇게 교회 공동체마다 정경의 범위가 다른데요, 사실 정경이라는 말은 우리 개신교회의 용어입니다. 다른 그리스도교회 전통은 이 범위를 그렇게 엄격하게 생각하지 않습니다. 사실 개신교회는 한 번도 정경의 범위를 정한 적이 없습니다. 관례대로 신약 27권과 구약 39권을 성경으로 인정하고 있는 것이죠. 쿰란 사람들에게도 당연히 정경이라는 말이 없죠. 다만 그분들이 남긴 문헌을 보고 자주 언급하고 또 인용하고 있는 것을 보아서 아, 이 두루마리가 이분들의 정경이었겠구나! 하고 짐작할 뿐입니다.

에녹서는 무척 중요합니다. 특히 초기 그리스도교가 몸의 부활을 말하는데 이것을 벌써 말하는 문헌이 바로 에녹서입니다. 특히 "파수꾼의 책"(4QEn[e] 1 xxii)이라는 부분이 그렇습니다. 제1에녹서 22:1-11에 해당하는 부분이죠. 아람어로 기록되어 있는 이 문헌은 쿰란 사람들이 쓴 것이 아니죠. 지금은 콥트어로 번역한 에티오피아정교회의 에녹서가 가장 길고 완벽한 문헌으로 알려져 있어요.[26)]

외경 또는 제2경전 가운데 가장 유명한 두루마리로는 "집회서"가 있습니다. 그냥 "벤시라"라고도 부르고 또 "시락 서(書)"라고도 부릅니다. 본디 히브리어로 기록한 이 책은 지금 모두 여덟 개의 사본이 남아 있는데요, 쿰란 사람들이 남긴 사본은 모두 세 두루마리입니다. 마싸다 벤시라와 제2동굴 벤시라(2Q18) 그리고 제11동굴 벤시라(11QPs[a] xxii-xxiii)입니다. 특히 제11동굴에서 발견된 벤시라는 특이하게도 시편 두루마리 속에 들어 있습니다. 지혜를 강조하는 것으로 이 벤시라는 유명합니다. 그런데 재미있는 점은 이 "집회서"가 가톨릭교회의 정경으로 들어가 있는 벤시라와 무척 다르다는 점입니다. 물론 가톨릭교회의 성경 속에 들어 있는 "집회서"는 희랍어로 번역된 것이죠. 다음 장에서 더 소개하겠습니다.

또 하나 유명한 것은 "에녹"입니다. 앞서도 말씀드렸죠. 에녹이 죽음을 맛보지 않고 하늘로 올라갔다는 말씀 때문에 쿰란 사람들이 살았던 그 시대에 이 인물은 더욱 유명한 인물이 되었는데요, 시대 상황을 반영하는 것이죠. 그만큼 신비하고 또 기적적인 것을 바랐던 당시 유대인들의 생각이 서려 있는 책이라고 말씀드릴 수 있겠군요. 에녹은 일곱 하늘과 일곱 땅이 있다고 말한 것으로 유명합니다. 사도 바울은 3층 하늘에 올라갔다 왔다고 한 적이 있는데요, 에녹은 아예 일곱 쌍의 하늘과 땅을 말합니다. 이 전통은 수메르 사람들에게서 비롯된 세계관인데요, 에녹이라는 문헌이 이런 세계관을 보존하고 있는 점이 놀랍습니다.[27)]

---

26) 이밖에도 "가르침"(1Q26, 4Q415-418, 4Q423)이라는 문헌과 "위(僞) 에스겔"(4QPseudo-Ezekiel) 그리고 "메시아 묵시"(4Q521)라는 문헌이 마찬가지로 몸의 부활과 다시 오시는 엘리야를 말한다. 물론 "공동체 규정"(1QS iii 13-iv)과 "감사 찬송" 두루마리(1QHa xiii 22-xv 8) 그리고 "다메섹 문헌"(CD vii 9-10, xix 10-11)과 같은 쿰란 공동체의 주요 저작에서도 이러한 생각을 엿볼 수 있다.

27) 에녹서는 아람어로 기록된 책이다. 그래서 쿰란에서 나온 에녹서를 "아람어 에녹"이라고 부른다. 에티오피아정교회가 정경으로 보관하고 있는 "콥트어 에녹"은 이보다 더 길다. 또한 히브리어로 된 에녹서도 있는데 유대인들이 기원후 5세기경에 쓴 것으로 알려져 있는 "히브리어 에녹"이 그것이다. 성전 문학 또는 "헤이칼로트 문학"이라고 하여 유대교 신비주의의 초기 작품이

그리고 위경으로 우리가 분류하는 "희년서"라는 두루마리도 말해야 할 것 같습니다. 이 문헌은 창세기를 희년으로, 그러니까 50년의 단위로 나누어 이야기합니다. 희년을 그렇게 강조하고 있는 거죠. 이 문헌을 쓴 이들이 시간을 어떻게 생각했느냐는 것을 잘 말하는 두루마리인데요, 재미난 점은 이 문헌을 보면 이들이 양력을 지켰다는 점이죠. 전통적으로 유대인들은 바빌론 사람들의 달력을 따라 음력을 지켰거든요. 그런데 이렇게 양력을 따른 "희년서"를 소중하게 생각했다는 점은 쿰란 사람들 또한 양력을 지켰다는 것을 말합니다. 당시 예루살렘 제사장 그룹은 음력을 따랐습니다. 이 또한 두 그룹의 갈등요인 가운데 하나입니다. 이 두루마리도 "에녹"과 함께 쿰란 사람들이 쓴 문헌이 아닙니다. 외부에서 가지고 온 문헌입니다.

또 하나 말해야 할 두루마리는 "성전 두루마리"입니다. 이 두루마리는 쿰란에서 발견된 두루마리 가운데에서 가장 깁니다. 9미터나 되죠. 내용 또한 범상치 않습니다. 이 두루마리에 묘사되어 있는 성전의 크기는 에스겔(40-48장)에 묘사되어 있는 성전의 크기보다 무려 3배나 더 큽니다. 그리고 재미난 점은 모두 일인칭으로 설명하고 있다는 점이죠. 문제는 왜 이 문헌이 성경 속에 포함되지 않았느냐 하는 점입니다. 제사 규정을 자세히 말하고 있는데도 말이죠. 예루살렘은 무척 거룩한 곳이어서 심지어 제사장조차도 예루살렘 안에서는 성생활을 할 수 없다고 기록하고 있기도 합니다. 이 두루마리가 쿰란 사람들이 쓴 것이다, 아니다 하고 말이 많습니다. 그만큼 쿰란 공동체의 성격을 알아보는 데 중요한 두루마리인데요, 저는 개인적으로 이 문헌이 쿰란 사람들의 작품이라고 봅니다. 구약의 정결법이나 신약에 나오는 정결규정보다도 더 엄격한 기준을 요구하기 때문이죠.

이밖에도 여러 문헌이 있는데 그 가운데에서도 특이한 것이 앞서 언급한 "멜기세덱"(11QMelch)이라는 문헌입니다. 쿰란 제11동굴에서 나왔다고 하여 11Q13이라고 부르기도 합니다. 한번 읽어보죠.

> … 이르시기를 "희년에 너희는 각자 자기 땅으로 돌아가라"(레 25:13). 이것에 대

다. 이 전통은 13세기 후반에 이르러 모세스 데 레온(Moses de Leon)이라는 랍비가 쓴 『조하르』라는 책에서 그 빛을 발한다. 이 전통을 카발라 신비주의라고 부른다. 이 전통은 200년 전의 랍비인 바알 쉠 토브(Baal Shem Tov)로 이어져 근대와 현대의 하시디즘 운동으로 발전한다.

해 또 이렇게 이르셨다. "면제 방식은 이렇다. 누구든 이웃에게 돈을 꾸어 준 사람은 그 빚을 면제하여 주라. 이웃이나 동족에게 빚을 갚으라고 독촉해서는 안된다. 하느님께서 면제를 선포하신 까닭이다"(신 15:2). 그 뜻은 이렇다. 마지막 날 포로들을 가리키는 것이다. 이들의 스승들이 감추어 비밀로 삼은 것이다. 멜기세덱의 유산에서 비롯된 것이다. 그들은 멜기세덱의 유산이다. 그들이 되돌아오게 될 것이다. 자유는 이미 선포했다. 그리하여 포로라 부르는 모든 죄에서 돌이킬 것이다. 이 일은 희년 첫째 주에 벌어질 것이다. 그리고 그 뒤에 아홉 희년이 이어질 것이다. 속죄 날은 열 번째 희년의 마지막 날이다. 이날 빛의 자녀들이 죄를 용서받을 것이다. 멜기세덱의 몫을 물려받은 모든 이들 말이다. … 그들이 살아온 대로 그렇게 멜기세덱의 은총을 받는 해이다. 그의 모든 군대와 하느님의 거룩한 이들 나라가 심판 규정을 따르는 때이다. 다윗의 노래에 씌어 있는 대로이다. 이르시기를 "엘로힘이 하느님의 어전회의에서 자리를 잡으신다. 신들 가운데에서 그분이 재판하신다"(시 82:1). 그분에 대해 또 이렇게 적혀 있다. "그 위로 높은 곳으로 돌아가라. 하느님이 뭇 백성을 재판하신다"(시 7:8-9). 또 이렇게 적혀 있다. "얼마나 더 불공평하게 재판하려느냐? 악인들 편을 들 셈이냐? 셀라!"(시 82:2). 그 뜻은 이렇다. 벨리알과 그의 몫을 물려받은 영들에 대한 것이다. 하느님의 명령을 거스르고 악을 행하는 자들을 가리킨다. 그러나 멜리세덱은 하느님의 보복을 실행할 것이다. 심판을 말한다. 그날 그분은 벨리알의 손아귀에서 그들을 구해내실 것이다. 그의 몫을 물려받은 모든 영들의 손아귀에서 말이다. 그분을 도우려고 정의를 실천하는 모든 신들이 오실 것이다. 그분은 하느님의 모든 자녀들 … 이날은 평화가 실현되는 날이다. 이날을 그분은 이사야 예언자를 통하여 이렇게 말씀하셨다. "놀랍고 반가워라! 산들을 내달려 평화를 알리는 심부름꾼의 발이여! 시온에게 해방을 알리는 심부름꾼이여!"(사 52:7). 그 뜻은 이렇다. 산들은 예언자들을 가리킨다. … 심부름꾼은 영으로 기름 부은 이이다. 다니엘이 그에 대해 적은 대로이다. "기름부은 이 그 왕까지 일곱 이레이다"(단 9:25). 해방을 선포하는 좋은 소식을 전하는 심부름꾼에 대해서는 이렇게 적혀 있다. "짓눌린 이들을 위로하라." 그 뜻은 이렇다. 이 세상 세대마다 그들을 가르치기 위함인데 진실로 … 벨리알에게서 돌이키리라. 돌아오리라. … 하느님이 심판하실 때 … 그에 대해 이렇게 적혀 있다. "시온에게 이르라. 그대의 하느님이 다스리신다"(사 52:7). "시온"은 사독 사람들의 모임을 가리킨다. 언약을 확립하는 이들이다. 다른 사람

> 들이 가는 길을 멀리하는 이들이다. "그대의 하느님"이란 말은 멜기세덱을 말한다. 벨리알의 손아귀에서 그들을 해방시킬 것이다. 이 일에 대해 적혀 있는 대로이다. "모든 땅에서 뿔나팔을 불라"(레 25:9).

이 문헌은 모두 두 란으로 되어 있지만 둘째 란은 심하게 깨져서 무슨 뜻인지 잘 알 수 없습니다. 그래서 첫째 란만 이렇게 옮겨보았습니다. 재구성한 부분도 많은데요, 마르티네와 티켈라르라는 학자들이 재구성한 대로 읽어본 것입니다. 괄호 속 성경 구절은 없는 것을 알아보기 쉽게 넣은 것이죠. 레위기(25:13)와 신명기(15:2) 그리고 시편(7:7-8, 82:1-2, 9)과 이사야(52:7)와 다니엘(9:25)을 인용하면서 희년을 강조하죠(레위기). 또 때를 강조합니다(다니엘). 그때에는 멜기세덱이 오셔서 그들을 심판하실 것이라는 내용입니다(시편). 그 방식은 바로 시편 82편의 방식입니다. 정의를 실천하신다는 것인데 억눌린 자들 편에 서는 것이죠. 그러니 그 소식을 전하는 발이 얼마나 아름다우냐고 말합니다(이사야). 나팔 불고 희년을 선포하는 이가 바로 멜기세덱입니다. 빚을 청산하러 오는 거죠(신명기). 메시아 예수님의 모습과 비슷하지 않습니까?

또 여성에 대한 관심입니다. 잠언에 나오는 어리석은 여자에 대한 문헌도 있습니다. 그런데 학자들은 이 문헌이 쿰란 사람들의 작품이기보다는 외부에서 들여온 문헌이라고 생각합니다. 오히려 쿰란 사람들은 여자들도 남자들과 똑같이 정회원으로 활동할 수 있다고 분명히 말하고 있습니다.

다시 말씀드리면 약 850여 두루마리 가운데 약 절반은 성경 두루마리입니다. 외경까지 포함하면 그렇습니다. 그리고 나머지 절반은 쿰란 사람들이 남긴 문헌입니다. 이 문헌 속에는 그분들이 얼마나 치열하게 신앙생활 했는지 잘 엿볼 수 있는 자세가 깃들어 있구요. 초기 유대교와 초기 그리스도교의 모습을 엿볼 수 있는 소중한 유산이라는 것입니다. 특별히 구약성경이 지금의 모습으로 정착되기 전까지 어떠했는지를 잘 알 수 있는 귀중한 문헌이 아닐 수 없습니다. 생각보다 다양한 모습의 성경 두루마리가 이들 11개 쿰란 동굴에서 발견된 것이죠.

5) 다양한 성경 본문

레닌그라드 코덱스 (1009) 겉표지 장식

쿰란 사람들이 남긴 200여 개의 성경 두루마리는 다섯 종류로 나눌 수가 있어요. 다음 장에서 말씀드릴 것이지만 지금껏 히브리어성경은 세 종류였을 것이라고 생각했죠. 하나는 기원전 3세기에 이집트 알렉산드리아에서 번역한 칠십인역의 대본 히브리어성경입니다. 또 하나는 사마리아 사람들이 가지고 있는 사마리아 오경의 본디 히브리어성경 그리고 지금 우리가 많이 읽고 있는 마소라 본문의 본디 히브리어성경 이렇게 세 가지입니다. 이것을 학자들은 각각 "원 칠십인역 본문"과 "원 사마리아오경 본문" 그리고 "원 마소라 본문" 이렇게 부릅니다.[28)]

"원"(原)이라는 말은 "본디"라는 뜻이죠. 알렉산드리아에서 희랍어로 번역할 때 히브리어 대본이 있지 않았겠어요? 그래서 그것을 "원 칠십인역 본문"이라고 부르죠. 또 지금 우리가 가장 많이 보고 있는 히브리어성경은 "마소라 본문"이라고 하는데 마소라 학자들이 기원후 800년에서 1000년 사이에 지금의 형태로 고정시킨 본문이기 때문에 이렇게 부릅니다. 마소라 학자들은 본디 자음만 있고 모음이 없는 히브리어성경에 모음부호를 만들어 붙였어요. 그러니 본디 모음부호가 붙어 있지 않은 히브리어성경이 있지 않았겠어요? 이것을 우리는 본디 마소라 본문이라는 뜻으로 "원 마소라 본문"이라고 부릅니다. 또 사마리아 사람들은 오경만을 성경으로 알고 지금껏 보존하고 있는데요, 이 성경은 지금 우리가 사용하고 있는 히브리어 글자체와 많이 다릅니다. 나중에 이분들은 이 오경을 아람어로 번역하기도 하는데요, 이분들이 베꼈을 본디 히브리어성경을 우리는 "원 사마리아 오경 본문"이라고 부르는 거죠.

이렇게 히브리어성경은 각 신앙 공동체 전승에 따라 세 본문 전통이 있었을 것이라고 생각해 왔어요. 그런데 쿰란 사람들이 남긴 성경 두루마리를 자세히

28) 영어로는 이들을 "Proto-Septuagint texts"(원 칠십인역 본문)와 "Pre-Samaritan Pentateuch texts"(원 사마리아오경 본문) 그리고 "Proto-Masorah texts"(원 마소라 본문)라고 각각 부른다.

분석해 보니 그보다 더 많이 있어요. 곧 쿰란 사람들의 고유한 본문 전통이 있다는 것이죠. 그리고 나머지 하나는 본문의 성격상 분류가 되지 않는 것들입니다.

통계적으로 이를 살펴보면 원 마소라 본문 전통이 무려 절반 가까이 됩니다. 그리고 원 칠십인역 본문 전통과 원 사마리아 오경 본문 전통이 각각 약 3-4% 그리고 나머지 40% 정도는 쿰란 사람들의 본문 전통이죠.[29] 그리고 나머지는 분류가 되지 않는 두루마리입니다.[30] 그러니까 이 통계를 통해서 알 수 있는 점은 지금 우리가 가장 많이 읽고 있는 마소라 본문의 조상 격이라 할 수 있는 "원 마소라 본문" 전통이 가장 많이 남아 있다는 것이죠. 쿰란 지역의 11 동굴 이외에서 다른 지역에서 발견된 성경 두루마리를 또 살펴보면 원 마소라 본문 전통은 무려 90% 이상을 차지합니다. 이런 것을 통해서 우리가 확신할 수 있는 것은 시간이 흐를수록 지금의 마소라 본문 형태가 점점 우세해진다는 뜻이죠. 그러니까 정확한 시점은 모르지만 이렇게 쿰란 사람들이 활동하던 기원전 2세기경부터, 아니 그 이전부터 지금의 마소라 본문은 거의 표준 본문으로 확립되어 가고 있었다는 뜻이죠.

물론 쿰란 동굴 이외의 지역에서 발견된 성경 두루마리 단편은 모두 23개입니다. 이들은 대부분 우리가 지금 읽고 있는 히브리어성경 마소라 본문과 가깝습니다. 특히 마싸다라는 곳과 바르 코크바 혁명의 본거지였던 곳에서 발견된 두루마리 단편들이 그렇습니다. 이것은 이 지역에서 활동하던 이들은 쿰란

---

29) 가장 대표적인 것이 "쿰란 제4동굴 여호수아"(4QJosh[a])이다. 요세푸스의 유대 고대사(V 16-10)에 나오는 성경구절과 아주 비슷하다. 곧 신명기 27장에는 이스라엘 사람들이 요단강을 건너고 나서 몇몇 사건을 겪은 뒤에 제단을 세웠다고 말하고 있다. 그렇지만 쿰란 여호수아 두루마리는 강을 건너자마자 제단을 세웠다고 말한다. 그래서 울리히(Ulrich)라는 학자는 여호수아 8:34-35 다음에 여호수아 5:2-7을 읽어야 말이 된다고 제안하기도 한다.

30) 임마누엘 토브가 그의 글 "성경 사해 두루마리"(The Biblical Dead Sea Scrolls, 2008)의 31쪽에서 낸 통계를 오경과 나머지 부분으로 나누어 말하고 있는데 이렇다. 모두 128개의 성경 두루마리 가운데 오경의 경우 모두 46개의 본문이 있다. 이 가운데 52%에 해당하는 24개의 두루마리가 마소라 본문에 가깝고 6.5%에 해당하는 3개의 두루마리가 사마리아 오경에 가깝고, 4.5%에 해당하는 2개의 두루마리가 칠십인역에 가깝고, 37%에 해당하는 17개의 두루마리는 분류가 되지 않는 두루마리라고 한다. 또 성경 나머지 부분의 경우 44%에 해당하는 33개의 두루마리가 마소라 본문에 가깝고, 3%에 해당하는 2개의 두루마리가 칠십인역에 가깝고, 나머지 53%에 해당하는 33개의 두루마리는 분류가 되지 않는 두루마리라고 한다. 이렇게 놓고 보면 전체적으로 44.5%가 마소라 본문에 가깝고, 3.1%는 칠십인역에, 또 2.3%는 사마리아 오경에 가깝다고 말할 수 있다. 나머지 약 절반 이상은 분류가 되지 않는 두루마리이다.

사람들과는 다른 사람들로 주로 독립운동을 하던 이들이었기 때문에 예루살렘 제사장 그룹이 확립하려 했던 원 마소라 본문을 가지고 있었다는 증거이기도 합니다.

이들이 가지고 있던 성경 두루마리는 다음과 같습니다. 마싸다(Masada)에서는 창세기와 레위기(2)와 신명기와 시편(2)이 발견되었구요. 와디 쓰데이르(Wadi Sdeir)에서는 민수기가 그리고 나할 헤베르(Nahal Hever)에서는 민수기(2)와 신명기와 시편이 발견되었습니다. 또 무라바아트(Murabba'at)에서는 창세기와 출애굽기와 신명기와 이사야와 소 예언서 두루마리입니다. 괄호 속에 들어 있는 것은 두루마리의 수를 가리키고요, 아무 표시를 하지 않은 것은 각각 하나씩 발견된 것을 말합니다.[31)]

그러면 이렇게 물으실 겁니다. 성경은 하나인데 어떻게 그렇게 서로 다른 본문 전통이 있었느냐구요. 맞습니다. 처음에는 그랬는지도 모르죠. 그렇지만 성경 자체 속에도 서로 다른 이야기가 나오지 않나요? 창조 이야기도 창세기 1장은 시간에 초점을 맞추어 말하고 있고, 창세기 2장은 공간에 초점이 맞추어 이야기하죠. 또 홍수가 시작될 무렵 방주 속에 들어가는 짐승이 어떤 곳에는 한 쌍씩 들어가고, 또 어떤 곳에는 일곱 쌍씩 들어간다고 쓰여 있죠. 이렇게 성경 자체에도 서로 다른 이야기가 나오는데 성경 각 책의 경우도 그렇지 않겠어요? 복음서는 왜 네 권으로 기록되어 있습니까? 하나만 있으면 될 것을 넷씩이나 성경 속에 들어와 있는 이유는 무엇일까요? 그렇습니다. 신앙 공동체마다 보존해온 이야기가 다르기 때문이죠. 성경 전체도 마찬가지입니다. 공동체마다 또 책마다 조금씩 다른 본문을 보존해온 까닭에 이렇게 서로 다른 성경 본문 전통이 있는 것이죠. 따라서 우리는 이러한 역사적 증거물을 통해 다양한 신앙 공동체의 다양한 본문 보존 사실을 알 수 있는 것이죠. 그들 각각 다른 전통이 다 필요합니다. 다 소중한 우리의 유산입니다. 사무엘상(1:24)을 읽어보면 이런 얘기가 나옵니다.

"마침내 아이가 젖을 떼니
한나는 아이를 데리고

31) Emanuel Tov, "The Contribution of the Different Groups of Biblical Dead Sea Scrolls to Exegesis," 2.

삼 년 된 수소 한 마리를 끌고
밀가루 한 에바와
포도주가 든 가죽부대 하나를 가지고
실로로 올라갔다.
한나는 어린 사무엘을 데리고
실로에 있는 주님의 집으로 갔다."

한글 『새번역』으로 읽은 것인데요, 이 성경에는 "삼 년 된 수소 한 마리"라는 말 앞에 있는 동그라미 속에 "ㅅ"이라는 표시가 붙어 있어요. 밑에 있는 주를 보라는 뜻이죠. 이것을 난하주라고 하는데 여기를 보면 이렇게 쓰여 있습니다.

"사해 사본과 칠십인역과 시리아역을 따름.
마소라 본문에는 '수소 세 마리'"

여기서 사해 사본이라고 하는 것은 쿰란 제4동굴에서 나온 사무엘 두루마리(4QSam[a])를 가리킵니다. 칠십인역은 물론 희랍어로 번역한 구약을 말하죠. 시리아역은 시리아어로 번역한 페쉬타역을 가리키는 말입니다. 희랍어 칠십인역과 시리아어 페쉬타역에는 "삼 년 된 수소 한 마리"가 아니라 "수소 세 마리"라고 되어 있다는 것이죠. 이렇게 미세한 차이이긴 하지만 성경 전통이 서로 다르죠. 칠십인역과 페쉬타역은 이렇게 "수소 세 마리"라고 되어 있는 히브리어성경을 번역한 것이라는 말이죠. 그런데 이 장 마지막 절(1:28)에는 이런 표현이 나옵니다.

"'그래서 나도 이 아이를 주님께 바칩니다.
이 아이의 한평생을 주님께 바칩니다.'
그런 다음에, 그들은 거기에서 주님께 경배하였다."

이 구절도 『새번역』을 인용한 것입니다. 그런데 "그런 다음에"라는 부분 앞에 있는 동그라미 속에 "ㄱ"이 들어 있어요. 그 난하주를 보면 이렇습니다.

"칠십인역(사해 사본 참조)에는, '그(한나)는 그(사무엘)를 거기에 두어 주님을 섬기게 하였다"라고 되어 있어요. 이렇게 희랍어로 번역한 칠십인역은 이 부분을 달리 읽고 있어요. 제4동굴 사무엘(4Sam[a])도 마찬가지입니다. 사실 우리가 가지고 있는 성경보다 쿰란 동굴에서 발견된 사무엘 두루마리가 문맥에 더 잘 어울립니다. 그런데 이렇게 바꾼 이유는 무엇일까요? 또 여기서 "그들"은 누구를 가리킬까요? 한나와 엘가나인가요? 아니면 한나와 사무엘인가요? 아니면 한나와 엘리 제사장인가요? 우리는 그 사정을 잘 알 수 없습니다. 그냥 "그들"이라고만 되어 있으니까요. 또 하나 얘기할 것이 있습니다. 바로 "모세의 노래"(신 32:1-43)입니다. 마지막 절을 한글 『새번역』으로 읽어보면 이렇습니다.

모든 나라들아,
주님의 백성과 함께 즐거워하여라.
주님께서
그 종들의 피를 흘린 자에게 원수를 갚으시고
당신의 대적들에게 복수하신다.
당신의 땅과 백성이 지은 죄를 속하여 주신다.

그런데 이 구절 맨 앞에는 동그라미 속에 "ㄱ" 자가 들어 있어요. 아래 난하주를 읽어보라는 뜻이죠. 새번역의 이 난하주는 사해사본과 칠십인역에는 다음과 같이 되어 있다고 적혀 있습니다.

하늘아, 주님의 백성을 찬양하여라.
모든 신들아, 주님을 섬겨라!
주님께서
그 자녀의 피를 흘린 자에게 원수를 갚으시고,
당신의 대적들에게 복수하신다.
주님께서는
주님을 미워하는 자들에게 보복하시고,
그의 백성의 땅을 정결케 하신다.

위의 번역과 비교해 보면 사해 두루마리와 칠십인역은 앞부분의 "하늘아, 주님의 백성을 찬양하여라. 모든 신들아, 주님을 섬겨라!"가 다른 것을 알 수 있습니다. 특히 "모든 신들아, 주님을 섬겨라!"라는 부분이 빠져 있죠. 사해 두루마리는 바로 "쿰란 제4동굴 신명기(q)"라고 부르는 사본(4QDeut^{q})에는 칠십인역처럼 이 표현이 들어 있어요. 따라서 마소라 학자들이 이 부분을 지운 것으로 생각됩니다. 여러 신들을 언급하고 있는 까닭이죠.[32)]

사실 쿰란 사람들이 남긴 두루마리 가운데 지금 우리가 가지고 있는 히브리어 마소라 본문보다 가장 차이가 나는 책은 "예레미야"입니다. 마소라 본문 예레미야는 칠십인역 예레미야보다 무려 1/7이 더 깁니다. 마지막 부분을 잘라냈느냐고 묻는 분이 계실 줄 압니다. 그렇지 않구요. 군데군데 그렇게 더 긴 이야기가 마소라 본문 예레미야에 더 많이 나옵니다. 예레미야 43장에 보면 예레미야가 이집트로 들어가는 장면이 나옵니다. 함께 간 사람들이 나오는 부분을 읽어보죠(43:6-7).

"남자와 여자와 어린 아이들과 공주들과
근위대장 느부사라단과

---

32) 이와 비슷한 것으로는 다윗이 불렀다고 하는 "활의 노래"(삼하 1:19-27)가 있다. 사무엘하 1:21a에 이렇게 되어 있다.

길보아의 산들아, 너희 위에는 이제부터
이슬이 내리지 아니하고
비도 내리지 아니할 것이다.
밭에서는 제물에 쓸 곡식도 거둘 수 없을 것이다.

그런데 이 가운데에서 이슬과 비와 곡식을 언급하는 부분이 기원전 14세기 고대 시리아의 우가릿인들이 남긴 문학에 무척 비슷한 부분이 있다. 『키르타』(KTU 1.19 i 44-46)라고 부르는 문학작품이다.

이슬이 없어라
비도 없어라
용솟음치는 샘물도 없어라

이 가운데에서 "용솟음치는 샘물"(šr' thmtm)이라는 표현은 성경의 "예물로 바칠 곡식"(sdy trwmt)과 비슷한 표현이다. 히브리어와 우가릿어로 읽을 때 무척 비슷한 표현이다. 그런데 우가릿어 문학에 "샘물"로 읽은 말은 "티아맛"(thmtm)이라는 여신의 이름과 같다. 그래서 이것을 "예물"(trwmt)로 바꾸어 읽은 것으로 보인다. 따라서 히브리어 비평본에서 이러한 사실도 비평란(criticus apparatus)에 실어주면 좋을 듯하다.

사반의 손자요 아히감의 아들인
그달리야에게 맡겨놓은 모든 사람과
예언자 예레미야와
네리야의 아들 바룩까지 데리고서
이집트 땅으로 들어갔다."

한글 『새번역』을 인용한 것인데요, 『새번역』은 여기에 아무런 표시가 없어요. 하지만 칠십인역은 "느부사라단"이라고만 되어 있어요. "근위 대장"이 빠져 있는 것이죠. 또 그달리야도 "아히감의 아들 그달리야"라고만 되어 있어요. "사반의 손자"라는 말은 없는 것이죠. 이렇게 칠십역은 지금 우리가 읽고 있는 성경보다 짧은데 이 부분은 쿰란 제4동굴에서 나온 예레미야 두루마리(4QJer[b])와 똑같습니다. 그러니까 칠십인역은 이 부분에서 쿰란 제4동굴에서 나온 예레미야 두루마리와 같은 히브리어성경을 옮겼다는 것을 알 수 있습니다. 대체적으로 칠십인역이 히브리어 마소라 본문보다 예레미야는 더 짧다고 말씀드렸는데요, 다음 장에서 고대역본을 설명할 때 이 예레미야의 경우를 예로 들어 다시 한 번 말씀드리겠습니다.

그리고 외경 또는 제2경전인 "집회서"의 경우도 복잡합니다. 본디 히브리어로 기록된 이 책도 쿰란 사람들이 보존하고 있었는데요, 여기서는 우선 우리가 가지고 있는 희랍어 집회서와 쿰란 사람들이 시편 두루마리 속에 집어넣은 집회서 부분을 비교해서 읽어보도록 하죠. 지혜를 탐구하는 모습이 담겨 있는 부분입니다(집회서 51:11-21).

시편 두루마리의 집회서	칠십인역의 집회서
그를 찾아 헤매고 다니기 전에는	내가 젊어서
나는 아이였죠.	아직도 먼 길을 떠나기 전에
그는 내게 다가왔어요.	나는 지혜를 얻으려고
아름다운 자태로 마침내 난	열심히 기도하였다.
그를 만났죠.	나는 지성소 앞에 나아가
	지혜를 찾아 기도하기도 하였고

마음 설레게 하는 포도알
그 익어가는 포도송이처럼
난 두 발로 큰길을
마구 내달렸죠.
청춘인 이 몸 그를 알아보죠.
난 잠시 귀를 기울여요.
내가 찾은 것 정말 엄청나죠.
그는 나의 젖어미
난 내 스승 그이에게
정성을 다 쏟죠.
그이가
웃음 터뜨리게 하려 해요.

난 선(善)을 추구하죠.
물러서지 않아요.
내 마음은
그이를 간절히 바라죠.
얼굴을 돌리지 않아요.

내 마음이 그이 때문에
마구 흔들려요.
그의 큰 키 때문에
동요하지 않아요.
내 손을 활짝 펼쳐요.

내 마지막 날까지 계속하여
지혜를 찾아 다닐 것이다.
꽃이 피면서 포도알이 익음과 같이
내 마음은 지혜 안에서
기쁨을 맛보았다.
내 발은 곧은 길을 밟았으며
젊었을 때부터 줄곧 지혜를 쫓아 다녔다.
나는 귀를 기울여
지혜의 소리를 들었고
그로부터 많은 가르침을 받았다.
지혜 덕분에 나는
많은 것을 얻었다.
나에게 지혜를 주신 분께
영광을 드린다.
나는 지혜를 실천에 옮기기에
결심하였으며
선한 일을 열렬히 추구하였으니
부끄러움을 당하지 않을 것이다.
나의 마음은
지혜를 차지하려고 싸웠고
그것을 실천하는 데
온 힘을 기울였다.

나는 팔을 펼쳐
하늘을 우러러 보며
지혜를 모르는 나의 무지를
탄식하였다.

그이의 은밀함까지
들여다보죠.
난 두 손을 씼어요.

내 온 마음을
지혜에 기울였으며
마침내 순결 속에서
지혜를 찾아내었다.
나는 마음속으로부터
지혜를 찾으려고
갈망하였으므로
이제 그 훌륭한 것을
얻게 되었다.

왼쪽에 있는 집회서 일부는 시편 두루마리 속에 들어 있는 부분(11QPs[a] xxi 11-17)을 제가 번역한 것이구요. 오른쪽에 있는 칠십인역 집회서는 한글『공동번역』(1977)에 들어 있는 번역을 인용한 것입니다. 칠십인역 집회서가 훨씬 길죠. 시편 두루마리 속에 들어 있는 집회서는 간결하고 또 무척 달콤합니다. 정인(情人)에게 사랑을 고백하는 것 같습니다. 여기에 비해 칠십인역 집회서는 지혜를 향하여 내달리는 무소의 뿔처럼 그 어조가 무척 비장합니다.

이렇게 서로 다른 성경 본문을 어떻게 이해해야 할까요? 사실 칠십인역 집회서는 시리아어로 번역되어 있는 페쉬타역 속의 집회서와도 무척 다릅니다. 이것을 어떻게 받아들여야 할까요? 가톨릭교회에서는 전통적으로 희랍어로 번역한 칠십인역 집회서를 정경으로 받아들여 지금도 읽고 있습니다. 우리는 이러한 다른 성경 본문을 통하여 성경이 어떻게 지금의 모습을 띠게 되었는지 어렴풋이 짐작할 수 있을 것입니다. 세월이 지나면서 여러 사람들의 손길이 성경 속에 들어가 있다는 점입니다. 이렇게 성경은 한 사람의 작품이 아니고 수많은 신앙인들과 신앙 공동체의 작품이라는 사실을 알게 됩니다.

이것은 집회서의 경우입니다만 이렇게 우리 그리스도교회가 성경으로 받아들여 인용하고 또 보존한 칠십인역은 우리 교회의 중요한 전통으로 자리 잡고 있습니다. 그뿐만 아니라 성경의 다양한 모습을 잘 증언하고 있기도 한 것이죠. 그러니까 우리는 여러 전통 가운데 하나를 받아들여 지금 우리의 성경으로 삼고 읽고 있다는 사실을 기억해야 할 것입니다.

그렇긴 해도 쿰란 사람들이 남긴 성경을 통해서 알 수 있는 점은 이렇습니다. 곧 지금 우리가 읽고 있는 히브리어성경인 마소라 본문은 벌써 2천년이 넘게 가장 권위 있는 성경 본문 전통으로 자리 잡고 있었다는 얘기입니다. 곧 예수님이 오시기 300여 년 전부터 벌써 지금의 성경과 그다지 다르지 않은 모습을 지니고 있었다는 것이고요, 또 쿰란 사람들이 남긴 성경을 통하여 우리가 지금 읽고 있는 성경이 얼마나 정확하게 잘 보존된 성경인가를 다시금 확인할 수 있다는 것이죠. 특히 "성(聖) 마가 수도원 이사야 두루마리"(1QIs[a])는 가장 완벽한 형태의 성경 이사야 두루마리인데요, 단지 철자만 조금씩 다를 뿐 지금 우리가 보고 있는 마소라 본문 이사야와 별로 다르지 않다는 것을 통해서 안심하고 열심히 성경을 읽을 수 있게 되었다는 것이 크나큰 수확입니다.[33]

그리고 쿰란 사람들이 남긴 성경 두루마리와 그 단편을 통하여 우리 교회가 지금껏 보존해온 칠십인역 성경이 얼마나 소중한 유산이라는 것도 알게 되었습니다. 그만큼 쿰란 사람들이 남긴 두루마리는 소중합니다. 그리고 성경 두루마리의 다양한 모습 또한 우리가 껴안아야 할 다양한 전통이라는 사실도 기억해야 할 것입니다. 나만 옳은 것이 아니라 서로 존중해야 할 귀중한 신앙 유산이라는 것이죠.

3. 고대어 번역 성경

"율법서와 예언서와 그 뒤를 이은 후대의 저서들이 우리에게 위대한 많은 가르침을 전해 주었다. 이것으로 보아 이스라엘 민족의 학문과 지혜는 찬양을 받을 만하다. 그런데 책을 읽는 사람은 스스로의 지식을 쌓는 것에 머무르지 말고 쌓은 지식을 말로나 글로 나타내어 다른 사람들을 돕는 자가 되어야 한다.

나의 조부 예수가 바로 그런 분이었다. 그분은 율법서와 예언서와 우리 조상들이 남긴 다른 저서들을 열심히 공부하여 통달한 후 그 자신도 교훈과 지혜를 담은 책을 저술하기로 하였다. 그 목적은 지혜를 사랑하는 사람들이 자기의 가르침을 아울러 익혀서 율법대로 잘 사는 방법을 터득하게 하려는 것이었다.

33) 사실 "히브리대학교 이사야 두루마리"(1QIs[b])가 이사야 전체를 다 보존하고 있지는 않지만 지금 우리가 보고 있는 성경 이사야서와 더 가깝다.

그러므로 나는 여러분이 이것에 흥미를 가지고 주의 깊게 읽어 주기를 바라며, 우리의 노력에도 불구하고 어떤 구절의 번역이 혹 잘못되었으면 널리 양해해 주시기를 바란다.

원래 히브리어로 표현된 말을 다른 언어로 번역해 놓으면, 그 뜻이 제대로 드러나지 않는 수가 많다. 이것은 비단 이 책의 경우뿐만이 아니라, 예언서와 그 외의 다른 저서들, 심지어는 율법서마저도 그 번역서와 원서와의 사이에는 큰 차이가 있음을 발견할 것이다.

내가 유에르게테스 왕 삼십 팔년에 에집트에 가서 그 곳에 머무를 때에 고상한 교훈이 담긴 책을 한 권 발견하였다. 그래서 나는 이 책을 번역하는 데 나의 정성과 노력을 바치는 것이 나의 의무라고까지 생각하였다. 그래서 그곳에 머무르는 동안에 나는 나의 온 지식을 기울여 불철주야, 이 책을 완성하여 세상에 내는 일에 몰두하였다. 나는 이 책을 이국 땅에 살면서 학문을 사랑하고 올바른 행실로 율법을 따라서 살려고 하는 사람들을 위해서 펴내는 바이다."

이 글은 언제 쓴 글이라는 생각이 드시나요? 놀랍게도 기원전 2세기 초반에 쓴 글입니다. 무엇에 대해서 말하고 있나요? 그렇습니다. 성경 번역에 대해 말하고 있습니다. 율법서니 예언서니 하는 말을 읽어보면 분명히 구약성경 번역에 대한 이야기입니다. 또 이 글을 쓴 이는 그 할아버지 이름이 "예수"라고 했습니다. 신약성경에 나오는 주님의 이름과 똑같습니다. 이 글은 집회서라고 부르는 책 머리에 붙어 있는 글입니다. 집회서는 히브리어로 벤 시라라고도 부르고 라틴어로 벤 시락이라고도 부릅니다.[34] 개신교회에서는 외경(外經)이라

34) 집회서는 잠언과 성경이 비슷하다. 다만 잠언에는 역사적인 인물이나 사건이 등장하지 않지만 집회서는 역사적인 인물을 길게 언급한다. 특히 44장에서 50장까지가 그렇다. 마치 믿음장인 히브리서 11장에 아브라함부터 시작하여 수많은 신앙의 인물들이 믿음을 지킨 위인들이라고 말하고 있는 것처럼 집회서의 이 부분은 이보다 더 길게 에녹과 대사제 시몬까지 신앙인들의 공적을 이야기한다. 이 책은 본디 히브리어로 쓴 책이다. 지금은 약 8개의 사본이 있지만 기원전 2세기에 이미 이 책을 희랍어로 번역하였다. 희랍어 칠십인역 속에 이 책의 내용이 가장 완벽하게 보존되어 있다. 이 8개의 히브리어 사본 가운데에는 쿰란 동굴에서 발견된 사본도 있다. 또 시리아어 페쉬타역 속에도 집회서 번역이 들어 있다. 그런데 8개의 히브리어 사본과 칠십인역 속의 희랍어 번역 그리고 시리아어 페쉬타역 속의 번역은 조금씩 때로는 많이 그 내용이 다르다. 단지 번역이 다르다는 것이 아니라 내용도 서로 다르다. 시리아어 페쉬타역에 들어 있는 "집회서"(벤시라)에는 이 머리말이 들어 있지 않다. 가톨릭교회는 이 가운데에서 칠십인역 속의 집회서를 경전에 포함시켜 읽고 있다.

고 하여 경 밖에 있는 책으로 분류하지만 가톨릭교회에서는 경전 속에 들어 있는 책이죠. 제2경전이나 둘째 경전이라고 부르죠. 위의 글은 『공동번역』(1977)의 집회서 머리말을 인용한 글입니다. 내용을 따라 단락을 달리 하여 인용해 보았습니다. 재미있게도 히브리어를 번역하는 문제가 그리 쉽지만은 않다고 위의 글을 쓴 이가 말하고 있습니다. 우리가 관심을 기울여 읽어볼 부분이 바로 이 부분입니다.

> "본디 히브리어 문장을 다른 말로 옮겨놓으면 그 뜻이 제대로 살아나지 않는 경우가 많습니다. 비단 이 두루마리뿐만이 아니라 예언서와 그 밖의 다른 작품, 심지어 토라마저도 그 번역과 원문 사이에는 큰 차이가 있는 것을 알 수 있어요."

위의 글에 들어 있는 이 문장을 이렇게 약간 고쳐 읽어보았습니다. 지금도 우리는 히브리어를 우리말로 옮기는 것이 얼마나 어려운지 새삼 느끼고 있는데요, 벌써 2100년 전에도 똑같은 어려움을 겪고 있다고 말하고 있군요. 이렇게 번역이란 참 어렵습니다. 말의 쓰임과 틀이 다르기 때문이죠. 앞 장에서 『공동번역』의 책임번역가였던 문익환 목사님이 "히브리어에서 한국어로"(1985)라는 글을 쓰셨다는 얘기를 했습니다. 서로 다른 말을 굵은 톱니바퀴와 잔 톱니바퀴에 비유하여 번역을 설명했다고도 말씀드렸죠. 지금도 어떤 말을 다른 말로 옮기는 일이 쉽지 않은데 옛날 말은 오죽하겠습니까? 이렇게 번역이란 단순한 말바꿈이 아닙니다. 어찌 보면 새로운 창조입니다. 이러한 창조 작업을 요즘은 번역학이란 말로 부르는데요,[35] 옛날에는 그런 말이 없었는지 모르지만 똑같은 문제로 고심하고 밤잠을 설치며 애썼던 번역가들의 노력은 예나 지금이나 별반 다르지 않습니다.

위의 글에서 알 수 있는 것은 기원전 2세기에 벌써 구약성경의 일부가 희랍어로 번역되어 있었다는 사실을 알 수 있습니다. 그것도 모세 오경이라 부르는 토라와 예언서가 이미 번역되어 있었습니다. "그 밖의 작품"은 무엇을 가리

---

35) 우리나라에서는 통번역대학원이 유행하고 있는데 번역학(Translation Studies)은 본디 성서번역에서 시작되었다. 이 번역학의 시작은 성서번역 이론가인 유진 나이다(Eugene Nida) 박사이다. 이른바 "기능 동등성"(functional equivalence) 이론이라고 부르는데 그의 책 『번역의 이론과 실제』(Theory and Practice of Translation, 1968)는 이 분야의 고전이다. 또한 그의 『한 언어에서 다른 언어로』(From One Language to Another, 1986)란 책도 고전에 속하는 책이다.

키는지 잘 알 수 없습니다. 다만 성문서가 아니었을까 추정해 볼 따름입니다.[36] 이것을 우리는 희랍어 칠십인역이라고 부릅니다.

* * *

고대어 번역 성경이란 희랍어 칠십인역과 시리아어 페쉬타역과 라틴어 불가타역 그리고 아람어 타르굼을 가리킵니다. 희랍어성경은 기원전 3세기부터 나왔구요. 시리아어성경은 기원후 1세기부터 그리고 라틴어성경은 기원후 5세기에 나왔죠. 또한 아람어성경은 기원후 8세기에 각각 나왔습니다. 왜 "부터" 나왔다고 말씀드리느냐 하면 언제 완성되었는지 잘 알 수 없기 때문입니다. 학자들이 얘기하는 것을 이렇게 정리하여 말씀드리는 것입니다. 이들 성경이 왜 중요한지 하나씩 설명하겠습니다.

1) 구약성경의 배열

칠십인역은 이름 그대로 칠십인의 유대인 학자들이 번역한 것이죠. 전설에 따르면 이스라엘 각 지파에서 여섯 분의 학자들이, 그러니까 모두 일흔 두 분이 번역한 성경이라고 합니다. "아리스테아스의 편지"라는 글이 있는데요, 기원전 1세기경의 작품입니다. 이 글에 바로 이런 얘기가 나와요.

이집트의 델타 삼각주 지역에 있는 알렉산드리아라는 도시에 당시 최고로 큰 도서관이 있었는데요, 이 도서관은 고대 세계에서 가장 많은 자료를 가지고 있는 도서관으로 유명합니다. 이 도서관 책임자인 데메트리오스는 유대인들이 읽는 토라라는 성경이 유명하다는 사실을 알고는 이 성경을 도서관에 비치하고 싶어 했어요. 당시 왕이었던 필라델포스 임금이 물론 허락해야 가능했

36) 구약은 히브리어 원문성경으로 토라와 예언서와 성문서로 나눈다. 성경이 된 순서대로 이렇게 부른다. 신약성경 누가 24:24에도 "이것이 모세와 예언자와 시편의 뜻이다"라고 예수께서 하시는 말씀이 들어 있다. 여기서 모세는 모세 오경(토라)을, 예언자는 예언서를, 시편은 성문서를 가리킨다고 말할 수 있다. 쿰란 사람들도 똑같이 구약을 세 부분으로 나누어 설명하기도 했다. 토라 규정(MMT)이라는 문헌이 쿰란 사람들이 남긴 문헌 가운데 가장 이른 시기에 쓴 것으로 학자들은 말한다. 기원전 약 150년경의 글로 짐작하는데 여기에도 이렇게 구약을 세 부분으로 나누어 말한다. 물론 유대인들은 구약이라고 부르지 않고 성경이라고 부른다.

던 것이죠. 예루살렘의 대사제였던 엘르아자르에게 왕은 편지를 보내라고 합니다. 토라를 번역할 번역가들을 각 지파에서 여섯 명씩 보내달라고 합니다. 엘르아자르는 번역가와 토라 두루마리와 번역가들을 보냅니다. 일주일간의 잔치가 끝나고 도서관 책임자 데메트리오스는 번역가들을 데리고 알렉산드리아에서 다리를 건너 파로스 섬으로 가죠. 번역이 끝나고 모든 유대인들을 그 섬으로 불러 그 성경을 읽습니다. "우연히도 번역은 72일 만에 끝났다"는 표현이 이 글의 마지막 부분에 나오는데요, 그러면서 "훌륭하고 거룩하고 정확하게 번역되었기 때문에" 그 어떤 것도 "바꾸면" 안 된다는 말로 끝맺습니다.

이 이야기를 읽어보면 이 이야기는 꾸며낸 이야기라고 생각할 수도 있습니다. 그러나 72명의 번역가들이 72일 동안 번역했다는 얘기는 이 성경을 그만큼 정확하고 권위가 있는 성경으로 받아들인 것을 알 수 있는 대목입니다. 그러니까 기원전 3세기에 알렉산드리아에서 나온 희랍어 번역성경은 모세 오경만을 가리킵니다. 그리스어로는 "노모스"라고 했는데요, 히브리어로는 "토라"를 흔히 이렇게 "노모스"라는 말로 옮깁니다.[37] 구약의 다른 부분인 예언서와 성문서는 뒤에 번역이 됩니다. 이러한 사정은 앞에서 인용한 집회서 머리말에 들어 있습니다.

그런데 이 성경이 언제 마무리되었는지는 잘 모릅니다. 다만 이 성경이 중요한 것은 신약성경에 인용되어 있는 구약의 대부분이 바로 이 칠십인역 성경이라는 점입니다. 그리고 칠십인역 희랍어는 신약성경 희랍어와 똑같이 코이네 희랍어라고 부릅니다. 쉬운 희랍어라는 뜻이죠. 당시 희랍어를 일상어로 사용하던 사람들이 말하던 희랍어라는 뜻이죠.

기원후 4세기경의 칠십인역 가운데 바티칸 사본(Codex Baticanus)이라는 것이 있습니다. 가톨릭교회의 본부인 바티칸 도서관에 있는 성경사본이어서 이렇게 이름 붙인 듯합니다. 이 칠십인역 사본이 지금 우리가 가지고 있는 성경과 배열이 똑같습니다. 곧 역사서와 지혜서와 예언서의 순서로 되어 있습니다.

본디 히브리어성경은 오경과 예언서와 성문서의 순서로 되어 있다고 말씀드

---

37) 신약성경에 나오는 "노모스"는 보통 "율법"이라고 옮긴다. 특이하게도 요한복음(10:34)에서는 시편도 "노모스"라는 말로 표현하기도 한다. "너희는 신이다"라고 하는 시편(82:6)의 인용을 이렇게 "노모스"라고 하였는데 『개역』(1938)과 『새번역』(2004)은 이 말을 "율법"이라고 옮겼고 『공동번역』(1977)은 "율법서"라고 읽었다.

렸습니다. 오경은 요즘 토라라고도 부르기 때문에 토라와 예언서와 성문서라고 불러도 되겠군요. 지금 유대인들이 가지고 있는 히브리어성경의 이름도 이 순서에 따라 "토라 네비임 우-케투빔"으로 적혀 있습니다.[38] 그러니까 성경이 된 순서대로 이렇게 되어 있다고 말씀드렸습니다. 어떻게 아느냐고 궁금해 하시는 분이 있을 줄 압니다. 사마리아 사람들을 아시죠? 선한 사마리아인 이야기가 복음서에 나오지 않습니까? 지금도 약 1,000여 분의 사마리아 사람들이 야파라는 곳에서, 그러니까 성경 이름으로는 욥바라는 곳에 살고 있는데요, 이 분들은 오경만 성경이라고 믿고 지금도 그 두루마리를 보존하고 있어요. 이 성경을 사마리아 오경이라고 부릅니다. 이런 것을 보면 본디 오경만 성경이었던 것을 알 수 있지요.

그런데 칠십인역은 우리가 지금 읽고 있는 성경과 순서가 똑같습니다. 사실 우리 성경은 이 칠십인역 성경을 따라 되어 있는데요, 더 정확하게는 앞서 언급한대로 바티칸 사본입니다. 역사서라고 하면 오경을 포함하여 여호수아와 사사기 그리고 사무엘과 열왕기 또 역대기와 에스라-느헤미야를 가리키는 말입니다. 지혜서라고 하면 욥기와 시편과 잠언과 전도서와 아가를 말하죠. 예언서라고 하면 이사야와 예레미야와 에스겔 그리고 열두 소 예언서를 가리킵니다. 왜 이렇게 구성되었느냐고 물으실 줄 압니다. 바로 과거와 현재와 미래를 향한 신앙 때문입니다. 과거는 역사서를 말하고, 현재는 지혜서를 말하고, 미래는 예언서를 말하죠. 예언서의 마지막 책은 말라기입니다. 말라기 마지막은 이런 말로 끝나죠.

> 야훼님 거둥하시는 크고 두려운 날
> 그 날이 이르기 전
> 나는 그대들에게 보내리라
> 예언자 엘리야를 -

마지막 절 바로 앞 절입니다. 제가 이렇게 읽어보았습니다. 왜 말라기는 엘리야 선지를 보내겠다고 말할까요? 여기서 엘리야는 살아있던 엘리야이기도

38) תורה נביאים וכתובים

하지만 메시아를 가리키는 다른 말이기도 합니다. 복음서에도 보면 사람들은 예수님을 엘리야니 세례자 요한이니 하고 말이 많습니다. 그만큼 메시아를 기다리고 있었다는 얘기인데요, 바로 이러한 신앙이 성경의 순서를 정하는 데 반영되었다는 뜻입니다. 칠십인역 바티칸 사본은 이런 신앙이 배어 있는 성경입니다. 우리는 이 순서를 따라 지금 이렇게 읽고 있습니다. 그럼 히브리어성경과 칠십인역 성경의 순서를 보도록 하죠.

히브리어성경	**칠십인역 성경**
창세기	창세기
출애굽기	출애굽기
레위기	레위기
민수기	민수기
신명기	신명기
여호수아	여호수아
사사기	사사기
	룻기
사무엘상	사무엘상
사무엘하	사무엘하
열왕기상	열왕기상
열왕기하	열왕기하
	역대상
	역대하
	에스라
	느헤미야
	에스더
	욥기
	시편

	잠언
	전도서
	아가
이사야	이사야
예레미야	예레미야
	예레미야 애가
에스겔	에스겔
	다니엘
호세아	호세아
요엘	요엘
아모스	아모스
오바댜	오바댜
요나	요나
미가	미가
나훔	나훔
하박국	하박국
스바냐	스바냐
학개	학개
스가랴	스가랴
말라기	말라기
시편	
잠언	
욥기	
아가	
전도서	
에스더	
다니엘	
에스라	

느헤미야
역대상
역대하

그런데 칠십인역 바티칸 사본은 여기에 9권의 책이 더 들어 있습니다. 토비트와 유딧과 에스델과 지혜서와 집회서 그리고 바룩과 다니엘(세 아이의 노래, 수산나, 벨과 뱀)과 마카베오상하입니다. 한글성경 『공동번역』(1977)에는 구약과 신약 사이에 제2경전이라는 이름으로, 또 외경이라는 이름으로 집어넣었습니다.[39] 하지만 『공동번역 개정판』(1999)은 각 책을 여기저기에 집어넣었습니다. 본디 바티칸 사본에 있는 순서대로 배열한 것이죠.

그런데 한글 『공동번역』은 책이름이 약간 다른 것이 있습니다. 출애굽기를 "탈출기"로, 사사기를 "판관기"라고 부르고, 학개를 "하깨"라고 부르기도 하죠. 그리고 또 하나 "전도서"는 본디 히브리어 "코헬렛"이라는 이름으로 되어 있습니다. 그래서 요즘은 그냥 히브리어성경 속에 들어 있는 이름을 따라 부르는 경향이 있습니다. 요즘 일본어성경도 이렇게 부르죠.[40]

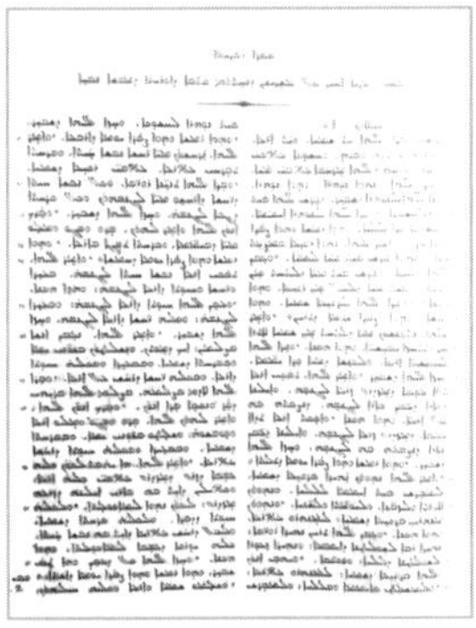
페쉬타역 창세기 제1장

그런데요, 시리아어로 번역된 페쉬타역이라는 성경은 위의 배열과 다르게 되어 있습니다. 시리아어는 아람어의 일종입니다. 예수님의 일상어가 아람어였으니까 "달리다 굼"이나 "에바다" 또 "마라나타"와 같이 신약에 나오는 이런 말이 모두 아람어인데요, 시리아 지역에 살던 그리스도인들이 사용하던 말을 시리아어라고 부릅니다. 글자체가 다르죠. 그래서 이렇게 다른 이름으로 부르는 언어이죠. 이 성경은 칠십인역과 달리 구약과 신약이 모두 들어 있는 성경인데요, 그 순서를 보기로 하겠습니다.

---

39) 영어로는 각각 "Deutero-canon"과 "Apocrypha"라고 부른다. "외경"(外經)이라는 이름은 "외전"(外典)이라고도 하지만 보통 "외경"이라고 부르는데 유대인들도 개신교인들과 똑같이 이 말을 사용한다.

40) 신공동역(1987)이라고 부르는 일본어성경이 "코헬레또"라는 이름으로 이 책을 부른다.

페쉬타역 성경

창세기
출애굽기
레위기
민수기
신명기

욥
여호수아
사사기
사무엘 (예언자) 첫째
사무엘 (예언자) 둘째
첫째 열왕기
둘째 열왕기
역대 첫째 둘째

시편
잠언
전도서
룻
아가
에스더
에스라 (예언자)
느헤미야

이사야 (눈의 아들 예언자)
호세아 (예언자)
요엘 (예언자)
아모스 (예언자)

스바냐 (예언자)
요나 (예언자)
미가 (예언자)
나훔 (예언자)
하박국 (예언자)
스바냐 (예언자)
학개 (예언자)
스가랴 (예언자)
말라기 (예언자)

예레미야 (예언자)
예레미야 애가
에스겔 (예언자)
다니엘 (예언자)

이 시리아어성경이 특이한 점은 욥기를 오경 다음에 넣은 것입니다. 유대인들의 전통에 따르면 욥은 요밥과 같은 인물입니다. 그리고 욥기도 모세가 썼다고 믿었습니다. 이런 전통을 따라 이렇게 욥기가 오경 다음에 나오지요. 이것도 한 전통입니다. 그리고 또 하나 예레미야와 예레미야 애가를 열두 소예언서 다음에 집어넣은 것입니다. 그리고 에스겔과 다니엘이 마지막에 나오는데요, 특히 다니엘이 이렇게 가장 뒤에 들어간 것은 아마도 다니엘이 보통 기원전 168년경에 기록되었다고 하는데 이런 전통을 이미 시리아교회에서는 가지고 있었던 듯합니다. 그리고 또 하나 사무엘과 에스라를 예언자라고 부른다는 점입니다. 물론 다른 예언자들도 모두 이런 호칭으로 부르지만 말이죠. 그래서 일부러 위의 목록에는 괄호 속에 예언자라는 말을 집어넣었습니다. 사무엘은 성경에 예언자라고 부르기 때문에 별 문제가 없습니다만 에스라를 예언자라고 부르는 전통이 시리아교회에서는 오래된 전통인 듯합니다.[41)]

41) 이 순서는 시리아의 다메섹에 있는 안디옥 및 동방 시리아 주교회(Syrian Patriachate of Antioch and All the East)가 보존해온 시리아어성경으로 성서공회연합회(United Bible Societies)가 1979년에 펴낸 성경(Syriac Bible 63DC)에 수록되어 있는 순서이다.

그리고 페쉬타역 성경은 구약과 신약 속에 외경을 집어넣었습니다.42) 각 책은 “토비트”와 “유딧”과 “에스델”과 “지혜서”와 “벤시라”(집회서)와 “예레미야의 편지”와 “바룩 1”과 “바룩 2”와 “다니엘(과 수산나)”과 “마카베오 1”과 “마카베오 2”입니다.

이렇게 교회전통이 다르면 성경의 배열 순서도 다릅니다. 각 전통에서 누구를 중요하게 생각하고 또 어떻게 바라보느냐에 따라 배열이 달라집니다. 이것을 통해서 우리가 읽는 성경의 순서는 여러 그리스도교 전통 가운데에서 하나라는 사실을 기억할 필요가 있습니다. 그리고 다른 전통도 소중한 우리 그리스도교회의 전통이라는 사실을 염두에 두어야 할 것입니다. 이렇게 서로 다른 전통의 성경 이름이 어떻게 다른지 이번에는 우리말 성경에 따라 한번 비교해 보죠.

개역 한글판(1961)	**새번역(2004)**	**가톨릭 성경(2005)**
창세기	창세기 (창)	창세기 (창세)
출애굽기	출애굽기 (출)	탈출기 (탈출)
레위기	레위기 (레)	레위기 (레위)
민수기	민수기 (민)	민수기 (민수)
신명기	신명기 (신)	신명기 (신명)
여호수아	여호수아기 (수)	여호수아기 (여호)
사사기	사사기 (삿)	판관기 (판관)
	룻기 (룻)	룻기 (룻)
사무엘상	사무엘기상 (삼상)	사무엘기상권 (1사무)
사무엘하	사무엘기하 (삼하)	사무엘기하권 (2사무)
열왕기상	열왕기상 (왕상)	열왕기상권 (1열왕)
열왕기하	열왕기하 (왕하)	열왕기하권 (2열왕)
역대상	역대지상 (대상)	역대기상권 (1역대)

42) 이름은 “씨프라 디-아보크리파”(ספרא אבוכר״פא)라고 되어 있다. “외경”이란 뜻의 희랍어 “아포크리파”를 시리아어로 이렇게 읽는 것이다.

역대하	역대지하 (대하)	역대기하권 (2역대)
에스라	에스라기 (라)	에즈라기 (에즈)
느헤미야	느헤미야기 (느)	느헤미야기 (느헤)
		토빗기 (토빗)
		유딧기 (유딧)
에스더	에스더기 (더)	에스테르기 (에스)
		마카베오기상권 (1마카)
		마카베오기하권 (2마카)
욥기	욥기 (욥)	욥기 (욥)
시편	시편 (시)	시편 (시편)
잠언	잠언 (잠)	잠언 (잠언)
전도서	전도서 (전)	코헬렛 (코헬)
아가	아가 (아)	아가 (아가)
		지혜서 (지혜)
		집회서 (집회)
이사야	이사야서 (사)	이사야서 (이사)
예레미야	예레미야서 (렘)	예레미야서 (예레)
예레미야 애가	예레미야 애가 (애)	애가 (애가)
		바룩서 (바룩)
에스겔	에스겔서 (겔)	에제키엘서 (에제)
	다니엘서 (단)	다니엘서 (다니)
호세아	호세아서 (호)	호세아서 (호세)
요엘	요엘서 (욜)	요엘서 (요엘)
아모스	아모스서 (암)	아모스서 (아모)
오바댜	오바댜서 (옵)	오바드야서 (오바)
요나	요나서 (욘)	요나서 (요나)
미가	미가서 (믹)	미카서 (미카)
나훔	나훔서 (나)	나훔서 (나훔)
하박국	하박국서 (합)	하바쿡서 (하바)

스바냐	스바냐서 (습)	스바니야서 (스바)
학개	학개서 (학)	하까이서 (하까)
스가랴	스가랴서 (슥)	즈카르야서 (즈카)
말라기	말라기서 (말)	말라키서 (말라)

이렇게 놓고 보면 이름이 『가톨릭 성경』(2005)은 많이 다른 것을 알 수 있습니다. 물론 『새번역』은 역사서에서는 "기" 자를, 예언서에는 "서" 자를 더 넣어 이름을 표기한 것을 알 수 있어요. 특이한 점이 있다면 "역대"를 "역대지"로 "지" 자를 넣은 것인데 이런 전통은 한문성경 『대표본』(1854)에서 확인할 수 있습니다. 『가톨릭 성경』은 본디 발음에 가깝게 하려는 시도를 하고 있습니다.

그리고 괄호 속에 있는 것은 약자인데요, 『새번역』은 『개역』 전통을 따라 그대로 읽었지만 『가톨릭 성경』은 대부분 앞 두 글자로 약자를 만들어 사용하고 있습니다. 다른 점이 있다면 "1사무"나 "2역대"처럼 상권과 하권으로 구분되어 있는 성경은 이름 앞에 각각 1과 2를 붙인 것이죠. 그리고 가장 이름이 특이하게 달라진 것은 "판관기"와 "코헬렛"입니다. "판관기"는 개역의 "사사기"를, "코헬렛"은 개역의 "전도서"를 이렇게 읽은 것이죠. 참고로 중국 가톨릭교회 성경인 『사고성경』(思高聖經)은 이 책을 "훈도편"(訓道編)이라고 부릅니다. 『개역』의 이름은 주로 한문성경 『대표본』에서 온 것인데요, 『가톨릭 성경』은 이 두 책이름에서 이 전통을 버렸습니다. 원문에 가깝게 하려는 시도라고 할 수 있습니다. 사실 『가톨릭 성경』의 각 책이름은 『공동번역』(1977) 전통인데요, 『공동번역』과 비교해 보면 알 수 있습니다. 달라진 것만 보겠습니다.

개역 한글판(1961)	**공동번역(1977)**	**가톨릭 성경(2005)**
출애굽기	출애굽기	탈출기
사사기	판관기	판관기
에스라	에즈라	에즈라기
전도서	전도서	코헬렛
	토비트	토빗기

에스더	에스델	에스테르기
에스겔	에제키엘	에제키엘서
오바댜	오바디야	오바드야서
미가	미가	미카서
하박국	하바꾹	하바쿡서
학개	하깨	하까이서
스가랴	즈가리야	즈카르야서
말라기	말라기	말라키서

그러니까 『공동번역』과 비교해보면 출애굽기를 "탈출기"로, 전도서를 "코헬렛"으로 바꾼 것이 가장 큰 변화이구요. 에스델을 "에스테르"로 바꾸거나, 하깨를 "하까이"로 바꾼 것은 본디 소리에 가깝게 하려는 시도입니다. 하바꾹을 "하바쿡"으로 바꾼 것 또한 마찬가지로 보이는군요. 라틴어성경의 책이름 소리를 히브리어로 바꾸고자 이렇게 표기한 듯합니다. 제2경전이라고도 부르고 외경이라고도 부르는 9권의 책 가운데에서는 "토비트"를 "토빗서"로 간결하게 바꾸었구요. 따라서 『가톨릭 성경』을 읽을 때는 이러한 점을 생각하고 읽어야 할 듯합니다.

2) 그리스어 칠십인역(기원전 3세기-1세기)

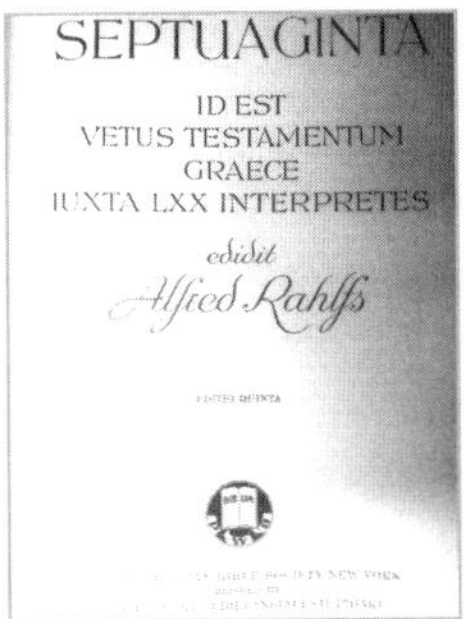

칠십인역 (랄프 제5판)

칠십인역 성경은 이렇게 우리말 성경에 지대한 영향을 미칩니다. 또한 앞서도 말씀드렸듯이 신약성경에 인용되어 있는 구약은 거의 모두 칠십인역 성경을 인용한 것입니다. 이만큼 초기 그리스도인들이 칠십인역을 사랑했다는 뜻인데요, 번역은 유대인들이 했지만 지금의 형태로 정착시킨 것은 이렇게 그리스도인들입니다. 칠십인역 희랍어와 신약 원어성경 희랍어도 같은 희랍어라고 말씀드렸습니다. 세례자 요한이 사역을 시작한 사건을 누가(3:4-5)는 이렇게 말합니다.

그것은 이사야의 예언서에 적혀 있는 대로였다.

"광야에서 외치는 이의 소리가 있다.
너희는 주님의 길을 예비하고
그 길을 곧게 하여라.
모든 골짜기는 메우고
모든 산과 언덕은 평평하게 하고
굽은 것은 곧게 하고
험한 길은 평탄하게 해야 할 것이니
모든 사람이 하나님의 구원을 보게 될 것이다."

『새번역』(2004)으로 읽은 것인데요, 누가는 이렇게 이사야(40:3-5)를 인용하여 말합니다. 구약 이사야의 이 부분을 『새번역』으로 읽어보죠.

한 소리가 외친다.
"광야에서 주님께서 오실 것을 닦아라.
사막에 우리의 하나님께서 오실 큰길을 곧게 내어라.
모든 계곡은 메우고
산과 언덕은 깎아내리고
거친 길은 평탄케 하고
험한 곳은 평지로 만들어라.
주님의 영광이 나타날 것이니
모든 사람이 그것을 볼 것이다.
이것은 주님께서 친히 약속하신 것이다."

『새번역』을 보면 "한 소리가 외친다"라는 부분에는 동그라미 속에 "ㄱ"이라는 표시가 들어 있고 그 난하주에는 이런 설명이 들어 있습니다. {또는 "광야에서 한 소리가 외친다. '주님께서 오실 길을 닦아라'"}라고 되어 있지요. 이렇게 달리 읽을 수 있는 부분이 바로 이 부분인데요, 칠십인역은 "광야에서 외치는 이의 소리가 있다"로 읽었습니다. "한 소리가 있다"로 읽지 않은 것이죠. 두 가능성 가운데 하나를 선택하여 이렇게 옮긴 것입니다.

칠십인역 성경은 이렇게 여러 가능성 가운데 하나를 택한 경우도 있고 다른 부분도 있습니다. 칠십인역이 히브리어성경과 가장 다른 부분은 예레미야입니다. 히브리어성경 예레미야는 칠십인역 예레미야보다 약 1/7이 깁니다. 왜 그럴까요? 우리는 흔히 히브리어성경이 하나만 있었을 것이라고 생각하지만 지금 우리가 가지고 있는 히브리어성경은 여러 히브리어 본문 전통 가운데 하나였다는 것을 알 수 있습니다. 지금 가지고 있는 히브리어성경을 우리는 "마소라 본문"(Masoretic Text)이라고 합니다. 마소라 본문이라고 부르는 이유는 마소라 학자들이 지금의 형태를 보존하고 또 만들어냈다는 뜻이죠.

"마소라"라는 말은 "전통"이라는 뜻입니다. 곧 전통을 그대로 물려받아 보존한 성경을 우리는 마소라 본문이라고 부릅니다. 이러한 작업을 한 학자들을 마소라 학자들이라고 부르죠. 기원후 500년경부터 1000년경까지 활동하여 지금 우리가 읽고 있는 히브리어성경을 보존해온 이 마소라 본문은 지금 러시아의 상트페테르부르크 도서관에 7–8벌의 성경이 있습니다. 창세기부터 말라기까지 다 들어 있는 성경이죠. 물론 이 성경은 히브리어 전통에 따라 창세기가 처음 책이고 역대하가 마지막 책으로 되어 있습니다. 이 마소라 본문을 우리는 "레닌그라드 코덱스"(Leningrad Codex)라고 부릅니다.[43] 코덱스라는 것은 아주 얇은 가죽을 종이로 사용하여 책으로 만든 것입니다. 1992년 소련이 붕괴되기 이전에 이 도시의 이름이 레닌그라드였기 때문에 이 도시의 이름을 따서 이렇게 부른 것이죠.

그러면 우선 그 차이가 어떤지 보기 위해 예레미야(10:4–11)를 비교하여 읽어보겠습니다. 히브리어성경은 마소라 본문을, 칠십인역은 랄프스 판을 우리말로 옮겨보죠.

---

43) 전문용어로는 이 성경을 "Leningrad B 19a"라고 부른다. 1009년의 사본으로 알려져 있다. 이 도서관의 분류에 따라 이렇게 부르고 있다. 이보다 약 100년 앞서서 915년의 사본으로 "알레포 코덱스"(Aleppo Codex)라는 것이 있다. 오경을 빼고 예언서와 성문서가 남아 있다. 이 사본의 오경은 불행하게도 지난 1947년경에 불타 없어진 것으로 알려져 있다. 마소라 학자들 가운데에도 가장 잘 알려진 가문 학파가 800년경부터 1000년경까지 활동한 벤–아쉐르 가문과 벤–납달리 가문인데 지금 우리가 가지고 있는 마소라 본문은 벤–아쉐르 가문의 작품이다. 특히 앞서 언급한 "알레포 코덱스"는 벤–아쉐르 가문의 학풍을 이끈 벤–아쉐르 자신이 베낀 것으로 알려져 있다.

히브리어 마소라 본문	칠십인역
10:4 은으로 금으로	10:4 은으로 금으로
그것을 꾸민다	그것을 꾸민다
못으로 망치로	망치로 못으로
그들을 붙들어 맨다	그들을 붙들어 맨다
10:5 그들은 오이밭 허수아비이다[44]	10:5 그들은 세공품이다
그들은 말을 못한다	그들을 세워놓는다
	움직이지 못하도록
	은으로 만든다
	10:9 다시스 산 은으로
	모파즈 산 금으로 만든
	금장이 작품이다
	모두 세공장이 작품이다
	푸른색 자주색 옷을 입힌다
그들은 짊어져야만 한다	10:5 그들은 짊어져야만 한다
그들은 걸을 수 없기 때문이다	그들은 스스로 오를 수 없기 때문이다
그들을 무서워 말라	그들을 무서워 말라
그들이 해치지 못하기 때문이다	그들은 해치지 못하기 때문이다
또한 어떤 유익도 주지 못한다	어떤 유익도 주지 못한다

절수가 다른 것은 이해가 되지만 칠십인역은 10:5에 긴 내용이 더 들어가 있습니다. 물론 전체적으로는 히브리어성경 마소라본문의 예레미야가 칠십인역보다 더 깁니다. 그런데 여기서는 칠십인역이 더 긴 부분이군요. 아무튼 이런 차이는 고대 역본일수록 더 심합니다. 그런데 기원전 150년경부터 기원후 68년까지 사해 서북쪽 쿰란 지역에서 공동체를 이루고 살면서 성경을 베끼고 공부하며 신앙생활 하던 쿰란 사람들도 예레미야 본문을 보존해 왔는데요, 이 가운데에서도 제4동굴에서 발견된 예레미야 본문은 이렇습니다.[45]

44) 히브리어 "토메르 미카쉐"(תמר מקשה)를 여러 고대역본이 다양하게 읽는 것은 HALOT 1757을 보라.
45) "4QJer[b]"라고 부른다. "4"는 네 번째 동굴이라는 뜻이고 "Q"는 쿰란(Qumran)의 약자이고 "Jer"

쿰란 제4동굴 예레미야 (b)

10:4 [은으로] 금[으로]
그들을 꾸민다
망치로 [못으로]
[그들을 붙들어맨다
움직이지 못하도록–]
10:9 [두드린 은은 다시스 산이다
금은 오파즈 산이다
모두 다 빼어난 장인의 작품이다
금장이 작품이다]
푸른색 자주색
[옷을 입힌다]

10:4와 10:9는 각각 10장 4절과 10장 9절을 가리키는데요, 이렇게 놓고 보면 우리가 가지고 있는 성경과 다르게 5절에서 8절까지는 없다는 뜻이죠. 그리고 앞에서 히브리어 마소라 본문과 칠십인역 본문을 비교해 볼 때 순서가 다른 것을 또한 알 수 있습니다. 그러니까 마소라 본문의 5절 안에 9절이 들어가 있다는 얘기죠. 이렇게 쿰란 사람들이 남긴 성경본문과 비교해 보면 칠십인역 예레미야는 더 짧고 또 순서도 다릅니다. 달리 말하자면 칠십인역 예레미야는 상당히 다르다는 것을 알 수 있습니다. 이것은 각 책마다 전승과정이 다르다는 것을 알 수 있습니다.

사실 예수님도 어느 회당에 들어가셔서 이사야 두루마리를 넘겨받아 읽고는 설교했다는 기록이 있습니다. 누가복음(4:16–30)에 나오는 이야기죠. 이사야(60:1–2)를 읽으신 것인데 이 회당에는 아마도 이사야 두루마리만 가지고 있었

는 예레미야(Jeremiah)를 가리키며 작은 글자 "b"는 이 동굴에서 발견된 예레미야 본문 가운데 두 번째로 분류되는 본문을 가리킨다. 이 동굴에서는 다섯 개의 예레미야 본문이 발견되었는데 abcde로 분류한다. 순서는 편의상 그렇게 분류하는 것일 뿐 아무런 의미가 없다.

그런데 4QJer[a]라고 부르는 본문은 10:9에서 4QJer[b]와 순서가 약간 달리 나온다. 곧 "세공장이 작품이고 금장이 솜씨이다. 푸른색 자주색 옷을 입힌다. 모두 다 빼어난 장인의 작품이다"라고 읽는다.

지 않았나 생각합니다. 옛날에는 모든 성경을 다 가지고 있지 않았습니다. 각 두루마리가 따로따로 전승되어 내려왔다는 것이죠.

이렇게 칠십인역 성경은 쿰란 사람들이 남긴 여러 성경사본을 보면 본디 서로 다른 히브리어 본문 전통이 있었다는 것을 확증하는 증거입니다. 곧 본디 여러 전통이 있었는데 칠십인역은 그 여러 전통 가운데 하나를 잘 보존하고 있는 성경이구요, 그리스도교회는 이 전통을 잘 보존하고 있어요. 신약의 구약 인용이 바로 칠십인역 성경이니까요. 따라서 무척 소중한 성경 전통이 아닐 수 없습니다.

3) 시리아어 페쉬타역(기원후 1세기-3세기)

시리아어 페쉬타역을 생각해 보기로 하겠습니다. 시리아어는 아람어의 일종입니다. 앞서도 말씀드렸듯이 신약성경에 나오는 "엘로이 엘로이 레마 사박다니"(마가 15:34)나 "달리다 굼"(마가 5:41)과 같은 말이 바로 아람어인데요, 시리아어는 시리아 지역에 살고 있던 그리스도교인들이 사용하던 아람어를 시리아어라고 부릅니다.

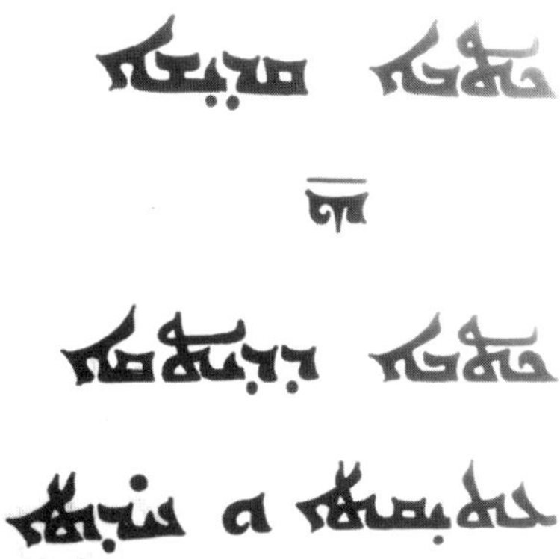
페쉬타역

이 시리아어성경은 구약과 신약이 다 들어 있는데요, 특히 구약은 기원후 1세기부터 번역되어 적어도 3세기까지는 지금의 형태로 완성되었습니다. 시리아 교회의 기원은 세 가지입니다. 하나는 예수께서 직접 시리아 지역에 가서 전도하신 것이 이 교회의 시작이라는 설이 있구요, 예수님의 칠십인 제자 가운데 아다이라고 부르는 제자 다대오가 처음 교회를 시작했다는 설이 있구요. "아다이의 가르침"이라는 글에 나오는 얘기입니다. 또 하나는 예수님 당시 시리아의 에뎃사라는 지역을 다스리던 아브가르라는 왕이 이 교회를 시작했다는 설이 있어요.

다 전설이니까 정확하게는 알 수 없지만 책마다 번역가들이 달랐던 것 같습니다. 이 성경은 시리아 교회가 보존해 왔지만 잠언과 같은 책은 유대인이 번역하기도 하고, 또 다른 책은 그리스도인들이 번역하기도 했어요. 지금 우리가 가지고 있는 히브리어성경 마소라 본문과 같은 전통의 히브리어성경을 번역한 것입니다. 따라서 히브리어성경을 읽다가 잘 모르는 부분이 있으면 이 성경을 참조하여 그 뜻을 추측해 내는 데 무척 유용한 성경입니다. 또한 우리는 시편을 150편을 가지고 있는데 시리아 교회의 한 전통은 5편의 시를 더 가지고 있습니다. 따라서 시편을 연구하는 데 무척 소중한 전통을 간직하고 있는 교회가 바로 시리아 교회입니다. 쿰란 사람들이 남긴 『시편 두루마리』(11QPs[a])는 이 다섯 시편의 히브리어 원문을 보존하고 있습니다.

우리나라에도 시리아어 문헌을 연구한 세계적인 학자가 계신데요, 이수민 박사님이십니다.46) 이분이 페쉬타역 성경 가운데에서도 역대기의 특징을 요약한 글이 있는데요, 다음과 같습니다.

(1) 이스라엘이 죄를 지어 포로로 끌려간 것을 슬퍼한다(대하 6:18).
(2) 넘는절(유월절)과 오순절과 초막절에 별 관심을 기울이지 않는다(대하 7:10).
(3) 성전 악기를 "기도"나 "말소리"나 "입"이란 말로 바꾸어 읽는다(대상 16:42).
(4) 신앙과 기도와 자선과 공부를 강조한다.47)

4) 아람어 타르굼(기원후 8세기)

타르굼은 아람어로 "번역"이라는 뜻입니다. 쿰란 사람들은 욥기를 아람어로 번역한 두루마리를 보존하고 있었는데 "욥 타르굼"(Job Targum)이라고 부르죠. 이 문헌은 기원후 8세기에 바빌론에서 나온 타르굼이라는 책과는 성격이 많이 다릅니다. 쿰란 사람들이 보존했던 욥 타르굼은 그냥 히브리어 문장을 아람어 문장으로 거의 그대로 바꾸었습니다. 하지만 타르굼이라고 부르는 책은 설명

46) 최근에 이수민 박사는 『마르 에프렘의 낙원의 찬가 - 원문과 번역, 해제』(2010)라는 책을 한님성서연구소에서 펴내기도 했다. 이 책은 기원후 4세기 시리아 교회 최고의 신학자인 에프렘의 작품 가운데 하나인 "낙원의 찬가"의 시리아어 원문과 해설을 함께 실은 책이다.

47) 대상 29:17과 대하 31:18에서 신앙을 강조한다. "토라 준수"(대하 14:3)를 "기도"로, 다윗의 기도(대상 29장)를 유대인들의 "카디쉬" 기도문으로 바꾸고, 또 "가난한 이들에게 배푸는 자선"으로 히브리어성경의 뜻을 바꾸어 읽는다(대상 23:5, 대하 31:10). 그리고 "자손을 번식한다"를 "자손을 가르친다"로 바꾸어 읽는다(대상 8:40).

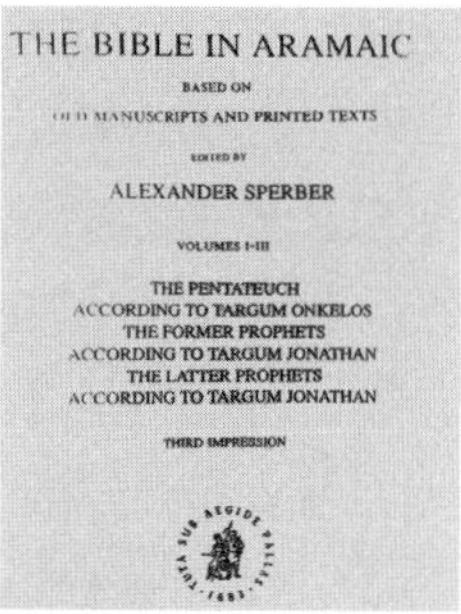

아람어 타르굼

을 많이 집어넣은 번역입니다. 성경을 자신들이 살고 있는 상황에서 읽고 옮긴 것이죠. 곧 긴 풀이역이라고 말할 수 있습니다.

그런데 타르굼은 성경 전체가 남아 있지 않습니다. 오경은 타르굼 옹켈로스(Targum Onkelos)라고 부르고, 예언서는 타르굼 요나탄(Targum Yonatan)이라고 부릅니다. 그리고 시편이나 다섯 두루마리는 따로따로 보존되어 전해오고 있습니다. 다섯 두루마리라 하면 유대인들이 각 절기 때마다 읽던 전도서, 아가, 애가, 룻기 그리고 요나서를 말합니다. 메시아 시편인 110편을 한번 읽어보죠.

1. 다윗의 악기를 통하여
   아훼께서 당신 말씀으로 그분이 나에게 주권을 주시겠다고 말씀하셨다.
   그 보답으로 나는 그분의 오른쪽에 있는 토라 학교에 앉았다.
   "내가 네 원수들을 네 발 아래 발판처럼 놓을 때까지 기다리라."
   아훼께서 당신 말씀으로
   그분이 나를 이스라엘의 군주로 세우시겠다고 당신 말씀으로 말씀하셨다.
   그러나 아훼께서는 나에게 말씀하셨다.
   "벤야민 지파에 속하는 사울이 세상에서 치워질 때까지 기다리라.
   그러면 내가 네 원수들을 네 발 아래 발판처럼 놓으리라."
2. 권능의 왕홀, 아훼의 말씀이다.
   그것을 시온에서부터 뻗쳐 주시리니 너는 네 원수들 가운데서 다스리리라.
3. 네 백성은 토라에 헌신하는 이스라엘 가문이다.
   내가 전쟁을 나갈 그 날에, 너는 거룩한 광채 속에 그들에게 받들어지리라.
   하느님의 자비가 이슬이 내리는 것처럼 너에게 서둘러 오시리라.
   네 후손들이 안전하게 자리에 앉으리라.
4. 아훼께서 당신 말씀으로 그것을 맹세하셨으니 부인하지 않으리라.
   내가 정의로운 임금이 될 수 있었던 그 정의 때문에,
   나는 장차 올 영원한 세상을 위해 주권을 세웠다.
5. 아훼의 현존이 네 오른편에 계신다.

그분께서 그분의 분노의 날에 임금들을 쳐부수셨다.

6. 그분께서 민족들 위에 심판관으로 세워지셨다.
   그분께서 땅 위에 무수히 많은 땅 위에서 임금들의 머리를 쳐부수셨다.
7. 길에서 예언자의 입으로 그는 훈령을 받으리라.
   이 때문에 그가 머리를 치켜들리라.

위의 본문 가운데 밑줄 친 부분이 바로 타르굼 시편의 독특한 읽기입니다. 그 정확한 속사정은 잘 알 수 없으나 이렇게 우리 그리스도인들은 이 시편을 메시아 시편으로 읽고 있습니다만 이러한 전통은 이미 유대인들의 전통에서 비롯된 것을 알 수 있습니다. 사도행전(2:33-35)을 보면 오순절에 베드로는 이렇게 설교합니다.

하나님께서는 이 예수를 높이 올리셔서
자기의 오른쪽에 앉히셨습니다.
그는 아버지로부터 약속받은 성령을 받아서
우리에게 부어주셨습니다.
여러분은 지금 이 일을 보기도 하고 듣기도 하고 있는 것입니다.
다윗은 하늘에 올라가지 못하였으나
그는 이렇게 말하였습니다.
"주님께서 내 주님께 말씀하시기를
내가 네 원수를 네 발 아래에 굴복시키기까지
너는 내 오른쪽에 앉아 있어라 하셨습니다."
그러므로 이스라엘 온 집안은 확실히 알아두십시오.
하나님께서는 여러분이 십자가에 못박은 이 예수를
주님과 그리스도가 되게 하셨습니다.

베드로가 말하는 주님은 바로 시편 110편에 나오는 주님이십니다. 성령의 임재를 강조하면서 이 시편을 읽고 있는 것이죠. 타르굼은 바로 이러한 신약의 읽기와 비슷하다고 말할 수 있어요. 물론 신약은 모든 관심이 그리스도이신 예수에게 쏠려 있습니다. 이 점이 다르긴 하나 유대인들이 메시아에 관심을 기울여 시편을 읽었듯이 초기 그리스도인들은 그 메시아가 바로 예수님이라고 강조한 것이 다르죠. 그러나 읽기 방식은 이렇게 같습니다.

* * *

우리는 이러한 고대 번역을 통하여 성경을 특히 구약성경을 어떻게 읽고 해석하는지 살펴보았습니다. 이러한 고대 역본 곧 희랍어 칠십인역과 시리아어 페쉬타역과 아람어 타르굼은 우리가 구약의 모호한 뜻을 이해하는 데 도움을 주기도 하고 또 어떻게 여러 방식으로 읽어왔는지 그 역사를 잘 알 수 있는 성경입니다.

4. 구약과 고대 중동 문학

> "예수께서 그들에게 말씀하셨다. '때나 시기는 아버지께서 아버지의 권한으로 정하신 것이니, 너희는 알 바가 아니다. 그러나 성령이 너희에게 내리시면, 너희는 능력을 받고, 예루살렘과 온 유대와 사마리아에서, 그리고 마침내 땅 끝에까지 이르러 내 증인이 될 것이다.' 이 말씀을 하신 다음에, 그가 그들이 보는 앞에서 들려 올라가시니, 구름에 싸여서 보이지 않게 되었다. 예수께서 떠나가실 때에, 그들이 하늘을 쳐다보고 있는데, 갑자기 흰 옷을 입은 두 사람이 그들 곁에 서서 '갈릴리 사람들아, 어찌하여 하늘을 쳐다보면서 서 있느냐? 너희를 떠나서 하늘로 올라가신 이 예수는, 하늘로 올라가시는 것을 너희가 본 그대로 오실 것이다' 하고 말하였다."

『새번역』으로 읽은 사도행전(1:7-11)입니다. 이 부분을 읽어보면 예수님은 다시 오신다고 했습니다. 우리 그리스도인들은 그래서 기다리는 사람들입니다. 또 오실 것을 기다리는 것이죠. 그런데 어떤 모습으로 오신다고 했나요? 그렇습니다. 올라가신 그 모습 그대로 오신다고 흰옷을 입은 사람들은 말합니다. 그들이 누군지 모르지만 분명한 사실은 예수께서 구름에 휩싸여 올라가셨다는 사실이고, 또 그렇게 구름에 휩싸여 다시 오신다는 것입니다.

그런데 왜 구름이 여기에 등장할까요? 엘리야처럼 불마차를 타고 올라가실 수도 있는데 예수님은 구름에 휩싸여 올라가십니다. 그리고 또 그 모습으로 다시 오신다고 흰옷 입은 이들은 증언합니다. 구름과 예수님은 무슨 관계가 있을까요? 다니엘(7:13)을 보면 어느 정도 짐작할 수 있을 것입니다.

"내가 밤에 이러한 환상을 보고 있을 때에
인자 같은 이가 오는데
하늘 구름을 타고 와서
옛적부터 계신 분에게로 나아가
그 앞에 섰다."

『새번역』을 이렇게 행갈이를 하여 읽어보았습니다. 여기서 "인자 같은 이"는 누구인지 모르나 신약성경에서 예수님이 자신을 인자라고 부르신 것을 기억하면 우리 그리스도인들이 왜 이렇게 다니엘을 좋아했는지 이해하실 수 있을 것입니다. 그분이 "하늘 구름을 타고" 와서는 "옛적부터 계신 분"에게 나아가 그 앞에 섰다고 했습니다. "옛적부터 계신 분"은 하느님을 가리키는 말이죠.[48] 여기서 우리는 "인자 같은 이"를 메시아라고 읽습니다. 그리고 우리 그리스도인들은 이분을 예수님과 같은 분으로 생각하죠. 하늘 구름을 타고 오시는 분은 바로 사도행전에서 구름에 휩싸여 다시 오실 그분과 모습이 비슷하지 않나요? 그런데 시편(18:9-13)을 읽어보면 거기에도 하느님은 구름을 타고 다니십니다.

님은
하늘을 구부리시죠.
그리곤 내려오시죠.
발아래엔 구름을 놓으시죠.

---

48) 뒤에서 얘기하겠지만 이 표현은 기원전 14세기 라스 샤므라(우가릿)라는 곳에서 지난 세기 초에 발견된 수천 개의 토판 가운데 "바알루"라는 토판(KTU 1.6 i 35-36)에 나오는 표현이기도 하다. 그들의 최고신인 "일루"를 이렇게 "옛적부터 계신 분"과 비슷한 뜻으로 "해[年]의 아버지"라고 부른다.

그룹을 타시네요, 날으시네요.
바람 날개 타고 미끄러져 가시네요.
님은
어둠을 가림막으로 삼으시죠.
소나기 구름, 하늘 구름을
장막으로 두르시죠.
님 앞엔 찬란한 빛이 있네요.
우박이, 불덩이가
구름을 꿰뚫네요.

이 시인은 지금 하느님의 행차를 묘사하고 있죠. 다윗이 그 시인이라고 사무엘하(22:8-12)에는 나옵니다. 이렇게 똑같은 시가 성경에 두 번씩이나 나온다는 얘기는 그만큼 이 시가 중요하다는 얘기일 텐데요, 여기서도 하느님은 바람 날개를 타고 날으시고 또 구름을 장막으로 덮으시는군요. 이렇게 구름과 바람 그리고 하느님은 떼어놓을 수가 없군요. 이런 생각은 또 다른 시편(97:1-6)에도 나옵니다.

야훼님은 임금님!
땅아, 마구 즐거워하라.
수많은 섬들아, 기뻐하라.
빽빽한 구름은 님을 에워쌌어라.
바른 정의는 님 보좌의 토대라.
불이 그를 앞서 가나니
불꽃이 그를 호위하나니
님의 번개가 온누리를 환하게 밝히니
님께서 눈길만 주어도
대지는 벌벌 떠나니
야훼님 앞에서
산들은 양초처럼 녹아내리니
주님 앞에서 온 땅은 그리하나니

하늘은 님의 정의를
일일이 이야기하니
뭇 나라 사람들이 님의 임재를 바라본다.

이 시 또한 빽빽한 구름이 님을 에워싸고 있다고 말하죠. 한발 더 나아가 불꽃이 앞서 나가 그분을 호위한다고까지 말합니다. 그러니까 여기서는 불이 하느님의 호위꾼으로 등장하는군요. 물론 주제는 정의입니다. 그러면서 그 정의를 실천하시는 분은 야훼님이라고 말하죠. 그런데 그분이 거둥하시는 모습은 구름과 함께 나오죠. 예수님이 다시 오실 그 모습과 비슷하다고나 할까요? 정의를 실천하시는 분이면서 동시에 구름을 몰고 오세요. 이렇게 앞의 시편과 비슷하지만 약간 다릅니다.

시편은 모두 다섯 권으로 구성되어 있습니다. 모세 오경에 짝을 맞추어 읽으려고 그렇게 한 것이죠. 그런데 제1권에서 제3권까지는 보통 바빌론 포로기 이전에 지금의 모습과 별반 다르지 않았을 것이라고 추측합니다. 그런데 제4권과 제5권은 바빌론 포로기 이후에나 지금의 모습으로 되어 있지 않았을까 생각하는데요, 이만큼 시편이 지금의 모습을 띠게 된 것은 세월이 많이 지나면서 점차적으로 그렇게 되었다고 말할 수 있죠. 지금 여기서 시편을 말하려는 것이 아닙니다. 뒤에 가서 시편을 말씀드릴 때 또 이야기할 것입니다. 다만 여기서 말하고 싶은 것은 비교적 이른 시기에 쓴 것으로 보이는 시편 제1권 속의 18편이나 비교적 늦은 시기에 쓴 것으로 보이는 시편 제4권 속의 97편이 공통적으로 말하고 있는 것은 하느님을 구름과 바람과 불과 떼어놓고 생각할 수 없다는 것이죠.

그렇다면 구름은 무엇일까요? 바람은 왜 등장할까요? 하느님은 왜 바람 날개를 타고 다니실까요? 그렇습니다. 바람은, 구름은 비를 몰고 옵니다. 비는 무엇인가요? 싹이 돋아나게 합니다. 곡식이 자라나죠. 그래야 먹고살 수 있는 것이죠. 그러니 구름과 바람은 무척 중요합니다. 불꽃이 그분 앞서 간다는 얘기도 같은 말이죠. 그분의 호위꾼인 불꽃은 무엇인가요? 바로 번개입니다. 시편 97편 시인은 이렇게 바람과 구름과 불꽃의 호위를 받으시면서 거둥하시는 그 모습을 "님의 영광"이라고 말했는데요, 그분의 임재를 가리킵니다. 그분이 오시는 모습, 그분이 함께 하는 모습이라는 거죠. 구름은 비를 몰고 오죠. 하느님이 몰고 오시는 것이죠. 바로 생명입니다. 하느님은 우리의 생명이시죠. 그래서 고대 이스라엘 시인들은 하느님을 이렇게 구름과 바람과 불꽃으로 우리에게 오시는 분이라고 말하는 거죠. 다시 오실 예수님도 구름에 휩싸여 오신다고 했는데 마찬가지입니다. 예수님은 우리의 생명이시라는 고백입니다.

그런데 하느님의 이런 모습은 성경 맨 처음에도 등장합니다. 창세기 첫 장은 하느님이 하늘과 땅을 창조하셨다고 말하죠. 그리고는 “하느님의 신은 수면에 운행하시느니라”(창 1:2)고 이야기합니다. 그런데 이 말씀을 한글 『공동번역』은 “하느님의 바람이 물 위에 휘몰아친다”고 읽기도 합니다. 또 “하느님의 바람은 물 위에 내리 꽂는다”고 읽을 수도 있어요. 물론 저의 읽기이죠. 이렇게 “하느님의 신”이라는 말은 본디 “하느님의 바람”으로 읽을 수 있는 말이죠. 『새번역』 성경의 난하주를 보세요. 거기에도 이 표현은 “하나님의 바람”이나 “강한 바람”으로도 읽을 수 있다고 했어요. 물론 “하느님의 숨”으로도 읽을 수 있는 말이죠. 이렇게 바람은 하느님의 숨이고, 하느님이 내쉬는 숨결이라고도 읽을 수 있는 말입니다. 하느님은 바람과 구름과 이렇게 떼어놓고 생각할 수 없어요. 바람은, 구름은 바로 생명을 뜻하는 말이기 때문이죠. 그런데 이런 생각은 성경을 쓴 시인들만의 생각이 아닙니다. 성경의 배경이 되는 고대 중동 사람들이 공통적으로 가지고 있는 생각입니다. 이것을 우리는 고대 시리아인들이 남긴 작품을 통해서 확인해 볼 수 있어요.

1) 우가릿 문학

지금부터 약 90여 년 전인 1929년 어느 날 지중해 키프로스 섬이 바라다 보이는 해변과 얼마 떨어지지 않은 밭에서 어느 농부가 밭을 갈고 있었습니다. 그 농부는 다른 날과 다르지 않게 그렇게 쟁기로 밭을 갈고 있었죠. 그런데 쟁기에 뭔가 둔탁한 소리가 나면서 걸리는 것이 있었어요. 밭 가는 것을 멈추고 농부는 그곳을 살펴보았죠. 그랬더니 그 걸리는 것 바로 아래에 바위가 하나 있는 것을 알게 되었죠. 다음날 친구들과 함께 그 바위를 옮기려 했는데 잘 되지 않는 거에요. 며칠 동안 끙끙거리며 그 바위를 옮기는 순간 그곳이 어느 무덤이라는 사실을 알게 되었습니다. 그리고는 그 무덤에서 여러 유물을 얻게 되었죠. 이곳을 지금은 라스 샤므라(Ras Shamra)라고 부르는데요, 이곳이 바로 그 유명한 우가릿 문학의 산실이었던 겁니다.

바알 (a)

우가릿 문학이라고 하니까 생소하실 것입니다. 기원전 18세기에서 13세기에 이곳이 우가릿이라는 왕국이 있었던 곳입니다. 90년 전까지만 해도 옛날에 이런 나라가 있었는지 잘 몰랐어요. 이때부터 시작하여 프랑스 발굴단이 이곳에서 토판을 발견하기 시작합니다. 당시 이곳 시리아는 프랑스가 통치하고 있었거든요. 그래서 프랑스 고고학 발굴단이 이곳에 도착하여 토판을 발굴하기 시작하는데요, 이 무덤과 함께 주변에서 왕실 서고였던 곳을 찾아내어 계속해서 토판과 함께 여러 유물을 찾아내죠.

바알 토판 (KTU 1.1 ii-iii)

한동안 이 토판이 무슨 말로 쓰여 있는지 몰랐습니다. 쐐기문자로 기록되어 있는데 도무지 모르겠는 거예요. 수년간 학자들이 고심하고 또 들여다본 끝에 이 언어가 우가릿어라는 것을 알게 되었습니다. 구약성경의 본디 언어인 히브리어와 아주 가까운 언어죠. 약 60–70%의 말이 히브리어와 같습니다. 그리고 이 토판을 자세히 읽어본 결과 자신들을 우가릿이라고 부르는 것도 알게 되었죠. 그래서 이 말을 "우가릿어"라고 학자들이 이름 붙인 것이죠. 이후로 발굴이 중단되었다가 다시 1970년대에 다시 발굴을 시작했는데요, 비교적 최근의 일이죠. 이들 발굴로 우가릿 왕조가 어떻게 끝났는지 잘 알게 되었습니다.

(1) 바알

여기서는 이 도시국가의 역사를 말하려는 것이 아닙니다. 이들이 남긴 글을 말하려는 것이죠. 신화와 편지와 제사목록과 행정문서 등 많은 글과 문헌이 발견되었어요. 아직도 다 해독하지는 못했어요. 그러나 처음 발견된 토판을 많

바알 (b)

은 학자들이 연구하여 성경과 무척 가까운 얘기가 많다는 것을 알게 되었습니다. 저도 이 토판 가운데에서 바알이라는 신과 아낫이라는 신의 이야기를 우리말로 번역하고 글을 쓰기도 했어요. 『우가릿의 바알』(2005)이라는 책인데요, 여기서는 이 책을 인용하면서 설명하기로 하죠.

수많은 토판 가운데에서도 가장 유명하고 또 긴 문학이 바로 "바알과 아낫"이라고 처음 이름 붙인 신화입니다. 신화는 신들의 이야기죠. 지금은 보통 "바알 사이클"(the Baal Cycle)이라고 이름붙입니다만 처음 이 토판들을 해독할 때에는 아낫이라는 여신이 무척 용감하고 또 사랑이 가득한 신이어서 이렇게 이름 붙이기도 했습니다. 그런데 토판을 점점 잘 읽을 수 있게 되자 결국 바알이라는 남신이 주인공으로 등장하는 것을 알게 되었습니다. 사실 여기저기 흩어져 있는 이야기를 지금은 재구성하여 이렇게 긴 신화로 복원한 것입니다. 본디 것보다 약 1/3 정도만 남아 있는 것으로 학자들은 추정합니다.

이 신화를 읽어보면 세 부분으로 나뉘어 있는 것을 알 수 있어요. 모두 여섯 개의 토판으로 되어 있는데요, 앞 두 토판은 "얌과 나하르"의 이야기고, 셋째와 넷째 토판은 "바알의 궁전" 이야기고, 다섯째와 여섯째 토판은 "바알과 모트" 이야기입니다. "얌"이라는 신은 바다 신입니다. "나하르"는 강(江) 신이죠. 그러니까 이 두 신은 물과 관련된 신들이죠. 그리고 "바알"은 바람 신입니다. 폭풍신이라고도 하죠. 또 마지막에 나오는 "모트"는 죽음 신입니다. 죽음의 영역을 맡고 있는 신이죠.

아낫

그리고 앞서도 언급했듯이 "아낫"이라는 여신이 맹활약을 하는데요, 바알의 연인이며 동시에 누이입니다. 바알이 이 신화의 영웅으로 등장하지만 최고신은 "엘"이라는 신입니다. 이 신은 별로 활동하지 않아요. 그의 짝신은 "아세라"입니다. 더 정확하게는

"아티라투"라고 읽습니다만 그냥 성경에 나오는 아세라라고 불러도 별 상관이 없습니다. "엘" 신은 생명의 신인 바알도, 죽음의 신인 모트도, 모두 자신이 사랑하는 자식이라고 부릅니다. 이렇게 엘은 생명과 죽음을 모두 아우르는 신인데요, "자애로우시고 사랑 많으신 분"이나 "해(年)의 아버지"라는 호칭으로 부르기도 합니다. 시편(86:11)에 나오는 "은혜로우시고 긍휼하신 분"이나 다니엘(7:9)에 나오는 "옛적부터 계신 이"라는 표현이 생각나는 호칭이죠. 그의 짝신 아세라는 "신들의 어머니"라는 호칭에 걸맞게 모든 신들을 낳은 신이기도 합니다. 이 아세라는 그의 짝신 엘을 이렇게 묘사합니다.[49]

> 엘이시여, 님은 엄청나세요.
> 정말 슬기로우시군요.
> 님의 회색 수염이 그걸 말하네요.
> 가슴까지 내려온 부드러운 수염이.

아세라는 이어서 바알에 대한 배려를 잊지 않고 이런 말을 하죠. "비로 바알이 풍성해지면 좋겠어요. 퍼붓는 비로 그가 풍요로워지면 정말 좋겠죠. 구름에서 목소리를 내게 하시죠. 땅에 번개를 번쩍이게 하시죠"라고 말이죠. 특히 구름이 목소리를 내고 땅에서 번개가 번쩍인다는 말은 거룩한 목소리 시편이라고 부르는 시편 29편과도 비슷합니다. "야훼님 목소리 물위에 울린다 영광의 하느님 천둥 치신다 야훼님 힘센 물위에- 야훼님 목소리 힘차시다 야훼님 목소리 위엄차시다 야훼님의 목소리 백향목 쪼개신다 야훼님의 목소리 레바논의 백향목 쪼개신다"(29:3-5). 아세라는 꼭 바알 편이죠. 바알에게 아낫이라는 짝신이 있지만 엘의 짝신 아세라는 그래도 바알 편입니다.

이 신화를 읽어보면 일을 결정할 때에는 꼭 엘의 허락을 받아야 합니다. 비록 엘이 별로 활동하지 않지만요. 어떤 신이든 엘의 허락 없이는 아무것도 할 수 없습니다. 그래서 신들은 어떤 일이든 성사시키려면 엘을 찾아가 재가를 받곤 했습니다.

엘이 사는 곳을 이들 토판은 항상 "강들의 샘이 있는 곳, 깊음의 샘이 있는

---

49) 이환진, 『우가릿의 바알』, 130 (KTU 1.4 v 3-5).

곳"이 바로 엘이 사는 곳이라고 말하고 있죠.[50] 이 말은 욥기(28:11, 38:16)에도 나오는 말이에요. 또 시편(46:4)에서 하느님의 마을에는 생명 강이 흐른다고 했는데 그 이미지가 비슷하죠. 창세기(2:5)에도 땅에서 생명수가 용솟음쳐 오르죠. 에스겔(47:1-10)도 생명수가 하느님의 성전에서 흘러나오죠. 요한도 묵시록(22:1-5)에서 하느님의 도성 한가운데에 생명수 강이 흐른다고 했죠. 요엘(3:18)도 "주님의 성전에서 생명수가 흘러나와 싯딤 골짜기를 적신다"고 했어요. 급기야 요한(7:38)은 "믿는 이는 그 배에서 생수가 강같이 흐르리라"고까지 말했는데요, 이렇게 생명수 이미지는 우가릿인들의 생각 속에서 비롯된 것을 알 수 있죠.

엘

바알 토판 (KTU 1.1 ii 5-11)

그럼 내용을 잠깐 살펴보죠. 먼저 "얌과 나하르"라는 부분은 얌과 나하르라는 두 신이 활동하는 이야기입니다. 이 두 신은 본디 서로 다른 신이지만 꼭 붙어 다니죠. 그래서 때때로 "얌-나하르"라는 이름으로 부르기도 합니다. 두 신이 하나가 된 것이죠. 성경에서도 "야훼"와 "엘"이 본디 서로 다른 신이었는데 "야훼 엘"이라고 하나로 부르는 것과 같습니다. 모세(출 34:6)도, 느헤미야(9:7)도 그렇게 말합니다. '너희들이 엘! 엘! 하고 자꾸 말하는데 그분이 바로 야훼님이야!'라고 말하는 거죠. 그러니까 성경 속의 신앙인들은 이렇게 당시 사람들이 가장 잘 알고 있었던 이야기를 염두에 두고 "오직 야훼님!"을 선언하는 것이죠. 이것을 학자들은 "오직 야훼 신앙"이라 부르기도 합니다.[51] 아무튼 이 신들은 이름 그대로 얌은 바다를 주관하고 나하르는 강을 주관합니다. 이들은 여러 신들 앞에

50) 이환진, 『우가릿의 바알』, 126 (KTU 1.4 iv 20-22).

51) 영어로는 "Yahweh alone movement"라고 부른다. 몰튼 스미드(Morton Smith)라는 미국인 학자의 용어다. 그의 제자인 노만 갓월드(Norman Gottwald)라는 학자가 그의 유명한 "야훼의 지파들"(The Tribes of Yahweh)에서 이 용어를 그대로 사용한다.

서 뽐냅니다. 자신들이 바알과 싸워 이길 수 있다구요. 신들이 바알 편과 얌-나하르 편으로 갈립니다. 바알 편을 든 어떤 신은 이렇게 소리치죠.[52]

자, 그대의 원수라오.
바알이여!
그대의 원수를 물리치시라.
그대의 적을 없애시라.
그대의 왕권을 영원히 차지하시라.
세세토록 그대의 통치권을.

많이 읽어본 얘기 아닌가요? 바로 시편 시인의 고백과 비슷합니다. "아, 보세요. 님의 원수들이네요, 야훼님! 아, 보세요. 님의 원수들이 스러지네요. 못된 짓하는 것들이 없어지네요"(시 92:10). 그러니까 성경의 시인은 우가릿인들의 문학에 이렇게 빚지고 있어요. 아무튼 바알과 이들 신과의 싸움은 바알의 승리로 끝납니다. 여기에는 엘의 짝신 아세라도 한몫 합니다. 아세라는 바알에게 지르는 말이죠.[53]

전사 바알이여, 흩어버려요.
구름타는 이여, 흩어버려요.
군주 얌은 우리의 포로예요.
판관 나하르는 우리의 포로예요.

바알을 전사라고 부릅니다. 구름 타는 이라고 부릅니다. "야훼님은 전사"(출 15:3)라는 미리암의 노래가 생각납니다. 구름 타고 오시는 야훼께 찬송하는 시인의 노래가 생각나죠(시 18:10). 그런데 신들은 이렇게 선언합니다.[54]

얌이 죽었구나!

---

52) 이환진, 『우가릿의 바알』, 86-87 (KTU 1.2 iv 8-10).
53) 이환진, 『우가릿의 바알』, 89 (KTU 1.2 iv 28-30).
54) 이환진, 『우가릿의 바알』, 89 (KTU 1.2 iv 31-33).

이제 바알이 임금이다.
그가 다스린다.

이 말을 신들은 세 번씩이나 반복합니다. 바알이 임금이라는 것이죠. 바알이 다스린다고 하죠. "야훼께서 다스리신다"고 선언하는 시인들의 고백이 생각납니다. 시편 93편도, 시편 97편도, 시편 99편도 이 고백으로 시작합니다. 우가릿 신들은 바알이 임금이라고 말하죠. 성경 속의 시인들은 야훼님이 왕이시라고 선언합니다. 이렇게 말하니 혼란스러우시죠? 그럴 필요 없습니다. 사람들은 바알을 임금이라 소리치지만 오직 야훼만이 임금님, 우리를 다스리는 왕이시라고 시인들은 엄청난 고백을 하기 때문이죠. 미리암은 노래합니다. "야훼여, 님같은 분이 신들 가운데 누구인가요?"(출 15:11). 한나도 노래하죠. "야훼님 같은 분은 아무도 없어라"(삼상 2:1). 그리고 시인도 고백하죠. "주님, 님 같은 분이 신들 가운데 누구인가요?"(시 86:8). 그러니까 우가릿인들의 문학을 빗대어 이렇게 고백하는 것이죠. 너희들은 그렇게 믿어라 그러나 우리는 이렇게 믿겠다고 과감하게 선언하는 것입니다. 호세아(14:4-8)도 그렇게 말하죠. 바알이 그대들에게 햇곡식과 포도주와 무화과를 준다고 믿고는 그렇게 바알을 애지중지한다마는 아니다! 햇곡식과 포도주와 무화과를 주시는 분은 바로 우리 하느님 야훼시다! 이런 식으로 말이죠.

둘째 이야기인 "바알의 궁전"으로 넘어가면 사정이 달라집니다. 바알이 임금이 되죠. 바알이 얌과 나하르라는 바다 신과 강 신과 싸움을 합니다. 두 신을 이기죠. 그리고는 궁전을 짓습니다. 예나 지금이나 궁전을 짓는다는 것은 권위를 상징합니다. 궁전을 짓는 장면을 읽어보죠. 역시 엘의 짝신 아세라는 바알의 편입니다. 엘에게 이렇게 말하죠.[55]

바알 토판 (KTU 1.1 ii 15-21)

55) 이환진, 『우가릿의 바알』, 131 (KTU 1.4 v 10-19).

그가 지을 집은 백향목 집인가요?
그가 세울 집은 벽돌집인가요?
전사 바알에게 이르시죠.
일꾼들을 그대 집으로 불러 들이세요.
건축 자재를 그대의 궁전으로.
여러 산에서 풍부한 은을 가져 오세요.
여러 언덕에서 최상품 금을.
가장 좋은 보석을 가져오세요.
집을 금과 은으로 지으세요.
집을 청아한 청옥석으로.

백향목으로 집을 지으라는 말은 솔로몬 성전의 백향목이 생각나는 말이죠. 여러 산과 여러 언덕은 시편 여기저기서 짝말로 나오는 산과 언덕이 생각나는 대목입니다(114:6, 148:8). 은으로 금으로 그리고 청아한 청옥석으로 짓는 궁전은 분명 창세기(2:11-12)와 욥기(28:1-11)와 요한묵시록(21:18-21)에 나오는 여러 보석과 같은 자재입니다. 특히 묵시록의 여러 보석은 성전을 짓는 자재들이죠. 그런데 궁전을 지으면서 코타르-하시스라는 장인 신은 이렇게 얘기합니다.[56]

코타르-하시스가 다시 이른다.
"전사 바알님, 제발 들어 보세요.
집에 창문을 내면 안 되나요?
궁전의 여닫이창이요?"
전사 바알이 대답한다.
"그 집에 창문을 내지 마세요.
궁전의 미닫이창이요."

왜 바알은 궁전에 창을 내지 말라고 했을까요? 집에 창문을 내는 것은 당연

56) 이환진, 『우가릿의 바알』, 136 (KTU 1.4 vi 1-9).

한데도 말이죠. 예레미야를 읽어보면 그 해답을 찾을 수 있어요. 애곡하는 여인들에게 이르는 말이죠. "여인들아, 너희는 야훼님의 말씀을 들으라. 귀기울여 그분이 하시는 말씀을 따르라. 딸들에게 애곡 의식을 가르치라. 너희도 장송곡 부르는 법을 서로 익히라. 죽음이 우리 창문을 넘어왔구나. 우리 왕궁까지 들어왔구나. 그리하여 거리에는 죽은 어린애들이 널부러져 있구나. 장터에서 젊은이들이 죽어가는구나"(9:20-21). 여기서 "죽음이 우리 창문을 넘어왔구나"라는 말은 달리 "모트가 우리 창문을 넘어왔구나"로 읽을 수 있죠. "모트"는 "죽음"이라는 뜻이죠. 우가릿인들의 바알 이야기에 나오는 죽음의 신의 이름이죠. 이렇게 고대 이스라엘 사람들은 우가릿인들과 똑같이 창문을 타고 죽음이 넘어온다고 믿었어요. 다만 우가릿인들이 신이라고 믿고 있는 신을 신으로 생각하지 않고 그냥 "죽음"이라고 바꾸어 읽은 것이죠. 그러니 예레미야에 이런 얘기가 나오는 거죠. 같은 사고방식을 갖고 있었다는 겁니다. 아무튼 바알은 장인 신을 시켜 궁전을 다 짓고 나서 여러 날 동안 잔치를 벌이죠. 그 장면은 이렇습니다.[57)]

바알이 자기 집에서 잔치 준비하누나.
하다드가 자기 궁전에서 잔치하누나.
잡는다. 큰 짐승 작은 짐승을.
잡는다. 들소 기름진 숫양을.
몇 년 된 송아지를.
양과 그 새끼를.
형제들을 자기 집으로 부른다.
친척들을 자기 궁전으로.
아세라의 일흔 아들을.
숫양을 남신들에게 대접하누나.
암양을 여신들에게 대접하누나.
들소를 남신들에게 대접하누나.
암소를 여신들에게 대접하누나.

---

57) 이환진, 『우가릿의 바알』, 139-140 (KTU 1.4 vi 38-59).

자리에 앉으시라 권한다. 남신들에게.
자리에 앉으시라 권한다. 여신들에게.
내놓는다. 포도주 단지를 남신들에게.
내놓는다. 포도주 병을 여신들에게.
신들이 먹누나.
신들이 마시누나.
여린 살코기 대접하누나.
소금기 묻은 칼로 고기 한 점을.
잔으로 포도주 마시누나.
금잔으로 나무즙을.

잔치 벌이는 모습이죠. 우가릿인들의 잔치 모습은 이랬던 것 같습니다. 양과 소와 여린 살코기와 포도주와 다른 술을 마시죠. 또 먹죠. 하다드라고도 부르는 바알의 집에서 그의 궁전에서 이렇게 잔치를 벌이죠. 왕실에서 벌어지는 잔치 모습이라고 해도 무방할 듯합니다. "엘의 잔치"라는 우가릿인들의 시에도 이와 비슷한 내용이 나옵니다. 술에 잔뜩 취한 최고신 엘이 죽은 이처럼 쓰러지는 장면이 등장하기도 하는데요, "아래세상으로 내려간 이"라고 표현합니다.[58)]

엘이 자리잡는다.
왁자지껄 잔치에 자리 잡는다.
그가 실컷 술을 마신다.
거품이는 포도주를 취하도록 마신다.
엘이 자기 집으로 간다.
그의 뜰에서 넘어진다. …
그는 나뒹군다.
자기 똥과 오줌 위에.
엘은 죽은 사람처럼 쓰러진다.

58) 이환진, 『우가릿의 바알』, 212-213 (KTU 1.114 14-22).

엘은 땅으로 내려간 이처럼.

코가 삐뚤어지도록 엘이 술을 마시는군요. 그러고 집으로 돌아가는데 그만 넘어집니다. 자기 똥과 오줌을 뒤집어쓴 채 말이죠. 그런데 "죽은 사람"처럼 쓰러지죠. "땅으로 내려간 이"처럼 그렇게 넘어집니다. 여기서 "땅으로 내려간 이"라는 말은 "아래세상으로 내려간 이"라는 말과 같은 뜻이죠. 곧 "죽은 이"라는 말입니다. 에스겔(26:20)이 죽은 이들을 "구덩이로 내려간 이들"이라고 부른 것과 똑같습니다. 이렇게 성경 곳곳에서 죽은 망자는 "구덩이로 내려간 자들"이라고 표현하죠. 엘의 인간적인 모습입니다. 우스꽝스러운 장면이죠. 그런데 성경에는 이런 장면이 나오지 않습니다. 엘을 그렇게 표현하지 않죠. 이것이 또한 고대 이스라엘 사람들과 우가릿인들과 다른 점입니다. 아무튼 이렇게 먹고 마시는 풍속은 예나 지금이나 별반 다르지 않은 것 같군요. 그런데 "바알과 모트"라는 셋째 이야기로 가면 그렇게 승승장구하던 바알이 죽음을 두려워하는 장면이 나옵니다. 모트는 바알에게 이렇게 말하죠.

그대가 도망치는 뱀, 로탄을 죽일 때
구불구불한 뱀을 끝장낼 때
또아리 튼 일곱 머리 뱀을.
내가 그대를 박살내리라.
그대를 집어삼키리라.
옆구리를, 내장을, 팔뚝을.
그대는 내려가야 하리라.
엘의 아들 모트의 목으로.
엘이 사랑하는 이 영웅의 목구멍으로. …
나의 식욕은 들판 사자의 식욕이오.
바다 돌고래의 욕망, 바로 그것이오.
들소가 물웅덩이를 찾는 것과 같소.
사슴이 샘물을 찾는 것과 같소.
내 식욕은 정말 흙덩이를 집어삼켜야만 하오.
두 손으로 먹어야만 하오.

내 몫이 일곱 그릇은 족히 되어야 하오.
잔에 강물을 섞어야 하오.

바알을 위협하는 소리입니다. 앞부분은 어딘가 비슷하지 않나요? 그렇습니다. 이사야(27:1)에 나오는 이야기입니다. "그날이 오면 주께서 좁고 예리한 큰 칼로 벌하시리라. 매끄러운 뱀 리워야단, 꼬불꼬불한 뱀 리워야단을 처치하실 것이다"라고 말이죠. 여기서 리워야단은 우가릿 신화의 로탄과 같은 말입니다. 이렇게 물과 관련된 신화 이미지는 성경 속에 그대로 들어와 있는 것이죠. 또한 죽음의 신 모트의 식욕은 유명합니다. 아무리 먹어도 양이 차지 않습니다. 이사야(5:14)도 "스올이 입맛을 다시며 그 입을 한없이 벌린다"고 했죠. 같은 이야기입니다. 죽음은 아무리 먹어도 더 달라고 하죠. 그래서 "새벽과 해거름"이라는 우가릿인들의 신화에는 모트의 윗입술은 하늘에 닿아 있고, 모트의 아랫입술은 아래세상에 닿아 있다고도 했습니다.[59] 그만큼 죽음은 무엇이든 삼켜버린다고 했죠. 그러니 바알은 무서워 떨 수밖에 없었던 거죠. 바알은 죽음의 신 앞에서 벌벌 떱니다. 생명이 죽음 앞에서 공포에 떠는 거죠.[60]

바알이 그의 속으로 들어간다.
그의 입 속으로 내려간다.
마른 올리브처럼
땅의 소산물처럼
나무의 열매처럼 -
전사 바알이 두려워한다.
구름 타는 이가 공포에 떤다.

죽음 앞에서 두려워 떠는 바알은 죽음의 신 모트의 이러한 선언으로 죽은 신이 됩니다.[61]

---

59) 이환진, 『우가릿의 바알』, 153 (KTU 1.5 ii 2-3). 또한 KTU 1.23 61-62 참조 바람.
60) 이환진, 『우가릿의 바알』, 153-154 (KTU 1.5 ii 3-7).
61) 이환진, 『우가릿의 바알』, 161-162 (KTU 1.5 v 6-11).

그대는
구름을 바람을 번개를 비를
가지고 가라.
일곱 심부름꾼과 여덟 시종도.
빛의 딸 피드라이도
소낙비의 딸 탈라이도 함께.

구름과 바람과 번개와 비는 모두 바알을 상징합니다. 바알은 여기서 신으로 등장하지만 그래서 이들이 그와 함께 죽는다고 하지만 사실은 이들이 바알이고 또 바알이 이들 구름과 바람과 번개와 비입니다. 바알의 두 딸도 여기에 등장하는데 빛의 딸 피드라이는 번개를, 소낙비 딸 탈라이는 이슬을 가리키는 듯합니다. 이슬은 성경에서 풍요를 상징하죠. 메시아 시편인 110편에 "새벽 이슬 같은 청년"이라는 말이 바로 그런 표현이죠. 재미난 점은 시편 시인은 하느님을 찬양하면서 이렇게 노래합니다(148:7-8).

땅에서
야훼님 찬양하라.
타니님아, 깊은 바다야!
번개
우박
눈
연기
폭풍
모두 다
님의 말씀 따른다.

모두 야훼 하느님을 찬양해야 하는데 이렇게 번개도 우박도 눈도 연기도 폭풍도 모두 님의 말씀을 따른다고 했어요. 따라야 마땅하다는 뜻이죠. 또 다른 시인은 이렇게 노래합니다(시 135:6-7).

야훼님은
하늘 땅 바다
그리고 바다 깊은 곳
그 어디서나
뜻하시면 무엇이든
하시는 분이라
땅 끝에서 안개를
비를 내리시려 번개를
바람을 창고에서
끌어내기도 하시니 –

예레미야도 하느님은 창조하시는 분이시라고 하면서 앞에서 뒤에서 같은 얘기를 거듭거듭 말합니다(10:12-13, 51:16).

힘으로 땅을 만드신다.
지혜로 땅 덩어리를 든든히 세우신다.
슬기로 하늘을 펼치신다.
야훼이시다.
야훼님 호령하신다.
하늘에서 출렁거린다 물이
땅 끝에서 피어오른다 먹구름이
번쩍번쩍 번개친다.
비가 내린다.
바람 창고에서 내보내신다 바람을 –

또 이슬과 비는 다윗이 친구 요나단의 죽음을 슬퍼하며 부른 애가에도 등장합니다. "길보아 산들아. 너희 위에는 이슬도 비도 없다. 밭 곡식도 없다"(삼하 1:20).[62] 이렇게 다윗은 친구의 죽음 때문에 길보아 땅이 메마를 것이라고 이

62) אל־טל ואל־מטר עליכם ושדי תרומת

바알 토판 (KTU 1.1 iii 1-7)

슬과 비를 빗대어 슬퍼합니다. 그 결과 거둘 곡식이 밭에는 하나도 없다고 했어요. 그런데 이 표현도 우가릿인들의 문학 작품에 나오는 표현입니다.[63] "이슬도 없어라 소낙비도 없어라 용솟음쳐 오르는 깊은 샘도 없어라"가 바로 그런 표현입니다. 다윗은 "용솟음치는 깊은 샘"을 "밭 곡식"이란 말로 바꾸어 노래하죠. 끝부분은 바꾼 것이긴 해도 히브리어와 우가릿어로 읽으면 소리가 비슷합니다. 일종의 말놀이입니다. 이렇게 우가릿인들은 이슬과 소낙비와 샘을 생명의 근원으로 생각했어요. 구약성경도 마찬가지입니다.

이렇게 구약에 등장하는 야훼 하느님은 바람과 구름과 번개와 비와 떼어 놓을래야 떼어놓을 수가 없습니다. 바람은, 번개는, 비는, 물은, 곧 생명인 까닭이죠. 바알이 생명이라고 믿는 이들에게 '아니다! 야훼님이 바로 생명이시다!'라고 예언자도 시인도 과감하게 선언합니다.

비와 함께, 바람과 함께, 번개와 함께 죽음의 땅으로 내려간 바알은 결국 아낫의 도움으로 살아납니다. 바알의 짝신 아낫은 평화의 신이요 전쟁의 신입니다. 사실 바알보다도 싸움을 더 잘합니다. 그러면서도 평화를 추구하는 신이죠. 그래서 사람들은 여신 아낫에게 이렇게 칭송합니다. 이것은 여신 아낫을 칭송하는 노래이면서도 여러 신들의 입을 통하여 거듭거듭 반복되는 이야기입니다.[64]

땅에 밥이 넘치게 하세요.
대지에 사랑이 가득하게 하세요.
땅 한가운데에 평화가 넘치게 하세요.
들판을 평온하게 하세요.

---

63) "아크하투"(KTU 1.19 i 44-46)라고 부르는 이 이야기의 "이슬도 없다 비도 없다 용솟음치는 깊은 샘도 없다"(bl ṭl bl rbb bl šr' thmtm)라는 표현을 말한다.

64) 이환진, 『우가릿의 바알』, 67 (1:1 iii 10-15), 99-100 (KTU 1.3 iii 14-28), 103-104 (KTU 1.3 iv 8-18), 105 (KTU 1.3 iv 22-25, 27-31).

서두르세요. 서둘러요. 얼른요.
나를 향해 두 발로 달리세요.
나를 향해 두 다리로 내달리세요.

이를 말이 있어요. 이를 말이요.
할 말이 있어요. 할 말이요.

나무가 하는 이야기
돌이 속삭이는 이야기
하늘과 땅이 나누는 이야기
깊음과 별이 나누는 이야기.

하늘이 깨닫지 못하는 번개를
나는 알고 있어요.
사람들이 알지 못하는 말을.
땅의 무리들이 알지 못하는 말을.

아낫은 지금 밥을 이야기합니다. 그것이 바로 평화라는 것이죠. 밥이 평화에요. 아낫에게는 말이죠. 번개를 알고 있다는 것인데 이것이 바로 시편 97편에 나오는 불꽃과 같은 말이죠. 생명은 바로 빗줄기 때문에 비롯된다는 비밀을 아낫은 알고 있다는 거죠. 밥을 나누어 먹어야 평화가 땅 위에, 대지 위에 차고 넘친다는 얘기인데 그것을 아낫은 사람들이 알지 못하는 비밀이라고 지금 말하고 있죠. 이렇게 아낫은 바알의 짝신답게 생명의 찬가를 부르고 있죠. 다른 말로는 밥그릇 노래라고 부를 수도 있겠죠. 나누어 먹어야 평화가 차고 넘친다고 했으니까요. 밥은 하늘이라고 노래했던 시인 김지하의 노래가 생각나는 대목이기도 합니다. 실제로 아낫은 자신이 이렇게 하겠노라고 과감하게 선언하는 장면이 나오기도 합니다.[65)]

65) 이환진, 『우가릿의 바알』, 105 (KTU 1.3 iv 22-31).

내가
땅에 먹거리가 넘치게 하겠어요.
대지에 사랑이 가득하게 하겠어요.
땅 한가운데에 평화가 넘치게 하겠어요.
들판을 평온하게 하겠어요.
바알께서 하늘에 번개를 준비하길 바래요.
그의 두 뿔을 환히 빛나게 하시길 바랍니다.
내가
땅에 먹거리가 넘치게 하겠어요.
대지에 사랑이 가득하게 하겠어요.
땅 한가운데에 평화가 넘치게 하겠어요.
들판을 평온하게 하겠어요.

이렇게 생명을 노래하는 아낫은 바알이 모트에게 끌려가 이 세상에서 사라지자 통곡합니다. 이것을 애곡이라고도 부르죠. 그 애곡 의식 장면을 보기로 하죠.

아낫은 돌로 살갗을 긁는다.
칼로 상처를.
볼과 턱에 상처를 낸다.
팔뚝을 주욱 긁는다.
가슴을 정원처럼 간다.
등을 계곡처럼.-
바알이 죽었구나.
사람들은 어찌하란 말인가?
다간의 아들이 죽었구나.
이 무리는 어찌 하란 말인가?
바알을 따라
나는 내려가리라.
아래세상으로.

돌칼로 살갗과 볼과 턱과 팔뚝과 가슴에 상처를 내죠. 죽은 이와 자신을 동일시하는 상징적 행위입니다. 그러면서 외치죠. 바알이 죽었으니 사람들은 어찌 살아갈 것이냐는 겁니다. 그러면서 바알이 있는 그곳 아래세상으로 내려가리라고 말합니다. 요셉이 죽었다고 믿은 야곱의 말이 생각나는 대목입니다. “아니다. 나는 울리라. 내 아들이 있는 스올로 나는 내려가리라”(창 37:35)고 했던 야곱의 말이죠. 그런데 이런 애곡 의식은 우가릿의 최고신인 엘이 했던 애곡 의식과 똑같습니다. 엘과 아낫이 다른 점이 있다면 엘은 그저 탄식하며 울고 자신의 몸을 학대만 했다면 아낫은 아래세상으로 내려가 바알의 시신을 어깨에 매고 그들이 신성시했던 자폰 산으로 그의 시신을 모신다는 것입니다. “자폰 산”은 이사야(14:13)에 나오는 북방산을 기리키는 말입니다. 모세도 엘리야도 모두 그렇게 산으로 돌아갔죠. 이렇게 산으로 간다는 것은 죽었다는 뜻이죠.

바알이 없는 세상은 죽음의 세상입니다. 바알은 적어도 기원전 12세기 우가릿 사람들에게는 생명의 신이기 때문이죠. 그리하여 바알의 죽음은 생명의 죽음을 뜻합니다. 그런데 바알은 바로 바람 신이죠. 폭풍 신입니다. 그렇게 바알은 우가릿인들에게는 생명의 또 다른 이름이었습니다. 그런데 이 바알은 죽음의 땅에서 죽음의 신 모트와 사투를 벌입니다. 이 장면을 잠시 보겠습니다.

그들은 노려본다.
이글거리는 불꽃처럼.
모트가 세다.
바알이 세다.
그들은 황소처럼 들이받는다.
모트가 세다.
바알이 세다.
그들은 뱀처럼 물어뜯는다.
모트가 세다.
바알이 세다.
그들은 달리기꾼처럼 잡아당긴다.
모트가 넘어진다.

바알이 넘어진다.

이렇게 격렬한 싸움이 바알과 모트 사이에서 벌어지죠. 서로 이겼다 졌다 반복합니다. 생명의 신과 죽음의 신이 싸우는 겁니다. 생명이 이겼다 죽음이 이겼다 반복합니다. 생명과 죽음이 엎치락뒤치락 하는 것이죠. 이것이 인간 현실입니다. 죽음과 생명의 끝없는 씨름판! 이것이 인생살이라고 바알 이야기는 말하는 듯합니다.

사실 이 이야기 속의 바알은 우가릿 왕국의 임금들을 가리킨다고 주장하는 학자가 있습니다. 마크 스미드(Mark Smith)라는 학자입니다. 우가릿의 대표적인 문학작품인 바알 이야기를 수십 년에 걸쳐 연구하고 또 주석까지 쓰고 있는 학자입니다. 이분이 쓴 책 제1권은 바알 이야기의 첫째와 둘째 토판의 주석입니다. 재작년에 나온 제2권은 셋째와 넷째 토판의 주석이죠. 모두 1천 쪽이 넘는 책입니다. 앞으로 언젠가는 제3권이 나오겠죠. 그래야 완결되니까요. 저는 잠깐 이분에게서 바알 이야기를 배운 적이 있습니다.

(2) 우가릿 왕실 망자 제의문 (KTU 1.161)

그런데 기원전 12세기에 우가릿 왕국은 역사 속에서 사라집니다. 그렇지만 이들 왕실은 우가릿 왕국이 영원하기를 바라면서 이런 예문을 읽었습니다.[66)]

오시라, 아래세상 님들이여!
들으시라, 드단 님들이여!
울칸 님이시여!
타루만 님이시여!
시단-라단 님이시여!
영원한 타르 님이여!
오시라, 아래세상 님들이여!

66) KTU 1.161이라고 부르는 우가릿 문헌이다. "왕실 망자 정경 의례문"이라고 부르기도 한다. 정기적으로 이 예문을 왕실에서 읽었던 것 같다. 죽은 왕들을 애도하면서 동시에 우가릿 왕국이 계속 이어지기를 바라는 예문이어서 "정경 예식문"이라는 이름을 붙인다. 나의 스승이신 바룩 레빈(Baruch A. Levine) 교수가 붙인 이름이다.

옛날 분들이시여!
아래세상 님들이여!
들으시라 드단 님들이여!
암미슈타무르 임금이여!
니크마두 임금이여!
니크마두 왕좌여! 울라.
왕좌 발받침이여! 슬퍼하라.
임금님 밥상이여! 그분 앞에서 슬퍼하라.
그러나 눈물은 삼키라.
다만 애통해 하라.
내려오시라, 샤프슈 님이여!
위대한 태양이여, 내려오시라!
샤프슈 님은 그이에게 비추라.
그대의 님 따라
왕좌에서
그대의 님 따라
아래세상으로 내려가시라.
아래세상으로 내려가시라.
땅으로 내려오시라.
아래 땅 시다누-라다누 님에게
아래 땅 영원한 타르 님에게
아래 땅 옛날 분들에게
아래 땅 암미슈타르무 임금께
아래 땅 니크마두 임금께
예물 하나
예물 둘
예물 셋
예물 넷
예물 다섯
예물 여섯

예물 일곱
새를 바치시라.
"평화,
아무라피 님께 평화가 있기를!
님의 아드님께 평화가 있기를!
님의 친지 분들께 평화가 있기를!
님의 가문에 평화가 있기를!
우가릿 왕국에 평화가 있기를!
그 성문에 평화가 있기를!"

이 예배문에서 반복되는 말은 "아래세상"이라는 말이죠. 그리고 우가릿 왕조가 거의 끝나갈 무렵 이 왕조를 이끌던 "암미슈타무르"나 "니크마두" 왕의 이름이 나오는 것이 얼마나 실제적인 예배문이었는지 짐작케 합니다. "아무라피" 왕도 나오는데요, 사실 함무라비 법전을 쓴 바빌론 왕의 이름과 같은 이름입니다. 예물을 일곱 번씩이나 바쳤다는 것이고 새를 바치라고 하는 것이 특이합니다. 왜 그랬는지 이유는 잘 모르죠. 하지만 이 예문에 우가릿이라는 왕국의 이름이 나온다는 것 그리고 이 왕국의 가문이 평화롭게 영원히 이어지기를 바라는 기도가 담겨 있다는 것이 예사롭지 않습니다. 그러나 얼마 못가 이 왕국은 역사의 무대에서 사라집니다. 기원전 1200년대의 일이죠.

옛적에 죽은 왕들은 아래세상에 있다는 건데요, 그 조상님들께 우가릿 임금은 지금 제사를 드리는 거죠. 그런데 아래세상으로 내려가라고 예문에는 태양신 샤프슈에게 청합니다. 사실 이런 장면은 앞에서 말씀드리지 않았지만 바알이 죽자 그의 짝신 아낫은 이 태양신에게 아래세상으로 내려가라고 마구 촉구합니다. 그리고 내려온 그 신에게 바알의 시신을 어깨에 올려놓으라고 그렇게 재촉하죠. 죽음과 태양은 떼어놓을 수 없는 모양입니다. 사실 태양신은 고대 중동인들에게는 삶의 영역과 죽음의 영역을 다 아우르는 정의의 신이었어요. 동쪽에서 떠오르는 태양은 낮 동안 온 세상을 환히 비추어 정의가 실현되는지 살피고 또 보살피고 저녁이 되어서는 저 세상 문턱인 서쪽으로 내려가 아래세상에서 죽은 이들을 살피고 또 보살피죠. 그래서 태양신이 고대 중동 문학에는 항상 등장합니다. 이집트 사람들도, 바빌론 사람들도, 아시리아 사람들도,

우가릿 사람들도 마찬가지입니다. 성경에는 이런 모습이 나와 있지는 않지만 그 흔적은 있습니다. 시편 8편입니다. 태양이 신방을 박차고 나오는 신랑처럼 하늘을 내달린다고 했죠. 그러나 저 세상으로 내려간다는 얘기는 하지 않습니다. 하지만 시편(139편)을 보면 거기서는 내가 서쪽 그 끝까지 가도 주님은 거기 계신다고 시인은 고백하죠. "내가 스올에 자리를 펼지라도 아, 주님은 거기 그렇게 계시네요"라고 한 시인의 고백은 사실 중동인들이 태양을 그렇게 숭배했듯 야훼 하느님께서는 아래세상까지 따라오셔서 나를 보살피신다고 고백합니다. 바로 이런 생각의 흔적입니다.

얘기가 태양신으로 옮겨가 좀 길어졌습니다만 아무튼 우가릿 왕들은 아래세상에 있습니다. 바로 아래세상으로 내려간 바알의 모습이기도 합니다. 그래서 스미드라는 학자는 이 바알이 바로 우가릿 왕조를 상징하는 신이라고 말합니다. 그들의 표상이라는 거죠. 일리가 있는 해석입니다. 그러나 바알은 나중에 되살아나죠. 죽음을 이기고 말이죠. 그러한 바람이 이 예문의 마지막에 담겨 있습니다. "평화!"라는 말이 바로 그 말입니다. 히브리어로 "샬롬"이라고 하죠. 우가릿어로도 비슷하게 "샬롬!"입니다.

욥기를 보면 하느님이 아래세상까지 내려가신다는 구약에서는 흔치 않은 얘기가 나옵니다. 하느님은 욥에게 이렇게 물으시죠. "바다 속 깊은 곳 그곳 물의 근원까지 내려가 본 적이 있느냐? 그 밑바닥 깊은 곳에서 거닐어 본 적이 있느냐? 죽음의 문턱을 들여다 본 적이 있느냐? 죽음의 그늘이 드리워 있는 문을 쳐다본 적이 있느냐?"(욥 38:16-17). 당연히 욥은 대답을 못하죠. 이렇게 구약에서 드물게 하느님은 아래세상으로 내려가신 적이 있다고 말씀하죠. 사실 아래세상은 하느님의 영역이 아닙니다. 시편의 어떤 시인은 이렇게 하느님께 항변하죠(88:10-12).

죽은 이들에게
님은 놀라운 일 하실 수나 있나요?
망자들이 일어나
님을 찬양할 수나 있나요?
님의 사랑을
무덤에서 말할 수나 있나요?

님의 미쁘심을
파멸의 땅에서?
어둠에서
님의 놀라운 일을 알아 볼 수나 있나요?
님의 올바르심을
망각의 땅에서?

그래서 급기야 히스기야도 이렇게 하느님께 기도합니다.

살아있는 자
오직 살아있는 자만이
님을
찬양할 수 있죠.

이사야서(38:19)에 나오는 기도입니다. 죽음의 문턱에서 드리는 간절한 기도죠. 이렇게 죽음의 영역은 하느님과 철저히 단절된 영역입니다. 이것이 구약의 일반적인 생각입니다. 그런데 시편 139편의 시인도 욥기 속의 하느님도 아래세상에 내려가 본 적이 있다고 말합니다. 매우 드문 이야기입니다.

사실 고대 중동 사람들은 죽은 왕을 모두 신으로 생각한다고 말씀드렸습니다. 이집트 사람들도 마찬가지입니다. 죽음의 영역을 인정하면 다시 말해 죽은 이들을 신이라고 인정하면 성경이 말하는 유일 신앙은 성립될 수 없습니다. 오직 야훼 한 분만이 우리의 하느님이시라는 고백은 설 수 없는 고백입니다. 그래서 민수기는 망자 예배를 금지합니다. 제사장들의 생각입니다. 이러한 생각이 구약성경의 기본적인 틀입니다. 망자 예배를 금하는 것이 구약의 일반적인 신앙이라는 말씀이죠. 그러나 이렇게 몇몇 예외는 있습니다. 아래세상의 존재는 인정해도 거기 죽어 있는 왕들은 신들이 아닙니다. 그저 죽은 이들일 뿐이죠. 이러한 생각을 우리는 이사야 14장에 나오는 "스올 신탁"이라는 얘기 속에서도 확인할 수 있어요.

우가릿 왕조의 표상은 바알입니다. 구약은 바알의 모습 속에서 야훼 하느님의 모습을 보았습니다. 이렇게 바알의 모습은 야훼의 모습과 닮았습니다. 아니

닮았다기보다는 성경의 신앙인들의 과감한 선언입니다. 너희들은 그렇게 바알을 애지중지한다마는 우리 야훼님이 바로 생명의 하느님이시라고 고백하는 것이죠. 이것을 토착화라는 말로 설명할 수도 있어요. 주변에 함께 사는 사람들의 이야기를 자신의 이야기로 받아들이는 것이죠. 그러나 분명 차이는 있어요. 그래서 신명기(6:4)의 쉐마에는 이런 고백이 나오죠.

들으라 이스라엘아!
야훼님은 우리 하느님!
야훼님은 독특한 분!

우리가 믿는 야훼 하느님은 다른 신들과 구별되는 독특한 분이라는 고백이죠. 특이한 분이라는 거죠. 이러한 경험은 바로 출애굽의 하느님, 히브리 노예들의 하느님이라는 역사경험과 맞물려 있습니다. 신명기를 얘기할 때 다시 말씀드리겠습니다.

2) 메소포타미아 문학

수메르인의 얼굴

수메르인의 두상

메소포타미아는 희랍어로 "두 강 사이"라는 뜻입니다. 유프라테스와 티그리스 강 사이에 있는 땅이라는 뜻이죠. 이곳은 일찍이 기원전 5천년대부터 수메르인들이 살던 곳입니다. 수메르인들은 눈이 크고 머리가 검은 사람들이었죠. 머리가 검은 것은 우리와 닮았지만 눈이 큰 것은 우리와 다르죠. 프랑스 루브르 박물관이나 런던 영국박물관 그리고 뉴욕 메트로폴리탄 박물관에 가보면 수메르인들의 조각이 눈에 띕니다. 눈이 큰 것이 특징이죠. 그리고 하나같이 손을 모으고 있어요. 예배드리는 모습이죠.

(1) 고대 중동인들의 세계관

수메르인의 예배 모습

수메르인의 예배 모습

사실 성경에 나오는 이스라엘인들의 사고방식과 세계관은 수메르인들한테서 물려받은 것입니다. 온 세상이 하늘과 땅으로 나뉜다든가 아니면 하늘과 땅과 바다로 나뉜다는 생각은 이들이 가지고 있던 세계관입니다. 창세기(1:1, 2:4)나 시편(135:6)에 보면 이렇게 세상이 하늘과 땅 또는 바다로 되어 있다고 생각하였죠. 기원전 11세기에 아카드어로 기록한 『에누마 엘리쉬』라는 이야기가 있는데요, 이 바빌론 창조 이야기는 이런 말로 시작합니다.

> 위로 하늘이 아직 이름이 없었을 때
> 아래로 땅이 아직 그 이름이 없었을 때
> 으뜸 신 압수와
> 모든 것을 낳은 창조신 티아맛은
> 몸을 한데 섞었다.

여기서 "몸을 한데 섞었다"는 말은 사실 "그들은 물을 한데 섞었다"를 쉽게 풀어본 것입니다. "압수"는 강(江) 신이고 "티아맛"은 바다[海] 신입니다. 두 강과 바다가 만나는 장면을 이렇게 묘사한 것이죠. 그러면서 물이 세상의 근원이라는 얘기입니다. 창세기에서 하느님이 궁창 위의 물과 궁창 아래의 물을 나누는 이야기가 생각나지 않나요? 또 우가릿의 최고신 엘이 "물의 근원"에서 살고 있다는 얘기가 생각나지 않나요? 시편 시인이 야훼의 목소리 천둥소리를 찬양하는 이야기가 생각나시죠? 그리고 에스겔의 새 성전 동쪽에서 솟구쳐 오르는 생명수 이야기가 생각나지 않나요?

수메르의 왕

이렇게 물은 생명의 근원이라는 생각은 오래된 생각인데 바로 수메르인들의 사고에서 나오는 얘기죠. 물론 "에누마 엘리쉬"라는 창조 이야기는 이렇게 유프라테스 강과 티그리스 강이 걸프 만에서 바다와 만나는 장면을 이야기로 꾸며낸 것이지만요. 또 기원전 14세기 문헌인 『아시리아-바빌론 신 목록』에는 이런 얘기도 나옵니다.

주님 땅 마님 땅
하늘과 땅
주님 지평선 마님 수평선
주님 온누리 마님 온누리 …
모두 아누의 조상님 그리고 친지들 21분.

여기 "아누"(Anu)는 "하늘"을 가리킵니다. 수메르어로는 "안"(An)이라고 하는데 우리말 "한"과도 연관이 있을 것으로 짐작됩니다. 또 몽골말 "칸"과도 관련이 있지 않을까 생각합니다. 하늘의 조상님이 땅이라는 거죠. 그러면서 이 목록은 땅과 하늘이 온누리의 근원이라고 말합니다. 그리고 물도 나옵니다. 지평선과 수평선도 나옵니다. 그러면서도 땅을 강조하는데요, 창세기(2:4)가 "땅과 하늘을 처음 지으실 때"라고 말하는 것이나 잠언(8:23)이 "영원 전 아주 아득한 옛날 땅 덩어리가 아직 만들어지지도 않았을 때"라고 말하는 것처럼 땅이 먼저라고 생각하는 전통도 있죠. 그렇긴 해도 온누리는 하늘과 땅 또는 땅과 하늘 둘로 나눠져 있다는 생각은 함무라비 법전을 보면 분명합니다. 이 법전 머릿말에는 "하늘과 땅이 만나는 곳 니푸르"라는 말이 나오는데요.[67] 바로 바빌론의 서울인 니푸르가 우주의 통로라는 사실을 말하고 있는 것이죠. 이렇게 온누리는 땅과 하늘로 이루어져 있다는 것이 메소포타미아 사람들의 기본적인 생각입니다. 성경도 이러한 생각을 그대로 받아들이죠. 그래서 땅과 하늘 두 조각으로 되어 있는 온누리는 하느님의 솜씨라고 성경의 시인은 고백합니다.

야훼님, 우리 님!

---

67) "Nibru^{ki} dur.an.ki"(Ḫammurapi, I 59)라고 되어 있다(Borger, Babylonisch-Assyrische Lesest cke II, 5).

온 땅에 님 이름 그리도 엄청나다니요.
하늘까지 그 위엄 뒤덮으시다니요. …
저는
님 지으신 하늘을 봅니다.
님의 손가락 그 솜씨를 봅니다.
님께서 낳으신
달과 별을 보옵니다. (시 8:1-3)

따라서 성경 속의 신앙인들이 갖고 있던 이런 세계관은 수메르인들에게서 물려받은 것입니다.

그런데 온누리가 하늘과 땅 또는 땅과 하늘 두 조각으로 되어 있다는 생각은 바빌론 사람들이나 아시리아 사람들만 갖고 있던 생각은 아닙니다. 헷 사람들도 갖고 있었어요. 헷 사람을 바빌론 사람들은 "하티"라고 부릅니다. 성경은 "히티"라고 부르는데 영어로는 "히타이트"라고 부르기도 하지만요. 우리아의 아내 밧세바를 아시죠? 바로 그 밧세바의 남편 우리아는 헷 사람이었습니다. 선지자 에스겔은 헷 사람들에 대한 아련한 추억을 갖고 있습니다. "그대가 태어난 곳은 가나안이 아니던가? 그대 아비는 아모리 사람이 아니던가? 그대 어미는 헷 사람이 아니던가?"(16:3). 이런 추억을 에스겔은 뒤에 가서 또 말하죠(16:45). 신명기(26:5)가 "우리 조상은 아람 사람"이라고 추억을 떠올리는 것과는 다른 전통이죠. 이 점에 대해서는 밑에서 북서방 셈어 문학을 얘기할 때 다시 말씀드리겠습니다. 아무튼 이스라엘 사람들은 헷 사람들과 관련이 있습니다. 그런데 헷 사람들도 온 세상은 본디 한 덩어리였는데 톱으로 둘을 잘라 하나는 하늘로, 하나는 땅으로 삼았다고 생각했습니다. 『울리쿠미』라는 신화에 이런 얘기가 나옵니다. 그런데 이런 생각은 그리스 사람들도 마찬가지였습니다. 이렇게 놓고 보면 이러한 세계관은 고대 중동 사람들에게 또 그리스 사람들까지도 공통적으로 갖고 있던 생각입니다. 성경도 여기서 예외는 아니죠.

(2) 아트라하시스

성경을 보면 흙으로 하느님이 사람을 만드셨다는 얘기가 자주 나옵니다. 그런데 메소포타미아 문학에도 이것은 중요한 주제였어요. 『아트라하시스』라는

메소포타미아의 여러 신 (폭풍신 닌우르타, 새벽별 이난나, 태양신 우투, 강신 엔키) (아다 원통형 도장 각인)

이야기가 있는데요, 이 이야기는 이렇게 시작합니다.

신들이 인간이었을 때
그들은 강제노동을 했다. 그들은 고된 일 때문에 괴로워했다.
신들의 고된 일은 정말 엄청났다.
강제노동이 힘들었다. 고통 또한 심했다.
일곱(?) 큰 아눈나 신들은 힘들어 했다.
강제노동으로 이기기 신들은 – …
신들은 물길을 파고 있었다.
땅의 생명인 운하를 그들은 열었다.
이기기 신들은 물길을 파고 있었다.
이기기 신들은 팠다, 티그리스 강을.
그리고 유프라테스를, 그 뒤로는.
심연에서 샘을 그들은 열었다.
우물을 … 그들은 만들었다. …
그들은 쌓아올렸다, 모든 산들을.
… 고통스런 여러 해
… 엄청난 늪.
그들은 고통스런 해를 헤아렸다.

… 그리고 사십년, 아 너무 길구나!
… 강제노동을 그들은 싫증냈다. 밤낮으로-
그들은 불평했다. 드러내놓고 비난했다.
구덩이 아래에서 웅성거렸다.
"장관 감독에게 우리 얼굴을 들이 댑시다.
그는 이 무거운 짐을 벗겨주어야만 해요!
… 신들의 고문관, 그 전사를
자, 어서 그의 집에서 몰아냅시다.
신들의 고문관, 그 전사 엔릴을
자, 어서 그의 집에서 몰아냅시다. …
"자, 전투를 벌입시다.
전투하러 함께 나갑시다, 싸움을!"
신들이 그의 말을 들었다.
그들이 그들의 연장에 불을 질렀다.
바구니에 불을 놓았다.
그들이 나갔다. 하나같이 모두
전사 엔릴의 집 문으로. …

밤이었다. 한밤중이었다.
집을 에워쌌다. 하지만 그 신은 모르고 있었다.
밤이었다. 한밤중이었다.
에쿠르를[68)] 에워쌌다. 그러나 엔릴은 몰랐다.

누스쿠가 열었다, 그의 문을.
무기를 들고 갔다. … 엔릴.
모든 신들의 모임에서
그가 무릎을 꿇는다. 일어선다. 명령을 하달한다.
"그대들의 아버지 아누

68) 니푸르(Nipur)에 있는 엔릴(Enlil)의 신전을 말한다(Foster, Before the Muses, 450 주 3).

그대들의 고문관, 전사 엔릴
그대들의 장관 닌우르타
그대들의 집행관 엔누기가 나를 보냈소.
'전투를 처음 일으킨 자가 누구요?
누가 전쟁을 선포하여
엔릴의 문 앞까지 달려가게 했소? …
그는 엔릴의 명령을 범하고 말았소이다.'
"우리 신들 각자가 선포했소, 전쟁을— …
우리가 했소. …
싫증이 너무 나 죽을 지경이오.
우리에게 강제노동이 무겁소. 고통도 무척 심하오.
그래, 우리 신들 각자가
엔릴과 따질 참이오." …

에아가 말을 꺼냈다.
그의 형제 신들에게 이렇게 말한다.
"그들이 하는 말에 무슨 비방거리가 있겠어요?
그들의 강제노동이 무겁습니다. 고통 또한 커요.
날마다
외치는 소리가 커요. 아우성이 들리죠.
있어요.
산파 벨렛-일리가 있죠.
그가 만들게 하십시다. 사람을 말이죠.
그가 멍에를 지게 하십시다.
신들의 고통을 대신 떠맡게 하죠. …"
"산파 벨렛-일리가 있죠.
그 산파가 인간을 창조하게 하죠.
인간이 신들의 고통을 대신 떠맡게 하죠."
그들이 부른다, 요청한다. 그 여신에게
신들의 산파, 현자 마미에게 –

"그대가 인류의 창조주, 삼신 할머니가[69] 되어 주시겠어요?
인간을 창조하세요. 그가 멍에를 매게 말이죠.
그가 멍에를 매게 하시죠. 엔릴의 임무 말이죠.
인간이 신의 고통을 대신 떠맡게 하시죠."
닌투가 말을 꺼낸다.
큰 신들에게 말한다.
"그 일을 할 이는 내가 아니죠.
엔키 님이 하실 일이죠.
모든 걸 깨끗이 하실 분은 그 이에요.
진흙을 준비해 주시라고 부탁 좀 해보시죠."
엔키가 말을 꺼낸다.
큰 신들에게 말한다.
"그 달 첫째 날, 일곱째 날, 열 닷새째 날
내가 깨끗하게 하겠어요. 목욕재계(沐浴齋戒)하겠어요.
신 하나를 잡으세요.
그리고 신들이 목욕재계(沐浴齋戒)하게 하세요.
닌투(Nintu) 님이 그 신의 살과 피를 진흙에 섞으라 하세요.
그 신과 인간을 진흙에 마구 뒤섞으라 이르세요.
나머지 시간에는 북소리를 듣도록 하십시다.
그 신의 살 속에 혼(魂)이 있게 하세요.
살아 움직이는 생명이 –

위의 이야기는 깨진 부분이 많습니다. 램버트와 밀라드라는 학자가 재구성한 것을 따라 우리말로 옮겨본 것입니다. "신들이 심연에서 샘을 팠다"는 말은 노아의 홍수 이야기가 생각나는 표현입니다. "노아가 육백 살 되는 해 … 엄청난 심연의 샘들이 모두 터지고, 하늘에서는 홍수 문들이 열려서"(창 7:11)라는 표현과 "심연의 샘들과 하늘의 홍수 문들이 닫히고"(창 8:2)라는 표현과 닮았습

69) "인류의 창조주"라는 표현은 "인류의 (여)창조주"(baniwat awili)라는 말에서 "여"(女)라는 말을 빼고 옮긴 표현이다. "삼신 할머니"는 "아기를 낳는 여신"이라는 말을 우리말 식으로 옮겨 본 것이다.

니다.[70)]

그런데 "그 달 첫째 날, 일곱째 날, 열 닷새째 날 내가 깨끗하게 하겠어요. 목욕재계(沐浴齋戒)하겠어요. … 그리고 신들이 목욕재계(沐浴齋戒)하게 하세요"라는 부분이 무척 흥미롭습니다. 몸을 깨끗이 씻는다는 것은 예나 지금이나 치성을 드리기 위해서 하는 행위이죠. 일종의 예배 행위입니다. 그런데 그렇게 예배를 드리는 날이 초하루와 이렛날과 보름날입니다. "첫째 날 일곱째 날 열 닷새째 날"이라는 표현이 그것이죠. 이러한 예배 날은 시편에서도 그 흔적을 찾아볼 수 있어요.

> 초하룻날과 보름날에
> 우리의 잔칫날에
> 나팔을 불라 (시 81:3)

여기에는 이렛날은 빠져 있지만 "초하룻날"과 "보름날"은 나옵니다. 이렇게 초하루와 보름날에 고대 이스라엘 사람들은 나팔을 불었죠. 그날이 바로 잔칫날이라고 했는데 이날은 사실 예배드리는 날입니다. 위의 『아트라하시스』와 거의 비슷하죠. 그런데 위의 이야기에 "열닷새 날"이라는 말이 성경의 "안식일"이라는 말과 같은 뿌리말입니다.

옛날 바빌론 사람들은 "보름날"을 "샤파투"(šapattu)라고 불렀는데요, 성경시대의 이스라엘 사람들은 "샤바트"(שבת)라고 불렀죠. 그런데 옛 바빌론 사람들의 "보름날"은 숫자로 14에 해당합니다. 그렇지만 히브리어로는 "일곱"이죠. 같은 뿌리말인데 이렇게 뜻이 다릅니다. 이것은 무척 중요한데요, 옛 바빌론 사람들도 고대 이스라엘 사람들도 초하루와 보름날에 예배를 드렸습니다. 그런데 여기에 이렛날을 더 추가했어요. 이것을 성경시대의 이스라엘 사람들은 "안식일"이라고 부르죠. 그러니까 안식일이라는 말은 성경시대에 이스라엘 사람들이 만든 말입니다. 하지만 이러한 안식일의 유래를 우리는 위의 『아트라하시스』라는 이야기 속에서도 확인할 수 있어요. 바로 "초하루날과 이렛날과 보름날에

---

70) "엄청난 심연의 샘들"(כל־מעינת תהום רבה)과 "심연의 샘들"(מעינת תהום)이라는 표현을 말한다. "심연"이라는 말은 히브리어로 "테홈"인데 "깊음"이라고 우리는 흔히 읽는다. 아카드어로 "티암투"와 같은 말이다. "티아맛"이라는 여신의 이름이기도 하다.

… 목욕재계하겠어요"라는 표현에서 알 수 있는 것이죠.

또 하나 인간 창조가 나옵니다. 신들이 진흙으로 사람을 빚었다는 것이죠. 그런데 이사야(41:25)에도 하느님을 "진흙으로 도기를 빚는 도예가"라고 부르죠.[71] 또 창세기(2:7)에도 하느님이 인간을 "흙"으로 빚으셨다고 했는데 같은 생각입니다. 욥(4:19)도 인간을 흙집에 사는 신세라고 말하였는데요, 다 같은 생각입니다. 그런데 그 속에 혼을 불어넣었다고 위의 『아트라하시스』 이야기는 말하는데 성경은 다르죠. 하느님이 당신의 숨을 불어넣으십니다. 인간의 코에 불어넣으시는 거죠. 그래서 우리가 쉬는 숨은 하느님의 숨이라고 성경은 분명히 말합니다. 우리의 숨이 아니라 하느님의 숨이죠. 그렇게 하느님이 우리 코를 통하여 숨을 쉬시다가 그 숨쉬기를 멈추면 그 숨은 하느님께 돌아가고 몸은 흙으로 돌아간다고 코헬렛(12:7)은 말하죠. 그리고 그 일을 담당하는 이는 위의 이야기를 보면 "닌투"라는 여신입니다. 이 여신은 우리말 "엄마"와 비슷한 "마미"(Mami)나 "마마"(Mama)라고도 부르죠. 또 "벨렛-일리"(Belet-ili)라는 산파라고도 등장하죠. "닌투"(Nintu)는 "아기를 낳는 님"이라는 뜻으로 앞에 나오는 "인류의 여창조주"나 "아기를 낳는 여신"이라는 말 또는 "맘미"나 "마마"처럼 "벨렛-일리"의 수메르 식 호칭입니다.[72] 그러니까 인간 창조는 아기를 낳는 것과 같은 것이죠. 그런데 성경에서 우리를 지으신 하느님은 아버지이기도 하시고 어머니이기도 하세요. 아버지라는 말은 자주 나오죠. 그런데 어머니라고 직접 부르지는 않지만 그와 비슷하게 "아기집 사랑으로 생사를 넘나들며 사랑하는 이"라는 표현이 이사야(49:10, 49:15)에 나옵니다. 또 예레미야(31:22)의 "새로움을 창조하리니 여자가 남자를 껴안으리라"는 표현도 하느님의 어머니 이미지를 가리키는 것이죠. 이렇게 성경의 하느님은 두 역할을 다 하시는 하느님이죠.

그런데 말씀드릴 것이 또 하나 있습니다. 위에서 우가릿 문학을 얘기할 때 아낫이라는 여신이 짝신 바알을 찾아 아래세상으로 내려간다고 말한 적이 있습니다. 그리고 야곱도 애지중지하던 막내 요셉이 죽었다는 말을 자식들에게서 듣고는 "아, 나도 스올로 내려가리라"(창 37:35)고 말한 적이 있다고 했습니다. 이렇게 온 세상은 하늘과 땅으로 되어 있지만 죽은 뒤에는 아래세상으로

71) 문자적으로는 "진흙을 밟는 도예가"(יוצר רומס טיט)라는 뜻이다.

72) Foster, Before the Muses, 451 주 4 참조.

내려간다고 생각하고 있었어요. 이것도 고대 중동 사람들의 보편적인 생각입니다. 이러한 생각을 우리는 『길가메쉬』라는 위대한 고대 메소포타미아 문학 속에서 확인할 수 있습니다.

(3) 길가메쉬

"길가메쉬"는 본디 수메르의 왕이었습니다. 수메르어로는 "빌가메쉬"라고 부릅니다. 피터팬과 같이 영원한 죽지 않는 "영원한 젊음"이라는 뜻입니다. 이 길가메쉬는 우룩이라는 성을 쌓은 것으로 유명합니다. 옛날 사람들은 왕이 죽으면 신이 됩니다. 죽은 왕을 신이라고 불렀죠. 우가릿인들이 자신들의 죽은 왕을 신으로 생각하고 불렀던 "망자 제의문"(KTU 1.161)도 마찬가지입니다.

길가메쉬 (SBV) 토판

그런데 이 이야기를 읽어보면 죽음의 문제를 무척 심각하게 생각하는 것을 알 수 있습니다. 당연하죠. 죽음은 삶의 또 다른 모습이니까요. 삶이 없다면 죽음도 없습니다. 죽음을 전제하지 않는 삶도 있을 수 없습니다. 죽음과 삶은 이렇게 동전의 양면입니다. 『길가메쉬』라는 긴 이야기는 바로 삶과 죽음에 대한 이야기입니다. 고대 메소포타미아 사람들의 인생관이 이 이야기 속에 다 들어 있습니다.

길가메쉬에게는 엔키두라는 친구가 있었죠. 처음에는 친구가 아니었습니다. 그런데 문명의 세계와는 단절된 채 살아가던 엔키두는 어느 날 길가메쉬를 만납니다. 처음에는 서로 싸우죠. 그러다 친구가 됩니다. 싸우다 친구가 된다는 옛말이 하나도 틀린 것이 없습니다. 그렇게 다정하게 지내던 친구가 어느 날 숲에 가서 나

사랑을 나누는 길가메쉬

엔키두와 싸우는 길가메쉬

무를 베다가 병이 들고 맙니다. 그리고는 갑작스럽게 죽습니다. 이 갑작스런 친구의 죽음 앞에서 길가메쉬는 엄청난 충격을 받습니다. 우리도 가까운 부모님이나 친지 또는 친구가 죽으면 충격을 받는 것처럼요. 암에 걸렸다는 말을 들어도 충격에 휩싸입니다. 인지상정이죠. 그런데 단짝처럼 지내던 친구의 죽음 때문에 길가메쉬는 인생을 다시금 생각하게 됩니다.

엔키두의 죽음을 슬퍼하는 길가메쉬

그래서 영원한 삶을 찾아서 온 세상을 헤맵니다. 그러다가 온 세상 끝 서쪽까지 갑니다. 그곳에 마침 여관이 하나 있어서 그 여관으로 들어가려 합니다. 하지만 그게 쉽지 않아요. 온갖 풍파를 다 겪고 몸은 사람의 모습이 아닌 괴물의 모습을 하고 있으니 여관 주인이 들어오라고 하지 않는 것은 당연하죠. 어디서 오는 누구냐, 무슨 일로 왔느냐, 주인은 묻습니다. 이 주인의 이름은 "쉬두리"(Shiduri)라는 사람입니다. 여자죠.

지혜의 여신 쉬두리

결국 그 여관에 어렵게 들어갑니다. 몸을 추스르고 나서 세상을 헤매고 다닌 이야기를 그 여관주인에게 털어놓았습니다. 그러자 "쉬두리"라는 그 주인은 이렇게 묻죠. "그래, 영원한 생명은 찾으셨나요? 도대체 영원한 생명이란 것이 있기나 한 건가요?" 없다는 뜻이죠. 사람이 어떻게 영원히 살 수 있느냐는 겁니다. 그리고는 이렇게 충고합니다. 옛 바빌론 길가메쉬 서사시에 나오는 얘기입니다.

그대 길가메쉬여!
배부르게 드세요.
밤마다 날마다 재미있게 사세요.
날이면 날마다 즐겁게 사세요.
밤마다 날마다 춤을 추세요. 노세요.
옷을 깨끗하게 입으세요.

머리를 잘 감으세요. 목욕하세요.
그대 손으로 잡고 있는 아이들을 바라보세요.
그대 짝을 즐겁게 해주어야 해요.
계속 껴안아주세요.

이 충고는 어디서 많이 들어본 얘기 아닌가요? 그렇습니다. 코헬렛이라 부르는 전도서(9:6-10)에 나오는 얘기입니다. 이렇게 코헬렛은 옛 바빌론 사람들의 이야기를 약간 바꾸어 말합니다.

죽은 이에게는
사랑도 미움도 야망도 없다.
세상에서 벌어지는 그 어떤 일이라도
끼어들 자리 하나 없으니 -
하느님은 지금
그대가 하는 일을 좋게 보시니
기쁜 맘으로 밥을 드시라
즐거운 맘으로 술을 마시라
옷은 언제나 깨끗이 입으시라
머리에는 기름을 바르시라
그대가 숨쉬며 살아가는 나날
숨쉬며 살아가라고
하느님이 허락하신 그 나날
그대가 아끼는 짝과 함께
즐겁게 사시라
그대가 사는 나날
세상에서 수고했다고 주시는
그분의 선물이니
무슨 일 하든지 최선을 다하라
그대가 들어갈 무덤은
일도 계획도 지식도 지혜도 없으니 -

영생초를 훔쳐가는 뱀

이렇게 전도자는 우리에게 최선을 다해 살아가라고 말하는데요, 이러한 삶을 감싸고 있는 것은 죽음입니다. 죽음을 늘 의식하고 재미있게 살아가라고 말하죠. 순간을 의미있게 살아가라는 충고죠. 전도자도 죽음에 굉장히 예민했습니다. 그러니까 이 이야기는 바빌론 사람들의 이야기를 전도자가 나름대로 읽고 해석한 이야기입니다. 그런데 이뿐이 아닙니다. 어느 이집트 왕의 무덤에도 똑같은 이야기가 나옵니다. 기원전 1400년 전 "인테푸"(Intef)라는 이집트의 임금 무덤 벽에도 비슷한 이야기가 적혀 있어요. 그러니까 고대 중동인들은 공통적으로 죽음의 문제를 생각했던 것 같습니다. 성경도 예외는 아니죠.

(4) 내려가는 이쉬타르

이렇게 죽음은 삶의 문제입니다. 이러한 태도는 수메르인들이 남긴 『내려가는 이난나』라는 문학과 바빌론 사람들이 이것을 줄여 재구성한 『내려가는 이쉬타르』라는 문학작품에서 그 태도를 잘 알 수 있습니다. 『내려가는 이난나』를 읽어보죠. 이난나는 여신입니다. 기원전 3천년대 가장 유명했던 수메르인들의 여신입니다. 그 뒤를 물려받은 여신이 2천년대와 1천년대 가장 유명한 "이쉬타르"라는 여신이죠. 이 여신을 그리스인들은 아프로디테라고 불렀고 로마인들은 비너스라고 부릅니다. 이름은 다르지만 같은 신들이죠. 이 여신을 또 "새벽별"이라고도 부르죠. 성경 이사야(14:12)에서는 "계명성"(개역)이라고 부르는데요, "새벽별"(새번역)과 같은 말입니다. 아무튼 고대인들에게는 무척 유명한 여신입니다.

원통형 인장 각인 속의 이쉬타르 (1)

이쉬타르가 아래세상으로 내려가는 장면은 이렇게 시작합니다.

원통형 인장 각인 속의 이쉬타르 (2)

쿠르누기아로 돌아오지 못하는 땅으로
씬의 딸 이쉬타르는 맘 먹는다.
그래 씬의 딸은 맘 먹는다.
이르칼라가 사는 곳 그 어둠의 집으로
들어가면 누구도 떠나지 못하는 집으로
돌아오는 길이 없는 그 길로
빛이 없는 그 집으로
먼지를 먹고 진흙을 먹는 그곳으로 –
사람들은 거기서 빛을 못 본다. 어둠뿐이다.
새처럼 날개 옷을 입는다.
대문과 창문에는 먼지가 내려앉아 있구나.

그곳은 한마디로 "돌아오지 못하는 땅"(the Land of No Return)입니다. 이것을 수메르인들은 "쿠르누기아"(Kurnugia)라고 부릅니다. 죽음의 땅을 한마디로 표현한 거죠. 그곳으로 내려간 사람은 아무도 돌아오지 못합니다. 한마디로 생명의 땅과 철저한 단절이죠. 『내려가는 이난나』나 『내려가는 이쉬타르』에 거듭거듭 반복되는 주제입니다. 그리고 또 이곳은 한마디로 "어둠"입니다. 욥도 똑같이 말합니다.

아, 나의 날은 아주 적어라.

나를 그냥 내버려 두시라.
잠시 쉬고 싶어라.
떠나면 나는
다시는 돌아올 수 없을 것이라.
깊은 어둠의 땅으로
빛이 어둠인 그 땅으로 –
어둡고 또 어두워
그곳 빛은 바로 어둠이어라. (욥 10:20–21)

이렇게 그곳은 어둠의 땅이죠. 그리고 또한 "집"이라고 부르기도 합니다. 앞에서 인용한 『내려가는 이쉬타르』는 "집"이란 말을 매 문장이 시작합니다. 이렇게 그곳은 죽은 이들이 머무는 집이기도 하죠. 이러한 생각은 수메르인들이나 바빌론 사람들만의 생각이 아닙니다. 성경에서도 이런 생각을 읽어볼 수 있습니다. 욥기뿐만 아니라 시편에도, 잠언에도, 전도서에도 이 생각은 반복됩니다.

나는 길을 떠나죠.
그리곤 다시는 돌아오지 못해요. (욥 10:21)

그래요 몇 해가 지나가면
나는 돌아오지 못하는 길을 떠나는 신세가 되죠. (욥 16:22)

님께서 날 죽음으로 데려가시죠
살아있는 것은 무엇이나 한데 모이는 바로 그 집이죠. (욥 30:23)

그들의 무덤은
영원히 그들의 집
영영 그들의 장막
땅 위에서 한때는 이름 날리던 사람들 – (시 49:12)

그에게 내려가는 이는 누구나
돌아오지 못하리라.
생명의 길을 찾지 못하리라. (잠 2:19)

그 집은 스올로 내려가는 길목이라.
모두 다 죽음으로 내려가는 - (잠 7:27)

사람이 아래세상 집으로 내려가는 날
조문객은 길거리를 오가고 있죠. (전 12:5)

이렇게 아래세상을 "집"이라고 말하면서 또 그 집으로 내려가는 길은 다시는 돌아오지 못하는 길이라고 성경도 말하죠. 위에서 인용한 말 가운데 "아래세상 집"이라고 읽은 부분은 흔히 "영원한 집"이라고 말하죠. "영원"이란 말이 바로 "아래세상"을 가리키는 말로 여기서는 읽어볼 수도 있어요. 그곳은 모든 이가 모이는 곳이라고 성경은 또 말하죠. 살아있는 모든 이가 함께 모여 있는 곳 그 집을 구약은 "스올"이라고 부르기도 하죠. "폐허의 땅"이라 말할 수 있어요. 또 구약은 이곳을 그냥 "죽음"이라고 말합니다만 이 말은 우가릿인들의 죽음의 신 "모트"와 같은 말이기도 합니다. 이렇게 성경은 고대 중동사람들이 신이라고 부르는 것을 모두 신이 아니라고 말합니다. 이것이 바로 토착화죠. 같은 세계관을 가지고 있으나 달리 해석하는 전통입니다. 성경은 이런 전통이 강해요. 바로 야훼 유일신앙 때문입니다.

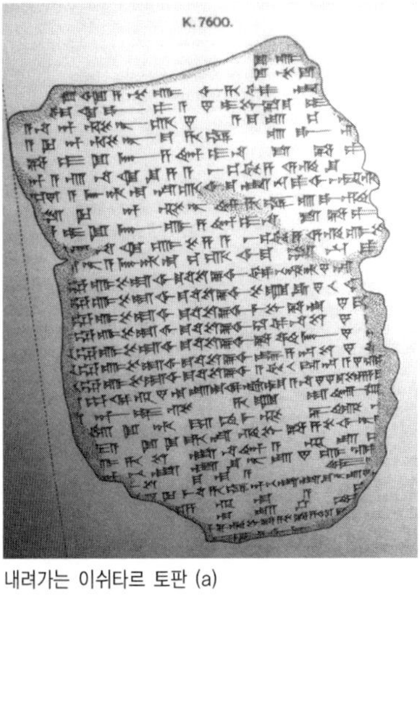

내려가는 이쉬타르 토판 (a)

이렇게 그리로 내려간 이는 아무도 돌아오지 못해요. 이것이 철칙이죠. 그런데 『내려가는 이난나』나 『내려가는 이쉬타르』를 읽어보면 아래세상 그 집으로 내려갔던 이난나도 이쉬타르도 다시 돌아옵니다. 있을 수 없는 일이죠. 여기엔 까닭이 있습니다. 바로 몸값을 대신 치렀기 때문이죠. 이쉬타르가 아래세상으로 내려갔기 때문에 땅 위의 생명이 모두 시들어 갑니다. 죽어가죠. 그래서 신들은 그를 다시 윗세상으로 데려올 수밖에 없었어요. 이렇게 몸값을 지불하고 데려오는 그 장면은 이렇습니다.[73]

"가시라. 남타르여!
그가 몸값을 갚지 않는다면
이리로 그를 다시 데려오라."
남타르는 이쉬타르에게 생명수를 뿌린다.
그를 데려고 나온다.
첫째 문을 통과하여 데리고 나온다.
허리를 두르는 옷을 되돌려 준다.
둘째 문을 통과하여 데리고 나온다.
팔찌와 발찌를 되돌려 준다.
셋째 문을 통과하여 데리고 나온다.
가슴에 붙이는 탄생석을 되돌려 준다.
넷째 문을 통과하여 데리고 나온다.
가슴에 다는 핀을 되돌려 준다.
다섯째 문을 통과하여 데리고 나온다.
구슬 목걸이를 되돌려 준다.
여섯째 문을 통과하여 데리고 나온다.
귀걸이를 되돌려 준다.
일곱째 문을 통과하여 데리고 나온다.
머리 왕관을 되돌려 준다.
"그가 몸값을 갚지 않는다면
다시 여기로 데리고 오라."

"남타르"는 심부름꾼입니다. 그가 아래세상으로 내려가 여신 이쉬타르를 살려냅니다. 재미나는 것은 다시 살아나려 해도 일곱 문을 통과해야 합니다. 사

73) 아수르바니팔 도서관에서 발견된 아수르 판에 나오는 구절이다. Foster, Before the Muses, 503-504를 보라.

실 이 이야기 앞에는 죽음의 땅 그 집으로 들어갈 때에도 일곱 문을 통과했거든요. 그때마다 몸치장 액세서리를 모두 벗어주어야만 했습니다. 그런데 여기서 다시 매 문마다 돌려받죠. 그런데 여기서 앞뒤를 감싸고 있는 것은 "그가 몸값을 갚지 않는다면 이리로 다시 데려오라"는 말입니다. 곧 몸값이 없이는 살아올 수 없어요. 몸값은 곧 목숨 값입니다. 이 이야기에서 몸값은 사실 그의 연인 "타무즈"를 그곳에 대신 두고 오는 것입니다. 타무즈라는 짝신은 에스겔(8:14)에도 나오는 신입니다. 타무즈를 위해 애곡하는 여인들을 환상 속에서 보았다고 에스겔은 말하죠. 성경에는 "담무즈"라고 되어 있지만요, 수메르어는 본디 이 신의 이름이 "두무지"입니다.

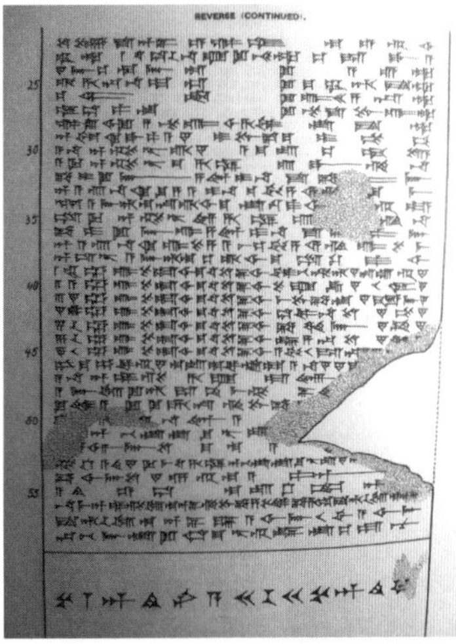

내려가는 이쉬타르 토판 (b)

어찌하든 죽음은 몸값 없이는 대신 속량할 수 없어요. 그런데 욥기(33:22-24)에도 똑같은 얘기가 나옵니다.

그의 목숨은 구덩이에 다가갔다.
그의 생명은 죽음의 땅으로-
그를 대신할 이가 있다면
그를 옹호할 이가
천 명 가운데 하나라도 있다면
그가 옳다고 말할 이가 -
그렇기만 하다면
그분이 자비를 베풀어
이렇게 선언할 텐데 말이죠.
"그를 구덩이에서 끌어올리라.
내가 그의 몸값을 받았다."

여기서 "구덩이"는 죽음의 땅을 말하죠. 그런데 그곳에 내려간다고 말하죠. 그것이 죽음이죠. 그런데 그곳에서 끌어올린다는 말은 그를 살린다는 뜻입니다. 사실 이 말은 죽었다 살아났다고 우리가 흔히 말하듯 병이 낫는 것을 말하지만 그렇긴 해도 여기서 말하는 것은 죽음은 다시는 되돌릴 수 없다는 생각이 배어 있는 말입니다. 단지 몸값을 지불해야만 도로 살 수 있다는 것이죠. 시편(49:8-10) 시인도 똑같은 말을 하죠.

아, 아무도
몸값을 대신할 수는 없는 것을.
하느님께 몸값을 드릴 순 없어.
목숨 값은 얼마나 귀한지.
영원히 끊어질 것을.
누군들 영원히 살 수 있으랴!
누군들 무덤을 볼 수 없으랴!

신약성경은 이렇게 우리의 몸값을 대신 갚으신 분이 예수님이라고 고백합니다. 예수님이 자신의 몸을 드려 갚으신 몸값으로 우리는 생명을 얻었다는 것입니다. 이러한 사정은 바로 고대 중동 사람들의 사고방식과 이렇게 맞물려 있습니다. 이렇게 신약도, 구약도 고대 중동 사람들의 세계관과 사고방식을 떠나서는 그 배경을 잘 알 수 없습니다. 고대 이스라엘의 신앙인들도 고대 중동 사람들이니까요.

(5) 에누마 엘리쉬

메소포타미아 문학을 말하면서 『에누마 엘리쉬』를 말하지 않을 수 없습니다. 앞에서 세상이 하늘과 땅으로 나뉘어 있다는 세계관을 얘기할 때 잠깐 인용했습니다만 여기서 다시 이 바빌론 창조 이야기를 설명하기로 하죠. 『에누마 엘리쉬』는 아카드어라는 언어로 기록한 이야기입니다. 아카드어라고 하면 기원전 3천년대 지금의 쿠웨이트에 있던 아카드라는 도시에서 사용되기 시작했다고 하여 그렇게 이름 붙인 언어입니다. 히브리어와 같이 셈어이죠. 이 언어는 함무라비 법전을 쓴 함무라비 때문에 유명한 언어입니다. 『에누마 엘리쉬』는 "위로는 … 할 때"라는 뜻입니다. 이 신화의 시작 말입니다. 이 이야기는 이렇게 시작하죠.

위에 있는 하늘이 아직 이름이 없었을 때
아래에 있는 땅이 아직 그 이름을 얻지 못했을 때
그들을 하늘과 땅을 지으신 아버지 태고적 압수와
하늘과 땅을 내신 어머니 티아맛은
자신들의 몸인 물을 서로 섞는다.
풀과 나무들이 아직 생기지 않았을 때
갈대밭이 아직 나타나지 않았을 때
그 어떤 신도 아직 존재하지 않았을 때
아무것도 이름이 없을 때
어떤 운명도 정해지지 않았을 때
바로 그 때에 압수와 티아맛의 품에서
신들이 창조된다. (i 1-9)

모두 여섯 토판으로 기록되어 있는 이 이야기는 언뜻 읽어보면 창세기 2장을 닮은 것 같기도 하죠. 창세기 2장의 창조 이야기는 이렇게 시작합니다.

야훼 하느님이
땅과 하늘을 내실 때
야훼 하느님은
땅 위에 비를 내리지 않으셨다.
땅을 갈 사람도 없었다.
땅에는 나무가 없었다.
땅에는 풀 한 포기 없었다. (2:4-5)

이렇게 땅이란 말로 시작하는 이 이야기는 창조 이야기의 "공간 판(版)"이라고 부를 수 있어요. 땅을 강조하고 있어요. 이와 달리 창세기 1장은 창조 이야기의 "시간 판(版)"이라고 부를 수 있죠. 첫째 날, 둘째 날, 셋째 날, 이렇게 이어지다가 이렛날 하느님이 쉬셨다고 말하니까요. 공간 판 창조 이야기는 이렇게 『에누마 엘리쉬』를 닮았습니다. 다른 것이 있다면 바빌론 창조 이야기는 신들의 이야기지만 창세기는 하느님의 이야기입니다. 그것이 다르죠. "땅에 … 없었다"로 이어지는 이 창조 이야기는 이렇게 바빌론 사람들의 창조 이야기와 다르기도 하고 같기도 합니다.

본디 일곱 토판으로 기록되어 있는 『에누마 엘리쉬』는 바빌론 사람들이 자신들의 신년 축제인 아키투(Akitu) 축제 때 낭독한 이야기라고 합니다. 기원전 2천년대 후반의 작품으로 흔히 말하는데요, 그러니까 이 신화는 그들의 통치 이데올로기라고 말할 수도 있지요. 그런데 이 이야기 속에는 "마르둑"(Marduk) 이라는 유명한 신이 등장합니다. 수메르어로 "폭풍의 아들"이나 "태양의 아들" 이라는 뜻을 지니고 있다고 하죠. 이 신이 탄생하는 장면을 보기로 하죠.

운명을 만들어 내는 방에서
누구보다도 능력이 뛰어난 이
신들의 현자 벨루(Belu)가 태어난다.
압수 한가운데서 마르둑이 생겨난다.
깨끗한 압수 한가운데서 마르둑이 생겨난다.
그의 아버지 에아가 그를 낳는다.
그의 어머니 담키나가 그를 낳는다.
그는 여신들의 젖을 빤다.
그를 돌보는 이들은 그를 귀하게 여긴다.
그의 몸은 엄청나다.
그의 눈에서는 빛이 난다.
태어날 때부터 그는 장사이다.
처음부터 그의 힘은 엄청나다.
그의 할아버지 아누가 그를 보고 기뻐한다.
얼굴이 밝다.
말할 수 없이 흐뭇해한다.
아누는 그를 키운다.
그리하여 그는 다른 신들과 다르다.

그의 키는 엄청나게 크다.
그는 모든 면에서 다른 신들을 뛰어넘는다.
그의 몸 각 부분은 희한하게도 생겼다.
헤아릴 수가 없다.
바라볼 수가 없다.
눈이 넷
귀가 넷 –
그가 입술을 움직일 때마다
불이 뿜어나온다.
그는 무엇이든 들을 수 있다.
그는 무엇이든 볼 수 있다.
그는 어떤 신보다도 키가 크다.
그는 뛰어나다.
그의 몸 각 부분은 희한하게도 생겼다.
태어날 때부터 그 모습이 출중하다. (i 79–100)

땅의 신 에아는 그의 아버지입니다. 담키나는 그의 어머니입니다. 어머니와 함께 여신들의 젖을 먹고 자라죠. 그는 보는 것이나 듣는 것이 뛰어납니다. 그래서 넷씩 있다고 했습니다. 고대 세계에서 넷은 완전수입니다. 완벽하다는 뜻이죠. 그런데 말할 때마다 입에서는 불이 뿜어 나온다고도 했습니다. 또 키도 크다고 했습니다. 영웅이 탄생한 것이죠. 이 영웅을 이 이야기는 "벨루"라고 부릅니다. "주인"이라는 뜻이죠. 곧 이 이야기의 주인공입니다. 그러면서 마르둑이 성장하자 신들은 자신들을 위해 싸울 이 주인공에게 이렇게 소리 지르죠 (iv 13).

마르둑이여!
그대는 우리 챔피온입니다!

"당신은 우리 챔프죠!"라고 말하는 것이죠. 사실 한 번만 이렇게 외치지 않습니다. "그대는 신들 가운데에서 가장 위대합니다"라는 말을 수없이 되뇌죠.

그렇게 티아맛이라는 여신과 싸움하도록 독려합니다. 그런데 티아맛은 이 이야기의 맨 처음에 나오는 모든 신들의 어머니이죠. 그 어머니와 마르둑은 다른 신들이 부추기는 바람에 싸움을 벌일 수밖에 없게 되죠.

그런데 "그대는 우리의 챔피온이다!"라는 말은 성경 시편에서 "야훼님이 임금이시다!"라고 외치는 시인들의 선언과 닮았습니다. 시편 93편도, 시편 97편도, 시편 99편도 모두 이 말로 시작합니다. 히브리어로는 "아도나이 말락"이라고 읽습니다만 이 말을 "야훼께서 왕이시다"나 "야훼께서 다스리신다"나 "야훼께서 통치하신다"나 "야훼께서 왕위에 오르신다"나 "야훼께서 임금이 되신다"나 "야훼께서 왕이 되신다"로 읽을 수 있는 말이죠. 다른 그 어떤 신도, 다른 그 어떤 왕도 야훼 하느님을 대신할 수 없다고 하는 시인들의 고백입니다. 시편을 설명하면서 다시 말씀드리겠습니다만 기원전 6세기 바빌론 포로기 이후에 지금의 형태로 고정되었을 시편 제4권(90편-104편) 속에 들어 있는 이들 시편은 나라가 망한 그 절박한 상황 속에서 오직 우리에게는 야훼 하느님밖에 없다는 결연한 선언을 하고 있는 것이죠. 그런데 그 모습은 바빌론 사람들의 창조 이야기인 『에누마 엘리쉬』를 닮았습니다. 또한 앞에서도 읽었습니다만 우가릿 사람들의 창조 이야기인 『바알』과도 닮았습니다. 이들이 사용하던 표현을 성경의 시인들은 그대로 받아들입니다. 그러나 그 신학은 전혀 다릅니다. 다른 나라 사람들은 마르둑이 최고라고, 바알이 최고라고 말할지 모르지만 우리에게는 오직 야훼 하느님만이 우리의 임금이시라는 것이죠. 그분만이 우리를 다스리신다는 겁니다. 다른 그 어떤 신도 필요 없다, 그 어떤 왕도 필요 없다는 놀라운 고백입니다. 그리고 결단이죠.

자, 계속해서 『에누마 엘리쉬』를 읽겠습니다. 그러면 바빌론 사람들의 영웅인 마르둑은 어떤 모습으로 싸움터에 나갈까요?

그는 활을 만들어 무기로 삼는다.
화살을 단단히 활에 매긴다.
창을 들어 오른손에 움켜쥔다.
활과 화살통을 팔에 걸어맨다.
번개가 그를 앞서 간다.
격렬한 불이 그의 몸을 휘감는다.

그리고 티아맛을 사로잡을 그물을 만든다.
또한 그가 빠져나가지 못하게 하려고
네 바람을 움켜 쥔다.
할아버지 아누의 선물
남풍 북풍 동풍 서풍을
그물 귀퉁이에 붙들어 맨다.
돌풍 선풍 태풍
네겹 바람 일곱겹 바람 회오리 바람
도저히 피할 수 없는
바람을
그는 만든다.
그는 손수 만든 바람을
그 일곱 바람을 쏘아버린다.
티아맛을 쓰러뜨리려고
바람들은 그를 뒤쫓아간다.
이때 벨루는 홍수를 일으킨다.
가장 무서운 그의 무기이다.
그는
무시무시한 폭풍 전차를 타고 있구나. (iv 35-50)

마르둑이 거둥하는 모습입니다. 앞에는 번개가 그를 호위합니다. 그의 앞뒤에는 또 네바람 일곱바람이 호위합니다. 그가 타고 있는 것은 폭풍 전차입니다. 이렇게 불과 바람은 그의 호위병들이죠. 그를 감싸고 있는 겁니다. "폭풍의 아들"이라는 그의 이름에 걸맞게 마르둑은 지금 사방에서 불어오는 바람의 호위를 받으며 전진합니다. 시편 속에 나오는 하느님의 모습과 닮았습니다.

우리 하느님
거둥하신다.
가만히 계시지 아니하신다.
집어삼키는 불

님 앞을 나아간다.
님을 둘러싸고
폭풍이 몰아친다. (시 50:3)

불이 님을 앞서 가나니
불꽃이 님을 호위하나니
님의 번개가 온누리를 환하게 밝히나니
님께서 눈길만 주어도
대지는 무서워 벌벌 떠나니- (시 97:3)

야훼, 나의 하느님!
님은 정말 엄청난 이시라.
님 입으신 의복은 위엄과 찬란함
님 입으신 긴 옷은 찬란한 불꽃
하늘은
님 펼쳐 놓으신 장막
물 위에 다락방을 두시는 이
구름은 님 타고 다니시는 마차라.
바람 날개 타고 나다니신다.
네 바람 심부름꾼으로 삼으시는 이
활활 타오르는 불꽃은
님의 호위꾼 - (시 104:2-4)

이렇게 시편 시인들은 『에누마 엘리쉬』의 마르둑처럼 하느님 야훼의 거둥 장면을 똑같이 묘사하죠. 하느님 앞뒤에 호위하는 경호부대는 이렇게 바람과 불꽃입니다. 그런데 또 다른 시인은 이러한 호위꾼이 사랑과 진실이라고 고백하기도 합니다.

믿음직스러움과 진실이 만난다.
바름과 평화가 입을 맞춘다.

진실이 땅에 움튼다.
정의가 하늘에서 굽어본다.
아, 야훼님은
복을 내리시는 님
하여
땅은 곡식을 내나니
정의가 님을 앞서 나간다.
발걸음 내딛으시는 그 길
깨끗이 치운다. (시 85:11-14)

여기서는 정의가 야훼 하느님의 호위꾼입니다. 야훼께서 거둥하시자 땅이 곡식을 낸다고 했죠. 이렇게 시인들은 자유로이 그 이미지를 바꾸어가며 하느님의 모습을 묘사합니다. 그렇게 고백합니다. 바름과 평화! 이것이 바로 야훼 하느님의 모습입니다. 그분의 거둥 장면입니다. 그리고 곡식을 내는 땅! 이것이 바로 야훼님의 복입니다. 계속해서 『에누마 엘리쉬』를 읽어보죠. 드디어 마르둑은 티아맛과 일전을 벌입니다. 그리고는 티아맛을 죽입니다.

벨루는 주검을 살펴본다.
그리고 쉰다.
그리고 능숙한 솜씨로 주검 그 덩어리를 나눈다.
티아맛을 말린 고기처럼 잘라낸다.
반쪽을 펼친다.
하늘을 만든다.
가죽을 펼친다.
시간으로 삼는다.
티아맛이 그 물이 도망치지 못하도록 -
그는
하늘을 가로지른다.
둘러보려고 -
그리고

누딤무드의 처소 압수와 짝을 맞춘다.
벨루는 압수의 겉모습을
자로 잰다.
그리고는 에샤르라를 세운다.
에쉬갈라의 복제품이다.
그가 지은 에샤르라
곧 에쉬갈라와
하늘에
그는 성소를 세운다.
아누와 엔릴과 에아의 성소를 - (iv 135-146)

티아맛을 이기고 그를 재료삼아 마르둑은 세상을 창조하죠. 그런데 여기에 나오는 일련의 동작이 의미심장합니다. "자세히 들여다보다 … 자로 잰다 … 조정한다 … 측정한다 … 세운다"는 동작이 바로 그것입니다. 성소를 세운다는 말은 세상을 창조한다는 말과 같습니다. 아누와 엔릴과 에아는 바빌론 사람들이 오래도록 섬겨온 신들입니다. 아누는 하늘 신이죠. 에아는 땅 신이며 지혜의 신입니다. 이들 신들을 위해 성소를 세운다는 것은 세상을 창조한다는 것과 같습니다. 고대 중동 사람들에게 온 세상은 바로 신들이 거주하는 성소이지요. 솔로몬도 하느님이 머무시도록 성전을 세우죠. 그리고는 온갖 피조물의 조각으로 성전을 장식하죠. 같은 사고방식입니다. 이러한 일련의 동작을 욥도 똑같이 말합니다(28:27).

그분은 그것을
바라보고 따져보고 준비하고 탐구하셨다.

여기서 그분은 물론 하느님이십니다. 그것은 지혜입니다. 지혜를 그분은 바라보고 따져보고 준비하고 탐구하셨다고 했습니다. 자세히 살펴보셨다는 것이죠. 지혜를 이렇게 바라보고 따져보고 준비하고 자세히 살펴보셨다는 그 모습은 마르둑이 티아맛의 몸을 그렇게 바라보고 자로 재고 따져보았다는 것과 닮았습니다. 잠언(8:30)을 보면 하느님은 세상을 창조하실 때 지혜에게 끊임없이 물어보았다고 했지요. 이것은 어떻게 만들지? 저것은 어떻게 만들까? 이렇게 끊임없이 질문하시는 하느님의 모습을 읽고 유대인들은 탈무드 속에서 하느님이 그렇게 자세히 탐구한 지혜는 바로 성경이라고 말하기도 했어요. 그렇게 성경을 끊임없이 탐구하면서 세상을 창조하셨다고 했는데 물론 성경을 그들은 토라라고 부릅니다. 토라를 그렇게 끊임없이 탐구했다는 것이죠. 지혜이기 때문입니다. 그런데 그 생각은 바로 욥의 말씀에 빗댄 것이고 욥의 지혜는 여기서 티아맛에 해당합니다. 티아맛은 여신이구요. 지혜도 여성입니다. 성경에서는 그렇게 나오죠. 지혜도 사실은 호크마라는 여신입니다. 기원전 5세기의 작품인 『아히카르 이야기』라는 문학작품에는 지혜가 여신의 모습으로 등장합니다. 성경은 그것을 인정할 수 없죠. 그래서 여신이 아니라 그냥 지혜라고 부르죠.

위의 이야기에서 재미난 것은 티아맛의 주검을 둘로 나누어 반쪽으로는 하늘을 만들었다는 것이죠. 그리고 그 주검의 가죽으로는 시간을 창조했다는 거예요. 그리고 땅에 세운 성소는 하늘 성소의 복제품이라는 점이죠. 땅과 하늘의 대칭을 이 이야기는 말하고 있죠. 아무튼 마르둑은 폭풍의 신입니다. 이러한 모티브는 사실 우가릿 사람들이 남긴 바알에서 온 것입니다. 바알 이야기는 기원전 13세기의 작품이고 에누마 엘리쉬는 기원전 약 11세기의 작품입니다. 그리고 성경은 이들 이야기를 최대한 활용하여 야훼 하느님의 창조를 고백하고 있는 것이죠.

3) 이집트 문학

이집트 문학은 셈어를 사용하는 이들의 문학과 다릅니다. 언어 자체가 다르죠. 이집트어이니까요. 이집트어는 그림문자입니다. 그리고 시간이 지날수록 달라진 언어이기도 합니다. 이분들은 고대세계에서 가장 뛰어난 과학적 지식과 유물을 자랑하는 분들입니다. 고대인들은 지혜하면 이집트를 떠올리곤 했죠. 지혜란 오늘날 과학을 이르는 말입니다. 피라미드를 연상하시죠. 그런데 피라미드는 모세가 탄생하기 천년 전부터 더 이상 건설하지 않았습니다.

이집트 종교는 죽음의 종교라고 말해도 지나치지 않습니다. 죽었다는 것이 아니라 죽음을 가장 중시하는 종교라는 말이죠. 기원전 4천년대의 『피라미드 본문』이나 기원전 3천년대의 『석관 본문』 그리고 기원전 2천년대의 『망자 서』

가 가장 유명합니다. 모두 주문입니다. 우리식으로 말하자면 기도입니다. 지금도 뉴욕 맨하탄에 있는 메트로폴리탄 박물관의 이집트 관에 가보면 "죽은 이의 책"이라고도 부르는 『망자 서』가 십여 미터 길이로 주욱 벽에 장식되어 있습니다. 또 지금도 이집트에 가면 파피루스에 그림을 그려서 판매합니다. 우리 한국 그리스도인들이 가장 많이 사오는 그림이 바로 『망자 서』의 제 125번째 글에 덧붙어 있는 그림입니다.

고대 이집트 서기관 (파리 루브르 박물관)

기자 피라미드 앞의 필자 (2007년 2월)

이 그림을 보면 저세상으로 들어가는 자는 그 영혼의 무게를 재야만 합니다. 깃털보다 가벼우면 들어갈 수 없습니다. 그렇게 엄격한 심사를 거치는데 그 영혼의 무게는 그가 평소에 어떤 일을 했느냐에 달려 있습니다. 그 내용은 이렇습니다.

> 나는 사람들에게 잘못하지 않았습니다.
> 나는 가축에게 못되게 굴지 않았습니다.
> 나는 신을 모독하지 않았습니다.
> 나는 가난한 이들을 짓누르지 않았습니다.

투탕카멘의 무덤 구조 (룩소르)

투탕카멘의 무덤 표지판 (룩소르)

나는 간음하지 않았습니다.
나는 거짓 저울을 사용하지 않았습니다.
나는 어린이 입에서 우유를 빼어먹지 않았습니다. …

그가 수십 가지 잘못을 저지르지 않았다고 고백하고 그 고백이 진실한 것으로 판명되면 그는 저세상으로 들어갈 수 있습니다. 그런데 이 이야기는 시편을 닮았습니다. 시편의 시인은 우리에게 이렇게 묻습니다. "거룩한 산에 오를 자 그 누구인가?" 그리고 그 조건을 이렇게 나열하죠.

티없이 사는 이
바르게 사는 이
마음으로
진실을 고백하는 이
입술을
삐죽거리지 않는 이
친구에게
나쁜 일 하지 않는 이
이웃을
비방하지 아니하는 이
비열한 인간 내치는 이
야훼님 모시는 이 소중히 여기는 이
약속한 것 무엇이든
지키고야 마는 이
이자를 받으려
돈 빌려주지 않는 이
흠없는 이 해하려
뇌물 받지 않는 이 - (시 15:2-5)

손이 깨끗한 이
마음이 순결한 이

목숨 걸고 거짓 맹세하지 않는 이
속일 생각으로 맹세하지 않는 이 - (시 24:4)

그런데 시편 24편의 시인은 이런 말을 합니다.

들라, 문들아!
머리를 들라.
아래세상 문들아, 들라!
영광의 임금께서 드신다.
누구신가, 이 영광의 임금은?
힘차신 야훼님!
용사 야훼님!
전쟁의 전사 야훼님!
들라, 문들아!
머리를 들라.
들라, 아래세상 문들아!
누구신가, 이분은?
영광의 임금!
군대를 거느리신 야훼님!
이분은
영광의 하느님! (시 24:7-10)

흔히 "영원한 문들아"라고 읽는 말을 저는 "아래세상 문들아"라고 읽습니다. 바로 이집트 "망자 서"에 근거하여 이렇게 읽는 것이죠. 그런데 독일어성경 『루터역』("die Türen in der Welt")도 이미 이렇게 읽었습니다. 또 우리나라 최초의 구약번역 단행본인 『시편촬요』(1898)에서도 알렉산더 피터스는 이 말을 "지계문"(地界門)이라고 읽었습니다. 흔히 야훼께서 성전으로 행차하시는 장면으로 이 시편을 읽습니다만 그분이 아래세상으로 들어가시는 장면으로도 읽을 수 있습니다. "누구냐?"고 묻고 또 대답하는 대화 형식이 수메르인들의 『내려가는 이난나』나 바빌론인들의 『내려가는 이쉬타르』와 닮아서 또한 하느님이 아래세상으로 내려가시는 장면을 그리고 있다고 생각할 수 있습니다. 실제로 이집트 문학 가운데 이런 장면이 등장하기도 합니다. 『망자 서』의 112번째 주문에도 이런 장면이 나오죠.

아래세상 신들아, 머리를 들라!

"머리를 들라. 아래세상 문들아, 들라"(24:7)라는 시편 시인의 명령과 똑같습니다. 이러한 모습은 잠언에서도 찾아볼 수 있습니다. 잠언에는 서른 가지 교훈이 한 묶음으로 나오는 곳이 있습니다. 22장에서 24장까지입니다. 이 서른 가지 교훈은 『아메네오페』(Amenemope)라는 이집트 문학을 히브리어로 번역하고 각색한 것입니다. 뿐만 아닙니다. 죽음과 관련하여 카르낙(Karnak)에 있는 이집트 제22왕조 어느 사제의 상에는 이런 말이 적혀 있습니다. "태양 빛을 보는 그 순간이 아래세상의 주인으로 영원히 사는 것보다 더 값지다"고요. "개똥밭에 굴러도 이승이 저승보다 훨씬 낫다"는 우리 속담이 생각나는 말이죠. 그런데 이 말은 "살아있는 사람에게는 누구나 희망이 있다. 비록 개라 하더라도 살아있으면 죽은 사자보다 낫다"는 전도서(9:4)의 말씀이 생각나는 말이죠. 이렇게 이집트 문학은 성경 곳곳에 파고들어 우리 신앙의 모티브로 자리 잡고 있습니다.

기둥에 새겨 있는 신의 눈 부조 (룩소르 신전)

4) 북서방 셈어 문학

북서방 셈어 문학이라고 하면 앞에서 언급한 기원전 12세기의 우가릿어 문학을 포함하여 아람어 문학, 페니키아어 문학, 데이르 알라어 문학, 히브리어 문학 등을 가리킵니다. 여기서 말하려는 것은 주로 새김글인데요, 새김글이라는 말은 제가 만든 말입니다. 영어로는 "INSCRIPTION"이라고 하는데요, 비문에 새겨 있는 문헌뿐만 아니라 동전에 새겨 있는 글귀까지 다 포함하는 말입니다. 또 그릇에 쓰여 있는 글귀도 포함되죠. 이런 것을 비문이나 명각이라고 말하기는 어렵습니다. 그래서 저는 그냥 새긴 글이라고 해서 "새김글"이라고 말을 만들어 사용합니다. 그리고 이들 언어가 거의 비슷하기 때문에 지역적 특성을 따라서 북서방 셈어라고 부르죠. 특이한 것은 단 두 편으로 나뉘어 있는 데이르 알라 새김글입니다. 아래에서 그 내용을 살펴볼 텐데요, 이 언어는 요단강 동편 얍복강 부근 지역에서 기원전 7세기경에 사용하던 언어입니다. 히브리어나 아람어에 가까운 언어입니다. 현대 지명을 따라 데이르 알라(Deir 'Alla) 어라고 부르기도 하고 이 지역이 성경의 길르앗 지역이기 때문에 길르앗어라고 부르기도 합니다. 아무튼 이들 언어로 기록되어 있는 새김글을 몇 개 읽어보겠습니다.

(1) 단 새김글

지금부터 약 20여 년 전인 1993년과 1994년에 텔 단이라는 곳에서 돌에 새겨 있는 아람어 새김글 세 개를 발견했습니다. 건물 벽돌로 사용했던 것이죠. 기원전 약 8세기경의 유물로 추정합니다.

이 새김글에는 "다윗 집안"이라는 표현이 나옵니다. 성경을 빼고 지금까지는 유일하게 이 말이 나오는 문헌이죠. 이스라엘 사람들이 쓴 것이 아닙니다.

단 새김글이 발견된 터

우리 아버지는 그와 싸우려고 올라가셨다.
그리고 우리 아버지는 누우셨다.
그분의 조상에게 돌아가신 것이다.
우리 아버지가 다스리던 땅에

단 새김글 (확대한 부분a)

단 새김글 (확대한 부분b)

하다드께서 나를 왕으로 만드셨다.
하다드 님은 나의 앞서 가셨다.
나는 …에서 갔다.
나는 왕들을 죽였다. …
병거들과 수천의 기마병 …
이스라엘의 왕 …의 아들 …야후를 죽였다.
나는 다윗 집안을 쓰러뜨렸다.
조공을 바치게 했다. 그들의 땅 …
다른 이 … 이스라엘의 왕이 되었다.
…를 에워쌌다.

이 글을 쓴 이는 아마도 열왕기하(8:7-15)에 나오는 다메섹의 하자엘일 것으로 추정합니다. 그러나 확실치 않습니다. "하다드"는 성경의 "하닷"입니다. 바알의 또 다른 이름입니다. 다만 여기에 언급되는 "다윗 가문"이라는 말이 중요한데요, 아마도 "오므리" 왕을 가리키는 것이 아닐까 짐작합니다. 그것도 확실치는 않지만 이 짧은 아람어 새김글이 다윗 왕가의 역사성을 말해 주는 문헌입니다.

(2) 쿤틸렛 아주르드 새김글

지난 1970년대에 쿤틸렛 아주르드(Kuntillet 'Ajrud)라는 곳에서 중요한 새김글 여러 개가 발견되었습니다. 이곳은 시나이 반도 북동쪽에 있는 곳으로 여러 길이 만나는 곳입니다. 기원전 9세기에서 8세기경의 건물에서 발견된 새김글인데요, 읽어보죠.

요아스 왕이 이르는 말이다.
예할렐과 … 요아스에게 말하라.
"나는 그대에게 축복하노라.
사마리아의 야훼님과 그의 아세라 님의 이름으로-"

데만의 야훼님과 그의 아세라 님에게-

자비로우신 하느님께 구하는 것은 무엇이든
모든 것을 그분이 내리시길!
필요한 것이 무엇이든 그가 구하는 것은
그분이 내리시길!
아마리야브가 이르는 말이다.
"우리 주인께 말하라.
'평안하신가요?
나는 님께 축복합니다.
데만의 야훼님과 그분의 아세라 님의 이름으로–
그분이 님에게
복을 내리시길!
지켜 주시길!
함께 하시길!'"

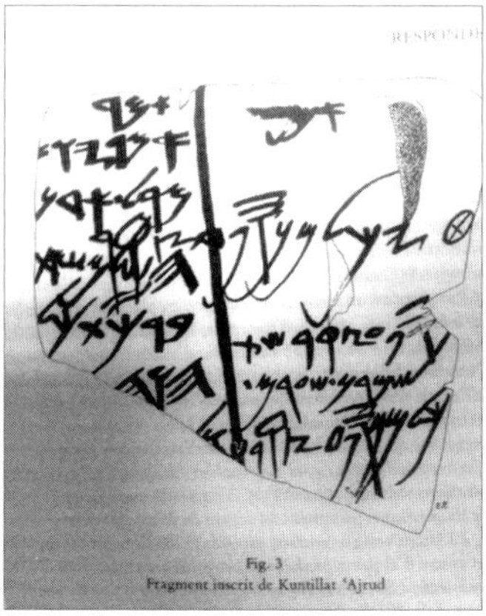

쿤틸렛 아주르드 새김글

그분이 그들을 장수하게 하시길!
… 흡족하게 하시길!
데만의 야훼님이 … 잘 해주시길!

엘 님께서 환히 비추신다.
산마다 녹아내리고 봉우리마다 허물어지누나.
전쟁 날 싸움하는 날 주께서 …

이들 새김글을 보면 "사마리아의 야훼님과 그분의 아세라 님"과 "데만의 야훼님과 그분의 아세라 님"이라는 표현이 거듭거듭 나오죠. "사마리아의 야훼님"이란 말은 사마리아 사람들이 섬기는 야훼님이라는 뜻이죠. 또 "데만의 야훼님"은 "데만 사람들이 섬기는 야훼님"이라는 뜻입니다. 그러니까 적어도 기원전 9세기경에 이스라엘 북쪽 사마리아에서 야훼님을 섬겼다는 것을 알 수 있습니다. 또 남쪽 데만에서도 야훼님을 섬겼다는 것이죠.

문제는 "그분의 아세라 님"이라는 표현입니다. 이 "아세라"는 여신의 이름이 아니고 성물이라고 주장하는 학자들도 있습니다. 예배 기구라는 말이죠. 신명기에 보면 "제단 옆에 무슨 나무든지 아세라 상을 만들어 세우지 말라"(16:21)는 규정이 나오는데 바로 이 나무가 아세라를 가리키는 것이라고 말하는 학자들도 있어요. 그러나 많은 이들은 여신 아세라의 이름으로 읽습니다. 따라서 이때에 야훼 하느님뿐만 아니라 아세라 여신을 짝신으로 함께 섬겼다는 것이죠. 좀 충격적입니다. 그런데 이집트 엘레판틴(Elephantine)에서 공동체를 이루고 살았던 유대인들도 "야후"(יהו)라고 부르는 하느님과 "아세라"를 함께 섬겼다는 기록이 있어요. 기원전 5세기의 일이죠. 그렇다면 신명기가 왜 나무를 제단 옆에 심거나 세우지 말라고 했는지 이해가 갑니다. 여기 쿤틸렛 아주르드에서 발견된 이들 새김글에는 그림도 함께 발견되었는데요, 바로 "생명수"(生命樹)이죠. "생명나무"입니다. 고대 세계에서 이 생명나무 이미지는 무척 광범위하게 퍼져 있습니다. 무척 보편적인 이미지이죠. 요즘으로 말하자면 이콘이라고 생각하시면 됩니다. 최근에는 하솔이라는 곳에서 솔로몬 여름 별장이 발굴되었는데요, 여기서도 생명수 이미지가 발견되었습니다. 그만큼 생명이 이어지고 풍요로운 삶을 염원했던 이스라엘 사람들과 고대 중동 사람들의 생각을 반영하는 이미지입니다.

곧 아세라라고 부르는 여신은 생명나무 이미지로 표현하고 또 실제로 이 여신을 섬겼던 것 같습니다. 곧 일반 이스라엘 사람들은 야훼 하느님뿐만 아니라 여신 아세라도 함께 섬겼다는 것을 알게 되었습니다. 이것을 성경은 엄격하게 금지하고 있죠. 이것을 신명기 신학이라고 합니다. 우리 하느님은 오직 한 분이라는 신앙이죠.

(3) 케테프 힌놈 새김글

"케테프 힌놈"(Ketef Hinnom)은 예루살렘 외곽 지역에 있는 땅 이름입니다. 옛날부터 "힌놈 골짜기"는 무덤이 있는 곳으로 유명합니다. 지난 1980년에 이곳에서 어느 무덤을 발굴하게 되었는데 그 무덤에는 10대 후반 소녀의 유골이 나왔습니다. 그런데 그 소녀의 목에는 은으로 만든 목걸이가 걸려 있었는데요, 그 목걸이를 조심스럽게 펼쳐보았더니 놀랍게도 성경구절이 나오는 겁니다.

야훼께서

그대에게 복 주시길!
그대를 지키시길!
야훼께서 그대를 향해 환하게 얼굴을 비추시길!

야훼께서
그대에게 복주시길!
그대를 지키시길!
야훼께서
그대를 향해 환하게 얼굴을 비추시길!
그대에게 평화를 내리시길!

이 목걸이는 이렇게 두 부분으로 나뉘어 있는데 그 내용은 민수기(6:24-26)에 나오는 "사제 축복"이 들어 있는 거예요. 히브리어로는 "비르캇 하-코하님"이라고 부릅니다. 길 떠나는 신자들에게 아론 사제와 그의 후손 사제들이 축복하는 내용이죠. 지금도 교회에서 또 회당에서 이 축복문을 외우는 랍비들과 신부님들 그리고 목사님들이 많습니다.

이 새김글이 발견되기 전까지 성경 말고 유물 속에서 발견된 성경구절 가운데 가장 오래된 것은 "나쉬 파피루스"(Nash Papyrus)라는 것이었죠. 기원전 2세기경의 것이죠. 십계명이 적혀 있는 파피루스입니다. 그런데 위의 새김글이 발견되어서 그 역사가 달라졌습니다. 케테프 힌놈 새김글이 성경구절을 담고 있는 가장 오래된 유물입니다. 기원전 7세기 말에서 6세기 초의 유물로 판명되었습니다. 그러니 우리는 이제 구약성경 속의 구절이 기록된 유물의 역사가 5-600년이나 위로 올라가게 된 셈입니다.

(4) 데이르 알라 새김글

얍복강 부근의 데이르 알라(Deir 'Alla)라는 곳에서 두 개의 토판이 1967년에 발견되었습니다. 깜짝 놀란 것은 "브올의 아들 발람"이라는 말이 이 토판이 나온다는 사실입니다. 발람은 전설적인 예언자인 줄로만 알았는데 그것이 아니었어요. 요단강 동편에서 무척 유명한 예언자였죠. 그가 본 내용이 이 토판에 담겨 있습니다. 히브리어나 아람어에 가까운 언어가 바로 데이르 알라 어입니다. 길르앗 어라고 부른 학자들도 있어요. 지역 이름을 딴 것이죠. 많이 깨져 알아보기 힘들지만 한번 읽어보죠.

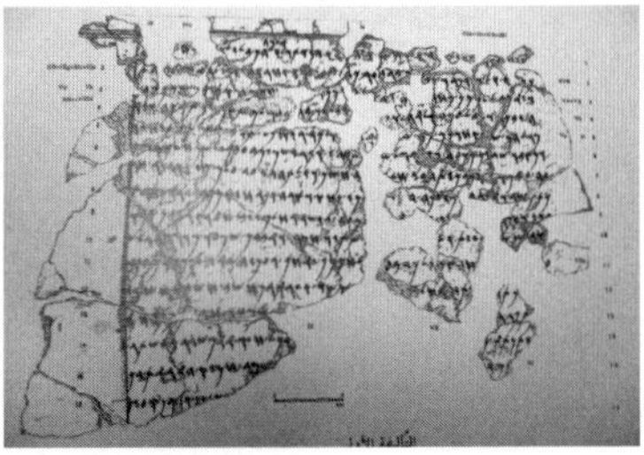
데이르 알라 새김글 제1란

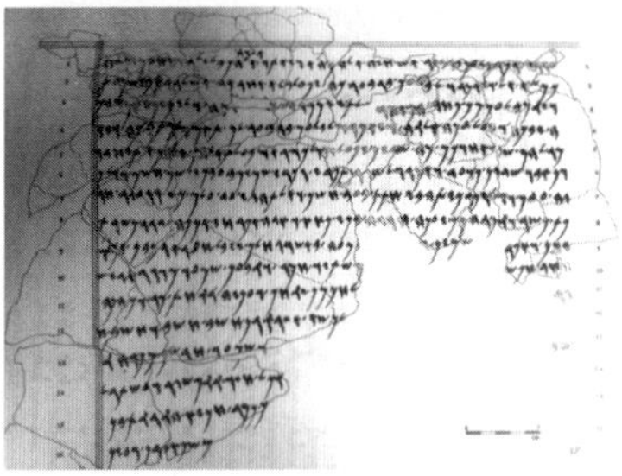
데이르 알라 새김글 제1란 (재구성한 것)

첫째 글

1. 브올의 아들 발람이 기록한 불행한 일이다.
   그는 신의 선견자이다.
2. 그때 신들이 그에게 찾아왔다.
   엘의 말씀대로 그는 환상을 보았다.
3. 그들이 브올의 아들 발람에게 말했다.
4. "아무도 살아남지 못하리라.
5. 그대가 본 것을 일찍이 누구도 보지 못했다!"
6. 발람은 아침에 일어났다. 아 …
7. 그는 모임의 우두머리들과 이야기를 나누었다.
8. 이틀 동안 그는 금식했다. 심히 울었다.
9. 그러자 가까운 이들이 그에게 찾아와서
   브올의 아들 발람에게 말했다.
10. "왜 금식하시나요? 왜 우시나요?"
11. 그러자 그가 그들에게 말했다.
12. "앉으세요. 샤다이 신들이 계획하고 있는 것을 말씀드리죠.
13. 가서 신들이 하는 일을 보세요.
14. 신들이 하나가 되었어요. 샤다이 신들이 회의를 열었죠.
15. 그리고는 여신 샤가르에게 말하더군요.
16. '빽빽한 구름으로 하늘을 꿰매라. 덮어버리라.
17. 어둠만 있게 하시라. 빛은 없게 하라.
    빛이 아니라 흑암만 있게 하라.
18. 그렇게 빽빽한 구름으로 공포심을 불러일으키라.

19. 그리고 어떤 소리도 내지 말라!'
20. 칼새와 황새가 독수리에게 소리질러 욕하리라.
21. 독수리 둥지가 답하여 외치리라.
22. 두루미와 어린 독수리와 올빼미
23. 새끼 왜가리와 참새 그리고 독수리떼
24. 비둘기와 새와 하늘의 새들
25. 막대기 하나가 가축떼를 후려치리라.
암양들이 있는 곳에 막대기가 있으리라.
26. 토끼는 함께 먹으라!
27. 맘대로 먹으라, 들짐승들이여!
28. 맘대로 마시라, 나귀와 하이에나여!
29. 말을 들으라. 샤가르-이쉬타르의 적들이여!
30. … 노련한 점쟁이 …
31. 노련한 점쟁이들에게 누군가 그대를 데려가리라.
신탁을 받는 이에게
몰약쟁이와 여사제에게 –
32. 몸에 기름을 바르는 이
올리브 기름으로 몸을 문지르는 이 –
33. 뿔에 담아 제물을 드리는 이에게 –
점성가 하나 또 하나 그리고 또 하나.
34. 점성가 하나가 동료에게서 떨어져 나갔다.
35. 힘센 군대가 떠났다.
36. 그리고 그들은 멀리서 주술을 듣는다.
37. …
38. 그때 질병이 고삐풀렸다. …
그 참상을 모두 바라본다.
39. 샤가르-이쉬타르가 하지 않았다. …
40. 비둘기가 사자를 쫓아내는구나.
41. 그리고 … 어린 것을 쫓아내는구나.
42. … 두 예물.

43. 그리고 그가 바라본다.

둘째 글

…

6. 엘이 사랑을 나누고 흡족해 한다.
그리고 엘이 아래세상 집을 짓는다.
집 …
집 …
7. 집 – 어떤 여행자도 들어가지 않는 –
어떤 신랑이 들어가지 않는 –
8. 무덤에는 구더기가
잔인한 일을 벌이는 인간들과 상관없는 곳
인간의 어떤 욕망과도 상관없는 곳
9. … 나를 위해?
자문을 얻고자 해도 자문을 얻지 못하리라.
충고를 듣고자 해도 충고해 줄 이 없으리라.
10. 침상에서 그들은 이불로 몸을 덮으리라.
그를 미워한다 해도 그는 죽을병을 앓으리라.
…
11. … 징벌?
그의 머리맡에는 버러지가 있구나.
아래세상 침상에 누우리라.
…로 떠나가는구나.
12. 그의 마음속으로 …
주검이 마음속으로 운다.
그가 운다. …
13. … 딸(?)
거기서 왕들이 볼 것이다. …
그는 없으리라
죽음이 아기집 젖먹이를 움켜쥘 때 –

그리고 젖먹이 …

14. 젖먹이 …

거기 … 가 있으리라.

주검의 마음은 시커멓게 타들어간다.

그가 스올에 다가갈 때 -

스올의 문턱으로 …

15. 그리고 … 가장자리 그늘 …

왕이 바라는 것 좀슬어 버렸다.

그리고 …가 바라는 것 …

16. … 선견자 …

그대가 바라는 것 그대와 멀어졌구나.

17. 신의 말씀을 그 백성에게 어떻게 전할까 깨달으려고

그대는 그대의 말 때문에 비난받아 왔다.

저주를 입 밖에 내지 말라고 금지당했다.

이 새김글은 기원전 8세기경의 문헌입니다. 아람어와 히브리어와 무척 가까운 언어로 되어 있어요. 길르앗 지역 얍복강 부근의 어느 엘 신전 내부 벽에 기록되어 있던 글로 추정합니다. 이 두 토판은 내용상 서로 연관이 있는 것은 아닙니다. 따로따로 벽에 그렇게 기록되어 있던 것이 오랜 세월이 지나 쏟아져 내려 바닥에 쌓여 있던 것으로 보입니다. 이 두 토판은 회칠한 벽에 쓰여 있던 것인데요.

브올의 아들 발람이 등장하는 이 토판은 민수기의 발람 이야기(22-24장)가 단지 소문만이 아니라 실제로 성경 밖의 유물에서 등장한다는 점이 무척 충격적입니다. 발람은 성경 속에서 이방 예언자로 등장하죠. 이스라엘을 저주하라는 발락의 부탁을 받지만 오히려 이스라엘을 축복합니다. 그리고 성경의 발람 이야기에는 "야훼"의 이름이 "샤다이"(전능하신 분)로 또 "엘"로 그리고 "엘르욘"(지극히 높으신 분)으로도 등장하는데요, 여기서는 "샤다인 신들"이라는 이름으로 나옵니다. 성경은 "샤다이" 님을 "전능하신 분"으로 우리가 읽고 있지만 여기서는 집단 신으로 등장하는 것을 알 수 있습니다.

브올의 아들 발람이 이르는 말이다.
눈을 뜬 이가 하는 말이다.
하느님(엘)의 말씀을 듣는 이가 하는 말이다.
환상으로
전능자(샤다이)를 뵙고 넘어졌으나
오히려 눈을 밝히 뜬 사람의 말이다.

『새번역』으로 읽은 민수기(24:3)입니다. 괄호 속에 들어 있는 말은 히브리어입니다. 여기서 "엘"이나 "샤다이"는 데이르 알라 새김글에 나오는 신명과 같은 이름입니다. 또한 "환상으로 … 뵙고"라는 말도 "선견자"(先見者)라는 새김글의 표현과 같은 "보다"(하자)와 같은 뿌리말입니다.[74] 이렇게 민수기의 발람과 새김글의 발람은 같은 사람이고 또 같은 신을 섬기는 선견자였습니다.

둘째 글에 물론 "엘"이라는 신이 등장합니다. 첫째 글에는 "샤가르-이쉬타르"라는 신도 등장하죠. 그러니까 이 새김글은 민수기와 무척 닮았습니다. 또한 욥기와도 닮았습니다. 적어도 신명이 등장하는 것을 보면 그렇습니다. 그리고 룻기와도 닮았죠. 룻기의 나오미도 "샤다이께서 나를 괴롭게 하셨다"(1:21)고 했죠. 이 말은 욥의 말과 같은 말입니다(27:2).[75] 이렇게 신명이 공통적으로 나오는 문학을 우리는 "엘 문학"이라고 부릅니다. 사실 이 "엘 문학" 속에는 시편 가운데에서도 "엘로힘 시편"이라고 부르는 시편 제2권 곧 시편 42편-89편도 들어갑니다. 이들 시편은 주로 하느님을 "엘"이나 "엘로힘"으로 부르죠. 시편 제3권과 제4권은 "야훼"라는 신명이 더 많이 사용됩니다. 이렇게 여기에 엘 문학을 집어넣는다면 바로 위의 데이르 알라 새김글입니다.

이 엘 문학의 특징은 엘 신이 등장한다는 점입니다. 여기서는 둘째 글이 그렇죠. 그리고 "샤다이"라는 신명이 나오는 것이 그 특징이기도 합니다. 위의 첫째 글에서는 "샤다인"으로 나옵니다. "샤다이"(שדי)는 흔히 "전능하신 분"으로 읽습니다. 칠십인역의 해석입니다. 또 요즘은 "산에 계신 이"나 "들판에 계신

74) "환상"이나 "뵙다"는 표현의 히브리어는 모두 "하자"(חזה)이다. 그리고 새김글의 "선견자"도 "호제"(חזה)라고 하여 같은 뿌리말이다.

75) 그리고 또 욥 19:21에서도 "하느님이 손으로 나를 치셨다"(יד אלוה נגעה בי)라는 비슷한 표현이 나온다. 물론 히브리어로는 약간 다르긴 하다.

이"로 해석하기도 합니다. "샤다이"와 같은 밑말 아카드어 "샤두"(šadû)가 "산"이나 "들판"이라는 뜻을 지니고 있기 때문이죠.[76] 또 위의 첫째 토판을 근거로 삼아 "샤다인"이라는 집단 신이라고 해석하는 것입니다. 이렇게 데이르 알라 새김글 때문에 "전능하신 분"이라고 전통적으로 읽어온 "샤다이"라는 신명의 뜻을 좀 더 폭넓게 이해할 수 있게 되었습니다.

또 위의 첫째 글에서 말해야 할 것이 있습니다. 바로 "샤가르-이쉬타르"라는 신입니다. 본디 이 신은 "샤가르"라는 신과 "이쉬타르"라는 두 신이었는데요, 이렇게 하나가 되었습니다. 이러한 모습은 고대 중동 문학에서 흔히 있는 현상입니다. 두 신의 속성을 다 아우르는 신으로 보는 것이죠. 성경의 "야훼 엘"이나 "엘 샤다이"도 마찬가지입니다. 각각 "야훼 하느님"과 "전능하신 하느님"으로 읽지만요, 사실은 위에서 언급한 대로 본디 "야훼"라는 신과 "엘"이라는 신이 별개의 신이었죠. "샤다이"도 마찬가지입니다.

그런데 이 "샤가르-아쉬타르"라는 신명은 두 신의 이름을 합쳐놓은 것이라고 했는데요, 이러한 신명이 성경에서는 그냥 일반 명사로 나옵니다. 신명기 28장을 보면 "태의 열매와 땅의 열매 그리고 집짐승의 번식 곧 큰 가축떼의 불어남과 작은 가축떼의 새끼침"이라는 표현이 계속 나옵니다. 4절에도, 18절에도, 51절에서도 거듭 반복되죠. 신명기 7:13에도 똑같은 표현이 나옵니다. 여기서 "큰 가축떼의 불어남과 작은 가축떼의 새끼침"이라는 말이 바로 "샤가르-이쉬타르"의 번역입니다. 특히 "불어남"은 "샤가르"를 옮긴 말이고, "새끼침"은 "이쉬타르"를 옮긴 말입니다. 신들의 이름을 이렇게 보통 명사로 읽는 것이죠. 성경의 토착화입니다. 신은 오직 하느님 한 분뿐이죠. 따라서 "샤가르"라는 신도 "이쉬타르"라는 신도 일반 명사로 읽는 것이죠. 그렇지만 신명기의 인과응보 신학을 집약적으로 표현하고 있는 신명기는 이렇게 다른 신들을 인정하지 않습니다. "야훼님은 우리 하느님 야훼님은 한 분"(6:4)뿐이기 때문이죠. "한 분"(엑하드)이라는 말을 "독특한 분"으로 읽기도 합니다. 다른 것과 차별된다는 얘기죠. 구별된다는 것입니다. 차별성을 말하는 중요한 말이죠. 어찌하든 신명기의 주제인 인과응보 신학의 배경은 이렇게 엘 문학에 속하는 데이르 알라 새김글에서 찾아볼 수 있습니다.

---

76) AHw 1125-1125.

그리고 엘 문학의 특징 가운데 또 하나는 주로 죽음에 대해 많이 말하고 있다는 점입니다. 성경의 내용과 별로 다르지 않습니다. 위의 둘째 글에서는 엘이 아래세상 집을 짓는다는 내용이 충격적입니다. 그러나 이 아래세상 집은 전도서(12:5)에 나오는 "영원한 집"과 같은 표현입니다. 나는 이것을 이렇게 "아래세상 집"으로 읽어보았습니다. "영원"이라는 말이 "아래세상"을 가리키는 말로 여기서 사용되기 때문이죠. 그런데 이 "집"이 앞부분에 계속해서 언급됩니다. 이러한 모습은 위에서 살펴본 바빌론 사람들의 신화 『내려가는 이쉬타르』와 닮았습니다. 그래서 이 둘째 글을 "내려가는 이쉬타르의 가나안 판(版)"이라고 이름 붙이는 학자도 있습니다.

둘째 글에는 이렇게 죽음에 대한 묘사입니다. "아래세상 집"이니 "벌레"니 "침상"이니 "슬피 울다"니 하는 말은 모두 죽음과 관련된 말이죠. 둘째 글(14행)의 "스올"이란 말은 물론 재구성하여 집어넣은 말입니다. 스올은 성경의 고유한 표현이라고 앞서도 언급했습니다. 어찌하든 고대 중동 사람들의 세계관을 그대로 이어가면서 죽음에 대한 묘사를 하고 있는 것이죠. 그리고 그 모습은 성경과 무척 가깝습니다. 물론 성경에서는 하느님은 한 분이라는 생각으로 가득한 것이 다르죠.

(5) 엘레판틴 파피루스

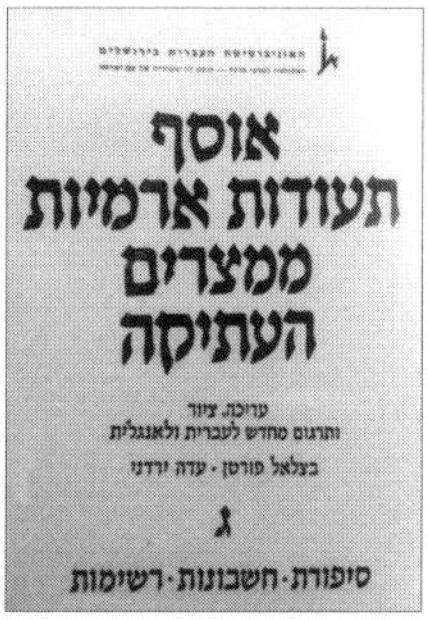

엘레판틴 파피루스 모음집

기원전 5세기 지금 이집트의 룩소르 부근에, 더 정확하게는 아스완 댐 부근에 "예브"라는 곳이 있었습니다. 이곳에 유대인들이 공동체를 이루고 살았습니다. 예레미야에도 이집트로 내려가는 이야기가 나옵니다만 이들과 관련이 있는지는 잘 모르겠습니다. 이들은 그냥 평범한 공동체가 아니라 용병 공동체였습니다. 그러니까 이집트를 위해서 싸움을 하던 유대인 집단이라는 뜻이죠. 이들이 남긴 아람어 문헌은 성경 에스라-느헤미야를 이해하는 데 무척 중요합니다. 뿐만 아니라 절기를 어떻게 지켰는지도 잘 알 수 있습니다.

그런데 이 가운데에서 이 유대인 공동체가 남긴 것으로 유명한 것은 『아히카르 이야기』입니다. 이 글은 욥기처럼 액자소설 비슷하게 구성되어 있습니다.

욥기는 프롤로그와 에필로그를 합해 놓으면 룻 이야기나 요나 이야기처럼 단편 소설로 읽을 수 있습니다. 아히카르 이야기도 그렇습니다. 앞부분과 뒷부분을 이어놓으면 아히카르라는 바빌론 어느 왕실의 고문으로 활동했던 인물의 이야기가 전개되죠. "현자"라고 불렀던 아히카르는 자신의 뒤를 이을 자녀가 없었습니다. 그래서 양자를 들이고, 그를 교육시킵니다. 그 내용이 바로 잠언과 같은데요, 이 이야기의 가운데에 들어 있습니다. 대부분의 양을 차지합니다. 욥기의 다이얼로그 부분(3장-42장)이 욥기의 대부분을 차지하는 것과 같습니다. 이 부분은 『아히카르의 잠언』이라고 따로 이름 붙여 부르기도 합니다.

이야기의 끝에 가면 아히카르의 양자인 나답이 그의 아버지 아히카르를 죽이려고 합니다. 왕실에서 아버지의 뒤를 이어받은 그는 아버지를 배신하는 것이죠. 이 이야기가 "토빗서"의 마지막(14:10)에 나옵니다. 제2경전이라고도 부르고 외경이라고도 부르는 책입니다. 『공동번역』으로 인용해 보죠.

> 얘야, 나답이 아히카르에게 한 일을 생각해 보아라.
> 아히카르가 나답에게 생매장을 당할 뻔하지 않았느냐?
> 나답이 아히카르를 죽이려 했기 때문에
> 하느님께서는 그를 영원한 어둠 속에 몰아넣으시어
> 불명예스러운 이름을 남기게 하셨으며
> 아히카르는 살리시어 광명을 보게 하셨다.
> 아히카르는 자선을 행하였으며
> 나답이 그를 죽이려고 만들어놓은
> 죽음의 올무에서 빠져 나왔고
> 나답은 바로 그 올무에 걸려 자멸하고 말았다.

이렇게 행갈이하여 읽어보면 아들 나답은 아버지에게 못된 짓을 한 것을 알 수 있죠.

그런데 실제 남아 있는 『아히카르 이야기』의 뒷부분은 깨진 곳이 많아 확실하게 그 끝을 알 수 없습니다. 이렇게 토빗서를 통해서 짐작할 뿐입니다. 그러면 잠언과 같은 성격을 지니고 있는 중간 부분을 잠깐 읽어보죠.

가르침 받는 이, 수련하는 이
할 수 있다고 무엇이든 다 하지 않는 이
그런 이는
하는 일마다 잘 풀려 가리니.

그대의 자식을 위한다면
매를 아껴서는 안 되느니.
그렇게 하지 않으면
어떻게 악에서 건질 수 있으랴!

애야, 내가 널
때린다 해도
넌 죽을 일 없을 것이야.
하지만
네가 하고 싶어 하는 대로 그냥 둔다면
넌 살지 못할 것이야.

심부름꾼 소년에게 주먹 한 대
심부름꾼 소녀에게 꾸지람 한마디.
또한 모든 심부름꾼을
훈련시키라.

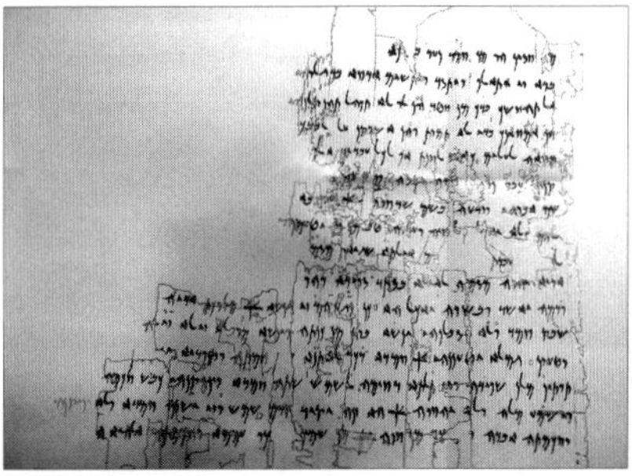
아히카르 이야기 (a)

맨 앞에 나오는 격언은 집회서(6:23-24)에 나오는 "아들아, 들으라. 내 판단을 받아들이라. 내 충고를 거절하지 말라. 네 발에 그리고 네 목덜미에 족쇄를 채우라"라는 말과 비슷합니다. "매를 아끼지 말라"는 격언은 잠언(23:13-14)의 "아이를 훈련시키는 일을 금하지 말라. 그를 때린다 해도 죽지는 않으리니. 그에게 매를 대면 스올에서

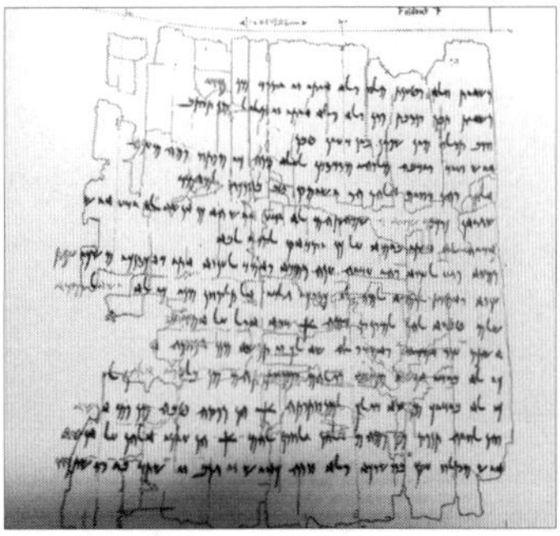
아히카르 이야기 (b)

그를 건지는 일이라"는 말씀과 엇비슷합니다.[77] 또 마지막 격언은 잠언(26:3)에 나오는 "말에게 회초리를, 나귀에게 자갈을, 바보의 등짝에 막대기를"이라는 말씀과 비슷합니다. 이렇게 아히카르 이야기는 잠언과 밀접한 관련이 있습니다. 또 그 성격이 비슷한 집회서(벤시라)와도 비슷합니다.

또한 이런 얘기도 나옵니다.

아름다운 것이 둘이 있다.
샤마쉬 님을 기쁘게 하는 것이 셋이 있다.
포도주를 마시되 나누어 마시는 이
지혜를 깨친 이
듣고도 말을 전하지 않는 이
바로 샤마쉬 님께 소중한 이이다.
그러나
포도주를 마시되 나누지 않는 이는
그렇지 않다.
그런 이는 지혜가 없는 이이다. …

하늘과 사람들이 기뻐한다.
지혜가 신이기 때문이다.
아,
지혜는 정말 신들에게 소중하다.
그의 나라는 영원하다.
샤마인 님이 지혜를 든든하게 하신다.
그렇다.
거룩한 주님이 지혜를 드높이신다.

여기서 가장 자주 나오는 말은 "지혜"입니다. 잠언에 나오는 "지혜"와 같은 말입니다. "슬기"라고도 부를 수 있죠. 사실 여기서는 여신입니다. "샤마쉬"라

77) 또 이와 비슷한 표현이 나오는 잠언(13:24, 19:18, 22:15, 29:15, 17)과 집회서(30:1-13)를 참조하라.

는 태양신이 "지혜"를 무척 기뻐한다고 했습니다. 또 사람들도 무척 반기죠. 최고라고 엄지손가락을 번쩍 드는 것과 같다고나 할까요? 신들도 사람들도 지혜를 드높입니다. 칭찬하죠. 소중하기 때문입니다. 그래서 "지혜 나라는 영원하다"고 말합니다. 하늘신인 "샤마인"이 또한 그를 칭송한다고 했습니다. "거룩한 주님"도 그를 드높인다고 했어요.

잠언에 보면 지혜로 하느님은 세상을 지으시죠(3:19-20). 지혜와 함께 만물을 지으세요(8:22-31). 그리고 지혜가 집을 짓죠(9:1-5). 바로 세상을 낸다는 얘기입니다. 그리고는 사람들을 초청하죠. 어리석은 사람은 오라고 말합니다.

"지혜가 그의 집을 짓는다.
그의 기둥들을 깎는다. 일곱!
짐승을 잡는다.
술을 빚는다.
아. 밥상을 차리는구나.
부르라!
그렇게 심부름 보낸다.
그의 심부름꾼들을—
마을 높은 곳 지붕 위로 올라가
'누구요?
마음 열린 이는?
오세요, 이리로—'
생각 짧은 이에게
그는 그리 말한다.
'오세요. 드세요.
내가 차린 밥이죠.
드세요.
내가 빚은 술이에요.'" (잠 9:1-5)

예수께서 비유로 말씀하신 이야기 곧 잔치를 베푸시고 사람들을 초청하는 모습과 같습니다. 그래서 주님은 "하느님의 지혜"(고전 1:24)라고 사도 바울이 말하기도 했죠. 그만큼 지혜는 소중합니다. 예수님과 동일시하기도 하죠. 그런데 이런 지혜가 바로 『아히카르의 격언』에 나옵니다. 이렇게 지혜에 얽힌 격언이 성경 시대에 어떻게 널리 퍼져 있었는지 잘 알 수 있는 귀중한 문학작품입니다. 또 우리 그리스도교의 복음을 이해하는 데에도 무척 소중한 문학이죠.

5) 성경과 신화소

성경은 신화가 아닙니다. 성경 속에는 신화가 없습니다. 폴 리꾀르(Paul Ricoer)라는 학자는 『악의 상징』이라는 책에서 성경 속에 무수한 신화가 있다고 말하지만 그렇지 않습니다. 단지 성경 속에는 수많은 신화소(神話素, mytheme)가 박혀 있습니다. "소"(素)는 "알갱이"라는 뜻이죠. "신화소"라는 것은 그러니까 신화 알갱이라는 말입니다. 말이나 표현 속에 신화 알갱이가 들어 있다는 얘기죠. 이렇게 성경 속에 신화소가 가득한 것은 고대 중동 사람들이 신이라고 믿었던 것을 모두 하느님의 피조물로 바꾸었기 때문입니다. 그래서 이것을 이성화(理性化)라고 부르는 사람도 있습니다. 곧 신으로 믿었던 모든 자연을 하느님이 지으신 것으로 생각하는 겁니다. 이성적으로 사물을 바라보았다는 것이죠. 그런 면에서 성경의 신 관념은 무척 근대적인 관념이라고 말할 수 있어요. 하느님은 오직 야훼 한 분이시니까요.

제 2 부

성경 속으로

"성경 속으로"는 "성경 뒤에서"(제1부)와 "성경 앞에서"(제3부)의 종합이라고 말할 수 있습니다. 곧 성경 읽기 방식으로 말하자면 역사비평과 문예비평 모두를 아울러 구약을 읽어보고자 합니다. 히브리어성경의 순서대로 토라와 예언서와 성문서의 순으로 배열하였습니다. 그 주제는 창조주 하느님과 피조물 인간이라고 할까요?

모세 오경인 토라에서는 하느님이 어떤 분인지 살펴봅니다. 하느님은 무엇보다도 먼저 당신의 모습으로 남자와 여자를 동등하게 창조하신 분입니다(창세기). 그리고 그 하느님의 이름은 "스스로 계신 분"이시기도 하지만 "끊임없이 무엇인가를 일어나게 하시는 분"이기도 합니다(출애굽기). 이런 하느님은 얼굴을 우리네 인간들을 향하여 들어 올리시어 우리의 삶에 빛을 비추십니다(민수기). 하느님의 그 빛은 "거룩하라"는 명령으로 구체화되는데요(레위기), 따라서 이런 창조주 하느님을 우리는 "온 맘과 온 몸과 온 힘으로" 날마다 섬겨야 할 것입니다(신명기).

예언서는 역사입니다. 하느님의 말씀과 인간들의 삶이 엮는 변주곡입니다. 말씀이 역사 속에서 어떻게 구현되는가 구체적으로 기록한 부분이죠. 솔로몬은 그 말씀의 실현을 실패로 돌렸지만 히스기야와 요시야는 역사 속에서 말씀을 실현하고자 한 왕들입니다(신명기 역사가들). 이사야는 스올 신탁(14장)에서 제국주의를 비판하면서도 "복은 바로 샬롬이라"는 구호(19:23-25)를 통하여 국제 질서가 회복되기를 꿈꾼 예언자였습니다. 예레미야는 반창조를 되뇌이며 하느님께 반항하면서도 "여자가 남자를 껴안으리라"는 "새 언약"이 새롭게 창조되기를 기도한 인물이죠. 에스겔 또한 암울한 포로기를 살면서도 환상 속에서 하느님의 새 창조가 실현되기를 꿈꾼 예언자입니다. 호세아는 불행한 가정생활로 가족 모두가 고통을 당하면서도 "사랑과 진실 그리고 하느님 지식"이 땅에 가득하여 "햇 곡식과 햇 포도주와 햇 기름"이 온누리에 가득하기를 바랐던 오직 야훼 신앙의 선봉장이죠.

성문서는 하느님을 따르고자 하는 신앙인들이 겪는 아픔과 기쁨이 점철되어 있는 책입니다. 문학 작품이죠. 시편의 시인들은 죄인이면서 동시에 의인인 인간을 말하고 토라를 끊임없이 노래하여야 한다고 외칩니다. 이 노래는 "체다카" 곧 "인의"(仁義)의 구체적인 실천을 통하여 구현되어야 하는데 그것은 바로 끊임없는 "수련" 곧 실천을 통해서만 가능하다고 잠언의 현자들은 말합니다. 그리하여 욥은 "올곧게 그리고 흠 없이" 실천했지만 재난과 고통을 당합니다. 그럼에도 불구하고 그는 끊임없이 하느님에 대하여 또 하느님께 진실을 말합니다. 그래서 하느님은 그를 옳다 말씀하시죠.

다섯 두루마리는 토라인 모세 오경의 짝입니다. 유대인들이 다섯 절기에 맞추어 읽던 두루마리이죠. 칠칠절에 보리와 밀을 거두고는 그 기쁨으로 노래 부릅니다(룻기). 유월절인 넘는절에는 역사를 되뇌이면서도 하느님의 창조를 바라봅니다(아가). 초막절에는 포도와 올리브를 수확하며 그 기쁨 속에서도 인생의 의미를 되새기구요(전도서). 아빕월 제9일에 슬픔 때문에 애통해 합니다(애가). 그리고 부림절에는 민족의 생존에 감사하며 노래합니다(에스더).

이렇게 구약은 창조주 하느님에서 시작하여 피조물인 인간이 구체적인 역사 속에서 어떻게 그분께 응답하며 살아갈 것인가를 모색한 책입니다. 그래서 토라의 다섯 권으로 시작하여 다섯 두루마리로 끝납니다. 곧 창조주 하느님을 구체적인 역사 속에서 어떻게 고백하고 살아갈 것인가 절기마다 그렇게 새로운 창조를 꿈꾸던 신앙인들의 기록이라 말할 수 있겠군요.

1. 토라

1) 창세기 - 맨 처음

"창세기"(創世記)라는 이름은 한문성경 『대표본』(代表本)에서 온 이름입니다. 말 그대로 "(하나님이) 세상을 창조하신 이야기"라는 뜻을 담고 있는 이름이죠.

내용은 우선 창조 이야기가 서두에 나옵니다. 첫째 날, 둘째 날, 셋째 날과 같은 시간의 틀 속에서 세상이 창조되었다고 말하는 창세기 1장과 땅 위에 세상이 창조되었다고 말하는 창세기 2장이 그것입니다. 창세기 1장은 "하늘과 땅"(1:1)으로 시작하여 "하늘과 땅"(2:4a)으로 끝맺습니다. 이 속에 시간이 들어 있는 것이죠. 또한 창세기 2장은 "땅과 하늘이 창조될 때"(2:4b)라는 말로 시작합니다. 곧 땅 위에 펼쳐질 이야기를 시작하는 말이죠. 그래서 나는 창세기 1장을 시간 판(版) 창조 이야기라 부르고, 창세기 2장은 공간 판(版) 창조 이야기라고 부릅니다.[1)]

이렇게 두 이야기는 시간과 공간 속에서 창조가 완성되었다고 말하는 점에서 서로 보완적이죠. 창세기 1장과 2장의 절정은 아무래도 인간창조라 말할 수 있습니다. 1장은 인간이 하나님의 모습으로 창조되었다는 점을 말하고(1:27), 2장은 남녀가 서로 같다는 점을 말합니다(2:18). 한번 읽어볼까요?

> 하느님이
> 자신의 모습으로 곧 하느님의 모습으로
> 사람을 창조하셨다.
> 남자와 여자를 창조하셨다. (1:27)
>
> 야훼 하느님이 이르셨다.
> 사람이 혼자 있는 것이 좋아 보이지 않는구나.
> 그 앞에 서 있는 힘을
> 내가 만들어야 하겠다. (2:18)

창세기 1장은 하느님의 모습이 사람 속에 있다는 점을 말합니다. 아니 사람이 하느님의 모습이라고 아예 말하죠. 그런데 이 사람은 남자와 여자, 여자와 남자가 똑같다는 겁니다. 사람을 이렇게 창조했다는 것이죠. 하느님의 모습으

---

1) 또한 잠언 8장은 지혜 판 창조 이야기, 욥 26장은 아래세상 판 창조 이야기, 욥 28장은 슬기 판 창조 이야기, 욥 38장-41장은 폭풍 판 창조 이야기, 시편 104편은 이집트 판 창조 이야기, 이사야 65장은 새 하늘 새 땅 판 창조 이야기, 요한 1장은 로고스 판 창조 이야기라고 부르기도 한다.

로 말이죠. 그러니까 하느님의 모습을 알아보려면 남자만 보아서도 알 수 없고 여자만 보아서도 알 수 없다는 겁니다. 이렇게 여자와 남자, 남자와 여자가 모두 아울러 하느님의 모습을 드러냅니다.

창세기 2장은 약간 다릅니다. 흔히 "그를 돕는 배필"(한글 개역 한글판)이라고 우리가 알고 있는 말을 나는 "그 앞에 서 있는 힘"이라고 읽어보았습니다. "도움"이란 히브리말(에제르) 속에는 "힘"이나 "능력"이란 뜻이 들어 있습니다.

재미난 점은 중국에서 1854년에 나온 『대표본』이라는 한문성경은 이 부분을 "서로 돕고 다스리는 자" 또는 "서로 돕고 도리를 행하는 자"라는 뜻으로 "상조위리자"(相助爲理者)라고 읽었다는 사실입니다. 그리고 정동제일교회의 처음 한국인 목사이자 감리교신학교의 종교신학 교수였던 탁사 최병헌 목사님도 이 구절을 "서로 돕는 이"로 읽었다는 거죠.

이렇게 2장은 오히려 여자가 힘이라고 말합니다. 사실 사람으로 옮긴 히브리말 "아담"은 남자와 여자의 구별이 없는 말입니다. 아니 구태여 말하자면 남자와 여자가 모두 포함되어 있는 말이라고나 할까요? 물론 이 말이 사람을 가리키는 말로 사용되기도 합니다. 하지만 적어도 창세기 2장에서는 사람의 이름이 아니라 인간이나 인류 또 사람을 가리키는 집합명사라고 말해야 할 것 같군요.

이러한 사람이 아직도 혼자 있다는 것이 좋아 보이지 않는다고 했습니다. 결혼하지 않고 혼자 사는 것이 좋아 보이지 않는다는 말이 아닙니다. 관계를 말하는 거죠. 상호보완적이라는 말을 사용해야 할 것 같군요. 서로 있어야 보충해야만 온전해진다고 말할까요? 그런 뜻으로 하느님은 말씀하신 듯합니다.

그래서 하느님은 먼저 사람을 잠들게 합니다. 잘 아시다시피 잠잔다는 말은 성경에서 죽음을 상징적으로 나타내는 말입니다. 나사로가 죽었는데도 예수님은 나사로가 잠자고 있다고 말씀하셨죠. 같은 것입니다. 여기서 잠들게 하셨다는 것은 그가 죽음에 이르게 하셨다고 말하는 것이죠. 그러니까 흙덩이로 지은 사람은 짝을 만들기 위해 죽음을 경험해야만 했습니다.

그런 뒤 하느님은 그 몸뚱이에서 갈비뼈를 뽑아냅니다. 흔히 갈비뼈라고 하니까 우리가 좋아하는 LA 갈비를 연상하시는 분이 많을 줄 압니다. 그리고 또 이렇게 이야기하죠. 여자는 남자의 갈비뼈로 만들었으니까 열등하다고 말이죠. 그건 오해입니다. 성경을 읽을 때 우리는 성경을 기록했던 이들이 어떤 문화 속에서 살았는지 생각해 볼 필요가 있습니다.

수메르인이라고 들어보셨을 겁니다. 수메르인들은 지금의 쿠웨이트 지역에서 약 5천년 전에 살았던 사람들입니다. 눈이 크고 배는 볼록하게 나온 모습을 우리는 프랑스 파리의 루브르 박물관이나 영국 런던의 영국 박물관 또는 미국 뉴욕의 메트로폴리탄 박물관에 가보면 만나 볼 수 있습니다. 이들은 인류 문명의 첫 발걸음을 뗀 위대한 사람들이죠. 지금은 사용하지 않는 수메르어라는 언어를 사용했던 사람들인데요, 이들이 남긴 이야기는 성경에 지대한 영향을 미칩니다. 생각하는 방식이나 살아가는 방식도 성경 속에 그대로 녹아들어 있죠.

바빌로니아 사람들이나 아시리아 사람들 곧 메소포타미아라 부르는 유프라테스 강과 티그리스 강 유역에 살았던 고대 중동 사람들은 수메르 문명에서 출발한 문명이라고 해도 지나친 말이 아닌데요, 이들이 남긴 이야기를 읽어보면 사람의 몸에서 갈비뼈를 끄집어낸다는 것이 무슨 뜻인지 이해할 수 있습니다. 수메르 문명이라고 하니까 생각나는 책이 있습니다. 조철수 박사의 『수메르 신화』라는 책입니다. 이 책은 수메르 사람들이 남긴 이야기를 우리말로 옮긴 놀라운 책입니다.

이 책을 보면 수메르 사람들이 갈비뼈를 어떻게 생각하고 있는지 알 수 있습니다. 바로 "생명"을 뜻합니다. "여성"을 뜻합니다. "초승달"을 뜻하기도 하죠. 여성이나 달이나 생명은 다 같은 이미지입니다. 달거리라는 말도 이와 관련이 있다고 말하죠. 생명을 계속해서 만들어내기 위해 달거리는 필수적입니다. 소중한 현상이죠. 이렇게 잠자고 있는 몸뚱이에서 갈비뼈를 끄집어냈다는 말은 생명을 그 몸에서 끄집어냈다는 뜻입니다.

그러니까 창세기 2장에 따르면 하느님은 먼저 성 구분이 없는 사람을 흙으로 빚으십니다. 그리고 그 코에 당신의 숨을 불어넣으십니다. 그러자 살아 움직이는 생명이 되죠. 곧 우리 인간이 코로 쉬는 숨은 바로 하느님의 숨입니다. 이것이 바로 인간입니다. 사람이죠. 이 "사람"을 히브리말로 "아담"이라 부른다고 했어요. 그런 다음 홀로 있는 것이 안타까워 하느님은 그를 잠들게 하십니다. 그리고는 갈비뼈를 그 속에서 끄집어내십니다. 생명 곧 인간의 에센스를 끄집어내신 겁니다. 그리고는 그 갈비뼈로 여자를 만드시죠.

이렇게 놓고 보면 여자는 질료인 인간의 몸에서 먼저 나옵니다. 그런 다음 어떻게 하셨는지 우리는 모르지만 남자가 태어납니다. 성경은 잠에서 그가 깨어났다고 했지만 우리는 그 구체적인 과정을 잘 모릅니다. 이렇게 여자는 남자보다 먼저 나옵니다. 이것이 바로 창세기 2장이 말하는 인간 창조입니다.

이렇게 반문하는 분이 계실 줄 압니다. 그럼 남자에게서 나왔으니 여자라 하리라는 말은 무슨 말인가요? 남자에게서 나왔으니 여자가 늦게 나온 것이 분명하지 않느냐구요. 죄송스런 말씀이지만 이 구절은 히브리어로 읽어보아야 그 뜻을 알 수 있습니다.

아 지금이구나
나의 뼈 가운데 뼈
나의 살 가운데 살이라
"이쉬"에게서 가져왔으니
"이샤"라 하리라 (2:23)

이 구절을 한글 『공동번역』은 아주 멋지게 읽었더군요.

드디어 나타났구나!
내 뼈에서 나온 뼈요,
내 살에서 나온 살이로구나.
지아비에게서 나왔으니
지어미라고 부르리라!

『공동번역』은 남자와 여자라는 말을 "지아비"와 "지어미"로 읽었습니다. 왜 이렇게 읽었을까요? 앞에서 인용했듯이 히브리어로도 "이쉬"와 "이샤"는 비슷하게 소리 나는 말입니다. 그래서 이렇게 비슷하게 읽어본 것이죠. 그러니까 이 구절이 말하고 있는 것은 남자가 여자에게서 나왔다고 말하는 것이 아닙니다. 히브리어의 말놀이를 통하여 사랑을 고백하는 것이죠. 이쉬와 이샤! 필리스 트리블(Phyllis Trible)이라는 미국인 교수는 창세기 2장에 나오는 이 사랑 노래가 구체적으로 아가(雅歌)라는 책에서 구현되었다고 말하기도 합니다. 노래 가운데 노래 곧 가장 아름다운 노래라는 뜻의 이 책은 창조의 아름다움과 성 창조의 기쁨을 노래한 서사시라 할 수 있죠. 여자와 남자가 한데 어울려 사랑을 나누는 그 성애적 사랑을 잘 표현한 책이 아가라는 책이죠.

그러니까 창세기 2장의 위 노래는 사랑 고백이지 여자가 남자에게서 비롯됐다는 말을 하려고 하는 것이 아니라는 점을 우리는 생각해 볼 필요가 있어요. 이렇게 창세기 2장을 읽어보면 무척 당혹스러운 면이 없지 않습니다. 여자가 남자보다 먼저 나왔다고 말하니까요. 그리고 또한 여자가 그 앞에 마주 서 있는 힘이라고 말하니까요. 그렇지만 우리는 성경을 이렇게도 읽어볼 수 있다고 우리 마음을 열어놓아야 할 것입니다.

공간 판 창조 이야기인 창세기 2장은 이렇게 공간의 이야기 곧 땅의 이야기를 통해서 인간이 흙에서 나왔으며 우리가 쉬는 숨은 하느님의 숨이라는 것을 말하고 있죠. 그러면서 여자는 남자의 힘이다! 남자는 여자 없이는 설 수 없다! 사랑 고백을 통해서만 창조가 완성된다는 점을 말하고 있습니다.

다시 창세기 1장으로 돌아가려고 합니다. "하느님의 모습"을 다시 말해야 할 것 같군요. "하느님의 형상"이라고도 하고 "하느님의 모상"이라고도 하는데요, 이렇게 "모습"이나 "형상"이나 "모상"이라는 말을 히브리어로는 "첼렘"이라고 합니다. 그런데 이 말은 "동상"이라는 뜻을 담고 있는 말입니다. 그러니까 공원에 서 있는 동상을 연상하시면 됩니다.

그런데 말이죠. 지금의 이라크에 해당하는 지역을 고대에는 메소포타미아라고 불렀는데요, "두 강 사이"라는 뜻입니다. 곧 유프라테스 강과 티그리스 강 사이에 있는 지역이라는 뜻인데요, 이 지역을 우리는 고대 근동이라고 부릅니다. 그런데 "근동"(近東)이라는 말은 유럽을 기준으로 말할 때 사용하는 말입니다. 일본 사람들은 "서아시아"라고 부르기도 합니다. 하지만 우리가 옛날에 중동 특수라는 말을 많이 사용하지 않았나요? 그래서 저는 이 지역을 고대 중동(中東)이라고 부릅니다. 뭐라고 부르든 이 지역에 살던 옛날 사람들은 바빌로니아 사람과 아시리아 사람이라고 부릅니다. 이들 또한 수메르 사람들과 함께 성경을 기록한 사람들의 생각과 생활에 지대한 영향을 미칩니다. 우리가 고대 중국과 일본의 영향을 많이 받고 살아왔던 것과 비슷하다고 할 수 있습니다.

이들의 생활상을 보면 "형상"이나 "모습" 또는 "모상"이라는 뜻이 무슨 맥락에서 사용된 것인지 우리는 짐작할 수 있습니다. 기원전 8-7세기 아시리아 왕의 편지에 다음과 같은 표현과 격언이 나옵니다.

"내 주님의 아버지, 임금님은 벨의 형상(ṣa-lam ^{d}bel)입니다.
내 주님, 임금님은 벨의 형상(ṣa-lam ^{d}bel)입니다." (no. 161, 18-19행)

"신의 그림자가 자유인이다. 자유인의 그림자가 노예이다.
임금 그는 바로 신의 형상(mu-uš-šu-li ša ili)이다." (no. 344, rev. 10-13행)

이렇게 아시리아 왕실에서는 신의 형상(신상)이나 신의 이미지에 비유하여 왕을 칭송하는 전통이 있었습니다. 따라서 창세기의 "하느님의 형상"이나 "하느님의 모습"이라는 용어는 왕실 용어였던 것을 차용하여 모든 인간이 하느님의 형상과 모습으로 창조되었다고 말합니다. 이와 비슷하게 고대 이집트의 "메리-카-레 본문"(the Meri-ka-Re text)에도 파라오들을 "신의 몸에서 신의 모습으로 나온 이들"(ANET 417b)이라고 부르는 것은 비슷한 전통이라고 말할 수 있지요. 또한 기원후 2세기의 유대교 랍비인 아키바는 이런 설교를 하였습니다.

인간이 소중한 것은 하느님의 형상으로 창조된 까닭이다.
하느님의 사랑이 얼마나 흘러넘쳤으면
인간을 하느님의 모습으로 창조되었다고 말하였겠는가!
바로 '하느님의 모습으로 하느님은 인간을 만드셨다'고 하셨다.
이스라엘이 소중한 것은
언제나 계시는 분의 자녀라 부르는 까닭이다.
"그대들은 그대들의 하느님 주님의 자녀이다"(미쉬나 아보트 3:14)
라고 하셨다.

이 부분은 이렇게 고쳐 부를 수 있습니다.

임금님은 마르둑(Marduk)의 형상이십니다.
임금님은 라(Ra)의 형상이십니다.

이 말은 신하들이 바빌로니아나 이집트의 왕들에게 보내는 편지를 시작하는 말입니다. 우리가 편지 쓸 때 "선생님, 안녕하세요?"나 "그 동안 평안하셨는지요?"로 시작하는 것과 비슷하다고 할 수 있습니다. 그런데 옛날 고대 중동 지역의 신하들은 임금에게 편지를 쓸 때 이렇게 왕이 "마르둑"이나 "라"와 같은 신의 형상이라고 말하고 시작했다는 사실이 무척 재미있습니다. "마르둑"은 바빌로니아 사람들이 최고로 치는 폭풍신입니다. "라"는 이집트 사람들이 최고로 치던 태양신이죠. 바빌로니아 사람들은 폭풍 신 마르둑을 최고신으로 섬겼어요. 이집트 사람들도 늘 태양신인 라를 최고신으로 섬겼죠. 이렇게 임금을 부를 때 최고 신의 모습이라고 부르는 것은 왕을 높이는 뜻에서 그렇게 불렀던 것이 분명합니다. 왕실에서 사용하던 말투이죠.

그런데 창세기 1장은 사람이 "하느님의 형상"이라고 말합니다. 하느님은 그렇게 당신의 형상으로 모습으로 사람을 창조하겠노라고 말씀하시고 그렇게 하셨습니다. 이것은 무슨 뜻일까요? 임금이 신의 형상이라고 말하는 바빌로니아 사람들이나 이집트 사람들의 생각을 비꼬는 것이죠. 너희는 제국의 임금을 신의 형상이라고 하는가? 아니다! 사람이 하느님의 형상이다! 임금만이 신의 모습이라고 하는데 우리는 그렇게 생각하지 않는다. 인간이 하느님의 형상이다! 이렇게 말하는 겁니다. 우리나라에서도 백여 년 전 "사람이 곧 하늘이다!"라고 말하던 분이 있었어요. 인내천(人乃天)이라고 했죠. 수운 선생의 말입니다. 똑같지는 않더라도 이와 비슷한 생각이 창세기 1장의 말씀입니다. 그것도 그냥 사람만 하느님의 형상이 아니라 남자와 여자가, 여자와 남자가 바로 하느님의 형상, 하느님의 모습, 하느님의 모상이라는 겁니다.

따라서 이렇게 바빌로니아 사람들이나 이집트 사람들의 문화와 비교해 보면 창세기 1장의 "하느님의 모습"이라는 말은 당시 거대 제국이었던 두 나라 사람들의 생각을 뒤집는 것이 성경이라는 사실을 생각해 볼 수 있습니다. "아니 너희들은 임금만이 신의 모습이라고 말하지만 우리는 모든 인간이 하느님의 형상이다! 라고 말하겠다. 남자와 여자가, 여자와 남자가 모두 하느님의 형상이다." 이렇게 선언하는 것이죠.

바로 인권 선언입니다. 제국에 대한 항거입니다. 그들의 생각에 맞서는 겁니다. 사실 학자들은 창세기 1장이 기록되었을 때는 이스라엘 사람들이 바빌로니아에서 포로생활을 했던 때였을 것이라고 생각합니다. 그래서 "맨 처음 하느님이 하늘과 땅을 창조하셨다"는 말은 그 누가 아니라 바로 우리가 섬기는 하느님이 이 세상을 내신 분이라는 강한 확신으로 성경은 시작한다고 말을 하곤 합니다. 이것을 우리는 창조 신앙이라고 부릅니다. 고대 중동에 수많은 창조 이야기가 있지만 우리는 우리 하느님이 온 세상을 창조했다고 믿는다는 말이죠. 이런 와중에서 인간이 하느님의 형상이라는 말은 이렇게 노예들의 인권 선언이면서 동시에 창조 신앙이라고 말하는 겁니다. 남자와 여자의 동등성도 이 창조 신앙의 핵심입니다.

그런데 이런 창조 신앙은 앞서도 말씀드린 대로 "맨 처음 하느님이 하늘과 땅을 창조하셨다"는 말로 시작합니다. 다른 누구가 아닌 하느님이 창조하셨다는 얘기인데 이어지는 말이 재미있습니다. "그때 땅은 혼돈스럽고 텅 비어 있었다. 어둠은 깊은 물 위를 휘감았다. 그 물 위에 하느님의 바람은 휘몰아치고 있었다"(창 1:2). 이 두 절은 지난 수천년 동안 수많은 사람들이 문제 삼았던 부분입니다. 무슨 문제냐고 물으시겠죠? 지금 우리말 성경에 있는 것처럼 둘을 따로따로 읽을 것이냐 함께 읽을 것이냐에 따라 이야기가 영 달라지기 때문이죠. 한번 따로따로 읽어볼까요?

> 맨 처음 하느님이 하늘과 땅을 창조하셨다.
> 그때 땅은 혼돈스럽고 텅 비어 있었다.
> 어둠은 깊은 물 위를 휘감았다.
> 그 물 위에 하느님의 바람이 휘몰아치고 있었다.

이렇게 읽으면 하느님이 하늘과 땅을 창조하실 때가 "맨 처음"이라는 거죠. 언제인지 모르지만 "처음"입니다. 그냥 처음이 아니라 "맨" 처음입니다. 그러니까 절대적 처음 절대적 시초라는 뜻이죠. 이렇게 1절과 2절을 떼어놓고 읽으면 1절은 절대적 선언이 됩니다. 유대인들의 성경 가운데 타르굼이라는 성경이 있는데 지금부터 약 1200년 전에 나온 성경입니다. 이 성경은 이 구절을 이렇게 읽었습니다. 그런데 이렇게 읽지 않고 "하느님 하늘과 땅을 창조하시던 맨 처음"으로 읽으면 이야기가 달라집니다. 한번 보세요.

> 하느님이 하늘과 땅을 창조하시던 맨 처음
> 땅은 혼돈스럽고 텅 비어 있었다.

어둠은 깊은 물 위를 휘감았다.
그 물 위에 하느님의 바람이 휘몰아치고 있었다.

어떻습니까? 분위기가 다르죠? 분위기만 다릅니까? 내용도 달라집니다. 똑같은 것을 이렇게 달리 읽어보면 달리 생각해야 한다는 겁니다. 곧 하느님이 천지를 창조하시던 맨 처음 이미 땅이 있었다는 얘기죠. 앞처럼 읽으면 하느님이 땅을 하늘과 함께 창조했다는 것이 되고 여기처럼 읽으면 하느님이 천지를 창조를 하실 때 땅은 이미 있었던 것이라고 말하고 있는 셈이 되는 거죠.

이렇게 읽으면 혼란스럽습니다. 아니 여태껏 "태초에 하나님이 천지를 창조하시니라"로 읽어왔는데 웬 뚱딴지같은 소리냐고 말씀하실 겁니다. 맞습니다. 그런데 이것을 달리 읽어볼 수도 있다는 점을 말씀드리려고 합니다.

흔히 "무로부터 창조"라는 말을 들어보셨을 줄 압니다. 보통 크레아치오 엑스 니힐로(Creatio ex Nihilo)라고 하죠. 아무것도 없는 것에서 창조했다는 말이죠. 우리가 지금껏 들어온 얘기입니다. 실지로 『마케베오』라는 책에 이런 얘기가 나옵니다. 그런데 성경은 그렇게만 말하고 있지 않다는 점을 상기할 필요가 있습니다. 시편 시인은 하느님이 말씀으로 세상을 지으셨다고 이야기하기도 합니다.

야훼님은 말씀으로 하늘을 펼치신다.
입김으로 별들이 생겨난다.
바닷물을 독에 담아두시고
깊은 땅 속 창고에 넣어두신다.
온 세상 사람들아!
야훼님 모시고 살라.
땅 위에 사는 사람들아!
그분 앞에 모두 다 엎드리라.
말씀 한마디에 모든 것이 생긴다.
한마디 명령에 모든 것 든든히 선다. (시 33:6-9)

그러니까 시편 시인은 여기서 말씀으로 세상이 생겨났다고 고백하는데 이런 고백은 여기 창세기 1장의 선언과도 같다고 말할 수 있습니다. 말씀으로 창조하신 세상은 말씀으로 이 세상에 오신 메시아와 같습니다. 요한복음을 보면 말씀이 있었는데 하느님과 함께 있었고 하느님과 같은 분이라고 했습니다. 말씀으로 세상을 지으신 분이 이제는 말씀으로 오셔서 우리와 함께 한다는 이야기이죠.

이렇게 말씀은 우리와 뗄래야 뗄 수 없는 운명입니다. 그 말씀으로 우리는 생명을 얻었다고 고백하기 때문이죠. 그런데 여기 말씀은 온 세상을 창조하신 바로 그 원동력입니다. 옛 사람들은 말에 엄청난 힘이 있다고 믿었습니다. 말이 바로 행동이라고 믿었던 거죠. 하느님이 말씀으로 창조하셨다는 것은 하느님이 직접 움직이셨다고 읽어볼 수도 있는 대목입니다.

이러한 하느님의 모습은 그분의 이름 속에서도 찾아볼 수 있습니다. 흔히 "여호와"라고 우리가 부르는 그 이름 속에는 이미 "무엇인가 있게 한다"는 뜻이 들어 있기 때문이죠. 지금은 "야훼"나 "야베"라고 읽습니다. 특히 사마리아 사람들은 "야베"라고 불렀어요. 이분들이 남긴 사마리아 오경을 읽어보면 알 수 있습니다. 가시덤불 속에 나타나신 그분을 만나고 모세가 이름을 물었을 때 그분은 "에흐예"라고 대답하십니다. 이 또한 "나는 무엇인가 끊임없이 생기게 한다"는 뜻이 들어 있는 이름입니다. 하느님의 이름은 이렇게 문장입니다.

"늑대와 함께 춤을"이라는 영화가 생각나는군요. 북미 원주민들과 어떻게 조화롭게 살아갈 것인가 고민하는 주인공의 멋진 모습이 담긴 영화인데요, 북미 원주민들의 이름이 이렇게 "늑대와 함께 춤을"이라는 문장인 것과 같이 하느님의 이름 또한 문장입니다. 그냥 문장이 아니라 "나는 끊임없이 생겨나게 하는 자"라거나 "나는 나 자신을 끊임없이 바꾼다"라고도 읽을 수 있는 이름이 바로 하느님의 이름입니다. 창조주 하느님을 고백하는 이름이라고 말할 수도 있겠군요.

이렇게 성경은 창조로 시작합니다. 이것을 우리는 창조 신앙이라고 부른다고 했습니다. 창조 신앙은 인권선언이면서 양성평등 선언입니다. 그리고 끊임없이 움직이시며 일하시는 그분의 길을 따르는 고백이기도 합니다. 시편 시인은 또 이렇게 고백합니다.

때를 따라 주시는 먹이를 기다리며

이 모든 것들은 님을 쳐다보다가
먹이를 주시면 그들은 배부릅니다.
그러다가 님께서 외면하시면
어쩔 줄 모르고
숨을 거두어들이시면
죽어서 먼지로 돌아가지만
님께서 입김을 불어넣으시면
다시 살아나고
땅의 모습은 거듭거듭 새로워집니다. (시 104:27-30)

한글 『공동번역』을 약간 고쳐 읽어본 것입니다. 여기서 "님께서 입김을 불어넣으시면 다시 살아나고 땅의 모습은 거듭거듭 새로워집니다"라는 고백은 땅 위에 살고 있는 인간과 온갖 것이 하느님의 입김으로 살아간다는 점을 강조합니다. 입김 때문에 살아난다는 거죠. 거듭거듭 새로워진다는 건데요, 이것이 바로 창조입니다. 하느님은 단 한번 창조하시고 쉬시는 것이 아니라 지금도 님의 입김 곧 당신의 숨결을 뿜어내시면서 일을 하고 계십니다. 시편 33편 시인이 "입김으로 별들이 생겨난다"고 한 말과 통하는 표현이기도 하고요. 또 창세기 2장에서 숨을 사람의 코에 불어넣으시자 사람이 살아 움직이는 생명이 되었다는 말과 같은 것이죠. 인권과 양성평등과 말씀 그리고 숨과 흙 이런 것들이 창세기 앞 두 장을 수놓고 있는 말입니다.

* * *

그런데 창세기 3장은 이야기가 영 다릅니다. 타락 장으로 유명합니다. 타락이란 말은 나중에 만들어낸 말입니다. 3장은 우리가 지은 죄의 결과를 반영하는 이야기일 뿐입니다. 곧 지금 우리의 모습을 가리키는 이야기입니다. 앞서 얘기했던 필리스 트리블 교수의 말입니다.

하느님은 물으십니다. "지금 어디 있느냐?" 남자는 변명하죠. 하느님이 제게 주신 여자가 이렇게 나를 만들었다고 말이죠. 그러자 하느님은 여자에게 말씀하시죠. 어떻게 그렇게 했느냐고요. 뱀에게 속아서 그랬다고 했습니다. 이렇게 변명 일색입니다. 지금 나의 모습 아닌가요? 우리는 어떤 일을 벌이고서는 일이 잘못되었을 때 나 자신이 그 결과를 받아들이려 하지 않고 남을 핑계합니다. 나는 아무런 잘못이 없는 거죠. 정말 그런가요? 죄지은 결과입니다.

그런데 이렇게 이야기를 풀어가기 전에 생각해야 할 점이 있습니다. 타락이라고 말하면서 우리는 그 죄가 바로 여자를 통해서 인류에게 들어왔다고 이야기합니다. 그래서 모든 죄를 다 여자가 뒤집어씁니다. 먹기는 자기가 먹어놓고 죄는 여자에게 덮어씌웁니다. 비열하죠. 여자 또한 변명하기는 마찬가지입니다. 여자나 남자나 모두 죄의 결과로 갈등하기는 마찬가지입니다. 그런데 여기서 3장을 찬찬히 읽어볼 필요가 있습니다.

우선 여자는 이야기꾼입니다. 말에 능숙합니다. 누구와 말을 하나요? 뱀과 이야기합니다. 뱀이 말을 한다는 것은 이 이야기가 꾸며낸 이야기라는 점을 드러내는 것입니다. 꾸며낸 이야기지만 그 속에는 말하는 이의 진실이 담겨있습니다. 여자가 나누는 이야기의 주제가 무엇인가요? 하느님의 말씀입니다. 한번 비교해 볼까요? 한글성경 『공동번역』으로 읽어보겠습니다.

> 이 동산에 있는 나무열매는 무엇이든지
> 마음대로 따 먹어라.
> 그러나 선과 악을 알게 하는 나무의 열매만은
> 따 먹지 말아라.
> 그것을 따먹는 날,
> 너는 반드시 죽는다. (창 2:16-17)
>
> 하느님이 너희더러
> 이 동산에 있는 나무 열매는 하나도 따 먹지 말라
> 고 하셨다는데
> 그것이 정말이냐? (창 3:1)
>
> 아니다.
> 하느님께서는
> 이 동산에 있는 나무 열매는 무엇이든지

마음대로 따 먹되
죽지 않으려거든
이 동산 한가운데 있는 나무 열매만은
따 먹지도 말고
만지지도 말라
고 하셨다. (창 3:2-3)

뱀과 여자가 나누는 이야기를 들어보면 무척 재미있습니다. 뱀은 의도적으로 하느님의 말씀을 줄여서 말하죠. "이 동산에 있는 나무 열매는 하나도 따 먹지 말라"고 하셨다는데 "그것이 정말이냐?"고 묻습니다. 확인하는 거죠. 그것도 슬쩍 말을 빼고 묻습니다. 그러자 여자는 정확하게 말을 고칩니다. "이 동산에 있는 나무 열매는 무엇이든지 마음대로 따 먹되 죽지 않으려거든 이 동산 한가운데 있는 나무 열매만은 따 먹지도 말고 만지지도 말라"고 하셨다고 대답합니다. 눈치를 채셨습니까? 그렇습니다. "만지지도 말라"는 말을 덧붙인 것이죠. 뱀은 말을 빼먹습니다. 여자는 말을 덧붙입니다. 이렇게 빼거나 덧붙여 말하는 것을 우리는 어려운 말로 주석(註釋)이라고 합니다. 그러니까 지금 뱀과 여자는 하느님의 말씀을 놓고 신학적 토론을 벌이는 거죠. 이렇게 놓고 볼 때 여자는 세상에서 가장 영리하다는 뱀과 더불어 하느님의 말씀을 놓고 논쟁을 벌이는 뛰어난 신학자입니다. 앞서도 언급한 필리스 트리블 교수의 이야기입니다. 타락한 여자의 모습이 아니라 머리가 출중한 신학자의 모습을 우리는 이렇게 여자의 말 속에서 읽어보기도 합니다.

이것으로 끝나지 않습니다. 뱀은 계속 말씀에 주석을 달죠. 그 열매를 따 먹으면 "너희"의 눈이 밝아져 "하느님처럼" 된다고 합니다. 이 말 속에는 은근히 여자뿐만 아니라 남자도 함께 먹어야 한다는 점을 말하고 있는 것이고, 그렇게 하기만 하면 "하느님처럼" 된다고 부추기는 거죠. 그러자 여자는 그 열매를 바라봅니다. 정말 보기에도 좋고 먹기에도 좋아 보였습니다. 유혹에 잘 넘어가는 여자의 모습이라고 우리는 읽어왔지만 심미안(審美眼)을 가진 여자의 모습을 여기서 읽어볼 수도 있습니다. 미적 감각이 뛰어나다는 얘기죠. 감각이 정교하다는 말입니다. 여기에 비해서 남자는 어떻습니까? 주니까 그냥 받아먹습니다. 함께 먹는 거죠.

뱀이 생각한 대로 되는 겁니다. 그런데 여기서 우리가 생각해 보아야 할 것이 있습니다. 이 이야기 속에서 뱀은 무엇을 상징할까요? 뱀은 물론 명민한 동물입니다. 영리한 동물이죠. 뱀은 고대 중동 사람들이 죽지 않는 짐승 불사(不死)의 존재로 생각해 왔습니다. 고대 이집트 왕들의 머리 장식에는 항상 코브라가 등장합니다. 코브라가 그의 머리 앞부분에 붙어 있습니다. 영원불멸을 상징합니다. 또한 지혜를 상징하기도 합니다. 여자와 나누는 대화 속에서도 우리는 그러한 뱀의 모습을 발견하지 않습니까? 뱀은 이렇게 명민(明敏)함을 상징합니다. 성경에 뱀이 여러 가지 모습으로 등장합니다만 여기서는 이렇게 죽지 않음과 슬기를 나타내는 신화 속의 동물로 나타납니다.

지혜를 상징하는 뱀은 사실 불멸과 풍요를 상징하기도 합니다. 그러니까 사람이 뱀의 꾐에 넘어갔다는 것은 풍요로움과 불사와 지혜를 추구했다는 점을 말하고 있는 것이기도 하죠. 풍요로운 삶을 원치 않은 사람이 어디 있습니까? 죽고 싶어 하는 사람이 어디 있습니까? 바보처럼 살고자 하는 사람이 어디 있습니까? 인간의 가장 기본적인 욕구를 여기 뱀은 가리킵니다. 그러니까 그 과일을 따 먹었다는 말은 사람들이 하느님 아닌 다른 신들을 섬겼다는 말과도 통하는 이야기입니다. 민수기에 나오는 들린 뱀 이야기는 이러한 사정을 배경으로 하는 이야기로 읽어볼 수도 있습니다. 우리는 3장의 이야기 속에서 이러한 것도 함께 읽어낼 수 있을 것입니다.

잠언에서는 지혜로운 이가 생명나무를 얻는다고 했는데 여기 창세기에서는 생명나무에 접근하는 것조차 금기시하고 있습니다. 이렇게 성경 속에는 똑같은 것 하나를 놓고 서로 다른 이야기를 하는 모습을 우리는 자주 봅니다. 하느님을 모시고 사는 이는 생명나무를 얻는 것이라고 잠언은 거듭거듭 말하고 있으니까요. 이 생명나무에 대해서는 잠언에서 다시 말씀드리려고 합니다.

하느님은 벌을 내리십니다. 뱀도 남자도 여자도! 이 가운데 여자에게 하신 말씀을 읽어보기로 하겠습니다.

> 늘리리라. 나는 늘리리라.
> 너의 고통과 너의 임신을 –
> 고통 속에서 너는 자식을 낳으리라. (창 3:16)

여자가 아기 낳는 일을 “고통”(이차본)이란 말과 “임신”(헤라욘)이라는 말로 설명합니다. 그런데 그냥 고통과 단순한 임신이 아닙니다. 그 고통과 임신을 늘리고 또 늘릴 것이라고 하느님은 말씀하시죠. 어떻게 늘리느냐구요? 그냥 고통이 더 심하게 할 것이라는 거죠. 또한 임신도 늘린다고 하셨는데 이는 임신이 자꾸 되고 또 되게 한다는 것이죠.

흔히 우리는 이 “너의 고통과 너의 임신”을 “너의 임신의 고통”으로 읽어왔습니다. 대부분의 성경이 그렇게 되어 있습니다. 그러나 『이브를 찾아서』(Discovering Eve)란 책을 쓴 미국인 학자 캐롤 마이어스(Carol Meyers)는 이 말을 이렇게 “고통”과 “임신”으로 나누어 읽어야 한다고 주장합니다. 이렇게 읽는 것이 히브리어성경을 있는 그대로 읽는 것이라고 말하죠. 맞습니다. 그런데 그것이 어떠냐 하는 것인데요, 이 성경 구절은 기원전 10세기경 유다 산지에서 살았던 이스라엘 여자들의 삶이 얼마나 고달팠던가를 보여주는 전형적인 구절이라고 말하죠. 산지에서 살려고 하니 어찌 고통이 임신의 고통만이겠습니까? 땅을 개간해야만 먹고살 수 있지 않았겠습니까? 또한 당연히 임신도 하게 되죠. 임신을 자꾸 해서 자식들을 많이 낳아야만 노동을 할 수 있지 않았을까요? 그러니까 당시 유다 산지 여자들은 이중의 고통에 시달렸을 것이 명합니다. 그래서 당시 여자들의 평균나이가 불과 33살이었을 것이라고 무덤을 파헤쳐 연구해 본 결과 그렇게 말하기도 합니다. 열악하고 고통스런 삶의 현실을 반영하는 이야기이기도 하죠.

이렇게 타락 이야기라고 읽어온 창세기 3장은 당시 인간 현실을 말하기도 하고 우리의 지금 모습을 반영하는 이야기이기도 합니다. 창조–타락–구원이라는 도식은 후대에 만들어낸 도식일 뿐입니다. 성경이 말하는 내용은 그것과는 많이 다르다는 사실을 우리는 또한 생각해 볼 필요가 있습니다.

* * *

이번에는 아브라함의 이야기로 넘어가보겠습니다. 우리말 성경은 창세기 12장에서 아브라함을 “복의 근원”(12:2)이라고 한글 『개역』성경이 부르는데 본디 “복”(베라카)이라는 말입니다. 곧 “복덩이”라는 뜻으로 읽을 수도 있는데 이는 이스라엘의 자의식을 가리키는 말입니다. 아브라함이 이스라엘의 조상인 까닭이죠.

> 네 고향과 친척과 아비의 집을 떠나
> 내가 장차 보여줄 땅으로 가거라.
> 나는 너를 큰 민족이 되게 하리라.
> 너에게 복을 주어 네 이름을 떨치게 하리라.
> 네 이름은 남에게 복을 끼쳐주는 이름이 될 것이다.
> 너에게 복을 비는 사람에게는
> 내가 복을 내릴 것이며
> 너를 저주하는 사람에게는 저주를 내리리라.
> 네 덕을 세상 사람이 입으리라. (창 12:1-3)

"너"와 "나"의 변주곡입니다. 그리고 세상 사람이 마지막을 장식합니다. "너"는 아브라함이고 "나"는 하느님입니다. 그리고 이 모두 세상 사람과 관련을 맺고 있습니다. "너" 아브라함은 "나" 하느님을 섬기는 자인데 그 결과는 세상 사람의 "덕"이라는 섬김으로 나타나야 한다고 창세기 12장은 말합니다.

이렇게 아브라함은 이스라엘이고 새 이스라엘인 우리입니다. 그리고 그 이름은 "복"입니다. 그래서 이스라엘의 자의식이고 우리의 자의식이라고 부릅니다. 우리 때문에 세상은 복을 받아야 하고 우리 때문에 세상은 덕을 입어야 합니다.

아브라함이 갈대아 우르를 떠나 하란을 거쳐 가나안 땅으로 들어온 길은 기원전 6세기 바빌로니아에서 포로생활을 끝내고 이스라엘 땅으로 돌아온 귀환민들의 길과 똑같습니다. 이들을 우리는 귀환 공동체라고 부르는데요, 이들 귀환 공동체는 다른 말로 "예후드 공동체"라고 부르기도 합니다. 당시 이스라엘 사람들을 다른 나라 사람들은 "예후드"라고 불렀기 때문이죠. "유다"라는 말이 이 말에서 생겨났고 유대인이라는 말 또한 이 말에서 생겨났습니다. 이렇게 놓고 보면 아브라함의 이야기를 읽었던 유대인들은 자신들의 이야기로 읽었던 것이 분명합니다. 이런 까닭에 아브라함의 이야기는 유대인들의 이야기이이고 새 이스라엘이라고 고백하는 우리의 이야기입니다. 우리가 아브라함을 우리의 믿음의 조상이라고 부르는 까닭이죠.

우리 때문에 모든 사람들이 복을 받아야 합니다. 그러나 지금 우리는 비난받고 있습니다. 남을 인정할 줄 모르고 남을 배려할 줄 모르고 나만 알고 나만 뱃속 채우는 이기심 때문입니다. 아브라함이 우리 믿음의 조상이라면 우리는 아브라함의 길을 따라야 합니다. 그는 때로 아내를 팔아먹는 비열한 남편의 모습으로 나타나기도 하지만 아들을 기꺼이 그분께 바치는 고귀한 신앙의 인물로 나타나기도 합니다. 이러한 신앙의 여정은 이삭과 리브가의 모습 속에서 그리고 야곱의 모습 속에서도 찾아볼 수 있습니다.

이어지는 이삭과 야곱 이야기는 리브가의 이야기로 읽어도 될 것입니다. 이삭보다는 리브가가 아브라함 계보를 잇는 데 중대한 역할을 하기 때문이죠. 리브가가 없이는 야곱이 있을 수 없습니다. 야곱은 이스라엘의 또 다른 이름이기에 리브가가 바로 이스라엘 12지파를 형성케 한 장본인입니다. 따라서 "아브라함과 이삭과 야곱의 하나님"(출 3:6)은 유연희라는 학자와 같이 "아브라함과 리브가와 야곱의 하느님"으로 읽어도 무방할 것입니다.

요셉 이야기는 이민자들의 이야기입니다. 요셉은 이민자들의 영웅입니다. 요셉 이야기는 전형적인 영웅 이야기이죠. 구덩이에서 죽음을 경험한(창 37장) 영웅 요셉은 또한 화해의 화신(창 45장)이기도 합니다. 이 또한 떠돌이 이민 공동체였던 이스라엘의 자의식을 나타내는 이야기입니다. 곧 아브라함과 요셉의 이야기는 이스라엘 자신의 이야기입니다. 뭇 민족의 복의 근원으로 또 화해의 화신으로 자신을 생각한 것이죠. 이는 "새 이스라엘"이라고 고백하는 우리 그리스도인들의 자의식이 되기도 할 것입니다.

2) 출애굽기 – 어머니 하느님

나는 아가데의 위대한 왕 사르곤이다.
어머니는 대사제였다. 나는 아버지를 모른다.
아버지 형제들은 고지대에 살고 있다.
내 고향은 유프라테스 강둑에 있는 아주피라누이다.
대사제인 어머니가 임신하여 몰래 나를 낳았다.
그는 나를 갈대상자에 넣고는 뚜껑에 역청을 발랐다.
그리고 강에 나를 버렸다. 거기서 나는 올라올 수 없었다.

강은 나를 데리고 물 긷는 이 아키에게 데려갔다.
물 긷는 이 아키는 동이로 물을 뜰 때 나를 건져냈다.
물 긷는 이 아키는 나를 양자로 키웠다.
물 긷는 이 아키는 과수원 일을 시켰다.
과수원 일을 하는 동안 이쉬타르는 나를 아껴주었다.
오십사년 동안 나는 왕으로 다스렸다.
이 땅의 주인이 되어 백성을 다스렸다.
구리 괭이로 험한 산들을 파헤쳤다.
높은 산들을 하나씩 올랐다.
낮은 산들을 하나씩 건넜다.
바다 땅을 세 번 정복했다. 딜문이 내게 무릎 꿇었다.
온 누리 높은 성벽을 공격했다.
성곽들을 쳐부쉈다.
내 뒤를 이어 일어나는 왕은 누구든
오십사년을 다스리라.
이 땅의 주인이 되어 백성을 다스리라.
구리 괭이로 험한 산들을 파헤치라.
높은 산들을 하나씩 오르라.
낮은 산들을 하나씩 지나가라.
바다 땅을 세 번 정복하라. 딜문이 그에게 무릎 꿇길.
온 누리 높은 성벽을 공격하길.
성곽들을 쳐부수길.
나의 도시 아가데에서 …

어디서 많이 들어본 얘기 아닌가요? 그렇습니다. 모세의 출생 이야기와 비슷합니다. 갈대상자에 넣어 아기를 강에 버린 이야기 말이죠. 그리고 왕이 되었다는 거죠. 그러니까 바로 공주의 양자로 자란 모세나 여사제의 양자로 자란 사르곤이나 무척 비슷합니다.

여기서 "아가데"는 "아카드"를 가리킵니다. 아카드 왕 가운데 사르곤(Sargon)이라는 왕이 있었습니다. 기원전 3천년대 후반의 왕이죠. 사르곤 왕조를 세운

위대한 왕으로 사람들은 기억하고 있습니다. 바빌론의 함무라비 왕만큼이나 유명한 왕입니다. 위의 이야기는 사르곤이 어떻게 태어나고 또 자랐는지 그 기억을 담고 있는 이야기입니다. 학자들은 사르곤이라는 왕이 기원전 3천년대 후반의 사람이었지만 이 짧은 이야기는 그보다 약 천년 이상 후에 기록한 이야기로 설명합니다. 언제 기록된 것이 뭐 그렇게 중요하겠습니까? 다만 우리는 같은 이야기가 성경 속에 들어 있다는 것을 말하려는 것이죠.

정말 모세의 탄생 이야기는 극적입니다. 두고두고 얘기하죠. 그런데 재미있는 것은 모세의 탄생 이야기에 사람들의 이름이 하나도 등장하지 않는다는 점입니다. 그리고 남자들 또한 등장하지 않죠. 다만 마지막에 "모세"라는 이름 하나만 나옵니다.

그리고 그 이름은 "물에서 길어올렸다"는 뜻이라고 설명하죠. 위의 사르곤 출생 이야기에서 거듭 나오는 "물 긷는 이"라는 표현에 견줄 수 있는 말 아닌가요? 사실 "모세"란 이름은 이집트 왕족의 이름입니다. "라암셋"이라는 성의 이름은 "라-무시스"라고 해서 "라(Ra) 님이 낳게 해주시길!"이나 "라(Ra) 님이 낳으셨다"는 뜻이라고 하죠. 또 "투트-무시스"라는 이름도 있죠. 마찬가지로 "투트(Tutu) 님이 낳아주시길!"이나 "투트(Tutu) 님이 낳으셨다"로 읽을 수 있는 이름이에요. "라"나 "투트"는 이집트인들의 신이죠. 그러니 "모세"란 이름은 "낳다"라는 이집트어 "무시스"를 히브리 식으로 바꾼 것이라고 할 수 있죠. 이름이 뭐 그리 중요할까요? 그러나 분명한 것은 히브리 노예들을 이집트에서 이끌고 나온 지도자 모세는 이집트 왕족의 이름을 지니고 있다는 것이죠. 아이러니입니다. 왕족과 노예! 두 신분을 모두 가지고 있는 인물이 바로 "모세"이니까요.

모세 이야기는 유명합니다. 그런데 어머니의 이름도 아버지의 이름도 나오지 않습니다. 다만 레위지파 사람들이라고만 했습니다. 그런데 이야기를 찬찬히 뜯어보면 이름이 나오지 않는다고 했습니다. 여자들만 나오죠. 어머니와 누이와 공주와 시녀들이죠. 이름도 나오지 않는 사내아이는 이렇게 여자들의 보살핌 속에서 목숨을 부지합니다.

"이집트 왕자"라는 미국 만화영화가 있죠. 나온 지 한 10년쯤 되었죠. 이 영화 속의 아기는 초롱초롱한 눈망울을 반짝이며 갈대 바구니 속에서 자신의 운명도 모른 채 방긋 웃습니다. 죽음의 여행을 떠나는 것도 모르는 거죠. 이집트

말로 "갈대 숲으로 간다"는 말은 죽음의 길을 떠난다는 뜻이죠. 그러니 지금 아기는 죽을 운명에 처해 있는 겁니다. 그런데요, 아기를 쫓아가는 누이를 보세요. 그 누이가 미리암인 것을 우리는 알죠. 하지만 이야기 속에서 그 누이는 이름도 나오지 않습니다. 그 누이는 아기가 불쌍하여 강둑을 따라갑니다. 그 아기를 계속해서 주시하는 것이죠. 물론 엄마의 뜻을 따른 것이겠죠. 그렇긴 해도 동생을 사랑하지 않았다면야 어떻게 그 소녀가 강물에 흘러가는 바구니를 쫓아갈 수 있었을까요? 소녀가 그 바구니에서 눈을 떼지 않았을 것이라고 충분히 상상하고도 남습니다. 그러니 우리는 소녀의 눈길은 바로 하느님의 눈길이라고 확신합니다. 죽음의 여정을 떠나는 아기에게서 한시도 눈을 떼지 않는 소녀! 그리고 그 소녀의 눈을 통하여 아기를 바라보시는 하느님! 이렇게 그 소녀 미리암의 눈은 하느님의 눈입니다. 감격스럽지 않나요?

결국 공주의 시녀들이 갈대 바구니를 건집니다. 그리고 공주는 그 아기가 히브리 노예 아기라는 것을 압니다. 아기는 결국 이집트 왕실에서 자라나죠. 이것이 바로 모세의 탄생 이야기입니다. 모세의 출생 비밀이죠.

이 이야기 속에서 여자는 생명을 상징합니다. 남자는 죽음을 상징하죠. 죽음의 여행을 떠나는 남자 아기는 여자들의 품 속에서 생명을 얻습니다. 이렇게 출애굽 이야기는 여자들의 이야기입니다. 산파들을 기억하시죠? 십브라와 부아 말이죠. 이 여인들 또한 생명을 상징합니다. 그리고 급기야 성경에서 가장 오래된 노래를 부른 이도 미리암입니다. 그의 노래와 춤으로 출애굽 사건은 더욱 더 빛이 납니다.

> 야훼님은
> 나의 힘
> 나의 노래
> 나의 구원이시라.
> 야훼님은 나의 님
> 우리 조상의 하느님
> 하여 난
> 님을 드높이리라.

출애굽기 15장에 나오는 이 노래는 바로 미리암의 노래입니다. 흔히 바다의 노래라고도 하죠. 갈대바다를 건너고 부른 노래입니다. 이 미리암은 초기 이스라엘의 위대한 지도자였죠. 그가 없이는 이스라엘 진영은 움직이지도 않았죠. 그가 모세의 권위에 도전했다는 것 때문에 아론은 멀쩡한데도 미리암만 피부병에 걸리죠. 그가 회복될 때까지 이레 동안 이스라엘은 움직이지 않았습니다. 민수기(12:15)에 나오는 이야기입니다. 그만큼 미리암은 중요한 인물이죠. 이런 기억을 예언자 미가(6:4)는 이렇게 말합니다.

나는 너희를 데리고 나왔다.
이집트에서-
나는 너희 몸값을 치렀다.
종살이하던 집에서 데리고 나왔다.
모세와 아론과 미리암을 보냈다.
거기서-
나는 너희를 데리고 나왔다.

이 짧은 이야기는 이렇게 나누어 읽어볼 수 있어요.

a 데리고 나오다
　　b 이집트
　　　　c 몸값을 치르다
　　　　　　x 종살이하던 집에서 데리고 나오다
　　　　c' 모세와 아론과 미리암
　　b' 거기
a' 데리고 나오다

이 이야기를 자세히 보세요. "데리고 나왔다"는 말이 앞과 가운데와 끝에 나옵니다. 그러니 "데리고 나옴"이 그 중심입니다. 세 번이나 반복되니 가장 중요하다는 것이죠. 더구나 "종살이하던 집"이란 말이 앞에 덧붙어 있어요. 그리고 "이집트에서" "종살이하던 집에서" "거기서" 데리고 나왔다고 또 이렇게 갈은 곳을 세 번씩 반복합니다. 바로 가운데 있는 "데리고 나오다"는 "종살이하던 집"이란 말이 덧붙어 더욱 강조되고 있는 거죠. 그래서 위에서 이 항목을 "x"로 표시해 보았습니다.

그리고는 몸값을 치렀다고 말하죠. 그 몸값은 바로 모세와 아론과 미리암의 몸값입니다. 특히 고통스런 노예살이 그리고 광야생활은 바로 미리암의 몸값이라 말할 수 있죠. 미리암은 그만큼 고통을 당하고 두 형제들과 함께 몸값을 지불합니다. 그런데 미리암은 악성 피부병에 시달려 이레 동안이나 갇혀 지내죠. 이것이 바로 그 몸값을 상징합니다. 아기 모세를 구한 것도 미리암입니다. 아론도 함께 벌 받아 마땅하지만 홀로 그 짐을 다 지고 갇혀 지냈던 이도 미리암입니다. 그래서 그 이름도 "하늘"입니다. "꼭대기"입니다. 곧 가장 위대한 이스라엘 지도자는 미리암이라는 말이죠. 지도자 미리암은 또한 시인이요 소리꾼이요 춤꾼입니다. 위의 교차 대구 구조에서 미리암은 파격입니다. 흔히 출애굽은 모세와 아론만을 언급합니다. 그러나 미가의 기억은 그렇지 않습니다. 미리암이 들어가죠.

이렇게 하느님은 여자들을 시켜서 당신 일을 하시죠. 여자들은 이렇게 그분의 구원과 해방을 선포하고 노래하고 춤추고 찬양해요. 드보라가 그랬습니다. 한나가 그랬습니다. 마리아가 그랬습니다. 마리아는 미리암의 또 다른 이름입니다. 마리아는 어떤 성경 사본에는 "마리암"이라고 부르기도 합니다. 그러다가 "마리아"라고 불렀는데요, 마리아 없이 예수님이 있을 수 있을까요? 미리암 없이 모세가 있을 수 있을까요? 이 모세에게 하느님은 시내산에서 돌판 두 개를 깎아오라고 하시면서 자신의 이름 "야훼"에 대해 이렇게 선포하시죠. 출애굽기(34:6)에 나오는 이야기입니다.

아도나이 엘
락훔 베-하눈
에렉 아파임
베-라브 헤세드 베-에메트

흔히 이 구절은 이렇게 읽습니다.

주, 나 주는
자비롭고 은혜로우며
노하기를 더디하고
한결같은 사랑과 진실이 풍성한
하나님이다.

『새번역』으로 읽은 것입니다. 그런데 이 말은 이렇게 읽을 수 있죠.

아훼는 엘!
생사를 넘나들며 아기집 사랑으로 사랑하는 이
가엾게 여기는 이
코가 긴 이
한결같음과 진실이 엄청난 이!

또 이렇게 읽을 수도 있어요.

야훼는 하느님!
생사를 넘나들며 아기집 사랑으로 아껴주는 분
누구든 가엾게 여기시는 분
어지간해서는 화를 내지 않는 분
한결같은 분
그지없이 진실한 분 -

또 달리 읽어볼 수도 있지만 출애굽기에 나오는 이 고백은 하느님이 하시는 말씀으로 나오죠. 하지만 성경 다른 곳에서는 신앙고백으로 약간씩 달리하여 수도 없이 등장합니다. 그래서 이것을 우리는 "가장 오래된 이스라엘 신앙 고백"이라 부릅니다. 이 고백은 오경에도 예언서에도 성문서에도 등장하죠. 민수기도 요나(4:2)도 요엘(2:13)도 느헤미야(9:17)도 시편(86:15, 103:8-9) 시인도 이 고백을 수도 없이 되뇌죠.

나 주는
노하기를 더디하고
사랑이 넘치어 죄와 허물을 용서한다.
그러나 나는 죄를 벌하지 않은 채
그냥 넘어가지는 않는다.
나는
아버지가 죄를 지으면 본인뿐만 아니라
자손 삼사 대까지 벌 내린다. (민 14:18)

주 너희 하나님께로 돌아오너라.
주님께서는
은혜롭고 자비로우시며
오래 참으시며
한결같은 사랑을 늘 베푸시고
불쌍히 여기는 마음이 많으셔서
뜻을 돌이켜 재앙을 거두기도 하신다. (욜 2:13)

하나님은
은혜로우시며 자비로우시며
좀처럼 노하지 않으시며
사랑이 한없는 분이셔서
내리시려던 재앙마저 거두실 것임을
내가 알고 있었습니다. (욘 4:2)

그러나 주님은
용서하시는 하나님
은혜로우시며 너그러우시며
좀처럼 노여워하지 않으시며
사랑이 많으셔서
그들을 버리지 않으셨습니다. (느 9:17)

그러나 주님께서는
은혜로우시며
사람을 불쌍히 여기시는 하나님이시기에
그들을 끔찍이도 불쌍히 여기셔서
멸망시키지도 않으시고
버리지도 않으셨습니다. (느 9:31)

그러나 주님,
주님은 자비롭고 은혜로우신 하느님이시오
노하기를 더디하시며
사랑과 진실이 그지없으신 분이십니다. (시 86:15)

주님은
자비롭고 은혜로우시며
노하기를 더디하시며
사랑이 그지없으시다
두고두고 꾸짖지 않으시며
노를 끝없이 품지 않으신다. (시 103:8-9)

주님은
은혜롭고 자비로우시며
노하기를 더디하시며
인자하심이 크시다. (시 145:8)

그런데 이들 고백 가운데서 특히 "자비롭고 은혜로운 분"이란 말이 우리의 관심입니다. "자비롭다"는 말은 "아기집"이나 "자궁"이란 뜻의 "렉헴"(רחם)에서 온 말입니다. 그러니까 여자들만이 갖고 있는 몸의 일부를 하느님의 속성으로 설명합니다. 그래서 저는 "아기집"이란 말에서 온 "락훔"이란 말을 "생사를 넘나들며 죽기까지 아기집 사랑으로 아끼시는 분"이라고 해석합니다. 아기를 낳는다는 것은 삶과 죽음을 넘나드는 일입니다. 죽음을 경험하는 것이죠. 죽을 수도 있어요. 야곱의 아내 라헬은 벤오니를 낳다가 죽었습니다. 그래서 그 아기의 이름이 "슬픈 자식"이죠. 그런데 날마다 그 아기 이름을 부르면서 슬픈 자식! 슬픈 자식! 하니까 너무 슬픈 거예요. 죽은 불쌍한 라헬이 자꾸 생각나는 거죠. 그래서 이름을 벤야민으로 바꾸었습니다. 이렇게 아기를 낳는 일은 죽음을 무릅쓰는 일입니다. 목숨을 걸고 하는 일이죠. 하느님을 말하면서 이렇게 생사를 넘나드는 사랑으로 표현한 말이 바로 "자비롭다"는 말입니다. 그래서 저는 이 말을 이렇게 길게 풀어보았습니다. 하느님을 어머니로 그린 것이죠.

성경에는 하느님을 아버지로 부르기도 하지만 이렇게 어머니로 부르기도 합니다. 그런데 이런 하느님의 어머니 모습은 이사야에게서 더욱 빛이 납니다. 이사야는 이렇게 말하죠.

어미가 어찌 제 젖먹이를 잊겠느냐?
제 속에서 난 아이를 어찌 불쌍히 여기지 않겠느냐?
어미는 제 아이를 잊는다 해도
나는 너를 결코 잊지 않으리라 (사 49:15)

하느님은 이사야의 입을 통하여 자신을 어머니로 표현합니다.

그들은
굶지도 목마르지도 않으리라.
열풍도 태양도 해하지 못하리라.
그들을 이끌리라.
아기집 사랑으로 애지중지하는 그분이 -
생수가 샘솟는 곳으로
데리고 가리라. (사 49:10)

이렇게 어머니 하느님을 말하는 이사야는 예레미야에게 그 생각을 물려줍니다. "여자가 남자를 껴안으리라"(31:22)는 말씀이 그것인데요, 이 점에 대해서는 다음에 말씀드리기로 하죠. 그런데 이사야는 또 하느님을 "거룩한 분"이라고도 부르고 "고엘"이라고도 부릅니다(49:7). 물론 "거룩하신 분"이라고 하느님을 먼저 부른 이는 한나입니다. 한나의 노래는 이 말로 시작하죠.

> 야훼님 같은 분은 없어라.
> 님은 거룩하신 이[2)]
> 우리 하느님 같은 반석은 없어라. (삼상 2:2)

"님 같은 분은 없어라"라는 말은 시편(86:8) 시인의 고백과도 똑같습니다. 또 미리암의 말과도 같은 말이죠.

> 주님!
> 신들 가운데 님 같은 분은 없어요. (시편 86:8)[3)]

> 야훼님!
> 신들 가운데 님 같은 분이 누구인가요?
> (출 15:11, 시 86:8 참조)[4)]

그런데 하느님은 모세에게 떨기나무 속에서 이렇게 말씀하세요.

> 나는 나다!

이 말을 우리는 흔히 "나는 스스로 있는 자니라"라고 읽어왔죠. 『개역 한글판』 성경이 그렇습니다. 그래요. 스스로 계시다는 말이죠. 한문성경 『대표본』(1854)도 "자유자"(自有者)라고 하여 같은 전통으로 읽어왔죠. 자유로운 분이 아니라 "스스로 있는"[自有] 분이라고 읽은 거죠. 물론 이 말은 희랍어 칠십인역의 "에고 에이미 호 온"을 이렇게 읽은 것이죠. 그런데 이 말은 히브리말로 이렇게 읽습니다(출 3:14).

---

2) אין־קדוש כיהוה
3) אין־כמוך באלהים אדני
4) מי כמכה באלים יהוה

에흐예 아쉐르 에흐예[5]

무슨 뜻인지 잘 알 수 없는 말입니다. 그래서 영어성경도, 독일어성경도, 프랑스어성경도 무척 다양하게 읽습니다.

I am that I am.

I am who I am.

I am what I am.

I will be what I will be.

I will be who I will be.

I will be that I will be.

Ich werde sein, der ich sein werde (Luther).

JE SUIS QUI JE SUIS (TOB)

이렇게 읽어보아도 그 뜻을 잘 모르기는 마찬가지입니다. 그런데 하느님은 도대체 님의 이름이 무엇이냐고 재차 묻는 모세에게 귀찮은 듯이 이렇게 대답하시죠. "에흐예"라고 하는 이가 그대를 보냈노라고. 그렇게 이르라고 말씀하세요. 이 "에흐예"라는 말이 그러니까 또 하느님의 이름이 되세요. 그런데 앞에서는 "야훼!"라고 분명히 말씀하시죠. 그 뜻을 잘 모르겠는 거예요. 그래서 모세가 다시금 하느님께 질문한 거죠. 여전히 모호합니다.

이렇게 존재로 하느님을 이해한 것은 칠십인역 이래로 이어져 내려오죠. 라틴어 불가타역도 같은 전통입니다. 그런데 신약도 같은 생각으로 예수님을 생각합니다. 요한묵시록을 기록한 요한은 이렇게 말하죠(1:4, 1:7). "옛적부터 계신 분 지금도 계신 분 그리고 앞으로 오실 이!" 그러니까 예수님을 하느님이라고 말씀하면서 그분의 재림을 기다리면서 이렇게 표현한 것이죠. 이런 예수님의 표상은 묵시록 내내 계속됩니다. 요한의 이 해석은 시간적 흐름에 따른 해석입니다. 과거와 현재와 미래라는 시간의 틀에 맞춰 하느님을 설명한 말이죠.

요즘 이러한 이해와 더불어 히브리어 "에흐예"라는 말 자체에 그 초점을 맞

5) אהיה אשר אהיה

추어 읽으려는 노력이 있습니다. 히브리어 동사 "하야"에서 온 이 표현 "에흐예"는 "하야"라는 동사를 "있다"라는 뜻으로 읽기 때문에 가능하다고 설명하죠. 그런데 이 말은 "되다"나 "생기다" 또는 "벌어지다"라는 뜻으로 성경에서 더 많이 사용되는 것에 주목합니다. 그래서 "에흐예"는 "나는 무엇인가 되게 하는 이이다"나 "나는 무엇인가 벌어지게 하는 이이다" 또는 "나는 무엇인가 일어나게 하는 이이다"라고 읽습니다. 아니 아예 "나는 끊임없이 나 자신을 바꾸는 이이다"라고 읽을 수도 있습니다.

이렇게 놓고 본다면 하느님은 스스로 계시는 분이실 뿐만 아니라 자신을 끊임없이 바꾸시는 분이면서 동시에 무엇이든 벌어지게 하시는 분이라고 말할 수 있죠. 자신도 바꾸어 나가시면서 다른 것도 생기게 하시는 분! 창조주 하느님의 역동성을 말하는 대목이죠. 하느님은 이렇게 무엇인가 벌어지게 하시는 분이죠. 무엇인가 생기게 하시는 분이에요. 존재이면서 동시에 생성의 하느님! 이분이 우리가 믿는 야훼 하느님이죠. 이렇게 출애굽의 하느님은 창조의 하느님이세요. 하느님은 그래서 십계명을 주시면서 이스라엘에게 이렇게 이르시죠.

안식일을 기억하라.
거룩하게 지키라.
엿새 동안 그대들은 열심히 일하라 …
내가
하늘과 땅과 바다와 그 모든 것을
엿새 동안 만들고
이렛날은 쉰 까닭이라.
나 야훼가
그렇게 안식일을 복내리고
거룩하게 한 까닭이라.

십계명 가운데 세 번째 계명이죠(출 20:8-11). 강조점은 창조입니다. 이렛날 쉬셨으니 우리도 쉬어야 한다는 거죠. 이 강조는 신명기(5:12-15)의 십계명과 다릅니다. 신명기는 특이하게도 출애굽을 강조하고 있기 때문이죠. 비교해 보죠.

그대들은 안식일을 거룩하게 지키라.
그대들은 엿새 동안 열심히 일하라 …
그대들은 기억하라.
그대들이 이집트에서 종살이할 때
그대들의 하느님 야훼께서 힘센 손과 팔뚝으로
그대들을 거기서 이끌어내신 까닭이니
그대에게
그대의 야훼 하느님께서 명령하신다.

이렇게 "그대"로 시작하는 신명기 십계명이 출애굽을 강조합니다. 반면 출애굽기는 오히려 창조를 강조합니다. 사실 성경은 창조와 출애굽의 파노라마입니다. 이러한 사정은 성경 속 면면히 흐르는 생각입니다. 신약까지도 창조와 출애굽은 중요한 모티브입니다. 예수님은 모세의 모습 속에서 그 그림자를 이미 드리우셨다고 마태복음은 암시하고 있으니까요. 그런데 그 예수님은 부활 후 제자들을 향하여 숨을 쉬십니다. 그냥 쉬시는 게 아니죠. 푸– 하고 내쉬십니다. 그리곤 하시는 말씀이 "성령을 모시라!"는 겁니다. "성령"은 "거룩한 영"이죠. "거룩한 숨"이라고 말할 수 있죠. 옛날 『펜윅 성경』(1925)이라는 우리말 성경은 그래서 "성령"을 "성숨님"이라고 읽기도 했어요. 거룩한 숨결이 바로 부활의 상징입니다.

그런데 하느님은 인간을 처음 흙으로 빚으시고 그 코에 숨을 불어넣으셨어요. 그냥 불어넣으신 것이 아니라 푸– 하고 불어넣으셨죠. "푸– 하고 바람을 불어넣다"는 말을 희랍어성경으로 읽어보면 구약 칠십인역이나 신약 원어성경이나 모두 똑같은 말입니다. 따라서 요한복음의 부활은 창조를 말합니다. 아니 부활사건은 창조사건입니다. 거룩한 숨의 사건인 까닭이죠. 우리가 쉬는 숨이 하느님의 숨이라고 말하는 창세기나 우리에게 거룩한 숨을 쉬도록 불어넣으시는 예수님의 숨도 같은 숨이기 때문이죠. 이렇게 창조와 출애굽은 신구약성경의 두 축입니다. 이러한 출애굽과 창조의 절묘한 조화를 우리는 시편 시인의 고백에서 발견합니다.

이집트에서 이스라엘이 나올 때

야곱 집안이 이상한 말 하는 무리에서
나올 그 때
유다는 님의 성소가
이스라엘은 님의 터가 되었어라.
바다가 보고 물러섰다.
요단이 뒤로 물러섰다.
산들이 양떼처럼
오름들이 새끼 양떼처럼 펄쩍 뛰어올랐다.
바다야!
무엇 때문에 물러서느냐?
요단아!
무엇 때문에 뒤로 물러서느냐?
산들아!
무엇 때문에 양떼처럼
펄쩍 뛰어오르느냐?
오름들아!
무엇 때문에 새끼 양떼처럼
펄쩍 뛰어오르느냐?
님 앞에서 벌벌 떨라.
대지야!
야곱의 하느님 앞에서 -
바위를 연못으로
부싯돌을 샘물로 바꾸시는 이 (시편 114편)

3) 레위기 - 거룩하라

회막(會幕)에서 주님께 드릴 제사와 그와 관련된 규정(1:1, 7:37)을 말하고 있는 레위기는 한마디로 이스라엘의 정체성에 대한 책입니다. 레위기에 가장 많이 나오는 "정결한"(타호르)과 "부정한"(타메)이라는 말은 위생적으로 깨끗하거나 더럽다는 말이 아니죠. 공동체가 정해놓은 범위 안에 있느냐 아니면 밖에 있느냐 하는 문제입니다. 곧 경계의 문제입니다. 달리 말해 이스라엘의 정체성 또는 주체성의 문제를 다루고 있는 책이 레위기입니다. 또한 포로기가 끝나고 이스라엘이 공동체를 이루어 살아가기 위해서 마련해 놓은 신앙 규범이라고 말해도 좋을 것입니다. "부정한"(타메)이라는 개념을 12장의 "부정한" 여인을 예로 설명해 보죠. 왜 월경하는 여인은 부정하다고 할까요? 왜 만지거나 접촉해서는 안 될까요?

또한 레위기 하면 떠오르는 생각이 "거룩"이라는 말인데, 이 말 역시 "정결한"과 "부정한"이라는 개념과 마찬가지로 이스라엘의 주체성과 정체성을 가리키는 말입니다. "나 야훼가 거룩하니 너희도 거룩하라"(19:2)는 구절이 그 대표적인 구절입니다. 그리고 레위기 17장에서 27장까지를 성결법전 또는 성(聖)법전이라고 부르는데 이 부분은 레위기 가운데에서도 가장 오래되고 또한 중요한 법전으로 특별히 포로기 이후 이스라엘이 어떻게 다른 백성과 구별되게 살아야 하는지를 잘 보여주는 부분이라 할 수 있습니다.

* * *

지난 2006년 8월 초, 베트남의 호치민 시에서 한 시간쯤 떨어진 농나이 지역에서 소수인종 성경 번역가들과 번역에 대해 많은 이야기를 나눌 기회가 있었습니다. 베트남어에서 자신들의 부족 언어로 성경을 번역하는 그분들은 많은 어려움을 얘기해 주었습니다. 신약은 지난 8년 동안 다 끝냈지만 구약은 이제 막 시작하는 단계라고 했어요. 여덟 소수인종 성경 번역가들은 나름의 문화와 전통을 지니며 자신들의 주체성을 지켜나가시는 분들이었습니다. 목사님도 계시지만 대부분 평신도 번역가들이고, 또 그분들이 하시는 일도 농사짓는 일이라고 했습니다. 농사를 평생 지으면서 살아가다보니, 얼굴도 햇볕에 많이 그을려 그렇게 건강해 보이지 않았습니다.

이런저런 얘기를 나누다가 레위기에 나오는 이른바 "부정한 여인"에 대한 얘기를 하게 되었습니다. 히브리말로 니다(nidah)라고 부르는 이 말은 사실 대부분의 성경들이 "부정"(不淨)이나 "깨끗하지 않음"이라는 뜻으로 읽고 있는 말입니다. 하지만 요즘은 이 용어를 그렇게 이해하지 않는다고 나는 설명했습니다.

사실 천년 전 유대인 학자 라쉬(Rashi)는, 니다(nidah)라는 이 용어가 "여성의 생리 현상을 생리학적으로 설명한 용어"라고 말한 적이 있죠. 또한 뉴욕대학교에서 오래도록 히브리성서와 우가릿 문헌 및 북서방 셈어를 가르친 바룩 레빈(Baruch A. Levine) 교수도 이 견해를 발전시켜 설명하고 있습니다. 곧 니다(nidah)는 나자(nazah)와 비슷한 말이며, 아카드어 나두(nadû)에서도 그 뜻을 짐작해 낼 수 있다고 했습니다. 그냥 "뿜어냄" 또는 "유출"(流出)이라는 현상학적인 말이죠. 옳고 그름이나 좋고 나쁨이라는 가치 판단이 배제되어 있는 말입니다.

성경 속의 부정이라는 말은 사제들의 규정에서 벗어난다는 뜻입니다. 위생학적으로 더럽다는 뜻이 아니죠. 그런데 우리는 생리하는 여성을 깨끗하지 않다고, 부정하다고 말하고는, 그렇기 때문에 성전에 오지 못하게 했다고 맘대로 상상합니다.

그렇다면 부정한 짐승 가운데에는 낙타도 들어 있는데, 왜 낙타를 부정하다고 할까요? 돼지나 장어 같은 것은 이해가 되기도 합니다. 콜레스테롤이 많이 들어 있기 때문에 먹지 못하게 했죠. 하지만 낙타는 초식동물인데 왜 안 될까요? 당연합니다. 낙타를 잡아먹으면 운송수단이 없어지고, 그러면 공동체의 존립기반이 위험해지는 까닭입니다. 그런데 왜 부정하다고 할까요? 성경에서 말하는 부정은 손대서는 안 될 것이라는 뜻입니다. 타부(taboo)입니다. 손대서는 안 되는 것이죠. 더 나아가 거룩한 것입니다. 거룩한 것은 손대면 안 됩니다. 하느님의 영역이라고 말할 수도 있죠.

베트남 소수인종 번역가 중 한 분이 이 얘기를 듣더니, "우리 부족은 코끼리를 부정하다고 해요!"라고 말하더군요. 그러면서 자기 부족들은 코끼리를 전통적인 운송수단으로 삼았다는 것입니다. 그러니 코끼리를 잡아먹으면 그 부족은 굶어죽을 수밖에 없는 것이죠. 또한 코끼리도 초식동물이 아닌가요? 나는 이 얘기를 듣고 깜짝 놀랐습니다. 똑같구나! 성경에 들어 있는 얘기가 베트남에도 있으니 말입니다. 이렇듯 부정과 정결이라는 개념은 공동체의 존립기반을 위해서 만들어놓은 규정인 것을 짐작할 수 있습니다.

히브리어 "니다"를 부정한 여성이라고 하면, 우리말 속에 들어 있는 부정적인 뉘앙스 때문에, 여성들이 마음의 상처를 입을 수 있고, 또 성경을 혐오하게 할 수도 있습니다. 그러니 그냥 "생리하는 여성"이나 "생리 때문에 몸이 아픈 여성"이라고 하면 어떨까요?

* * *

성경 속의 "니다"(nidah)는 "달거리" 또는 "달거리하는 여성"이나 "달거리 때문에 몸이 아픈 여성"이라는 뜻으로 쓰인 말입니다. 곧 가치 판단이 들어가지 않은 말이죠. 그런데 정결과 부정이라는 이분법적 용어를 사용하면서, 자신들의 정체성을 나타내려 했던 기원전 2세기-기원후 1세기의 쿰란 공동체 역시 이 말을 같은 뜻으로 사용하는 것을 알 수 있습니다. 『정결 규정』이라는 문헌을 그 예로 들어보죠. 이 문헌은 성격상 성결 법전 속의 레위기 15장과 비슷합니다. 이 문헌은 6개의 단편으로 구성되어 있는데, 이 가운데 첫 번째 단편이 가장 길면서도 잘 보존되어 있어요.[6] 읽어보죠.

> "그 남성은 자신을 낮추어야 한다. 슬퍼하며 누워야 한다. 슬픔의 집에서 홀로 지내야 한다. 부정한 것은 무엇이든 멀리 해야 한다. 그 거리는 정결한 (음식)으로부터 12큐빗 떨어져야 한다. 집의 북동쪽에 거처를 마련하여 거기에서만 지내야 한다. 꼭 그만큼 떨어진 곳이어야 한다. 부정한 남성은 누구나 … 목욕재계하고 옷을 빨아야 한다. 그렇게 한 뒤에야 음식을 먹을 수 있다. 이렇게 기록된 까닭이다. '부정하다, 부정하다! 라고 그 남성은 외쳐야 한다. 하루 종일 …'(레위기 13:45-46) 혈(血)을 흘리는 여성은 이레 동안 무엇이든 닿아서는 안 된다. 유출병이 있는 남성, 또는 유출병이 있는 남성이 만진 그릇은 무엇이건 또는 그 남성이 앉아 있던 것은 무엇이건 다 그렇다. 만일 닿았을 경우, 그 여성은 입고 있던 옷을 빨고 목욕재계를 한 뒤에야 음식을 먹을 수 있다. 무슨 이유에서건 몸을 섞어서는 안 된다. 이레 동안 그렇게 해야 한다. 거룩한 이스라엘 사람들의 진영을 오염시키지 않기 위해서 그래야 한다. 또한 그 여성은 이레 동안 혈(血)을 흘리는 그 어떤 여성과도 닿아서는 안 된다. 그 기간 동안 남성이건 여성이건 …에 닿아서는 안 된다. 월경이 시작할 때 그 여성이 달거리(니다)에서 깨끗하게 되지 않는 한, 달거리의 혈(血)에 닿은 것은 유출병이 있는 남성에 닿은 것으로 간주한다.

6) 4QTohorot A 제1단편, 제1란.

정자를 유출한 이는 누구나 접촉을 통해서 전염시킬 수 있다. 이렇게 부정한 남성에게 닿은 사람은, 깨끗하게 해야만 하는 이레 동안, 먹을 수 없다. 시체를 만져 부정한 이와 똑같다. 그런 남성은 목욕재계하여 몸을 씻어야만 한다. 그렇게 한 뒤 …"

이 문헌의 내용은 몸에서 유출병이 있는 남성, 유출병이 있는 여성, 달거리하는 여성의 세 부분으로 나눌 수 있습니다. 달거리나 유출병이나 모두 병으로 간주하여 같은 카테고리에 집어넣고 이레 동안 사람들과 접촉해서는 안 된다고 말합니다.

이 문헌에서 쿰란 공동체는 "달거리"를 뜻하는 "니다"(nidah)라는 말을 사용하면서, 유출병을 앓고 있는 남성(자브)이나 여성(자바)을 같은 환자로 생각합니다. 몸이 아프다는 것이죠. 그가 잘했다 못했다고 말하지 않습니다. 아프기 때문에 이레 동안 따로 지내야 합니다. 이렇게 정결이나 부정이라는 개념은 여성이나 남성에게 차별 없이 똑같이 적용되는 것을 쿰란 공동체의 문헌을 통해서도 알 수 있죠. 이 개념은 깨끗하다거나 더럽다는 개념이 아닙니다. 쿰란 공동체 역시 성경과 마찬가지로 정결과 부정이라는 개념을 통하여 자신들과 공동체 이외의 사람들을 구분하고자 했습니다.

* * *

마르세이유 새김글(KAI 69)과 카르타고 새김글(KAI 74-75)이라고 부르는 문헌이 있습니다. 퓨닉어로 기록된 글이죠. 퓨닉어는 레바논 지역 이외에서 기원전 1천년대에 사용하던 페니키아어를 퓨닉어라고 하는데요, 레위기 1장의 예물드리는 방식을 매우 비슷하게 보여주는 비성서 자료로 그 가치가 높습니다. 특별히 예물의 세 종류인 "온전히 태워드리는 예물"(칼릴), "잘라서 드리는 예물"(쯔바이트), "온전히 드리는 예물"(쉘렘 카릴)이 반복적으로 나옵니다. 카르타고 신전 예배의 특징을 잘 설명하는 용어들입니다.[7)]

7) "온전히 태워드리는 예물"인 "칼릴"(כלל)과, "잘라서 드리는 예물"이란 뜻의 "쯔바이트"(צועת), 그리고 "온전히 드리는 예물"이란 뜻의 "쉘렘 칼릴"(שלם כלל)의 퓨닉어 철자는 괄호 속에 들어 있는 대로다.

우선 "마르세이유(Marseille) 새김글"을 보기로 하죠. 기원전 4-3세기경의 것으로 추정되는 퓨닉어 새김글입니다. 프랑스의 마르세이유 부근 해변에서 발견되었는데, 그 내용이나 문형이 뒤에서 읽어볼 두 개의 카르타고 새김과 거의 같은 것으로 미루어 보자면 북아프리카 카르타고에서 주워온 것을 프랑스 해변에 버린 것이거나 아니면 바다를 통하여 떠내려온 것으로 추정합니다.[8] 한번 읽어보죠.

KAI 69

바알 자폰의 성전. 할레츠바알의 아들, 압드아슈문의 아들, 집정관 할레츠바알 집정관 때 지불해야 할 책임이 있는 이들이 작성한 납부 목록.

큰 가축의 머리 부분의 경우, 온전히 태워드리는 예물로 또는 잘라서 드리는 예물로 또는 온전히 드리는 예물로 바치든지, 각 가축마다 은 10세겔을 사제들에게 내야 한다. 온전히 태워드리는 예물로 바칠 경우, 사제들은 본 목록에 더하여 300세겔어치의 고기를 갖지만 잘라서 드리는 예물로 바칠 경우, 정강이와 어깨를 차지한다. 예물을 바치는 이는 가죽과 갈비와 앞다리, 그리고 나머지 고기를 차지한다.

작은 가축의 머리 부분의 경우, 그 뿔은 … 숫사슴의 경우, 온전히 태워드리는 예물로 또는 잘라서 드리는 예물로 또는 온전히 드리는 예물로 바치든지, 각 가축마다 은 5세겔을 사제들에게 내야 한다. 온전히 살라 바치는 예물로 바칠 경우, 사제들은 본 목록에 더하여 150세겔어치의 고기를 갖는다. 잘라서 드리는 예물로 바칠 경우, 사제들은 정강이와 어깨를 차지한다. 예물을 바치는 이는 가죽과 갈비와 앞다리, 그리고 나머지 고기를 차지한다.

숫양과 염소의 경우, 온전히 태워드리는 예물로 또는 잘라서 드리는 예물로 또는 온전히 드리는 예물로 바치든지, 각 가축마다 은 1세겔과 2자르를 내야 한다. 잘라서 드리는 예물로 바칠 경우, 사제들은 각 가축마다 본 목록에 더하여 정강이와 어깨를 차지한다. 예물을 바치는 이는 가죽과 갈비와 앞다리, 그리고 나머지 고기를 차지한다.

어린 양과 어린 숫양의 경우, 온전히 태워드리는 예물로 또는 잘라서 드리는 예

8) KAI II, 83; ANET 656; Levine 1974: 118.

물로 또는 온전히 드리는 예물로 바치든지, 각 가축마다 3/4세겔과 2자르를 사제들에게 내야 한다. 잘라드리는 예물로 바칠 경우, 사제들은 본 목록에 더하여 정강이와 어깨를 차지한다. 예물을 바치는 이는 가죽과 갈비와 앞다리 그리고 나머지 고기를 차지한다.

날짐승의 경우, 그릇에 담아 바치든지 … 온전히 드리는 예물이든지 … 각 가축마다 3/4세겔과 2자르를 사제들에게 내야 한다. 예물을 바치는 이는 고기를 차지한다.

다른 날짐승이나 봉헌물이나 …나 기름 예물의 경우, 각 예물마다 10아를[9] 사제들에게 내야 한다.

잘라서 드리는 예물을 하느님께 바치는 경우, 사제들은 정강이와 어깨를 차지한다. 잘라서 드리는 예물을 바칠 경우…

케익과 우유와 기름을 음식예물로 바칠 경우 사제들은…

가난하여 가축과 날짐승이 없는 이가 예물을 바칠 때 사제는 아무것도 차지하지 않는다…

어떤 시민이든 또 그 후손이든 또 하느님과 예물을 드리는 이를 위한 잔치에 참석하는 이든… 이 목록에 씌어 있는 대로 각 예물에 해당하는 액수를 내야 한다.

이 목록에 씌어 있지 않은 경우는 압드타닛의 아들 할레쯔바알과 압드이슈문의 아들 할레쯔바알과 그 동료들의 주관 아래 작성한 목록에 따라 낸다.

이 목록에 씌어 있는 내용에 거슬러 돈을 받는 사제는 벌금을 내야 한다. 예물을 드릴 때 이 목록에 씌어 있는 대로 돈을 내지 않는 이는 …

앞서 언급한 대로 북아프리카에 있는 카르타고(Carthage)에서도 새김글이 둘 발견되었는데요, 이곳은 바알 자폰을 숭배했던 곳으로 유명합니다. "북쪽의 바알"이라는 뜻이죠. 아마도 고대 시리아의 우가릿 사람들이 섬기던 그 신을 이들도 섬기지 않았을까 짐작합니다. 앞서 언급한 대로 마르세이유 새김글과 내용이 비슷합니다. 따라서 쓴 때도 거의 비슷하게 기원전 4-3세기라고 할 수 있습니다. 한번 읽어보죠.

9) "아"는 자르보다 작은 돈이나 무게 단위이다.

KAI 74

큰 가축의 머리의 경우, 온전히 살라 드리는 예물로 또는 잘라서 드리는 예물로 바치든지 사제들은 가죽을 차지하고 예물을 바치는 이는 기름 덩어리를 …

숫사슴의 머리의 경우, 온전히 살라 드리는 예물로 또는 잘라서 드리는 예물로 바치든지 사제들은 가죽을 차지하고 예물을 바치는 이는 기름 덩어리를 …

숫양이나 염소의 경우, 온전히 살라 드리는 예물로 또는 잘라서 드리는 예물로 바치든지 사제들은 염소의 가죽을 차지하고 예물을 드리는 이는 갈비를 …

어린 양이나 어린 숫사슴의 경우, 온전히 살라 드리는 예물로 또는 잘라서 드리는 예물로 바치든지 사제들은 가죽을 차지한다. …

가난하여 가축이 없는 이가 예물을 드릴 경우 사제는 아무것도 차지하지 않는다.

날짐승이나 … 의 경우, 각 가축마다 은 2자르를 차지한다.

잘라서 바치는 예물의 경우, 사제는 정강이와 어깨를 차지한다. …

어떤 봉헌물이나 … 기름 예물의 경우 …

KAI 75

케익과 우유와 또 다른 예물을 음식예물로 바칠 경우 …

이 목록에 씌어 있는 경우는 … 해야 한다.

사제는 …를 차지한다.

…을 예물로 바치는 사람은 …

…을 파는 이와 이 목록을 깨부수는 이는 …

아슈문할레쯔의 아들 …

이들 새김글을 보면 레위기 앞부분의 제물 목록과 별반 다르지 않습니다. "이것은 번제와 곡식제와 속죄제와 속건제와 위임제와 화목제의 제물에 관한 규례이다"(레 7:37)라고 레위기 제목 목록과 규정은 끝맺는데요, 이를 통해서 레위기의 제사 규정이 무척 정교하다는 것을 알 수 있습니다. 성경시대의 이스라엘인들이 하느님과 또 이웃과 하나가 되기 위해 얼마나 노력하였는가 잘 보여주는 책이 바로 레위기입니다. 레위기의 화목제는 특히 공동체가 함께 나누어 먹는 예물이기 때문입니다. 레위기는 "야훼께서 모세를 회막으로 부르시고 그에게 말씀하셨다"로 시작하는데 여기서 "회막"은 "만남의 장막"입니다. 하느님과 이스라엘이 함께 만나는 곳이죠. 그곳은 또 시내산에 있었다고 말하기도 합니다(레 7:38).

이 장막은 성전의 이전 형태입니다. 텐트죠. 우리는 이 장막이 그냥 꾸며낸 이야기일 거라고 생각하죠. 하지만 마리(Mari)라는 유프라테스 강 중류 지역에 있는 곳에서 발견된 아카드어 문헌을 통하여 생각보다 무지무지하게 큰 그리고 정교한 텐트라는 것을 알게 되었습니다. 나의 선생님 대니얼 플레밍(Daniel Flemming) 교수의 주장입니다. 곧 성경은 역사적으로 틀릴 수는 있어도 생활상을 살펴보면 너무나 정확한 기록이라는 겁니다. 이 성전을 중심으로 이스라엘은 하나가 되려고 노력했는데요, 그 구체적인 노력은 앞에서 설명한 정결법이라는 것이고 그들의 이상은 희년법입니다.

* * *

희년은 일곱 해가 일곱 번 지나고 오는 그 다음해를 가리킵니다. "뿔"이라는 뜻을 지니고 있죠. 희년이라는 말을 뜻하는 히브리어 "요벨"이 그렇습니다. 사실 희년법은 이스라엘의 독특한 법은 아닙니다. 아프리카 사람들 가운데도 이렇게 나팔을 불어 모두가 새로운 출발을 알리는 희년이라는 제도를 만든 이들이 있다고 합니다. 하지만 이것을 구체적으로 실천하려고 자세히 규정을 만든 이들은 성경 속의 이스라엘 사람들이죠. 사실 이 법은 한 번도 시행된 적이 없습니다. 이 법을 실천한 사람들은 한국인입니다. 1948년 북한에서는 토지개혁법을 만들어 그대로 시행했죠. 지금은 어떻게 하고 있는지 모르지만 역사적으로 희년법을 실천한 이들은 우리 한국인들이 유일합니다.

물론 이 법을 고대 바빌론 사람들도 "안드로룸"이라는 제도로 실천하고자 한 적이 있어요. "석방"이나 "자유"라는 뜻의 이 말은 히브리어 "드로르"와 관련이 있는 말이라고 흔히 말들 합니다. 레위기 25장에 나오는 희년법은 따라서 그 역사적 흔적이 남아 있는 셈이죠. 레위기 희년법의 정신은 이 말로 요약할 수 있습니다.

> 땅은 팔지 못한다.
> 되돌릴 수 없도록 말이다.

아, 땅은 내 것이다.
너희는
임시 거주자일 뿐이다. (레 25:23)

희년법은 주로 땅에 관한 법입니다. 이 땅은 고르게 나누어 갖는 것이죠. 갖는다는 말이 좀 거슬리기는 합니다. 땅의 임자는 하느님인 까닭이죠. 누가 독점할 수 없습니다. 포로기 이후의 성전 공동체는 이 제도를 "아후자" 제도라고 불렀습니다. 이 말은 "빌린 땅"이라는 뜻입니다. 땅의 주인은 야훼 하느님이라는 뜻이죠. 몇몇이 나누어 가질 수 없는 것이 땅이라는 점이 중요합니다. 우리는 단지 그 땅을 빌려 사는 사람들이라는 것이죠. 레위기 희년법의 정신입니다. 이러한 정신을 잘 보여주는 이야기가 열왕기상 21장에 나오는 나봇의 포도원 이야기입니다. 왕이라고 해도 함부로 땅을 빼앗을 수 없어요.

또 룻 이야기도 마찬가지입니다. 가난하게 된 나오미가 땅을 팔려고 내놓았는데 가장 가까운 친척이 그 땅을 도로 사주어야 했습니다. 그리고는 그 가문의 이름으로 그 땅을 그대로 존속시켜야만 합니다. 우리나라 조선시대에도 "환퇴법"(還退法)이라고 하여 비슷한 제도가 있었습니다. 땅이나 건물을 그대로 물려주어야만 하는 제도이죠. "무르는 법"이라고 부를 수 있죠. 바로 이러한 이유 때문에 성경에서는 이러한 무르는 일을 실행하는 사람을 "고엘"이라고 불렀습니다. 하느님을 "고엘"이라고 부르기도 하죠.

레위기는 땅에 지대한 관심을 기울입니다. 그런데 시간에 지대한 관심을 기울인 전통이 있습니다. 시간을 50년 단위로 나누어 자신들의 역사를 기록하고자 했던 "희년서"라는 책입니다. 쿰란 사람들도 이 문헌을 굉장히 중요하게 여겼죠. 복음서 다음으로 에녹서와 함께 중요한 문헌으로 생각했어요. 그러니까 50년 곧 희년이라는 시간 단위는 바로 레위기에서 비롯된 것이라고 할 수 있죠. 이들 전통을 그대로 물려받고 있는 신앙 공동체가 또한 에티오피아정교회입니다.

* * *

이와 관련하여 팔레스타인의 네비 유니스(Nebi Yunis)란 곳에서 출토된 몰록 새김글(RES 367)은 성서의 몰렉 제의가 무엇인지 짐작할 수 있는 중요한 비성서 자료입니다. 레위기(18:21, 20:2-5)와 에스겔(16:21, 20:31, 23:37)에 몰록 제의가 나오지요. 기원전 3-2세기경의 문헌으로 추측되는 이 페니키아어 새김글은 프랑스 학자 라그랑(Lagrange)이 1892년에 처음으로 연구하여 발표하였습니다. 이후 1930년대에 나온 아이스펠트(Eissfeldt)의 연구가 몰록 제의에 대한 주요 담론으로 인정받고 있으며 들라보(Delabolt)와 르메어(Lemaire)의 공동 연구가 돋보이는 연구로 평가받고 있죠.

이 새김글이 성결법전 연구에 중요한 이유는, 레위기 20장의 몰록 제의 금지와 레위기 27장의 "몸값"(에르케카)이라는 표현이 똑같이 등장한다는 점입니다. 성결법전은 레위기 17장-27장을 가리킵니다. 아래에서 살펴볼 페니키아어 몰록 새김글은 성결법전보다 약 200년쯤 늦은 문헌으로 평가하고 있죠. 하지만 성결법전의 편집자들이 어떤 점을 염두에 두고 포로귀환 공동체가 지켜야 할 규정을 법제화하였는지 어느 정도 짐작할 수 있는 귀중한 문헌입니다. 이 새김글은 모두 세 란(欄)으로 구성되어 있지만 내용은 모두 이어집니다. 따라서 본문 번역은 발견된 모습대로 따르지 않고 죽 이어서 내놓겠습니다. 이 새김글은 다음과 같습니다.

> 몰록 비문 ….
> 아브드이스의 아들 아브도 사람들이
> 주님이신 에슈문에게 약정하여 바치다.
> 다음 사람들이 비용을 지불하다. …

이 새김글은 이어서 사람들의 이름이 죽 나옵니다. "몰록"은 학자들에 따라 "물크"로 읽기도 합니다. 하지만 라틴어 불가타역 같은 고대 번역본 성경에는 "몰록"으로 나오지요. 그래서 이 성경을 따라 읽어보았습니다. 레위기 성결법전(18:21, 20:2)에서 히브리어로 "몰렉"이라고 부르는 이 "몰록"은 열왕기에 나오는 "밀곰"이나 예언서에 나오는 "말감"과 관련이 있는 듯합니다.[10]

---

10) 열왕기는 왕상 11:5; 왕하 23:13에 나오고, 예언서는 습 1:5; 암 1:15; 렘 49:1, 3에 나온다.

너는 네 자녀들을 몰렉에게
희생제물로 바쳐서는 안 된다.
그 일은
네 하느님의 이름을 더럽히는 일이다.
나는 야훼이다. (레 18:21)

이스라엘 사람 가운데에서 어떤 이든지
또 이스라엘 사람들에게 몸 붙여 사는 이 가운데에서
누구든지
그 자녀를 몰록에게 제물로 바친다면
그는 반드시 사형에 처해야 한다.
그 지방 사람이 그를 돌로 쳐 죽여야 한다.
나는 그런 자를 보면 화가 난다.
그런 자는 자기 백성에서 끊어내야 한다.
자기 자식을 몰렉에게 바쳐
내 성소를 더럽힌 까닭이다.
또 내 이름도 욕되게 한 때문이다. (레 20:2-3)

이렇게 몰록 제의는 철저히 금하고 있습니다. 흔히 사제문헌(P)이라고 하는 레위기뿐만 아니라 신명기 역사가(D)의 작품(왕상 11:7; 왕하 23:10)과 예레미야(32:35)에도 몰록 제의는 금하고 있습니다. 심지어 신약성서 사도행전(7:43)에도 이러한 제의가 등장하는 것으로 보아 제2성전 시대에 가나안과 이스라엘에서 흔히 있었던 관습으로 짐작됩니다. 몰록 제의는 이렇게 흔히 어린이를 바치는 종교 관습과 함께 등장합니다. 시편과 에스겔에도 이런 구절이 나오죠.

그들은 흠없는 피
곧 아들과 딸들의 피를 흘렸다. (시 106:38)

네가 내 아들딸마저 제물로 바쳤다.
또 네가 그들을 불 속에 지나가게 했다. (겔 16:21)

또 너희는 온갖 제물을 바치고
너희 자녀들을 불 가운데로 지나가게 하여
제물로 바치고
너희가 지금까지 우상을 섬기고
너희 자신을 더럽혔다.
그런데도 너희가 달라고 하는 것을
내가 줄 수 있겠느냐? (겔 20:31)

그들은 간음하였으며
손으로 피를 흘리고
우상들과 간음하였으며
또 나에게 낳아준 제 아들딸마저
불속으로 지나가게 하여 태워죽였다. (겔 23:37)

여기서 불속으로 지나가게 했다는 말은 몰록을 예배하는 모습인 듯합니다. 그런 것을 시편 시인도, 에스겔도 못하게 하는 거죠. 일반적으로 카르타고에서 예물을 받는 신은 일반적으로 "바알 하몬"(Baal Hamon)이나 바알의 짝신인 "타닛"(Tanit)입니다. 이 두 신은 북아프리카 카르타고의 보호신으로 유명합니다. 또 "에슈문"(Eshmun)이라는 신이 등장하는데요, 이 신은 레바논에 있는 시돈의 보호신이며 치료신입니다. 보통 다른 새김글에서는 예물을 받는 신이 보통 "바알 하몬"과 "타닛" 이렇게 두 신이죠. 그런데 이 새김글은 "에슈문"이라는 신 하나만 등장하는 점이 이례적입니다.

그리고 이 새김글에서 "비용을 지불하다"는 말이 나오는데요, "몸값이 바쳐지다" 또는 "몸값을 바치다"라는 표현을 이렇게 읽어본 것인데요, 이 말이 중요합니다. "몸값"으로 옮긴 "하-아르카트"(הערכת)라는 말은 바로 앞서 나오는 "약정하다"는 뜻의 "네데르"(נדר)와 함께 레위기 마지막 장인 27장의 핵심 용어입니다. 페니키아어와 퓨닉어 새김글에서는 이렇게 자주 "…에게 약정하고 바치다"라는 표현을 찾아볼 수 있어요.[11] 이 두 용어가 성결법전 레위기 27장에

---

11) אשׁ נדר ויתנ* (DNWSI ndr1 항목 참조).

함께 등장하는 것은 페니키아어와 퓨닉어의 영향으로 보입니다.

"몸값"으로 읽은 "하-아르카트"(הערכת)라는 말은 페니키아어와 퓨닉어의 고유한 용어로 "…에 해당하는 것" 또는 "…과 가치가 같은 것" 또는 "…에 상응하는 것" 등으로 옮길 수 있는 말입니다. "평가액"이나 "가치"라는 뜻입니다.[12] 또는 "세금"이라는 뜻으로 사용되기도 하였지요(KAI 62:4, 130:5). 바빌론 포로기 이후의 귀환 공동체가 성전 중심으로 경제활동을 할 때 반드시 내야만 하는 "성전 세겔"과 관련하여 이 용어가 나오는 점은 일종의 성전세로 이해할 수 있습니다.

어느 누구든지
야훼께 자신을 드리기로 약정하고
그 사람에 해당되는 몸값을
돈으로 환산하여 드리기로 하였으면
그 몸값은 다음과 같다.
스무 살부터 예순 살까지
남자의 몸값은
성전 세겔로 은 오십 세겔이고
여자의 몸값은 삼십 세겔이다.
다섯 살부터 스무 살까지
남자의 몸값은 이십 세겔이고
여자의 몸값은 십 세겔이다.
난지 한 달 된 아기부터 다섯 살까지
남자 아이의 몸값은 은 오 세겔이고
여자 아이의 몸값은 삼 세겔이다.
예순 살이 넘는 경우
남자의 몸값은 십오 세겔이고
여자의 몸값은 십 세겔이다.
서약한 사람이 너무 가난하여

12) DNWSI 'rkh1 항목, Tomback 'rkh 항목.

정한 몸값을 내지 못할 경우
바치기로 한 그 사람을 사제에게 데리고 가라.
사제는 그를 보고 그의 능력에 따라
몸값을 정할 것이다. (레 27:2b-8)

여기에 나오는 "약정"이나 "몸값"이란 말은 위의 마르세이유 새김글이나 카르타고 새김글에 나오는 말과 같습니다. 그런데 나이에 따라 성별에 따라 그 몸값이 다릅니다. 노동력에 해당하는 것이죠. 바로 "몸값"이 위의 퓨닉어 새김글에 나오는 말과 같은 말입니다. 이렇게 포로기 이후 성전 공동체는 성전을 중심으로 자신들의 정체성을 지켜가면서 신앙을 이어가려고 노력했습니다. "성전 세겔"이라는 말이 바로 그 말입니다. "성전에서 사용하는 세겔"이라는 뜻으로 돈 단위이죠. 그러니까 몸값은 세금으로 볼 수 있죠. 그런데 여기에는 경제적으로 어려운 이들을 위한 배려가 있습니다. 사제가 그분들에게 얼마나 내야 할지 정해 주는 것인데 알아서 하라는 것이죠. 공동체에서 함께 살아가려는 노력이라 할 수 있습니다.

* * *

이렇게 고대 이스라엘 사람들이 예배드리던 모습은 고대 중동 사람들과 별반 다르지 않습니다. 그렇지만 구별하려고 했습니다. 그것을 "거룩함"이란 말로 곧 "카도쉬"라는 말로 표현하고자 한 것이죠. 그래서 하느님은 이스라엘에게 이렇게 말씀하셨죠.

내가 거룩하니
너희도 거룩하라.

성결법전을 한마디로 요약한 말입니다. 레위기(19:2)의 말씀이죠. 이 말은 두고두고 이스라엘 사람들의 가슴속에 메아리칩니다. 이사야(6:3)의 "세 번 거룩" 곧 "트리싸기온"(trisagion)은 그 대표적인 경우입니다. "거룩하시다"는 것이죠. 그런데 이 말은 "거룩한 분 거룩한 분 거룩한 분"으로 읽을 수도 있다고 사무엘 루자토(Samuel Luzato)라는 19세기의 랍비가 말한 적이 있습니다.

그런데 사실 레위기의 "거룩"이라는 말은 신명기(7:6)에도 나오는 말입니다. "야훼님께 거룩한 백성"이라는 말이 그 말입니다. 다만 레위기는 이 말을 더 강조하고 또 이스라엘의 주체성으로 사용했다는 얘기죠. 그런데 레위기의 "거룩"은 바로 성전과 관련이 있습니다. 하느님은 성전에 계시고 또 그 성전을 중심으로 포로기 이후 이스라엘은 자신들의 주체성을 지켜나가야 했기 때문이죠. 그래서 "성전세"도 의무적으로 내도록 했습니다. "네데르"라고 부르죠. 흔히 "서원 예물"이라는 뜻으로 사용합니다. "약정"이라고 위에서는 읽었습니다. 그 모습이 앞에서 읽은 퓨닉어 새김글에 나오는 모습과 비슷합니다. 하지만 그렇긴 해도 포로기 이후 이스라엘은 성전을 중심으로 자신들의 신앙을 펼쳐나가고자 애썼습니다. 특히 마르세이유 새김글이나 카르타고 새김글처럼 제물 목록이 비슷하게 나옵니다. 이 제물 목록은 단순한 목록이 아니라 인류학적으로 보면 그들의 먹거리 규정이라고 말할 수 있습니다. 곧 음식법입니다. 또는 그들이 어떻게 음식을 먹었는지 잘 알 수 있는 부분이죠. 제물은 사제뿐만 아니라 사람들이 함께 나눠 먹지 않나요? 그 모습을 우리는 레위기를 통해서 읽어볼 수 있는 것이죠. 이렇게 함께 더불어 나누어 먹는 이야기가 바로 레위기의 예물 규정입니다.

그리고 이러한 음식법과 더불어 정결법을 만들어 그들 자신의 주체성을 나타내려고 했습니다. 지금도 유대인들은 "코쉐르"라는 음식법을 지키고 있습니다. "의례적으로 정결한"이라는 뜻입니다. 심지어 콜라까지도 "코쉐르"라는 랍비의 도장이 찍혀 있어야만 먹을 수 있죠. 물론 이 법을 지키고자 노력하는 유대인들에게만 해당되는 이야기입니다. 이러한 전통은 바로 레위기에서 비롯되었다고 말할 수 있죠. 이렇게 레위기의 정결 규정은 지금까지도 살아 움직이고 있습니다.

4) 민수기 - 하느님의 얼굴

1980년 예루살렘 부근에 있는 케테프 힌놈(Ketef Hinnom)이라는 곳에서 부적이 두 개 발견되었습니다. 부적이라고 말하면 좀 이상하게 들릴지 모르겠군요. 좀 어려운 말로 호부(護符)라고 말하기도 합니다. 행운을 갖다 준다고 믿거나 악귀의 공격을 막아준다고 믿고 몸에다 지니고 다니는 자그마한 물건입니다. 이 케테프 힌놈이라는 곳의 한 무덤에서 발견된 이 부적들은 많은 사람들의 비상한 관심을 끌었습니다. 크기라고 해야, 하나는 2.7cm×9.7cm이고 다른 하나는 3.9cm×1.1cm 되는, 정말 자그마한 부적입니다. 우리는 부적 하면 종이쪼가리를 연상하게 되지만 이 두 부적은 은 조각으로 만든 것입니다. 그런데 이 부적은 무덤에서 발견되었을 뿐만 아니라 이 부적의 주인이 여성이었다고 합니다. 왜 이 여성은 무덤에 묻히면서 이 부적을 목에 걸고 누워 있었을까요? 아니 그보다도 그 부적에는 무슨 글이 쓰여 있기에 그렇게도 많은 사람들의 관심을 끌었을까요?

은 조각으로 만든 이 부적은 기원전 7세기 중반경의 것이라고 학자들은 추정하고 있습니다. 연대보다도 더 중요한 것은 이 부적에 쓰여 있는 내용입니다. 놀랍게도 이 부적의 내용이 민수기(6:24-26)에 나오는 제사장 축복문과 거의 똑같기 때문입니다. 제사장 축복문이 부적으로 쓰였다니 또한 의아하고 놀라울 따름입니다. 지금까지 팔레스타인 땅에서 발견된 여러 새김글 가운데에서 성경구절을 담고 있는, 가장 오래된 새김글이기 때문에 사람들은 이 새김글을 발견하고 나서 흥분하기 시작했습니다.

"새김글"이라고 하니까 생소하게 생각하는 분이 있을 것 같아서 잠깐 이 말을 설명해야 하겠군요. 고대 북서방 셈어 문헌은 대개 돌에다 새기든지 토판에 써서 굽든지, 또 무덤 같은 경우는 바위를 쪼아서 글을 새겼습니다. 또 동전 같은 경우는 돋을새김을 해서 글을 남기기도 하구요. 이렇게 새긴 글이나 문헌을 영어권 학자들은 뭉뚱그려서 "INSCRIPTION"이라고 부릅니다. 우리말로는 "명각"(銘刻)이란 말을 쓰긴 하지만 무슨 뜻인지 헤아리기가 어렵기는 마찬가지라고 생각하여 "새김글"이라고 말을 만들어 보았습니다. 괜찮은지 모르겠군요. 이 "케테프 힌놈 새김글"이 발견되기 이전까지 가장 오래된 것으로는 "나쉬 파피루스"(Nash Papyrus)가 있었습니다. 신명기(6:4)에 나오는 "이스라엘아, 들으라"(쉐마 이스라엘) 부분이 들어 있는 파피루스이지요. 파피루스란 이집트에서 나는 갈대를 말려서 그 위에 글을 기록하기 위하여 만든 것이지요. 종이가 발견되기 이전에 성서의 여러 책도 여기에 쓰기도 했습니다. 이 "나쉬 파피루스"는 기원전 2세기 것입니다. 따라서 "케테프 힌놈 새김글"은 이보다도 500년이나 앞선 것입니다.

그러면 케테프 힌놈의 한 무덤에서 발견된 이 두 개의 은 부적에는 뭐라고 쓰여 있을까요? 두 조각으로 되어 있는 이 부적을 우리말로 옮겨보겠습니다.

하느님의 계약[과] 자애를 [사랑하는 이]
[그분의 명령을] 준수하는 이
그의 거[처] 위에…
모든 …으로부터 그리고 불행으로부터
정말로 그를 구해 주시는 분
야훼께서는 그를 살리시[리니]…
야훼께서 그대에게 복내리시길
그리고 그대를 지켜주시[길]
야훼께서 [당신의 얼]굴을 그대를 향하여 환하게 [비추시길]
[그리고 그대에게 은총을 내리시길]

야훼께서 그대에게 복 내리시길
그리고 그대를 지켜주시길
야[훼]께서 당신의 얼굴을 그대[를] 향하여 환하게 비추시길
그리고 평[화]를 그대에게 내리시길

슈무엘 아히투브라는 이스라엘 학자가 재구성한 것을 우리말로 옮긴 것입니다. 꺾쇠괄호에 들어 있는 부분은 사실 발견될 때 없는 부분을 재구성해 본 것입니다. 정확하게 맞는 것이라고 말할 수는 없지요. 하지만 이 은 새김글을 이해하는 데 중요한 가설이 될 수는 있겠지요. 특별히 "하느님의 계약[과] 자애를 [사랑하는 이]. [그분의 명령을] 준수하는 이. 그의 거[처] 위에… 모든 …으로부터 그리고 불행으로부터… 정말로 그를 구해 주시는 분. 야훼께서는 그를 살리시[리라]…"라는 첫째 부적의 구절은 신명기(7:9)를 참조하여 재구성해 본 것이라고 아히투브는 그의 책에서 밝히고 있습니다. 물론 아히투브가 잘못 재구성한 부분도 있는 것 같습니다. 우리말 번역에는 나타나지 않지만 히브리어 본문상으로는 집어넣지 않아도 될 글자를 집어넣은 것이 아니냐고 말하는 학자도 있습니다(Baruch A. Levine). 특별히 "야훼께서 그대에게 복 내리시길"이

라고 옮긴 구절 가운데에서 "그대에게"라는 말은 본디 히브리어 본문에는 없는 말입니다. 그러니까 "야훼께서 복 내리시길"이라고 되어 있지만 문맥상으로 볼 때는 "그대에게"라는 말이 구문 자체에 들어 있기 때문에 우리말로 "그대에게"를 집어넣어 옮긴 것이지요. 그렇다면 민수기(6:24-26)에 나오는 "제사장 축복문"은 어떻게 되어 있을까요?

> 야훼께서 그대에게 복 내리시길
> 그리고 그대를 지켜주시길
> 야훼께서 당신의 얼굴을 그대를 향하여 환하게 비추시길
> 그리고 그대에게 은총을 베푸시길
> 야훼께서 당신의 얼굴을 그대를 향하여 드시길
> 그리고 그대에게 평화를 내리시길

이 구절 가운데에서 밑줄로 표시한 부분은 위에서 말씀드린 "케테프 힌놈 부적"에는 없는 부분입니다. 왜 이 부분이 민수기에는 들어가 있느냐고 물으시는 분이 있을 줄 압니다. 그 이유야 분명히 알 수는 없을 겁니다. 하지만 여러 가지로 추측해 볼 수는 있겠지요.

어떤 학자들은 "민수기 제사장 축복문"이 더 오래된 것이고 "케테프 힌놈 축복문"이 나중 것이라고 말합니다. "케테프 힌놈 축복문"은 은 조각으로 된 그 부적의 공간이 작아 "민수기 제사장 축복문"을 줄인 것이라는 것이죠. 하지만 그렇게 볼 수만은 없는 듯싶습니다. 뢰젤이라는 학자는 "민수기 제사장 축복문"이 "케테프 힌놈 축복문"을 확장한 것이라고 설명합니다. 이 제안은 설득력 있어 보입니다. 우선 "제사장 축복문"은 "복 내리다"(베레크)와 "지키다"(샤마르)라는 두 움직씨가 그 중심에 놓여 있다고 말할 수 있습니다. 이 두 움직씨 가운데에서 "복 내리다"는 "…에게 얼굴을 향하게 환하게 비추다, …에게 친절을 베풀다"(헤이르 파나브 엘)라는 말과 "은총을 베풀다, 친절하게 대하다"(하난)라는 말로 확대되고 발전되었다고 말할 수 있습니다. 그리고 "지키다"는 말은 "…를 향하여 얼굴을 들다"(나싸 파님 엘)라는 말과 "…에게 평화를 내리다"(씸 샬롬 레)라는 말로 확대되고 발전되었다는 거지요. 이렇게 확대, 발전된 것을 도표로 표시해 보겠습니다.

(a) 야훼께서 그대에게 복 내리시길
(b) 그리고 그대를 지켜주시길
(a') 야훼께서 당신의 얼굴을 그대에게 환히 비추시길
(b') 그리고 그대에게 평화를 내리시길

(케테프 힌놈)

(a) 야훼께서 그대에게 복 내리시길
(b) 그리고 그대를 지켜주시길
(a') 야훼께서 당신의 얼굴을 그대에게 환히 비추시길
　　(c) 그리고 그대에게 은총을 베푸시길
　　(d) 야훼께서 당신의 얼굴을 그대를 향하여 드시길
(b') 그리고 그대에게 평화를 내리시길

(민수기)

민수기에서 확실히 (c)와 (d)가 첨가되고 발전되어 있는 것을 우리는 확인해 볼 수 있습니다. 이것을 다시 이렇게 표시해보면 이 축복문이 어떻게 계단모양으로 발전되어 올라가는지 명확하게 알 수 있습니다. 한번 (a) – (b) – (a') – (c) – (d) – (b') 순으로 읽어보세요.

(b') 그리고 그대에게 평화를 내리시길
(d) 야훼께서 당신의 얼굴을 그대를 향하여 드시길
(c) 그리고 그대에게 은총을 베푸시길
(a') 야훼께서 당신의 얼굴을 그대에게 환히 비추시길
(b) 그리고 그대를 지켜주시길
(a) 야훼께서 그대에게 복 내리시길

이 축복문이 "평화"(샬롬)라는 말을 향하여 점진적으로 계단을 밟고 올라가듯 그 생각이 상승되어 올라가는 것을 알게 됩니다. 이러한 문학기법을 "계단식 대구법"이라고 이름 붙일 수도 있을 것입니다. 곧 "복"이라는 말이 "평화"라는 말을 향하여 요동치듯 올라가는 모습입니다. "복"의 구체적인 모습이 "평화"

로 확인되는 것을 보게 됩니다. 다시 말씀드리자면 "복 내린다"는 말을 좀 더 구체적으로 설명한 "지켜준다"는 말이 보호와 보살핌을 뜻하는 "평화를 내린다"는 말에서 더욱 분명해지는 것을 알 수 있습니다.

다시 이 축복문을 의미상 나누어 보면 "복을 내리다"(a)와 "얼굴을 …에게 환히 비추다"(a')가 서로 짝을 이루고 "지켜주다"(b)와 "평화를 내리다"(b')가 또 다른 짝을 이루고 있는 것을 알 수 있습니다. 그런데 이 짝을 이루는 두 요소가 "은총을 베풀다"(c)와 "얼굴을 …를 향하여 들다"(d)가 기본 골격에 보태진 것을 우리는 "케테프 힌놈 축복문"을 통해서 확인할 수 있습니다. 결국 "복을 내린다"라는 말은 "평화를 내린다"라는 말입니다. 세상을 향해 길을 나서는 이의 여정이 평안하기를 바라는 기원이라고 해야겠지요.

* * *

레위기(9:22)에는 이런 말이 나옵니다. "아론이 백성을 향하여 손을 들고 그들을 축복하였다." 오늘날 한국 교회에서 예배를 마칠 때 목사님들이 축도하는 모습과 비슷하지 않았을까 생각해 보는데요, 바로 레위기 9장이 제사장 축복문의 본디 삶의 자리였을 것이라고 학자들은 말합니다. 아론과 그의 아들들이 주님의 제사장으로 성별되고 나서 장막에서 제사를 거행할 때 이 "제사장 축복문"을 외우면서 백성에게 복을 빌었다는 거지요. 물론 레위기 9장에는 민수기 6장의 축복문이 나오지 않습니다. 하지만 레위기 9장의 축복 내용이 바로 민수기 6장의 "제사장 축복문"이라고 그렇게 추측해 보는 거지요.

본디 손을 들고 기도하는 행위는 아주 오래된 고대 중동지방의 관습이었습니다. 우가릿어로 되어 있는 "케렛"이라는 문헌(Krt 75-76)에도 "하늘을 향하여 너의 손을 들어라"라고 기도하는 모습을 그리고 있고, 아카드어 문헌에도 '높이 든 손으로 기도하다'(CAD 106-7)라는 표현이 나옵니다. 특별히 하늘을 향해 두 손을 들고 기도하는 모습을 우리는 여러 새김 그림을 통해서 확인할 수 있지요(ANEP 157). 시편(28:2)에는 "제가 주님께 울부짖을 때, 주님의 거룩한 성소를 향하여 제가 두 손을 들 때, 제 부르짖는 소리를 들어주세요"라고 기도하는 모습을 보여주고 있습니다. 또 다른 시편(63:5)에도 "제가 살아있는 동안 야훼님을 찬양하렵니다. 주님의 이름 의지하여 저의 두 손을 들으렵니다"라고 했습니다. 그리고 또 다른 시편(134:2)에서도 "성소에서 너희의 손을 들어라. 야훼님을 찬양하라"고 했습니다.

그런데 여기 레위기 9장에서 아론은 백성을 향하여 손을 들고 그들에게 복을 빌어줍니다. 이렇게 제사장이 회중의 복을 빌어주는 행위는 탈무드의 씨프라(밀루임 쉐미니 30)라는 책과 신약에도 언급되어 있습니다. 이 전통은 오늘날까지도 계속되어 오고 있지요.

* * *

"복 내리시길!"이라는 말이 "제사장 축복문"의 시작말이라고 했습니다. 그런데 이 "복을 내린다"라는 말이 엘 콤(El-Qom)이라는 곳에서 윌리엄 데버(William Dever)라는 고고학자가 1967년에 발견한 한 무덤 속의 새김글에도 등장합니다. 기원전 7세기 후반에서 6세기 초반의 것으로 추정되는 이 무덤에서는 3개의 새김글이 발견되었습니다. 그중 세 번째 것으로 이름 붙인 새김글을 읽어보기로 하지요.

우리야후의 것. 그의 명각을 주의깊게 보라.
우리야후가 야훼께 복을 받기를.
그리고 이것을 지우는 손은 그 어느 것이든 저주를 받으리라.
오니야후가 씀.

우리야후라는 사람의 무덤입니다. 이 무덤 새김글에도 "야훼께 복받기 바란다"(바루크 …. 라-아도나이)는 기원이 들어 있습니다. "(누구가) 야훼님께 복받기 바란다"는 표현은 성서에 흔히 나오는 표현입니다. 이곳에서는 세상을 뜬 이의 명복을 비는 내용으로 사용되었지만 룻기에서는 이 표현이 인사말입니다. 보아스가 나타나자 들판에서 밀걷이하던 일꾼들이 "주인어른, 야훼님께 복받기를 빕니다"(2:4)라고 인사합니다. 우리말로는 그저 "편안하신지요?" 정도의 인사이지만 고대 히브리인들은 야훼님께 복 받기를 빈다는 표현을 사용하는군요. 또 이삭을 주워 집으로 돌아오는 룻에게 시어머니 나오미는 다그치듯 묻습니다. 어디서 주웠느냐는 둥, 어디서 일했느냐는 둥, 혼자 급해서 묻다가 너를 알아본 이가 복받았으면 좋겠다는 말을 빼놓지 않습니다(2:18). 보아스가 이삭을 줍는 룻에게 잘해줬다는 말을 들은 나오미는 "야훼께서 그분에게 복 내리시기를 빈다"(2:30)고 위의 "엘 콤 새김글"의 표현과 똑같은 표현으로 고마운 마음을 나타냅니다. 그러니까 "야훼께 복받기 바란다"는 말이 꼭 인사만을 가리키는 것은 아니지요. 상황에 따라서 인사로 쓰이기도 하고 고마운 마음을 나타내기도 하고 세상을 떠난 이의 명복을 비는 말로도 사용된 것을 알 수 있습니다. 이 새김글의 후반부에는 "저주 받으라"는 표현이 나옵니다. 무덤 새김글의 전형적인 양식이지요. 무덤을 여는 사람이나 새김글을 지우는 사람이나 또는 무덤 속에 들어 있는 물건을 훔쳐가는 사람이나 저주를 받을 것이라는 내용이 여러 무덤 새김글에 새겨져 있습니다. 무덤 새김글은 아니지만 복받기를 바란다는 말과 저주를 받는다는 말이 함께 나오는 새김글로는 엔게디 부근의 바위틈 기둥에 새겨져 있는 한 새김글이 유명합니다.[13] 무덤 새김글의 문학양식이 어찌하든 우리는 여기서 야훼께 복받기를 빈다는 표현이 다시 한 번 무덤 새김글에서 사용된 것을 확인하게 됩니다. 이 표현이 사용되는 곳이 무덤이라는 거지요.

1976년에 발굴한 "엘 콤 무덤"에는 그러나 지금껏 알려져 있지 않던 새로운 새김글이 발견되었습니다. 이 새김글이 언제 발견되었는지는 알 수 없습니다. 이 새김글이 엘 콤에서 나온 것은 분명하지만 언제부터인지 이스라엘의 골동품 시장에서 흘러다니다가 헬쩌(Heltzer)라는 골동품 상인과 도이취(Deutsch)라는 성서학자가 함께 이 새김글을 발견하고는 해독하여 책으로 펴냈습니다. 그제서야 이 새김글이 사람들에게 알려지기 시작했습니다. 두 줄로 된 이 새김글은 앞서 말씀드린 새김글처럼 옛 히브리어 글자체(paleo-Hebrew script)로 새겨져 있습니다. 이 옛 히브리어 글자체는 유다가 바빌론에 의해 멸망당할 때까지 북이스라엘과 남유다에서 사용하던 글자체입니다. 그런데 두 줄로 된 이 새로운 새김글에 "복을 빈다"는 말이 등장합니다.

돌을 쪼갠 당신에게 복이 있으라.
그분께서

13) 슈무엘 아히투브, 고대 히브리어 새김글 모음집. 116-117쪽.

나이 드신 이들을 이곳에서 편히 쉬게 하시길.

물론 문맥 자체는 앞서 말씀드린 새김글과는 좀 다릅니다. 위의 새김글은 세상을 뜬 이에게 복이 있으라는 기원이지만 이 새로운 새김글은 그 돌무덤을 판 사람들에게 복이 있기를 바라는 마음에서 그 글자를 새기고 또 세상을 떠난 이의 평화를 빈다는 점에서 특이합니다. 그렇지만 이 '복이 있으라'는 표현이 이 새로운 새김글에서도 사용된 것은 적어도 이 낱말의 '삶의 자리'가 다시 한 번 무덤이라는 점을 확인해 볼 수 있습니다. 이 새김글의 두 번째 줄은 무덤 새김글의 또 다른 축복 양식입니다. 젊은 나이에 세상을 뜨지 않고 천수를 누리고 나이 들어서 무덤에 묻혔다는 것을 말하면서 이 새김글을 쓴 이는 그 노인이 이곳에서 평안히 쉬기를 바라고 있습니다. 학자들 간에는 이 노인이 그 마을의 장로로서 지도자라는 둥 아니라는 둥 말이 많습니다. 그러나 그건 우리의 논의하고는 거리가 먼 얘기입니다. 높은 사람의 무덤이든 천민의 무덤이든 다만 이 표현이 무덤 새김글에서 쓰이고 있다는 점이 중요할 뿐입니다. 또 하나 '그분'이 누구인지 구체적으로 밝히고 있지는 않지만 '그분'께서 이곳에 묻힌 노인을 "편히 쉬게 해달라"고 기원합니다. "그분"은 아마도 야훼가 아닐까 추측합니다. 앞서 언급한 세 번째 새김글에 "야훼"라는 표현이 나오기 때문이지요. 죽음과 관련하여 언급되는 "편히 쉬게 해달라"(שכב)는 말은 성서 곳곳에서도 자주 사용되는 표현입니다.[14)]

* * *

이번에는 "하느님의 얼굴이 그대를 향해 드시길"이라는 제사장 축복문의 표현 가운데 '하느님의 얼굴'이 무엇을 가리키는지 살펴볼까 합니다. 이 축복문에서 하느님의 얼굴(파님)은 두 번 등장합니다. "얼굴을 …에게 환히 비추다"(헤이르 파님 엘)라는 구절과 "얼굴을 …를 향하여 들다"(나싸 파님 엘)라는 표현이지요. "얼굴을 …에게 환히 비추다"라는 말은 "…를 호의를 가지고 바라보다" 또는 "…에게 호의를 가지다"라는 뜻입니다. 그리고 "얼굴을 …를 향하여 들다"

14) 사 14:18; 욥 7:21, 20:11, 21:26; 겔 32:21 등.

는 말은 "…에게 관심을 보이다"라는 뜻이구요. "얼굴"(파님)이라는 말은 본디 "(사람이나 장소)를 향하다"(파나)라는 말에서 온 것을 보면 얼굴이라는 이미지가 방향을 뜻하고 또 목표 내지는 목적을 가리킨다고 말할 수도 있겠지요. 그리고 얼굴이라는 말이 히브리어로는 겹꼴(dual number)로 되어 있는 것을 보면 얼굴의 표정이 수시로 바뀌는 모습을 그 말 속에 담고 있다고 보아야 하겠지요. 히브리인들의 세계관입니다. 물론 우리말 얼굴은 "얼이 담겨 있는 꼴" 또는 "얼의 골격"이라고 해서 얼굴을 통하여 사람의 됨됨을 살펴볼 수 있다는 철학적 세계관을 담고 있는 멋진 말이지요. 얼굴이 중요하다는 거지요. 그렇다고 잘생기고 덜 생긴 얼굴을 가지고 사람의 됨됨이를 따지려고 한다면야 문제가 있겠지만 말입니다.

* * *

고대 히브리인들은 하느님의 얼굴을 "하느님 자신"이나 "하느님의 임재"로 생각한 것을 여러 곳에서 확인할 수 있습니다. 광야에서 방랑하는 이스라엘에게 하느님은 이렇게 말씀하십니다.

> 나의 얼굴이 갈 것이다.
> 그리고 너의 짐을 가볍게 하리라.

출애굽기(33:14)에 나오는 말씀입니다. 하느님 당신께서 히브리인들이 광야에서 방랑생활을 하는 데 함께 하신다는 것이죠. 그리고 또 힘든 생활고도 함께 져주신다는 얘기죠. 그러자 이어서 모세가 하느님께 이렇게 얘기합니다(출 33:15).

> 주님의 얼굴이 가지 않는다면
> 이곳에서 우리를 데리고 올라가지 마세요.

신명기 4장에서는 이스라엘이 이집트에 있을 때 하느님이 함께 하셨다고 말하고 있는데요, 이때도 '얼굴'이라는 말이 등장합니다. "그분이 네 조상들을 사랑하시고 뒤에 오는 그 후손들을 뽑으셔서 당신의 얼굴과 함께 그리고 큰 힘으로 이집트에서 빼내 오셨다"(37절). 좀 어색하게 옮겼습니다만 여기서 '당신 얼굴과 함께'라는 말이 바로 "당신께서 함께 동행하셔서"라는 뜻이지요. 또 있습니다. 바빌론 포로기 때의 작품인 제3이사야의 한 부분, 이사야(63:9)입니다.

그분은
그들의 고통을 당신의 고통으로 여기시어
당신 얼굴의 심부름꾼이
당신의 사랑과 자비로 그들을 구해냈다.
당신 자신이 그들을 구하셨다.
그들을 들어 올리셨다.
그들을 일으켜 세우셨다.
그 옛날 태곳적에-

출애굽을 회상하는 얘기입니다. 여기서 "당신 얼굴의 심부름꾼"이란 "하느님의 얼굴을 지니고 있는 심부름꾼," 다시 말해서 "하느님이 함께 하시는 심부름꾼"이라는 뜻이지요. 하느님의 얼굴, 하느님의 동행하심이 출애굽과 광야라는 역사신앙과 연결되어 있는 것을 보게 됩니다. 이뿐만이 아닙니다. "진설병"(陳設甁)이라는 말을 잘 아실 겁니다. 성전의 상 위에 늘 갖추어 놓아야 하는 빵을 가리키지요. 양쪽 꼭 6개씩 모두 12개의 빵을 늘 바쳐 놓아야 하는 거지요. 이스라엘의 12지파를 상징하는 빵입니다. 이 진설병을 출애굽기(25:30)는 "얼굴 빵"(레헴 하파님)이라고 불렀습니다. 글쎄요. 하느님이 12지파를 늘 지켜주신다는 뜻이 아닐는지 모르겠네요. 아니면 이스라엘 12지파가 늘 하느님의 얼굴을 뵈어야 한다는 뜻은 아닐는지요. 이뿐만이 아닙니다. 하느님의 얼굴은 화를 내실 때에도 사용되는 말입니다.

주님은 당신의 얼굴을 그들에게 보이실 때
용광로처럼 그들이 활활 타오르게 하십니다.
야훼께서는 화가 나시면
그들을 집어삼키십니다.

불이 그들을 태워버립니다.

시편 21:10입니다. 다른 시편(139:7)에도, 애가(4:16)에도 하느님의 얼굴은 화나시는 모습을 그릴 때 등장하는 말입니다.[15] 이렇듯 "하느님의 얼굴"은 성경에서 두 가지 뜻으로 사용됩니다만 여기 "제사장 축복문"에서는 하느님의 임재, 하느님의 동행, 하느님이 함께 하심, 하느님의 호의, 하느님의 보살핌과 같은 긍정적인 뜻으로 사용된 것을 알 수 있습니다.

그런데 재미있는 것은 기원전 3세기경의 것으로 추정되는 여러 퓨닉어(Punic) 새김글에 "바알의 얼굴"이라는 표현이 수도 없이 많이 나온다는 점입니다.[16] 퓨닉어는 페니키아어(Phoenician)의 자손뻘 되는 언어라고 말해야 하겠군요. 신약에서도 예수께서 수로-보니게 여인과 논쟁하는 장면을 볼 수 있지 않습니까? 두로와 시돈 그리고 비블로스(그발)와 같은 지중해 연안지방에서 기원전 1100년경부터 사용하던 언어인데 나중에는 이곳 사람들의 무역이 발달하여 스페인과 이탈리아 그리고 북아프리카에서도 사용한 언어입니다. 이것을 옛 페니키아어와 구분하기 위하여 퓨닉어 또는 새[新] 퓨닉어라고 부릅니다. 기원후 3-4세기경까지 사용된 언어이지요.

"카르타고 새김글"이라고 부르는 이 퓨닉어 본문에 "바알의 얼굴"(פן בעל)이라는 표현이 자주 등장합니다. 여러 다른 신들의 이름과 함께 나오는 것을 볼 수 있는데요, 학자들 간에는 아직 이 '바알의 얼굴'이 무엇을 가리키는지 정확하게 자리 매김을 하지는 못했습니다. 하지만 아마도 여신 타닛(תנת)의 호칭이 아닌가 추측하는 학자들도 있습니다. 흥미로운 사실은 이 명각 가운데에서 이름이 아직 붙여지지 않은 이 수많은 새김글이 대부분 카르타고의 산타 마리아 PRICOT 무덤에서 나왔다는 점입니다. 약 2,170개의 새김글이 1874년에서 1875년 사이에 발견되었는데 프랑스로 그 명각들을 싣고 오던 배가 폭발하는 바람에 바다에 잠기고 말았다는군요. 겨우 남은 몇 개의 명각도 그 그림만 남아 있다는 겁니다. 이 가운데에서 어린이의 뼈를 담아 놓았던 옹관에 새겨져 있는 새김글(KAI 79)에 이 "바알의 얼굴"이라는 말이 두 번이나 나온다는 것이 흥미롭습니다. 그리고 "복을 내리다"라는 말도 함께 등장합니다. 한번 우리말

15) 삼하 17:11; 시 42:12, 43:5; 잠 7:15 참조.

16) KAI 78:2, 79:1, 10, 85:1, 86:1, 87:1, 88:1 등.

로 옮겨보지요.

아슈마나아스의 종이며 바알야탄의 아들인 카마나이가
자식을 위하여
주님이신 바알의 얼굴 타닛 님께
그리고 주님이신 바알 하몬께 봉헌한 것.
(타닛) 님께서 그에게 복 내리시길!
나의 명령없이 이 돌을 옮기는 자나
내 허락받은 이의 명령 없이 이 돌을 옮기는 자는
그 누구든지
바알의 얼굴이신 타닛 님에게 죽음의 심판을 받을 것이다.

사람의 이름은 정확히 알 수 없습니다. 그냥 추측으로 옮긴 것입니다. 다만 여기서 알 수 있는 것은 이 새김글을 쓴 카마나이라는 사람은 여신인 타닛(Tanit)과 남신인 바알 하몬을 섬겼다는 것이고 또 여신인 타닛의 호칭이 "바알의 얼굴"이라는 점입니다.[17] 그리고 또한 그의 여신인 타닛에게 일찍 죽은 자기 자식에게 복을 내려달라는 기원을 하고 있다는 점이 흥미롭습니다. 우리가 앞에서 본 "제사장 축복문"의 시작 말과 같이 "복 내리다"라는 말을 사용하고 있다는 거죠. "얼굴"과 "복"의 관계를 우리는 여기서 다시 한 번 확인하게 됩니다. "바알의 얼굴"인 여신 타닛에게 복을 내려달라고 기원하고 있으니까요. 물론 이 새김글은 기원전 3세기경의 문헌으로 추정되는 것이므로 성서의 영향을 받았다고 말할 수도 있을 것입니다. 그러나 그보다는 고대 중동 사람들에게 신의 얼굴이 누구에게 향해 있다는 것은 그에게 복을 내린다는 세계관을 공통적으로 지니고 있었다고 보는 것이 더 합리적일 듯합니다.

17) "판 바알"(פן בעל)이라고 하는데 "얼굴"이라는 말이 성서 히브리어에서는 "파님"(פנים)으로 항상 복수로 나온다. 그런데 이 문헌에서는 그 단수 형태인 "판"(פן)으로 나온다. 성경에서는 이렇게 단수로 나오는 경우가 없다.

* * *

이번에는 "제사장 축복문"의 마지막 부분에 나오는 "평화"라는 말이 성서 이외의 자료에서는 어떻게 쓰이고 있는가 살펴보겠습니다. 앞서도 말씀드렸습니다만 "평화가 내리기를" 빈다는 말이 "복"이라는 말의 구체적인 모습이요 종국적인 목표라고 했습니다. 평화라는 말은 성서의 여러 곳에서 여러 모습으로 사용됩니다. 하지만 "…에게 평화가 내리다"(씸 샬롬 레-)라는 표현은 성서 안에서 "제사장 축복문"밖에 없다는 것이 특이합니다. 물론 시편(147:13)에 이와 비슷한 표현이 나오긴 합니다.

> 그분은
> 네가 사는 곳에 평화가 깃들게 하신다.[18]
> 그리고
> 최상품의 밀로 너를 배부르게 하신다.

그러니까 이 시편에서는 문맥의 정황으로 미루어 보아 먹거리 문제가 해결되는 것을 평화라고 부른 것이 아닌가 추측해 봅니다. 성서 이외의 자료로는 이집트의 엘레판틴이라는 곳에서 발견된 여러 파피루스입니다. 이 파피루스 가운데에는 『아히카르 이야기』라는 문헌이 있습니다. 이 문헌 속에 들어 있는 여러 이야기는 나중에 아랍권으로 흘러들어 "아라비안나이트" 속에 각색되어 들어가 있기도 합니다.

> 그대에게 평화가 있기를![19]

『아히카르 이야기』라는 파피루스(1.1:94)에 나오는 말입니다. 사자가 나귀에게 건네는 인사지요. 그다음 부분은 파손되어서 문맥을 짐작할 수 없습니다. 아시리아 왕 산헤립의 왕실고 문이며 장관이었던 아히카르가 자신의 양아들 나딘에게 들려주는 이야기가 이집트 사람들에 의해 개작되었는데 그것이 유대

18) "하쌈 그불레크 샬롬"(השם גבלך שלום).
19) "슐람 이흐유 라크"(שלם יהוי לך).

인 공동체 주거지인 엘레판틴에서 발견된 것입니다. 인사법이지요. 이보다는 "제사장 축복문"과 똑같은 표현이 유대인들의 민속가요에 등장합니다. "평화를 내리소서!"(씸 샬롬)라는 이 노래의 가사는 이렇습니다.

평화를 내리소서
평화를 내리소서
평화와 좋은 것과 복을 내리소서
평화와 좋은 것과 복을 내리소서
생명과 은총과 사랑과 긍휼을—
평화와 좋은 것과 복을 내리소서
우리에게
곧 온 이스라엘에게—

네쩨르라는 가수가 부르는 이 노래는 기도문에서 발췌한 것이라고 기록되어 있습니다. 이렇게 평화라는 말은 예배의 축복문과 인사말과 기도와 노랫말 등 여러 상황 속에서 재현되어 사용되고 있습니다.

그런데 이 "평화"라는 말은 무덤의 새김글에서도 분명하게 사용되는 말입니다. 기원전 2세기의 것으로 추정되는 어떤 무덤에서 한 새김글이 발견되었습니다. 예루살렘 서쪽 부근 레하비아라는 곳에서 1956년에 발견된 아람어 문헌이지요. 다니엘서의 아람어와 비슷한 아람어입니다. 퓌에이쉬의 재구성을 따라서 우리말로 옮겨 보겠습니다.

이 영원한 거처는
비느하스의 아들 야손을 위하여 지은 것이다.
평화가 있으라!
내가 그대를 위하여 이 무덤을 다시 지었노라.
아, 좋은 사람아, 예루살렘에서 평화로이 있으라.
친구들이 지은 이 영원한 거처에서
좋은 사람 그대여, 평화가 있으라!
요세의 아들 호니는

그대가 평화로이 쉬도록 이 거처를 고쳤노라.

이 무덤 새김글에서 쟁점이 되고 있는 표현은 "영원한 거처, 영원한 방"이라는[20] 구절입니다. 휘쯔마이어와 해링턴이라는 두 학자는 이 말을 "영원한 애가"(哀歌)라고 읽습니다. 하지만 저는 이 해석에 반대합니다. "키나"라는 말이 일반적으로 "애가"라는 뜻으로 사용되었다고 해서 일방적으로 여기서도 그렇게 읽을 수는 없기 때문이지요. 지금까지 발견된 북서 셈어 문헌 가운데에서 이 표현은 오직 이 새김글에만 나옵니다. 그래서 사실 어느 해석이 더 정확하다고 말할 수는 없습니다. 하지만 문맥상 "영원한 거처"가 더 어울릴 듯합니다. 그리고 같은 유대인 아람어로 씌어 있는 전도서 라바 1:9에도 같은 말을 사용하여 "그 어떤 방도 지금껏 내 안에 지어지지 않았다"라는 구절이 나옵니다. 또한 레위기 라바 20에도 "그들이 이스라엘 땅으로 들어올 때 그들은 살 곳을 발견할 것이다"라는 표현이 나오지요. 이러한 후대의 문헌 말고도 성서 자체에서 우리는 이 말이 "장소, 살 곳, 거처"라는 뜻으로 쓰인 것을 알 수 있습니다. "법궤 안에 방(켄)들을 만들어야 한다"고 말하는 창세기(6:14)입니다. 물론 이 낱말은 "(새의) 둥지"라는 일차적인 뜻에서 발전하여 "비어 있는 공간"이나 "방"이라는 뜻으로 사용되었습니다. 그보다도 실은 "영원한 거처"라는 말에 더 관심을 기울여야 할 것같습니다. 무덤을 "영원한 거처" 또는 "영원한 방"이라고 했으니까요.

여기서 이 "거처"란 말을 이렇게 장황하게 설명하는 이유는 "평화"(שלם)라는 말이 쓰이고 있는 삶의 자리가 무덤이라는 사실을 강조하고 싶어서입니다. "영원한 거처"는 바로 "평화"가 깃들어야 하는 장소이기 때문입니다. 말 자체는 다르지만 전도서(12:5)에서도 무덤을 "영원한 집"(베이트 올람)이라고 했습니다. 그리고 "희년서"라는 책(36:1)에서도 무덤을 "영원한 집"이라고 불렀습니다. 희년서는 본디 히브리어로 쓴 것인데 나중에 희랍어와 에티오피아어 그리고 라틴어와 시리아어로 번역되어 우리에게 전달되었는데요, 이 번역 중에서 에티오피아어 번역이 가장 완벽한 형태로 남아 있습니다. 제가 에티오피아어를 몰라서 "영원한 집"이 어떻게 되어 있는지는 모르겠습니다. 하지만 쿰란의 여러

---

20) "키나 알마"(קינא עלמא).

동굴에서 희년서 파편들이 발견된 것을 보면[21] 아마도 본디 이 말의 히브리어 표현은 전도서(12:5)와 똑같은 "베이트 올람"이 아닐까 추측해 봅니다. "무덤"이라는 표현이 이렇게 다양하게 사용되는 것을 우리는 여기서 봅니다. 앞서도 언급한 "엘 콤 무덤"의 첫 번째 새김글에서는 무덤을 "방"(헤데르)이라고 불렀습니다. 성서에서는 무덤을 가리키는 말로 사용하지 않는 표현이지요. 성서에서는 대개 무덤을 "케베르"라는 말로 표현하니까요.[22]

특별히 "야손 무덤 새김글"에 두 번이나 등장하는 "평화가 있으라!"는[23] 표현이 당시 아람어의 관용적 표현이라는 생각이 듭니다. 아람어로 씌어 있는 느헤미야서와 다니엘서에는 이런 표현이 나오지 않습니다. 하지만 앞서도 언급한 이집트의 엘레판틴 유대인 공동체의 아람어 문헌(기원전 5세기)에 두 번 등장합니다. 하나는 앞에서 말한 "아히카르 이야기"에 나오구요. 다른 하나는 코울리라는 학자가 34번으로 번호 매긴 편지에 등장합니다. 이집트의 '예브'라는 곳에 자리 잡고 살았던 엘레판틴 공동체의 문헌은 주로 편지입니다. 82개나 되는 편지의 서두에는 항상 정확한 날짜를 기록하였습니다. 파피루스가 파손되어 알 수 없는 것은 제외하고 말입니다. 기원전 5세기경의 편지입니다. 편지를 받는 사람은 주로 당시 예루살렘에 살고 있는 유대인 총독들입니다.

따라서 이 문헌은 에스라서와 느헤미야서를 연구하는 데 굉장히 중요한 문헌입니다. 아람어로 쓰여 있다는 것은 당시 중동 땅을 천하통일하고 이집트와 심지어는 인도 갠지스강 유역의 아프가니스탄까지 점령한 페르시아가 아람어를 공용어로 사용하였다는 점을 보여주는 증거입니다. 대부분의 편지 서두는 오늘날 우리가 편지 서두를 그렇게 쓰듯이 '평안하시길'이라는 인사로 시작합니다. 그런데 특이하게도 34번으로 코울리가 번호 매긴 편지(AP 34:7)의 마지막에는 "그대의 집과 그대의 자녀들에게 평화가 있으라!"는[24] 말로 끝맺습니다. 다른 편지에는 이런 끝맺음이 없습니다. 파손된 편지가 많아서 그런지도 모르겠습니다. 이 "평화"라는 말이 아람어의 존재 움직씨(הוה)와 함께 사용된 것이 특이하군요. 이 표현은 이렇게 여기처럼 편지의 끝맺음 인사에도 사용되

21) 1Q17-18, 2Q19, 2Q20, 3Q5, 4Q176, 4Q221, 4Q227, 4Q482, 4Q483 등.

22) 출 4:11; 민 11:24; 삿 8:32 등.

23) "하바 슐람"(הוה שלם).

24) "예헤베이 라헨 트나 슐람 베이타크 우-바나이크"(יהוי להן תנה שלם ביתך ובניך).

었고, 또 『아히카르 이야기』처럼 처음 만나는 사람에게 건네는 인사에도 사용되었습니다.

그런데 이 표현은 엘레판틴 파피루스 말고도 영국의 보들레이언 도서관(The Bodleian Library)에 보관되어 있는 13개의 아람어 문헌에도 두 번 등장합니다. 이 13개의 문헌이 모두 양가죽이나 염소가죽에 쓰여 있습니다. 앞서 얘기한 엘레판틴 파피루스처럼 기원전 5세기경의 행정 서신입니다. 아르샴이라는 페르시아의 이집트 관구 총독이 역시 이집트 관구 행정관리인 네히티후르라는 그의 부하와 주고받는 편지이지요. 또 행정 관리끼리 주고받은 편지도 있습니다. 이 편지 가운데에서 두 편지(1:1, 5:1)의 서두에는 모두 "거기 그대에게도 평화가 있기를!"이라는[25] 인사가 나옵니다. "…에게 평화가 있기를!"이라는 표현이 당시 "공용 아람어"의 관용적인 표현이었음을 다시 한 번 확인할 수 있는 문헌이 바로 이 "기원전 5세기 가죽 아람어 서신"입니다.

그런데 놀랍게도 이 편지(13:5)에는 "제사장 축복문"의 "…에게 하느님의 평화가 내리길"이라는 표현과 똑같은 표현이 나온다는 것입니다.[26] 성서 이외의 자료 가운데 "제사장 축복문"의 마지막 말의 쓰임이 역시 기도였다는 사실을 증거하는, 지금껏 발견된 것 가운데에서는 유일한 아람어 문헌입니다. 신들께 기도드린다는 것은 아마도 페르시아의 이집트 관구 행정관리였던 아르타하이(발신인)라는 사람이 여러 신을 섬긴 사람이었거나, 아니면 편지를 받는 아르샴 총독의 부하 네흐티후르(수신인)를 배려하여 그가 이렇게 겹꼴로 "신들"이라고 하지 않았나 생각합니다. 이렇게 편지에 사용되다가 "…에게 평화가 있기를!" 또는 "하느님이 …에게 평화를 내리시길!"이라는 표현이 급기야 기원전 2세기경에는 "야손 무덤 새김글"에서 세상을 뜬 이에게 보내는 마지막 인사로 사용되었군요. 이 세상을 떠나 저 세상으로 향하는 여행이 편안하길 바라는 마음에서 "평화"라는 말을 사용한 것이 아닐까요?

* * *

25) "아프 슐람 트마 카드마이크 예헤비이"(אף שלם תמה קדמיך יהוי).

26) "신들께서 그대에게 평화를 내리시라고 우리는 끊임없이 기도드린다" (צלו כזי] אלהיא שלם ישמו לך תח]תמ[ת]).

아론과 그의 아들들이 제사장으로 위임식을 하고 나서 백성들에게 건넸을 축복문이 민수기 6장의 "제사장 축복문"의 본디 삶의 자리가 아니냐고 대부분의 성서학자들은 생각하고 있습니다. 이 축복문은 유대인들의 회당에서도, 성당에서도, 교회에서도 랍비와 신부와 목사의 축복문으로 지금껏 살아 있습니다. 이 "제사장 축복문"이 언제 처음 썼는지 그 구체적인 연대는 알 수 없으나 기원전 7세기경의 "케테프 힌놈 부적"에서는 저 세상으로 길을 떠나는 한 소녀에게 하느님이 복을 내리시고 당신의 얼굴을 그에게 향하여 길 떠나는 그의 여정이 평안하고 안전하기를 바라는 마음으로 이 축복문이 사용되었다고 했습니다. 또 편지에서도 평화롭게 지내기를 바라는 인사로 평화가 있기를 바란다고 편지를 시작하거나 끝맺는 것을 보기도 하였습니다. 뿐만 아니라 여러 무덤의 새김글에서도 이 세상을 떠나는 이들이 저 세상을 향한 길목에서 야훼님의 복을 받아 '평화'롭기를 바란다는 내용이 들어 있는 것을 확인해 보았습니다. "복"과 "하느님의 얼굴"과 "평화"는 이렇게 죽음과 연결되어 하느님의 보살핌과 하느님의 동행하심을 표현하는 구체적인 언어로 재현되어 사용되었다는 점이 특이할 뿐입니다. 날마다 미지의 세계로 길을 떠나는 그대여, 하느님의 얼굴이 그대에게 향하여 평화로이 그 길을 떠나길!

5) 신명기 – 온 맘과 온 몸과 온 힘으로

이 책의 이름은 흔히 "하느님의 명령에 대한 기록"이란 뜻으로 오해하기도 합니다. 그러나 한자로 이 책은 "신명기"(申命記)이죠. 곧 "(하느님의) 명령을 펼친 기록"이라는 뜻입니다. 아마도 라틴어성경에 이 책이 "도이테로노미움"(Deuteronomium)이라고 불렀는데 여기서 온 것이 아닐까 짐작합니다. 이 책의 핵심은 아무래도 "쉐마"로 시작하는 신명기 6:4이라고 말할 수 있을 것입니다.

들으라, 이스라엘아!
야훼님은 우리 하느님.
야훼님은 독특한 분.

히브리어로 “쉐마 이스라엘 아도나이 엘로헤이누 아도나이 엑하드”라고 읽는데[27] 이 구절을 처음 시작하는 말을 따라 “쉐마”라고 부르죠. 지금도 이스라엘 사람들은 우리가 주기도문을 외우듯 이 구절을 예배 때마다 외웁니다. 물론 여기에 한 구절을 덧붙여 외우죠. “그 이름을 찬양하라 영광스런 그분의 다스림은 영원 영원하여라”라는 구절입니다.[28]

그런데 이 구절에서 우리가 생각해야 할 것이 하나 있습니다. 바로 “야훼님은 독특한 분”이라고 한 구절이죠. 흔히 “야훼님은 한 분”이라고 읽습니다. 맞습니다. 그런데 요즘은 이 말을 “야훼님은 독특한 분”이라고 읽기도 합니다.[29] 저는 요즘의 이런 경향을 따라 이렇게 읽어봅니다. 그 까닭은 “독특한 분”이라고 한 말이 “하나”(엑하드)라는 뜻을 지닌 말인 것은 사실입니다. 그리고 우리가 섬기는 하느님은 당연히 한 분입니다. 그런데 문제는 숫자 “하나”가 하느님을 가리킬 때 사용되지 않는다는 점이죠. 그래서 “독특한”이라고 해석하는데요, “독특하다”는 말은 다른 것과 구별된다는 말이죠. 다른 것과는 다르다는 것입니다. 다른 것과 다르게 눈에 띈다는 말이기도 하죠. 야훼 하느님은 다른 신들과는 다르다, 다른 신들과는 구별된다, 다른 신들과는 다르게 눈에 띈다, 그래서 독특하다는 말입니다. 유일무이하다고 말할 수도 있겠죠. 그래서 “하나님”이라고 부른다고 말하곤 하죠.

그런데 이뿐만이 아닙니다. 신명기는 하느님을 잘 섬기라고 말합니다. 하느님을 잘 섬기면 복을 받고 다른 신을 섬기면 어려움을 당한다는 것이 신명기가 말하는 점입니다. 이것을 다른 말로는 인과응보라고 말할 수 있어요. 신명기 11장은 이 점을 잘 말해 주고 있습니다.

그대들은
오늘 내가 그대들에게 명하는 내 명령을 잘 듣고
그대들의 하느님 야훼님을 사랑하면
온 맘과 온 몸으로 그분을 섬기면

---

27) שמע ישראל יהוה אלהינו יהוה אחד

28) “바룩 쉠 카보드 말쿠토 레올람 바-에드”(ברוך שם כבוד מלכותו לעולם ועד)라고 히브리어로는 부르는데 기원후 200년경에 나온 『미쉬나』(야다임)라는 책에 들어 있다.

29) J. C. L. Gibson. Davidson's Introductory Hebrew Grammar – Syntax. Edinburg: T&T Clark, 1994. 55 참조.

야훼께서
그대들 땅에 철따라
가을비와 봄비를 내리실 것입니다
그러면 그대들은
햇곡식과 포도주와 햇기름을 거둘 것입니다
또 들판에는
그대들의 가축떼가 풀을 뜯을 것입니다
그리하여 그대들은
배불리 먹을 것입니다 (11:13-14)

"온 맘과 온 몸으로" 그분을 섬기라는 거죠. 신명기가 좋아하는 표현입니다. 이것을 쉐마 뒷부분(6:5)은 "온 맘과 온 몸과 온 힘으로"라고 확대하여 읽기도 하였습니다. 흔히 "성품"으로 읽는 말 "네페쉬"를 저는 여기서 "몸"으로 읽어봅니다. 나 자신이나 목숨이란 뜻이 담겨 있는 말이기 때문이죠. 그러니까 여기서 "힘"은 몸과 맘의 합일(合一)입니다. 이 말은 또 "가지고 있는 것"이라는 뜻이 담겨 있어요. 그렇다면 몸과 맘을 다하여 가지고 있는 모든 것으로 그분을 섬기라는 말로 쉐마를 읽을 수도 있겠군요.

"온맘과 온몸과 온힘으로"는 열왕기에도 자주 등장합니다. 열왕기는 사무엘서과 함께 신명기 역사서라고 부릅니다. 신명기의 신학으로 역사를 읽은 책이라는 뜻입니다. 북왕국 이스라엘과 남왕국 유다의 40여 왕 가운데 이렇게 "온맘과 온몸과 온힘으로" 야훼 하느님을 섬긴 왕은 히스기야와 요시야입니다. 이 두 왕 가운데에서도 그 이전에도 그 이후에도 요시야와 같은 왕이 없었다고 말합니다(왕하 23:25).

한문성경 『대표본』(1854)은 이 말을 "진심진성진력"(盡心盡性盡力)으로 읽기도 하였죠. 『중용』(21장-22장)에 나오는 "심"(心)과 "성"(性) 그리고 "진"(盡)으로 이 관계를 설명하고 있어요. 중용을 잠깐 읽어보죠.

성실함[誠]으로 밝아지는 것을 성(性)이라 하고
밝음으로 인해 성실해지는 것[誠]을 교(敎)라 하나니
성실[誠]하면 곧 밝아지고

밝아지면 곧 성실해지는 것[誠]이다
오직 천하의 지성(至誠)이라야만
능히 그 성(性)을 다할 수 있다
그 성(性)을 다할 수 있으면
능히 사람의 성(性)을 다할 수 있고
사람의 성(性)을 다할 수 있으면
능히 만물의 성(性)을 다할 수 있으며
만물의 성(性)을 다할 수 있으면
곧 천지의 화육을 도울 수 있고
천지의 화육을 도울 수 있으면
곧 천지와 함께 참여할 수 있다 (중용 21장–22장)[30]

여기서 가장 많이 나오는 말이 "성"(性)입니다. 정확하게 무슨 뜻인지 잘 알기 어렵습니다. 하지만 "몸"으로 해석해도 그리 지나친 말은 아닐 것입니다. 그러니까 "사람의 몸"과 "만물의 몸"을 다한다는 것이죠. 이 말은 "진"(盡)으로 표현하고 있죠. 그리고 또 "성"(誠)으로 표현하기도 합니다. 그래야 "천지와 함께 한다"고 했어요. 한문 대표본은 이렇게 중용의 용어로 신명기의 핵심을 설명하죠. "천지와 함께 한다"는 것을 하느님을 섬기라는 말로 말하고 있는 거죠. "화육"(化育)이 무엇인지는 정확하게 모르지만 누가복음(10:27)에 나오는 예수님을 가르치는 것이 아닐까 상상해 봅니다. 누가복음에서 예수님은 이렇게 말씀하셨거든요.

네 마음을 다하고 네 성품을 다하고 네 뜻을 다하고 네 힘을 다하여
주 너의 하느님을 사랑하라

바로 신명기의 말씀을 확대하여 말씀한 것이죠. 여기 보면 "마음을 다하여

---

30) 이기석, 한용우 역해, 『대학 중용』, 2판, 서울: 홍신문화사, 2007, 351–352쪽의 번역을 약간 고치고 괄호 속에 한자를 집어넣어 읽은 것이다. 한문으로는 이렇다. "自誠明, 謂之性, 自明誠, 謂之教, 誠則明矣, 明則誠矣"가 중용 21장이고, "唯天下其誠, 謂能盡其性, 能盡其性, 則能盡人之性, 能盡人之性, 則能盡物之性, 能盡物之性, 則可以贊天地之化育, 可以贊天地之化育, 則可以與天地參矣"가 중용 22장이다.

성품을 다하여 뜻을 다하여 힘을 다하여" 사랑하라고 했지요. 그런데 그리스어가 다릅니다. "마음을 다하여"의 "다하여"는 "엑스"(ex)로 되어 있고, "성품을 다하여 뜻을 다하여 힘을 다하여"의 "다하여"는 "엔"(en)으로 되어 있습니다. 우리는 그냥 "다하여"라고 읽지만 그리스어성경은 이것을 구별하고 있습니다.

"엑스"와 "엔"의 차이는 무엇일까요? "엑스"는 안에 있는 것을 밖으로 나타내는 것을 말합니다. "엔"은 밖에 있는 것을 안으로 들여보내는 것을 말합니다. "엑스"는 "외화"(外化)라고 말할 수 있습니다. 그렇다면 "엔"은 "내화"(內化)라고 말할 수 있죠. 이렇게 구분할 수 있다면 "마음을 다하여"는 "마음속에 있는 것을 밖으로 드러내어"라고 읽을 수 있습니다. 또한 "성품을 다하여 뜻을 다하여 힘을 다하여"는 "성품 속으로 뜻 안으로 힘 안으로"라고 읽어볼 수도 있겠지요.

곧 "마음속에 있는 것을 밖으로 드러내는" 것입니다. 억지로 드러내는 것이 아니라 자연스럽게 드러내는 것이죠. 마음속으로 어떤 생각을 품고 있건 그 마음의 생각은 얼굴에 드러나기 마련입니다. 마음속에 있는 것은 행동으로 드러나기 마련입니다. 그러니 마음을 다한다는 말은 마음속에 들어 있는 것이 자연스럽게 표출되는 것을 말합니다. 그렇게 하느님을 사랑하라는 말입니다.

또 "성품을 다하여 뜻을 다하여 힘을 다하여"는 이러한 마음을 구체적으로 어떻게 체화하느냐 하는 문제로 읽어볼 수도 있습니다. 성품을 다한다는 말은 사실 "목숨을 다하여"나 "나의 온몸을 다하여"라고 읽을 수도 있습니다. 그렇게 하느님을 사랑하라는 겁니다. 뿐만 아니라 "뜻을 다하여 힘을 다하여"는 이러한 몸속의 나의 의지와 나의 힘으로 그 의지와 그 힘을 다하여 하느님을 사랑하라는 뜻이죠. 그런데 이 누가복음을 탁사 최병헌 목사님은 그의 책 『만종일련』에서 이렇게 인용하십니다.

> "盡心盡性ᄒᆞ고 盡意盡力ᄒᆞ야 上主를 愛ᄒᆞ며 愛隣如己ᄒᆞ야
> 上主의 誡命을 守ᄒᆞᄂᆞᆫ 者들이오"[31]

> "진심진성하고 진의진력하야 상주를 애하며 애린여기하야

31) 崔炳憲, 『萬宗一臠』, 京城: 朝鮮耶穌敎書會, 1922, 93.

상주의 계명을 수하는 자들이오"

이 말을 풀이하면 이렇습니다.

"마음을 다하고 성(性)을 다하고 뜻을 다하고 힘을 다하여
위에 계신 주님을 사랑하며
이웃을 내 몸처럼 사랑하여
위에 계신 주님의 계명을 지키는 자들이요"

탁사 목사님은 1923년 3월에 나온 「신학세계」 제8권 제2호에 쓰신 "수양의 요결"(64쪽-65쪽)이라는 글에서 이렇게 말씀하십니다. 탁사 목사님의 웨슬리 종교 신학을 요약한 것이라고 말할 수 있습니다.

"나그네같이 인생들이 세상에 태어나며 어린이가 홀연히 소년이 되고 소년이 홀연히 장년이 되고 장년이 홀연히 노년이 되고 노년이 홀연히 죽음에 이르니 무정한 광음이 전광석화와 같고 가련한 인류는 덧없이 되돌아가는도다
사람의 생사와 존망이 조물주께 달려 있는 것이라 사람의 힘으로는 거스르지 못하고 피할 수도 없거니와 사람마다 오래 살기 바라며 일생 건강하기를 비니 건강한 자는 누구뇨 병 없는 사람이요 병 없는 사람은 장수하는 사람이라
우리네 인생이 우환으로 고통스럽게 죽기도 하고 태중에서 요절하기도 하거니와 대개 수양(修養) 법과 양생(養生) 방식을 몰라 피곤해 하며 병에 걸리는 이도 많고 양생 방식을 안다 해도 정욕을 이기지 못하여 제 몸을 도둑질 당해 병에 빠지는 자도 많으니 어찌 마음 괴롭지 않으리오
그리하여 체질(體質)과 마음(心)을 수양하기 위하여 규칙을 논하건대 수양하는 이는 그 마음(心)을 닦고 그 성(性)을 길러야 하니 오직 깨끗한 마음(心)을 지녀 하늘이 내리신 성품(性)을 따르도록 하려 함이라
천하에 정성(誠)을 다하지 않으면 그 성(性)을 다할(盡) 수 없으니 고로 중용에 이르기를 성(誠)하여 밝은 것을 성(性)이라 부르고 밝아 성(誠)한 것을 교(教)라 부르는지라 성(誠)을 다하면 자연히 맑아 욕심이 적어지고 그 마음(心)을 닦고 그 성(性)을 기를 수 있는지라"

읽어보기 쉽도록 단락을 나누어 보았습니다. 이렇게 탁사 최병헌 목사님은 "마음"[心]과 "성"(性)과 "다함"[盡]의 관계를 앞에서 우리가 인용한 중용을 언급하면서 설명합니다. 이는 달리 말하자면 몸과 맘과 다함의 관계입니다. 이 "다함"은 "성"(誠)이라는 말로 표현할 수도 있겠죠. 탁사의 신명기 신학입니다. 중용과 함께 읽는 신명기 신학이죠. 이 신명기 종교신학을 탁사 최병헌 목사님은 다음과 같은 말로 끝맺습니다.

"셋째는 정좌묵상(靜坐默想)이니 이른 밤 어두운 방에 손 모으고 무릎 꿇고 앉되(마 6:6) 머리와 허리는 곧추 세워 왼쪽이나 오른쪽으로 기울어지지 않게 하며(신 28:14) 배에 힘을 모아 단전(丹田)에서 기를 막고 정신을 모아 한마음으로 관정(灌頂)하며 구주를 우러러 고요히 움직이지 말고 주를 품어 성훈(聖訓)을 비밀스레 들으라 이 경지에 이르면 몸은 낙원에서 주와 함께 있으니 조용하고 고요한 영대(靈臺)에 마음과 혼은 에덴에서 늘 노닐리니 주의 영광도 뵐 수 있고 주의 거룩한 음성도 들을 수 있으리라
가을밤 산방에 성서를 읽으며 봄바람 냇가에서 성가를 불러 사람고기를 낚으며(막 1:17) 푸른 풀 들판에서 양떼를 먹이면(시 23:2) 몸은 자연히 건강하고 언행은 자연히 성결하여 인생에 병이 적으며 사상은 푸르고 높으며 심성(心性)은 오롯이 기쁨으로 가득하고 성부의 자녀가 되며 하늘나라를 물려받으리니(마 5:9-10, 딛 3:7) 이는 진실로 수양하는 이의 요결이라"

탁사의 웨슬리 종교신학의 구체적인 실천 방식이라 할 수 있겠죠. 이 신학의 근간은 당연히 신명기(6:4-5)입니다. 중용이 그 매개체입니다. 그러면서 위에서 보면 알 수 있듯이 끊임없이 성경을 인용하면서 설명합니다. 괄호 속의 성경구절은 제가 집어넣은 것입니다. 그러면서 "몸과 맘을 다하여"의 신명기 신학을 구체적으로 실천하고자 할 때 정좌 묵상하라고 탁사는 우리에게 이르십니다. 이렇게 묵상할 때 "왼쪽으로나 오른쪽으로 치우치지 말라"는 것 또한 신명기(28:14)의 독특한 표현입니다.

그대들은
왼쪽으로든 오른쪽으로든

치우치지 마세요
내가 오늘
그대들에게 내리는 이 말씀에서 벗어나지 마세요
다른 신들을 따라가서는
안 됩니다

신명기 신학의 핵심입니다. 잠언(4:27)에도 그 반향이 울려 퍼집니다. 이토록 신명기는 탁사 최병헌 목사의 웨슬리 종교신학에서 중요한 모티브로 등장합니다.

* * *

그런데 신명기는 여기서 하느님을 잘 섬기면 먹을 것 걱정할 일이 없다고 말합니다. 호세아가 생각나죠.

내가
이스라엘 위에 이슬처럼
내릴 것이다.
이스라엘은 나리꽃처럼
필 것이다.
레바논 백향목처럼
뿌리내릴 것이다.
그 나무에서는 가지가 뻗어나리라.
올리브나무처럼 아름다우리라.
레바논 백향목처럼 향기로우리라.
이스라엘이 다시
내 그늘 아래에서 살리라.
농사지어 곡식을 거두리라.
포도나무처럼 꽃피리라.
레바논 포도주처럼 이름을 얻으리라.

에브라임은 이렇게 고백하겠지.
“우상하고는 이제 담 쌓았어요.”
그러면 나는 이렇게 대답하리라.
“내가 너를 지켜 주마!”
나는 무성한 잣나무와 같으리니
너는 필요한 것은 무엇이든
열매를 얻으리라.
생명을 얻으리라.
언제나 내게서 얻을 수 있으리라. (호 14:5-8)

우상하고 담을 쌓으면 생명을 얻는다고 말하죠. 호세아가 하는 말입니다. 그런데 사실 호세아는 신명기 신학의 대부라고 부를 수 있죠. 이미 기원전 9세기 말에 이러한 사실을 갈파하면서 끊임없이 야훼께 돌아오기를 설파한 때문이죠. 그리고 포로기가 가까운 그 시절 활동했던 예레미야도 이 신학을 그대로 물려받습니다. 그리고는 탄식하죠.

나는 산을 보고
웁니다.
탄식합니다.
광야의 초원을 바라보고
슬픈 노래 부릅니다.
그처럼 무성하더니
황무지가 되었군요.
지나다니는 사람 찾을 길 없군요.
가축떼 울음소리도
날짐승 길짐승 할 것 없이 모두 다
사라지고 말았어요 …
이 땅이
왜 망했을까요?
왜 사막이 되었을까요? (렘 9:10-12)

주님은 예레미야의 탄식에 이렇게 대답하시죠.

나는 이 백성에게
나의 토라를 주었다.
지키라고 주었다.
그러나
이 백성은 토라를 버렸다.
나의 말을 듣지 않았다.
실천하지 않았다.
이 백성은 제 고집만 피웠다.
조상들이 가르친 대로
이 바알 저 바알 따라갔다 …
나는 이 백성에게
쓰디쓴 맛을 보이리라.
독한 물맛을 보게 하리라. (렘 9:13-14)

결국 하느님을 저버렸기에 포로기가 찾아온 것입니다. 포로로 끌려간 거죠. 개인적으로 예레미야는 죽음을 경험합니다. 구덩이 감옥에 갇힌 것이죠(38장). 이 포로라는 죽음의 경험은 신명기 28장이 말한 대로입니다.

그대들이 밭에 많은 씨앗을 뿌려도
메뚜기가 먹어치워 거둘 것이 없으리라.
그대들이 포도를 심고 가꾸어도
벌레가 갉아먹어 포도를 따지 못하리라.
포도주를 마실 생각 하지도 못하리라.
그대들이 온땅에 울창하게 올리브 나무를 가꾼다 해도
그 열매가 떨어지리라.
그 기름을 몸에 바를 수 없으리라.
그대들이 아들딸을 많이 낳아도
포로로 끌려가리라.

그대들의 자녀라고 할 수 없으리라. (신 28:38-41)

그러니 야훼 하느님을 잘 섬겨야 한다는 것이죠. 잘 섬기면 "마을에서도 복을 받고 들판에서도 복을 받으리라"(28:3)는 거죠. 들어가도 복을 받고 나가도 복을 받으리라는 겁니다. 잠언은 이 점을 이렇게 말하죠. 잘 섬기면 오래 산다, 돈도 많이 번다, 자식도 많다는 겁니다. 아예 이렇게까지 말하기도 합니다. 왼쪽에는 장수가, 오른쪽에는 재산이 호위할 것이라는 겁니다.

그 오른손에는 장수가 있고
그 왼손에는 부귀영화가 있다. (잠 3:16)

야훼님을 경외하면
오래 살지만
악인의 수명은 짧을 수밖에 없다. (잠 10:27)

의인이 해 입는다는 것은 상상할 수 없으나
악인은 재난을 당할 수밖에 없으리라. (잠 12:21)

흰머리칼은 영광의 면류관이라
바른 길을 걸어야 그것을 얻는다. (잠 16:31)

의인은 흠 없이 사는 이이다.
그의 후손은 복을 받으리라. (잠 20:7)

우리는 이렇게 잠언을 읽으면서 나 자신을 의인이라고 생각합니다. 그러니 나는 잘 살고 복받고 후손이 번창하고 오래 살 것이라고 믿습니다. 하지만 그 단서는 야훼 하느님을 잘 섬기는 일이죠. 우리 대부분은 이렇게 신명기 신학에 깊이 빠져 있습니다. 이러한 신명기의 축복 신학은 시편에도 울려 퍼집니다.

야훼님 모시고 사는 사람

복 받으리니
낮은 사람 높은 사람
차별 없이
복 받으리라. (시 115:13)

야훼님
그대가 들어가도 나가도
지키시리라.
지금부터 영원토록 – (시 121:8)

시편을 이렇게 읽어보았습니다만 시편은 아무래도 성전 예배와 관련이 있습니다. 그런데 신명기는 바로 하느님께서 가려 뽑으신 곳 그곳에서 하느님을 예배하라고 이릅니다. 바로 성소를 강조하는 것이죠. 북왕국 이스라엘에서는 단이나 베델 같은 성소입니다. 남왕국 유다에서는 예루살렘의 성전이죠. 이곳만이 야훼께서 계신 곳이라고 신명기는 말하고 있죠.

이것을 다시 정리하면 이렇습니다. 신명기가 말하는 점은 세 가지입니다. 야훼 하느님만을 섬기라는 것이 우선입니다. 이것과 관련하여 잘 섬기라고 합니다. 왼쪽으로 오른쪽으로 치우치지 말라는 겁니다. 우상을 따르지 말라는 것이죠. 그러면서 하느님이 뽑으신 곳에서만 예배를 드리라고 그 구체적인 장소까지 말을 하죠.

* * *

그런데 현실은 그렇게 녹녹치 않습니다. 하느님을 잘 섬겨도 꼭 복을 받는 것은 아닙니다. 오히려 하느님을 잘 섬기려고 하면 할수록 어려움이 많습니다. 다른 사람들과 달라야 하기 때문이죠. 그러니 어려움이 뒤따라 올 수밖에 없습니다. 욥이 그 경우입니다.

흠없는 이
올곧은 이

하느님을 모시고 사는 이
악을 떠나는 이

이것이 바로 욥기의 시작 말입니다. 욥을 한마디로 말하자면 신명기 신학의 모범인 셈이죠. 그래서 그런지 하느님은 두 번씩이나 욥을 칭찬합니다. 하느님의 어전회의에서 검사 역할을 하는 사단에게 하느님은 이렇게 입에 침이 마르도록 욥을 칭찬합니다. 성경에서 욥처럼 하느님의 칭찬을 받은 사람은 없습니다. 데만 사람 엘리바스도 이렇게 말하죠.

"하느님 모시고 사는 일이 그대의 믿음이죠.
흠 없는 길 걷는 일이 그대의 희망이죠."(욥 4:6)

그런데 어떻습니까? 욥은 성경에서 가장 고통을 많이 받은 인물로 등장합니다. 재산을 잃었습니다. 자신을 잃었습니다. 건강도 잃었습니다. 가지고 있는 것은 만신창이가 된 몸뚱아리 하나뿐이었죠. 그래서 프롤로그의 욥은 하느님을 찬양하지만 다이얼로그의 욥은 하느님을 원망합니다. 아주 심하게 원망합니다.

어머니 아기집이 열리지 않아
내가 태어나지 말았어야 하는 건데!
그래서
이 고통을 겪지 말았어야 하는 건데! (욥 3:10)

태어난 날을 저주하죠. 하느님의 창조를 뒤집는 이야기입니다. 창조에 대한 반창조라 말할 수 있죠. 하느님은 욥의 이 반응에 대해 끝에 가서 답변하시죠. 아기집 이미지의 창조 사건 때 너는 어디 있었느냐는 겁니다. 이렇게 항변하는 욥은 고난의 화신입니다. 신명기 신학은 여지없이 욥의 모습 속에서 무너집니다. 코헬렛이라 부르는 현자 또한 이 점을 잘 알고 있었습니다. 그래서 그는 이렇게 말하죠.

숨 쉬며 살아가는 동안
나는 둘을 보았다.
올바르게 살다가 망하는 의인
그리고
못된 짓 하면서 잘 사는 악인이다. (전 7:15)

현실은 이렇습니다. 바르게 살려고 하면 할수록 힘든 일도 많아요. 세상은 오히려 남을 짓누르고 억압하고 못된 짓해야 돈도 많이 생기고 명예도 쌓이죠. 이것이 우리가 살고 있는 세상입니다. 그러니 신명기가 아무리 하느님을 잘 섬기라 해도 우리는 그 섬기는 이유가 오래 살고 또 돈 잘 벌기 위해서입니다. 이 말에 수긍하지 않는 분은 많지 않을 겁니다. 나 자신을 돌아보면 정말 십일조를 내는 것도 하느님의 나라를 이 땅 위에 건설하기 위해서라기보다는 나 자신의 안일과 번영을 위해서 내는 경우가 더 많습니다. 감사헌금을 바치는 것도 바로 이러한 생각 때문이죠. 자녀 축복! 그리고 건강! 이런 내용이 헌금을 바치면서 봉투에 써넣는 기도 제목입니다. 그런데 코헬렛은 말하죠. 현실은 그렇지 않다는 겁니다. 자신의 인생 경험으로 미루어 보건대 오히려 그 반대의 경우가 더 많았다는 것이죠. 그러면서 우리에게 이렇게 충고합니다.

너무 바르게 살지 말라.
너무 머리 굴리며 살지도 말라.
왜 스스로 망치려는가?
너무 못되게 살지 말라.
너무 바보스럽게 살지도 말라.
제 명도 다 채우지 못하고
왜 세상을 일찍 뜨려는가? (전 7:16-17)

코헬렛은 이렇게 보면 현실주의자입니다. 신명기 신학에 대한 반성입니다. 그러면서도 코헬렛은 이렇게 말하죠.

하느님을 모시고 살라.

그분이 주신 말씀을 지키라.
이것이 바로
인간이 해야 할 일이다.
하느님은
모든 행위를 재판하신다.
착한 일이든 나쁜 일이든
몰래 한 일이든 모두 다
그분은 재판하신다. (전 12:13)

신명기 신학입니다. 회의적으로 신명기 신학을 읽어보았지만 그래도 결론은 신명기 신학입니다. 욥도 마찬가지입니다. 엄청난 복을 받았어요. 이렇게 우리가 읽은 신명기를 성경은 또 다른 각도에서 이야기합니다.

2. 예언서

1) 신명기 역사가들의 신학 – 요시야의 경우

신명기 역사가들은 신명기 신학으로 역사를 해석하는 역사가들을 말합니다. 이들이 남긴 작품을 흔히 신명기 역사서라고 부릅니다. 신명기 역사서 가운데 여기서는 열왕기를 중심으로 살펴보겠습니다. 뒤에 가서는 특히 요시야 왕을 평가한 말을 자세히 살펴보기로 하죠.

열왕기(列王記)는 말 그대로 "여러 왕들에 대한 기록"입니다. 본디 히브리어 성경에는 열왕기가 한 권의 책이었는데 우리는 이것을 둘로 나누어 상과 하로 나누어 읽고 있습니다. 열왕기상은 다윗의 말년에 대한 이야기로 시작합니다. 그리고 솔로몬이 왕위에 올라 궁전과 성전을 짓는 이야기가 길게 나오죠(왕상 2장–9장). 지혜로 유명한 솔로몬의 영화뿐만 아니라 신실한 왕 솔로몬의 모습도 나옵니다(왕상 10장). 그러나 급기야 그가 하느님을 저버렸다고 말합니다.

솔로몬이

시돈 사람의 여신 아스다롯과 암몬 사람의 우상 밀곰을 따라가서
주님 앞에서 악행을 하였다.
그의 아버지 다윗은 주님께 충성을 다하였으나
솔로몬은 그러하지 못하였다. (왕상 11:5-6)

그리고 "솔로몬은 예루살렘에서 사십 년 동안 온 이스라엘을 다스렸다. 솔로몬은 죽어서, 그의 아버지 다윗의 성에 묻혔다"(왕상 11:42-43)는 말로 그의 죽음을 말합니다.

솔로몬의 이야기에서 우리가 생각해보아야 할 점은 그의 처음과 마지막이 성경에 어떤 모습으로 그려 있는지 하는 점입니다. 처음 솔로몬이 왕이 된 것은 피의 숙청이었습니다. 이 숙청은 구약성경이 왕정에 대한 생각이 어떠한 것인가를 짐작케 하는 단서가 들어 있습니다. 본디 성경은 왕정에 대해 강한 반감을 가지고 있다고 앞서 말씀드린 적이 있습니다. 이스라엘 사람들이 사무엘에게 왕을 요구하자 사무엘은 하느님께 그 사정을 말씀드립니다. 그러자 하느님은 이렇게 대답하시죠.

백성이 너에게 한 말을 다 들어주어라.
그들이 너를 버린 것이 아니라
나를 버려서 자기들의 왕이 되지 못하게 한 것이다.
그들은 내가 이집트에서 데리고 올라온 날부터 오늘까지
하는 일마다 그렇게 하여
나를 버리고 다른 신들을 섬기더니
너에게도 그렇게 하고 있다.
그러니 너는 이제 그들의 말을 들어주되
엄히 경고하여
그들을 다스릴 왕의 권한이 어떠한지 알려 주어라. (삼상 8:7-9)

이 말씀 속에서 중요한 것은 "나를 버려서 자기들의 왕이 되지 못하게 한 것이다"라는 얘기입니다. 이스라엘의 왕은 오직 하느님뿐이라는 거죠. 그런데 그들은 다른 왕을 섬기겠다고 왕을 세워달라고 말한다는 것입니다. 곧 다른

신을 섬기는 것과 같다는 것이죠. 다시 말해 하느님 이외의 인간 왕은 우상 숭배와 결부될 수밖에 없다고 하는 것이 바로 신명기 역사가들의 관점입니다. 이러한 모습은 나라가 둘로 분열되어 다스렸던 40여 명의 왕들의 모습을 보면 분명히 알 수 있습니다.

또 하나 앞에서 인용한 하느님의 말씀 가운데 생각해 보아야 할 말은 바로 "왕의 권한"(삼상 8:9, 8:11)이라는 말입니다. 우리말 『새번역』성경은 "왕의 권한"으로 읽었습니다만 『개역 한글판』은 "왕의 제도"라고 읽었습니다. 히브리어로는 "미슈파트 하-멜렉"인데요, 이렇게 놓고 보면 개역 한글판이 오히려 히브리어 표현을 더 잘 살린 듯합니다. 그런데 이 표현은 "왕이 하는 일"이나 "왕이 늘 하는 일" 또는 "왕이면 으레 하는 일"이라고도 읽을 수 있는 말입니다. 곧 "왕이라면 누구나 하는 일"이라는 뜻으로 읽어도 될 듯합니다.

이렇게 누구든 왕이 되면 하는 일이란 어떤 것일까요? 바로 백성과 나라의 재산을 자기 마음대로 하는 일입니다. 아들들을 종으로 만들어 강제노동을 시키고 딸들 또한 데려다가 종으로 만들어 부려먹는 일입니다. 그뿐만이 아닙니다. 백성의 땅을 빼앗아 신하들에게 주기도 하고 백성들의 재산을 빼앗아 마음대로 처분하기도 합니다. 이것을 성경은 이렇게 요약합니다. "마침내 당신들까지 왕의 종이 될 것입니다"(삼상 8:17).

한마디로 백성은 왕의 종이 되는 것이죠. 왕 제도라는 것이 이렇다는 것이죠. 왕이면 으레 하는 일이란 이렇게 백성을 자신의 종으로 삼는 일이라는 건데요, 그런데도 백성들은 사무엘에게 "그렇지 않습니다. 우리에게도 왕이 있어야 하겠습니다"(삼상 8:19)라고 단호하게 말합니다. 그 이유는 "우리도 모든 이방 나라들처럼, 우리의 왕이 우리를 다스리며, 그 왕이 우리를 이끌고 나가서, 전쟁에서 싸워야 할 것입니다"(삼상 8:20)라는 것이죠. 곧 다른 나라와 똑같아져야 한다는 것이고 그 주 목적은 전쟁이라는 겁니다.

이렇게 백성은 사무엘의 말귀를 알아차리지 못합니다. 사무엘이 한 말은 백성을 종으로 부려먹고 재산을 빼앗고 늘 세금을 내도록 하는 것이 왕이라는 것인데 백성은 지금 전쟁 때문에 왕이 필요하다는 것이죠.

당시는 블레셋이 이스라엘을 가장 괴롭히는 민족이었습니다. 그래서 그들은 우선 블레셋을 막아보고자 했던 듯합니다. 그러기 위해서는 왕이 필요하다는 것인데 왕이 다스리던 다른 민족들이 부러웠던 겁니다. 그래서 강력한 왕 제도를 원했던 것이죠. 그러나 이스라엘 사람들은 사사들이 지난 세월 동안 백성들을 위해서 싸웠던 일을 벌써 잊고 있었던 듯합니다. 사사란 나라가 위기에 처해 있을 때 일시적으로 일어나 백성의 지도자가 되어 그 위급한 상황을 해결해 나가는 인물이었습니다. 그런데 사사들이 이스라엘을 위해 싸웠다는 사실을 잊었다기보다는 왕을 사사와 같은 지도자라고 생각했는지도 모릅니다. 위에서 백성이 한 말 가운데 "우리의 왕이 우리를 다스리며"라는 말은 히브리어로 읽어보면 "우리의 왕이 우리에게 사사 노릇을 하며"라고도 읽을 수 있는 말이기 때문입니다. 여기서 "다스리며"라는 말이 "사사 노릇을 하며"라고 읽을 수 있는 말이라는 거죠. "다스리다"라는 말이 "사사 노릇을 하다"라는 뜻의 히브리어(샤파트)와 같은 말이기 때문에 이렇게 읽어볼 수도 있다는 겁니다.

왕을 강력하게 요구하면서도 그 왕은 일시에 일어났다가 사라지는 사사와 같은 임시 지도자이어야 함이 그들이 하는 말 속에 이렇게 암암리에 숨어 있습니다. 그러나 왕 제도가 얼마나 간악하고 치명적인가를 그들은 알아차리지 못했습니다. 솔로몬의 강제노동은 그것을 잘 보여주는 전형적인 예입니다. 솔로몬의 아들인 르호보암 왕이 한 말, "내 새끼손가락 하나가 내 아버지의 허리보다 굵다"(왕상 12:10)는 말 또한 이것을 웅변적으로 잘 드러내는 말이기도 합니다.

이렇게 이스라엘의 왕 제도는 전쟁을 막기 위한 것이기보다는 안보라는 미명 아래 백성들을 종으로 부려먹는 강제노동과 깊이 연관되어 있는 제도입니다. 그리고 그 왕 제도는 곧 우상 숭배와 깊이 연루되어 있습니다. 나라가 분열된 뒤 북이스라엘과 남유다의 왕들이 한 일을 보면 이러한 사실을 잘 알 수 있습니다. 그렇기 때문에 왕 제도에 대한 강한 거부 정신이 이스라엘 속에는 깊이 배어 있습니다. 아무튼 이러한 정황 속에서 태어난 것이 바로 이스라엘의 왕 제도입니다.

* * *

다시 솔로몬 이야기로 되돌아가겠습니다. 솔로몬은 피의 숙청으로 왕이 되었다고 했습니다. 그렇게 피로 시작한 그의 치세는 결국 왕국의 분열로 끝맺습니다. 그런데 솔로몬의 이야기를 기술한 신명기 역사가들은 솔로몬의 왕정

이야기를 그렇게 간단하게 말하지 않습니다. 그를 높이기도 하고 그를 몰아세우기도 합니다. 반전과 반전이 이어집니다. 왜 그럴까요? 그만한 이유가 있습니다.

우선 형들을 모두 죽인 솔로몬은 왕위에 오릅니다. 왕위에 오른 뒤에 솔로몬은 하느님께 지혜를 구합니다. 그래서 "하느님께서 솔로몬에게 지혜와 총명과 넓은 마음을 바닷가의 모래알처럼 한없이 많이 주시니, 솔로몬의 지혜는 동양의 그 어느 누구보다도, 또 이집트의 어느 누구보다도 더 뛰어났다. 그는 어느 누구보다도 더 지혜로웠다"(왕상 4:29-31)고 했습니다. "그래서 그의 지혜에 관한 소문을 들은 모든 백성과 지상의 모든 왕은, 솔로몬의 지혜를 들어서 배우려고 몰려왔다"(왕상 4:34)고도 했습니다. 이 솔로몬의 지혜는 그의 유명한 재판으로 더욱 명성이 높죠. 신명기 역사가들은 이렇게 솔로몬을 당대 최고의 왕으로 묘사합니다. 그를 드높이는 것이죠. 심지어 얼마나 그를 높여서 말하는가 하면 "그래서 솔로몬의 일생 동안에 단에서부터 브엘세바에 이르기까지, 유다와 이스라엘의 모든 사람은 저마다 자기의 포도나무와 무화과나무 아래에서 평화를 누리며 살았다"(왕상 4:25)고까지 말합니다. 왕에 대하여 이보다 더한 칭송이 어디 있겠습니까? "솔로몬"이라는 이름 또한 "평화"라는 말이 담겨 있기에 이 이름은 이렇게 그를 칭송하기 위해 의도적으로 붙인 이름이라고 해도 지나친 말은 아닐 것입니다. 본디 그의 이름은 "여디디야"(삼하 12:25)였기 때문이죠.

이렇게 지혜가 출중할 뿐더러 평화롭게 나라를 다스리던 왕 솔로몬은 드디어 토목 사업을 시작합니다. 하느님의 성전을 건축하고 자신의 궁전을 짓는 일이죠. 그런데 여기서부터 벌써 문제가 생기기 시작합니다. "솔로몬이 성전을 건축하는 데에는 일곱 해가 걸렸다"(왕상 6:38)는 말이 그것입니다. 이것이 왜 문제가 되느냐고 묻는 분이 있을 줄 압니다. 이 말은 "솔로몬은, 주님의 성전과 왕궁, 이 두 건물을 다 짓는 데 스무 해가 걸렸다"(왕상 9:10)는 구절과 함께 읽어보면 그 뜻이 분명해집니다. 성전을 건축하는 데 7년이 걸렸다고 했습니다. 그런데 성전과 궁전을 짓는 데 20년이 걸렸다고 했는데, 그렇다면 궁전을 짓는 데는 몇 년이 걸렸다는 얘기인가요? 그렇죠. 궁전을 짓는 데는 13년이 걸렸다는 얘기입니다. "솔로몬은, 자기의 궁을 건축하기 시작하여 그것을 완공하는 데, 열세 해가 걸렸다"(왕상 7:1)는 말이 그 말입니다. 궁전을 짓는데 걸린 세월이 성전을 지은 세월보다 거의 두 배 가까이 된다는 얘기입니다.

이러한 계산 결과를 보고도 아무런 생각이 들지 않나요? 그렇습니다. 솔로몬은 지혜가 넘치는 왕이었고, 그 지혜를 얻기 위하여 하느님께 신실하게 매달린 왕이었으며, 또한 온 나라를 평화롭게 다스린 왕이었다고 했지만 실지로는 그렇지 않았다는 얘기죠. 그의 치세 40년(왕상 11:42) 그 절반 이상 동안 토목 공사로 백성들을 못살게 굴었다는 사실입니다. 이러한 사실을 성경은 이렇게 보고합니다.

> 솔로몬 왕이 강제 노역꾼을 동원할 수밖에 없었던 까닭은
> 주님의 성전과 자기의 궁전과
> 밀로 궁과 예루살렘 성벽을 쌓고
> 하솔과 므깃도와 게셀의 성을 재건하는 데
> 필요하였기 때문이다. (왕상 9:15)

이뿐만이 아닙니다. 솔로몬은 강제노역꾼들을 동원하여 저지대에 있는 벳호론 그리고 바알랏 또 유다 광야에 있는 다드몰을 세웠을 뿐만 아니라 양곡 저장 성읍들과 병거 주둔 성읍들 그리고 기병 주둔 성읍들도 세웠습니다(왕상 9:17-19). 사무엘에게 왕을 요구했던 백성이 한 말은 전쟁을 막기 위해 왕을 세워야 한다고 했습니다. 이러한 사실을 잘 알고 있었을 솔로몬은 그리하여 전쟁을 막아야 한다는 미명 아래 백성들을 20년 이상이나 강제노동을 시킨 것이죠. 곧 안보를 구실삼아 백성들을 강제 노동하는 노예로 전락시킨 것이죠. 사무엘이 백성에게 했던 말이 생각나는 대목입니다. "마침내 당신들까지 왕의 종이 될 것입니다"(삼상 8:17).

그런데 신명기 역사가들은 이러한 토목공사를 재미나게 묘사합니다. 재미난다는 말은 좀 뭐하고 좀 특이하게 묘사하고 있어요. 13년이나 걸린 궁전 건축 공사는 무척 간단하게 묘사합니다. 모두 열두 절로 간단하게 언급합니다. 열왕기상 7장 1절에서 12절까지죠. 그런데 7년 걸려 지은 성전 건축 공사는 열왕기상 6장과 7장에 걸쳐 무려 77절로 길게 묘사합니다. 준비기간(왕상 5장)과 언약궤를 성전 안에 안치하고 성전 봉헌식(왕상 8장-9장)까지 합친다면 모두 173절이나 됩니다.

이렇게 성전 건축 7년은 173절로, 궁전 건축 13년은 12절로 성전 건축을 궁전 건축보다 무려 14배 이상 길게 묘사하는 까닭은 무엇일까요? 한마디로 신명기 역사가들의 관심 때문이죠. 신명기 역사가들이 무엇을 중요하게 생각하는가 하는 점을 웅변적으로 말하는 것이라는 얘기입니다. 신명기 역사가들은 야훼 하느님을 섬기는 일에 최우선적으로 관심을 두고 있는 이들입니다. 그래서 솔로몬이 성전을 지은 일이 비록 궁전을 지은 일보다 적게 걸린 것이긴 하나 그들은 성전 건축을 왕궁 건축보다 훨씬 더 길게 묘사한 것이죠. 이러한 묘사 방식은 신명기 역사가들의 작품인 열왕기상하에 그대로 반복됩니다. 곧 짧은 세월에 걸쳐 일어난 일이라도 중요하다고 생각하면 길게 묘사하고, 긴 세월에 걸쳐 일어난 일이라 하더라도 무가치하다고 생각하면 아주 짧게 묘사하는 방식입니다.

그렇다면 솔로몬의 이야기는 어떻게 이어질까요? 처음은 피의 숙청이 등장합니다(왕상 2장). 그 다음은 왕위 등극 후 지혜 간구입니다(왕상 3장). 그리고는 솔로몬이 누린 영화입니다(왕상 4장). 그 다음은 성전 건축과 궁전 건축입니다(왕상 5장-8장). 이와 함께 솔로몬의 업적이 나오고요(왕상 9장-10장), 솔로몬의 배신이 마지막으로 나옵니다(왕상 11장). 곧 전체 이야기는 피의 숙청과 배신이 솔로몬 이야기의 앞과 뒤를 감싸고 있습니다. 솔로몬이 피를 뿌려 왕위에 등극하고 그것을 합리화하기 위하여 성전을 건축하지만 결국은 궁전과 요새 성읍들을 더욱더 오랫동안 건축하죠. 그리고는 하느님을 배신합니다.

곧 왕 제도가 어떤 것이라는 것을 솔로몬의 예로 설명하는 것이죠. 왕 제도라고 하는 것은 처음에 피의 숙청으로 시작하였듯이 결국 하느님을 배신하는 것으로 끝맺는 제도라는 것이죠. 중간에 솔로몬이 지혜를 간구하는 신실한 모습을 묘사하기도 하고 또 성전의 내부를 어떻게 지었는가 세부적으로 묘사함으로써 그의 신실한 신앙을 자세히 말하기도 합니다. 7년 동안의 성전 건축을 13년 동안의 궁전 건축보다 무려 14배 이상 길게 그렇게 묘사하죠. 어떻게 하든지 솔로몬을 좋게 평가하려고 노력합니다. 심지어 "주님께서는 두 번씩이나 솔로몬에게 나타나셔서, 다른 신들을 따라가지 말라고 당부하셨"다(왕상 11:9-10)고까지 했습니다. 그러나 결국 "솔로몬은 주님께서 하신 말씀에 순종하지 않았다"(왕상 11:10)고 그 결론을 맺습니다. 곧 배신이죠. 그 까닭은 무엇일까요? 다음과 같습니다.

솔로몬이 늙으니 ….
시돈 사람의 여신 아스다롯과 암몬 사람의 우상 밀곰을 따라가서
주님 앞에서 악행을 하였다. (왕상 11:5-6)

앞서도 인용한 말씀입니다. 이 또한 사무엘에게 하느님이 하신 말씀, "그들은 내가 이집트에서 데리고 올라온 날부터 오늘까지 하는 일마다 그렇게 하여 나를 버리고 다른 신들을 섬기더니 너에게도 그렇게 하고 있다"(삼상 8:8)와 통하는 말씀입니다. 다만 여기서는 "솔로몬이 늙으니"라는 부분을 더 첨가하여 읽었는데요, 솔로몬 치세의 마지막 부분에 와서는 이렇게 되고야 만다는 점을 구체적으로 말하고 있는 부분입니다. 결국 왕 제도라 하는 것은 우상 숭배와 결부될 수밖에 없다는 점입니다.

* * *

솔로몬이 죽자 르호보암이 왕이 됩니다. 그러나 르호보암은 솔로몬보다 못한 왕이었습니다. 그렇지 않아도 솔로몬 시절에 궁전과 성전 건축뿐만 아니라 여러 요새 건축 때문에 강제노동에 시달리던 이스라엘 사람들은 반기를 들었던 적이 있죠. 노동의 강도를 가볍게 해달라는 백성의 요구에 르호보암은 단호히 거절합니다. 이 때문에 결국 왕국은 분열됩니다. 북이스라엘과 남유다로 나뉘게 된 거죠. 북이스라엘은 여로보암이, 남유다는 르호보암이 다스리게 되었습니다. 기원전 10세기의 일이죠. 그 이후에 각 두 왕국을 다스리던 왕들은 다음과 같습니다. 아래는 J. 맥스웰 밀러와 존 H. 헤이스가 쓴 『고대 이스라엘 역사』(A History of Ancient Israel and Judah, 263-264)에 들어 있는 도표를 인용한 것입니다.

남유다	**북이스라엘**
르호보암(924-907)[32]	여로보암 I(924-903)[33]

32) 왕상 11:43-12:24, 14:25-31; 대상 3:10, 9:31-10:18, 11:1-12:16.
33) 왕상 11:26-14:20.

아비얌(아비야, 907–906)[34]	
아사(905–874)[35]	
	나답(903–902)[36]
	바아사(902–886)[37]
	엘라(886–885)[38]
	시므리(885)[39]
	오므리(885–873)[40]
여호사밧(874–850)[41]	
	아합(873–851)[42]
	아하시야(851–849)[43]
요람(여호람, 850–843)[44]	
아하시야(843)[45]	요람(여호람, 849–843)[46]
아달랴(843–837)[47]	예후(843–816)[48]
요아스(837–?)[49]	여호아하스(816–800)[50]
아마샤(?)[51]	요아스(여호아스, 800–785)[52]

34) 왕상 14:31–15:8.
35) 왕상 15:9–24; 대하 15:16–16:6.
36) 왕상 14:20, 15:25–32.
37) 왕상 15:16–16:7; 대하 16:1–6.
38) 왕상 16:8–14.
39) 왕상 16:15–20.
40) 왕상 16:21–28.
41) 왕상 22:41–50; 대하 20:31–21:1.
42) 왕상 16:29–22:40; 대하 18:1–34.
43) 왕상 22:40; 왕하 8:25–29, 9:21–28; 대하 22:1–6.
44) 왕상 22:50; 왕하 8:16–24; 대하 21:1–20.
45) 왕하 8:25–29, 9:29; 대하 22:1–6.
46) 왕하 1:17, 3:1–3, 9:14–25; 대하 22:5–7.
47) 왕하 11:1–16; 대하 22:10–23:15.
48) 왕하 9:1–10:36; 대하 22:7–9.
49) 왕하 12:1–6; 대하 24:1–27.
50) 왕하 10:35, 13:1–9.
51) 왕하 14:2–6; 대하 25:1–28.
52) 왕하 13:10–25, 14:8–16; 대하 25:17–25.

웃시야(?)[53]	여로보암 II(785–745)[54]
요담(?–742)[55]	스가랴(745)[56]
	살룸(745)[57]
	므나헴(745–736)[58]
아하스(여호아하스 I, 742–727)[59]	
	브가히야(736–735)[60]
	베가(735–732)[61]
히스기야(727–698)[62]	
므낫세(697–642)[63]	
아몬(642–640)[64]	
요시야(639–609)[65]	
여호아하스 II(609)[66]	
여호야김(608–598)[67]	
여호야긴(598–597)[68]	
시드기야(597–586)[69]	

이렇게 보면 북이스라엘은 18명의 왕이, 남유다는 20명의 왕이 다스린 것을

---

53) 왕하 14:21–22, 15:1–7; 대하 26:1–23.
54) 왕하 14:16, 23–29; 암 1:1, 7:10–11.
55) 왕하 15:32–38; 대하 27:1–9.
56) 왕하 14:29, 15:8–12.
57) 왕하 15:10, 13–15.
58) 왕하 15:14–22.
59) 왕하 16:1–20; 대하 28:1–8, 16–27; 사 7:1–25 참조.
60) 왕하 15:22–26.
61) 왕하 15:27–31; 대하 28:6–8 참조.
62) 왕하 18:1–20:21; 대하 29:1–32:33.
63) 왕하 21:1–18; 대하 33:1–20.
64) 왕하 21:19–26; 대하 33:21–25.
65) 왕하 22:1–23:30; 대하 34:1–35:27.
66) 왕하 23:30–35; 대하 36:1–4.
67) 왕하 23:36–24:7; 대하 36:5–8.
68) 왕하 24:8–11; 대하 36:9–10.
69) 왕하 24:18–20; 대하 36:11–12; 렘 52:1–11.

알 수 있습니다. 다윗과 솔로몬까지 합치면 모두 40명의 왕이 북이스라엘과 남유다를 다스린 셈입니다. 솔로몬이 죽고 나라가 북과 남으로 분열된 해를 기원전 925년으로 잡는다면 이후로 두 나라는 약 200여 년 동안 서로 분열된 상태로 나라가 유지되었고요. 북이스라엘이 기원전 722년에 아시리아에게 멸망한 뒤로 남유다는 기원전 586년 바빌론에게 함락되기까지 135년을 더 지속하였습니다.

이렇게 약 500여 년의 역사를 신명기 역사가들은 나름대로 원칙을 가지고 왕의 치적을 평가했습니다. 그 원칙이란 한마디로 야훼 하느님을 잘 섬겼느냐 하는 것입니다. 좀 더 세부적으로 보자면 왕의 치세 평가의 대표적인 예로 남유다 왕인 아비얌을 들 수 있습니다.

"느밧의 아들 여로보암 왕 제 십팔년에, 아비얌이 유다 왕이 되었다.
그는 삼 년 동안 예루살렘에서 다스렸다.
그의 어머니는 아비살롬의 딸 마아가이다.
아비얌은 그의 아버지가 지은 죄를 모두 따라 갔으며,
그의 조상 다윗의 마음과는 달라서, 주 하나님 앞에서 온전하지 못하였다.
그러나 주 하나님께서는 다윗을 생각하셔서,
예루살렘에다가 한 등불을 주시고, 그의 뒤를 이을 아들을 세우셔서,
예루살렘을 굳게 세워 주셨다.
다윗은 주님께서 보시기에 올바르게 살았고,
헷 사람 우리야의 사건 말고는, 그 생애 동안에 주님의 명령을 어긴 일이 없었다.
여로보암과 르호보암 사이에는 그들이 살아 있는 동안 늘 전쟁이 있었고,
아비얌과 여로보암 사이에도 전쟁이 있었다.
아비얌의 나머지 행적과 그가 한 모든 일이,
'유다 왕 역대지략'에 모두 기록되어 있다.
아비얌이 죽어서, 그의 조상들과 함께 잠드니, '다윗 성'에 장사지냈고,
그의 아들 아사가 그의 뒤를 이어서 왕이 되었다." (왕상 15:1-8)

『새번역』으로 읽어본 것인데요, 『새번역』은 왕의 이름을 "아비야"로 적고 있는데 히브리어 마소라 본문에 "아비얌"으로 되어 있어서 그 이름을 "아비얌"으

로 바꾸어 읽어보았습니다. 가족 사항과 제위 기간 그리고 왕이 다스리던 때에 일어난 일 또한 그의 말년을 말하고 신학적인 평가를 내립니다. 여기서 신학적 평가란 "아비얌은 그의 아버지가 지은 죄를 모두 따라 갔으며, 그의 조상 다윗의 마음과는 달라서, 주 하나님 앞에서 온전하지 못하였다"(왕상 15:3)를 말합니다. 신명기 역사가들은 40여 명의 왕에게 이런 평가를 모두 내립니다. 대부분 부정적입니다. 야훼 하느님을 제대로 섬기지 못했다는 것입니다. 그런데 유독 두 명의 왕만을 긍정적으로 평가한 것을 알 수 있습니다. 남유다의 히스기야와 요시야입니다. 먼저 히스기야의 경우를 읽어보죠.

> "그(히스기야)는 조상 다윗이 한 모든 것을 그대로 본받아,
> 주님께서 보시기에 올바른 일을 하였다.
> 그는 산당을 헐어 버렸고,
> 돌기둥들을 부수었으며, 아세라 목상을 찍어버렸다.
> 그는 또한 모세가 만든 구리 뱀도 산산조각으로 깨뜨려 버렸다.
> 이스라엘 자손이 그때까지도
> 느후스단이라고 부르는 그 구리 뱀에게 분향하고 있었기 때문이다.
> 그는 주님이신 이스라엘의 하나님만을 신뢰하였는데,
> 유다 왕 가운데는 전에도 후에도 그만한 왕이 없었다.
> 그는 주님에게만 매달려, 주님을 배반하는 일이 없이,
> 주님께서 명하신 계명들을 준수하였다." (왕하 18:3-6)

이 부분을 읽어보면 히스기야는 다윗을 모델로 삼아 주님 보시기에 올바른 일을 하였다고 했습니다. 그것은 바로 산당을 헐어버리고 돌기둥과 아세라 상과 구리 뱀을 부숴버린 일입니다. 곧 야훼 하느님의 계명을 준수하며 오직 그 분에게만 매달리도록 했다는 것이죠. 그래서 "유다 왕 가운데는 전에도 후에도 그만한 왕이 없었다"고 평가받은 것입니다. 전무후무(前無後無)한 왕이라는 뜻이죠. 그래서 그가 "어디를 가든지, 주님께서 그와 같이 계시므로, 그는 늘 성공을 거두었다"(왕하 18:7)고 했습니다. 신명기를 읽는 듯한 착각을 일으키지 않습니까? 신명기는 오직 야훼 하느님만을 섬기라(신 6장)고 하고 그의 계명을 지키라고 하는데, 그렇게 할 때 들어가도 나가도 복을 받을 것이라(신 28장)고

말하기 때문입니다. 그런데 이와 비슷한 평가를 받은 왕이 히스기야의 증손자인 요시야입니다.

> "요시야는
> 대제사장 힐기야가 주님의 성전에서 발견한
> 책에 기록된 율법의 말씀을 지키려고,
> 유다 땅과 예루살렘에서
> 신접한 자와 박수와 드라빔과 우상과 모든 혐오스러운 것들을,
> 눈에 보이는 대로 다 없애 버렸다.
> 이와 같이 마음을 기울이고 생명을 다하고 힘을 다 기울여
> 모세의 율법을 지키며 주님께로 돌이킨 왕은,
> 이전에도 없었고 그 뒤로도 나타나지 않았다." (왕하 23:24-25)

요시야는 이스라엘 역사상 처음으로 유월절을 국가적인 절기로 지킨 왕으로 유명한데요(왕하 23:21-23), 그뿐만 아니라 히스기야보다도 더 철저하게 여러 우상 숭배를 없애기도 했습니다. 시돈의 아스다롯과 모압의 그모스와 암몬의 밀곰을 없애고 산당과 아세라 상도 불태웠습니다(왕하 23:13-15). 이런 사건을 다 기록하고 신명기 역사가들은 요시야에게 "모세의 율법을 지키며 주님께로 돌이킨 왕은, 이전에도 없었고 그 뒤로도 나타나지 않았다"(왕하 23:25)라고 평가를 내리지요. 여기서 "이전에도 없었고 그 뒤로도 나타나지 않았다"는 말은 히스기야를 평가할 때 한 말, "전에도 후에도 그만한 왕이 없었다"(왕하 18:5)는 말과 무척 비슷합니다. 이것만 비슷한 것이 아닙니다. 히스기야가 계명을 따라 우상을 모두 없애버린 것처럼 요시야도 모세의 율법을 지키기 위해 우상을 모두 없애 버렸다는 것이죠. 곧 신명기에 기록되어 있는 대로 실천한 인물이 이렇게 히스기야와 요시야입니다. 다만 두 사람이 다른 점이 있다면 바로 이것입니다.

> "유다 왕 가운데는 전에도 후에도 그만한 왕이 없었다." (히스기야)

> "주님께로 돌이킨 왕은,

이전에도 없었고 그 뒤로도 나타나지 않았다." (요시야)

무엇이 다른가요? 그렇습니다. 신명기 역사가들은 히스기야를 평가하면서 그만한 왕이 없었다고 한 반면, 요시야는 "주님께로 돌이킨 왕은 … 나타나지 않았다"고 한 점입니다. 곧 요시야는 "돌이킨" 왕이라는 점입니다. 그러니까 처음에는 그가 주님을 절대적으로 신뢰하지 않았다는 이야기입니다. 히스기야는 주님을 전적으로 신뢰했다고 하였으니까요. 곧 히스기야는 A+ 학점을 받았다면 요시야는 A 학점을 받았다고 할까요? 히스기야의 평가는 거의 절대적이지만 요시야의 평가는 약간은 뒤떨어진다고 할 수 있겠죠. 그렇기는 하지만 요시야의 평가를 자세히 읽어보면 놀라운 점을 발견하게 됩니다. 요시야를 평가한 열왕기하 23장 25절을 히브리어 본문의 어순으로 읽어 보면 이렇게 그릴 수 있을 것입니다.

a 그와 같은 이가
　　b 생기지 않았다
　　　　c 그의 앞에
　　　　　　d 야훼께로 돌아온 왕이
　　　　　　　　x 마음을 다하고 목숨을 다하고 힘을 다하여
　　　　　　d' 토라의 모든 말씀대로
　　　　c' 그의 뒤에
　　b' 일어나지 않았다
a' 그와 같은 이가

이렇게 이 구절은 교차대구 구조(chiasmus)로 짜여 있습니다. 이 구조의 모든 요소가 다 중요하지만 한가운데 놓여 있는 것은 "마음을 다하고 목숨을 다하고 힘을 다하여"(x)라는 부분이죠. 곧 신명기 6:5의 "마음을 다하고 뜻을 다하고 힘을 다하여"라는 말씀과 똑같은 말씀입니다. 요시야 왕을 가리켜 설명한 열왕기하 23:25은 이렇게 신명기 구절을 그대로 인용하면서 그가 신명기 신학에 가장 충실하게 왕 노릇을 하였다는 점을 말하고 있습니다.

신명기 6:5은 복음서에서도 반복되어 인용되는 구절입니다. 마태복음(22:

34-40)과 마가복음(12:28-34)과 누가복음(10:25-28) 모두 이 구절을 담고 있죠. 그만큼 하느님 섬기는 일이 중요하다는 점을 말하고 있는데 신명기(6:5)는 성경 전체의 앞부분에, 공관복음서는 성경 전체의 뒷부분에 그리고 열왕기하(23:25)는 성경 중간 부분에 위치해 있다는 점도 시사하는 바가 크다고 말할 수 있습니다. 곧 요시야 왕은 "한 분 하느님 야훼"를 "온 맘과 온 몸과 온 힘을 다하여"(신 6:4-5) 섬긴 왕으로 신앙의 모범을 보인 인물이라는 점을 강조하고 있는 듯합니다.

2) 이사야의 스올 신탁과 제국주의70)

기원전 6세기 메소포타미아의 강대국 바빌론의 멸망을 비꼬는 내용이 흔히 "스올 신탁"이라고 부르는 이사야 14장입니다. 이 스올 신탁은 이사야의 여러 나라 심판 예언 속에 들어 있는 예언입니다. 마치 예레미야와 에스겔이 여러 나라들을 거슬러 심판 예언을 했던 양상과도 비슷하죠. 그런데 우리가 이야기하려는 이 예언은 그 내용상 앞뒤와는 어울리지 않는 별개의 이야기인 듯합니다.

이 예언은 "새벽의 아들 헬렐(샛별?)"이라고 부르는 이름 없는 어느 바빌론 왕이 스올이라 부르는 저 세상으로 떨어지는 이야기를 담고 있습니다. 한 제국의 흥망성쇠를 조롱하며 노래하는 예언자의 신화적 상상력을 우리는 여기서 만납니다. 아래세상으로 떨어진다는 "내려감" 모티브는 후기 청동기시대 고대 시리아의 유명한 신화 『바알』이 그 배경인 듯합니다. 내용이나 표현이 무척 비슷하기 때문이죠.

왜 이사야는 고대 중동에서 오랫동안 전해 내려온 "내려감"이라는 신화적 모티브를 사용하여 제국의 멸망을 말하는 것일까요? 우리는 이 글에서 예언자 이사야의 제국주의 비판과 그 대응을 분석하고자 합니다. 한마디로 이사야는 죽음이라는 저주를 통하여 제국주의를 비판합니다. 특별히 내려감이라는 고대 중동의 신화적 모티브가 저주 예언으로 어떻게 제국주의를 비판하는 기능을 하는지 살펴보려고 합니다.

---

70) 이환진, "예루살렘 이사야의 스올 신탁과 바빌론 제국의 죽음," 「세계의 신학」 제61호 (2003년 겨울), 11-38에서 각주를 빼고 약간 고쳐 재인용한 것이다.

(1) 스올 신탁(이사야 14장)

예루살렘 이사야는 기원전 8세기 예언자입니다. 하지만 이사야 14장의 스올 신탁은 2세기 뒤인 기원전 6세기의 사건을 다루고 있습니다. 바빌론의 멸망을 말하고 있기 때문이죠. 하지만 이 신탁이 꼭 바빌론의 멸망을 말한다고만 이야기할 수는 없습니다. 예레미야나 에스겔 그리고 다니엘 심지어 신약의 요한 묵시록 같은 성서의 곳곳에서 바빌론은 이스라엘의 원수로 등장하기 때문이죠. 따라서 이 신탁은 기원전 8세기 당시 제국이었던 아시리아의 왕이나 기원전 6세기의 제국이었던 바빌론의 왕 가운데에서 갑자기 죽은 어느 왕의 죽음을 빗대어 풍자한 노래라고 말할 수 있습니다.

스올이라는 말을 설명하기로 하죠. 스올이라는 곳은 저 세상이나 아래세상을 가리키는 용어로 구약에서만 쓰이는 말로 알려져 있습니다. 구약을 남긴 이스라엘인들을 포함하여 고대 중동 사람들은 죽음의 땅이 우리가 발을 딛고 사는 이 땅 저 아래에 있다고 믿었습니다. 그래서 스올로 내려간다고 하는 것은 곧 죽음을 의미했습니다. 이 죽음을 예언자는 "땅바닥으로 나뒹굴었다"(14:12b)는 말로 표현하죠. "땅바닥"이란 말은 죽음의 땅을 가리키는 또 다른 표현입니다. 곧 이름 없는 제국의 왕, 그 샛별의 추락을 죽음으로 예언자는 노래합니다.

우선 이사야 14장에 나오는 스올 신탁이 어떤 내용인지 살펴보기로 하죠. 기원전 6세기 초에 유다의 지도층은 모두 바빌론의 포로로 끌려갑니다. 이 사건이 그 유명한 바빌론 포로 사건입니다. 그들은 그곳에서 포로로서 극심한 고초를 당하는데 그렇기 때문에 고국으로 돌아가고 싶은 열망을 품었을 것이라는 것은 얼마든지 상상할 수 있습니다. 그런데 갑작스런 강대국 왕의 죽음을 예언자는 그냥 보고 넘어가지 않았습니다.

아하, 폭군이 꼬꾸라졌구나.
폭력이 끝나고야 말았어.
야훼께서 부러뜨리셨구나.
못된 것의 통치 홀을.
폭군의 지팡이를.
분노에 가득 차

여러 백성들을 그리도 못살게 굴더니!
그칠 줄 모르고 짓누르더니!
호되게 얻어맞은 백성들을
무자비하게도 몰아치더니! (사 14:4-6)

수많은 식민지 국가 백성들을 질곡과 고통 속으로 빠뜨린 제국의 이름 없는 왕을, 폭정을 일삼던 그 왕을 예언자는 이렇게 "못된 것"이라고 말합니다. 이 말은 단지 못됐다는 말뿐 아니라 아주 사악하다는 뜻을 지니고 있는 말입니다. 그리고 그 왕의 통치 홀을 꺾은 이는 다름 아닌 야훼라는 것이죠. 바빌론의 마르둑 신이나 아시리아의 앗수르 신에 비하면 초라하기 그지없는 촌뜨기 신에 불과한 야훼가 그렇게 했다고 예언자는 확신합니다.

이어서 예언자는 그 왕이 고꾸라져 온 세상에 평화가 찾아왔다고 말합니다(14:7a). 그리고 모든 나라 사람들이 말도 못하게 좋아한다고, 환호한다고 말하죠(14:7b). 레바논의 백향목도 좋아라 한다고 말하는데 이는 우주수(宇宙樹)를 가리키는 말이 아닐까요?[71] 곧 폭군의 죽음으로 비롯된 식민국가 백성들의 환호가 전 우주적 사건으로 확대된 것을 예언자는 말하고 있습니다.

(2) 죽음 - 내려감 모티브

장면은 이제 스올로 바뀝니다. 곧 죽음의 땅에서 일어나는 사건을 예언자는 말합니다. 성서에서 유일하게 죽음의 땅에서 일어나는 일을 지금 예언자는 말하고 있습니다.

스올이 아래에서 시끄럽구나!
너 때문이지.
너를 맞이하려는 게야.
너 때문에 망령(亡靈)들이

71) 우주수(宇宙樹) 또는 세계수(cosmic tree, world tree) 모티브는 히브리성서 속에서 에스겔의 이집트 비판(31장)에 분명하게 나타나며 창세기의 에덴동산 한가운데에 서 있는 생명나무(3장)도 이 모티브를 반영하고 있는 듯하다. 쿰란 공동체의 초기 작품인 『감사찬송』(1QH viii)에도 이 모티브가 공동체의 비전과 관련하여 등장한다.

들썩들썩하는구나.
세상을 주무르던 자들이
하나같이
의자에서 일어나는구나.
온 나라 왕들이 -
하나같이 말하는구나.
너에게 말하는구나.
"너도 우리처럼 얻어맞았군.
우리와 똑같은 신세가 되었어.
그렇게도 뽐내더니
스올로 떨어지고야 말았어.
찬란하던 풍악소리가 -
벌레가 네 침상이로군.
구더기가 네 이불이 되어버렸어. (사 14:9-11)

스올에서도 시끌벅적한 사건이 일어난다고 말하는 것을 보면, 예언자는 땅 밑 스올을 땅 위 이 세상의 연장으로 이해하는 듯합니다. 기원전 6세기의 예언자 에스겔(32:21-30)과 마찬가지로 스올로 내려간 자들은 혼자 있지 않고 다른 이들과 함께 하는 또 다른 삶을 말합니다. 뿐만 아니라 이 세상에서 왕 노릇 하던 지배자들은 저 세상에서도 의자에 앉아 있다는 것입니다.

앉아 있던 의자에서 벌떡 일어나는 사건은 바로 이름 없는 바빌론 왕의 갑작스런 죽음 때문인 듯합니다. 기원전 3천년대 말 우르 제3시대(Ur III)의 우르남무(Urnammu)라는 수메르 왕의 갑작스런 죽음을 그린 『우르남무의 죽음』이라는 문헌에도 비슷한 표현이 등장하는 것으로 보아 미루어 짐작할 수 있죠.[72] 그렇기에 예언자는 뒤에서 이름 없는 한 바빌론 왕의 이런 죽음을 하늘에서 갑자기 떨어진 "헬렐"(샛별?)의 추락으로 묘사하고 있는 것입니다. 헬렐(샛별?)의 추락은 "떨어지고야 말았다"(הורד)는 말로 요약됩니다. 곧 스올 신탁의 중요한 중심 주제라 할 수 있는 내려감 모티브를 이 낱말로 표현합니다.

72) Samuel N. Kramer. "The Death of Ur-Nammu and His Descent to the Netherworld." Journal of Cuneiform Studies 21 (1967): 114, 118 (79행).

그런데 왕이 떨어진 곳, 그 스올의 상징은 아무래도 침상이라는 것입니다. 죽으면 누구나 누워 있어야 하는 칠성판(七星板)을 말하는 것이겠죠. 그리고 그 침상은 벌레와 구더기로 가득하다는 생각은 기원전 5세기의 욥기(7:5, 21:26, 24:20 등)를 통해서, 또한 기원전 7세기 요단강 동편 얍복강 부근 길르앗 지역 문헌인 데이르 알라 새김글을 통해서도 찾아볼 수 있습니다. 스올의 벌레와 구더기는 땅 위의 호화찬란했던 풍악소리와 극명한 대조를 이룹니다. 이름 없는 그 왕의 영락(零落)이 이렇게 극명한 대조를 통하여 강조됩니다. 곧 이어 나오는 예언자의 외침을 소개하기 위한 전주곡에 불과합니다.

아하, 네가 하늘에서 떨어졌구나!
새벽의 아들 헬렐아!
네가 땅바닥에 나뒹굴다니!
뭇 나라들을 짓밟던 자야! (사 14:12)

내려감 모티브가 이 짧은 부분에서 두 번이나 거듭 나옵니다. 앞의 "떨어지다"(*נפל)는 물건이 위에서 아래로 떨어지는 동작을 나타내는 움직씨이고, 뒤의 "나뒹굴다"(*גדע)는 나무가 베어져 쓰러지는 동작을 나타내는 말입니다. 앞부분(14:11)에서는 구약 속의 내려감 모티브를 전형적으로 가리키는 말(*ירד)이 등장한 반면, 여기(14:12)서는 다른 두 움직씨가 이 주제를 강조하여 표현합니다. 그런데 제국을 가리키는 헬렐은 정말 서쪽 하늘에서 반짝이는 샛별을 가리킬까요?

(3) 고대 시리아와 메소포타미아 신화의 내려감 모티브

일찍이 미국의 고고학자이며 성서학자인 윌리엄 올브라이트는 이사야 14장의 스올 신탁에 나오는 "헬렐"(הילל)을 우가릿어 『바알』 신화에 나오는 아스타르(Aṯtr)일 것이라고 주장한 적이 있습니다. 또한 영국의 아시리아학 학자인 섄다즈도 그의 이론을 따라 헬렐을 아스타르와 동일시하였습니다. 이외에도 여러 학자들이 이 이론을 지지하였습니다. 무슨 이유로 이렇게 『바알』의 아스타르와 이사야의 헬렐을 동일시할까요? 이사야의 스올 신탁을 계속 읽어보기로 하죠.

한때 너는 속으로 생각했지.

"하늘로 난 올라갈 거야.
엘의 별들보다도 더 높이 말이야.
권좌에 오를 것이야.
신들의 모임이 열리는 산에 자리를 잡아야지.
자폰 꼭대기에 말이지.
구름 등짝을 올라탈 거야.
그래야 엘르욘과 견줄 수 있어."
아, 하지만
넌 스올로 떨어지고야 말았어.
나락의 바닥으로. (사 14:13-15)

이 부분은 올라감 모티브를 특징적으로 잘 보여주는 부분으로, 앞서 나오는 내려감 모티브(12절)와 극명한 대조를 이루는 부분이다. 이 올라감 모티브는 "하늘로 올라갈 거야"(13절)라는 말로 집약되어 나타납니다. 그리고 이어서 나오는 "엘의 별들"이나 "권좌," "산," "자폰 꼭대기," "구름 등짝"과 같은 용어들은 이러한 올라감 모티브를 더욱 강조하는 표현들이며, 이들 용어에 따라 나오는 움직씨는 마치 계단을 올라가는 형상을 이루어 올라감 모티브를 더욱 강조하는 역할을 합니다. 특별히 "하늘로 올라갈 거야"와 "구름 등짝을 올라탈 거야"는 우리말 표현을 위해서 달리 옮겼지만 둘 다 같은 움직씨(*עלה)로 아래에서 위로 올라가는 동작을 나타내는 말입니다.

이 올라감 모티브는 내려감 모티브와 다시 극명한 대조를 이룹니다. "떨어지고야 말았어"(*ירד)라는 움직씨는 내려감 모티브를 아주 간결하게 나타냅니다. 이 움직씨는 스올과 함께 등장하여 전형적인 스올 신탁의 내려감 모티브를 표현하는 말입니다.

이 부분에 등장하는 용어나 표현들은 여러 면에서 『바알』 신화에 등장하는 용어나 표현들과 비슷합니다. "엘의 별들"이란 표현 가운데 "엘"(אל)로 옮긴 말은 우가릿의 최고신 엘(il)에 견줄 수 있는 말이며, "자폰 꼭대기"로 옮긴 표현도 『바알』 신화에 나오는 "자폰 꼭대기"와[73] 대비되는 말입니다. 또한 흔히

73) 이환진, 『우가릿의 바알』, 172 (KTU 1.6 i 62) 182 (KTU 1.6 vi 12-13). (ṣpn ṣrrt).

"지고한"으로 번역하는 엘르욘(עליון)이란 말도 바알의 호칭인 알리아누(aliyn)라는 말과 연결시킬 수도 있을 것입니다.

그런데 이 부분이 『바알』 신화와 비슷한 것은 용어나 표현뿐만이 아닙니다. 비슷한 내용까지도 『바알』 신화에서 찾아볼 수 있습니다. 이 신화의 마지막 토판 앞부분에는 이런 얘기가 나옵니다. 죽음의 신인 모트와 싸운 바알이 죽자 엘의 아내인 아세라가 바알을 대신하여 아스타르를 왕위에 올리자는 제안을 합니다. 그러자 엘은 아세라의 아들 가운데 하나를 뽑으면 왕으로 삼겠다고 말합니다. 이름을 알 수 없는 한 아들을 추천하자 엘은 그가 힘이 없어서 바알처럼 창을 제대로 다룰 수 없을 것이라고 말하며 거절합니다. 그러자 아세라는 이렇게 말하죠.

> 바다의 마님 아세라가 대답한다.
> "힘센 아스타르를 왕으로 삼으시죠.
> 힘센 아스타르를 왕으로 삼죠."
>
> 그러자 힘센 아스타르는 자폰 꼭대기에 오른다.
> 전사 바알의 자리에 앉는다.
>
> 그의 다리가 발받침에 닿지 못한다.
> 그의 머리가 꼭대기에 닿지 못한다.
>
> 힘센 아스타르가 말한다.
> "자폰 꼭대기에서
> 난 왕이 될 수 없군요."
>
> 힘센 아스타르는 내려온다(yrd).
> 전사 바알의 자리에서 내려온다(yrd). (KTU 1.6 i 53-64)

이 이야기는 이사야의 스올 신탁처럼 올라감과 내려감 구조를 정확하게 보여줍니다. 더더욱 사용되는 움직씨가 모두 같은 밑말이라는 점도 눈여겨봐야 할 부분입니다. 위의 "오른다"(*'ly)는 말은 이사야의 "오르다"(עלה)에 견줄 수 있으며, "내려오다"(yrd)는 말도 이사야의 "내려가다"(*ירד)에 견줄 수 있는데, 이 두 움직씨가 올라감과 내려감 모티브를 대칭적으로 나타내는 말입니다. 또한 "앉다"(yṯb)는 말도 이사야의 "앉다"(ישב)는 말과 같은 밑말입니다. 바알의 자리가 있는 "자폰 꼭대기"라는 표현 역시 앞서 언급한 대로 이사야와 『바알』 신화 모두에 나오는 표현입니다.

아스타르는 이 이야기 속에서 왕권을 잡지 못하는 모습으로 등장합니다. 이유는 그의 다리가 왕좌의 발받침에 닿지를 못하고 그의 머리가 왕좌의 꼭대기까지 닿지 못하기 때문이라는 것이죠. 그러한 이유로 그는 왕이 될 수 없다고 인정합니다. 수동적인 모습이죠. 하지만 이러한 그의 모습은 『바알』 신화의 둘째 토판과는 사뭇 대조적입니다.

> 신들의 등불 샤프슈가 그에게 말한다.
> 목소리를 높인다.
> 들어보시오, 아스타르!
> 그대의 아버지 들소 엘께서는
> 군주 얌에게, 판관 나하르에게 호의를 보이셨소.
> 사정이 이러하니
> 그대의 아버지 들소 엘께서
> 그대의 말을 듣겠소?
> 그가 그대의 자리 받침을 밀어버릴 것이오.
> 그가 그대의 왕좌를 엎어버릴 것이오.
>
> 아스타르가 말한다.
> 나의 아버지 들소 엘께서 이미 그것을 빼앗으셨소.
> 다른 신들과 달리 내게는 집이 없어요.
> 거룩한 이들과 달리 내게는 살 곳이 없어요.
> 나 홀로 쫓겨난 거죠.
> 코싸르 신들이 나를 씻기신 거요.
> 군주 얌의 집에서요 …

판관 나하르의 궁전에서 말이오.
그의 아버지 들소 엘께서
군주 얌에게, 판관 나하르에게 잘 해주신 거죠.
그래도 난 왕이오 …
왕이란 말이오 … (KTU 1.2 iii 15-23)

태양신인 샤프슈와 나누는 대화 속에서 아스타르는 왕권을 빼앗겼다고 말합니다. 최고신인 엘이 바다신인 얌에게 호의를 베풀었기 때문이라는 것이죠. 다른 신들과는 달리 자신에게는 집이 없다는 말이나 살 곳이 없다는 말은 이미 그에게 실권이 없다는 사실을 보여주는 말입니다. 여기서 "집"이라는 말은 "궁전"이나 "신전"을 가리키는 말입니다. 특별히 『바알』 신화는 궁전 짓는 일을 권력을 장악하는 일로 말하는 신화로 유명합니다. 『바알』 신화의 셋째와 넷째 토판은 이 신화의 절정부분으로 바알이 권력을 장악하고 난 뒤 이 사실을 상징적으로 드러내기 위해서 자신의 궁전과 신전을 짓는 이야기가 들어 있습니다(KTU 1.3-1:4).

위의 인용문은 아스타르가 얼마나 왕권을 쥐고 싶어 하는가를 잘 보여주는 이야기입니다. "그래도 난 왕이오. 왕이란 말이오"라는 부분은 이를 잘 보여주는 부분이죠. 아스타르의 이 말은 앞서 인용한 『바알』 신화의 뒷부분(KTU 1.6 i 63)에 나오는 "자폰 꼭대기에서 난 왕이 될 수 없군요"라는 표현과 현저한 대조를 이루는 것을 알 수 있습니다. 이러한 대조는 이사야의 스올 신탁에서 뚜렷하게 대조를 이루는 올라감과 내려감 모티브와 관련이 있는 것은 아닐까요? 곧 『바알』 신화의 앞부분에 나오는 왕이 되고자 하는 아스타르의 욕망과 『바알』 신화의 뒷부분에서 왕이 될 수 없어서 왕좌에서 내려오는 초라한 아스타르의 모습이 올라감과 내려감이라는 스올 신탁의 두 모티브를 상징적으로 보여주는 것은 아닐까 하는 점입니다.

이와 함께 『내려가는 이쉬타르』라는 신화에 등장하는 이쉬타르를 살펴볼 필요가 있습니다.[74] 이 신화에는 내려감 모티브와 이슈타르가 지니고 있는 생산의 기능이 서로 엮여 있는 신화입니다. 이 신화는 수메르 신화인 『내려가는

74) Riekele Borger. Babylonische-Assyrische Lesest cke. Heft I: Die Texte in Umschrift. 2. Auf. Analecta Orientalia 54. Roma: Editrice Pontificio Istituto Biblico, 1994. 95-104.

이난나』를 줄여 번역한 것이지만 단순한 번역이 아니라 각색한 것이라고 해야 옳을 것입니다. 앞부분을 읽어보기로 하죠.

> 쿠르누기아(Kurnugia)로
> 돌아올 수 없는 땅으로 가기로
> 신(Sin)의 딸 이쉬타르는 마음을 먹는다.
> 신의 딸은 굳게 마음을 먹는다.
> 어둠의 집으로
> 아래세상으로
> 들어간 이는 누구도 돌아오지 못하는 집으로
> 되돌아올 수 없는 그 길로
> 빛 없이 살아야만 하는 곳으로.
> 먼지를 음식으로
> 진흙을 먹거리로 삼는 곳 -
> 그들은 빛 없는 어둠 속에서 살고 있구나!
> 그들은 새처럼 날개를 입고 있구나!
> 문과 빗장에 먼지만 쌓여 있구나! (니느웨 본 1-11행)

이 부분은 앞서 언급한 대로 『길가메쉬』와 『네르갈과 에레쉬키갈』에도 반복되어 나오는 부분입니다. 아스타르의 바빌론 식 이름인 이쉬타르가 아래세상으로 내려가는 이유는 분명치 않습니다. 또한 그가 별신이라는 언급도 이 신화 속에는 언급되어 있지 않죠. 하지만 여러 신화에 반복되어 나타나는 이 부분은 이사야 스올 신탁에 등장하는 내려감 모티브와 견줄 수 있는 부분입니다.

사실 스올 신탁에 등장하는 내려감 모티브는 고대 중동인들이 죽음을 어떻게 이해했는가를 잘 보여주는 문학적 창조물이라고 말할 수 있습니다. 그런데 이러한 이사야의 죽음 이해는 그 자신의 독특한 창작물이라기보다는 메소포타미아에서 오래전부터 발전한 모티브를 이사야가 나름대로 변형시킨 것이라고 말할 수 있습니다. 스올 신탁에는 위의 신화처럼 죽음을 돌이킬 수 없는 여행이나 다시는 돌아올 수 없는 땅이라고 말하지는 않습니다. 하지만 고대 중동의 전통에 따라 죽음을 땅밑 세상으로 내려가는 것으로 말합니다. 위의 신화 속에서 이쉬타르는 땅밑 세상으로 내려가는데 그 결과를 이 신화는 두 번씩이나 반복하여 말합니다.

(4) 약탈전쟁 – 메소포타미아 제국들의 살아남기

기원전 3천년대와 2천년대 그리고 1천년대의 메소포타미아는 약탈전쟁으로 경제를 꾸려나갔던 시대로 자리매김할 수 있습니다. 특별히 메소포타미아 하구 지역에는 드문 목재나 석재 또는 여러 금속을 정규적이거나 비정규적인 약탈전쟁을 통하여 빼앗아오곤 했습니다.[75] 어떤 이들이 군인이 되어 약탈전쟁에 참여하였는가는 불분명하지만 기록상으로 남아 있는 것으로는 기원전 2천년대 초반의 함무라비 법전이 유명합니다. 이 법전에는 일쿠(ilku)라고 부르는 제도가 있어서 평상시에는 왕이 하사한 땅에서 일하여 먹고 살지만 전쟁이 시작될 경우에는 왕의 요구대로 전쟁에 나가야만 했던 제도입니다.[76] 이러한 제도가 2천년대와 1천년대 메소포타미아에서 일반적으로 시행된 제도라고 말할 수는 없습니다. 하지만 약탈전쟁을 벌이던 2천년대 제국들의 한 단면을 보여주는 예라고 말할 수 있습니다.

약탈전쟁의 목적은 전리품을 빼앗아 오는 것이지만 조공을 바치도록 항복을 받아내는 일이기도 하였습니다. 따라서 약소국들은 엄청난 양의 조공을 요구하는 제국들의 압력에 굴복하기도 하고 반기를 들기도 하였습니다. 기원전 1천 년대 초반 신아시리아의 왕 살만에셀 제3세는 지중해 연안의 약탈전쟁을 통하여 다메섹의 하사엘을 굴복시키고 두로, 시돈, 비블로스(그발) 주민들의 조공을 받아냅니다. 약 2미터 높이의 "검은 오벨리스크"(Black Obelisk)라고 부르는 비문에는 부조와 함께 북이스라엘 오므리 왕조의 예후가[77] 살만에셀 제3세에게 조공을 바치는 이야기도 언급됩니다.[78]

---

75) Stephanie Dalley. "Ancient Mesopotamian Military Organization." Civilizations of the Ancient Near East. Vol. I. Jack M. Sasson. ed. New York: Scribners, 1995. 413.

76) J. N. Postage. Early Mesopotamia. Society and Economy at the Dawn of History. London and New York: Routledge, 1994. 242.

77) 예후가 북이스라엘에서 정권을 잡는 이야기가 왕하 9-10장에 나온다.

78) K. Lawson Younger, Jr. "Black Obelisk (2:113F)." The Context of Scripture. Vol. II, 269-270.

나의 치세 제 11년, 나는 유프라테스 강을 9번째 건너 수없이 많은 성읍을 수중에 넣었다. 하맛 사람들의 성읍으로 내려가 89성읍을 수중에 넣었다. 다메섹 사람 하닷에셀과 히타이트 땅의 12왕들이 연합군을 구성하여 덤벼들었지만 나는 그들을 모조리 물리쳤다.

나의 치세 제 14년, 나는 군병을 내 땅에서 모집하고 유프라테스 강을 건넜다. 12왕이 내게 대항하여 그들과 싸웠다. 나는 그들을 모조리 물리쳤다.

나의 치세 제 18년, 나는 유프라테스 강을 16번째 건너자 다메섹의 하사엘이 나를 공격하였다. 나는 그의 진영과 함께 1121 병거와 470 기마병을 빼앗았다.

나의 치세 제 21년, 나는 유프라테스 강을 21번째 건너 다메섹의 하사엘이 다스리는 성읍들을 향해 나아갔다. 그 가운데 4성읍을 수중에 넣고 두로 사람들과 시돈 사람들과 비블로스(그발) 사람들의 조공을 받았다. (87-104행)

이 비문은 기원전 828-827년경의 것으로 추정되는 문헌으로, 살만에셀 제3세의 약탈전쟁에서 패한 약소국들이 조공을 바치는 장면이 부조로 등장하기도 합니다. 학자들 간에 이견이 없는 것은 아니지만 특별히 오므리 왕조의 예후가 그에게 조공을 바치는 장면이 부조에 새겨져 있습니다.[79)]

나는 오므리 가문의 예후한테서
은, 금, 금 그릇, 금 잔, 금 동이, 주석, 왕의 홀, 창(?)을 조공으로 받았다.
(RIMA 3, #88)

북이스라엘의 오므리가 살만에셀 제3세에게 조공을 받쳤다는 기록은 이 비문뿐만 아니라 약 841년경의 문헌으로 추정되는 살만에셀 제3세의 연대기에도 언급되어 있습니다.[80)] 이러한 기록이 이사야 14장의 스올 신탁과 직접 연결된다고 생각하지는 않습니다. 그러나 약소국들을 짓밟고 약탈하고 착취하는 제국들의 모습을 우리는 위의 기록에서 분명히 엿볼 수 있죠. 예루살렘 이사야는 이러한 제국들의 약탈전쟁을 이렇게 간결하게 표현하고 있는 듯합니다. "분노에 가득 차 여러 백성들을 그리도 못살게 굴더니! 그칠 줄 모르고 짓누르더

79) ANEP 122 (# 355).
80) Younger, "Annals: Calah Bulls (2:113C)." The Context of Scripture 2, 267.

니! 호되게 얻어맞은 백성들을 무자비하게도 몰아치더니!"(14:6). "이 자가 세상을 뒤흔들던 자인가? 수많은 나라를 공포에 떨게 하던 자란 말인가? 그리도 땅을 못쓰게 만들더니! 성읍마다 파괴하더니! 포로들을 돌려보낼 생각조차 하지도 않더니!"(14:17). 이렇게 약탈전쟁은 기원전 3천년대에서 1천년대까지 고대 메소포타미아 여러 제국의 생존 방식이었습니다.[81)]

(5) 기억에서 지우기 그리고 저주 - 약소국 유다의 살아남기

스올 신탁의 내려감 모티브는 메소포타미아의 신화 모티브를 빌려온 것이라 했습니다. 또한 직접적으로는 고대 시리아 우가릿의 바알 신화의 모티브를 그대로 사용하고 있다고도 언급했습니다. 이렇게 제국 바빌론의 멸망을 말하면서도 고대 시리아 우가릿 신화의 모티브를 이사야가 그대로 사용하고 있는 점이 흥미롭습니다.

그렇지만 이사야는 고대 시리아와 메소포타미아의 여러 신화에 등장하는 중요한 모티브를 그냥 사용하지는 않았습니다. 분명한 차이점 또한 발견됩니다. 이름 없는 제국의 왕을 "새벽의 아들 헬렐"이라고 부르는 점입니다. 우리는 이 헬렐이 누구를 가리키는지 알 수 없습니다. 다만 바빌론 제국의 어느 왕을 가리키는 호칭 정도라고만 알고 있을 뿐입니다. 구약 속에서 지도자를 별이라고 부르는 모습은 흔하게 발견할 수 있습니다. 가장 대표적인 것은 발람 예언(민 24:17)에 등장하는 "야곱에서 행진하여 나오는 별"입니다. 이 예언에서도 그 별은 누구를 가리키는지 알 수 없습니다. 단지 북이스라엘의 지도자를 그렇게 부를 뿐입니다. 이사야 역시 바빌론 제국의 왕을 헬렐이라고 부르는데 이는 조롱조의 어투라고 말할 수도 있을 것입니다. 그런데 지금 이사야는, 자칭 엘의 별들 꼭대기에 오르리라고 선언했다가 땅바닥에 굴러 떨어진 그 제국의 왕을 조롱하고 있습니다. 스올로 떨어진 그 왕을 비웃고 있는 것입니다.

뭇 나라 임금들은 모두 다 화려하게 누워 있는데
하나같이 그 무덤에 누워 있는데
너는 무덤도 없이

---

81) 고대 메소포타미아 제국들의 전쟁 모습은 앞에서 인용한 ANEP 118-132쪽을 보라.

땅바닥에 나뒹굴어 있구나.
시체가 되어 썩어가고 있구나.
옷 입은 채 무참히 살해당하였구나.
그렇게 칼에 찔렸구나.
그렇게 짓밟혔구나.
주검이 되었구나.
돌이 쌓인 구덩이로 내려갔구나. (사 14:18-20)

이 부분 역시 고대 중동인들의 세계관을 잘 보여주는 부분입니다. 곧 중동인들은 죽은 뒤에 편하게 누울 자리가 있어야 한다고 생각해 왔습니다. 고대 시리아 우가릿인들이 남긴 『아크핫』이라는 이야기는 이러한 세계관을 잘 보여주는 전형적인 문헌입니다. 이 이야기는 죽은 아들 아크핫을 애도하며 슬퍼하는 다니엘의 모습으로 시작합니다.[82] 다니엘이 이렇게 죽은 아들을 그리워하며 슬퍼했던 이유 가운데에는 자신이 죽은 뒤 제대로 장례를 치르고 또 제사를 지내줄 자식이 필요했던 때문입니다.

그런데 지금 이사야는 그 헬렐이라 이름하는 왕이 무덤도 없이 제대로 장례를 치르지도 못하고 전쟁터에서 칼로 살해당하여 땅바닥에 나뒹굴어 썩어가고 있다고 말합니다. 이사야의 이 묘사는 단순히 전쟁터의 참혹한 묘사만이 아닙니다. 하늘 꼭대기까지 한없이 올라가리라고 마음먹던 제국의 어느 왕이 이제는 정말 비참한 신세가 되었다는 것입니다. 올라감과 내려감이라는 신화적 모티브의 극치를 이사야는 지금 말하고 있습니다. 고대 중동인들에게서 배운 그 신화적 모티브를 사용하여 이사야는 다시 제국의 왕을 비판합니다. 그의 신세를 조롱하고 있습니다. 한없이 추락하는 별의 모습으로 이름 없는 제국의 왕을 비웃죠. "구덩이로 내려갔구나!"라는 표현은 추락하는 그의 모습을 한마디로 집약한 것입니다. 이 표현은 히브리성서 속에서 죽음을 가리키는 가장 전형적인 표현으로, 에스겔이 바빌론, 아시리아, 이집트 제국을 다스리던 왕들의 갑작스런 죽음을 가리킬 때 상투적으로 사용하는 표현이기도 하죠(겔 31장-32장). 에스겔은 약탈전쟁을 벌이던 제국의 왕들이 무참히 칼에 찔려 시체가 되

82) KTU 1.17 i 1-ii 23.

어 무덤도 없이 전쟁터에서 죽어갔다고 말하는데, 약탈전쟁을 벌이던 고대 중동의 제국들을 비판하는 맥락과도 같은 흐름으로 이해할 수 있습니다.

이러한 이사야의 비웃음의 배후에는 고대 중동인들의 세계관이 스며 있습니다. 곧 사람은 죽으면 제대로 된 장례식을 치르고 무덤에 누워 편히 쉬어야 한다는 고대 중동인들의 염원이 들어 있는 것이죠. 이사야는 이러한 염원을 "너는 그들처럼 무덤을 차지하지 못할 것이야!"(14:20a)라는 한마디로 일축합니다. 그 이유는 그들이 약탈전쟁을 벌인 까닭이라는 것입니다. 이 약탈전쟁을 이사야는 "네가 바로 네 땅을 못 쓰게 만들었지. 네 백성을 살해하였지!"(14:20b)라는 표현으로 집약하여 말합니다. 이어서 이사야는 이렇게 선언합니다.

> 누구도 그 이름을 부르지 않을 것이야!
> 못된 것들의 씨는 – (사 14:20c)

약탈전쟁을 벌이는 제국의 왕을 "못된 것들"이라고 부르면서, 이사야는 그 자손들의 이름이 아예 삭제될 것이라고 합니다. 이름이 없어지는 것, 이 또한 고대 중동인들에게는 죽음을 의미합니다. 구덩이로 내려간다는 앞의 내려감 모티브가 다른 표현으로 옮겨간 것을 알 수 있습니다. 같은 죽음을 이렇게 이사야는 다양한 표현을 동원하여 노래합니다.

더 이상 이름 부르지 않을 것이라는 표현이 죽음을 가리키는 말이라는 점은 욥기를 통해서도 확인할 수 있습니다. 고통 속에서 자신이 아무런 잘못이 없음을 주장하는 욥에게 수아 사람 빌닷은 이렇게 말합니다.

> 마음 편한 곳, 그의 집에서
> 그는 찢겨나고야 말리라.
> 공포라 불리는 임금이
> 그에게 들이닥치니.
> 그의 장막을 뒤덮으니.
> 그의 쉼터에 유황이 난무하니.
> 아래로는
> 그의 뿌리가 말라붙고야 말 것이라.

위로는
그의 가지가 말라버리고야 말 것이라.
그의 씨는 땅에서
스러지고야 말 것이라.
그의 이름은
대지 위에서 더 이상 없을 것이라. (욥 18:14-19)

빌닷의 이 발언 가운데에서 특별히 "아래로는 그의 뿌리가 말라붙고야 말 것이라. 위로는 그의 가지가 말라버리고야 말 것이라"는 표현은 페니키아인들을 포함한 고대 중동인들의 무덤 새김글에 흔히 등장하는 고정적인 표현입니다. 위와 아래라는 공간적 대칭과 뿌리와 가지라는 시간적 대칭을 통하여 빌닷은 포학한 자의 후손이 스러질 것을 말하고 있습니다. 그래서 그 결과 죽은 이의 이름이 대지 위에서 아예 없어질 것이라는 말인데, 이 발언 역시 이사야가 노래하는 이름 없는 제국의 왕의 운명과 다를 바 없습니다. 이름이 없다는 것, 그리고 후손이 없어질 것이라는 것! 바로 고대 중동인들의 세계관을 그대로 반영하는 말입니다.

* * *

이사야의 스올 신탁은 성서 속에서 저 세상의 장면을 그리고 있는 유일한 본문입니다. 또한 내려감과 올라감 모티브를 잘 보여주는 본문이기도 하죠. 『바알』 신화의 마지막 부분과[83] 이사야의 스올 신탁(14장)이 공유하고 있는 내려감과 올라감 모티브는 히브리 성서가 말하는 죽음의 한 양태로, 고대 중동인들이 오래도록 보존해온 신화 모티브입니다.

이 신화적 모티브가 고대 메소포타미아 제국의 이름 없는 왕의 죽음을 노래하는 모티브로 쓰이는 것을 우리는 지금껏 살펴보았습니다. 이사야는 함께 공유하는 이 신화 모티브를 그대로 사용하여 제국의 멸망을 조롱합니다. 헬렐이라 이름하는 그 제국의 왕은 누구인지 모릅니다.

83) 이환진, 『우가릿의 바알』, 171-172 (KTU 1.6 i 53-65).

성서에서 유일하게 저세상의 모습을 그리는 본문에서 이사야는 조롱을 통하여 제국의 허구성을 드러냅니다. 약탈전쟁으로 특징지을 수 있는 기원전 3천년대, 2천년대 그리고 1천년대 메소포타미아 제국들의 허구적 실상을 죽음, 특별히 내려감이라는 신화적 모티브를 동원하여 고발합니다. 단지 조롱하고 고발하는 것으로 끝나지 않고 이사야는 이 신탁을 통하여 그 화려한 이름도 결국은 역사의 뒤안길로 스러질 수밖에 없음을 통렬하게 비판합니다. 현인 이사야의 모습은 아닐는지요!

3) 이사야, 국제질서 속의 평화 지킴이[84)]

약 100여 년 전 수운은 당시 조선말의 국제 정치적 현실을 "오선기"(五仙棋)라는 말로 표현한 적이 있습니다. 다섯 신선이 빙 둘러앉아 바둑을 두는 모습이라는 뜻입니다. 이는 오늘날 우리나라를 둘러싼 국제정치적 현실과 그다지 다른 모습이 아닙니다. 곧 우리나라는 지금 미국과 일본 그리고 중국 그리고 러시아의 틈바구니에서 눈치를 보며 살아가고 있죠. 더구나 세계에서 유일하게 분단국으로 남북이 함께 생존하기 위해서 몸부림칠 수밖에 없는 것이 우리나라의 현실입니다. 이러한 현실 속에서 신학을 공부하는 우리는 성서 속에서 어떻게 우리의 모습을 찾아볼 수 있을까요? 특별히 화해라는 주제와는 어떻게 연결시킬 수 있을까요?

* * *

이사야는 우리에게 많은 점을 시사하는 얘기를 담고 있습니다. 이사야는 다양한 문학 층을 지닌 책으로 알려져 있습니다. 독일인 구약학자 둠(Duhm) 이래로 제1이사야, 제2이사야, 제3이사야로 나누어 이사야를 읽어오고 있는데, 요즘은 다시 이러한 문학 층 속에서도 단일한 신학으로 묶여 있는 책이 이사야라는 점을 다시금 강조하는 추세입니다.

오늘 함께 생각해 보려는 이사야 19장은 여러 나라에 대한 신탁 묶음(13-23

84) 이 부분은 2006년 1월 23일 감리교신학대학교 토착화신학연구소에서 필자가 발표한 글이다.

장) 속에 들어 있는 부분입니다. 여러 나라를 언급하는 도중에 이집트에 대한 신탁을 언급하는데, 여기에 아주 흥미로운 얘기가 들어 있어요. 본문을 읽어보기로 하죠.

그 날이 오면
이집트-아시리아 고속도로가
뚫릴 것이다.
아시리아가 이집트로
이집트가 아시리아로
서로 오갈 것이다.
이집트는
아시리아와 함께
일할 것이다.

그 날이 오면
이스라엘은
이집트와 아시리아의
세 번째 파트너가
될 것이다.
온 누리의 복덩이가
될 것이다.
아,
수많은 군대를 거느리시는 야훼님
이렇게 복을 내리시누나.

"복 있으라.
내 백성
이집트야.
내 솜씨
아시리아야.

내 차지
이스라엘아." (사 19:23-25)

이 부분은 이사야의 예언이 먼저 나오고 또 하느님이 직접 말씀하시는 부분으로 나뉩니다. 그리고 여기에 등장하는 나라는 이집트와 아시리아와 이스라엘이죠. 그리고 얘기하고자 하는 점은 (1) 두 강대국인 이집트와 아시리아의 화해와 (2) 이스라엘의 역할입니다.

여기서 우리가 좀 더 깊이 생각할 표현은 "복덩이"라고 옮긴 말입니다. 성서 히브리어 "브라카"(ברכה)는 "선물"이라는 뜻을 담고 있는 말입니다. 문맥에 따라 다양하게 쓰이는 말이지만 흔히 "복"(福)이라는 말로 옮깁니다. 나는 이 말을 위에서 "복덩이"라는 말로 옮겼습니다. 다른 이에게 행복과 평화를 가져다 주는 이의 역할이 이 문맥 속에 들어 있는 것으로 이해하여 그렇게 옮긴 것이죠. 그런데 창세기에서 아브라함이 부름 받는 장면에 같은 말이 사용된다는 것이 흥미로운 점입니다(창 12:1-2).

네 땅을 떠나라.
네가 태어난 곳, 네 아비의 집을
서둘러 떠나라.
내가 네게 보여줄 땅으로
어서 가라.
그리하면 나는
네가
큰 나라를 이루게 하리라.[85)]
난 네게 복을 주리라.
네 이름을 크게 하리라.
너는
복덩이다.
너를 축복하는 이

85) "엄청난 사람들이 되게 하리라"로도 옮길 수 있는 부분.

난 복을 내리리라.
너를 저주하는 이
난 저주하리라.
너 때문에
사람들이 복을 받으리라.

여기서 "복덩이"라고 옮긴 말이 바로 같은 히브리어 "브라카"입니다. 흔히 "복"으로 옮기는 말이죠. 토라가 바빌론 포로기나 그 직후에 자신들의 정체성을 확립하게 위하여 편집되었다는 사실을 우리가 감안한다면, 여기서 등장하는 아브라함은 바로 포로귀환 공동체를 가리키는 인물로 상정할 수 있습니다. 곧 포로기를 끝내고 가나안 땅으로 되돌아오는 귀환 공동체의 여정과 아브라함이 갈대아 우르를 떠나 가나안 땅으로 가는 여정이 같기 때문입니다. 따라서 여기에 등장하는 아브라함은 이스라엘의 조상을 가리키기도 하고 포로귀환 공동체를 가리킨다고 말할 수도 있을 것입니다. 그렇다면 아브라함을 복이라고 말하는 창세기 본문은 토라를 편집한 공동체의 자기 이해라고 말할 수도 있을 것입니다.

그런데 "복"이라는 말이 구체적으로 무엇을 가리키느냐는 것입니다. 창세기는 "이어서 그에게 복을 비는 이는 내가 복을 내리고 그에게 저주하는 이에게는 내가 저주를 내리리라"라고 덧붙이고 있지만 그 구체적인 내용은 나오지 않습니다. 그저 막연히 온 세상의 모든 나라 사람들이 아브라함 때문에 복을 받을 것이라는 것뿐입니다. 그런데 시편 133편을 읽어보면 "복"의 내용이 무엇인지 구체적으로 언급되는 것을 알 수 있습니다.

참말 좋구나!
정말 아름답구나!
형제자매 한자리에
빙 둘러앉아 있는
그 모습 –
향유 같구나 …
이슬 같구나 …

거기서 야훼님 선언하시누나.
"복이 있으라.
생명이 있으라.
세상 끝까지!"[86]

여기서 "복"(브라카)이라고 옮긴 말은 "평화"라는 말로 바꾸어서 읽을 수 있는 말입니다.[87] 그러니까 이 시인이 말하는 "복"은 "형제자매 한자리에 빙 둘러앉아 있는 모습"입니다. 또한 향유(香油)와 이슬이 내리는 것이죠. 곧 서로 아껴주며 오순도순 정겹게 살아가는 모습과 경제적 풍요로움을 복이라고 말하는 것입니다. 또한 곧 인간관계가 회복되어 서로 화해하는 모습을 복이라고 부릅니다. 또한 자연 질서가 회복되어 풍요로운 먹거리가 넘치는 모습을 복이라고 부르죠. 시인은 이렇게 "복"의 구체적인 모습을 "평화"와 "화해" 그리고 "풍요로움"이라는 말로 설명하고 있는 듯합니다. 그렇다면 이 시의 뒷부분, 곧 야훼께서 선언하시는 말씀은 이렇게도 바꾸어서 읽어볼 수 있습니다.

"평화가 있으라.
생명이 있으라.
세상 끝까지."

이렇게 본다면 이사야가 꿈꾸던 "복"도 구체적으로는 "평화"를 가리키는 것이 아닐까요? 복이라는 말을 좀 더 구체적으로 표현한 문헌을 우리는 이사야와 거의 동시대의 것으로 추정하는 어느 페니키아 새김글에서 읽어볼 수 있습니다. 기원전 720년경의 것으로 추정하는 페니키아어 새김글입니다. 아지타와다(Azitawada) 새김글이라고 부르는 이 새김글에는 "복을 내리다(주다)"(ברך)라는 말이 "생명"(חיים)과 "평화"(שלם)라는 말과 함께 쓰여 복의 내용을 더욱 구체적으로 언급하기도 합니다.

---

86) "세상 끝까지"(עד העולם)는 흔히 "영원히"라고 옮기는 말로, 앞의 "생명"이란 말과 함께 "영생"으로 옮기기도 함.
87) 문맥이 좀 다르기는 하나 열왕기하 18:31에서는 같은 말(브라카)이 "평화(조약)"이라는 뜻으로 사용되기도 함.

바알 …께서 아지타와다에게
생명과 평화와 엄청난 힘으로 복을 내리시길 바란다.
(KAI 26 A iii 16-18)

곧 복이라는 것이 이 문헌에서는 "생명"과 "평화" 그리고 "엄청난 힘"이라는 구체적인 목록으로 등장합니다. 물론 이 문헌은 페니키아인들이 섬겼던 어느 바알 신에게 비는 내용이지만, 위의 시편의 내용과도 비슷하게 "생명"이 언급되는데, 더 재미있는 것은 이 문장 뒷부분에는 "장수"(ארך ימים)를 말하고 있다는 점입니다.[88] 어쨌거나 복의 구체적인 내용을 평화와 생명으로 구체화하는 점을 통해서 우리는 시편 133편의 복이란 평화와 생명과 장수라는 것을 짐작할 수 있습니다.

이렇게 볼 때, 야훼께서 선언하시는 복이란 바로 평화로운 국제질서를 말하는 것이 아닐까요? 이스라엘의 철천지 원수인 이집트와 아시리아와 함께 평화로운 삶을 누리고자 하는 평화 말입니다. 이집트에서 아시리아로 향하는 고속도로가 뚫려 이집트 사람과 아시리아 사람이 서로 왕래하고 그 한가운데에는 이스라엘이 교량 역할을 하는 국제 질서를 이사야는 꿈꾸었는지 모릅니다. 사실 이집트와 아시리아는 당시의 막강한 제국들이었고 이스라엘은 소규모 속국에 불과했을 터이지만 이사야는 대담하게 자그마한 나라 이스라엘이 이들 제국들과 동등한 파트너가 되어 평화를 정착시켜나가는 꿈을 꾸었던 것 같습니다. 다른 이사야 본문(60:21, 64:7)에서 "내 사람"이나 "내 솜씨"라는 말은 이스라엘을 가리킬 때 사용하는 말이기 때문입니다.

* * *

이렇게 생각해 볼 때, "복"이라는 이사야의 용어는 당시 이스라엘의 자기 이해를 가리키는 용어라고 이해할 수 있을 것입니다. 이 용어는 기원전 8세기

88) 아시리아 에살하돈 왕의 비문(Borger Esarh. 6 vii 23)에 나오는 "아슈르께서 선포하셔서 내가 장수하도록 하시기를!"(Aššur … ik-rib ūmē rūqūti ik-ru-ba-ni-ma)이라는 표현에도 장수가 복의 구체적인 내용으로 등장하는 것을 알 수 있다(CAD karābu 항목 1a). 아카드어로 "복을 내리다"나 "복을 주다"는 뜻으로 쓰이는 동사 카라부(karābu)는 히브리어 동사 바라크(ברך)와 위치 바꿈(metathesis) 형태이다.

강대국들의 틈바구니 속에서 생존의 몸부림을 쳤던 이스라엘이 자신의 역할을 규정짓는 말로 사용되었던 듯합니다. 이 말이 이스라엘의 자기 이해를 가리키는 말로 사용된 것은 창세기 12장을 통해서 확인해 볼 수 있으며, 그 말이 "평화"라는 뜻을 가리키는 말로 사용된 것은 바빌론 포로기 이후의 작품으로 보이는 시편 133편을 통해서 확인할 수 있습니다. 따라서 이사야 본문은 이렇게 다시 읽어볼 수 있을 것입니다.

그 날이 오면
미국-중국 고속도로가
일본-러시아 고속도로가
뚫릴 것이다.
중국이 미국으로
미국이 중국으로
러시아가 일본으로
일본이 러시아로
서로 오갈 것이다.
미국은 중국과 함께
러시아는 일본과 함께
평화를
이루고자 할 것이다.

그 날이 오면
한국은
중국과 미국의
동등한 파트너가 될 것이다.
온 누리에
평화가 임할 것이다.
아, 하느님
이렇게 평화를 선포하시누나.

"평화가 있으라.
내 백성 미국아.
내 솜씨 중국아.
내 백성 일본아.
내 솜씨 러시아야.
내 차지 한국아."

4) 예레미야 – 반항하는 눈물의 예언자

예레미야는 눈물의 예언자입니다. 그의 눈물은 라헬의 눈물이 되고 라헬의 눈물은 하느님의 눈물이 되어 예레미야의 가슴으로 흘러내립니다. 통곡의 눈물입니다.

"나 주가 말한다.
라마에서 슬픈 소리가 들린다.
비통하게 울부짖는 소리가 들린다.
라헬이 자식을 잃고 울고 있다.
자식들이 없어졌으니, 위로를 받기조차 거절하는구나." (렘 31:15)

여기서 예레미야의 입을 통하여 말씀하시는 분은 하느님입니다. 그러나 그 하느님은 라헬의 통곡소리에 귀를 기울이십니다. 그 통곡은 바로 자식들 때문입니다. 그 자식들은 당연히 이스라엘입니다. 자식 이스라엘이 없어졌으니 그 어미인 라헬은 울부짖으며 통곡할 수밖에요. 이렇게 예레미야의 입에서 나오는 탄식은 라헬의 탄식이요, 라헬의 탄식은 곧 하느님의 탄식이 됩니다. 하느님은 여기서 어미 라헬과 하나가 되어 함께 우시기 때문입니다.

"에브라임은 나의 귀한 아들이다.
내가 가장 사랑하는 자식이다.
그를 책망할 때마다 더욱 생각나서,
측은한 마음이 들어 불쌍히 여기지 않을 수 없었다.

나 주의 말이다." (렘 31:20)

그런데 그 울음소리는 예레미야의 입에서 흘러나옵니다. 이렇게 예레미야는 라헬과 하느님과 하나가 되어 통곡합니다. 그렇게 소리 내어 슬퍼합니다. 예레미야는 이렇게 눈물의 예언자입니다. 라헬과 함께 통곡하시는 하느님의 말씀을 전하는 예언자이기 때문입니다.

눈물의 예언자 예레미야는 이렇게 하느님과 라헬과 하나가 되어 울기도 하지만 그분의 말씀을 전할 수밖에 없는 운명을 타고난 그가 말씀 전하라고 하시는 하느님께 대들고 삿대질하기도 합니다.

"주님,
주님께서 나를 속이셨으므로,
내가 주님께 속았습니다.
주님께서는 나보다 더 강하셔서 나를 이기셨으므로,
내가 조롱거리가 되니, 사람들이 날마다 나를 조롱합니다.
내가 입을 열어 말을 할 때마다
'폭력'을 고발하고 '파멸'을 외치니,
주님의 말씀 때문에, 나는 날마다 치욕과 모욕거리가 됩니다.
'이제는 주님을 말하지 않겠다.
다시는 주님의 이름으로 외치지 않겠다' 하고 결심하여 보지만,
그 때마다,
주님의 말씀이 나의 심장 속에서 불처럼 타올라 뼛속까지 타들어 가니,
나는 견디다 못해 그만 항복하고 맙니다." (렘 20:7-9)

주님이 자신을 속이셨다고 말하는군요. 예레미야는 더 이상 못하겠노라고, 더는 말씀을 전하지 못하겠노라고 다짐하고 또 다짐하지만, 그럴수록 주님의 말씀이 그의 심장 속에서 "불처럼 타올라 뼛속에까지 타들어 가니"(렘 20:9) 어쩔 도리 없이 그분께 항복하고 만다는 것이죠. 견디다 못해 그분께 백기를 든다는 겁니다. 그래서 생각해보면 이러한 자신의 처지는 바로 하느님이 자신을 속이신 결과라는 겁니다. 하느님이 어르고 달래어 말씀을 전해 보라고 해서

전해 보았지만 그에게 되돌아오는 것은 조롱과 치욕과 모욕이라는 겁니다. "주님의 말씀 때문에" 그렇다는 거죠.

우리는 예언자가 어떤 임무를 띠고 살아가는 사람인지를 이 예레미야의 말을 통해서 짐작하게 됩니다. "예언자"(預言者)라는 말에 단지 "말씀을 품고 있는 이"나 "일어날 일을 미리 말하는 이"라는 뜻만 있는 것이 아니라는 것이죠. 품고 있는 말씀은 단지 일어날 일을 미리 알려주시는 말씀이 아니라 바로 불덩이라는 겁니다. 그 불덩이는 심장에서 타올라 뼛속까지 타들어가는 말씀이라는 것이죠. 이러한 말씀을 품고 사는 이가 바로 예언자입니다.

그런데 그런 예언자 예레미야는 지금 하느님께 대들고 있어요. 왜 속이셨느냐는 겁니다. 왜 유혹하셨느냐는 거예요. 당신의 말씀을 전하라고 왜 설득하셨느냐는 거죠. 이렇게 하느님께 대든 사람은 성경에서 별로 찾아볼 수 없어요. 욥이라는 인물이 얼핏 생각나는군요.

> "주님,
> 내가 주님께 부르짖어도,
> 주님께서는 내게 응답하지 않으십니다.
> 내가 주님께 기도해도,
> 주님께서는 들은 체도 않으십니다.
> 주님께서는 내게 너무 잔인하십니다.
> 힘이 세신 주님께서,
> 힘이 없는 나를 핍박하십니다. …
> 주님께서는 어찌하여
> 망할 수밖에 없는 연약한 이 몸을 치십니까?
> 기껏 하나님의 자비나 빌어야 하는 것밖에는
> 아무것도 할 수 없는 보잘것없는 이 몸을,
> 어찌하여 그렇게 세게 치십니까?" (욥 30:20-24)

욥은 주님이 지금 자신의 기도에도 꿈쩍하지도 않으신다고 말하죠. 들은 체도 않으신다는 겁니다. 그래서 너무 잔인하다고 말하죠. 어떻게 보잘것없는 자신을 그렇게도 세차게 내려치시느냐고 하느님께 대듭니다.

"사람이 무엇이라고, 주님께서 그를 대단하게 여기십니까?
어찌하여 사람에게 마음을 두십니까?
어찌하여 아침마다 그를 찾아오셔서 순간순간 그를 시험하십니까?
언제까지 내게서 눈을 떼지 않으시렵니까?
침 꼴깍 삼키는 동안만이라도,
나를 좀 내버려두실 수 없습니까?
사람을 살피시는 주님,
내가 죄를 지었다고 하여 주님께서 무슨 해라도 입으십니까?
어찌하여 나를 과녁으로 삼으십니까?
어찌하여 나를 주님의 짐으로 생각하십니까?" (욥 7:17-20)

고통스런 욥의 심정은 "내가 죄를 지었다고 하여 주님께서 무슨 해라도 입으십니까? 어찌하여 나를 과녁으로 삼으십니까?"(7:20)라는 마지막 말 속에 잘 드러납니다. 무척 심한 말이라는 생각이 들기도 합니다. 하지만 온몸이 만신창이가 되었을 뿐만 아니라 모든 것을 다 잃어버린 욥에게 이런 반항심밖에는 무엇이 더 남아 있을까요?

그런데 예레미야를 생각해 보십시오. 그는 욥처럼 고통당하는 것은 아닙니다. 그런데도 예레미야는 하느님이 자신을 속이지 않으셨느냐(20:7)고 하느님께 대듭니다. 욥보다 심하죠. 욥보다도 훨씬 더 격정적인 인물이 바로 예레미야입니다. 그분이 자신을 속이셨다고 말하는 것도 모자라 이번에는 자신이 태어나지 말았어야 했다고 아예 대놓고 말하기까지 합니다.

"내가 태어난 날이 저주를 받았어야 했는데.
어머니가 나를 낳은 날이 복된 날이 되지 말았어야 했는데.
나의 아버지에게
'아들입니다. 아들!' 하고 소식을 전하여,
아버지를 기쁘게 한 그 사람도 저주를 받았어야 했는데.
바로 그 사람은 주님께서 사정없이 뒤엎어 놓으신 성읍들처럼 되어서,
아침에는 울부짖는 고통 소리를 듣고,
대낮에는 전쟁의 함성을 들었어야 했는데.

내가 모태에서 죽어,
어머니가 나의 무덤이 되었어야 했는데,
그 아기집이 죽음을 잉태했어야 했는데.
어찌하여 이 몸이 모태에서 나와서,
이처럼 고난과 고통을 겪고,
나의 생애를 마치는 날까지 이러한 수모를 받는가!" (렘 20:14-18)

여기서 "내가 모태에서 죽어, 어머니가 나의 무덤이 되었어야 했는데, 그 아기집이 죽음을 잉태했어야 했는데"(렘 20:17)라는 말은 『새번역』처럼 "내가 모태에서 죽어, 어머니가 나의 무덤이 되었어야 했는데, 내가 영원히 모태 속에 있었어야 했는데"로 읽는 말입니다. 곧 마지막의 "내가 영원히 모태 속에 있었어야 했는데"를 "그 아기집이 죽음을 잉태했어야 했는데"로 바꾸어 읽은 것입니다. 아니면 "어머니가 죽음을 잉태했어야 했는데"로 달리 읽을 수도 있겠군요. "영원"이라는 말은 "죽음"으로 읽을 수도 있기에 이렇게 읽어본 것입니다. 어머니가 자신의 죽음이라거나 어머니가 자신의 무덤이 되었어야 했다고, 유산하여 그렇게 모태에서 아예 죽었어야 했다고 자신의 출생을 저주합니다. 그래서 "내가 태어난 날이 저주를 받았어야 했는데"(렘 20:14a)라는 말로 그 저주를 시작한 것이죠. 그런데요, 이 말은 어디선가 많이 들어본 말입니다. 예레미야처럼 하느님께 대들었던 바로 욥의 말입니다. 욥기에는 프롤로그(1:1-2:13)와 에필로그(42:7-17) 사이에 긴 다이얼로그(3:1-42:6)가 들어 있는데요, 욥기의 다이얼로그는 이런 말로 시작합니다.

"내가 태어나던 날이 차라리 사라져 버렸더라면,
'남자 아이를 배었다'고 좋아하던 그 밤도 망해 버렸더라면,
그 날이 어둠에 덮여서,
높은 곳에 계신 하나님께서도 그 날을 기억하지 못하셨더라면,
아예 그 날이 밝지도 않았더라면 …
아, 그 밤이 아무도 잉태하지 못하는 밤이었더라면,
아무도 기쁨의 소리를 낼 수 없는 밤이었더라면 …
낙태된 핏덩이처럼, 살아 있지도 않을 텐데.

햇빛도 못 본 핏덩이처럼 되었을 텐데! …
어찌하여 하나님은,
고난당하는 자들을 태어나게 하셔서 빛을 보게 하시고,
이렇게 쓰디쓴 인생을 살아가는 자들에게 생명을 주시는가?" (욥 3:3-20)

이처럼 욥기 3장과 예레미야 20장은 공통점이 있습니다. 자신이 태어나던 날이 차라리 없어졌으면 좋았을 뻔했다는 말입니다. 욥이나 예레미야나 똑같이 하느님께 대들고 삿대질하더니 이번에는 아예 자신이 태어난 "날"을 저주하는 것이죠. "날"을 저주한다는 말은 무슨 뜻일까요? "날"은 여기서 "욤"(יוֹם)입니다. 이 말은 "날"을 가리키기도 하고 "낮"을 가리키기도 합니다. 창세기 1장에서 하느님이 처음 지으신 "날"이기도 합니다. "낮"이기도 하죠.

"하나님이 말씀하시기를
'빛이 생겨라' 하시니, 빛이 생겼다.
그 빛이 하나님 보시기에 좋았다.
하나님이 빛과 어둠을 나누셔서,
빛을 낮이라 하시고, 어둠을 밤이라고 하셨다.
저녁이 되고 아침이 되니, 하루가 지났다." (창 1:5)

여기서 "날"은 "낮"이기도 하고 그것은 "빛"이기도 합니다. 곧 하느님이 처음 지으신 "빛"을 가리키는 말이죠. "어둠"의 반대말입니다. 그러니까 예레미야에게도 욥에게도 "날"은 "빛"을 가리키는 말이죠. 하느님이 지으신 그 "빛"입니다. 그런데 예레미야도 욥도 모두 다 그분이 처음 지으신 "빛"을 부정합니다. 창조를 부정하는 거죠. 반창조(反創造)입니다. 자신의 인생이 고통스럽다고 하여 자신을 지으신 하느님, 그분의 창조를 부정하는 사람이 어디 있겠습니까? 욥이 바로 그렇습니다. 예레미야가 그런 인물이죠. 사실 하느님은 예레미야를 예언자로 부르실 때 이런 말씀을 하셨습니다.

"내가 너를 모태에서 짓기도 전에 너를 선택하고,
네가 태어나기도 전에 너를 거룩하게 구별해서,

뭇 민족에게 보낼 예언자로 세웠다." (렘 1:5)

이렇게 모태에서 나오기도 전에 태어나기도 전에 선택을 받고 거룩하게 구별하여 부름을 받은 예레미야이지만 그는 지금 하느님이 그를 지으신 그 날을 저주하고 있습니다. 그렇게 하느님께 어깃장 놓는 예언자가 바로 예레미야입니다. 그래서 그런지 예레미야가 처음 본 환상도 심상치 않습니다.

"땅을 바라보니,
온 땅이 혼돈하고 공허하다.
하늘에도 빛이 전혀 보이지 않는다.
산들을 바라보니, 모든 산이 진동하고,
모든 언덕이 요동한다.
아무리 둘러보아도
사람 하나 없으며,
하늘을 나는 새도 모두 날아가고 없다.
둘러보니,
옥토마다 황무지가 되고,
이 땅의 모든 성읍이 주님 앞에서,
주님의 진노 앞에서, 허물어졌다." (렘 4:23-26)

이 시에는 유독 "본다"는 말이 반복하여 등장합니다. 땅을 "바라보고", 산을 "바라보고", 여기저기 "둘러보고", 아무리 "둘러보아도" 없다는 것입니다. 이렇게 "본다"는 말을 중심으로 위의 인용을 있는 그대로 히브리어로 읽어보면 이렇게 나눌 수 있습니다.

나는 본다.
23(a) 아!
없다.

24(b) 나는 본다.

아!

나는 본다.
25(a) 아!
없다.

26(b) 나는 본다.
아!

23절과 25절이 같고 24절과 26절이 같습니다. 이러한 구조를 우리는 abab로 나누어 볼 수도 있을 것입니다. 그런데 바라보고 둘러보아도 없다는 겁니다. 그런데도 예레미야는 여전히 봅니다. 둘러봅니다. 하지만 아무리 둘러보아도 입에서 나오는 것은 탄식뿐입니다. "아!"

그런데 무엇이 없습니까? 빛이 없고 사람이 없고 새가 없고… 이렇게 하늘에는 빛이 없고 땅은 공허합니다. 여기저기 둘러보아도 사람 하나 찾을 수 없어요. 하늘에는 나는 새도 찾아볼 수 없습니다. 옥토마다 황무지로 바뀌었다는 겁니다. 이 또한 땅과 하늘 다시 하늘과 땅을 차례로 바라봅니다.

땅(a) – 하늘(b) – 땅(a) – 하늘(b) – 땅(a)

그런데 예레미야가 눈을 들어 이렇게 바라본 그 순서는 또 다음과 같이 구체적으로 나뉘어 등장합니다.

땅(a) – 하늘(b) – (산 – 언덕)(a) – 하늘(b) – (옥토 – 성읍)(b)

"땅"은 구체적으로 "산"과 "언덕"으로 그리고 "또 "옥토"와 "성읍"으로 바뀌어 등장하는 것이죠. 그가 이렇게 땅에 집착하고 하늘보다도 또 다시 땅을 바라보는 이유는 아무래도 발을 딛고 사는 곳이 땅이기 때문인 듯합니다. 이렇게 땅과 하늘을 번갈아 보았다는 말은 온 세상을 두루 살펴보았다는 말도 됩니다. "하늘과 땅"이나 "땅과 하늘"은 온 세상을 가리키는 메타포로 성경에 자주 등장하기 때문입니다. 창세기 1장의 P 문헌은 "하늘과 땅"(1:1)으로 시작하여 "하늘과 땅"(2:4a)으로 끝나는 창조 이야기입니다. 여기에 비해 창세기 2장의 J 문헌은 "땅과 하늘"(2:4b)로 시작하는 창조 이야기입니다. "땅"이라는 말로 시작하는 만큼 땅의 이야기로 가득 찬 이야기가 바로 창세기 2장의 창조 이야기입니다. 그런데 예레미야는 이렇게 땅과 하늘, 그 온 세상을 두루 둘러보고 하나도 없다는 것입니다. 무엇이 없다는 것입니까? 바로 "빛"입니다. 그 때문에 텅 비어 있고 혼돈스럽기만 합니다. 창조의 "빛"이 없기에 땅에 발을 내딛고 살아가는 "사람"도 없고 하늘을 날아다니는 "새"도 없습니다. 그리고 "옥토"는 바뀌어 "황무지"가 됩니다.

빛

　　　사람

　　　새

옥토

그런데 이렇게 "없음"을 한마디로 응축한 표현은 아무래도 "혼돈하고 공허하다"(렘 5:23)라는 말입니다. 땅이 혼돈하고 공허하다! 바로 창세기에 처음 나오는 말입니다.

"땅이 혼돈하고 공허하며" (창 1:2)

혼돈하고 공허하다는 말을 예레미야는 "빛이 없다!"는 말로 다시 표현합니다. 땅과 하늘을 모두 아울러 이렇게 표현합니다. 땅은 혼돈하고 공허하고 하늘은 어둡다는 것이죠. 그런데 이러한 이유를 예레미야는 앞부분에서 이렇게 얘기합니다.

"나의 백성은 참으로 어리석구나.
그들은 나를 알지 못한다.
그들은 모두 어리석은 자식들이요,
전혀 깨달을 줄 모르는 자식들이다.

악한 일을 하는 데에는 슬기로우면서도
좋은 일을 할 줄 모른다." (렘 4:22)

위는 『새번역』으로 읽어본 것인데요, 이 부분을 히브리어 문장의 순서 그대로 한번 읽어보겠습니다.

아, 어리석구나. 나의 백성은-
나를 그들은 모른다.

어리석은 자식들이다.
그들은-
깨달음이 없다.
그들은-

지혜롭구나. 그들은.
악을 행하는 데-
선을 행하는 것 그들은 모른다.

이 부분은 어리석음과 지혜로움의 대비입니다. 어리석음과 지혜로움, 지혜로움과 어리석음의 대비이긴 하지만 그 지혜로움도 악을 행하는 데에 대한 지혜로움입니다. 그들의 지혜라는 것도 결국 어리석음입니다. 그런데 그 어리석음은 "모른다"라는 말로 집약됩니다. "모른다"는 말은 위의 시에서 앞과 뒤에 등장하여 그들의 어리석음을 감싸고 있습니다. 백성의 어리석음입니다. 이렇게 백성의 어리석음은 "모른다"는 말로 집약됩니다. 그런데 무엇을 모른다는 걸까요? "나를 모른다"고 합니다. 하느님을 모른다는 것이죠. "하느님을 아는 지식이 없다"고 탄식했던 호세아가 생각납니다.

"이 땅에는
진실도 없고, 사랑도 없고,
하나님을 아는 지식도 없다." (호 4:1b)

그래서 "있는 것이라고는 저주와 사기와 살인과 도둑질과 간음뿐이다. 살육과 학살이 그칠 사이가 없다. 그렇기 때문에 땅은 탄식하고, 주민은 쇠약해질 것이다. 들짐승과 하늘을 나는 새들도 다 야위고, 바다 속의 물고기들도 씨가 마를 것이다"(호 4:2-3)라고 호세아는 탄식했는데요, 진실과 사랑과 함께 짝으로 등장하는 것이 하느님을 아는 지식입니다. 그 지식이 없기에 땅이 탄식한다고 호세아는 말하죠. 그 속에 사는 사람들은 서로서로 죽이는 일을 서슴지 않습니다. 그것을 호세아는 "주민은 쇠약해질 것이다"라고 했습니다만 "그 땅에 사는 사람은 누구나 메말라 갈 것이다"라고 읽을 수도 있는 말입니다. 사람들만이 그런 것이 아니라 하늘에 날아다니는 날짐승도, 들녘에 나다니는 들짐승도, 바다를 가로지르는 물고기도 모두 다 그런 운명에서 벗어나지 못할 것이라고 호세아는 탄식하죠. 그 까닭은 바로 "지식이 없기" 때문입니다. 하느님에 대한 지식입니다. 하느님을 모르기 때문이라는 겁니다. 호세아의 신학적 제자라 할 수 있는 예레미야도 이와 같은 이야기를 합니다. 다시 예레미야로 돌아가겠습니다. 위의 4:22에서 예레미야는 "나를 그들은 모른다"고 했는데, 이 말은 "선을 행하는 것 그들은 모른다"라는 말로 구체화됩니다.

"지혜롭구나. 그들은.
악을 행하는 데-
선을 행하는 것 그들은 모른다."

곧 "알지 못한다"와 "악"과 "선"! 이러한 말은 아무래도 창세기 2장의 "선과 악의 지식의 나무"라는 말이 생각나는 말입니다. 흔히 "선과 악을 알게 하는 나무"(새번역)나 "선악을 알게 하는 나무"(개역)라고 부르는 나무죠. 다시 말해 이 나무는 "지식의 나무"인데 그 지식이란 "선과 악"을 아는 지식이라는 말이죠. 달리 말하면 "선과 악이 무엇인지 분별할 줄 알게 하는 나무"라는 뜻입니다. 어떤 학자들은 여기에 나오는 "선과 악"을 "모든 것"이라는 말로 이해하여 "모든 것을 깨닫게 하는 나무"라고 해석하기도 합니다만 우리는 여기서 단지 "악을 행하는 데에는 지혜롭고 선을 행하는 일은 알지 못하는" 그 백성에 대해 이야기하고 있습니다.

혼돈과 공허! 바로 빛이 없기 때문입니다. 이 "없음"은 바로 "무지"(無知) 때문입니다. 하느님을 모르기 때문입니다. 더 구체적으로는 "선을 실천하는 일"을 알지 못하기 때문이죠. 이렇게 예레미야는 지금 창조를 거슬러 이야기합니다. 창세기 1장의 "혼돈과 빛"을 이야기하고 창세기 2장의 "선에 대한 지식"의 "없음"에 대해 이야기합니다. 그리고 "악을 행하는 일"에는 지혜로운 백성을 말하며 탄식하는 것이죠. 이렇게 예레미야는 창세기의 두 창조 이야기를 아울러 이 부분에서 언급합니다. 예레미야 4:23-26은 사제 문헌(P)의 창조 이야기에 대한 신학적 반성이요, 그 앞서 나오는 4:22은 야훼 문헌(J)의 창조 이야기에 대한 반성이죠.

* * *

예레미야는 앞서 "주님께서 나를 속이셨으므로, 내가 주님께 속았습니다"(20:7)라고 하느님께 대든 적이 있다고 했습니다. 하느님께 삿대질하며 울분을 토하던 그가 이번에는 욥처럼 자신이 태어난 "날"을 저주했습니다(20:14). 이 "날"은 "낮"을 가리키는 말이고 곧 "빛"을 나타내는 말이라고 했습니다. 그렇게 자신이 태어난 날을 저주하여 하느님의 창조를 상징하는 "빛"을 거부했다고 했습니다. "반창조"(反創造)라고 말했습니다. 그 거부는 자신을 잉태한 어머니가 무덤이 되었어야 했다고 하여 어머니에게까지 퍼붓는 원망으로 이어지죠(20:17). 그런데 이번에는 혼돈과 공허를 이야기합니다(4:23). 그 혼돈과 공허 역시 "빛"이 없음으로 생긴 결과입니다. 그 빛이 없음은 하느님을 모르기 때문이라고 말합니다(4:22). 하느님에 대한 지식의 결여는 곧 선과 악에 대한 지식의 결여를 가리킨다고 했습니다. 이렇게 예레미야의 대담성은 하느님의 창조에 대한 "반창조"(反創造)를 얘기하면서 이어집니다. 그런데 예레미야는 하느님의 창조를 거부하지만은 않습니다.

"그 때가 오면,
내가 이스라엘 가문과 유다 가문에 새 언약을 세우겠다.
나 주의 말이다. …
내가 그들의 허물을 용서하고,
그들의 죄를 다시는 기억하지 않겠다.

나 주의 말이다.
낮에는 해를 주셔서 빛을 밝혀 주시고,
밤에는 달과 별들이 빛을 밝히도록 정하여 놓으시고,
바다를 뒤흔들어 파도가 소리치게 하시는 분,
그 이름은
만군의 주님이시다.
주님께서 이렇게 말씀하신다." (렘 31:31, 34-35)

예레미야는 세상을 창조하신 그분, "낮에는 해를 주셔서 빛을 밝혀 주시고, 밤에는 달과 별들이 빛을 밝히도록 정하여 놓으시고, 바다를 뒤흔들어 파도가 소리치게 하시는 분"을 만군의 주님이라 부르면서 그분께서 "새 언약"을 세우시겠노라고 약속하셨다고 선언합니다. 그 이스라엘과 유다와 "새 언약"을 맺으시는 분은 바로 창조주 하느님이라는 것이죠.

이렇게 창조에 기대어 자신의 신학을 천착시킨 인물로는 에스겔이 있습니다. 예레미야와 거의 동시대에 살았던 에스겔은 성전의 회복을 창조와 함께 설명한 인물입니다(겔 47장). 성전 동쪽에서 솟구쳐 오르는 생명수의 강은 창세기 2장에 나오는 에덴에서 발원하는 강을 포로기라는 암울한 상황 속에서 다시금 포로민들에게 각인시키며 그 생명 사건이 재현되기를 바라고 풀어냈던 이야기입니다. 그런데 예레미야는 "새 언약"이라는 개념을 이렇게 창조와 연결시켜 설명합니다. 비록 그는 "빛"의 없음과 "혼돈과 공허"를 말하는 반창조(反創造)를 말했지만, 또 한편으로는 에스겔처럼 창조주 하느님께 기대어 그분이 맺으신 "새 언약"을 선포하기도 했습니다.

그리고 그 창조주 하느님은 통곡하는 어머니 라헬의 모습 속에서 하느님의 모습을 발견하기도 합니다. 라헬과 함께 자식 에브라임의 부재를 고통스러워하며 통곡하시는 하느님! 위로하시고 쓰다듬으시고 보듬으시는 어머니의 모습으로 그 하느님을 묘사하면서 급기야 "주님께서 이 땅에 새 것을 창조하셨으니, 그것은 곧 여자가 남자를 안는 것이다"(렘 31:22)라는 말로 어머니 하느님을 묘사합니다. 이렇게 어머니이신 하느님이 자식인 에브라임을 껴안는 것, 그렇게 위로하고 보듬으시는 하느님을 여자라고 말하면서 그것이 새 창조라고 선언합니다. 이 새 창조는 "새 언약"의 또 다른 모습이 아닐까요?

5) 에스겔 – 환상의 예언자

에스겔은 특이한 인물입니다. 그는 제사장이면서 동시에 예언자입니다. 에스겔은 자신을 제사장이라 부르지만 하느님은 그를 예언자로 부르셨습니다. 에스겔 1장과 3장을 읽어보면 이런 사실을 알 수 있습니다. 우리말 성경 『새번역』(2004)으로 읽어보죠.

> "주님께서 바빌로니아 땅의 그발 강 가에서
> 부시의 아들인 나 에스겔 제사장에게
> 특별히 말씀하셨으며, 거기서 주님의 권능이 나를 사로잡았다." (1:3)

> "사람아, 내가 너를 이스라엘 족속의 파수꾼으로 세웠다.
> 그러므로 너는 내가 하는 말을 듣고,
> 나를 대신하여 그들을 경고하여라." (3:17)

위의 1장에서 에스겔은 분명히 자신을 "제사장"이라고 부릅니다. 히브리어로는 "코헨"이라고 하죠. "제사장"이나 "사제"를 가리킬 때 히브리 성서가 일반적으로 부르는 말입니다. 이렇게 에스겔은 자신을 "제사장"으로 생각하고 있었던 것이 분명합니다. 그런데 아래의 3장에서 하느님은 에스겔을 "파수꾼"이라고 부르십니다. 이 "파수꾼"은 단지 성문을 지키는 사람이 아닙니다. 하느님은 에스겔을 이렇게 이스라엘의 파수꾼으로 부르셨다고 했는데 이는 하느님의 말씀과 관련이 있습니다. "너는 내가 하는 말을 듣고, 나를 대신하여 그들을 경고하여라"라고 말씀하시기 때문입니다. 일반적으로 하느님의 말씀은 예언자와 관련이 있습니다. 예레미야를 보면 이 사실은 분명합니다.

> "토라는 제사장에게서
> 교훈은 현자에게서[89)]

89) "교훈"이라고 옮긴 히브리어 "에차"(עצה)는 "충고, 조언, 하느님의 뜻, 섭리, 하느님의 계획" 등 여러 가지 뜻이 있다(HALOT 866–867). 이 가운데에서 "섭리"라는 뜻은 "하느님의 섭리"를 가리키는 말이다.

말씀은 예언자에게서–" (18:18)

이 구절은 예레미야를 해치려는 이들이 한 말입니다만 에스겔 시대와 거의 동시대인 예레미야 시대에 살았던 사람들이 한 말입니다. 시기적으로는 기원전 6세기경입니다. 곧 예레미야나 에스겔 시대의 사람들이 생각하고 있던 이스라엘 지도층에는 세 부류의 사람들이 있었다는 것인데, 이렇게 하느님을 대신하여 말씀을 전하던 이들이 바로 예언자들이라는 사실을 우리는 여기서 알 수 있습니다. 우리는 예언이 무엇인가 하는 점을 1854년에 나온 한문성경 『대표본』을 통해서 알아볼 수 있습니다. 이 성경은 예레미야 18:18을 이렇게 읽습니다.

祭司有律例 (제사유율례)
智士有箴規 (지사유잠규)
先知有預言 (선지유예언)

그 뜻은 이렇습니다.

"제사장에게는 율례가 있고
현자에게는 잠규가 있으며
선지자에게는 예언이 있다."

여기서 "율례"는 앞서 "토라"라고 부른 모세 오경을 가리키는 말로 이해할 수 있습니다. 제사장들에게는 보통 두 부류가 있었는데 한 부류는 하느님께 드리는 예물을 책임지고 있는 이들이고, 다른 한 부류는 토라를 책임지고 있는 이들입니다. 제사장들이 예물을 책임지고 성전에서 바치던 이들이라는 것은 이해가 갑니다만, 토라를 책임지고 있다는 말은 무엇일까요? 바로 히브리 성서의 첫 부분인 토라를 가르치고 또 편집한 이들이라는 뜻입니다. 바로 모세 오경을 가리키죠.

그 다음 그룹을 한문성경 『대표본』은 "지사"(智士)라고 부르는데요, 문자 그대로는 "슬기로운 선비"라는 뜻입니다만 바로 "현자"(賢者) 그룹을 가리킵니다.

슬기로운 이들이라는 뜻인데 "현인"(賢人)이라고도 부릅니다. 이들이 책임지고 있는 것을 "잠규"(箴規)라고 했는데요, 이 말은 문자 그대로 "경계"나 "경계하여 바로잡음"이라는 뜻(동아 백년옥편 1314)을 지니고 있습니다만 구약 가운데에서 잠언이나 욥 또는 전도서 같은 "지혜문학"을 가리키는 말이 아닐까 생각합니다. 곧 현자 그룹은 인생이 살아가야 할 길을 조언하고 훈계하던 그룹이었는데 이들이 남긴 문학이 바로 이러한 "지혜문학"이라는 것이죠. 넓게는 "성문서"를 가리킨다고 볼 수도 있습니다.

그리고 마지막에 언급하는 "선지"(先知)는 우리말로 "선지자"입니다. 다른 말로는 "예언자"라고도 부르죠. 한문성경 『대표본』(1854)보다 10여 년 늦게 나온 『브리지만-컬벗슨역』(1864)이라는 또 다른 한문성경은 "선지자"(先知者)를 정말 "예언자"(預言者)라고 부르는데요, 위에서 읽은 대로 "선지자에게는 예언이 있다"고 말하는 『대표본』의 표현에 따라 "예언"(預言)이라는 말에 "자"(者) 자를 붙여 그렇게 부른 것이 아닐까 생각해 봅니다.

아무튼 "선지자" 그룹 또는 "예언자" 그룹은 말씀을 책임지고 있었던 그룹이었습니다. 위에서 본 대로 에스겔에게 명하시는 하느님의 말씀 속(3:17)에서도 이러한 사실을 확인할 수 있는 것이죠. 하느님을 대신하여 말씀을 전하는 이가 바로 예언자입니다. 그런데 "예언자"(預言者)라는 우리말 속에는 단지 말씀을 전하는 기능만을 말하고 있지 않습니다. "말씀을 품고 있는 자"라는 뜻을 담고 있습니다. 또는 "豫言者"(예언자)라고 표기하기도 하여 "앞으로 일어날 일을 미리 이야기하는 자"라는 뜻도 담고 있습니다. 흥미로운 사실은 한문성경 『대표본』(1854)에서 비롯되어 『브리지만-컬벗슨역』(1864)에서 비로소 사용하기 시작한 "예언자"(預言者)라는 말에는 이 두 가지의 뜻이 다 들어 있다는 사실입니다. 곧 "말씀을 품고 있는 이"와 "앞으로 일어날 사건을 미리 알려주는 이"라는 뜻이 "預言者"(예언자)라는 말 속에 다 들어 있다는 것이죠. "예언"(預言)의 "예"(預) 자에 이러한 뜻이 모두 들어 있기 때문입니다.[90]

이렇게 "예언자"라는 말을 길게 설명하는 까닭은 에스겔이 예언자로 분류되기는 하나 성경에서 무척 독특한 용어로 에스겔을 부르기 때문입니다. 위에서 인용한 에스겔 3:17의 "파수꾼"이라는 말입니다. 히브리어로는 "초페"(צֹפֶה)라고

---

90) "預"(예) - <u>미리</u>, <u>미리 하다</u>, 참여하다, 간여하다, 즐기다, 즐거이 놀다, <u>맡기다</u>, 금품을 맡기다. (동아 백년옥편 2009-10)

부릅니다. 이 말을 우리는 "파수꾼"이라고 읽습니다만 단순히 성문이나 마을을 지키는 사람을 가리키는 말이 아닙니다. 이 말 속에는 눈을 부릅뜨고 죽 둘러보는 행위, 멀리서 조망하는 행위 등을 가리키는 속뜻이 들어 있습니다.[91] 그런데 에스겔의 다른 곳을 보면 이 "파수꾼"이 무슨 역할을 하는지 분명히 알 수 있습니다. 좀 깁니다만 다 인용해보기로 하죠.

"주님께서 나에게 말씀하셨다.
'사람아, 너는 네 민족의 자손 모두에게 전하여라.
너는 그들에게 말하여라.
만일 내가 어떤 나라에 전쟁이 이르게 할 때에,
그 나라 백성이 자기들 가운데서 한 사람을 뽑아서,
파수꾼으로 세웠다고 하자.
이 파수꾼은 자기 나라로 적군이 접근하여 오는 것을 보고 나팔을 불어,
자기 백성에게 경고를 하였는데도
어떤 사람이 그 나팔을 분명히 듣고서도 경고를 무시해서,
적군이 이르러 그를 덮치면, 그가 죽은 것은 자기 탓이다.
그는 나팔소리를 듣고도 그 경고를 무시하였으니,
죽어도 자기 탓인 것이다.
그러나 파수꾼의 나팔 소리를 듣고서 경고를 받아들인 사람은
자기의 목숨을 건질 것이다.
그러나 만일 그 파수꾼이,
적군이 가까이 오는 것을 보고서도 나팔을 불지 않아서,
그 백성이 경고를 받지 못하고,
적군이 이르러 그들 가운데 어떤 사람을 덮쳤다면,
죽은 사람은 자신의 죄 때문에 죽은 것이지만,
그 사람이 죽은 책임은 내가 파수꾼에게 묻겠다.
너 사람아,
내가 너를 이스라엘의 파수꾼으로 세웠다.

91) HALOT 1044("to look at something from a distance, observe, examine"); Ges-Robinson 901("inclining, bending forward, in order to behold") 참조.

그러므로 너는 내가 하는 말을 듣고,
나를 대신하여 그들에게 <u>경고</u>하여라." (33:1-7)

이 긴 인용에서 가장 많이 등장하는 낱말은 "파수꾼"과 "경고"입니다. 곧 "파수꾼"의 임무가 여기서는 바로 "경고"로 등장합니다. 이 점은 아래의 도표에서도 확인할 수 있습니다.

(a) 파수꾼-파수꾼-경고
　　(b) 경고
　　　　(c) 경고-파수꾼
　　　　(c) 경고-파수꾼
　　(b) 경고
(a) 파수꾼-파수꾼-경고

이 도표는 위의 인용에서 두 낱말이 이렇게 나름대로 순서를 지니고 등장한다는 점을 강조하여 그려본 것인데요, (a) 요소에서는 "파수꾼"이 두 번 반복하여 등장하여 "파수꾼"을 강조합니다. 그래서 "파수꾼-파수꾼-경고"라고 등장합니다. 그리고 "경고"를 마지막에 집어넣어 파수꾼의 임무를 강조하는데요, (b) 요소에서는 이 "경고"를 또 강조합니다. 그리고 (c) 요소에서는 "경고"라는 말을 앞세워 다시 "파수꾼"이 해야 할 일이 "경고"라는 점을 다른 방식으로 강조합니다.

이렇게 두 낱말이 등장하는 순서가 나름대로 의미가 있다는 점을 설명해 보았습니다만 전체적으로는 (a) 요소인 "파수꾼-파수꾼-경고"가 (b) 요소와 (c) 요소를 감싸고 있는 모습입니다. 곧 이 전체 구조 역시 파수꾼이 해야 할 일이 바로 경고라는 점을 강조하는 모습이죠. 그런데 흥미로운 점은 마지막 부분인 33:7은 이 글 맨 앞에서 인용한 3:17과 똑같다는 점입니다.

"사람아,
내가 너를 이스라엘의 <u>파수꾼</u>으로 세웠다.
그러므로 너는 내가 하는 말을 듣고,

나를 대신하여 그들에게 <u>경고</u>하여라.” (3:17)

“너 사람아,
내가 너를 이스라엘의 <u>파수꾼</u>으로 세웠다.
그러므로 너는 내가 하는 말을 듣고,
나를 대신하여 그들에게 <u>경고</u>하여라.” (33:7)

곧 하느님이 에스겔을 부르시는 소명 이야기가 바로 3장인데, “파수꾼”으로 부름을 받은 에스겔이 해야 할 일은 바로 “경고”하는 일이라는 점을 33장에서 하느님이 다시 한 번 강조하신다는 점이 무척 흥미롭습니다. 그러니까 33장은 3장과 함께 파수꾼의 임무를 “경고”라는 말로 설명하고 있다는 것이죠. 경고하는 일이 바로 에스겔이 해야 할 일입니다. 이스라엘에게 경고하는 것이죠.

* * *

그런데 경고하는 일을 맡은 에스겔은 사실 2장에서 이미 하느님의 부르심을 받습니다. 앞서 인용한 3장과는 다른 소명 장면입니다만 이 소명 장면이 3장보다 더 생생하게 앞서서 등장하는 소명 장면입니다.

“그가 나에게 말씀하셨다.
‘사람아, 일어서라. 내가 네게 할 말이 있다.’
그가 나에게 이 말씀을 하실 때에,
한 영이 내 속에 들어와서, 나를 일으켜 세웠다.
나는 그가 나에게 하시는 말씀을 계속 듣고 있었다.
그가 나에게 말씀하셨다.
‘사람아, 내가 너를 이스라엘 자손에게,
곧 나에게 반역만 해 온 한 반역 민족에게 보낸다. …
내가 너를 보낸다.
너는 그들에게 ‘주 하나님께서 이와 같이 말씀하신다’ 하고 말하여라.
그들은 반역하는 족속이다.

듣든지 말든지,
자기들 가운데 예언자가 있다는 것만 알게 될 것이다.'" (2:1-5)

여기서 우리가 주목해야 할 말은 바로 "예언자"라는 말입니다. 히브리어로 "나비"(נביא)입니다. "말씀을 품고 있는 이"라는 뜻을 지니고 있는 말로 성경에서 예언자들을 부를 때 가장 흔히 사용하는 말입니다.

여기 2장은 분명 에스겔의 소명 장면이지만 에스겔을 직접적으로 "예언자"라고 부르지 않습니다. 단지 에스겔이 그분의 "말씀"과 관련이 있다는 점을 부각시킬 뿐입니다. "그가 나에게 말씀하셨다"는 시작 말이나 하느님이 직접 하시는 말씀, "사람아, 일어서라. 내가 네게 할 말이 있다" 또는 "그가 나에게 이 말씀을 하실 때에" 그리고 "나는 그가 나에게 하시는 말씀을 계속 듣고 있었다"라는 에스겔의 독백이 그렇습니다. 그리고 이어서 나오는 에스겔의 또 다른 독백, "그가 나에게 말씀하셨다"와 에스겔이 이스라엘에게 해야 할 말, "주 하나님이 이같이 말씀하신다"라는 표현이 그것입니다.

이렇게 에스겔은 분명 그분의 "말씀"을 전해야 할 사명을 짊어진 예언자입니다. 이러한 사명은 "한 영이 내 속에 들어와서, 나를 일으켜 세웠다"라는 표현 속에 분명히 나타납니다. 이렇게 말씀을 전하도록 에스겔을 일으켜 세운 것은 "영"이라고 했습니다. 히브리어로 "루악흐"(רוח)입니다. 에스겔에게 이 "영"은 예언자의 특징으로 등장합니다.

"예언자에게서 묵시가
제사장에게서 토라가
원로들에게서 지혜가-" (7:26)

이 이야기는 죄 때문에 이스라엘에 전쟁과 전염병과 기근이 찾아올 것이라는 그들의 종말을 말하는 예언에 들어 있는 내용입니다(겔 7:1-27). "전쟁과 전염병과 기근"은 종말을 말할 때 성서가 상투적으로 사용하는 표현입니다. 그런데 이 종말 예언의 끝부분에 등장하는 예언자와 제사장과 원로들은 이스라엘 사회를 대변하는 세 그룹입니다. 곧 이들에게서 묵시와 토라와 지혜가 끊길 것이라고 말하는 이 예언은 이스라엘 사회의 붕괴를 가리키는 말입니다. 재미

있는 점은 앞서도 인용했듯이 에스겔과 동시대 인물인 예레미야도 "예언자와 제사장과 현인들"의 세 그룹을 말한 적이 있습니다(렘 18:18). 물론 마지막 그룹인 "현인들"이 여기서는 "원로들"로 나옵니다만 같은 그룹을 가리키는 다른 명칭일 뿐입니다. 지혜는 인생을 오래 산 원로들에게서 비롯된다고 생각했기 때문입니다. 따라서 예레미야와 에스겔이 말하는 세 그룹의 특징은 이렇게 그려볼 수 있습니다.

	예레미야	**에스겔**
예언자	말씀	묵시
제사장	토라	토라
현인들	교훈	지혜

물론 예레미야와 에스겔이 사용하는 말은 다르지만 이렇게 구분하여 정리할 수 있을 것입니다. 예레미야의 "교훈"은 에스겔의 "지혜"와 같은 영역을 가리키는 말입니다. 그렇다면 에스겔이 예레미야와 다른 점은 무엇일까요? 그렇습니다. 예언자에게서 말씀이 비롯된다고 예레미야는 생각하지만 에스겔은 좀 다릅니다. 예언자에게서 묵시가 비롯된다고 본 것입니다. 이러한 생각은 바로 위에서 "한 영이 내 속에 들어와서, 나를 일으켜 세웠다"(겔 2:2)는 표현과 통하는 생각입니다. 묵시가 예언자에게서 비롯된다고 말하는 에스겔에게 그 묵시의 매개는 바로 이 "영"입니다. 그분의 "영"이죠. "숨"이라고 말할 수 있습니다. 마른 뼈들이 살아나도록 불어닥친 "생명의 바람"과도 같은 말입니다.

"주님께서 권능으로 나를 사로잡으셨다.
주님의 영이 나를 데리고 나가서, 골짜기의 한가운데 나를 내려놓으셨다.
그런데 그 곳에는 뼈들이 가득히 있었다. …
그 때에 그가 내게 말씀하셨다.
'사람아, 너는 생기에게 대언하여라.
생기에게 대언하여 이렇게 일러라.
"나 주 하나님이 너에게 말한다.

너 생기야, 사방에서부터 불어와서 이 살해당한 사람들에게 불어서
그들이 살아나게 하여라."'
그래서 내가 명을 받은 대로 대언하였더니,
생기가 그들 속에 들어갔고,
그래서 그들이 곧 살아나 제 발로 일어나서 서는데,
엄청난 큰 군대였다.
'… 내가 내 영을 너희 속에 두어서 너희가 살 수 있게 하고
너희를 너희의 땅에 데려다가 놓겠으니,
그 때에야 비로소 너희는,
나 주가 말하고 그대로 이룬 줄을 알 것이다.
나 주의 말이다.'" (37:1-14)

유명한 이 마른 뼈 환상은 이렇게 "영"이라는 말로 시작하여 "영"이라는 말로 끝납니다. 하느님의 "영"이 생명을 일으킨다는 것인데요, 에스겔을 일으켜 제 발로 서게 한 그분의 "영"(2:2)이 여기서는 살해당한 자들이 "살아나 제 발로 일어나서 서"게 하는 "생기"입니다. 곧 거듭거듭 등장하는 "생기"라는 말은 이렇게 "영"과 같은 말입니다. 히브리어로 "루악흐"입니다.

에스겔의 특징은 예언자이기에 말씀을 전하는 사람이지만 동시에 그 말씀은 그분의 "영"에 사로잡혀 전하는 말씀입니다. 그래서 에스겔은 "예언자에게서 묵시가"(7:26) 비롯된다고 말한 것이죠. "묵시"(חזון)는 바로 환상 속에서 받는 그분의 말씀이기 때문입니다. 이렇게 하느님의 "영"에 사로잡혀 그분의 말씀을 전하는 에스겔은 예언자입니다. 그래서 에스겔을 우리는 "영(靈)의 사람"이라고 부를 수 있을 것입니다. 그래서 그런지 에스겔서는 "환상"으로 시작하고(1장-11장) "환상"으로 끝납니다(33장-48장). 그런데 그가 본 무수한 환상 가운데에서도 그의 관심은 성전에 있습니다. 성전에 관심을 기울이는 이들은 물론 제사장들입니다. 그래서 에스겔은 자신을 제사장이라고 부르지만 하느님은 그를 예언자로 부르셨다고 했습니다(3:17).

* * *

바빌론 그발 강가에서 동족 유다인들과 함께 살았던 에스겔이 그분의 "영"에 사로잡혀 이리저리 돌아다녔다는 이야기가 에스겔서에는 가득한데요, 그 가운데에서도 성전 동편에서 솟구쳐 도도하게 흘러내리던 강물, 그 생명의 강물이 흘러 죽음의 바다인 사해로 흘러들어가 그 죽음의 바다를 생명의 바다로 바꾸는 그 모습을 에스겔은 환상 속에서 보았습니다. 이렇게 생명수의 강이 흘러내리는 성전 환상은 에스겔이 본 환상 가운데에서도 압권입니다. 에스겔이 수많은 환상을 보았지만 이렇게 성전에 대한 환상이 길게 묘사된 것은 아무래도 그가 스스로 제사장이라고 밝힌 것(1:3)과 무관하지 않을 것입니다. 『새번역』으로 읽어보죠.

"그가 나를 데리고 다시 성전 문으로 갔는데,
보니, 성전 정면이 동쪽을 향하여 있었는데, 문지방 밑에서 물이 솟아 나와,
동쪽으로 흐르다가, 성전의 오른쪽에서 밑으로 흘러 내려가서,
제단의 남쪽으로 지나갔다.
또 그가 나를 데리고 북쪽 문을 지나서, 바깥으로 나와, 담을 돌아서,
동쪽으로 난 문에 이르렀는데, 보니,
그 물이 동쪽 문의 오른쪽으로 솟아 나오고 있었다.
그가 줄자를 가지고 동쪽으로 재면서 가다가, 천 자가 되는 곳에 이르러,
나더러 물을 건너보라고 하기에, 건너보니,
물이 발목에까지 올라왔다.
그가 또 재면서 가다가, 천 자가 되는 곳에 이르러,
나더러 물을 건너보라고 하기에, 건너보니, 물이 무릎까지 올라왔다.
그가 또 재면서 가다가, 천 자가 되는 곳에 이르러,
나더러 물을 건너보라고 하기에, 건너보니, 물이 허리까지 올라왔다.
그가 또 재면서 가다가 천 자가 되는 곳에 이르렀는데,
거기에서는 물이 내가 건널 수 없는 강이 되었다.
물이 불어서, 헤엄을 쳐서나 건널까, 걸어서 건널 수 있는 물은 아니었다.
그가 나에게 말하였다.

'사람아, 네가 이것을 자세히 보았느냐?'
그런 다음에, 그가 나를 강가로 다시 올라오게 하였다.
내가 돌아올 때에는, 보니, 이미 강의 양쪽 언덕에 많은 나무가 있었다.
그가 나에게 일러주었다.
'이 물은 동쪽지역으로 흘러 나가서, 아라바로 내려갔다가,
바다로 들어갈 것이다. 이 물이 바다로 흘러 들어가면, 죽은 물이 살아날 것이다.'
이 강물이 흘러가는 모든 곳에서는, 온갖 생물이 번성하며 살게 될 것이다.
이 물이 사해로 흘러 들어가면, 그 물도 깨끗하게 고쳐질 것이므로,
그 곳에도 아주 많은 물고기가 살게 될 것이다.
강물이 흘러가는 곳이면 어디에서나, 모든 것이 살 것이다.
그 때에는 어부들이 고기를 잡느라고 강가에 늘 늘어설 것이다.
어부들이 엔게디에서부터 에네글라임에 이르기까지,
어디에서나 그물을 칠 것이다.
물고기의 종류도 지중해에 사는 물고기의 종류와 똑같이 아주 많아질 것이다.
그러나 사해의 진펄과 개펄은 깨끗하게 고쳐지지 않고,
계속 소금에 절어 있을 것이다.
그 강가에는
이쪽이나 저쪽 언덕에 똑같이 온갖 종류의 먹을 과일 나무가 자라고,
그 모든 잎도 시들지 않고, 그 열매도 끊이지 않을 것이다.
나무들은 달마다 새로운 열매를 맺을 것인데,
그것은 그 강물이 성소에서부터 흘러나오기 때문이다.
그 과일은 사람들이 먹고, 그 잎은 약재로 쓸 것이다." (47:1-12)

이 이야기는 성전 문지방 밑에서 물이 솟아 나왔다는 이야기로 시작합니다. 그 물은 성전을 휘감고 흐르다가 급기야 동쪽으로 흘러가는데 천 자씩 가면서 재보면 그 강물이 점점 높아져 처음에는 발목까지 차올라고 다음에는 무릎까지 또 그다음에는 허리까지 차올랐는데 급기야 더 내려가다 보니 헤엄을 쳐서 건너야만 건널 수 있는 강이 되어 흐르고 있었습니다. 그러더니 그렇게 깊은 강물이 흐르는 강은 죽음의 바다인 사해로 흘러들어 죽은 물이 살아나고 그 강물이 흐르는 모든 곳에는 온갖 생물이 번성하여 살아난다는 이야기입니다.

심지어 강둑에 자라는 나무에는 온갖 과일이 주렁주렁 매달려 있고 그 잎사귀로는 사람을 살리는 약재로 사용할 수 있는 그런 나무가 자라고 있는 것이죠.

도대체 이 환상은 무슨 내용일까요? 왜 그 강물은 처음 성전에서 흘러나오는 것일까요? 고대 이스라엘 신앙인들에게는 온 세상이 하느님의 성전이라는 믿음이 있었습니다. 다른 말로는 하느님의 성전은 온 세상의 축소판이라고 생각하였던 것이죠. 그렇기에 솔로몬은 예루살렘에 성전을 짓고 그 성전 안에 하느님이 지으신 온갖 생물을 조각품으로 만들어 장식하였습니다. 열왕기상을 읽어보면 이러한 사실을 알 수 있습니다(6:15-36). 또한 역대하에도 나옵니다(3:8-14).

그런데 성전에서 생명수가 솟구쳐 오른다고 하는 생각은 아무래도 창세기 2장에서 확인할 수 있습니다. 창세기 2장의 땅은 에덴을 가리키는 말입니다. 또한 온 세상을 가리키죠. 또한 하느님의 성전을 상징하는 말이기도 합니다.

> "여호와 하나님이 천지를 창조하신 때에
> 천지의 창조된 대략이 이러하니라
> 여호와 하나님이 땅에 비를 내리지 아니하셨고
> 경작할 사람도 없었으므로 들에는 아직 초목도 없었고
> 밭에는 채소가 나지 아니하였으며
> 안개만 땅에서 올라와 온 지면을 적셨더라" (창 2:4-6)

『개역 한글판』(1961)으로 읽은 것입니다. 그런데 이 부분을 『새번역』(2004)으로 읽어보면 이렇습니다.

> "주 하나님이 땅과 하늘을 만드실 때에,
> 주 하나님이 땅 위에 비를 내리지 않으셨고,
> 땅을 갈 사람도 아직 없었으므로,
> 땅에는 나무가 없고, 들에는 풀 한 포기도 아직 돋아나지 않았다.
> 땅에서 물이 솟아서, 온 땅을 적셨다." (창 2:4b-6)

같은 부분을 왜 이렇게 두 번씩이나 나란히 읽느냐고 묻는 분이 있을 것입

니다. 바로 마지막 6절 때문입니다. 땅에서 솟아올라오는 것이 무엇인가요? 위의 『개역 한글판』은 "안개"라고 하였고 아래의 『새번역』은 "물"이라고 했습니다. 왜 이렇게 달리 읽을까요? 바로 이 낱말에 해당하는 히브리어를 달리 읽었기 때문입니다. "에드"(אד)라는 말입니다. 『개역 한글판』이 나오던 50여 년 전까지만 해도 이 히브리어를 "안개"라고 읽었습니다.[92] 그런데 요즘은 모든 성경이 "물"이라고 읽습니다. 곧 "물"과 관련이 있는 말이 이 히브리어라는 사실은 고대역 성경인 칠십인역과 페쉬타역을 읽어보아도 분명합니다. 더 정확하게는 "땅 밑에서 솟구쳐 오르는 생명수"입니다.[93] 따라서 창세기 2:6은 "땅 밑에서 생명수가 용솟음쳐 올라 온 땅을 적셨다"라고 읽을 수 있을 것입니다.

이렇게 "안개"라고 읽어온 이 말이 "생명수"나 "샘물"이라는 뜻을 지니고 있다는 점이 중요합니다. 바로 창세기 2장의 땅은 온 세상을 상징하는 말이기 때문입니다. 곧 그 땅에서 "생명수"가 용솟음쳐 올라 온 땅을 적셨다는 것, 그리고 급기야는 큰 강을 이루어 그 땅 에덴을 흐르다가 결국은 네 줄기기로 갈라져 흘러내렸다는 점이 중요합니다. 바로 이 생명수가 비가 내리지 않아 나무도 없고 풀 한 포기도 돋아나지 않은 그 땅을 적셔 온 땅에 온갖 과일나무를 자라게 하시고 심지어 생명나무까지 자라게 한 때문입니다.

이 생명수 이미지는 이렇게 에스겔의 성전 환상과도 통하는 이미지입니다. 그런데 이러한 이미지는 에스겔에만 나오는 이미지가 아닙니다. 시편에도 등장합니다. 특히 시편 46편은 그 강이 흐르는 곳을 하느님의 마을, 곧 하느님이 사시는 마을이라고 말합니다. 성전을 가리키는 것이죠.

"강은, 그 갈래는
흡족하게 하지.
하느님의 마을을.
한없이 높으신 분이 사시는 성소를.
하느님, 그 한가운데 계신다.

92) 2005년에 한국 가톨릭교회가 펴낸 『성경』은 여전히 "안개"라고 읽는다. 가톨릭교회가 1500년 동안 읽어온 라틴어 불가타역도 "샘물"이나 "물" 또는 "시내"라는 뜻의 "fons"로 읽고 있는데 한국 가톨릭교회가 최근 펴낸 성경이 이렇게 "안개"라고 읽은 것은 아이러니이다.
93) HALOT 11("the subterranean stream of fresh water"). Ges-Buhl 9의 설명 참조.

정말 흔들리지 않아.
하느님은 힘주신다.
마을이 새벽을 맞이하도록—" (시 46:4-5)

이렇게 창세기와 시편을 함께 읽어보면 하느님이 계신 마을에는 생명수 강이 흐르고 그곳이 바로 온 세상이라는 사실을 확인하게 됩니다. 곧 성전인 것이죠. 물론 시편은 "성소"라고 부릅니다만 같은 말입니다. 그런데 에스겔과 같이 성전에서 샘물이 흘러나온다는 생각은 요엘에서도 읽어볼 수 있습니다.

"그날이 오면,
산마다 새 포도주가 넘쳐흐를 것이다. 언덕마다 젖이 흐를 것이다.
유다 개울마다 물이 가득 차고
주의 성전에서 샘물이 흘러나와,
싯딤 골짜기에 물을 대어 줄 것이다." (욜 3:18)

이 성전을 예루살렘이라고 부르며 그곳에서 생수가 솟아난다고 하는 생각은 스가랴에서도 읽어볼 수 있습니다.

"그날이 오면,
예루살렘에서 생수가 솟아나서,
절반은 동쪽 바다로, 절반은 서쪽 바다로 흐를 것이다.
여름 내내, 겨울 내내, 그렇게 흐를 것이다." (슥 14:8)

이렇게 성전은 창세기에서 땅이 되고 에덴이 되기도 하고 시편에서는 하느님의 마을이 되기도 하고 스가랴에서는 또 예루살렘이 되기도 하여 그곳에서 생수가 솟구쳐 올라 죽음을 생명으로 바꿉니다. 생명 사건이고, 창조 사건입니다. 이것을 하느님은 에스겔에게 환상으로 보여주셨습니다. 그런데 이 생명의 사건은 여기서 끝이 아닙니다. 바로 요한계시록까지 이어집니다.

"천사는 또,

수정과 같이 빛나는 생명수의 강을 내게 보여주었습니다.
그 강은 하나님의 보좌와 어린양의 보좌로부터 흘러 나와서,
도시의 넓은 거리 한가운데를 흘렀습니다.
강 양쪽에는 열두 종류의 열매를 맺는 생명나무가 되어서,
달마다 열매를 내고, 그 나뭇잎은 민족들을 치료하는 데 쓰입니다." (계 22:1-2)

이 요한계시록은 에스겔 47장과 시편 46편을 요약한 것으로 보입니다. 그런데 여기서는 성전이 하느님의 보좌만 있는 곳이 아니라 예수님의 보좌도 함께 있는 곳으로 묘사됩니다. 곧 생명 사건은 예수님과 관련이 있다는 생각이 이 이야기 속에는 스며 있습니다. 그러니까 이 이야기는 "성전 생명수 강의 묵시록 판(版)"이라고 부를 수 있을 것입니다. 그렇기는 하지만 "그들이 가 있는 여러 나라에서 내가 잠시 그들의 성소가 되어 주겠다"라고 말하는 에스겔 11:16을 읽어보면[94] 하느님 자신이 성전이라고 말하는 것으로 보아 요한계시록의 이러한 생각은 아무래도 에스겔의 영향을 깊이 받은 것으로 생각할 수도 있겠습니다.

이렇게 성전 생명수의 강 이미지는 다양한 형태로 성경 전체에 메아리쳐 울립니다. 그런데 다시 에스겔로 돌아가 생각해 보아야 할 부분이 있습니다. 바로 "이 강물이 흘러가는 모든 곳에서는, 온갖 생물이 번성하며 살게 될 것이다"(겔 47:9a)라는 표현입니다. 이 표현은 같은 절에서 "강물이 흘러가는 곳이면 어디에서나, 모든 것이 살 것이다"(겔 47:9c)라는 말로 반복됩니다. 그러니까 "온갖 생물"이 "모든 것"으로 바뀌었을 뿐 그 "모든 것"이 살아날 것이다, 곧 생명을 얻을 것이다라고 하여 생명 사건을 집약적으로 표현하고 있습니다. 다시 말해 "모든 것"은 구체적으로 "온갖 생물"이라는 것이죠. 그런데 흥미로운 점은 이 "온갖 생물"이라는 말이 바로 창세기 1장의 창조 이야기에 나오는 말이라는 점입니다. 히브리어로는 "콜 네페쉬 하야"(כל־נפש חיה)라고 하는데요, "살아 움직이는 모든 생명"이라는 뜻입니다. 이것을 "온갖 생물"이라고 우리말

94) 하느님 자신을 성전이나 성소라고 말하는 것은 "그는 성소(미크다쉬)도 되시지만, 이스라엘의 두 집안에게는 거치는 돌도 되시고 걸리는 바위도 되시며, 예루살렘 주민에게는 함정과 올가미도 되신다"라고 말하는 이사야 8:14에서도 찾아볼 수 있다. 시편 114:2에는 "유다는 그분의 성소(코데쉬)가 된다"라는 표현도 나온다.

성경은 읽었군요. 그런데 이 말은 창세기 1장의 여기저기에 나옵니다. 또한 홍수 이후 창조 이야기인 창세기 9장 여기저기에도 나오는 말입니다.

"물은 생물을 번성하게 하고" (1:20)
"물에서 번성하는 움직이는 모든 생물을 그 종류대로 창조하시고" (1:21)
"땅을 생물을 그 종류대로 내어라" (1:24)
"생명을 지닌 모든 것에게도 모든 푸른 풀을 먹거리로 준다" (1:30)

"너희와 함께 있는 살아 숨 쉬는 모든 생물" (9:10)
"너희 및 너희와 함께 있는 숨 쉬는 모든 생물" (9:12)
"너희와 숨 쉬는 모든 짐승" (9:15)
"살아 숨 쉬는 모든 것들" (9:16)

위에서 이 말은 여러 가지로 번역되어 있습니다. "생물"이나 "움직이는 모든 생물" 또는 "생명을 지닌 모든 것"이나 "살아 숨 쉬는 모든 생물" 그리고 "숨 쉬는 모든 짐승"과 "살아 숨 쉬는 모든 것들"이 그것입니다. 그러나 모두 같은 말, "콜 네페쉬 하야"를 옮긴 것이죠. 사실 에스겔이 말하는 "생물"은 강 이야기 속에 등장하기 때문에 물고기만을 가리킵니다. 그러나 창세기를 읽어보면 이 "생물"은 물고기뿐만 아니라 하늘을 날아다니는 날짐승과 땅을 뛰어다니는 들짐승 모두를 가리키는 말입니다. 그리고 창세기 2장에서는 하느님이 창조하신 인간을 가리킬 때 똑같은 말을 사용합니다(2:7). 그러니까 인간을 포함하여 숨을 쉬고 있는 것이면 무엇이든 모든 생명을 이렇게 같은 말로 사용하고 있다는 것이죠. 이렇게 이 표현에 집중하는 이유는 에스겔이 성전에서 흘러나오는 생명수의 강을 말할 때 야훼 문서(J)인 창세기 2장의 생명수 이미지와 사제 문서(P)인 창세기 1장과 9장의 "살아 움직이는 생명"이라는 표현을 함께 사용하고 있다는 점을 말하려는 것입니다.

에스겔은 환상을 통하여 포로 공동체에게 하느님의 뜻을 전하는 예언자였지만 제사장이었기에 성전에 깊은 관심을 기울인 인물입니다. 그런데 성전에 대한 그의 깊은 관심 속에서도 포로 공동체에게 희망을 말하는 예언자였습니다. 바로 창조 신앙을 통해서 그렇게 말한 것이죠. 고통 속에서 포로생활을 하던 포로 공동체에게 성전에서 생명수가 흘러나오듯 생명이 그들 자신들 속에서 흘러나오기를 바랐던 에스겔의 염원이 이 성전 생명수의 강 이야기 속에 들어 있는 것은 아닐까요?

6) 호세아 – 마음 바꾼 예언자

호세아서는 열두 소 예언서 속에 들어 있습니다. 열두 소 예언서는 히브리어 성서에 본디 하나의 두루마리로 편집되어 있던 것입니다. 우리 그리스도인들은 칠십인역 전통을 따라 이 한 두루마리를 예언자들의 이름을 따라 열 둘(12)로 나누어 각각 한 권의 책으로 나누어 분류합니다. 그런데 우리말 성경에는 이 열두 예언서 가운데 다니엘서가 들어가 있습니다. 히브리어성경에는 다니엘서가 성문서에 들어가 있죠. 히브리어성경의 세 번째 부분인 성문서 가운데에서도 가장 늦은 시기에 기록되었을 것으로 학자들은 추정합니다.

또 하나 이야기해야 할 것은 살펴볼 호세아서와 아모스서의 기록 시기입니다. 보통 아모스서가 먼저 8세기경에 기록되고 그와 거의 동시대에 호세아서가 기록되었지만 약간 늦은 시기에 기록되었다고 학자들은 보통 말합니다. 그러나 나는 호세아서가 먼저 기록되었다고 말하고 싶습니다. 특히 결혼 이야기가 나오는 호세아 1장에서 3장까지는 소예언서 가운데에서도 가장 이른 시기인 기원전 9세기 말에 기록되었을 것으로 추정합니다. 이 주장은 해롤드 긴스버그(Harold L. Ginsberg)라는 학자의 견해입니다. 그의 주장은 무척 설득력이 있습니다. 특별히 지리적으로 페니키아 지역과 무척 가까워서 그런지는 몰라도 호세아서가 페니키아어의 영향을 깊이 받은 것으로 평가받고 있습니다. 시기적으로도 페니키아가 왕성하게 활동하던 10세기–8세기의 페니키아어가 호세아서에 많이 들어 있는 것으로 보아 열구 예언서 가운데에서 가장 이른 시기에 기록된 책으로 평가합니다.

* * *

호세아는 불행한 예언자입니다. 불행한 결혼생활을 한 예언자입니다. 그의 결혼생활이 불행했다는 것은 그뿐만 아니라 그의 아내 그리고 그의 자녀들까지 불행했다는 것을 말합니다. 그런데 그렇게 불행한 결혼의 시작은 바로 하느님의 말씀에 있는 듯합니다.

> "너는 가서 음란한 여인과 결혼하여,
> 음란한 자식들을 낳아라!" (호 1:2a)

결혼하라고 한 것은 이해가 되나 "음란한 여인"과 결혼을 하라니요? 이처럼 어처구니없는 경우가 어디 있겠습니까? 그 까닭은 "이 나라가 주를 버리고 떠나서, 음란하게 살고 있기 때문"이라(호 1:2b)는 겁니다. 아무리 그 백성이 주님을 버리고 음란하게 살고 있기로서니 하느님이라고 해서 예언자에게 이런 요구를 해도 되는 걸까요? 그런데도 호세아는 아무런 말을 하지 않습니다. 주님의 말씀대로 그냥 따르는 것이죠. 성경도 아무런 코멘트를 하지 않습니다. 그저 침묵합니다. 이렇게 말할 뿐이죠.

> "호세아가 가서, 디블라임의 딸 고멜과 결혼하였다.
> 고멜이 임신하여, 호세아의 아들을 낳았다." (호 1:3)

호세아는 아무런 항변도 하지 않고 고멜이라는 여인과 결혼합니다. 여기서 성경은 암암리에 고멜이 "음란한 여인"이라는 점을 말하고 있는 것이죠. 하느님은 호세아에게 "음란한 여인"과 결혼하라고 처음 말씀했으니까요. 그리고는 낳은 아들을 "이스르엘"이라 이름 지으라고 합니다. "흩어진 자들"이라는 뜻을 지니고 있는 이 이름은 이스라엘이 하느님에게서 흩어져 음란한 짓을 하고 있다는 뜻이죠. 하느님을 저버리고 다른 신들을 따라갔다는 뜻입니다. 그래서 "이제 내가 예후의 집을 심판하겠다. 그가 이스르엘에서 살육한 죄를 물어서 이스라엘 왕조를 없애겠다. 또 그 날에 내가 이스르엘 평원에서 이스라엘의 활을 꺾겠다"(호 2:4-5)는 것이죠. 여기에는 "이스르엘"과 "이스라엘" 사이의 말놀이도 눈에 띕니다. "이스라엘"이 바로 "흩어진 자들," 곧 "이스르엘"이라는 말이죠. 그런데 얼마나 세월이 흘렀는지 모르지만 이번에 또 호세아의 아내 고멜이 다시 임신하여 딸을 낳았습니다(1:6). 그러자 이번에는 하느님이 호세아에게 이렇게 말씀하십니다.

"그 딸의 이름은 로루하마라고 하여라." (호 1:6a)

"로루하마"라니요? 그 뜻은 "긍휼히 여김을 받지 못하는 자"(개역 한글판 난하주) 또는 "불쌍히 여김을 받지 못하는 딸"(새번역 난하주)이라는 뜻입니다. 그래서 하느님은 이렇게 말씀하신 것이죠. "내가 다시는 이스라엘 족속을 불쌍히 여기지도 않고, 용서하지도 않겠다."(호 1:6b) 그런데 호세아와 고멜의 딸 로루하마가 젖을 뗄 무렵 고멜은 다시 임신하여 아들을 낳았습니다. 그리고는 이번에 또 하느님이 그 아들의 이름을 지어주십니다.

"그의 이름을 로암미라고 하여라." (호 1:9a)

"로암미"는 "내 백성이 아니다"라는 뜻을 지닌 이름입니다. 이스라엘이 더 이상 하느님의 백성이 아니라는 겁니다. 그래서 하느님이 "너희가 나의 백성이 아니며, 나도 너희의 하나님이 아니기 때문이다"(호 1:9b)라고 말씀하신 것이죠.

그런데 한번 생각해 보십시오. 하느님이 이렇게 해도 되는 것입니까? 호세아더러 결혼하라고 하더니 "음란한 여인"과 결혼하라니요? 그리고는 그 결혼을 통하여 낳은 자녀들의 이름까지도 부모 마음대로 짓지도 못하고 일방적으로 지어주시는 겁니다. 앞날을 바라보며 희망에 차고 또 좋은 일이 많이 일어나기를 바라는 마음에서 그 이름을 지어주셨다면야 고마운 일이지만 지금 하느님은 "흩어진 자들"이라는 뜻으로 첫째의 이름을 "이스르엘"이라고 부르라 하셨지요. 둘째의 이름은 "로루하마"입니다. "불쌍히 여김을 받지 못하는 딸"이라는 뜻을 지니고 있어요. 한마디로 "천덕꾸러기"라는 말이죠. 그리고 셋째의 이름은 어떻습니까? "로암미"입니다. 그 말뜻이야 "내 백성이 아니다"이지만 실은 "내 자식이 아니야"라는 말이죠.

도대체 자식의 이름을 이렇게 짓는 부모가 있겠습니까? 아무리 하느님의 명령이라고 해도 이건 심하지 않습니까? 그런데도 호세아는 그분의 명령을 따라 딸과 아들들의 이름을 그렇게 지었습니다. 그리고는 그렇게 낳은 자식들의 이름을 그렇게 심하게 부릅니다. 태어난 자식들이 무슨 죄가 있다고 이렇게 맨날 나쁜 뜻을 지니고 있는 이름을 자기들 이름이라고 들어야만 합니까? 눈만 뜨면 "이스르엘"에게 "얘야, 흩어진 녀석아!" 이렇게 부르면 그다음 말이 좋은 말이 나갈까요? "너 이렇게밖에 못하겠니? 너 정말 이럴 거야?" 뭐 이런 말밖에 더 나가겠습니까? 또 "로루하마"는 어떻습니까? 사람들은 아들보다 딸을 더 좋아한다던데 그 예쁜 딸에게 "이 천덕꾸러기야! 차라리 태어나지 않았으면 좋았을 녀석아!" 하고 맨날 부른다면 그 딸아이는 어떻겠습니까? 그 아이가 제대로 자랄 수 있을까요? 그의 심리상태가 어땠을 것 같습니까? 맨날 듣는 소리가 "천덕꾸러기!"니 "태어나지 말았으면 좋았을 것아!" 하고 부정적인 얘기나 들으니 그 딸의 정서는 불안하고 왠지 비정상적인 데로 뻗어나갈 수밖에 없었을 겁니다. 막내인 "로암미"는 또 어떻습니까? "내 백성이 아니다"라는 뜻이지만 그 속뜻은 "내 자식이 아니야!"라는 뜻이라 했으니 "너는 내 씨가 아니야!"라는 말이죠. 아내인 고멜과 함께 잠을 자고 낳은 아들인데도 내 씨가 아니라뇨? 이건 정말 심하지 않습니까?

그런데 이렇게 임신하여 배가 아파 낳은 아이들에게 아비가 되어 맨날 "이 부랑자 녀석아!"라고 부르는 남편, "이 애물단지야! 차라리 태어나지 말았어야 했을 녀석아!"라고 딸을 구박하는 남편, 그리고 "너는 내 씨도 아니야!"라고 자신을 의심의 눈초리로 쳐다보면서 막내에게 소리 지르는 남편을 바라보는 아내의 심정은 어땠을까요? 고멜을 말하는 겁니다. 그런데 성경은 그가 어떤 소리도 하지 않았다고 말합니다. 고멜이 그 어떤 말을 했다는 기록을 남기지 않았다는 것이죠. 그런데 날벼락입니다. 태어난 지도 얼마 되지 않았을 자식들에게 남편은 심한 말을 합니다. 특히 자신을 의심의 눈초리로 바라보면서 아무런 죄도 없는 자식들에게 자기 아내에 대해 이런 말을 합니다.

> "고발하여라. 너희 어머니를 고발하여라.
> 그는 이제 나의 아내가 아니며,
> 나는 그의 남편이 아니다.
> 그의 얼굴에서 색욕을 없애고,
> 그의 젖가슴에서 음행의 자취를 지우라고 하여라!" (호 2:2)

고발하라니요? 도대체 이런 아비가 어디 있을까요? 도대체 어떤 아비가 자식들에게 자기를 낳아준 어미를 고발하라고 부추길 수 있을까요? 호세아가 바로 그런 인물입니다. 그렇게 아내가 마음에 들지 않으면 자신이 고발을 할 것이지 무슨 이유로 호세아는 아무런 죄도 없는 어린 자식들에게 어미를 고발하라고 그렇게 말할까요? 맨날 하는 소리가 "천덕꾸러기야!" "애물단지야!" "내 씨가 아닌 녀석아!"라는 소리만 하더니 이번에는 어미를 고발하라는 것입니다.

이렇게 호세아의 정신 상태는 정상이 아닌 듯합니다. 맘에 들지 않는 여자와 결혼하여 그와 낳은 아이들도 맘이 들지 않는 것이죠. 급기야 그토록 싫은 아내를 고발하라고 아이들에게 소리 지르기까지 합니다. 바로 이러한 이유 때문에 호세아는 불행한 인물이라고 말하는 거죠. 불행한 결혼생활이 그를 비정상적인 인물로 만들어버린 것은 아닌가 생각해 보기도 합니다. 그렇다면 차라리 예레미야처럼 "하느님이 속이셔서 제가 속아 넘어갔습니다."(렘 20:7) 정말 제게 이러실 수 있는 건가요? 라고 하느님께 대들 수도 있었을 것이지만 호세아는 그러지 않았습니다. 하느님에게 대들기보다 오히려 하느님이 결혼하라고 했던 그 여자에게 심한 욕설을 퍼붓습니다.

> "그렇게 하지 않으면, 그가 처음 태어나던 날과 같이,
> 내가 그를 발가벗겨서 내버릴 것이다." (호 2:3a)

이처럼 심한 말이 어디 있습니까? 자기 아내를 발가벗기겠다니요? 아내가 무슨 자기 종이라도 된단 말입니까? 아니 설령 종이라고 해도 그렇게 함부로 대해도 된단 말입니까? 단지 여자라는 이유 때문에 이렇게 심한 욕설을 퍼부어도 된다는 얘기인가요? 호세아에게 무슨 특권이라도 있단 말입니까? 그런데 이렇게 심한 말을 듣는 이들은 누구입니까? 바로 자기가 고멜과 함께 낳은 아이들 아닙니까? 자기 아이들 앞에서 그 아이들을 낳은 어미에 대해 이렇게 심한 말을 해도 된다는 것입니까? 마치 부부싸움을 하고 나서 아내에게 온갖 욕설을 다 퍼붓고도 분이 풀리지 않아 아이들 앞에서 분풀이를 하는 것은 아닐까요? 아무튼 호세아의 감정 상태는 분명 정상이 아닙니다.

> "그가 낳은 자식들도, 내가 불쌍히 여기지 않겠다.
> 그들도 음행하는 자식들이기 때문이다." (호 2:4)

자식들 앞에서 자기 아내에 대해 분풀이하던 호세아는 이제 이렇게 자식들

도 불쌍히 여기지 않겠노라고, 돌아보지 않겠노라고 화를 냅니다. 그런데 그 자식들도 "음행하는 자식들"이기 때문이라는 겁니다. 도대체 이게 무슨 말일까요? 어린 자식들이 음행을 하다니요? 무엇 때문에 호세아는 아내더러 "젖가슴에서 음행의 자취를 지우라"고 하더니 이번에는 자기 아이들을 "음행하는 자식들"이라고 부르는 것일까요? 이렇게 "음행"이나 "음란"이라는 말을 호세아는 무엇 때문에 서슴지 않고 아내와 아이들에게 퍼붓는 것일까요? 그 까닭은 고멜의 말 속에 들어 있습니다.

> "나는 나의 정부들을 따라가겠다.
> 그들이 나에게 먹을 것과 마실 것을 대고,
> 내가 입을 털옷과 모시옷과,
> 내가 쓸 기름과 내가 마실 술을 댄다." (호 2:5)

고멜이 자기 정부(情夫)를 따라가겠다는 것입니다. 그 이유는 간단하죠. 한마디로 그가 먹을 것과 입을 것을 대주기 때문이라는 겁니다. 그러한 고멜을 자기 아이들도 서슴지 않고 따라 갔다는 것이죠. 그래서 고멜에게는 젖가슴에서 음행의 자취를 지워버리라고 말하고, 또 아이들도 음행하는 자식들이라고 서슴지 않고 말하는 것입니다. 그런데 도대체 그 정부(情夫)란 누구를 가리키는 걸까요?

> "바알 신들에게 분향하며 귀고리와 목걸이로 몸단장을 하고,
> 정부들을 쫓아다니면서 나를 잊어버린 그 세월 …" (호 2:13a)

여기에 "정부(情夫)들"이 나옵니다. "연인들"이라는 말이죠. 그렇기 때문에 그들을 쫓아다녔다고 말합니다. 그냥 쫓아다닌 것이 아닙니다. "귀고리와 목걸이로 몸단장을 하고" 쫓아다닌 것이죠. 이렇게 놓고 보면 그 "정부들"은 다름 아닌 "바알 신들"입니다. 그들이 바로 신(神)들이기에 분향까지 했다고 말하는 것이죠. 그런데 그것으로 끝이 아닙니다.

> "바로 내가

그에게 곡식과 포도주와 기름을 주었으며,
또 내가
그에게 은과 금을 넉넉하게 주었으나,
그는 그것을 전혀 모르고
그 금과 은으로 바알의 우상들을 만들었다." (호 2:8)

"곡식과 포도주와 기름"을 주신 분이 바로 나 야훼라고 하느님은 힘주어 말합니다. 그것도 두 번씩이나 반복합니다. "바로 내가 … 주었으며"가 그 말입니다. "또 내가 … 주었으며"가 그 말입니다. 여기서 "곡식과 포도주와 기름"은 이스라엘 백성이 짓는 농산물 모두를 가리키는 말입니다. 고대 이스라엘의 농산품을 함축적으로 가리키는 말입니다. "곡식"은 보리와 밀을 가리킵니다. "포도주"는 물론 포도를 가리키는 말이죠. 그리고 "기름"은 "올리브기름"을 말합니다. 보리와 밀을 가리키는 "곡식"이라는 말은 초여름부터 거두기 시작하는 농작물입니다. 그리고 포도와 올리브는 가을에 거둬들이는 농작물이죠. 이렇게 일년 내내 농사지어 거두어들이는 농작물 모두를 가리키는 말이 바로 "곡식과 포도주와 기름"이라는 말입니다. 그러니까 일년 농사를 책임지고 있는 이가 바로 야훼 하느님이라는 뜻이죠. 그런데 이스라엘은 그렇게 생각하지 않은 듯합니다.

"정부들이 저에게 준 몸값이라고 자랑하던
포도나무와 무화과나무들을
내가 모조리 망쳐 놓을 것이다." (호 2:12a)

여기에는 "포도나무와 무화과나무"라는 말이 나옵니다만 이 말은 "곡식과 포도주와 기름"이라는 말의 또 다른 표현입니다. 포도와 무화과는 이스라엘 땅에서 가장 흔하게 볼 수 있는 과일이기 때문입니다. 그렇게 푸르른 과일나무가 바로 자기 정부(情夫)들이 준 몸값이라고 이스라엘은 자랑했다는 것이죠. 이렇게 몸값을 이야기하니 정부(情夫)라는 말 또한 말이 됩니다. 몸값이라는 말은 서로 몸을 주고받는 그 값을 가리키는 말이니까요. 섹스를 하고 받는 돈이라는 뜻이죠. 그래서 "그들의 어머니가 음행을 하였다"(호 2:5b)고 호세아는 자기 아내에 대해 말하고, "음란한 여인과 결혼하여, 음란한 자식을 낳아라"(호 1:2)라고 하느님은 고멜을 "음란한 여인"이라고 말씀하신 것이죠.

그런데 이상한 것이 있습니다. 여기서 음란한 자식을 낳은 음란한 여인은 호세아의 아내 고멜인가요? 아니면 이스라엘인가요? 도대체 호세아서를 읽어보면 이 둘이 서로 중첩되어 헷갈리기 일쑤입니다. 이스라엘을 가리키는 말 같기도 하고 고멜을 가리키는 말 같기도 하기 때문입니다. 음란한 자식들 셋을 낳자 이름을 지어주시고 하느님이 하신 말을 읽어보면 더 더욱 헷갈립니다.

> "그의 이름을 이스르엘이라고 하여라. …
> 그 날에 내가 이스르엘 평원에서 이스라엘의 활을 꺾겠다." (호 1:4-5)

> "그 딸의 이름은 로루하마라고 하여라.
> 내가 다시는 이스라엘 족속을 불쌍히 여기지도 않고,
> 용서하지도 않겠다." (호 1:6)

> "그의 이름을 로암미라고 하여라.
> 너희가 나의 백성이 아니며,
> 나도 너희의 하나님이 아니기 때문이다." (호 1:9)

이렇게 세 아이들의 이름을 짓는 장면에서 반복되는 말은 "이스라엘"이라는 말이고 마지막에 가서는 "백성"이라는 말과 "하나님"이란 말이 나옵니다. 곧 "음란한 여인"은 고멜이고 동시에 "이스라엘"이기도 합니다. 따라서 이 결혼에서 나온 자식들도 "음란한 자식들"이고 동시에 그들은 "이스라엘"입니다. 곧 고멜과 이스라엘과 그 자식들이 서로 중첩되어 같은 말로 또는 다른 말로 등장하는 것이죠.

* * *

그런데 이번에는 고멜 개인의 모습을 상상해 보기로 하죠. 호세아의 결혼 이야기에서 고멜은 아무런 역할도 하지 않습니다. 역할을 하지 않는다는 말보

다는 그저 수동적으로 묵묵히 따라갈 뿐입니다. 이 점은 호세아도 마찬가지입니다. 결혼의 주도권은 하느님이 쥐고 계십니다. 물론 호세아 역시 하느님이 하라는 대로 따라 할 뿐이기 때문이죠. 따라서 이 결혼은 하느님이 주선한 결혼이었습니다.

고멜이라는 여인은 아름다운 여인이었던 것 같습니다. "그의 얼굴에서 색욕을 없애고, 그의 젖가슴에서 음행의 자취를 지우라"(호 2:2)는 말이 그것입니다. 한마디로 팜므 파탈입니다. 치명적인 아름다움을 지니고 있는 여인을 가리켜 이렇게 부르죠. 여자의 아름다움은 보기에 따라 다를 수 있습니다. 너무나 아름다워 그 아름다움을 도저히 감당할 수 없을 때에는 그 아름다움을 지니고 있는 여자에게 "음녀"(개역)나 "음란한 여인"(새번역)이라고 이름 붙이기도 합니다. 그러나 "팜므 파탈"이라고 부를 수도 있을 것입니다. 긍정적으로 아름다움을 바라보는 것이죠. 잠언에서 "이상한 여자"나 "외국 여자"라고 부르는 여인도 마찬가지입니다. 바라보는 시각에 따라 이상하다거나 외국에서 온 여자라고 부를 수도 있지만 그 아름다움 때문에 팜므 파탈이라고 부를 수 있겠죠. 호세아는 아마도 여성 혐오증에 걸려 있는지도 모르겠습니다. 불행한 결혼의 결과로 그가 그렇게 되지 않았을까요?

사실 고멜은 호세아서에서 아기를 낳는 일 말고는 한 일이 없는 여자로 등장합니다. 결혼생활이라고 해봤자 집안에만 틀어박혀 아기를 낳는 일만 했습니다. 첫 아이가 태어나 얼마 안 있어 둘째 아이를 임신하고 그렇게 10달이 지난 뒤 아이를 낳아 젖을 뗄 만한 때가 되면 다시 임신하여 또 셋째를 낳은 것이죠. 그러니 얼마나 답답했을까요? 밖에 나가보고도 싶을 것입니다. 집안에만 갇혀 있자니 아이들 키우는 일뿐이요, 남편이라고 해봤자 자신을 바라보는 눈초리가 사납기만 하고 또 의심하고 심지어 막말까지 해대는 남편을 좋아할 여자가 어디 있겠습니까? 여자는 사람이 아닙니까? 집안에만 틀어박혀 앉아 아기들만 돌보다 보니 미치지 않는 것이 비정상이겠죠. 그런 고멜은 들로 산으로 돌아다니고 싶었을 것입니다. 어느 날 고멜이 친구들과 함께 들로 산으로 돌아다니다가 산에 있는 어느 사찰을 발견하게 되었는데 거기서 참배하는 사람들의 모습이 하도 경건하고 엄숙하여 또 신기하기까지 하여 호기심에 그곳에서 구경도 하고 노래도 하고 놀았다면, 그렇게 오랜만에 친구들과 함께 즐거운 시간을 보낸 아내를 두고 화를 내고 나무라면서 화냥년이니 음란한 여자니 하는 소리를 해대는 남편이 있다면, 그 어떤 아내가 참아낼 수 있겠습니까? 이런 상상은 "그가 즐거워하는 모든 것과, 그의 온갖 잔치와, 초하루와 안식일과 모든 절기의 모임들"(호 2:11)이라는 표현을 두고 상상해 본 것입니다. 그런데 그가 우상인 바알을 따라갔다고 했지만 꼭 그런 것만은 아닌 듯싶습니다. "초하루와 안식일과 모든 절기"라는 말은 성경에서 이스라엘 사람들이 예배를 드리는 성일(聖日)을 가리킬 때 흔히 등장하는 표현입니다.

"우리의 피난처이신 하느님께
즐거이 노래를 불러라.
야곱의 하나님께 큰 환성을 올려라.
시를 읊으면서 소구를 두드려라.
수금을 타면서,
즐거운 가락으로 거문고를 타라.
새 달과 대보름날에,
우리의 축제날에, 나팔을 불어라.
이것은 이스라엘이 지킬 율례요,
야곱의 하나님이 주신 규례이며,
하나님이 이집트 땅을 치려고 나가실 때에,
요셉에게 내리신 훈령이기 때문이다." (시 81:1-5)

이스라엘이 지킬 율례는 다름 아닌 "새 달과 대보름날"과 "축제날"에 나팔을 부는 일입니다. 이 말은 달리 읽으면 "초하루와 보름날과 절기"에 나팔을 부는 일이라는 것인데요, 이때에는 나팔을 불어 그 날을 알리고 항상 예배를 드려야 한다는 것입니다. 그런데 이스라엘이 지켜야 할 율례에 빠진 날이 "안식일"입니다. 초하루와 보름날에, 그러니까 매달 1일과 15일에 예배를 드려야 한다는 것이죠. "축제날" 곧 "절기"는 언제인지 분명하게 드러나 있지 않습니다만, 이렇게 이스라엘이 오래전부터 초하루와 보름날에 예배를 드렸다는 것은 분명합니다. 시편 81편을 시편 가운데에서 가장 이른 시기의 작품으로 학자들은 평가하기 때문입니다.

이런 면에서 호세아서에 나오는 "초하루와 안식일과 모든 절기"라는 말은 의

미심장합니다. "보름날" 대신 "안식일"이 들어간 것이죠. 보름날은 어차피 안식일이 두 번씩 지나면 찾아오는 날이니 "안식일"이 더 자주 하느님께 예배드리는 날로 여기서 등장하는 것을 알 수 있어요. 이렇게 호세아서의 고멜은 들로 산으로 다니면서 초하루와 안식일과 모든 절기를 지켰다고 암암리에 등장합니다. 방안에 갇혀서 아기들만 키웠던 고멜이지만 그래도 이스라엘이 지켜왔던 예배일은 정말 열심히 지켰다고 상상해 볼 수도 있습니다. 그런데 다시 호세아의 절기 언급으로 되돌아가 보죠. 위에서 우리가 인용한 것은 이렇습니다.

> "그가 즐거워하는 모든 것과,
> 그의 온갖 잔치와, 초하루와 안식일과 모든 절기의 모임들" (호 2:11)

이 구절은 어떻게 끊어 읽느냐에 따라 내용이 많이 달라질 수 있습니다. 영어성경 NJPS를 보니까 이렇게 읽었군요.

> "그가 마구 즐거워하는 모든 것, 곧
> 그의 순례절, 그의 초하루, 그의 안식일 -
> 그의 모든 모임-"[95)]

달리 말하면 그가 마음 들떠서 마구 즐거워하는 모든 것이 바로 "순례절과 초하루와 안식일"이라는 말이죠. 이것을 다시 뒤에서 "모든 모임"이라는 말을 덧붙여 강조합니다. 그런데 단순히 "순례절과 초하루와 안식일"이 아닙니다. 히브리어로 읽어보면 "그녀의 순례절과 그녀의 초하루와 그녀의 안식일"입니다. 이것이 바로 포인트입니다. 모든 모임에 "그녀"라는 말이 붙어 있습니다. 그리고 마지막에는 "그녀의 모든 모임"이라는 말을 덧붙입니다. "그녀가 참석하는 모든 모임"이라는 뜻입니다. 그런데 그가 참석하는 모든 모임은 바로 "그가 흥분할 정도로 그토록 좋아하고 즐거워하는 것"이라고 했습니다. "그가 즐거워하는 모든 것"(호 2:11)이라는 말이 바로 그 뜻입니다. 고멜은 이렇게 이스라엘의 전통적인 예배를 무척 즐거워하고 기뻐하는 여자였습니다. 그래서 그

95) "… all her rejoicing: Her festivals, new moons, and sabaths- All her festive seasons." (NJPS) 이 성경은 히브리어 본문의 순서에 따라 2장 13절로 장절이 매겨져 있다.

가 이 모든 모임에 적극적으로 참여하고 싶어 했고 또 그렇게 했을 것이라고 충분히 상상하고도 남습니다. 그런데도 왜 그가 "음란한 여인"이라는 소리를 들었을까요? 왜 하나님은 호세아와 똑같이 그에게 정말 끔직한 말을 했을까요? 이렇게 말이죠.

"이제 내가
그의 정부들이 보는 앞에서
부끄러운 곳이 드러나도록 그를 벗겨도,
내 손에서 그를 빼낼 사내가 하나도 없을 것이다." (호 2:10)

이 말은 앞서도 인용한 호세아의 말과 그리 다르지 않습니다.

"그가 처음 태어나던 날과 같이,
내가 그를 발가벗겨서 내버릴 것이다." (호 2:3)

정말 하나님도 호세아도 똑같습니다. 정말 섬뜩한 느낌이 들지 않을 수 없습니다. 너무 심합니다. 언어폭력이 아닐 수 없습니다. "부끄러운 곳"은 바로 여자의 성기를 가리키는 말이기 때문입니다. 우리말 성경은 히브리어가 너무 직선적이어서 이렇게 에둘러 말하고 있습니다만 히브리어가 모국어였던 고멜에게 이 말은 평생을 두고도 지워지지 않을 상처로 남을 말이었을 것이 뻔합니다. 물론 우리는 왜 이토록 하나님이 잔인한 말을 고멜에게 했을까 상상해 볼 수는 있을 것입니다. 앞서 언급한 대로 "그는 그것을 전혀 모르고 그 금과 은으로 바알의 우상들을 만들었다"(호 2:8)는 말 속에 그 생각이 들어 있는 듯합니다. 고멜이 하나님도 섬겼지만 바알도 섬겼다는 것이죠. 그것도 금과 은으로 그 모습을 만들어 섬겼다고 하는 것이 하나님의 질타입니다.

* * *

이렇게 심한 말을 듣고도 고멜은 아무 말도 하지 않습니다. 그저 침묵합니다. 그런데 웬일인지 분위기가 사뭇 달라집니다. 호세아가 고멜에게 데이트 신청을 합니다.

“이제 내가 그를 꾀어서,
빈들로 데리고 가겠다.
거기에서 내가 그를 다정한 말로 달래 주겠다.” (호 2:14)

옛날 데이트 하던 광야로 나가 거기서 손잡고 데이트 한번 해보자고 고멜에게 말하는 것입니다. 도대체 고멜은 배알도 없는 걸까요? 아니면 그냥 호세아가 상상 속에서 고멜과 데이트하면서 이렇게 말해야겠다고 그냥 마음먹은 것일까요?

호세아는 도대체 왜 이렇게 마음을 고쳐먹은 것일까요? 무슨 까닭으로 고멜에게 이렇게 살갑게 대하는 건가요? 자식들에게 네 어미를 고발하라고, 또 너희들 어미는 내 아내가 아니라고 또 나는 너희 어미의 남편이 아니라고 잔인하게 말하던 호세아는 어디 간 것일까요? 얼굴에서 색기를 지우고 가슴에서 색욕을 없애라고 소리치던 호세아는 어찌 된 것일까요?

“내가
그대를 영원히 아내로 맞아들이겠어요.
그대에게 정의와 공평으로 대하죠.
그대에게 변함없는 사랑과 긍휼을 보여 주리다.
그대를 아내로 삼겠어요.” (호 2:19)

호세아의 말입니다. 여기서 호세아는 언어의 마술사가 됩니다. 나와 그대의 변주곡을 부르는 것이죠. 그리고 앞과 뒤를 감싸고 있는 “아내”라는 말 속에는 “정의와 공평” 그리고 “변함없는 사랑과 긍휼”이라는 말이 들어 있습니다. 아내를 이렇게 옳고 바르게 그리고 변함없이 사랑하고 애지중지하겠다는 선언입니다. 고멜은 처음부터 호세아를 이렇게 받아들여 세 아이들을 낳았건만 호세아는 이제야 마음을 돌이켜 아내가 소중한 줄을 알게 됩니다. 결혼하고 얼마나 흘렀는지는 모르지만 어느 날 갑자기 호세아는 철이 든 것입니다. 아내가 소중하다는 것을 비로소 깨닫게 된 것이죠. 그래서 광야에서 데이트하며 또 고멜에게 이런 말도 하죠.

“이제부터 그대는 나를
‘내 남편’이라 부르세요.
‘내 주인’이라고 부르지 마세요.” (호 2:16)

“남편”이라고 부르지 “주인”이라고 부르지 말라고 하는군요. 그런데 바로 이 말에 비밀이 숨어 있습니다. “주인”이라는 말은 히브리어로 “바알”이라는 말입니다. 그러니까 자신을 “내 바알”이라고 부르지 말라는 것입니다. 호세아는 지금 사랑 고백을 하면서 아내 고멜에게 타이릅니다. 열심히 하느님을 섬기지만 바알도 섬겼던 고멜에게 “바알”이라는 말은 입 밖에도 내지 말라는 뜻이죠. 그렇게 사랑을 고백하면서도 다짐을 받습니다. 호세아의 사랑 방식입니다.

* * *

그런데 호세아는 이어서 이상한 말을 합니다.

“그 날에 내가 응답할 것이다. 나 주의 말이다.
나는 하늘에 응답하고,
하늘은 땅에 응답하고,
땅은 곡식과 포도주와 올리브기름에 응답하고,
이 먹거리들은 이스르엘에 응답할 것이다.” (호 2:21-22)

고멜에게 사랑을 고백하던 호세아는 갑자기 주님의 말씀이라고 하면서 “응답한다”는 말을 거듭거듭 말합니다. 주님은 하늘에, 하늘은 땅에, 땅은 곡식과 포도주와 기름에, 그리고 이들 먹거리는 이스르엘에게 응답한다는 것이죠. 결국 주님이 이스르엘에게 응답한다는 것인데, 이스르엘은 호세아와 고멜의 첫째 아이입니다. 다시 이야기가 처음으로 돌아갑니다. 곧 여기서도 다시 이스르엘이 이스라엘이 되는 셈이죠. 고멜은 이스라엘이기도 하고 그 자녀들도 이스라엘이 되기도 한다는 이상한 논리를 앞서서 얘기한 적이 있죠? 그런데 여기서 "곡식과 포도주와 올리브기름"은 "곡식과 포도주와 기름"과 같은 말로 여기서는 "먹거리"라고 말합니다만 이스라엘이 농사지어 거둬들이는 모든 농산물을 가리킨다고도 했습니다. 결국 "바알"이라는 이름만 입 밖에 내지만 않아도 하느님은 하늘과 땅을 통하여 "곡식과 포도주와 기름"으로 이스라엘에게 응답하여 주신다는 약속입니다.

앞서 언급한 대로 "곡식과 포도주와 기름"을 주는 이는 바알이 아니라 바로 야훼 하느님이라는 사실을 기억하라는 겁니다. 그것을 추상적으로는 "정의와 공평으로" 대하고 "변함없는 사랑과 긍휼"을 베풀리라는 말(호 2:19)로 표현한 것이죠. 이 말은 호세아서 끝에서도 메아리칩니다.

"내가 이스라엘 위에 이슬처럼 내릴 것이니,
이스라엘이 연꽃처럼 피고,
레바논의 백향목처럼 뿌리를 내릴 것이다.
그 나무에서 가지들이 새로 뻗고,
올리브 나무처럼 아름다워지고,
레바논의 백향목처럼 향기롭게 될 것이다.
그들이 다시 내 그늘 밑에서 살면서,
농사를 지어서 곡식을 거둘 것이다.
포도나무처럼 꽃이 피고,
레바논의 포도주처럼 유명해질 것이다." (호 14:5-7)

이 약속은 "나는 이제 우상들과 아무런 상관이 없습니다"(호 14:8)라고 한 에브라임의 고백에 대한 응답입니다.

"그러면 나는 그에게 응답할 것이다.
'내가 너를 지켜 주마.'
나는 무성한 잣나무와 같으니,
너는 필요한 생명의 열매를 나에게서 언제나 얻을 것이다." (호 14:8)

주님이 하늘에 응답하고 하늘이 땅에 응답하고 땅은 "곡식과 포도주와 기름"

으로 이스라엘에게 응답하는 것과 같습니다. 이런 응답은 어느 날 갑자기 마음을 바꿔 고멜에게 사랑을 고백하던 호세아처럼 마음을 바꾸어 야훼께로 돌아오는 이스라엘에게 주시는 그분의 응답입니다. 이렇게 마음을 고쳐먹고 진실도 사랑도 하느님을 아는 지식도 없는 이 땅에 다시 진실과 사랑과 하느님을 아는 지식이 가득한 세상을 호세아는 가정을 희생하면서까지 꿈꾸었는지도 모릅니다.

3. 성문서

1) 시편의 인간 – 죄인인 나더러 의인이라 하더이다[96)]

"나"는 죄인입니다. 그분 앞에 한없이 부끄러운 죄인입니다. 하늘을 우러러 한 점 부끄럼 없길 노래한 시인 윤동주의 말처럼 그렇게 부끄럼 없이 살고자 하지만 "나"의 일상은 죄 없이 살아가는 법이 하나도 없습니다. 그리하여 윤동주의 서시는 "나"를 부끄럽게 합니다. "나"는 그렇게 죄에서 자유롭지 못합니다. 태생(胎生)이 그런 듯합니다.

> 그래요.
> 죄 속에서 난 태어났어요.
> 어머닌
> 날 죄 속에서 잉태하셨죠. (51:5)

시편 속의 "나"는 이렇게 죄인입니다. 어머니 뱃속부터 죄를 타고 났다고 하죠. 그렇게 잉태했다는 겁니다. 날 낳은 어머니가 무슨 죄가 있겠습니까? 자식 낳은 죄밖에 더 있을까요? 하지만 여기서 시인인 "나"는 이렇게 아예 죄를 뒤집어쓰고 태어났다고 말하네요. 그렇게 어머니를 탓하는 것은 어찌 보면 시인인 "나"가 어머니를 편하게 생각하여 하는 말인지도 모르겠습니다. 시인인

96) 이 부분은 이환진, "죄인인 나더러 의인이라 하더이다 – 시편의 인간," 「기독교 사상」 제630호 (2011년 6월), 32-41을 재인용한 것이다.

"나"는 그렇게 자신의 잘못을 합리화하는지도 모르겠어요.

> 오직 님을 거슬러
> 난 죄 지었어요.
> 님 보고 계시는 데도
> 나쁜 짓 일삼았어요.
> 님의 말씀은 바르시죠.
> 님의 판결은 옳아요. (시편 51:4)

"님"이신 하느님 앞에 지은 죄를 시인인 "나"는 고백합니다. 그분이 두 눈 번쩍 뜨고 그렇게 보고 계시는데도 나쁜 짓만 일삼았다는 것이죠. 그 까닭은 분명합니다. 님께서 너무나 시인인 "나"를 잘 알고 계시기 때문이죠. 꿰뚫어 보시기 때문입니다.

> 야훼님, 님은 나를 추적하시죠.
> 나를 너무나 잘 알고 계시죠. 님은 알고 계시죠.
> 나의 앉음, 나의 일어섬-
> 저 멀리서라도
> 나의 속생각 꿰뚫고 계시죠.
> 나의 오는 길, 나의 가는 길
> 나의 쉼까지도
> 님은 다 그렇듯 재고 계시죠.
> 님께서는 이렇듯
> 나의 걸음걸음 너무나 잘 알고 계시죠.
> 그래요, 없어요.
> 내 입술의 말까지도
> 님께서 모르시는 건 하나도 없죠.
> 그래요, 야훼님!
> 님께선 모조리 다 알고 계시죠. (시편 139:1-4)

모르는 것이 하나도 없으신 하느님! “나”에 대해서는 속속들이 알고 계시는 하느님 앞에서 시인인 “나”는 그렇게 죄를 지었기에 이렇게 기도합니다.

은총을 베푸셔요, 하느님!
님은 곧으시오니
님의 자애로움은 한이 없으니
이 몸이 저지른 잘못 지워주셔요.
저의 흠
마구 문질러 주셔요.
나의 죄 깨끗이 씻어주셔요. (시편 51:1-2)

이렇게 기도드리는 “나”는 이제 “우리”가 되어 “님은 우리의 잘못을 님 앞에 두시죠. 우리가 감춘 것 님의 얼굴 빛에 환히 드러나게 하시죠”(90:8)라고 고백하는지도 모르겠습니다. 그렇게 “우리”의 잘못, “우리”의 죄를 들추시니 시인은 인생의 날수가 짧다고 말하는 걸까요? “우리의 날수는 이른 해 힘이 좀 있으면 여든 해. 하나 그 나날도 고통과 슬픔뿐. 어찌나 빨리도 지나가는지 우리를 그렇듯 훽 날아가지-”(90:10). 그렇게 빠르게 지나가는 인생살이이기에 이렇게 고백하는 듯합니다.

아, 사람이란
한낱 숨에 지나지 않을 뿐.
인생은
단지 환영(幻影)일 뿐이라.
저울에 올려놓으면
한 숨보다도 더 가벼우니. (시편 62:9)

자신의 “의”(義)를 저울에 달아보라고 소리 지르던 욥이 생각나는군요(욥 31:6). 시인이 인생을 “한낱 숨”이나 “한 숨”이라고 하는 말을 들으니까 코헬렛이 생각납니다. “헛됨”이라고 말하면서도 “숨”이 그 속에 들어 있다고 “내가 숨쉬고 살아가는 덧없는 나날”을 말하던 그 코헬렛 말입니다(전 9:9). 이렇게 한

날 숨에 불과한 시인인 "나"는 그래도 "폭력을 일삼지 말고 도둑질하려 헛된 꿈꾸지 말라"(시 62:10)고 스스로 다짐합니다. 그러면서도 "아, 힘이란 하느님의 것 님에게 오직 님에게만 한결같은 사랑이 있으니. 아, 님은 사람이 일한 대로 갚아주시니"(시 62:11-12)라고 힘이신 야훼를 시인은 하느님으로 고백합니다. 능력 있으신 하느님, 변치 않고 아껴주시는 하느님, 일한 대로 갚아주시는 하느님! 이 하느님이 바로 시인인 "나"의 하느님입니다. 그래서 시인은 이렇게 기도합니다.

제가 바르지 않나요?
야훼님, 들어보세요.
내가 부르짖을 때 들어주세요.
내가 빌 때 귀 기울이시죠.
입으로 사람들 속인 일
내겐 없어요.
님만이
나의 옳음을 증명하시죠.
님만이
올곧음을 보고 계시죠. (시편 17:1-2)

정말 그분은 "나"를 "바르다" 그렇게 불러달라는 겁니다. 비록 죄를 지어 님 앞에 바로 설 수 없지만 그래도 "나"는 님을 따라가려고 몸부림쳤으니 "내가 바르다!" 그렇게 증명해 달라는 겁니다. 까닭은 시인인 "나"는 그분의 길을 따라 걸어가리라고 다짐하기 때문이라는 겁니다.

삶을 살아가면서
님 하신 말씀 따라
무법천지 이 세상에서
난 내 자신을 지키죠.
다른 길 가지 않고
님의 길 따라 그렇게 걸을 뿐이죠. (시편 17:4-5)

"나"의 길만을 오직 가겠다는 겁니다. "나" 자신을 지키려는 것이죠. 그 길은 "님의 길"이라고 시인인 "나"는 말합니다. 그 길은 바로 흠 없는 길, 바른 길, 주님이 원하시는 그 길입니다. "님 하신 말씀 따라" 가는 길이기 때문이죠. 그 길은 또한 "토라의 길"이기도 합니다.

그래요.
야훼님의 토라가 그의 즐거움이죠.
밤낮으로
그분의 토라를 곰곰이 생각하죠. (시편 1:2)

이제 시인은 "그"가 되어 "그분의 토라"를 곰곰이 생각하고 되뇌고 곱씹고 읊조리는 "복된 사람"(1:1)입니다. 시인은 "바른 이들이 내딛는 길을 잘 보살피시는" 그분이 야훼님이라는 것, "못된 이들이 내딛는 길은 망하는 길일 뿐"이라는 것을 시인은 잘 알고 있기 때문이죠(1:6). 시인인 "그"가 "바른 이"가 되는 이유, 의인이 되는 까닭은 이렇게 토라를 밤낮으로 중얼거리고 외우고 되새기고 또 생각하기 때문이죠. 그분의 토라, 그분의 말씀은 완전하고 생명을 되살리기 때문입니다.

야훼님의 토라
완벽하여라.
생명을 되살리시니.
야훼님의 말씀
미쁘시어라.
어리석은 이
슬기로움 주시니-
야훼님 이르시는 말
올곧아
마음에 용솟음치는 기쁨이어라.
야훼님 지키라시는 말
눈부셔

두 눈 번쩍 뜨이시는
찬란한 빛이어라. (시편 19:7-8)

그분의 말씀, 그분의 토라는 이렇게 시인인 "나"의 "마음에 용솟음치는 기쁨"입니다. "찬란한 빛"입니다. 눈부셔 두 눈 번쩍 뜨이시는 빛인 것이죠. 그리하여 "어둠 속에서도 올곧은 이들에게는 빛이 환히 빛난다"(112:4a)고 고백합니다. 정말 "의인에게는 그 빛이 찬란히 흩뿌린다"(97:11a)고 시인은 고백합니다. 그리하여 "마음 곧은 이에게 기쁨이"(97:11b) 그렇게 흩뿌린다고 고백합니다. "헐수하고 자애로우며 주기를 아까워하지 아니하니"(112:4b) 그렇다는 것입니다.

기꺼이 꾸어주는 이는 하는 일마다 잘 되리니
일마다 바름으로 하는 이는
그렇다.
그이는 영원히 흔들리지 않으리라.
베풀기를 좋아하는 이
그 이름 영원토록 남으리라.
그이는 나쁜 소식 들어도
두려워하지 아니하니
그의 마음은 든든하니
야훼님께 기대니 (시편 112:5-7)

그 까닭은 이러한 "의인은 야자나무처럼 돋아나리라. 레바논 백향목처럼 번창하리라"(92:12)고 약속하신 때문이라고 시인인 "그"는 노래합니다. "영원토록 하늘[天]이신 야훼님"(92:8)이 하신 약속 때문이라는 겁니다. 하는 일마다 바름으로 하겠다고 정의롭게 하겠다고 그렇게 다짐하기 때문이라는 거죠. 나누기 때문이라는 거죠. 또 나쁜 소식도 두려워하지 않기 때문이라는 겁니다. 마음이 든든하기 때문입니다. 바로 야훼님 때문입니다.

그리하여 시인인 "나"는 창조를 꿈꾸죠. 야훼님의 "바른 숨"으로 거듭 새롭게 하시어 새로운 창조 사건이 "나"의 안에 일어나게 해달라고 시인은 기도드리죠. 그리고 땅 얼굴에도 숨을 불어넣으시라 기도합니다. "숨을 보내시면 누구든 창조되죠. 땅 얼굴을 거듭거듭 새롭게 하시죠"(104:30). 창조는 일회적인 사건이 아니라 끊임없이 거듭거듭 새롭게 되는 것! 이것을 시인은 꿈꾸며 신새벽에 이 기도를 드리는지도 모르겠습니다.

깨끗한 마음을
내 안에
창조하시죠.
오, 하느님!
바른 숨으로
내 속을
거듭 새롭게 해주세요. (51:10)

시인은 이렇게 새벽에 창조를 꿈꿉니다. 마음의 새로움! 그분의 숨! 그분의 바른 숨으로 거듭 새롭게 되는 "나" 안의 창조를 시인은 꿈꾸고 있어요. 이러한 "나"는 또한 시인의 마을에 흐르는 "생명의 강"을 꿈꿉니다. "나"의 마을에 생명이 꿈틀대는 강, 그 강물이 흘러 풍요로운 마을, 그 시인의 새로운 마을입니다.

강은,
그 강은 갈래갈래
풍요롭게 하기도 하지—
하느님의 마을을.
거룩한 터를.
한없이 높으신 이 머무시는 그곳을.
하느님
그 한가운데 계신다.
정말 흔들리지 않아.
하느님
힘주신다.
마을이 새벽을 맞이하도록. (시편 46:4—5)

새로운 마음의 창조는 생명의 강을 통하여 새로운 공동체의 창조를 꿈꾸는 겁니다. 시인인 "내"가 꿈꾸는 세상입니다. 그리하여 노래하리라고 시인인 "나"는 다짐합니다. "쉬지 않고 제 입이 님을 찬양하게 하세요!" 이렇게 시인은 다짐합니다(51:15). 그래서 시편의 시인 "나"는 마지막 이렇게 외치는 걸까요?

숨 쉬는 이들은 누구나
야훼님을 찬양하라!
할렐루-야! (시편 150:6)

그러면서 이렇게 다짐하는 것일까요?

나 걸어가리라.
생명의 땅을.
야훼님 보고 계시는 그 앞에서.
나
든든한 님에게 기대리니
엄청난 고난이 닥치는데도- (시편 116:9-10)

이렇게 시인은 생명을 노래합니다. 고난 속에서도 생명이 꿈틀거리는 새로운 세상을 꿈꾸는 거죠. 그러기에 그분은 우리를 바르다고 하십니다. 의인이라 부르십니다. 시편의 "나"는 죄인(罪人)이고 동시에 의인(義人)입니다. 시편의 "우리"는 악인(惡人)이고 동시에 선인(善人)입니다. 죄 속에서 태어나 날마다 죄를 짓고 살아가지만 그럼에도 그분은 "자애로우시고 은혜로우시고 어지간해서는 화를 내지 아니하시고 사랑과 진실이 한없으신 분"(86:15)이기에 그분이 보듬어주실 것을 믿고 그분께 소리 지르며 기도하고 애원하고 대들며 어떻게 세상이 이럴 수가 있느냐고 어떻게 나에게 이렇게 하실 수 있느냐고 삿대질할 수 있기에 그분은 우리를 의인이라 하십니다. 의인 열 명만이라도 살아있다면 악인과 함께 죽이시렵니까? 하고 항변하던 아브라함이 생각납니다(창 18:32). 의인과 악인은 같은 거죠? 그렇죠? 그러니까 그렇게 함께 파멸시키시려는 거죠? 이렇게 대들던 아브라함! 그렇게 믿었기에 대들 수 있었던 아브라함이 바르다 그분은 말씀하시죠.

엉터리 인생을 살면서도 그래도 마음이 새로워지길 간구하며 마을에 생명의 강이 흐르기를 꿈꾸며 고난 속에서도 님께 기대어 내일은 오늘보다 나아지리라 그렇게 굳게 믿고 이 땅이 생명의 땅이 될 것을 굳게 믿고 새 노래를 부르며 날마다 토라를 읊조리며 시인인 "나"와 "그"와 "우리"는 아낌없이 나누며 살아갑니다. 그리하여 죄인인 나를 그분은 의인이라 하더이다.

2) 시편 시인이 한밤중에 부르는 노래[97]

2009년 1월 중순경, 미국 웨슬리 신학대학원의 브루스 버치(Bruce Birch) 교수는 감리교신학대학교에서 그 학교의 목회학 박사과정에 있는 학생들에게 특강을 한 적이 있었습니다. 버치 교수는 참 멋쟁이 신사였습니다. 노래를 잘 부르고 또 다른 사람을 편하게 대하는 학자였습니다. 점심식사가 끝나면 꼭 한국식으로 인사를 "맛있게 잘 드셨나요?"(Are you well fed?)나 "잘 쉬셨구요?"(Did you take a good rest?)라고 하면서 친숙하게 사람을 대하는 분이었습니다. 나는 이 교수님의 옆자리에 앉아서 통역하고 또 때로 이분과 신학적인 의견을 교환하면서 한 주간을 보냈는데, 무척 많은 것을 배웠습니다. 특별히 이분은 구약을 윤리적인 관점에서 읽으려고 무척 애쓰는 분이고 실제로 그 구약윤리 분야에서는 이름을 날리는 학자이기도 합니다. 웨슬리 신학대학원에서 무려 35년 동안 교수생활을 하셨다고 하니까 가르치는 일은 정말 그분의 천직이자 베테랑이 아닐 수 없습니다. 그런데 올봄에 교수생활을 이제 그만두고 워싱턴 DC에서 부인 목사님의 목회를 적극 도우면서 인생 후반기를 보내고 계신다고 들었습니다.

그런데 이분이 한 주간 특강을 하는 동안 특별히 포로기 이스라엘의 고난에 주목하면서 이스라엘이 그 속에서도 생존할 수 있었던 것은 바로 노래였다고 말씀하시는 것이 무척 인상적이었습니다. 이분이 이렇게 성경을 읽는 이유 가운데 하나가 바로 이분의 목회적 관심이라는 것을 알게 되었습니다. 그 배경에는 물론 20년 이상이나 목회하고 계시는 부인 목사님의 영향이 컸습니다.

---

97) 이 부분은 이환진, "한밤중에도 노래를 – 시편(119:54)과 욥기(35:11)의 경우," 「신학비평」 제35호 (2009년 겨울), 18-31을 약간 고친 것이다.

또 하나는 바로 특강을 했던 미국 워싱턴 DC에 있는 웨슬리 신학대학원이 본디 미국에서 목회학 박사과정이 제일 우수하기로 소문이 나 있는 학교이기도 합니다. 특별히 영성에 대한 커리큘럼도 성서학 조직신학 역사신학 실천신학의 각 분야가 유기적으로 영성을 어떻게 바라보고 또 목회에 적용할 수 있을까 학교의 각 분야 교수들이 서로 함께 연구하고 또 결과물을 목회학 박사과정뿐만 아니라 다른 학생들에게도 적용하고 또 고치고 하면서 발전시켜 나가는 모습을 볼 수 있습니다.

* * *

아무튼 포로기라는 절대 위기의 상황 속에서 이스라엘이 살아남을 수 있었던 것이 바로 노래였다고 하는 점은 무척 인상적인 해석이었습니다. 그래서 에스겔이 그랬고, 예레미야가 그랬고, 제2이사야가 그랬다는 것이죠. 특히 내 개인적인 생각으로는 구약성경 가운데에서도 히브리어로 읽을 때 가장 운율이 뛰어나고 또 타의 추종을 불허할 만큼 수사(修辭)가 화려하고 뛰어난 제2이사야의 노래는 정말 압권이 아닐 수 없습니다. 노래가 그만큼 중요하다는 것인데 그래서 노래를 불러야 한다는 것인데, 나는 이 강의를 옆에서 통역하면서 감동받지 않을 수 없었습니다. 글로 그 감동을 어떻게 표현해야 할지 사실 난감하기만 합니다. 그러면서 생각나는 구절이 하나 있었습니다. 바로 시편의 한 구절(119:54)입니다.

> 덧없는 세상살이에서
> 나그네처럼 사는 동안
> 주님의 율례가 나의 노래입니다. (새번역)

사실 시편이야말로 바빌론 포로기를 겪고 나서 모든 희망이 사라졌을 때 손에 쥐고 있는 것이 아무것도 없던 그 절대 위기의 상황 속에서 그래도 지푸라기라도 붙잡을 만큼 절체절명의 위기 속에서 자신들의 신앙을 지키기 위해서 불렀던 노래가 아닌가요? 시편 119편은 무척 길기로 유명한 시편인데 그래도 한마디로 요약해 보라면 "토라를 사랑하라"는 것입니다. 다시 말해 "말씀을 부여잡고 있으라"는 것입니다. 시편 119편은 토라를 여러 가지 이름으로 부릅니다. 예를 들어 히브리어로 읽을 때 모든 절이 다 히브리어의 열한 번째 글자인 라메드(ל)로 시작하는 부분(119:97-104)을 보면 "토라"는 "법"이기도 하고, "계명"이기도 하고, "증거"이기도 하고, "법도"이기도 하고, 또 "말씀"이기도 하고 "규례"이기도 하죠. 이러한 이름은 물론 우리가 예배 때 흔히 읽고 있는 『개역 한글판』(1961)의 용어들입니다. 어떤 이름으로 부르든 "토라"를 가리키는 말입니다. 곧 하느님의 말씀이죠. 율법이라고 부르지 않고 구태여 토라라고 부르는 이유는 신약에서 율법이란 말이 부정적으로 사용되기 때문입니다. 율법은 죄를, 복음은 은총을 가리키는 말로 흔히 사용하고 있지 않던가요? 그런데 신약에서 율법으로 옮긴 "노모스"(nomos)란 말은 사실 히브리어 "토라"를 옮긴 말입니다. 그리스어성경 칠십인역에서 주로 그렇게 번역하여 사용하고 있기에 신약에서도 그렇게 사용한 듯합니다.

구체적으로 말하자면야 모세 오경을 가리킬 수 있겠지만 우리는 말씀 하면 성경 전체를 가리키는 말로 사용하고 있으니 성경을 가리킨다고 생각하고 시편 119편을 읽어도 무방할 것입니다. 그런데 시편 119편은 모두 176절로 절수가 매겨져 있고 전체가 22부분으로 나뉘어 있습니다. 그 까닭은 히브리어 알파벳이 모두 22글자이기 때문입니다. 따라서 '22×8=176'이라는 숫자가 나옵니다. 그러니까 각 알파벳으로 시작하는 각 부분이 이렇게 8절씩 되어 있는 것을 알 수 있습니다. 이 각 여덟 절에는 하느님의 말씀을 가리키는 표현이 많이 등장하는데, 그 한 예가 바로 앞서 언급한 예입니다.

* * *

이렇게 토라를 강조하는 시편이기에 요즘 시편 119편은 토라 시편이라고 부릅니다. 그런데 시편 1편도, 시편 19편도 모두 토라 시편이라고 부르니 재미있습니다. 그래서 난 학교에서 시편 수업을 할 때마다 또 구약 입문 수업 중 시편을 언급할 때마다 시편 1편 + 19편은 20편이 아니라 119편이라고 가르칩니다. 토라 시편이 1편과 19편과 119편이라는 점을 강조하기 위해서이죠. 그러면서 칠판에 토라 시편의 순서를 쓸 때에도 1을 먼저 쓰고 그다음 9를 쓰고 그리고 다시 1 앞에 또 다른 1을 쓰면서 토라 시편이 이렇게 세 개의 시편을 가리킨다고 말합니다.

그러면서 시편 1편은 말씀인 토라와 개인이 결합된 토라 시편이면서 동시에 시편 전체의 겉장이고, 시편 19편은 토라를 우주와 결합하여 우주적 차원에서 말씀을 이해하고자 한 시편이고, 시편 119편은 토라와 인생의 다양한 경험을 결합하여 말씀을 읽도록 하고자 노력한 시편이라고 설명하곤 하죠. 뿐만 아니라 시편 1편은 시편의 겉표지로서 왜 시편이 이렇게 지금의 형태로 편집되었는지 알 수 있는 단초이기도 합니다.

* * *

왜 포로 공동체는 시편 1편을 맨 앞에 두었을까요? 말씀을 강조하는 1편이 왜 이렇게 앞에 나와 있을까요? 이 질문은 여러 사람들이 갖고 있던 질문이기도 합니다. 실제로 신약 사도행전 13장에 보면 시편 1편이 인용되어 있는 것을 알 수 있습니다. 그 사도행전 13장의 배경은 물론 바울의 설교입니다. 바울이 안디옥의 어느 회당에서 설교하는 중에 이렇게 시편을 인용합니다(13:33).

> 하나님께서 예수를 일으키셔서
> [조상들의] 후손인 우리에게 그 약속을 이루어 주셨습니다.
> 시편 둘째 편에 기록한 바
> '너는 내 아들이다.
> 오늘 내가 너를 낳았다'
> 한 것과 같습니다.

이 구절 가운데 "시편 둘째 편"이라는 말에 주의를 기울여 보죠. 어떤 사본에는, 더 정확하게는 D(기원후 5세기)라고 부르는 사본에는, 이 표현이 "시편 첫째 편"이라고 되어 있는 까닭입니다. 이러한 복잡한 사정에 대해서는 브루스 메츠거가 쓴 『신약 그리스어 본문 주석』을 보면 자세히 알 수 있습니다.[98)]

---

98) 브루스 M. 메츠거, 『신약 그리스어 본문 주석』 제2판, 장동수 역, 서울: 대한성서공회 성경원문연구소, 2005, 352-354.

* * *

그러니까 여기서 말하고 싶은 점은 시편 1편이 후대에 덧붙인 것일 가능성이 크다는 점입니다. 왜 그랬을까요? 말씀을 강조하기 위하여 그렇게 했을 가능성이 있습니다. 이 점은 기원전 2세기에서 기원후 68년까지 이스라엘 사해 서북쪽에서 수도원 비슷한 공동체를 이루고 살았던 이른바 쿰란 사람들, 그들이 남긴 수많은 문헌 속에서도 짐작할 수 있습니다. 이들 문헌을 한마디로 "사해 두루마리"(the Dead Sea Scrolls)라고 부릅니다. 이 공동체가 남긴 문헌은 1947년부터 지금까지 그들이 살았던 지역 인근의 11개 동굴에서 발견되었습니다. 물론 제4동굴에서 발견된 『플로릴레기움』(Florilegium, 4Q174)이라는 두루마리에 시편 1:1이 인용되어 있기는 합니다. 하지만 제11동굴에서 발견된 『시편 두루마리』(11QPs)나 그 밖에 발견된 시편 본문의 단편들 속에는 그 어디에도 시편 1편이 단독적으로 들어 있지 않습니다. 그리고 제11동굴에서 발견된 『시편 두루마리』에 지금 우리가 가지고 있는 시편과 그 순서가 무척 다릅니다. 따라서 시편 1편은 본디 히브리어 사본 전통에서 상당히 후대에 지금의 형태로 삽입되었을 것으로 추정합니다. 아니면 시편 1편과 2편이 본디 하나의 시편이었다가 나중에 둘로 나뉘었을 수도 있습니다. 이러한 가능성은 사도행전 13장에 인용되어 있는 "둘째"(*deuteros) 시편을 "첫째"(*prōtos) 시편이라고 표기한 D 사본을 그 증거로 들 수 있죠.

* * *

이렇게 놓고 보면 시편 1편은 시편의 겉표지입니다. 그리고 시편 19편은 시편 제1권(2편-41편) 속에서 창조와 토라를 연결시켜 토라의 발현이 우주적 사건임을 밝히고 있는 것이고, 시편 119편은 시편 제5권(107편-150편) 속에서 인간사와 토라를 연결시켜 토라의 발현이 우리네 삶이라는 점을 밝히고자 한 것으로 이해할 수 있습니다. 흔히 시편 제1권을 1편부터 41편까지로 나누는데 나는 1편을 겉표지로 생각하여 2편부터 41편까지가 제1권이라고 생각하고 있습니다. 아니면 사실 1편과 2편은 유대교 내에서 전통적으로 하나의 시편으로 읽어온 전통이 있기에 의도적으로 1편을 2편 앞에 놓았을 가능성도 있죠. 그만큼 토라는 바빌론 포로기 이후 고대 이스라엘 신앙생활에서 빼놓을 수 없는 중요한 요소로 부각되었을 것입니다.

그런데 왜 시편 2편을 1편이라고 부르는 전통이 있었을까요? 사도행전 13장 바울의 안디옥 회당 설교에서도 인용된 시편 2편은 우리 그리스도교에서 전통적으로 메시아에 대한 기대로 읽어온 전통이 있습니다. 그래서 시편 2편은 시편 22편이나 110편과 함께 메시아 시편이라고 부르기도 합니다. 시편 22편은 "엘리 엘리 라마 사박다니"를 연상케 하는 시편으로 고난 받는 메시아를 이야기하는 시편입니다. 그래서 우리 그리스도교에서는 이 시편을 수난절에 많이 읽습니다. 또한 시편 110편은 2편과 함께 성탄절에 많이 읽는 시편입니다. 실제로 메시아를 멜기세덱의 후손이라고 부르는 시편 110편은 신약 여기저기서 특별히 히브리서에서 많이 인용하고 있는 시편이기도 합니다.[99] 메시아를 멜기세덱 계통의 인물과 연결시키고 있는 책이 바로 히브리서인 까닭이죠. 그만큼 시편 2편과 관련이 깊은 시편이 110편입니다.

암튼 "너는 내 아들이다. 오늘 내가 너를 낳았다"를 살짝 바꾸어 놓은 "너는 내 사랑하는 아들이다. 내가 너를 좋아한다"는 말은 마가복음(1:11)에도 나오는데 예수께서 세례를 받으실 때 하늘에서 들려오는 소리라고 했습니다. "내 아들"이라는 말을 바로 메시아를 가리키는 것으로 생각해온 것입니다. 그런데 사도행전(13장)에서는 이 말이 나오는 시편을 첫째 시편이라고도 하고 둘째 시편이라고도 불렀다고 했습니다. 그러니까 토라 시편인 1편과 메시아 시편인 2편이 하나이기도 하고 둘이기도 했다는 얘기는 시편 1편이 시편 전체의 겉표지 역할을 했을 뿐만 아니라 토라와 메시아를 하나로 생각했던 전통을 반영하는 흔적으로 생각해 볼 수도 있습니다.

* * *

곧 토라는 메시아이고 메시아는 토라입니다! 토라는 말씀이죠. 성경이기도 합니다. 이렇게 토라와 메시아를 하나로 생각해온 전통은 요한복음의 로기아(1:1-5)에서도 찾아볼 수 있습니다. "맨 처음 말씀이 계셨다"는 말인데, 한문성

---

99) 마태복음 22:44; 사도행전 2:34; 고린도전서 15:25; 히브리서 1:13, 5:6, 5:10, 6:20, 7:17, 7:21 10:12-13; 빌립보서 2:8-11 등.

경 『대표본』(1854)은 이 말을 “맨 처음 도(道)가 계셨다”는 멋진 말로 옮기기도 하였습니다.

元始有道
道與上帝共在
道即上帝
是道, 元始與上帝共在也

맨 처음 도(道)가 있었으니
도(道)는 하느님과 함께 계셨나니
도(道)는 곧 하느님이라
이 도(道)는
맨 처음 하느님과 함께 계셨나니 –

“도”(道)라고 부르는 이 말씀이 암튼 시편 1편에서는 “토라”와 같은 분으로 이해되고 있는 것이죠. “도”라고 하니까 “이 도(道)는 어디서 왔는지 난 알 수 없으나 아마도 하늘님보다 앞선 듯하다”고[100] 한 노자의 말이 생각나기도 합니다. 하지만 “하늘님보다 앞서다”(象帝之先)라는 말이나 “하느님과 함께 계셨다”(與上帝共在)는 말이나 별반 그 차이를 느끼지 못하고 나는 이 말을 인용합니다. 옛날 150년 전 한문으로 『대표본』을 번역하던 번역가들은 아마도 노자의 이 말씀을 염두에 두면서 요한복음의 희랍어 “로고스”를 한문의 “도”(道)로 옮기지 않았을까 상상해 봅니다. 암튼 “도”(道)라고 읽든, “내 아들”이라 읽든, “말씀”으로 읽든, “토라”라고 읽든, 결국은 같은 메시아를 이렇게 다른 말로 부르고 있을 뿐입니다. 그런데 이런 “말씀이 나의 노래”라고 시편 119편(49–56절)은 고백합니다.

100) 노자 『도덕경』(왕필본 4장)의 “吾不知誰之子, 象帝之先”(오부지수지자, 상제지선)을 옮긴 것으로 “어디서 왔는지”라는 말은 “누구의 아들인지”(誰之子)를 풀어 옮긴 말이다. “하느님”으로 옮긴 말 “제”(帝)는 대표본의 “상제”(上帝)와 같은 뜻으로 이해하여 옮긴 말이다. 오강남 교수의 표현을 빌려 단지 “하늘님”으로 표기하였을 뿐이다.

이 종을 위해
말씀을 기억해 주세요.
난
정말 그 말씀에 희망을 걸죠.
질곡 속에서
난
말씀으로 위로를 삼죠.
그래요
님의 약속이 나를 살리죠.
거만한 이들이
한없이 날 괴롭혀도
난
님의 토라를 벗어나지 않아요.
난
님의 규정을
오래전부터 기억하죠.
야훼님!
하여 난
위로를 받아요.
분노가 날 사로잡네요.
못된 것들
님의 토라를 저버린
못된 것들 때문이죠.
님의 법은 나의 노래라.
나 어디에 살든지 –
밤에 난
님의 이름을 불러 봐요.
님의 토라를 지켜요.
토라는 나의 것 –
그래요.

님의 명령을 난
준수하죠.

앞서도 얘기했지만 여기에 번갈아가며 나오는 "약속"이나 "법"이나 "규정"이나 "명령"은 결국 "토라"이고 "말씀"입니다. "로고스"이고 "도"(道)입니다. 곧 "메시아"인 셈입니다. 시편 1편과 2편을 함께 읽는 유대 전통 속에서 생각하면 이렇게 일치시켜 볼 수도 있습니다.

그런데 맨 앞에 나오는 "이 종을 위해 말씀을 기억해 주세요"나 중간쯤에 나오는 "난 님의 규정을 오래전부터 기억하죠"라고 한 표현 가운데서 "기억하다"(*자카르, זכר)는 말은 "부르다"나 "소리 내서 읽다"는 뜻도 담고 있는 말입니다. 따라서 "이 몸 위해 말씀을 읽어주세요" 또 "난 님의 규정을 오래전부터 읽어왔어요"로도 읽어볼 수 있습니다. 읽는다고 했는데 그냥 읽는 것이 아니라 소리 내서 읽는다는 말입니다. 그런데 사실 이 말은 "밤에 난 님의 이름을 불러봐요"라는 표현 속의 "불러보다"라는 말과도 같은 히브리어(*자카르)를 옮긴 말입니다. 따라서 이렇게 보면 여기서도 "님의 이름"은 "님의 말씀"이기도 하고 또한 바로 님 자신이기도 합니다. 그러니까 님의 말씀과 님의 이름은 불러보면 메시아라는 말이 중첩되어 생각나기도 합니다.

* * *

그런데 "님의 법은 나의 노래라. 나 어디에 살든지 – 밤에 난 님의 이름을 불러봐요"라는 부분에 유의할 필요가 있습니다. "님의 법은 나의 노래"라는 말은 "님의 토라는 나의 노래"라고 읽을 수도 있다고 했습니다. "님의 말씀을 나의 노래"라고도 읽을 수 있습니다. 곧 다시 말해 보자면 "메시아는 나의 노래"라고 생각해 볼 수도 있는 표현입니다. 여기 "나의 노래"의 "노래"라는 말은 히브리어 "즈미로트"(זמרות)라는 말을 옮긴 것이죠. 그런데 이 말 속에는 "힘"이라는 뜻이 들어 있습니다. 히브리어성경 가운데 가장 오래된 시라고 하는 미리암의 노래(출애굽기 15장) 속에는 이런 표현이 들어 있죠.

야(훼)님은

나의 힘 (나의) 노래 그리고 나의 구원 –

이 가운데에서 "(나의) 노래"(즈미로트, זמרת)라는 말 또한 "힘"으로도 옮길 수 있는 말입니다. 이렇게 읽을 수 있다면 이 문장은 이렇게 옮길 수도 있을 것입니다.[101)]

야훼님은
나의 힘 나의 능력 그리고 나의 승리라.

결국 하느님은 "나의 힘"이라는 고백입니다. "나의 힘이 되시는 야훼님 내가 님을 사랑합니다"라는 시편 구절(18:1)이 생각나는 표현이기도 하죠. 맨 뒤에 나오는 "나의 승리"는 히브리어로 "예슈아"(ישועה)를 옮긴 말인데 이 말은 "구원"이라는 뜻도 있고 "승리"라는 뜻도 있고 "이김"이라는 뜻도 있습니다. 그리고 우리의 그분 바로 메시아 예수의 이름이기도 합니다. 그러니까 이름 속에도 아무튼 힘이나 능력이라는 속뜻이 들어 있는 것을 알 수 있습니다.

* * *

다시 시편 119편으로 돌아가보죠. 그러니까 앞서 읽어본 시편 119편이 말하고자 하는 점은 토라가 바로 희망이요, 위로요, 급기야 노래요, 힘이라는 것입니다. 말씀이 그렇다는 것이죠. 그러니까 "노래"라는 말 속에는 "능력"이나 "힘"이라는 뜻이 들어 있고 그 속에는 또한 "이김"이라는 속뜻이 들어 있으며 그렇기에 우리의 위로와 희망이 된다고 하는 것이 시편 119편의 메시지입니다.

그런데 위에서 읽어본 119편 속에는 "질곡"이라는 말도 나오고 "못된 것들"이라는 말도 나옵니다. "질곡"이라는 말은 "고난"이라고 옮길 수도 있고 "못된 것들"이라는 말은 "원수들"로 읽을 수도 있습니다. 한마디로 억울하게 폭력을

101) 히브리어로는 "오지 브–지므라트 야 바–예히 리 리–이슈아"(עזי ותמרת יה ויהי לי לישועה)라고 하는데 이와 비슷한 표현으로 기원전 14세기 문헌인 고대 시리아의 우가릿 문헌(KTU 1.108.23–26)의 "아랫세상의 라피우마시여! 님의 힘과 님의 능력('zk ḏmark)과 님의 세력과 님의 주권과 님의 광휘가 해와 달이 떠오르는 동안 우가릿에 늘 머물기를!"이라는 표현 속의 "님의 힘과 님의 능력과 님의 세력"이라는 말 속에서도 찾아볼 수 있다.

당하여 고통당하는 상태를 가리키는 말이 "질곡"이라고 옮긴 말이고 이렇게 폭력을 행사하는 주체를 여기 시편 119편에서는 "못된 것들"이라 부릅니다.

시편 119편 시인의 노래는 그냥 부르는 노래가 아니라 고통 속에서 부르는 노래입니다. 고난 속에서 부르는 노래인 셈이죠. 달리 말하자면 짓눌리고 억압당해도 그 질곡 속에서 부르는 노래는 부르는 이에게 힘이요 능력이라고 말하고 있는 것이 바로 시편 119편인 듯합니다. 이렇게 노래가 힘이기도 하고 부르는 이의 능력이기도 한데 이 힘과 능력은 바로 말씀 때문이라고 고백합니다. 노래는 질곡 속에서 부를 때 더욱 더 힘이 되고 능력이 됩니다. 이런 고백을 우리는 욥기 속에서도 찾아볼 수 있습니다.

사람은 학대가 많으므로 부르짖으며
세력 있는 자의 팔에 눌리므로 도움을 부르짖으나
나를 지으신 하나님
곧 사람으로 밤중에 노래하게 하시며
우리를 교육하시기를
땅의 짐승에게 하심보다 더하게 하시며
우리에게 지혜 주시기를
공중의 새에게 주심보다 더하시는 이가
어디 계신가 말하는 자가
한 사람도 없구나.

『개역 한글판』으로 읽은 욥기(35:9-11)입니다. 이 부분은 엘리후가 하는 말이죠. 엘리후는 생뚱맞게 등장하여 욥에게도 세 친구에게도 마구 화를 내는 인물입니다. 그러면서 욥의 세 친구와 욥의 아내와 하느님을 연결시키는 독특한 인물이죠. 그런 엘리후는 이렇게 사람들이 고통당하면 하느님을 부르짖다가도 일이 잘 풀리면 금세 그분을 잊어버린다고 말합니다. 우리말 『개역 한글판』으로 읽으면 이해하기가 어렵게 되어 있습니다. 그래도 우리말 『새번역』(2004)은 훨씬 낫습니다.

사람들은 억압이 심해지면 부르짖고

세력이 있는 자들이 억누르면
누구에게나 구원을 청하면서 울부짖지만
그들을 창조하신 하나님께로 돌아가지 않습니다.
어두운 때에도 희망을 주시는
그 창조주 하나님께로 돌아가지 않습니다.
하나님이 우리에게
짐승이나 새가 가진 지혜보다 더 나은 지혜를 주시는데도
하나님께로 돌아가지 않습니다.

이렇게 둘을 비교해서 읽어보면 그래도 『새번역』이 훨씬 이해하기 쉽게 되어 있다는 것을 알 수 있습니다. 다만 우리가 지금 관심 갖고 논의하고 있는 부분이 왜 이렇게 되어 있을까 의아스러운 것이 사실입니다(욥 35:10).

곧 사람으로 밤중에 노래하게 하시며 (개역 한글판)
어두운 때에도 희망을 주시는 그 창조주 하나님 (새번역)

이렇게 비교해서 읽어보면 "밤중"(개역 한글판)을 "어두운 때"(새번역)로, "노래"(개역 한글판)를 "희망"(새번역)으로 바꾸어 읽은 것을 알 수 있습니다. 사실 "밤중"이라는 말은 히브리어 "바-라일라"(בלילה)를 옮긴 말이기에 "밤중"이라고 하나 "어두운 때"라고 하나 별반 차이가 없습니다. "밤중"은 어두운 때를 가리키는 말이기 때문이죠.

약간 의아스러운 점은 "노래"를 "희망"으로 바꾼 것입니다. 『개역 한글판』이 "노래"로 옮긴 히브리어는 "즈미로트"(זמרות)입니다. 바로 우리가 앞에서 길게 얘기했던 바로 그 용어입니다. 이 말 속에는 "힘"이라는 뜻이 들어 있다고 했습니다. 그래서 "즈미로트"는 구태여 옮기자면 "노래" 말고도 "힘"이나 "능력"으로 읽을 수 있을 것입니다. 한문성경 『대표본』은 "노래를 부르고 기쁨을 누리다"(謳歌逸樂)는 뜻으로 전통적인 읽기를 따랐습니다. 물론 "기쁨을 누리다"(逸樂)는 말을 집어넣어 노래를 부르는 이유를 덧붙이기는 했지만 말이죠.102)

102) 한문성경 『쉐레쉐브스키 쉬운 문리역』(1902)은 "사람으로 하여금 밤 사이에 환호하게 하신다"(使人夜間歡呼)는 뜻으로 읽기도 하였다.

가장 최근에 나온 유진 피터슨의 『메시지』(2004)라는 영어성경도 이렇게 전통적인 읽기를 따랐습니다. 영어문장이 아름다워 한번 인용해 보기로 합니다.

When times get bad, people cry out for help.
They cry for relief from being kicked around,
But never give God a thought when things go well,
when God puts spontaneous songs in their hearts,
When God sets out the entire creation as a science classroom,
using birds and beasts to teach wisdom.

상황이 나빠지면 사람들은 아우성치죠.
채였다고 도와달라 소리 질러요.
하지만 일이 잘 풀리면 하느님 생각하는 법 결코 없어요.
속으로 노래 가락 흥얼거리게 하시는 그때 말이죠.
지혜를 가르치려고 날짐승 길짐승 동원하여
온 세상 동원하여 과학 교재로 사용하실 그때 말이죠.

그런데 영어성경 가운데에서 미국 유대인 학자들이 번역한 NJPS는 이 히브리어(즈미로트)를 "힘"이나 "능력"이란 뜻의 "Strength"로 읽었습니다. 이렇게 이 말은 "노래"이면서 동시에 "힘"이기도 합니다. 두 뜻을 다 가지고 있는 말이죠. 그래서 요나스 그린휠드(Jonas Greenfield)라는 유대인 학자는 이 말에 "고난 속에서 힘차게 부르는 노래"라는 뜻이 담겨 있다고 말한 적이 있습니다.

* * *

말씀이고 토라이고 도(道)이고 메시아이고 그리스도이신 그분이 나토신 날을 우리는 지금 기다리고 있습니다. 고도를 기다리는 사람들처럼 우리는 그분을 기다립니다. 이렇게 기다리는 우리를 사람들은 그리스도인이라 하죠. 메시아의 사람들이라는 뜻입니다. 그러니 메시아 인(人)이라고 해도 틀린 말이 아닐 것이죠. 메시아를 기다리고 있으니 말입니다. 아기의 모습으로 나토실 그분을 기다리며 우리는 고난 속에서도 힘이 되시는 그분을 노래해야 할 것입니다. 올 크리스마스에도!

3) 잠언 - 지혜와 야훼 경외 그리고 수련

잠언이 말하려고 하는 것은 무엇일까요? 우선 눈에 띄는 것은 "야훼 경외"라는 말입니다. 그런데 이 "야훼 경외"는 혼자 등장하지 않습니다. 지혜나 창조, 또는 마음과 훈련, 그리고 정의라는 말과 함께 등장하여 그 뜻의 영역을 더욱 확장하는 것을 알 수 있습니다. 또한 여기에 "생명나무"와 "야훼의 눈"으로 "야훼 경외"를 형상화하기도 합니다.

그럼 "야훼 경외"(יראת יהוה)를 먼저 살펴보겠습니다. 이 말은 사실 "하느님 경외"와 같으면서도 다릅니다. 물론 "야훼"와 "엘로힘"을 같은 분으로 인식하는 히브리 성서 전체의 구조 속에서는 같다고 보아야 합니다. 그러나 히브리 성서 내의 문학층을 분류하여 생각해 보자면 다릅니다.

욥의 경우 "주님 경외"(יראת אדני)라는 말을 사용합니다(28:28). 그리고 꼭 "경외"라는 명사는 아니지만 "하느님을 경외하는 이"(ירא אלהים)라는 표현이 프롤로그에 집중적으로 등장합니다. 엘 문학으로 분류하는 욥의 경우 이렇게 프롤로그에서 의도적으로 "야훼"라는 신명 대신 "엘로힘"이라는 말을 사용하는 것을 알 수 있습니다. 사실 "엘로힘"은 "엘"의 또 다른 형태로 볼 수 있거든요. 복수형입니다. 따라서 "하느님 경외"는 엘 문학의 특징이라고 말할 수 있겠군요. 이런 면에서 같은 내용을 말하지만 표현이 다르다는 사실을 우리는 인지해야 할 것입니다. 그럼 잠언의 격언 가운데 "야훼 경외"라는 표현이 나오는 부분을 읽어보죠.

"야훼 경외는 으뜸 지식-" (1:7)
"야훼 경외를 그들은 택하지 않았다." (1:29)
"야훼 경외를 너는 깨달으라." (2:5)
"야훼를 경외하라. 악을 떠나라." (3:7)
"야훼 경외를 네가 의지할 것으로 삼으라." (3:26)
"야훼 경외는 악을 미워하는 것이다." (8:3)

"야훼 경외는 으뜸 지혜-" (9:10)

"야훼 경외는 날(수)를 늘인다." (10:27)

"(걸으라. 그의 곧음으로-) 야훼를 경외하라." (14:2)

"야훼 경외는 힘센 쉼터-" (14:26)

"야훼 경외는 생명이 솟아나는 샘-" (14:27)

"야훼 경외에는 적은 (재산)도 좋다." (15:16)

"야훼 경외는 지혜 수련-" (15:33)

"야훼 경외는 바로 악을 떠남-" (16:6)

"야훼 경외는 생명을 위한 것-" (19:23)

"야훼 경외는 빈민을 돌보는 일-" (22:4)

"야훼 경외에 모든 나날이 있기를-" (23:17)

"야훼를 경외하라. 얘야! 그리고 다스리라." (24:21)

이렇게 "야훼 경외"라는 표현이 나오는 격언을 모두 뽑아보았는데요, "경외"를 "경외하라"라고 명령으로 읽은 곳이 맨 마지막에 인용한 24:21과 앞 3:7에만 나옵니다. 어떻게 보면 인클루지오(inclusio)입니다. 야훼 경외라는 잠언의 핵심을 담고 있는 이 모든 표현을 배열하는 데 있어서도 잠언의 편집자들은 이렇게 의도적으로 "야훼 경외"라는 고정된 표현을 "경외하라. 야훼를-"이라는 명령 속에 담아두고 있는 것이죠. 또는 잠언의 서론인 1장-9장과 몸체 부분인 10장-29장이 이렇게 "야훼를 경외하라"라는 명령으로 상응하고 있는 것으로 볼 수도 있습니다. 그만큼 "야훼 경외"는 잠언이 말하고자 하는 핵심입니다.

* * *

잠언에서 "야훼 경외"만큼이나 많이 등장하는 말이 "지혜"입니다. 지혜가 판치는 세상을 꿈꾸었던 잠언의 현자들은 이렇게 지혜를 말합니다. 무엇보다도 유명한 것은 잠언의 표제어(1:7)와 인클루지오를 이루는 다음의 격언입니다.

"지혜 가운데 으뜸은 야훼 경외이다." (잠 9:10)

곧 "야훼 경외"가 무엇보다도 먼저 알아야 할 지혜라는 겁니다. 욥과도 닮았습니다. 욥기의 지혜 장도 "주님 경외가 지혜라"(28:28)는 말로 끝맺지 않습니까? 시편의 시인도 "으뜸 지혜는 야훼 경외"(111:10)라고 말합니다. 이만큼 지혜는 야훼 경외와 밀접한 관련이 있죠. 단순히 관련이 있는 것 이상으로 하는 말입니다. 누구나 입만 열었다 하면 "지혜! 지혜!"라는데 "야훼 경외가 바로 지혜이다!"라는 말입니다. 지혜 운동에 대한 야훼 신학적 응답입니다. 이러한 신학적 응답을 잠언의 현자들은 어떻게 말하는지 읽어보기로 하죠.

"지혜와 수련을 알도록-" (1:2)
"지혜와 수련을 어리석은 자들은 내친다." (1:7)
"지혜를, 아, 야훼께서 너에게 주시길!" (2:6)
"지혜를 찾은 이는 복되다." (3:13)
"지혜로 야훼께서 땅의 토대를 놓으셨다." (3:19)
"지혜를 사라. 깨우침을 사라." (4:5)
"지혜의 시작은 지혜를 사는 일-" (4:7)
"지혜가 부르지 않더냐?" (8:1)
"지혜는, 아, 보석보다 귀하다." (8:11)
"지혜가 바로 나다. 밝은 깨우침 속에서 산다." (8:12)
"지혜를 찾을 수 있다. 내 입 속에 깨침이 있으니-" (10:13)
"지혜를 바른 입은 돋아나게 한다." (10:31)
"지혜는 겸손한 이들과 함께-" (11:2)
"지혜는 충고를 받아들이는 이들과 함께-" (13:10)
"지혜를 거만한 자가 추구하나 없다." (14:6)
"지혜는 깨우치려는 마음속에 산다." (14:33)
"지혜를 수련하려면 야훼를 경외해야 하느니-" (15:33)
"지혜를 사라. 얼마나 좋은가? 금보다도 더-" (16:16)
"지혜를 사려 한들 마음이 없으니- 쯔쯧!" (17:16)
"지혜는 깨우침 앞서 간다-" (17:24)
"지혜의 샘은 솟아난다. 세차게 흐르는 시내처럼-" (18:4)
"지혜도 없다. 깨침도 없다. 계획도 없다. 야훼님 앞에서는-" (21:30)

"지혜를 수련을 깨우침을 사라." (23:23)
"지혜를 사랑하는 이는 아비의 기쁨이다." (29:3)
"지혜를 얻으려면 꾸지람과 매가 있어야-" (29:15)
"지혜를 내가 배우지 못했구나!" (30:3)

"지혜를 사라"는 말은 앞(4:5)에도 뒤(23:23)에도 짝 격언으로 등장합니다. 이렇게 잠언은 같은 격언을 앞뒤에 배치합니다. 이와 함께 생각해 볼 격언이 있습니다. 읽어보죠.

"그래, 알라. 지혜를-
네 목숨을 위하여-
만일 네가 찾으면
미래가 있을 것이다.
네 희망이 끊어지지 않을 것이다." (잠 24:14)

이 부분은 주어와 목적어가 불분명합니다. 우리말처럼 생략도 많이 합니다. 앞부분은 "그래, 알아라. 지혜가 네 목숨을 위한 것이라는 것을-"이라고 읽을 수도 있어요. 영어성경 NJPS는 그렇게 읽었습니다. "지혜는 이와 같다. 네 영혼을 위해-"("Such is wisdom for your soul")라고 말입니다. 잠언 타르굼도 앞부분은 이와 비슷하게 읽습니다. 다만 뒷부분에 설명을 집어넣죠. "네 영혼의 지혜도 이와 같다. 우선 네가 처음으로 지혜를 얻는다면 나중에 그보다 더 좋은 것이 찾아올 것이다. 그리고 네 희망도 끊어지지 않을 것이다." 여기서 "이와 같다"고 두 성경이 똑같이 읽었는데 그 같은 것은 바로 "꿀"과 "단 것"입니다. 여기서 "단 것" 또한 "달디 단 꿀"이라고 읽을 수도 있습니다. 당시는 꿀이 귀했던 것 같아요. 그래서 이렇게 "먹어보거라. 얘야, 꿀을- 참 좋단다. 단 것을 네 입천장에-"(24:13)라고 앞에서 말하는 것 같아요. 그러니까 여기서 지혜를 꿀에 비유하는 것이죠.

뒷부분의 "만일 네가 찾으면 미래가 있을 것이다"에는 목적어가 없습니다. 무엇을 찾는다는 건가요? 당연히 "지혜"이겠죠. 그런데 이렇게 생략합니다. 그래서 모든 역본이 여기다가 "지혜를 찾으면"이나 "그것을 찾으면"이라고 읽습니다. 격언이기 때문에 이렇게 목적어가 없는 것일까요? 아니면 잠언 히브리어의 특징일까요? 앞으로 더 연구해봐야 할 주제입니다. 아무튼 여기서 말하는 지혜는 목숨과 직결된다는 것이죠. 그런데 재미있는 것이 "미래"라고 옮긴 말입니다. 히브리어로는 "악하리트"(אחרית)라고 하는데요, 대부분 "미래"나 "앞날"이라고 읽습니다. 뒤따라 나오는 "희망"이라는 말과 연결지어 그렇게 생각합니다. 그런데 이 말은 "내세의 희망"이라는 뜻이 있습니다. 물론 성서에서는 이 말이 이런 뜻으로 사용되지 않을 수도 있습니다. 저세상에 대한 희망이 등장하지 않으니까요. 기원전 12세기의 우가릿 문헌에는 이와 같은 밑말 "유하리트"(uḫryt)가 바로 이러한 뜻을 지니고 있습니다.

"용사 아크핫이 대답한다.
거짓말하지 마세요. 마님!
용사에게 당신의 거짓말은 역겨울 뿐입니다.
죽을 수밖에 없는 인간이
어떻게 다음 생명(uḫryt)을 얻는단 말입니까?
죽을 수밖에 없는 인간이
어떻게 목숨을 연장한단 말이에요?
유약을 내 머리 위에 붓겠지요.
금가루를 내 정수리에 뿌리겠죠.
누구나 그렇듯 나 역시 죽습니다.
나도 분명히 죽을 겁니다." (KTU 1.17 vi 33-38)

『아크핫』(KTU 1.16-1.18)에 나오는 이야기입니다. 아크핫은 영생을 주겠노라고 꼬이는 아낫에게 대답한 말입니다. 인간에게 "저세상 삶"이란 가당치 않다는 말입니다. 여기서 말하는 "다음 생명"이라는 말입니다. "내세의 삶"이라고도 읽을 수 있을 것입니다. 같은 생각이 다음 부분에도 들어 있습니다.

"질시하지 말라. 죄인을-
네 마음으로-
그래, 바로 야훼 경외가

모든 나날이 되길 바란다.
그래, 있을 것이다. 내세(來世)가-
네 희망이 끊어지지 않을 것이다." (잠 23:17-18)

그런데 재미난 점은 두 격언 모두 같은 표현을 사용합니다. 곧 "악하리트"와 "희망"(티크바)이 짝말로 등장하는 것이죠. 그런데 이 두 격언이 들어 있는 잠언 22-24장은 『아메네오페의 교훈』이라는 이집트 문학을 닮았다고들 말합니다. 이 이집트 문학을 히브리어로 번역한 것이라고 학자들은 말하죠. 그렇다면 이 두 구절에서 이렇게 "아하리트"라는 말을 "내세"(來世)로 읽을 수 있는 근거가 충분히 됩니다. 이집트 문학은 일반적으로 내세의 삶에 대해 무한한 동경을 드러내고 있기 때문이죠. 특히 이러한 생각은 『망자의 책』(Book of the Dead)이라고 부르는 기원전 2천년대와 1천년대의 문학이 그렇습니다. 곧 이집트인들은 물론 왕족과 귀족층의 생각이기는 하지만 내세의 삶을 추구하여 미라까지 만든 것을 우리는 잘 압니다.

이러한 배경에서 위의 격언을 읽으면 지혜를 얻은 경우 "인간은 내세의 삶도 얻을 수 있다 그래서 희망이 있다"라는 식으로 읽을 수도 있습니다. 만일 이러한 생각이 맞다면 위의 격언은 상당히 오래된 문학 층으로 읽을 수 있는 것이죠. 히브리성서는 후대에 가서야 이스라엘 신앙인에게 저세상에 대한 희망이 없다고 말하고 있으니까요.

덧붙여 말할 것은 지혜가 본디 여신이라는 겁니다. 잠언 3장에서는 하느님이 "지혜로" 세상을 지으시지만, 8장에서는 "지혜와 함께" 하느님이 세상을 창조하시고, 9장에서는 "지혜가" 스스로 집을 짓습니다. 세상을 창조하는 것이죠. 이렇게 지혜는 창조 사역의 일꾼입니다. 창조주이죠. 이 점은 "생명나무"와 관련이 있습니다.

(1) 생명나무

우리가 잘 알고 있는 대로 생명나무는 금지된 나무입니다. 창세기 2장-3장이 그렇게 말합니다. 그런데 여기 잠언의 생명나무는 "의"(차딕)라는 열매를 맺는 나무입니다. 생명이기 때문입니다.

“지혜의 길은 아름다운 길
지혜의 모든 길은 평화–
생명나무–
지혜를 꽉 부여잡는 이
지혜를 붙드는 이에게 복이 있기를!” (잠 3:17–18)

히브리어 본문은 그냥 “그의 길”이나 “그의 모든 길” 또는 “그를 꽉 부여잡는 이”나 “그를 붙드는 이”라고 되어 있지만 여기서 “그”는 “지혜”를 가리키기에 모두 “지혜”를 넣어서 읽어보았습니다. 이렇게 “지혜”가 생명나무입니다. 그 생명나무가 맺는 열매는 평화입니다.

“의인의 열매는
생명나무이다.
현자는 사람을 깨우친다.” (잠 11:30)

어딘가 어색합니다. “의인의 열매가 생명나무가 맺는 열매이다”라고 하면 덜 어색할 텐데 이 격언은 그렇게 읽지 않습니다. 그런데 “의인의 열매”는 “의의 열매”라고 읽을 수도 있습니다. “차딕”(צדיק)이라는 말이 형용사이기 때문에 가능합니다. 히브리어는 형용사가 그러한 성질을 지닌 사람으로도 읽을 수 있기 때문입니다. 더구나 격언은 표현 자체가 간결하기 때문에 꼭 하나만 뜻하는 것으로 읽을 필요는 없습니다. 이러한 생명나무가 창세기에서는 감시당하는 나무입니다. 야훼께서 눈을 번뜩이며 감시하시는 나무였던 거죠.

(2) 야훼의 눈

그분의 눈! 잠언이 특이한 점은 이렇게 “야훼의 눈”이라는 말 때문입니다. “눈”이라면 바라보는 기능을 지니고 있는 신체기관입니다. 그러니까 “야훼의 눈”은 야훼께서 살피신다는 뜻을 담고 있는 말이죠. 창세기에서는 야훼께서 눈을 번뜩이시며 생명나무를 지키셨습니다. 물론 그의 심부름꾼들을 시켜 그렇게 한 것이지만 말이죠.

"야훼님의 눈은 모든 곳 위에-" (15:3)
"야훼님의 눈은 앎을 지키신다." (22:12)
"야훼님의 눈은 빛이다. 그들 둘에게-" (29:13)

먼저 앞 격언이 말하려는 것은 야훼님의 눈은 어디나 바라보고 계신다는 점입니다. 이어서 나오는 구절과 함께 읽어보면 좀 더 명확해집니다.

"모든 곳에
야훼님의 두 눈이-
살펴보신다.
악인과 선인을-" (잠 15:3)

그러니까 야훼님의 눈은 어디나 바라보고 계신다는 뜻인데 잠언의 현자는 마치 야훼님을 예언자처럼 묘사하는군요. "살펴보신다"는 말은 "살피고 계시는 (야훼님의) 두 눈"이라는 표현 속에서 읽고 있는 말이죠. 예언자들을 에스겔은 바로 "살펴보다"(초페)라는 말로 표현합니다. "감시하다"나 "두루 살피다"라는 뜻을 지니고 있는 말입니다. 그런데 그것이 끝이 아닙니다. "악인과 선인"이라는 악과 선의 대비를 통하여 정의의 실현을 암암리에 말하고 있습니다. 그들을 어찌하신다는 것이 아닙니다. 잠언의 현자는 이렇게 간결한 어법을 통하여 예언자 야훼의 눈을 묘사하고 있는 것이죠. 하느님은 참으로 바쁘신 분이군요. 여기서는 이렇게 예언자가 되셔서 착한 사람도 못된 사람도 두루 살피고 계시니 말이죠. "그분은 졸지도 않으셔- 주무시지도 않으셔-"(121:4)라고 노래하던 시편 시인이 생각나는군요. 그런데 이번에는 현자 하느님입니다.

"야훼의 두 눈은
앎을 지켜내신다.
속이는 자들의 말을 뒤집으신다." (잠 22:12)

지금 하느님은 현자가 되시어 "앎"을 지키십니다. "앎"이라는 말은 "다아트"(דעת)라는 말인데 잠언의 표제어 "야훼 경외가 으뜸 지식"(1:7)이라는 말에도 등장하는 말이기도 합니다. 사실 이 말은 "선과 악이라는 지식의 나무"라는 말에도 등장하여 우리의 관심을 끄는 말이기도 합니다. 곧 "선과 악을 깨닫게 하는 나무"나 "모든 것을 깨닫게 하는 나무"라는 뜻으로도 읽을 수 있는 표현이죠. 이와 연관지어 생각해 보면 이 격언은 이렇게 읽어볼 수도 있어요.

"야훼님의 두 눈은 지키신다.
깨달음을—
속이는 자들의 말
뒤엎으신다." (잠 22:12)

이렇게 "야훼의 눈"은 "깨달음"과 관련이 있습니다. 이것은 잠언이 줄기차게 말하는 주제입니다. "지혜"와 관련하여 그렇다는 것입니다. 앞서도 설명한 대로 지혜는 당시 고대 시리아-메소포타미아 지혜 운동의 한 일환으로 그에 대한 야훼 신학적 응답이라고 말씀드리기도 했습니다. 이렇게 야훼님은 현자입니다. 야훼의 눈은 깨달음의 메타포입니다.

그런 야훼님의 눈은 가난한 이나 돈이 있는 이나 모두에게 환한 빛이라는 것이 마지막 격언의 요지입니다. 사실 이 격언은 여러 가지로 읽을 수 있는 격언입니다. 앞부분과 함께 읽어보면 조금은 분명하게 그 문맥을 이해할 수 있습니다.

"가난한 이와 속이는 자
부딪칠 수밖에 없으니
그들 둘의 눈에 모두 빛이다.
야훼님은—" (잠 29:13)

"그들 둘에게 모두 빛이다"라는 말에서 "빛"이라는 말은 창세기에서 하느님이 처음 만드신 "밝은 것" 또는 "빛나는 것"으로 읽는 "메오르"와 같은 뿌리말입니다. 그러니까 하느님의 창조성을 강조하는 말이 이 말이 아닐까 짐작합니다. 그런데 이와 관련하여 이런 격언도 있습니다.

"환히 밝은 눈은 마음의 기쁨-" (잠 15:30)[103)]

여기서 잠언의 현자는 "좋은 소식은 뼈를 살찌운다"라는 말을 덧붙여 보는 눈과 듣는 귀를 대비시키고 마음과 뼈를 또한 대비시켜 강조하죠. 그런데 "환히 밝은 눈"이라는 말 가운데 "환히 밝은"이라고 옮긴 말은 히브리어로 "메오르"입니다. 창세기 1장에 하느님이 첫날에 창조하신 바로 그것입니다. 그러니까 잠언의 현자는 바로 이 말로 눈의 밝음을 말하고 있어요. 그렇게 눈이 환히 밝으면 마음이 기쁘다는 것이죠. 앞 구절에서 말한 "야훼의 눈"과 견주어 생각해 볼 수 있는 표현입니다.

그런데 여기서는 사람의 눈입니다. 누구나 가지고 있는 그 눈이 창조 사건과 만나는 겁니다. 그러니까 창조 사건은 이렇게 눈과 마음과 연결됩니다. 마음속으로 일어나는 창조 사건이 구체적으로 드러나는 곳은 바로 눈입니다. 그것을 기쁨이라고 말하는데요, 더욱 구체적으로는 뼈가 살찐다는 말입니다. 이 격언은 "마음이 편하면 몸에 생기가 돌지만 질투를 하면 뼈가 썩는다"(14:30)는 격언과도 통합니다. 마음이 어떠하냐에 따라 몸이 달라진다는 것인데 이렇게 구체적으로 뼈와 관련하여 설명하고 있군요.

(3) 마음

마음은 정말 잠언이 제일 많이 언급하는 말입니다. 성경에서 잠언처럼 마음을 많이 말하는 책도 없습니다. 히브리어 색인 사전을 훑어보아도 이 사실은 금세 알 수 있습니다. 한번 뽑아보겠습니다.

"네 마음을 깨우침에 열어놓으라." (2:2)
"네 마음이 내 명을 지키게 하라." (3:1)
"네 마음 판에 그들을 기록하라." (3:3)[104)]
"네 온 마음으로 야훼님을 신뢰하라." (3:5)
"네 마음이 내 말을 꼭 붙들게 하라." (4:4)

---

103) מאור־עינים ישמח־לב
104) 잠언 3:7과 똑같은 표현이다. 여기서 "그들"은 "사랑과 진실"(חסד ואמת)을 뜻하며 "참된 사랑"(공동번역)으로 읽을 수도 있다.

"그들을 네 마음속에 담아두라." (4:21)[105]

"네 마음을 지키라. 지켜야만 하는 모든 것 가운데에서-" (4:23)

"내 마음이 꾸지람을 싫어한다." (5:12)

"그의 마음속에 구부러짐이 있다." (6:14)

"못된 생각을 꾀하는 마음" (6:18)

"네 마음 위에 늘 그들을 꽉 붙들어 매라." (6:21)[106]

"마음이 결여되어 있는 이가 다른 이의 아내와 간음한다." (6:32)

"네 마음 판에 그들을 기록하라." (7:3)[107]

"마음이 결여되어 있는 젊은이." (7:7)

"마음먹고 매매춘 여자 차림으로-" (7:10)

"네 마음으로 그의 길을 향하여 움직이지 말라." (7:25)[108]

"마음을 깨우치라. 어리석은 자야." (8:5)

"마음이 결여되어 있는 이에게 그가 말한다. 그에게-" (9:4, 9:16)[109]

"마음이 지혜로운 이는 명령을 제 것으로 삼는다." (10:8)

"마음이 결여되어 있는 이의 등짝에는 매가-" (10:13)

"악인들의 마음은 가치가 별로 없다." (10:20)

"마음이 결여되어 어리석은 자들은 죽는다." (10:21)

"마음이 결여되어 있는 이는 그의 동료를 우습게 여긴다." (11:12)

"마음이 구부러져 있는 이를 야훼는 혐오하신다." (11:20)

"마음이 슬기로운 이의 노예이다. 어리석은 자는-" (11:29)

"마음이 뒤틀어진 이는 다툼만 일으킬 뿐-" (12:8)

"마음이 결여되어 있는 이는 헛것을 뒤쫓아가는 이." (12:11)

"악을 도모하는 마음에는 속임수만 있을 뿐-" (12:20)

"마음으로 어리석음을 어리석은 자는 외칠 뿐-" (12:23)

---

105) 잠언은 여기만 "레바브"(לבב)로 표기되어 있다. 다른 곳은 모두 "레브"(לב)이다. 신명기는 4:11과 28:65과 29:3만 "레브"이고 나머지는 모두 "레바브"이다. 여기서 "그들"은 가깝게는 "내 말들"을 가리키는 것으로 아버지와 어머니의 말씀을 뜻한다.

106) 바로 앞에 나오는 6:20의 "네 아비의 명(*מצוה)과 네 어미의 가르침(*תורה)"을 가리킨다.

107) 잠언 3:3과 똑같은 표현이다. "내 명"(מצותי)과 "내 가르침"(תורתי)을 가리킨다. 여기서 "나"는 아버지나 스승을 가리킨다.

108) 매매춘 여성의 "길"(דרכים)을 가리킨다.

109) 9:4은 지혜가 외치는 말이고 9:16은 "어리석은 여자"(אשת כסילות, 9:13)가 하는 말이다.

"마음에 분노가 치미는 자가 스스로 절제하게 하라." (12:25)

"마음이 병든다. 바람이 더디 이루어진다면-" (13:12)

"마음이 안다. 그 쓰라린 심정을-" (14:10)

"마음이 아플 수 있다. 기쁨 중에서라도-" (14:13)

"마음대로 하는 이는 자신이 한 대로 거둔다." (14:14)

"마음이 신중한 곳에 지혜가 쉼을 얻는다." (14:33)

"마음이 어리석은 자들은 그렇지 않다." (15:7)[110]

"인간들의 마음도 그렇다." (15:11)[111]

"마음이 즐거우면 얼굴이 좋아 보인다." (15:13)

"마음이 신중하면 깨침(앎)을 찾을 수 있다." (15:14)

"마음이 좋으면 언제나 잔치이다." (15:15)

"마음이 결여되어 있는 자에게 어리석음이 기쁨이다." (15:21)

"마음이 바른 이는 대답을 연습한다." (15:28)

"마음이 즐거우면 눈이 밝아진다." (15:30)

"마음을 사는 이는 꾸지람을 듣는 이이다." (15:32)

"마음을 정리하는 일(펼치는 일)은 사람의 몫-" (16:1)

"마음이 한없이 높은 이는 누구나 야훼께서 혐오하는 것-" (16:5)

"마음으로 사람은 그의 길을 궁리한다." (16:9)

"마음이 슬기로운 이를 사려 깊은 이라 부른다." (16:21)

"마음이 슬기로운 이는 자신의 입을 슬기롭게 한다." (16:23)

"마음을 야훼는 시험하신다." (17:3)

"마음이 없는데 지혜를 산다니?" (17:16)

"마음이 결여되어 있는 이는 보증 서는 이-" (17:18)

"마음이 구부러진 이는 복을 받지 못한다." (17:20)

"마음이 즐거우면 얼굴이 환하다." (17:22)

"그(어리석은 이)의 마음은 오락가락한다." (18:2)

---

110) 앞부분에는 "현자들의 입술은 깨침(앎, 지식)을 흩뿌린다"라고 되어 있다. 곧 "앎"(דעת)을 흩뿌리는 "현자들"(חכמים)이 "어리석은 자들"(כסילים)과 대비되는 격언이다.

111) 앞부분에는 "스올과 아바돈(망각)은 야훼 앞에-"라고 되어 있다. "마음"이 "리보트"(לבות)라는 복수형으로 되어 있다. 잠언에서 "마음"이 이렇게 복수형으로 등장하는 곳은 이곳 말고도 17:3과 21:2과 24:12이 더 있다.

"사람의 마음은 한없이 높다. 파멸 앞에서-" (18:12)
"마음이 사려 깊은 이는 깨침(앎, 지식)을 산다." (18:15)
"그(어리석은 이)의 마음은 야훼님을 거슬러 분노한다." (19:3)
"마음을 사는 이는 제 목숨을 사랑하는 이-" (19:8)
"사람의 마음속에는 많은 생각이 있다." (19:21)
"사람이 마음속으로 하는 궁리는 깊은 물이다." (20:5)
"내 마음은 깨끗하다고 누가 말할 수 있으랴?" (20:9)
"왕의 마음은 여러 갈래 물이다. 야훼님의 손에-" (21:1)
"마음을 시험하신다. 야훼님은-" (21:2)
"거만한 눈과 자만심 그리고 악인의 등불은 죄이다." (21:4)
"깨끗한 마음을 사랑하는 자, 그는 좋은 말만 한다." (22:11)
"젊은이의 마음에 어리석음이 꽉 매여 있구나." (22:15)
"네 마음을 내 깨침에 두라." (22:17)
"그의 마음이 너와 함께 있지 않다." (23:7)[112)]
"네 마음을 수련하라." (23:12)
"얘야, 네 마음이 슬기로우면 내 마음도 기쁘다. 나도-" (23:15)
"네 마음으로 죄인들을 질투하지 말라.-" (23:17)
"네 마음이 길에서 똑바르게 하라." (23:19)
"네 마음을, 얘야, 나에게 주어라." (23:26)[113)]
"네 마음은 뒤틀린 것을 말한다." (23:33)
"그들의 마음은 폭력을 말한다." (24:2)
"마음을 꿰뚫어보는 이 그는 분명 알아본다." (24:12)
"네 마음으로 즐거워하지 말라. 그(원수)가 넘어질 때-" (24:17)
"마음이 결여되어 있는 이의 포도밭을 나는 지나가 보았다." (24:30)
"내 마음에 담아 두었다." (24:32)
"왕의 마음은 헤아릴 수 없다." (25:3)
"마음이 상처받은 이를 향하여 노래 부르는 자-" (25:20)

112) 앞부분은 "먹자 마시자라고 그가 너에게 말한다. 그러나"라고 되어 있다. 따라서 위의 표현은 "그는 사실 그럴 생각이 없다"는 뜻이다.
113) 하반절은 "네 눈으로는 내 길을 바라보라"라고 되어 있다. "마음"과 "눈"의 대비이다.

"나쁜 마음을 지닌 격렬한 입-" (26:23)

"그의 마음속에 혐오하는 것 일곱 가지-" (26:25)

"마음을 기쁘게 한다. 올리브기름과 향이-" (27:9)

"내 마음을 기쁘게 하라." (27:11)

"사람의 마음도 사람에게 그러하다." (27:19)[114]

"네 마음을 가축떼에 두어라." (27:23)[115]

"자신의 마음을 굳게 하는 자는 불행에 빠지리라." (28:14)

"제 마음을 믿는 자는 어리석은 자-" (28:26)

"마음으로 그를 믿는다. 그의 남편은-" (31:11)

이렇게 모두 94회나 나오는군요. 이 가운데 4:21만 "레바브"로 표기되어 있고 나머지는 모두 "레브"입니다. 물론 같은 뜻이죠. 그리고 네 곳에서만 "레브"의 복수형인 "리보트"(לבות)가 등장합니다(15:11, 17:3, 21:2, 24:12). 신명기와 다른 점은 신명기는 대부분 마음을 "레바브"(לבב)라는 말로 표기하고 있다는 점입니다. 그런데 페니키아어로 "마음"을 "레브"(לב)로 표기하고[116] 또 우가릿어와 아카드어에서도 "마음"을 각각 "레브"(lb)와 "립부"(libbu)로 표기하는 것을 보면 잠언의 "레브"(לב) 또한 페니키아어의 영향으로 볼 수 있을 듯합니다. 따라서 잠언이 신명기보다 앞선 문헌이라는 것을 말할 수 있는 근거가 된다는 점이죠. 그 사정이야 어떻든 위의 격언 가운데 가장 우리 눈에 띄는 격언은 이렇습니다.

"네 마음을 수련하라." (잠 23:12)

영어성경 NJPS는 이 격언을 "네 마음을 훈련에 적용하라"("Apply your mind

---

114) 이 격언의 앞부분은 "물이 얼굴을 맞대고 대답하듯"(כמים הפנים לפנים)이라고 되어 있다.

115) 이 격언의 앞부분은 "알아보고 또 알아보라 네 양떼의 얼굴을-"이라고 되어 있다.

116) 기원전 8세기의 카라테페 새김글(KAI 26 A I 13, 18, A II 8, 14)과 신(新) 퓨닉어 마크타르 새김글(KAI 145:11) 그리고 Punica ix 9:2, 9b 2에 "레브"(לב)가 등장한다. Tomback 155와 DNWSI 561-562를 보라. 새김글 아람어(KAI 223 B 5, 224:14-16)에서는 일반적으로 "레바브"(לבב)를 사용한다(DNWSI 562-563). 따라서 "레브"는 전형적인 페니키아어라고 생각할 수 있다.

to discipline")라고 읽었군요. 그리고 이 격언의 뒷부분은 "네 귀를 지식의 말씀에–"라고 하였는데 여기서 "지식"(다아트)은 잠언에서 "지혜"와 같은 뜻으로 자주 등장하는 말입니다. "깨침"이나 "깨달음"이라고도 읽을 수 있는 말이죠. 따라서 마음을 수련하여 깨달음에 이르라는 가르침으로 이 격언을 읽어 볼 수도 있겠군요. 이렇게 마음을 수련하는 일, 마음을 수양하는 일은 잠언이 추구하는 중요한 덕목입니다. 이 말을 "마음 챙기기"라고 부르는 분들도 계시더군요. 마음을 챙기는 일은 이렇게 깨달음에 도달하는 일입니다. 그분의 뜻을 깨닫는 일이죠. 다만 잠언이 구체적으로 어떻게 마음을 챙겨야 하는지, 어떻게 수련해야 하는지 방법을 일러주지 않는다는 점에서 좀 아쉽기는 합니다. 다만 잠언의 현자들은 이런 말을 하기도 하죠.

"네 마음을 깨우침에 열어놓으라." (2:2)
"네 마음을 지키라. 지켜야만 하는 모든 것 가운데에서–" (4:23)

무엇보다도 마음을 지켜야 한다는 사실입니다(4:23). 지켜야 할 것이 많지만 그 무엇보다도 마음을 지키는 마음의 파수꾼이 되어야 한다고 잠언의 현자들은 말합니다. 그러면서 "깨우침"을 향하여 마음을 열어놓으라고 충고합니다(2:2). 여기서 "깨우침"(תבונה)은 "통찰"입니다. "예지력"이라고도 읽을 수 있고 무언가 그 속을 꿰뚫어볼 수 있는 마음입니다. 곧 그것은 또한 "지혜"(호크마)입니다. 결국 잠언의 현자들이 추구하는 것은 이렇게 지혜라는 사실을 알 수 있습니다. 그렇게 깨우친 마음이나 꿰뚫어보는 마음을 지닌 이는 다음과 같다고 말합니다.

"마음이 즐거우면 얼굴이 환하다." (17:22)
"마음을 사는 이는 제 목숨을 사랑하는 이–" (19:8)

그 마음이라는 것이 즐거우면 얼굴이 환히 빛날 수밖에 없겠죠(17:22). 사실 이 격언은 좀 어려운 말입니다. 영어성경 NJPS는 "마음이 즐거우면 건강에 좋다"라고 읽었지만 "마음이 즐거우면 그것이 곧 치유이다"라고 읽을 수도 있습니다. 이렇게 마음이 즐거움은 사실 생명 사랑과도 연관이 있다는 사실을 또한 알 수 있어요(19:8).

그리고 급기야 지혜는 "미래를 향하여 미소를 짓기"(31:25)도 합니다. 그는 입을 열었다 하면 "지혜"가 나옵니다(31:26a). 또한 "자애로운 가르침"(תורת חסד)이 흘러나오죠(31:26b). "유능한 여성"에 비유한 지혜의 모습입니다. 이런 모습은 "수련"을 통해서만 가능할 것입니다.

(4) 수련

지혜라는 말과 함께 짝말처럼 자주 등장하는 말이 "수련"(修鍊)입니다. "훈련"이라고도 읽을 수 있죠. 영어성경은 대체적으로 이 말을 "discipline"으로 읽습니다. "수양"(修養)이라고도 읽을 수 있고 "수덕"(修德)으로도 읽을 수 있습니다. 무엇인가 끊임없이 계속하는 것입니다. 사실 수련은 위에서 설명한 마음하고 연관이 있습니다. 마음을 다스리는 일이니까요. 또한 수련은 지혜와도 연관이 있습니다. 잠언의 목적 가운데 처음으로 언급하는 말이 바로 "지혜와 수련"입니다. "호크마 우-무싸르"(חכמה ומוסר)라고 합니다.

"지혜와 수련을 배우게 하려고
통찰의 말씀을 깨닫게 하려고" (잠 1:2)

잠언의 목적은 1:2-6에 모두 다섯 항목이 나오는데 위의 말씀은 그 목적의 첫 번째 항목입니다.[117] 여기서 "지혜"(호크마)는 "통찰"(비나)과 같은 말로 읽

117) 히브리어로는 각 목적이 "라메드"(ל)라는 전치사로 시작한다. 목적을 나타내는 라메드에 대해서는 BDB 517과 HALOT 510, Brockelman-Syntax §107과 GKC §114를 보라. 그렇다면 이 부분은 이렇게 읽어볼 수도 있을 것이다.

"지혜와 수련을 배움.
통찰의 말씀을 깨우침.
수련을 통하여 얻음 - 정의, 바름, 곧음.
열려 있는 이들에게 슬기를 줌.
젊은이에게는 앎과 명민함을 줌.
현자는 듣고 더욱 슬기로워짐.

격언과 속담을 깨우침.
또한 현자들의 말씀과 수수께끼도." (1:2-6)

여기서 "열려 있는 이들"(פתאים)은 흔히 "어리석은 이들"이라고 읽으나 잠언 9:4의 "어리석은

을 수 있습니다. "깨닫다"(*하빈)는 동사 또한 관련이 있죠. 그리고 "배운다"(다아트)도 마찬가지로 "지혜"와 통하는 말이고 동시에 "수련"과 관련이 있어요. 그런데 목적 가운데에서도 셋째 목적은 또 "수련"을 말합니다.

"수련을 통하여 깨우침을 얻게 하려고-
정의와 바름과 곧음을-" (잠 1:3)

이렇게 수련은 정의의 문제와 관련이 깊습니다. 그러니까 잠언이 말하고자 하는 것은 정의의 당위성입니다. 그것은 또한 지혜와 관련이 있구요. 이렇게 지혜 신학은 단순히 삶의 유용성을 얘기하지만은 않습니다. 삶을 잘 살게 하려고 지혜를 강조한다고 흔히 말하지만 반드시 그렇지는 않습니다. 바른 사회가 구현되기를 잠언의 현자들은 꿈꾸었습니다. 그 구호는 물론 "야훼 경외"입니다. 그래서 "지혜 수련이 야훼 경외"(15:33)라고까지 말합니다.

수련은 끊임없는 반복으로 가능합니다. 하기 싫어도 해야만 하는 것이 수련입니다. 그러니까 열정이 있어야 합니다. 그래서 이렇게 말하는 격언이 있습니다.

"수련하라. 또 수련하라.
생명으로 나아가는 길이다." (잠 6:23b)

사실 이 격언(6:23b)은 "수련의 꾸지람은 생명의 길이다"라는 말을 약간 강조하여 읽어본 것입니다. 물론 앞(6:23a)에는 "등불이다. 명령은- 토라는 빛이다"(6:23a)라는 구절이 나옵니다. "토라"를 강조하고 있습니다. 명령이나 토라는 같은 말로 이해할 수 있으니까요. 토라가 빛이요 등불이라는 겁니다. 무척 특이한 구절입니다. 토라가 빛이라고 하는 말은 다른 곳에서 찾아볼 수 없으니까요. 토라와 함께 수련을 말하는 것을 보면 토라의 수련이나 토라를 공부하는 훈련 또는 토라를 통한 수양을 말하는 것으로 읽을 수 있습니다. 시편을 읽는 듯한 착각이 듭니다. 시편의 겉표지인 1편은 "그분의 토라를 중얼거린다. 밤낮으로-"(1:2b)라는 말로 의인을 묘사하고 있으니까요. 그런데 마음과 관련

이들은 이리로 오시라"와 마찬가지로 이렇게 읽어볼 수도 있다. 이환진, 『히브리 가락 히브리 노래 히브리 성서』, 300 참조.

한 수련이 잠언에서는 더욱 두드러집니다.

"야훼의 수련을, 내 아들아, 거부하지 말라." (3:11)
"들으라. 아들들아. 아비의 훈계를–" (4:1)
"내가 시키는 수련을 하라. 은(銀)은 아니다." (8:10)
"아비가 시키는 수련으로 아들은 슬기로워진다." (13:1)
"수련을 저버리면 가난과 수치가–" (13:18)
"수련을 시키는 이는 자식을 사랑하는 이." (13:24)
"어리석은 자는 아비가 시키는 수련을 우습게 여긴다." (15:5)
"수련은 길 떠난 이에게는 나쁜 법–" (15:10)
"수련을 우습게 여기는 자는 자신을 증오하는 자–" (15:32)
"충고를 들으라. 수련을 받아들이라." (19:20)
"내 아들아, 훈계를 들으라." (19:27)
"수련의 매가 그에게서 멀구나–" (22:15)
"수련하라. 진심으로–" (23:12)
"수련을 거부하지 말라. 어릴 적부터–" (23:13)
"진실을 사라. 팔지 말라.
지혜와 수련과 깨침도–" (23:23)
"나는 경험했다. 수련하였다." (24:32)

위의 격언들 가운데[118] 자주 나오는 "아비"라는 말은 실제적인 아버지를 가리키기도 하지만 스승을 가리키는 말일 수도 있습니다. 『슈페-아멜리의 교훈』(RS 22:439)이라는 우가릿 지혜문학이 그 경우입니다.[119] 이 지혜문학도 "아버

118) 잠언 7:22의 경우는 그 뜻이 불분명하다. "그는 간다. 그의 뒤를 생각도 없이– 도살당하려고 끌려가는 소처럼– 재판 받으러 차꼬에 채인 채 끌려가는 어리석은 자처럼–"이라고 영어성경 NJPS는 읽었지만 여기서 하반절의 "어리석은 자의 훈련"(מוסר אוילים)이라고 억지로 옮길 수 있는 표현은 문맥에 어울리지 않는다. 그래서 칠십인역과 페쉬타역 그리고 잠언 타르굼은 "차꼬에 차인 채 끌려가는 개처럼"이라고 읽기도 한다. Healey, The Targum of Proverbs, 24–25, 특히 25의 n. 10을 보라. 한편 GNT의 "덫으로 깡충깡충 뛰어 들어가는 사슴처럼"("like a deer prancing into a trap")이라는 읽기에서도 알 수 있듯이 현대 역본들 모두 상상력을 동원하여 이 부분을 읽는다.

119) 이환진, "우가릿 지혜문학(RS 22:439)과 히브리성서의 지혜문학," 「신학과 세계」 제70호

지와 아들이 나눈 대화"라는 후기가 붙어 있는데 이것을 꼭 아버지와 아들의 대화냐고 묻는 이들이 많습니다. 스승과 제자의 대화로 읽을 수도 있다는 것이죠. 위의 잠언의 경우도 마찬가지입니다. 맨 위의 격언에 나오는 "야훼의 훈련"이라는 말이 특이한 경우이긴 하지만 위의 격언의 공통점은 "훈련"이라는 말이 교육적인 상황에서 나왔을 것이라는 점은 충분히 짐작하고도 남습니다. 곧 훈련은 교육입니다. 그 교육이 토라와 관련이 있든 지혜와 관련이 있든 교육하는 것입니다. 이 경우에 토라는 교육의 내용이라고 말할 수 있고 훈련은 교육의 방식이라고 말할 수 있겠습니다. 현자의 반대말인 어리석은 자는 이 훈련을 우습게 여긴다고 냉소적인 말을 내뱉기도 하지만 잠언의 현자들은 하나같이 훈련을 교육이라는 삶의 자리에서 말하고 있습니다. 이러한 훈련, 곧 수련은 생명에 이르는 길이라는 것이 잠언이 강조하는 점으로 보입니다.

"수련을 싫어하는 이
제 목숨을 거부하는 이" (15:32)
"수련하라. 굳은 마음으로-
게을리 말라.
수련을 굳게 잡으라.
아, 수련은 너의 목숨이다." (4:13)

앞의 격언은 수련과 관련된 부정적인 태도를 말합니다. 이와 달리 뒤의 격언(4:13)은 "수련을 꽉 붙잡으라. 떠나게 말라. 그것을 붙들라. 그것이 네 목숨이기 때문이다"를 풀어 옮긴 것인데요, 따라서 "수련하라. 수련하라. 또 수련하라. 수련이 네 생명이다"라고 읽어볼 수도 있습니다. 그렇지만 두 격언 모두 수련이 목숨이라는 것, 곧 생명이라는 것을 강조하는 격언입니다. 그러면서도 잠언은 이 "수련이 바로 야훼 경외"(15:33)라는 말을 잊지 않고 말합니다. 여기서 "수련"은 "훈계"로 흔히 읽는 말입니다만 이렇게 자기 자신을 돌아보며 닦는 일 곧 "수양"이라는 뜻으로 이렇게 읽어본 것입니다.[120)]

(2011 봄): 7-59.

120) 잠언 16:22의 "깨침은 생명 샘이다. 어리석음은 어리석은 자에게 내리는 심판(מוסר אולים)이다" 라는 읽기는 NJPS를 따라 읽은 것인데 여기서 "무싸르"는 이렇게 특이한 뜻으로 등장하기도

(5) 정의

다시 가난한 자와 속이는 자로 돌아가보죠. 예나 지금이나 세상에는 가난한 자와 속이는 자가 있을 수밖에 없죠. 특이한 점은 빈자와 부자를 대비시키지 않고 빈자와 속이는 자를 비교한다는 점입니다. 물론 부자를 다 비난할 수는 없습니다. 그렇지만 착취 구조 없이 부를 쌓는 것은 그리 흔한 경우가 아닙니다. 곧 속임수를 통하여 그렇게 한다는 뜻입니다. 속인다는 말은 속임수로 착취한다는 뜻이니까 그 때문에 가난한 자가 있는 것 아닌가요? 제도적으로 속이든 개인적으로 속이든 속임수는 사람들을 착취하기 위한 수단이니까요. 그런데 잠언의 격언은 이 둘의 관계를 잘 간파하고 나란히 비교하는 것 같습니다. 사실 이 표현은 잠언의 주제 가운데 하나인 정의의 문제와도 통하는 격언입니다.

정의는 한문성경 『대표본』(1854)의 표현에 따르자면 "소위-소치" 관계라고 말할 수 있습니다. "소위-소치"(所爲-所値)라는 말은 문자 그대로 읽자면 "하는 일"과 "당하는 일"이라는 뜻이지만 "가해자와 피해자" 그러니까 착취하는 자와 착취를 당하는 자를 가리키는 말입니다. 코헬렛(9:1)에 나오는 말인데요, 정의는 이렇게 히브리 지혜문학의 관심사 가운데 중요한 항목으로 자리 잡고 있습니다. 욥 또한 예외는 아니니까요. "소위-소치"의 문제로 "유대인 프로메테우스"라는 별명까지 얻은 인물이 욥 아닌가요?

이렇게 "소위-소치" 문제는 잠언의 지대한 관심사이기도 합니다. 한마디로 잠언의 정의는 "prescriptive"라고 말해야 할 것 같군요. 그냥 서술하는 descriptive와 다르게 당위성이라는 뜻입니다. 무슨 말이냐 하면 "정의는 반드시 실현되어야 한다"고 잠언은 말한다는 것이죠. 정의의 당위성을 법이라는 장르를 통하여 담담한 어조로 말하는 신명기와는 이렇게 다릅니다. 그럼 하나씩 살펴볼까요?

"악을 심고 잘 될 리 없죠.
선을 심으면
참된 사랑이 돌아옵니다."(잠 14:22)

한다.

한글『공동번역』(1977)을 약간 고쳐 읽어본 것입니다. 악과 선의 대비는 물론 잠언의 단골 메뉴입니다. 그런데 "선"(善)의 결과는 "참된 사랑"이라고 읽었어요. 선을 심었더니 참된 사랑이 돋아나더라는 얘기인데요, "참된 사랑"은 "진실과 사랑"으로도 읽을 수 있는 말입니다. 히브리어로는 "헤세드 베-에메트"입니다. 잠언이 좋아하는 표현입니다. 호세아(4:1)를 위시한 신명기 신학자들이 좋아하는 말이죠. 사실 이 격언은 인과응보와 연결됩니다. 또 이런 말도 하죠.

"정의롭다면
적게 소유하는 것이 더 낫다.
소유가 많다 해도
불의한 것보다–" (잠 16:8)

여기서 대비되는 말은 "정의"와 "불의"입니다. 달리는 "옳음"과 "바르지 않음"이라고 말할 수도 있습니다. "정의"는 "체다카"(צדקה)입니다. "불의"는 "로 미슈파트"(לא משפט)입니다. "체다카"는 "나눔"이라는 뜻이 들어 있습니다. 후대 유대교에서는 이 "나눔"이 구원의 전제 조건입니다.[121] 지금도 "헌금"을 "체다카"라는 말로 사용합니다. 예루살렘 히브리대학교의 채플에는 이 말이 크게 쓰여 있더군요. 곧 "나눔"이 "정의"입니다. "미슈파트"는 "바름"입니다. 제대로 판결을 내리는 것이 바로 "바름"(미슈파트)입니다. 불법으로 착취하여 쌓아 놓은 재산은 바르지 않은 것입니다. 불의입니다. 잠언의 현자들은 이렇게 소유를 정의와 불의의 문제로 생각한 듯합니다. 한문성경『대표본』(1854)은 이렇게 읽었군요.

非義之利 (비리지리)
得之雖多 (득지수다)
不若當得之物雖寡亦善 (불여당득지물수과역선)

121) G. A. Anderson. Sin: A History. New Haven: Yale University Press, 2009.

바르지 않게 얻은 이익은
비록 많이 얻는다 해도
당연하게 얻은 것이 비록 적다 해도
더 낫지 못하니-

소유의 문제입니다. 나눌 파이가 적어 나눠먹을 것이 적다고 말하는 것이 아닙니다. 그건 당치도 않는 말입니다. 나누면 굶주리는 이는 없을 것입니다. 우리나라도 그렇고 북부 조국도 그렇고 전 지구촌이 그렇습니다. 속이고 착취하여 한없이 쌓아놓기 때문입니다. 남들의 고통은 아랑곳하지 않습니다. 자기 배만 불리면 그만입니다. 성서의 주요 관심사는 이렇게 나눔입니다. 혼자만 차지하지 말라는 것입니다. 유대교의 경전인 『미쉬나』에도 비슷한 생각이 들어 있습니다.

"세상을 떠받들고 있는 기둥
셋이 있으니
토라와 노동과 나눔이다." (아보트 1:2)

잠언의 현자는 사실 이 생각을 벌써부터 이렇게 얘기한 적이 있습니다.

우-체다카 타칠 미-마베트
וצדקה תציל ממות

"나눔은
죽음에서 목숨을 구한다." (잠 10:2)

여기서 "나눔"으로 읽은 말은 "체다카"입니다. 앞서도 말한 "정의"입니다. 정의가 바로 목숨을 구하는 전제 조건입니다. 달리 읽자면 이렇게 나눔이 목숨을 구한다고 말하죠. 다시 한문성경 『대표본』(1854)으로 이 격언 전체를 인용해 보죠.

非義之利 (비의지리)
無所俾益 (무소비익)
躬行仁義 (궁행인의)
可免死亡 (가면사망)

“바르지 않은 이득”이라는 말은 앞(16:8)에서도 언급한 것이죠. 똑같습니다. 득이 될 것이 하나도 없다고 이어서 말하죠. 그리고는 “몸소 인의를 실천하는 일”을 말합니다. 여기서 “인의”(仁義)는 바로 “체다카”를 옮긴 말입니다. 그냥 “사랑”[仁]과 “바름”[義]을 실천하는 것이 아니라 “몸소” 실천하는 것입니다[躬行].[122] 말로만 하는 것이 아니라 몸을 던져 “나눔”과 “정의”를 실천하는 일이라고 말합니다. 사실 말이 쉽지 이렇게 몸소 실천한다는 것이 쉬운 일은 아닙니다. 그런데 그렇게 해야 죽음을 면할 수 있다고 『대표본』(1854)은 읽었습니다. 『대표본』(1854)의 이러한 성경 읽기는 놀랍기만 합니다. “체다카”의 뜻을 이렇게 한 낱말로 또 집약적으로 읽었다는 점이 그렇습니다. 특히 잠언에서 『대표본』(1854)은 이 “체다카”를 일관되게 “인의”(仁義)로 읽습니다. 곧 『대표본』(1854)의 잠언이 말하고자 하는 점은 “인의”(仁義)를 몸소 실천해야만 구원을 얻을 수 있다는 것이죠. 이 점은 인과응보와 연관이 있습니다.

(6) 인과응보? 出於無因?

그런데 이렇게 정말 인과응보가 잠언이 말하는 것일까요? 잠언은 신명기 신학(D)과 이런 면에서 서로 통하지만 정말 “콩 심은 데 콩 나고 팥 심은 데 팥 난다”는 우리말 속담처럼 그렇게 말하고 있을까요? 그렇게 말합니다. 인과응보를 말하는 잠언의 격언은 무수히 많습니다. 한번 읽어보죠.

“망령되이 얻은 재물은 줄어가고
손으로 모은 것은 늘어간다.” (13:11)

---

122) “몸소 실천한다”는 뜻의 “궁행”(躬行)은 『채근담』에 나오는 “몸소 실천하지 않고 학을 논하는 것은 구두선에 지나지 않는다”는 뜻의 “講學不尙躬行, 爲口頭禪”(강학불상궁행, 위구두선)이라는 말에서 온 표현인 듯하다.

"선인은
그 차지를 자자손손에게 물려준다.
죄인은
의인을 위하여 재물을 쌓는다." (13:22)

"흠 없이 살아가는 이가 의인이다.
복이 있다. 그의 후손에게는–" (20:7)

"정의 실천은
의인에게는 즐거움
죄인에게는 패망–" (21:15–16)

인과응보는 온 세상의 보편 정서입니다. 모든 사람들은 세상이 이래야 한다고 믿고 살죠. 정말 그래야 합니다. 인과응보의 신학에 정면 도전한 이가 바로 욥입니다. 이런 점은 코헬렛도 별로 다르지 않습니다. 다만 강조점이 다를 뿐이죠. 욥은 이래서는 안 된다는 겁니다. 콩 심은 데는 반드시 콩이 나야 하고 팥 심은 데는 반드시 팥이 나야 하는데 왜 세상이 이렇게 돌아가느냐 하는 것입니다. "못된 것들에게는 재앙이 덮쳐야 하지 않는가? 못된 짓만 골라서 하는 것들에게는 불행이 닥쳐야만 한다"(욥 31:3)는 말이 그 말입니다. 코헬렛도 마찬가지입니다. "의인은 너무 의로워 고통 속에서 죽어가고 악인은 너무 못되게 굴어도 잘 먹고 잘살더라"는 겁니다(전 7:15). 시니컬합니다.

이와 달리 잠언은 사뭇 긍정적입니다. 삶에 대한 애착이 강하기에 더더욱 그렇습니다. 고통 속에서 반항하며 이래서는 안 된다고 "케 보이"를 외쳐대는 욥, "무엇을 원하시느냐?"고 대드는 욥과는 다릅니다. "허무"를 중얼거리며 끊임없이 되뇌며 인생을 냉소적으로 바라보는 코헬렛과는 다릅니다. 그래도 사는 것이 낫다고, 죽음보다는 삶이 더 값진 것이라고 말하는 코헬렛과 물론 통하는 면이 없지 않습니다. 그런데 『대표본』(1854)이라는 한문성경으로 잠언을 읽어보면 이런 격언이 나옵니다. 억울한 심정을 담고 있어요(23:29).

誰遭禍患 (수조화환)

誰起爭競 (수기쟁경)
誰構怨尤 (수구원우)
誰目赤身傷 (수목적신상)
出於無因 (출어무인)

"누가 고통을 당하는가?
누가 다툼을 일으키는가?
누가 허물을 뒤집어쓰는가?
알몸이 상하는 것 누가 보는가?
까닭 없이 비롯되는 것이니-"

사실 이 격언은 히브리어로 읽으면 이렇게 옮길 수 있을 것입니다. 한번 비교하여 읽어보세요.

"누가 소리치는가?
'아이구!'
'죽겠네!'
누가 다투는가?
누가 불평하는가?
누가 다치는가? 까닭 없이?
누구의 눈이 붉은가?"

여기서 누구는 사실 "술을 끼고 사는 이"(23:30)를 가리킵니다. 동이 터 올 때까지 술잔을 기울이며 끝장을 본다고 말합니다. 그러면서 술이 붉다고 거기에 현혹되어 눈길을 주지 말라고 충고합니다(23:31). 붉은 색에 매료되어 목구멍에 술술 잘 내려간다고 마시지 말라고 하죠. 마침내 뱀처럼 독사처럼 물어뜯는다고 말합니다(23:32). 눈에는 헛것이 보이고 입으로는 앞뒤가 맞지 않는 말을 내뱉기까지 한다고 합니다(23:33). 사실 이 부분은 우리말로 번역된 구약 본문 가운데에서 처음 번역한 본문이기도 합니다. 약 110년 전 정동제일교회에서 매주 성경공부를 위해 펴낸 「죠션 크리스도인 회보」(제1권 47호, 1897년

12월 22일자)라는 주간지에 이 본문이 실려 있습니다. 아마도 100여 년 전 우리나라에 술을 마시는 사람들이 많았던 것 같습니다. 그래서 특별히 연말에 술을 적당히 마시도록 하려는 목적으로 이 본문을 번역하여 성경공부 하도록 한 듯합니다.

그 속사정이야 어떻든 한문 타르굼(Chinese Targum)이라 이름 붙일 수 있는 『대표본』(1854)은 "출어무인"(出於無因)을 말합니다. 히브리어로는 "까닭 없이"(ם ח)이라는 말을 이렇게 읽은 것이죠. 문맥은 술을 마시지 말라는 것이지만 말하고자 하는 것은 무슨 일이든 일어나는 것은 까닭이 없다는 겁니다. 그냥 일어나는 것이죠. 잠언은 모든 것이 그분의 뜻으로 일어난다고 자주 말하지만 우리는 "출어무인"(出於無因)이라는 표현을 통하여 잠언이 꼭 그렇게 얘기하지만은 않는다는 사실을 다시금 생각하게 됩니다. 이 격언에 이어져 나오는 교훈은 분명 금주하라는 것입니다. 그러나 앞부분은 그렇지 않습니다. 당하고 사는 이들의 고통을 말합니다.

> "누구에게 있는가? '아!'가?
> 누구에게 있는가? '빌어먹을!'이?
> 누구에게 있는가? 다툼이?
> 누구에게 있는가? 탄식이?
> 누구에게 있는가? 고통이?
> 까닭 없이?"

"누구에게 있는가? 불그스레한 눈이?"라는 마지막 말 앞에 나오는 표현을 히브리어로 그대로 옮겨본 것입니다. 이렇게 따지고 보면 마지막의 "불그스레한 눈"을 향하여 계단식으로 올라가는 구조로 정교하게 짜여 있는 것을 알 수 있습니다. 이런 것을 사다리 대구법(staircase parallelism)이라고 하는데요, 분명 그 목표는 술에 취해 두 눈이 불그스레 변해 있는 모습을 묘사하는 것이지만, 앞부분은 "까닭 없이" 당하며 고통 속에서 탄식하고 괴로워하는 이들의 모습 그대로입니다. 바로 "까닭 없이"라는 말이 그 초점이라는 것이죠. 한문성경 『대표본』(1854)이 이 점을 잘 드러내어 "출어무인"(出於無因)이라고 표현하고 있습니다. "까닭 없이 생겨난다"는 뜻이죠. 짓눌려 고통을 당하고 탄식하는 일이 그렇다는 것입니다. 잠언은 이러한 생각에 정면 도전합니다. "정의는 반드시 이루어져야 한다! 정의는 반드시 실현되어야 한다!"는 것입니다.

(7) 잠언의 여성

잠언이 여자를 바라보는 눈은 긍정적인 것과 부정적인 것이 서로 뒤엉켜 있습니다. 잠언의 앞부분 1장–9장이 그 대표적입니다. 여자를 "이상한 여자"라고 했다가 "외국 여자"라고 했다가 또 "음녀"라고 했다가도 "지혜 마님"이라고 부르기도 합니다. 맨 뒤에 가서는 "힘센 여자"나 "유능한 아내"라고 부르기도 합니다. 그런데 다음의 구절이 특이합니다.

마짜 이샤 이짜 토브
바–아페크 라쫀 메–아도나이
מצא אשה מצא טוב
ויפק רצון מיהוה

"아내를 찾은 이 복 받은 이
야훼님의 은총을 입은 이" (잠 18:22)

당시 청년들은 장가가기 참 힘들었던 모양입니다. 얼마나 힘들었으면 여자를 찾은 이가 복 받은 이라고 말할까? 또 그분의 은총을 입은 이라고 말할까? 하는 생각이 듭니다. "찾다"(마짜)는 말이 흥미로운 까닭은 지혜문학의 특징으로 등장하는 말이기 때문입니다.

에쉣 하일 미 임짜
אשת חיל מי ימצא

"유능한 아내
누가 찾을 수 있으랴? (잠 31:10)

이 여성은 지혜입니다. 결국 잠언이 추구하는 것은 지혜를 찾는 일입니다.

그 지혜를 "유능한 아내"로 부르는 것이죠. 유대인들의 10세기경 성경 주석 『탄후마』라는 책은 남편 아브라함이 아내 사라가 죽자 그를 생각하며 슬픔에 젖어 읊조리는 애도가(eulogy)로 이 잠언 31장의 "유능한 아내"라는 가나다 시를 읽기도 합니다. 그만큼 유대인들 사이에서 유명했던 인물이 바로 이 "힘센 여자"입니다.

이 아내는 지혜의 또 다른 모습입니다. 잠언의 1장-9장에서 "지혜 마님"(Lady Wisdom)이라 부르는 여자에 상응하는 여자입니다. 이 앞부분의 여자는 두 부류입니다. 한 여자는 "이상한 여자"나 "외국 여자"라 부르는 "어리석은 여자"(Lady Folly)이고 다른 여자는 바로 "지혜 마님"입니다. 이렇게 잠언은 여성을 무척 낮추기도 하고 무척 높이기도 합니다. 여자를 바라보는 당시 남자들의 시각을 이렇게 생각해 볼 수 있습니다.

영국의 성서학자 데이빗 클라인스(David Clines)는 이런 생각이야말로 남자들이 여자들을 조종하는 수법이라고까지 말합니다. 똑똑한 여자들을 "음녀"(淫女)로 몰아붙이는 것입니다. 마녀사냥이죠. 그런 수법이 도저히 통하지 않으면 "성녀"(聖女)로 떠받드는 거죠.

그렇게 생각해 볼 수도 있죠. 하지만 나는 아무래도 잠언의 여성관은 물론 남자들의 시각이겠지만요, 둘 다 공존한다고 말씀드리고 싶습니다. 앞서도 언급한 『슈페-아멜리의 교훈』(RS 22:439)이라는 우가릿의 지혜문학을 읽어보면 여자들을 봄철의 소와 비유하는 얘기가 나옵니다. 또 아내는 남편의 지갑을 알아서는 안 된다고 충고하는 장면도 나오죠. 여자들을 무척 낮추어 보는 방식입니다. 그러나 히브리성경은 꼭 그렇게 바라보지만은 않습니다. 두 시각이 다 공존합니다.

물론 "바가지 긁는 아내와 함께 사느니 초막을 짓고 따로 지내는 편이 낫다"고 몇 번씩이나 되풀이하여 우리 교회 여자청년들의 마음을 상하게 했던 격언도 잠언에 나오기는 합니다. 그래도 잠언의 여러 격언은 "지혜"라는 여신을 의인화하여 그를 끊임없이 추구하는 일이 곧 생명이라고 또 생명나무라고 말한다는 면에서 보면 여성을 비하하는 책이라고 무조건 몰아붙일 수만은 없습니다. 잠언은 "야훼 경외"와 "지혜 추구"를 최고의 덕목으로 삼고 있는 책이기 때문입니다.

(8) 창조

하느님은 "지혜로" 세상을 창조하십니다(3:19-20). "지혜와" 세상을 창조하시죠(8:22-31). 급기야 "지혜가" 되시어 집을 짓습니다(9:1-6). 세상 창조입니다. "그가 그의 기둥을 다듬는다. 일곱!"(9:2)이라는 표현 가운데에서 "일곱!"이라는 말이 바로 세상을 가리키는 메타포라고 했습니다. 그런데 이번에는 아굴이라는 현자의 입을 빌려 창조를 이렇게 말합니다(잠 30:2-4).

"아, 나는 보잘것없어라. 인간보다도-
평범한 깨우침도 없어라. 내게는-
배운 적도 나는 없어라. 지혜를-
거룩하신 분의 깨달음도 나는 몰라라.
누가 올라갔는가? 하늘에? 그리고 내려왔는가?
누가 모았는가? 바람을? 그 손바닥에?
누가 감싸 안아보았는가? 물을? 그 옷자락에?
누가 든든히 토대를 닦았는가? 모든 땅 끝을?
무엇이 그의 이름인가?
무엇이 그 아들의 이름인가?
그대는 정말 알고 있단 말인가?"

지혜를 배운 적도 없다고, 거룩하신 분을 알지도 못한다고 아굴이라는 현인은 말합니다. 호세아를 닮았습니다. 지혜를 말하는 점에서 그렇죠. 특히 "거룩하신 분의 깨달음"이라고 했지만 "거룩하신 분에 대한 지식"(דעת קדושים)을 이렇게 읽은 것입니다. 잠언 서론의 마지막 문장, "거룩하신 분의 지식이 통찰이다"(9:10b)라고 한 말이 생각나는군요.

한문성경 『대표본』(1854)은 "거룩하신 분"(크도쉼)을 "성리"(聖理)라고 하여 "거룩한 이치"로 이해하였습니다. "일"(다바르)은 "만리"(萬理)라고 하여 "모든 이치"라고 읽기도 하고 "백사"(百事)라 하여 "모든 일"이라고 읽기도 했습니다(25:2). 또 "에메트"는 "진리"(眞理)라고 하여 "참된 이치"로 읽었습니다. 그러니까 한문 『대표본』(1854)에게 하느님은 "이치"이신 거죠. 물론 "하느님의 오묘하심은 무궁하다"라는 뜻으로 "상제지오무궁"(上帝之奧無窮)이라고 말하기도 합니다.[123] 그런데 이어지는 내용은 욥의 언어와 비슷합니다. 아무 얘기도 없으시다가 갑자기 나타나셔서는 욥에게 이렇게 질문하시죠(38:16-18).

“그대는 가보았는가? 바다 샘까지?
깊음의 속까지 그대는 걸어보았는가?
죽음의 문이 그대에게 문을 열던가?
깊은 어둠의 문을 그대가 본 적이 있는가?
그대는 들여다보았는가? 땅 바닥까지?
말하라. 그대가 그 모든 것을 안다면-”

이렇게 하느님은 땅과 아래 세상에 이르는 길을 말씀하시다가 이어지는 부분에서는 빛의 길을 포함하여 하늘에 다다르는 길을 말씀하십니다(38:19-33). 그리고는 이 말을 빠뜨리지 않으십니다(38:36).

“누가 두었는가? 비밀스런 곳에 지혜를?
누가 두었는가? 마음속에 깨달음을?”

여기서 “지혜”(호크마)와 “깨달음”(비나)은 이렇게 같은 뜻으로 등장하죠. 잠언과 같습니다. 욥이 잠언과 다르다면 이렇게 하느님에게서 비롯된 것이 지혜요 깨달음 곧 통찰이라는 것인데 이러한 생각은 욥의 지혜 장(章)이라 할 수 있는 28장의 생각과 같습니다.

“아, 주님 경외
그것이 바로 지혜라.
악을 떠나는 일이
깨달음이라.” (욥 28:28)

123) 『대표본』의 잠언 25:2은 “包涵萬理, 上帝之奧無窮, 省察百事, 王公之榮丕著”라고 읽는다. “만리를 포함하여 상제의 오묘하심은 끝이 없다. 모든 일을 성찰하여 임금의 영광은 가없다”라는 뜻으로 풀이할 수 있다.

이렇게 욥은 잠언과 다르기도 하고 같기도 합니다. 다르다는 것은 욥은 지혜가 하느님의 것이라는 생각이요, 잠언의 지혜는 하느님 자신이기도 하기 때문입니다. 같다는 점은 이렇게 "지혜"와 "깨달음"을 같이 놓고 말하면서 동시에 "주님 경외"를 말하고 있다는 점입니다. 그리고 물론 창조입니다. 잠언은 이 창조를 세상 창조로만 설명하지 않고 동시에 마음을 지키는 일이 바로 창조라고 말합니다. 그것이 생명이라고 말하는 것이죠. 이만큼 잠언의 창조는 우리네 "마음"과 연결되어 있습니다. 그것이 바로 "생명"인 까닭입니다. 이렇게 잠언의 창조는 우리의 마음속에서도 일어납니다. 수련을 통해서입니다. 그리고 그 구체적인 표현은 정의 실천입니다.

4) 욥이 옳은가? 친구들이 옳은가?[124]

욥기의 엘리후 연설부분(32장-37장)은 논란이 무척 많은 부분입니다. 31장 마지막은 "욥의 말이 끝났다"(31:40)고 말을 하여 더 이상 욥의 말이 등장하지 않을 것처럼 이야기합니다. 이렇게 31장에서 세 친구와의 대화가 마무리되어 한 문학 단위가 끝나는 것으로 말하죠. 이 구절에서 사용하는 낱말도 "완결하다, 완결짓다"(*תמם)는 뜻의 동사를 사용합니다. 하지만 하느님의 현현부분(38장-41장)에 욥은 다시 등장하여 "난 그저 입을 다물 뿐입니다"(40:4)라고 말하죠.

이렇게 욥기는 전통적인 역사비평 학자들이 여러 부분으로 나누어 생각해 왔는데, 또 실제로 그러한 흔적이 바로 위에서 얘기한 "욥의 말이 끝났다"(31:40)라는 표현이기도 합니다. 재미난 점은 욥이 꽉 붙들고 있는 것이 바로 그의 "온전함"(*תמה, 2:9)이라는 것인데, 이 말이 재미있는 것은 바로 여기서 "끝났다"(*תמם)라고 한 말과 같은 뿌리말이라는 사실이죠. 그러니까 실제로 욥은 자신의 "온전함"이나 "흠없음" 또는 그 자신의 신앙을 꽉 붙들고 있다고 했는데, 사실 이러한 그의 태도는 세 친구들과의 대화에서도 계속되지만 그 온전함이 이제 "완결되었다"는 것이 바로 31장의 마무리 언급입니다.

124) 이 부분은 이환진, "욥이 옳은가? 친구들이 옳은가? - 마소라 본문 욥 32:1의 '그는 그의 눈에 옳다'(הוא צדיק בעיניו)란 표현을 중심으로," 「신학과 세계」 제64호 (2009년 봄호), 5-33을 약간 고친 것이다.

(1) 욥이 옳다? 세 친구가 옳다? - 마소라 본문의 욥과 여러 고대역의 욥

그런데 우리가 생각하려고 하는 것은 바로 엘리후 연설부분의 시작을 설명하는 내용입니다. 이 가운데에서도 엘리후는 무척 화를 내는데 바로 세 친구에게 그렇게 역정을 내는 것이죠. 그 이유는 세 친구가 입을 다물었다는 데에 있습니다. 그냥 입을 다문 것이 아니라 아무리 욥을 설득하려 해도 먹히지 않는다는 것이죠. 그 이유는 "욥이 스스로 옳다"고 생각한다는 것입니다.

이러한 설명이 바로 히브리어성경 마소라 본문의 설명입니다. 이 표현을 자구대로 옮겨보자면, "그는 그의 눈에 옳다"입니다. 물론 라틴어 불가타역도 "그는 자기 자신에게 옳다고 여겼다"(iustus sibi videretur)라고 하여 마소라 본문의 이 전통을 따르고 있습니다.

그런데 히브리어성경 가운데에서 케니코트(Kennicott) 248이라고 이름 붙은 사본은 이 부분을 "그는 그들의 눈에 옳다"라고 읽습니다.[125] 여기서 물론 "그들"은 당연히 욥의 세 친구입니다. 그러니까 욥이 스스로 옳다고 생각한 것이 아니라 욥의 세 친구가 그를 옳다고 생각했다는 말이죠.

이렇게 읽으면 내용이 영 달라집니다. 마소라 본문대로라면 욥이 스스로 옳다고 끝까지 고집을 세우는 것이 되고, 케니코트 248이라는 사본대로 읽는다면 세 친구가 욥의 설득에 말려들었다는 것입니다.

어찌 생각하면 케니코트 248이 고의적으로 그렇게 고친 것이 아닌가 하고 생각할 수도 있습니다. 그런데 그런 것 같지가 않아요. 요즘 히브리성경 본문비평학계에서 상당히 높이 평가하고 있는 시리아어 페쉬타역을 보면 이 사본과 똑같이 읽고 있기 때문입니다. 곧 페쉬타역은 이 부분을 "그는 그들의 눈에 옳았기 때문이다"(מטלא דהו הוא זדיק בעינהון)로 읽습니다. "그들"이, 곧 세 친구가 욥을 옳게 생각한 때문에 엘리후는 엄청 화를 내었다고 기록되어 있죠.

이뿐만이 아닙니다. 그리스어 칠십인역도 마찬가지이죠. "그들 앞에서 욥은 옳았다"(ēn gar Iōb dikaios enantion autōn)로 읽고 있습니다. 여기서 "(그들) 앞에서"라고 옮긴 전치사(*enantios)는 "(그들)에게"나 "(그들이) 보기에" 또는 "그들 앞에" 그리고 "그들이 생각하기에"라고도 옮길 수 있는 말입니다.[126] 그러므로 이 부분을 칠십인역으로 다시 읽어보면, "그들에게 욥은 옳았다"나 "그

---

125) BHK 비평장치.
126) Muraoka enatios 항목 II.

들이 보기에 욥은 옳았다" 또는 "그들이 생각하기에 욥은 옳았다"로 읽어 볼 수 있을 것입니다. 그러니까 칠십인역도 페쉬타역과 마찬가지로 "그들" 그러니까 세 친구들이 생각하기에 욥이 옳다고 본 것으로 이해한 것입니다. 페쉬타역의 전통을 그대로 보존하고 있는 것이죠.

강선남이라는 학자가 편역한 『칠십인역 그리스어 문법』에 따르면 칠십인역의 욥기가 기원후 2-3세기 작품으로 간주하는 견해가 일반적인 견해인데,[127] 이 입장이 옳다면 페쉬타역과 함께 상당히 이른 시기부터 이러한 전통이 내려온 것을 확인할 수 있습니다.

(2) 『욥 타르굼』과 욥

그런데 이와 관련하여 우리가 생각해야 할 부분은 욥기의 에필로그(42장)입니다. 사실 역사비평 학자들은 지난 200여 년 전부터 욥기의 프롤로그와 에필로그를 갖다 붙여놓고 읽으면 룻기나 요나서와 같은 단편소설일 것이라고 생각해 왔습니다. 그래서 욥의 시 부분과 이야기 부분은 별개의 문학 단위로 떠돌아다녔는데, 바빌론 포로기 즈음에 지금의 형태로 고착되었을 것이라고 말합니다. 이러한 문학 단위는 적어도 기원전 3-2세기경에는 분명하게 고착되었을 것으로 추정하는데, 그 근거로는 쿰란 공동체가 남긴 『욥 타르굼』이라는 문헌이라고 말합니다. 『욥 타르굼』의 마지막 부분(제38란)에는 욥기의 에필로그가 지금 마소라 본문의 형태와 똑같기 때문입니다. 이러한 사실은 플뢰그(Ploeg)라는 학자와 부데(Woude)라는 학자가 『욥 타르굼』이라는 문헌을 처음으로 판독하여 1971년에 펴낸 『쿰란 제11동굴의 욥 타르굼』이라는 책에 실려 있는 사진(129쪽)에서 확인해 볼 수 있습니다.[128]

물론 요 근래에 와서는 이 문헌의 이름을 왜 타르굼으로 붙였느냐고 논란이 일어나고 있습니다. "타르굼"이라는 말은 "번역"이라는 말로도 쓰이고 또한 고유명사로 사용되어 기원후 8세기에 유대인들이 바빌론에서 아람어로 번역한 성경을 가리켜 타르굼역이라고 부르기도 합니다. 그냥 번역한 것이 아니라 설명을 많이 집어넣은 성경으로 유명하죠. 그런데 『욥 타르굼』이라는 문헌을 자

127) 한님성서연구소, 2006년, 16.

128) J. P. M. van der Ploeg and A. S. van der Woude. Le Targum de Job de la grotte XI de Qumrân. Leiden: Brill, 1971, 129.

세히 읽어보면 이렇게 풀어 옮긴 번역이라기보다는 그냥 평범하게 자구대로 성경을 옮긴 번역이라고 평가해야 옳은 것이 사실입니다. 풀어 옮긴 부분이 거의 없기 때문이죠. 내가 확인한 바로는 욥기 31:29을 "[내 원수들에게 내린] 재앙을 보고 내가 기뻐한 적이 있단 [말인가?] 내가 그들에게 저주라도 했단 말인가?"(제19란 3-5행)라고 옮기고는 뒷부분에 다른 내용을 길게 늘어놓은 것 밖에 없습니다. 그러니까 이 구절이 타르굼의 성격을 보여주는 유일한 예라는 것이죠. 그래서 이름을 잘못 붙였다고 문제를 제기하기도 합니다. 이름을 어떻게 붙였든지 간에 『욥 타르굼』을 통해서 우리가 알 수 있는 점은 지금 우리가 읽고 있는 히브리어성경 마소라 본문은 이미 오래전부터, 아니 적어도 기원전 3-2세기경부터 지금의 형태로 읽어 온 것이 사실이라는 점입니다.

따라서 시 부분과 이야기 부분을 따로 떼어서 읽기보다는 지금의 형태로 읽어야 한다는 것이 나의 생각입니다. 서로 말이 들어맞지 않는 얘기를 주고받는 것이 사실이긴 하나 그래도 지금의 형태로 읽어온 전통이 무척 오래된 까닭이죠. 직소 퍼즐 맞추기를 할 때 따로 떨어져 있는 조각을 다 맞추어야 아름다운 그림이 되듯이, 비록 서로 어긋나는 부분이 있다 해도 그 조각을 모두 한데 모아 맞추어 보아야 전체의 그림을 알아보고 제대로 감상할 수 있는 것이 사실 아닌가요? 2008년에 우리나라를 찾아와 구약과 신약의 통일성을 강조하여 일주일간 우리에게 강의해 주신 독일 베텔신학대학원의 구약학 교수 크뤼제만(Crüsemann) 박사의 주장인데, 난 그분의 이 생각이 오늘날 우리 신앙 공동체에게 아주 훌륭한 가르침을 선물한다고 믿습니다.

(3) 욥이 바르다? - 욥기의 에필로그

이 점을 염두에 두면서 우리가 생각해 보아야 할 부분은 욥기의 에필로그 부분(42:7-17)입니다. 프롤로그(1장-2장)뿐만 아니라 다이얼로그(3:1-42:6)도 하나의 문학 단위로 같이 생각해야 할 부분이죠. 특별히 우리의 관심을 끄는 부분은 욥기 에필로그를 시작하는 구절(42:7)입니다. 이 구절을 우리말로 읽어보면 무척 재미있습니다. 하나님이 말을 시작하시는데 이렇게 말씀하시죠. "나는 그대를 생각하면 무척 화가 나요. 그대의 두 친구도 마찬가지예요." 무척 화가 나신다고 하는 이는 바로 엘리바스라고 하는 데만 사람입니다. 남쪽 사람이라고도 할 수 있습니다. 이 엘리바스라는 인물과 함께 다른 "두 친구"에게도 화가 난다고 했는데 그 두 사람은 빌닷과 소발이라는 사람이죠. 그러니까 하느님은 엘리바스와 빌닷과 소발에게 화가 난다고 말씀하고 있습니다. 그냥 화가 나는 것이 아니라 "무척" 화가 난다고 했는데, 이 표현은 마소라 본문으로 읽어보면 "나의 코가 불타오른다"라고 되어 있습니다. "코가 불타오른다"는 말이 "정말 화가 난다"나 "화가 나서 못 견디겠다"라는 뜻인데 "코"가 바로 "화"나 "분노"를 나타내기도 하기 때문이죠. 히브리인들의 언어 습관이 그렇습니다. 우리도 흔히 "콧김을 분다"고 하는데 그와 비슷한 표현이 바로 이 말입니다.

그다음에 나오는 그 이유가 무척 재미있습니다. "그대들이 내게 바름을 말하지 않았다"는 것이죠. 그런데 여기서 "내게"라는 말은 "나에 대해서"나 "나에 관해서"라고도 읽을 수 있습니다. 정말 유진 피터슨(Eugene Peterson) 박사는 그의 탁월한 번역 『메시지』(The Message)에서 이렇게 읽었습니다. "그대들은 나에게 또는 나에 대해서 (정직하지) 않았어요"("You haven't been honest either with me or about me")라고 이 둘을 다 집어넣어 읽습니다. 그러니까 이 "내게"나 "나에 대해서"로도 읽을 수 있는 이 히브리어 표현 "엘라이"(אֵלַי)는 사실 논란이 되는 부분입니다. "내게 바름을 말하지 않았다"로도 읽을 수 있고 "나에 대해서 바름을 말하지 않았다"로도 읽을 수 있죠. 뿐만 아니라 피터슨 박사처럼 둘 다를 한꺼번에 가리킨다고 말할 수도 있습니다.

또 하나 생각해야 할 표현은 "바름"이라고 옮긴 말입니다. 사실 이 말은 "옳음"이나 "정직"으로도 읽을 수 있는 말이죠. 또는 "진실"이나 "사실"로도 옮길 수 있는 말입니다. 이렇게 읽어본다면 이 구절은 여러 방식으로 읽을 수 있을 것입니다.

"그대들은 나에게 바름을 말하지 않았어요."
"그대들은 나에게 바르게 말하지 않았어요."
"그대들은 나에 대해 바름을 말하지 않았어요."
"그대들은 나에 대해 바르게 말하지 않았어요."
"그대들은 나에게 진실을 말하지 않았어요."
"그대들은 나에게 진실하게 말하지 않았어요."
"그대들은 나에 대해 진실을 말하지 않았어요."
"그대들은 나에 대해 진실하게 말하지 않았어요."

"그대들은 나에게 솔직하지 않았어요."
"그대들은 나에 대해 솔직하지 않았어요."
"그대들은 나에게 정직하지 않았어요."
"그대들은 나에 대해 정직하지 않았어요."

이밖에도 여러 방식으로 달리 읽을 수 있을 것입니다. 그만큼 표현 자체가 모호한데, 저자는 이러한 모호함을 아예 의도하고 그렇게 글을 썼는지도 모르겠습니다. "나에게" 바르게 말하지 않았든, "나에 대해" 바르게 하지 않았든, 이야기를 듣거나 읽는 독자는 두 가지를 한꺼번에 생각할 수 있기 때문이죠. 아니 두 가지뿐만 아니라 위에서 늘어놓은 것처럼 10가지 이상으로 생각할 수 있는 부분이 바로 이 구절입니다.

그런데 여기서 끝나지 않습니다. 여기에 한 가지가 더 추가되는데, 그것은 바로 "욥이 그랬던 것처럼"이라는 말입니다. 세 친구는 하느님에 대해 바르게 진실을 말하지 않았습니다. 그런데 욥은 그랬습니다. 곧 욥은 하느님에 대해 진실을 말했습니다. 욥은 하느님께 진실을 말했다는 것입니다. 그러니까 여기 에필로그에서 하는 말은 욥이 옳다고 욥의 손을 들어준 얘기입니다.

욥기의 다이얼로그 부분, 곧 시 부분에서는 욥이 틀렸다고 욥이 옳지 않다고 욥이 바르지 않다고 계속해서 거듭 말했습니다. 그럼에도 불구하고 욥기의 에필로그에서는 욥이 옳다고 아예 이렇게 선언을 하는 것이죠. 그것도 야훼의 입을 통해서 말입니다.

(4) 욥이 바르다? - 욥기의 프롤로그

그런데 이러한 야훼의 생각은 이미 프롤로그에 암시되어 있습니다. 사실 욥기의 제목이 무척 흥미로운데, 그 제목은 "욥, 그는 바른 이, 흠 없는 이, 하느님을 경외하는 이, 악을 멀리하는 이"(1:1)입니다. 욥을 이렇게 여러 수식어를 붙여 여러 호칭으로 부른 이는 다름 아닌 야훼 자신입니다. 하늘에서 어전회의(御前會議)가 열리는데 그 회의석상에서 칭찬 받은 유일한 인물이 바로 욥입니다.

욥이라는 이름은 탈무드에 "원수"니 "적"이니 뭐 하면서 욥을 깎아내리는 말이 무척 많이 나옵니다. 욥이 이스라엘 사람이 아니고 다른 나라 사람이기 때문이라는 것이죠. 일종의 인종차별적 발언이라 말하지 아니할 수 없는데, 이러한 해석은 당시의 분위기를 짐작할 수 있는 단초이기도 합니다. 또한 욥이 하느님께 반항하고 반기를 들어 그분에게 대들었기 때문이라고 말하기도 하죠. 그래서 "히브리인 프로메테우스"라는 별명을 그에게 붙이기도 하는데 암튼 이러한 별명은 그의 이름 속에 들어 있는 그 속뜻 때문이라고 말하기도 합니다. 물론 이해가 가는 말이기도 하죠.

하지만 요즘은 욥의 이름을 그렇게 해석하지 않습니다. 기원전 2000년대 중동지방의 여러 문헌을 살펴보면 그의 이름과 비슷한 이름이 등장한다는 것이죠. 그 가운데 한 문헌이 바로 기원전 14세기경의 『아마르나 편지』(The Amarna Letters)라고 하는 문헌인데, 편지라고 하니까 무척 서정적인 얘기가 나올 법하지만, 그렇지 않고 이 편지는 약 300-400개의 자그마한 토판에 기록된 당시의 외교문서 모음입니다.

당시 외교 관계에 공식 언어로 사용된 아카드어로 기록되어 있는 이 문헌에 "아이 아브"(Ay abu)라는 이름이 등장하는데(Amarna 256), 이 이름이 바로 욥과 비슷한 이름이 아니겠느냐고 요즘 학자들이 말하고 있습니다. 그 뜻은 "아버지가 어디 계신가?"라고들 말하는데, 그냥 아버지가 아니라 "조상신 아버지는 어디 계신가?"라는 뜻이 아니겠느냐고, 마빈 포웁(Marvin Pope)이라는 학자는 그의 욥 주석에서 이미 오래전에 제안하기도 했습니다.[129]

그런데 욥의 이름은 성경 속에도 등장합니다. 에스겔은 고대 문헌 정보가 무척 풍부한 책으로 유명합니다. 바로 이 에스겔서(14장)에 욥이 등장하는데, 혼자 나오지 않고 다니엘과 노아와 함께 등장합니다. 여기 에스겔서의 다니엘은 다넬(Danel) 또는 다닐루(Danilu)이라고도 부르는 인물로, 기원전 14세기의 우가릿 문헌 『아크핫』(Aqhat 또는 Aqhatu)에도 등장하는 인물입니다. 현인(賢人)으로 이 이야기 속에 등장합니다(KTU 1.17 i-ii).

또한 노아도 함께 에스겔서에 등장하는데 노아는 지우수드라(Ziusudra) 또는 아트라하시스(Atrahsis 또는 Atramsis)라는 인물의 히브리 판 이름입니다. 곧

129) Marvin H. Pope. Job. AB 15. Garden City, New York: Doubleday, 1973. 5-6. 나훔 사르나도 아래의 NJPS의 욥기 번역 서문에서 같은 견해를 말하고 있다. Greenberg, Moshe, Jonas C. Greenfield and Nahum M. Sarna. The Book of Job. A New Translation According to the Traditional Hebrew Text. Philadelphia: The Jewish Publication Society of America, 1980, ix를 보라.

수메르인들과 바빌론인들의 홍수 이야기 속에 현자로 등장하는 인물이 바로 이들인데, 노아는 바로 이들의 히브리 판으로 이해해도 무리가 없을 듯합니다. 노아 역시 창세기에 보면 노아의 홍수 이야기에 등장하는 인물인 까닭이죠.

아무튼 이들은 에스겔서에 나란히 등장하는데 거기서는 이들의 "의"(義)가 바로 그들이 구원받은 이유라고 말합니다. 여기서 "의"(*צדקה)는 "바름"이나 "옳음"으로도 옮길 수 있는 말입니다. 그러니까 욥이나 다니엘이나 노아나 모두 고난의 시절에 그들의 바름 때문에 구원을 겨우 받았다는 얘기인데, 이러한 전통은 바로 욥기의 전통과도 통하는 얘기가 아닐까 짐작합니다.

이렇게 욥은 현인으로 등장하는데, 이러한 생각은 욥기의 전체적인 이야기 곧 프롤로그-다이얼로그-에필로그의 전체적 구조(P-D-E) 속에서 현인으로 등장하는 것과 절대 무관하지 않습니다. 다이얼로그 부분은 시 부분인데 이 부분의 28장에는 욥이 지혜에 대해 노래하는 부분이 들어 있습니다.

이 부분은 "하느님 경외와 악을 멀리하기"라는 신명기 신학의 창조 판이라고 말할 수 있습니다. 역사비평 학자들은 이 부분이 왜 여기에 끼어들어 전체 이야기의 흐름을 방해하는지 모르겠다고 불평하지만 실은 욥이 어떤 인물인가를 너무나 명확하게 보여주는 부분입니다. 달리 말해 욥기의 전체적 구성에 반드시 필요한 핵심 부분이라는 말이죠.

왜 그럴까요? 이는 정신분석 용어로 설명할 수 있을 것입니다. 정신분석 용어 가운데 "감정 전이"(transference)라는 말이 있습니다. 정신 분석가와 환자가 서로 이야기를 하다보면 감정이 서로 전이될 수밖에 없다는 것이죠. 감정의 교류를 말합니다. 그러므로 상대방의 이야기가 마치 나의 이야기인 것처럼 느껴질 때가 있다는 것이죠. 아니 실제로 그러한 감정은 서로 교류하여 때로는 그의 인생관과 철학이 바뀌기도 한다는 말입니다. "감정 전이"라는 용어의 정의를 한번 읽어보기로 하죠.130)

> "환자가 살아가면서 가졌던 이전의 느낌과 생각 등을 분석가에게 드러내는 과정으로, 환자는 분석가에게 자신이 이전의 목적이었던 것처럼 말하는 것이다. 곧 이전에 가장 중요하게 생각했던 것을 분석가에게 투영하여 말하는 과정을 가리킨다.

---

130) Charles Rycroft. A Critical Dictionary of Psychoanalysis. 2d ed. New York: Penguin Books, 1995. 185-187.

이때 이전에 가장 중요하게 또는 우선적으로 생각했던 그것을 환자는 분석가에게 드러내놓는다. 또는 분석가를 향한 환자의 감정 태도를 가리키기도 한다. … 프로이트는 이 과정을 치료의 핵심적인 요소라고 하면서 '결국 모든 갈등은 전이의 영역에서 해결되어야만 한다'고 말했다. … 때로 환자는 분석가를 아버지나 어머니나 형제자매처럼 생각하기도 한다. … 따라서 분석가는 환자에게 긍정적이거나 부정적인 인물이 되기도 한다. …"

프로이트는 이 감정 전이를 치료 과정으로 이해하고 있습니다. 그런데 여기서 말하고 싶은 것은 인과응보라는 가치관에 꽉 붙들려 있는 세 친구와 대화를 계속해서 나누는 과정에서 욥이 그 가치관에 의문을 제기하지만 또한 그 역시 그 가치관에 매몰될 수밖에 없다는 사실입니다. 곧 감정 "전이" 때문이죠. 아니면 어린 시절부터 배우고 자란 그 가치관이 바로 인과응보라는 것이기 때문일까요? 두 가지가 다 가능해 보입니다.[131]

욥은 28장에서 이렇게 질문합니다. "지혜는 도대체 어디 있단 말인가?" 이 장 전체의 분위기가 그렇습니다. 그러면서 그는 스스로 대답하죠. "하느님 경외가 지혜라. 악을 멀리하기가 깨달음이라"(28:28). 이는 "하느님 모시고 사는 일, 그것이 바로 지혜라. 악을 멀리하기, 그것이 바로 깨달음이라"라고 달리 읽을 수 있을 것입니다.

이러한 선언은 바로 욥이 누구인가를 명확하게 드러내는 선언입니다. 잠언(11장)에 나오는 신명기 신학을 말하면서도 동시에 그것으로 끝나지 않고, 인간들의 끊임없는 지혜추구 곧 고대 메소포타미아인들의 지혜 운동을 광산 탐사에 비유하여 온갖 종류의 보석을 다 언급하면서 그 어떤 보석으로도 살 수 없는 가치가 바로 지혜라는 것이죠. 그런데 그런 지혜, 그 깨달음이 다름 아닌 신명기 신학이라고 말하는 것입니다. 그러니까 고대 중동지방의 국제적 지혜 운동을 하느님 신앙 안으로 끌어들여 토착화한 것이 바로 욥기 28장의 신학입니다.

"하느님 경외"와 "악을 멀리하기"를 기치로 내세워 토착화 운동을 벌였던 욥을 하느님은 프롤로그의 어전회의에서 칭찬하신 것이죠. 그것도 한 번만 말해

---

131) 앞의 책, 186-187.

도 될 것을 두 번씩(1:8, 2:3)이나 입에 침이 마르도록 칭찬하십니다. 성경에서 이토록 칭찬받은 인물은 없습니다. 욥은 히브리인이 아니지만 지금 엄청 칭찬받고 있는 것이죠. 그래서 이 책의 제목도 하느님의 그 칭찬을 따라 "바른 이, 흠 없는 이, 하느님을 모시고 사는 이, 악을 멀리하는 이"(1:1)입니다.

(5) 네 재앙, 네 친구?

어전회의의 주요 의제는 욥이었습니다. 그러니까 그가 옳으냐 그르냐 하는 문제를 가지고 하늘에서 논의가 있었던 것이죠. 회의는 검사가 등장하여 더 활기를 띱니다. 검사라고 하니까, 웬 검사? 하고 의아해 할 것입니다. 흔히 "사단"이나 "사탄"으로 읽는 이 캐릭터를 나는 "검사"라고 읽습니다. 이는 나의 생각이 아니라 학계의 공통적인 견해죠.[132] 고유명사로 읽으니까 문제가 됩니다. 하느님은 그를 그렇게 무자비하게 내려칠 수 없다는 생각이 거기에는 깔려 있습니다.

우리의 선입견을 가지고 텍스트를 읽으니, 우리의 생각을 가지고 본문을 들여다보니 도저히 이해가 되지 않는 경우도 있죠. 물론 좋은 경우도 있습니다. 요즘에야 텍스트를 내 눈으로 읽어야 아니 그렇게 해야만 좋은 학자라는 소리를 들으니 다들 자신의 관점을 가지고 읽을 수밖에 없습니다. 하지만 좋은 학자라는 소리를 듣기 위해서 꼭 그렇게 읽어야만 할까요?

스가랴서(3장)를 읽어보면 이미 사단이 검사 이상의 권한을 가지고, 아니 하느님과 별개로 독자적인 영역을 확보하여 나서는 것을 확인해 볼 수 있습니다. 그렇기 때문에 욥기의 프롤로그에 등장하는 이 캐릭터를 우리는 고유명사로 읽어 사단이니 사탄이니 하는 이름을 붙입니다.

하지만 나는 그래도 검사가 좋습니다. 시편(109편)을 읽어보면 거기에는 분명히 나를 거슬러 고소하는 이라는 뜻으로 이 용어가 사용되기 때문입니다. 물론 역사비평적 관점에서 성경을 읽지 않을 수 없기에 우리는 욥기의 이 캐릭터를 사단으로 이름 붙일 수도 있을 것입니다. 그렇지만 욥기의 프롤로그-다이얼로그-에필로그의 구조(P-D-E) 속에서 읽을 때에는 캐릭터의 이름으로 읽기 보다는 검사로 읽는 것이 더 설득력이 있어 보입니다.

---

132) HALOT שטן 항목.

검사로 등장하는 이 캐릭터는 네 친구의 다른 형태이기 때문입니다. 이 네 친구는 다이얼로그 부분, 곧 욥기의 시 부분에서 줄곧 욥을 몰아세우는 캐릭터이기 때문이죠. 어떤 이는 네 친구를 카운슬러라고도 부르고 어떤 이는 네 친구를 고대 중동지방의 전통적 관념의 대표자들이라고도 하고 어떤 이는 중동 지방의 현인들이라고 부르기도 합니다. 뭐라고 부르던지 간에 네 친구는 검사의 또 다른 이름입니다.

그런데 네 친구는 사실 프롤로그에서 자세히 살펴보면 네 재앙의 또 다른 발현입니다. 구조상 그렇다는 것이죠. 네 재앙이 반드시 네 친구를 가리킨다는 말이 아니라, 프롤로그–다이얼로그–에필로그의 구조(P–D–E) 속에서 같은 기능을 하고 있기 때문입니다. 그렇다면 과연 네 친구는 옳은가? 네 재앙은 바른 재앙인가? 당연한 재난인가? 이것이 바로 욥기의 질문입니다.

(6) 당신은 아직도? – 욥의 아내

이번에는 욥의 아내라는 캐릭터를 살펴보기로 합니다. 그는 이름이 나오지 않습니다. 당연합니다. 잠시 한마디만 하고 사라지는 까닭이죠. 그러나 그의 말 한마디는 단지 사라지는 것으로 끝나지 않습니다. 그가 무슨 말을 했는가가 중요합니다. 이름 없는 이 욥의 아내가 던지는 말, "당신은 아직도 당신의 투마(*תמה)를 꽉 붙들고 있나요?"는 정말 욥기 전체의 내용을 한마디로 요약한 말입니다.

사실 이 말은 그의 말이 아니라 하느님의 말을 그대로 반복한 것뿐입니다. "그는 아직도 그의 투마(*תמה)를 꽉 붙들고 있죠"(2:3)라고 검사에게 말하는 대목에서 확인해 볼 수 있습니다. 이렇게 하느님의 말을 그대로 반복하고는 덧붙이는 말이 "하느님을 칭송하시지 그래요? 그리고는 차라리 죽어요!"입니다. 심한 말입니다. 고통당하는 남편에게 이런 말은 정말 심하지 않은가요?

그런데 문제는 대부분의 성경이 "하느님을 칭송하라"는 부분을 "하느님을 저주하라"고 더 심하게 읽어왔습니다. 하느님을 저주하라니! 정말 심하지 않습니까? 이런 읽기는 프롤로그 마지막에서 그 해답을 찾을 수 있습니다. "그는 그래도 절대로 하느님을 저주한 적이 없다"(1:22)라는 설명 때문입니다.

정말 그럴까요? 시 부분인 다이얼로그를 보면 아예 그는 저주를 퍼붓습니다. 다이얼로그를 시작하는 3장은 하느님의 창조를 저주하는 내용으로 가득

차 있죠. 왜 나를 낳았느냐는 것입니다. 왜 나를 생겨나게 했느냐는 것이죠. 그리하여 학자들은 이 저주가 창조의 반역, 창조의 반(反) 창조적 구조로 아예 그렇게 구성되어 있다고까지 말합니다. 이 저주는 예레미야(20장)를 연상케 하는 저주인데, 학자들은 종종 이 두 부분을 비교하면서 욥기가 바빌론 포로기 그 언젠가에 기록되었을 것이라고 추정하기도 합니다.

그런데 재미있는 점은 예레미야가 신명기 신학의 옹호자라는 점입니다. 이 관점은 보편적인 관점으로 예레미야와 욥의 관계, 곧 그 신학적 반제 내지는 신학적 옹호를 이미 다이얼로그 부분에서 미리 말하고 있는 것은 아닌가 생각합니다. 둘 다를 한꺼번에 말하려고 아예 예레미야의 저주를 이곳에 싣고 있는 것은 아닌가 짐작한다는 말이죠. 신명기 신학을 거부하면서도 신명기 신학을 옹호하는 것이 욥의 모호한 태도입니다. 이것은 욥기의 프롤로그와 다이얼로그와 에필로그 내내 이어지고 있습니다.

다시 욥의 아내로 되돌아가기도 하죠. 욥의 아내는 하느님의 또 다른 이름입니다. 신학적 관점에서 욥의 아내는 하느님을 대변하는 신학을 전개하고 있다는 얘기입니다. 아직도 자신의 "믿음"을 꽉 붙들고 있다니! 아직도 자신의 "온전함"을 꽉 붙들고 있다니! 아직도 자신의 "흠없음"을 꽉 붙들고 있다니! 아직도 자신을 "바르다"고 고집하고 있다니! 정말 기가 찰 노릇이라고 욥의 아내는 반기를 듭니다. 하느님의 그 말을 그대로 인용하여 항거하는 욥에게 항거합니다. 앞서 인용한 욥의 아내의 말 가운데 "투마"(*תמה)로 표기한 말을 우리는 이렇게 믿음이니 온전함이니 흠 없음이니 바름이니 하는 말로도 읽어볼 수 있습니다.

그러니까 욥은 이렇게 자신의 "투마"와 싸우고 있는 것인데, 이 "투마"를 신약의 야고보서(5:11)는 "인내"로 읽기도 하였습니다(개역 한글판). 그런데 "인내"나 "오래 참음"보다는 "끈질김"이나 "한결같음"이나 "변치 않음"으로 읽어야 하지 않겠느냐고 현대 학자들은 말합니다. 욥이 끈질기다는 것이죠. 한결같다는 것입니다. 자신의 신조를 끝까지 포기하지 않았다는 말입니다. 이렇게 읽는 것이 욥의 성격을 더 잘 표현하는 것이 아니냐고 하는 것이죠.

(7) 욥이 옳다?

맞는 말입니다. 그래서 욥이 진실을 말했다(42:7)고 하느님은 세 친구에게 말하였던 것이죠. 욥은 하느님에게 아니 하느님에 대해서 참을 말했다는 것이 하느님의 견해입니다. 적어도 에필로그에 등장하는 하느님은 그렇게 말하고 계십니다.

정말 어찌 보면 어처구니없지 않은가요? 자신의 생각을 금방 그렇게 바꾸다니 말이죠. 다이얼로그 부분 그러니까 욥기의 시 부분 마지막(42:6)에서 그는 이러한 태도변화를 분명히 밝히고 있습니다.

> 귀에 들리는 소문을
> 난 들었습니다.
> 하나 이제
> 내 두 눈으로 보았어요.
> 나는 거부합니다.
> 나는 생각을 바꾸었어요.
> 흙과 재에 대하여 -

귀로 들은 것을 거부한다는 말입니다. 눈으로 보았기에 생각을 바꾸었다는 것이죠. 그런데 무엇을 듣고 무엇을 보았기에 그는 생각을 바꾼 것일까요? 무엇을 거부한다는 말일까요?

(a) 귀
(b) 눈
(a') 거부
(b') 바꿈

이렇게 대화(다이얼로그)의 마지막 부분(42:5-6)을 도표로 그려볼 수 있을 것입니다. 곧 (a)-(b) :: (a')-(b')로 표기할 수 있습니다. 그러니까 욥의 이 고백은 청각과 시각의 대립, 듣는 것과 보는 것의 대결, 귀와 눈의 대립으로 귀결될 수 있을 것입니다. 그렇다면 들은 것과 본 것은 무엇을 말할까요? 두말 할 것 없이 들은 것은 세 친구의 얘기요 본 것은 하느님의 창조 사건입니다. 세 친구는 욥의 귀에 대고 자신들의 생각을 피력했습니다. 하지만 아무리 떠들어도 욥은 꿈쩍도 하지 않았죠(31:1). 마소라 본문에서 욥은 자신이 바르다고 생각한 것입니다. 다른 성경에서는 세 친구도 욥을 바르다고 생각하였습니다(페쉬타역, 칠십인역, 케니코트 사본 248).

욥이 거부한 것은 세 친구들의 신명기 신학이요, 욥이 바꾼 것은 그의 관점입니다. 욥은 생각을 바꾸었는데, 그것은 인간에 대한 관점입니다. 여기서 "흙과 재에 대하여"(על עפר ואפר)라는 표현은 사실 참 어려운 표현입니다.

전통적으로 우리는 이 표현을 "흙과 재에 대하여"라고 읽지 않고 "흙과 재위에 앉아서"로 읽어왔습니다. 대부분의 주석가들과 번역본이 이렇게 읽어온 것이 사실입니다. 그런데 앞서 언급한 『욥 타르굼』은 "… 위에 (앉아서)"로 읽지 않고 "… 에 대하여"와 비슷하게 읽습니다. 아니 "나는 흙과 재가 되었습니다"(ואהוא לעפר וקטם)로 읽어버립니다(xxxvii 8-9). 욥기의 가장 오래된 번역인 『욥 타르굼』은 이렇게 과감하게 읽었는데, 이는 『욥 타르굼』의 번역가(들)가 이 어려운 표현을 얼마나 노심초사하여 나름대로 욥기를 읽어보려 노력했는가를 잘 알 수 있는 부분입니다.

그런데 이렇게 자신을 "흙과 재"라고 말하는 것은 창세기(18장)에 나오는 아브라함의 입을 통해서도 확인해 볼 수 있습니다. 조카 롯이 사는 소돔과 고모라를 위해 기도하면서 그는 하느님께 이렇게 자신을 묘사하죠. "나는 흙과 재입니다"(אני עפר ואפר, 18:27). 그런데 욥도 빌닷과 얘기하는 장면(30:19)에서 "우리는 흙과 재로 여김을 받죠"(אתמשל כעפר ואפר)라고 아예 말해 버립니다. "우리는 바로 흙이고 재예요"라는 뜻이죠. 이러한 생각이 바로 『욥 타르굼』을 낸 번역가들의 생각이라고 말할 수 있습니다.

그러니까 끈질긴 욥은 이렇게 하느님을 뵙고, 야훼의 현현을 경험하고 그렇게 생각이 바뀌었습니다. 그렇지만 이미 이러한 태도 변화는 앞서 감지할 수 있습니다(40:4-5). 신 현현 중간 부분에 욥은 "나는 침묵하겠어요"라고 아예 선언하죠. "나는 손을 입에 대겠어요"(40:4)라고 한 말인데, 그것도 겨우 베헤못(40장)과 리워야단(41장)이라는 신화적 동물의 묘사가 시작되기도 전에 그렇게 생각이 바뀐 것입니다.

그런데 이런 태도 변화는 다이얼로그 부분 안에서만 감지할 수 있는 것이 아닙니다. "좋은 날도 있는데 나쁜 날은 안 되나요?"(2:10)라고 하는 프롤로그 속의 욥의 말을 통해서 그의 변화를 감지할 수 있는데, 급기야 그는 이렇게 고백하기에 이릅니다(1:21).

빈 몸으로 나왔으니
어머니 뱃속에서 –
빈 몸으로 돌아가리니
거기로 –
주시는 야훼님
가져가시는 야훼님
님의 이름
칭송받아 마땅하리니 –

정말 그의 이러한 양비론적 태도는 갑작스런 그의 태도 변화라기보다는 이미 여기서 감지할 수 있는 내용입니다. 이 고백은 무척 유명한 고백이면서 동시에 어머니 대지(Mother Earth)라는 보편적 땅 인식을 읽어볼 수 있는 부분이기도 합니다. "빈 몸으로 나왔으니 빈 몸으로 돌아가리라"는 말은 "공수래공수거"(空手來空手去)라는 우리말 표현에서도 찾아볼 수 있는 표현이죠. 빈손으로 왔다가 빈손으로 간다는 말인데, 빈 몸으로 왔다가 빈 몸으로 간다는 것이나 별반 차이가 없는 말입니다.

그런데 "빈 몸"이라는 말은 "적신"(赤身)이라고도 읽는 말입니다. "붉은 몸"이죠. 우리말 『개역』(1938)이 이렇게 읽었습니다. 그런데 중국어 『대표본』(1854)은 "裸"[벗음]라고 읽었어요. 곧 "나는 벗은 몸으로 세상에 나와 또한 반드시 벗은 몸으로 땅으로 되돌아갈 것입니다"(我裸而出世, 亦必裸而歸土)로 읽었죠.[133)]

이렇게 "빈몸"이니 "적신"(赤身)이니 "나"(裸, "벗음")니 하는 말을 장황하게 늘어놓는 이유는 이런 번역에 해당하는 히브리어 "아롬"(ערום)이라는 말의 소리 때문입니다. 이 말은 그 뜻이 "슬기로움"이라는 뜻의 히브리어 "에롬"(ערום)과 비슷한 소리가 나기 때문입니다. 그러니까 욥기의 프롤로그는 이미 욥의 입을 통해서 욥이 바로 현자라는 사실을 암시하고 싶었던 것이죠. 현자 욥이 생각

133) 『대표본』 코헬렛 5:15에도 거의 같은 표현이 나온다. "蓋裸而出世, 必裸而歸土"가 그 표현인데, 욥 1:21이 상반절에서 "蓋"를 "我"로 바꾸고 하반절의 "必" 앞에 "亦"을 덧붙인 것 말고는 똑같다.

을 바꾸었다는 사실(42:6)은 바로 욥의 고백(1:21) 속에 이미 이렇게 들어 있습니다.

또 하나 말하고 싶은 점은 욥이 "거기로" 돌아간다고 한 것입니다. 거기로 돌아가다니, 어머니 몸으로 돌아간단 말인가요? 이런 어처구니없는 경우가 어디 있을까요? 앞서도 얘기했지만 프롤로그는 땅 어머니를 암시하고 있는 것입니다. 대지 어머니를 말하고 싶은 것이죠. 아니 어쩌면 그 사실을 숨기고 싶었는지도 모르지만 이러한 생각은 시편(139:13-15)에서도 읽어볼 수 있습니다. 그러니까 인간은 어머니 땅에서 나와 어머니 땅으로 되돌아갈 수밖에 없다는 것인데, 인간이 본디 흙이라는 창세기(2:7)와 시편(90:3)의 생각을 떠오르게 하는 말입니다. 그러니까 프롤로그 속에 나오는 현자 욥의 고백(1:21)은 다이얼로그 속의 마지막 고백(42:6)과 정확하게 들어맞습니다.

또한 "주시는 야훼님 가져가시는 야훼님"이라는 말은 사실 "야훼는 주신다 야훼는 가져가신다"라는 표현을 풀어 옮긴 부분입니다. 이는 부자 욥(프롤로그)과 가난한 욥(다이얼로그) 그리고 다시 부자 욥(에필로그)의 또 다른 표현입니다. 아니 욥기 전체의 구성을 정확하게 미리 암시하는 표현이기도 합니다. 이는 "좋은 날"과 "나쁜 날" 또는 "복받은 날"과 "재앙이 내린 날"이라는 이분법적 구조(2:10)와도 맞아떨어지는 표현이기도 하죠.

(8) 프롤로그 속에는 욥의 모든 내용이!

그러니까 욥의 프롤로그에는 욥기의 모든 것이 다 담겨 있다는 말입니다. 프롤로그는 다이얼로그와 에필로그의 내용을 미리 암시하고 있다는 얘기죠.[134] 다시 말해 프롤로그-다이얼로그-에필로그의 구조(P-D-E)는 이미 프롤로그에 다 들어 있다는 말입니다. 이 점을 좀 더 자세히 얘기해 보면 이렇습니다.

우선 캐릭터를 중심으로 생각해보면 이렇습니다. 하늘 어전회의는 욥을 회의 주제로 열리는데 이 회의는 야훼가 사회를 보시는 회의입니다. 그런데 흔히들 역사비평 학자들은 프롤로그와 에필로그에 등장하는 하느님은 야훼로 표기되어 있기 때문에 하나의 문학 단위로 읽을 수 있지만 다이얼로그는 "엘"(אל)

134) 이 생각은 감리교신학대학교 종교철학 교수이신 이경재 박사에게서 비롯된 것이다(2007년 가을).

이나 "샤다이"(שדי)나 "엘로하"(אלוה)로 등장하기 때문에 다른 문학 단위로 보려는 경향이 있습니다. 다이얼로그 부분 가운데에서도 욥이 세 친구와 애기하는 장면(3장-31장)이 그렇습니다. 물론 맞는 말입니다. 그렇지만 지금의 형태를 최종 형태로 놓고 볼 때는 이름이 다르다고 해서 다른 문학 단위로 볼 수만은 없습니다. 더구나 다이얼로그 부분에는 "야훼"(יהוה)라는 이름이 단 한 곳(12:9) 나오는데 이걸 학자들은 후대의 삽입이니 또는 글로스(gloss)니 하면서 대수롭지 않게 말을 합니다. 실제로 많은 히브리어 사본은 이 표현을 "야훼"로 읽지 않고 "엘로하"(אלוה)로 읽습니다.[135] 따라서 그 얘기가 틀린 얘기가 아니지만, 그래도 지금 형태의 마소라 본문을 놓고 볼 때에는 다 의도성이 있다고 보아야 합니다.

세 친구와 애기하는 부분(3장-31장) 역시 하나의 문학 단위라는 것은 이 부분의 마지막 표현인 "욥의 말이 끝났다"(ותמו דברי איוב)는 말에서 찾아볼 수 있습니다. 하느님이 욥의 "투마"(*תמה)를 입에 침이 마르도록 칭찬하고 욥의 아내는 다시 남편의 "투마"(*תמה)로 다시 그의 끈질김을 재확인하는 것은 이 용어가 욥기 전체의 주제라고 해도 과언이 아닐 정도로 중요한 낱말임을 말하고 있는 것이죠. 또한 다이얼로그 부분에서도 욥은 계속해서 자신의 "투마"를 말하고 있는데, 그중에서도 눈에 띄는 곳은 바로 세 친구와의 대화 마지막 부분입니다. "그분이 나를 바른 저울에 달아보신다면, 엘로하가 나의 투마를 알아보실 텐데…"(31:6)라는 표현이 바로 그것이죠. 그런데 이러한 욥의 "투마"는 이미 이 책의 제목에 들어 있는 말입니다. 그는 "온전한 이"(1:1)라는 말이 그것이죠. 그리고 하느님이 칭찬할 때마다 이 말(1:8, 2:3)을 계속해서 되뇌십니다.

이렇게 투마로 이어지는 욥기의 프롤로그와 다이얼로그는 비록 신명이 다를지라도 같은 얘기를 하고 있는 것이고, 이렇게 볼 때 욥기 12장은 의도적으로 "야훼"라는 신명을 사용하고 있다고 말할 수 있습니다.

신명과 관련하여 또 하나 말해야 할 것이 있습니다. 앞서 신명기 신학의 부정과 긍정을 모두 담고 있는 책이 바로 욥기라고 했습니다. 그런데 신명기나 신명기 신학의 실용화라고 부를 수 있는 잠언과는 다른 표현을 사용하고 있죠.

---

135) BHK의 비평장치.

잠언의 서설 부분(1장-9장)은 사실 “야훼 경외”라는 말로 시작하고(1:7) “야훼 경외”라는 말로 끝나고(9:10) “야훼 경외”라는 말로 그 중심(1:29, 2:5, 3:7, 8:13)을 꿰뚫습니다. “야훼 경외”는 달리 “야훼 모시고 살기”라고 읽을 수도 있다고 했는데, 정말 잠언 3:7에서는 “야훼님을 모시고 살라, 악을 멀리 하라”고 했습니다. 앞뒤에서는 하나의 구문 형태인 “야훼 경외”나 “야훼 모시고 살기”라고 했는데, 여기서는 “야훼를 두려워하라” 곧 “야훼를 경외하라”고 한 까닭입니다. 이렇게 신명기 신학을 실제적 삶에 적용하고자 “악을 멀리하라”는 말을 덧붙여 구체적으로 더 강조한 책이 바로 잠언인데, 이 표현은 욥기의 주제이기도 합니다.

그런데 욥기는 “야훼를 모시고 사는 이, 악을 멀리하는 이”라고 말하지 않습니다. “하느님을 모시고 사는 이, 악을 멀리하는 이”라고 말합니다. 야훼라는 신명이 주종을 이루는 부분이 욥기의 프롤로그 임에도 불구하고 “야훼”라는 신명을 사용하지 않고 “하느님”이라는 말을 사용하고 있는 것이죠. 무엇이 다르냐고 말할 수도 있을 것입니다.

“야훼 경외”(이르아트 아도나이, יראת יהוה)와 “엘로힘 경외”(예레 엘로힘, אלהים א יר)는 같으면서도 다릅니다. 욥기에서 야훼를 엘로힘과 엘과 샤다이와 엘로하와 같은 뜻으로 사용했다는 면에서는 같습니다. 하지만 야훼를 엘로힘으로 바꾸어 잠언과 차별화하려고 했다는 면에서는 다릅니다.

사실 역사비평 학자들은 엘 문학(El literature)이라고 하여 신명이 “야훼” 대신 “엘”이나 “샤다이”가 더 많이 나오는 욥기의 다이얼로그 부분을 야훼가 주종을 이루어 등장하는 야훼 문학과 구별하려는 시도가 있었습니다. 요나스 그린필드(Jonas Greenfield)나 바룩 레빈(Baruch Levine) 같은 학자들이 이런 시도를 하였고 나 또한 이분들의 이론에 동조하는 것이 사실입니다. 특히 나의 스승이신 레빈 교수는 그의 책 『민수기』에서 엘 문학 층을 구분하여 말하기도 합니다.[136] 특히 민수기의 발람 이야기 부분(민수기 22장-24장)이 그렇다는 것이죠. 정말 이스라엘 종교사를 얘기할 때는 이를 엄밀히 구별해야 어떻게 고대 이스라엘 사람들이 토착적 신앙을 형성하려고 했는가를 알 수 있습니다. 또한 요즘은 시편을 구분할 때 엘로힘 시편과 야훼 시편을 구분하여 부르기도

136) Baruch A. Levine. Numbers. AB 4A. New York: Doubleday, 2000: 267-271.

합니다. 100여 년 전 학자인 궁켈(Herman Gunkel)의 분류가 기준이 모호하다는 이유에서죠.

이렇게 엘과 야훼의 사용은 엄밀한 의미에서 서로 다른 문학 층을 구분하는 중요한 잣대로 사용되는 것이 사실입니다. 하지만 욥기를 통(通)으로 읽어보려 할 때는 "엘"과 "야훼" 또는 "엘로힘"의 구별이 별 의미가 없습니다. "샤다이"와 "엘로하" 모두 같은 하느님이기 때문이죠. 서로 다른 신앙 전통을 같은 것이라고 토착화하는 것은 히브리 성서의 본디 전통입니다.

욥기는 이렇게 엄밀하게 신명기 신학을 수용하면서도 신명기 신학에 도전합니다. 야훼라는 신명을 사용하면서도 그 이름을 껄끄러워합니다. 이렇게 받아들이기도 하고 거부하기도 합니다. 바로 이 점은 욥기의 다이얼로그 부분에서 더 구체화됩니다. 바로 욥의 입을 통해서입니다. 이 점은 앞서도 언급했지만 욥기 28장 마지막 부분에서 두드러지는데, 바로 "엘로힘 경외가 바로 지혜이다. 악을 멀리하는 것이 깨달음이다"(28:28)라는 말입니다. 곧 "하느님 모시고 살기가 지혜요 악을 멀리하는 일이 깨달음"이라고 말하는 것입니다. 신명기 신학이기도 하고 아니기도 하죠. 신명기 신학을 받아들이기도 하고 거부하기도 합니다. 이 점은 앞서도 언급했듯, 다이얼로그의 마지막 부분(42:5-6)의 선언이기도 합니다. "난 거부합니다. 난 생각을 바꾸었습니다." 신명기 신학을 거부한다는 얘기입니다. 세 친구는 신명기 신학을 대변하는 학자들이기 때문입니다. 귀로만 들은 그들의 신학을 거부하고 눈으로 확인한 하느님의 모습 속에서 인간의 참모습을 보고는 생각을 바꾸었다고 말합니다.

(9) 에필로그로 다시 돌아가서

다시 프롤로그의 캐릭터로 돌아가기로 하죠. 하느님은 이렇게 천상 어전회의를 주재하시고 검사가 등장하는데, 흔히 사단이라고 부르는 이 검사는 바로 세 친구의 화신입니다. 네 친구는 바로 네 재앙을 각각 암시하기 때문이죠.

그리고는 욥의 아내가 나오는데 욥의 아내는 엘리후를 암시하는 인물입니다. 욥의 아내는 하느님의 말을 되뇌고 있기 때문입니다. 욥기의 핵심을 표현하고 있는 까닭이죠. "아직도 당신의 투마를 붙들고 있느냐?"고 묻고 있기 때문입니다. 그런데 다이얼로그 부분의 엘리후(32장-37장)는 사실 폭풍 속에서 나타나시는 야훼(38장-41장)를 미리 준비하는 인물이죠. 엘리후는 세 친구를 비난하지만 결국 하느님의 창조를 말하는 것(37장)으로 자신의 말을 끝맺습니다. 그래서 프롤로그 속 욥의 아내는 엘리후를 암시하는 캐릭터라고 말하는 것입니다. 욥의 아내가 하느님의 말을 되뇌는 까닭입니다. 그런데 에필로그에서 욥의 아내는 사라집니다. 엘리후도 언급되지 않습니다. 다만 세 친구만 나올 뿐입니다. 그런데 그냥 사라지는 것이 아닙니다. 욥의 아내는 세 딸의 모습으로 다시 등장하죠. 성경에서 보기 드물게 칭찬받는 세 딸은 그들의 미모 때문이라는 것인데, 그뿐만 아니라 그들의 이름이 나란히 언급됩니다. 유진 피터슨 박사의 성경을 따라 "비둘기"와 "계피"와 "검은 눈동자"라고 옮길 수도 있는 이 세 딸의 이름은 이름 없는 아내의 또 다른 표현으로 세 딸의 이름을 통하여 그의 임무를 완성합니다. 에필로그는 단지 그들의 이름을 언급하는 것으로만 끝나지 않고 그들이 형제들과 똑같은 유산을 물려받았다는 얘기로 마무리하는데, 이는 아내의 이름 없음에 대한 작가의 보상심리라고나 할까, 뭐 그런 것으로 설명할 수 있을 것입니다. 이 점을 도표로 그려보면 이렇습니다.

하느님		검사
욥의 아내		네 재앙
	욥	
세 딸		세 친구
엘리후		엘리후

이렇게 도표를 그려보면 욥기의 프롤로그-다이얼로그-에필로그의 구조(P-D-E)가 왜 그렇게 짜여 있는지 짐작할 수 있을 것입니다. 그런데 맨 아래에 엘리후를 양쪽에 모두 포함시킨 이유는 간단합니다. 엘리후가 한 말, 곧 엘리후 연설부분(32장-37장)을 읽어보면 엘리후는 세 친구들이 한 말을 반복하면서도 그들이 한 말과 다른 말을 하는데 이는 창조에 대한 것입니다. 곧 엘리후는 세 친구와 같이 오른쪽에 넣어 분류할 수도 있고 하느님 현현 부분(38장-42장)에서 하느님이 말씀하시는 창조를 이야기하고 있기에 하느님과 같이 왼쪽에 넣어 분류할 수도 있습니다.

(10) 욥이 옳은가? 세 친구가 옳은가?

엘리후에 대해 다시 말하자면 이렇습니다. 엘리후는 욥기 전체의 캐릭터 구조상 하느님이나 욥의 아내에 해당되는 캐릭터입니다. 그런 그가 무척 화를 내는데 그 이유는 욥이 스스로 옳다고 생각하기 때문이죠(마소라 본문). 아니면 세 친구가 욥을 옳다고 보기 때문입니다(페쉬타역과 칠십인역).

그런데 여기서 또한 눈여겨봐야 할 표현이 바로 이 "무척 화가 난다"는 표현입니다. 화를 내는 엘리후의 모습이 에필로그의 하느님의 모습을 닮았습니다. "나는 무척 화가 나요. 당신에 대해서 말이죠. 또 당신의 두 친구에 대해서도 그래요"(42:7)의 내용입니다. 이 내용은 엘리후가 세 친구에게 화내는 모습과 아주 똑같습니다. 같은 표현을 사용하는 까닭이죠. 이렇게 엘리후는 이야기의 캐릭터 구성상 하느님과 같은 역할을 하고 있지 않은가요?

결국 욥이 옳다는 얘기입니다. 욥이 옳기 때문에 하느님은 말씀하기를 욥에게 그대들을 위해서 대신 기도하라는 것이죠. 그러면 받아들이겠다는 얘기입니다. 무척 재미난 발상이죠. 프롤로그에서는 욥이 열심히 제사를 드리지 않았는가요? 그런데 여기서는 제사를 드리지만 세 친구가 제사를 드리고 대신 욥은 기도를 드립니다.

이제 제사가 기도로 바뀌고 있다는 사실을 말하고 있습니다. 아마도 그 강조점이 제사에서 기도로 바뀌어 가는 모습은 시편(141:2) 속에서도 내가 드리는 기도는 향기로운 제물이라는 생각을 반영하고 있는 모습이지 않을까요? 바빌론 포로기 이후로 강조되었던 기도의 중요성을 욥기의 에필로그는 말하고 있는 것일 테죠. 이 점은 "야훼께서 욥의 운명을 회복시키셨다"(42:10)는 표현에서도 확인해 볼 수 있습니다. 시편(126편)에 보면 "야훼께서 우리의 운명을 바꿔놓으실 때"라는 표현이 나오는데 이 시편은 바빌론 포로를 되돌아오게 하신 것에 감사하여 드리는 기도라고 할 수도 있습니다. 이렇게 욥기는 바빌론 포로기가 지난 뒤 제사를 드릴 수 없어 기도가 강조될 수밖에 없었던 사회적 상황을 반영하고 있다고 생각할 수도 있습니다.

(11) 왜 욥이 옳은가?

암튼 욥이 옳습니다. 그러니 그가 드리는 기도를 하느님은 받아들이신다고 했습니다. 그래서 그의 세 친구들이 용서받았다고 했습니다. 그러니까 세 친구가 틀렸다는 얘기인데, 그래도 히브리성경 마소라 본문의 케니코트 사본(Kennicott 238)과 페쉬타역과 칠십인역은 줄기차게 욥의 세 친구가 옳다고 말합니다.

무엇 때문일까요? 신명기 신학을 거부하는 욥을 왜 옳다고 하는 것일까요? 그가 신명기 신학을 거부했기 때문인가요? 제사를 열심히 드릴 정도로 사제 신학에 깊숙이 빠져 있었기 때문인가요? 아니면 신명기 신학을 수용했기 때문인가요?

하느님은 욥의 운명을 바꾸셔서 그의 재산을 배로 불려주셨다고 했습니다. 그를 버린 듯한 아내(19:17)도 세 딸의 이름으로 다시 회복되었습니다. 이건 뭔가 잘못된 것이 아닌가요? 인과응보를 강하게 거부한 욥에게 하느님은 결국 인과응보로 답하시지 않나요?

"왜?"라고 끊임없이 질문한 바로 그 욥을 하느님은 옳다고 말씀하시는 것이죠. 기존의 가치체계에 끊임없이 질문을 던지고 틈을 메우고 끊임없이 반항하는 그의 태도를 하느님은 옳다고 여기신 것입니다. 그래서 하느님은 말씀하십니다. "그대들은 나에게(나에 대해) 진실을 말하지 않았어요. 하지만 욥은 그랬죠."

그런데 사실 욥이 하는 얘기나 세 친구의 얘기는 결국 같은 내용인데, 다만 욥이 세 친구와 다른 점이 있다면 그는 끊임없이 기존의 가치 체계에 끊임없이 질문을 던졌다는 것뿐입니다. 끊임없이 "왜?"라고 질문하는 욥에게 하느님은 "옳다!" 말씀하십니다. 하느님에 대하여 또는 하느님에게 진실을 말했다고.

5) 다섯 두루마리

"다섯 두루마리"는 전통적으로 유대인들이 절기 때 부르던 다섯 권의 책을 가리킵니다. 본디 책이 아니고 두루마리 형태로 기록되어 있었기 때문에 이런 이름이 붙었습니다. 히브리성경(구약) 전체가 남아 있는 가장 오래된 사본으로 레닌그라드 코덱스(L^{19})라는 사본이 있는데 이 사본의 순서대로 그 절기와 함께 표기하면 다음과 같습니다.

룻 – 칠칠절

아가 – 넘는절 (유월절)
전도서 – 초막절
애가 – 아빕월 제9일
에스더 – 부림절

이 순서에 따라 다섯 권의 책을 차례로 읽어보겠습니다.

(1) 룻 – 나의 고엘

룻기는 단편 소설입니다. 룻과 그의 시어머니 나오미를 중심으로 남편들을 모두 잃고 이국땅 모압에서 살다가 이스라엘로 되돌아와 살아가는 이야기를 담고 있죠. 그러니까 이민자들이 어떻게 새로운 땅에 뿌리를 내리고 살아가는지 그 모습을 잘 그리고 있는데요, 특히 이방여인이 어떻게 하나님을 받아들이고 신앙생활하면서 시어머니를 잘 모시고 살아가는지 정착해 가는 이야기라고 할 수 있겠습니다. 요즘 이주 노동자들이 100만을 넘는 우리 한국 사회에서 다시 한 번 생각해 볼 이야기이기도 합니다.

룻기의 배경은 사사 시대입니다. 사사 시대라고 하면 기원전 1200년경에서 100년경까지 이스라엘 사람들이 아직 왕이 없었을 때입니다. "사사들이 치리하던 때에 그 땅에 흉년이 드니라"(룻 1:1)고 하는 시작 말이 바로 이 이야기의 배경이 사사 시대라는 것을 말합니다. "치리하다"는 말이 "다스리다"는 말이므로 "사사들이 다스리던 때에 그 땅에 흉년이 들었다"라고 읽어도 되겠군요. 그런데 문제는 "사사"가 무엇을 하는 사람들이냐 하는 것이죠. "사사"(士師)라는 말은 한문성경 『대표본』(1854)에서 온 말이므로 쓰기 시작한 지 무척 오래된 말입니다. 옛날 중국에서 벼슬의 이름이었다고만 알려져 있을 뿐 정확한 뜻은 잘 알 수 없습니다. 다만 성경에서는 왕이 없을 때 마을의 재판을 책임맡고 있던 사람을 가리킵니다. 그래서 한글 『공동번역』(1977)은 "판관"(判官)이라고 읽기도 하였는데요, 사사가 바로 재판을 하는 기능을 지니고 있다는 점을 잘 설명하고 있는 말입니다.

그리고 룻기가 특이한 점은 마지막에 족보가 들어있다는 점입니다. 재미난 이야기가 이어지다가 마지막에 가서 "베레스의 세계는 이러하니라"(룻 4:18)라고 시작하는 짤막한 족보가 나오죠. 그리고는 "오벳은 이새를 낳았고 이새는 다윗을 낳았더라"(룻 4:22)라는 말로 그냥 끝납니다. 알아들을 사람은 그냥 알아들으라는 식으로 단편소설은 끝이 나는데요, 사실 다윗과 라이벌이었던 사울의 이야기가 사무엘서인 점을 생각한다면 이 짧은 단편소설은 사사시대와 사울-다윗 시대를 잇는 다리의 역할을 한다고도 말할 수 있습니다. 또 한편으로는 다윗 시대를 열어 가는데 이방 여인 룻이 없이는 불가능했다는 사실을 이 족보는 말하는 듯합니다. 그러니까 함께 살아가야 한다는 교훈을 이 단편소설의 족보가 이야기한다고 생각할 수도 있습니다.

* * *

룻 이야기는 이렇게 나누어볼 수 있습니다.

* 1장 : 모압으로 이민 가다 되돌아오다
* 2장 : 룻과 보아스가 만나다
* 3장 : 타작마당의 룻과 보아스
* 4장 : 룻이 보아스와 결혼하다 다윗의 족보

이야기는 이민으로 시작합니다. 어디에서 어디로 이민 가는 걸까요? 그렇습니다. 유다 베들레헴에서 모압 땅으로 이민 가는 것입니다. 지금도 그렇지만 옛날에도 이민이라는 것은 먹고살기 위해 떠나는 것이죠. 고향땅이 먹고살기 좋다면 무엇 때문에 이민을 가겠습니까? 이민 가는 가족의 대표는 엘리멜렉입니다. 엘리멜렉과 아내 나오미 그리고 그의 두 아들이 길을 떠나죠. 물론 성경에는 구체적인 이유가 나오지 않습니다만 "그들이 모압 지방에 들어가서 거기 유하더니"(룻 1:3)라는 말을 들어보면 그들이 모압 땅에 들어가서 몸붙여 살려고 했다는 것을 알 수 있습니다. "유한다"는 말이 바로 그런 뜻이죠. 그러니까 이 말은 이민을 떠나기는 했지만 언제든 때가 되면 되돌아오겠다는 뜻이기도 합니다. 이민자들은 누구나 이런 심정으로 이민을 떠날 것입니다. 아무래도 고향땅이 더 포근하고 편하기 때문이죠. 우선 전체 내용을 살펴보겠습니다.

그런데 문제가 생겼습니다. 무슨 까닭인지 알 수 없지만 남자들이 모두 죽습니다. 아버지인 엘리멜렉도 죽고 그 두 아들도 죽습니다. 이들 세 남자의 이름이 성경에 나오긴 하지만 그렇게 유명한 사람들이 아닙니다. 그냥 이름만 등장하고 역사의 무대에서 영원히 사라집니다. 더 큰 문제는 아버지가 죽고 나서 두 아들이 장가를 들었는데 모압 여자들과 결혼한 것이죠. 아니 모압 여자들과 결혼한 것이 큰 일이라는 것이 아닙니다. 오늘날도 미국으로 독일로 이민을 떠나 살고 있는 우리 동포들은 자녀들이 그곳 사람들과 결혼하고 사는 것을 그렇게 달갑게 생각하지 않습니다. 물론 그렇지 않은 분들도 많습니다. 사실 예레미야는 바빌론으로 포로로 끌려간 동포들에게 거기서 그곳 사람들과 결혼하고 잘 살아야 한다고 충고하기도 합니다(렘 29:4-7).

이방사람들과 결혼한 것이 큰 문제가 아니죠. 아버지를 잃고 어머니와 어렵게 살던 두 아들이 장가를 가서 얼마나 살았는지 짐작할 수는 없지만 그만 죽었다는 것이 큰 문제입니다. 지금도 남자들이 죽으면 정말 먹고사는 문제가 큰 문제가 아닐 수 없는데요, 더구나 지금부터 무려 3천년 전은 오죽했겠습니까? 성경에서 여자들이 그토록 아들을 낳으려고 몸부림쳤던 이유도 사실은 먹고사는 문제기 때문입니다. 노후에 아들이 있어야 대를 잇고 먹고사는 일에 어려움이 없기 때문이죠.

지금 나오미와 두 며느리는 여자들이기에 힘들었습니다. 모두 남편을 잃은 여자들이었기에 남자 없이 살아간다는 것이 정말 막막했던 것이죠. 나오미는 더구나 모압 땅이 고향이 아니었습니다. 그래서 더더욱 고통스러웠던 것이죠. 그렇기에 고향으로 돌아오는 길에 사람들이 "아니 이게 나오미 아니야?"(룻 1:19)라고 반가워하자 나오미는 더 이상 자신을 나오미라고 부르지 말라고 대꾸하죠(룻 1:20). "나오미"란 이름은 "아름답다"는 뜻이죠. "멋지다"는 뜻도 들어 있어요. 개역 한글판 성경 난하주에는 "희락"이라고 했군요. 아무튼 자신의 처지가 뭐가 아름답고 멋지냐는 거죠. 뭐가 기쁨이냐고 묻는 것입니다. 차라리 자신을 "마라"라고 불러달라고 푸념 섞인 주문을 합니다. 하나님이 자신의 인생을 괴롭게 하신 까닭이라고 설명까지 덧붙입니다(룻 1:20). "마라"는 "쓰다"는 뜻이 들어 있어요. 이 말은 자신의 처지를 한마디로 요약한 말입니다.

이 말을 들으면 욥이 생각납니다. 욥도 이렇게 말하죠. "전능하신 분이 나를 괴롭게 하셨다"(욥 27:2)고. 욥은 "나의 의를 빼앗으신 하나님"(욥 27:1)이라고 말하죠. 이렇게 욥은 자신이 바르다고 끊임없이 하느님께 항변하죠. 물론 체념 섞인 넋두리를 늘어놓는 나오미와는 분위기가 좀 다릅니다. "나의 생명이 아직

내 속에 완전히 있고 하나님의 기운이 오히려 내 코에 있느니라"(욥 27:3)고 말하는 욥은 하느님이 나를 바르다 말씀하시지 않아도 나는 여전히 살아있다고 큰소리치죠.

나오미는 "마라!"라고 단 한마디로 말합니다. 사실 이 말은 룻기의 앞부분을 한마디로 요약한 말이라고 생각해 볼 수도 있습니다. 점점 나오미의 삶이 괴로움으로 치닫고 있으니까요. 그래서 나오미는 말합니다. "내가 풍족하게 나갔더니 여호와께서 나를 비어 돌아오게 하셨느니라"(룻 1:21)라고요. 이 말은 나갈 때는 한아름 가득이었지만 돌아올 때는 텅 비었다는 말이죠. 가득함과 빔! 그 대비입니다. 이것을 나오미는 "마라!"라고 요약한 것이죠. 쓰디씀이요 괴로움입니다.

* * *

룻 이야기는 이렇게 괴로움으로 시작합니다. 이민을 떠나고 남편이 죽고 장가가고 또 자식들이 죽고 그리고 이민 갔던 모압 땅은 기근이 듭니다. 그래서 하는 수 없이 나오미는 되돌아가야만 했죠. 그러니 이번에도 이별입니다. 죽음도 이별이요 헤어짐도 이별입니다. 그 이별은 또한 눈물입니다. 바로 눈물이 이별을 뜻하는 거죠. 그러나 룻은 끝까지 버티죠. 어머니를 따라가겠다는 겁니다. 함께 갑니다. 그렇게 되돌아오죠. 역이민입니다. 먹고살기 위해서는 어쩔 수 없는 일이죠. 선택의 여지가 없습니다.

그런데 막막합니다. 먹고살기가 막연한 거죠. 자신의 결심대로 룻은 들판에 나갑니다. 들녘에서 할 수 있는 일이 무엇일까요? 고작 이삭 줍는 일뿐이죠. 그런데 여기에서 놀라운 일이 벌어집니다. 하느님은 보아스라는 사람을 그곳에 미리 보내셨어요. 이것을 성경은 "여호와 이레"라고 하지 않나요? 이미 준비하신 거죠. 사실 이 말에는 돌보신다는 뜻이 들어 있지요. 아니 더 정확하게는 본다는 말이 그 속에 들어 있어요. 그러니 하느님은 보시고 염려하시고 돌보신다고 말할 수도 있겠군요. 보시는 하느님! 염려하시는 하느님! 돌보시는 하느님! 이것이 바로 룻이 경험한 하느님이라고 말할 수 있겠어요. 이것은 바로 룻의 신앙고백(1:16-18)과도 연결되는 부분이라 말할 수 있겠죠. "어머니의 백성이 나의 백성"이고 "어머니의 하나님이 나의 하나님"이라고 한 고백 말입니다.

들판에서 열심히 이삭을 줍는 룻은 보아스의 환대를 받습니다. 이것이 바로 여호와 이레라는 것이죠. 그다음은 나오미가 룻에게 일러줍니다. 오늘밤 그를 찾아가라고 말이죠. 일이 어떻게 돌아가는지 이미 알고 있던 나오미는 그런 결단을 내리고 룻에게 이야기하죠. 이제 룻과 나오미는 한몸입니다. 나오미가 하는 일이 룻이 하는 일이고 룻이 하는 일이 나오미가 하는 일인 셈이죠. 나오미는 이렇게 말하죠. "그는 죽은 자에게도 잘해 주더니 산 자에게도 잘해 주는구나"(룻 2:20)라고요.

그리고는 중요한 얘기 하나를 합니다. 그 사람은 "기업(基業)을 무를 자 중에 하나"라는 겁니다. 보아스가 그렇다는 거죠. "기업" 하니까 요즘 큰 회사를 연상하시는 분들도 있을 겁니다. 그런데 그 기업이 아니고 한자를 달리 씁니다. "몫"이라는 뜻이죠. 이 말은 어려운 말이기는 하지만 구약의 본디 말인 히브리어로 이야기해야겠습니다. "고엘"이라고 합니다. 곧 "(기업) 무르는 이"(개역 한글판)라고도 하고 "친척 의무 수행자"(새번역)라고도 합니다. 또는 "떠맡아 줄 사람"(공동번역)이라고도 합니다.

레위기(25:23-28)나 신명기(25:5-10)를 보면 어떤 사람이 무척 어려운 처지가 되어서 가지고 있는 땅을 팔려고 내놓으면 가장 가까운 친척이 그 땅을 대신 사주어야 한다고 되어 있습니다. 이렇게 대신 땅을 사서 도로 그 어려운 사람에게 돌려줍니다. 이렇게 하는 사람을 "고엘"이라고 부르죠. 그런데 놀라운 점은 시편(19:14)에 보면 하느님을 "고엘"이라고 부르고 있다는 점이죠. "나의 반석이시요 나의 구속자이신 여호와여 내 입의 말과 마음의 묵상이 주의 앞에 열납되기를 원하나이다"라는 구절이 생각나시죠? "나의 입술의 모든 말과 나의 마음의 묵상이 주께 열납되기를 원하네"라는 복음성가 때문에 유명한 구절인데요, 나는 이 구절을 이렇게 옮겨봅니다. "기쁨이 되소서, 야훼님! 내 입의 말 내 맘의 묵상이- 나의 바위 나의 고엘! 기쁨이 되소서!" 사실 이 구절은 히브리어로 부르는 노래가 있습니다. 우리 성경은 나의 반석 나의 구속자라고 불렀지만 그 뜻을 다 전달하기는 어렵다고 생각하여 "나의 바위 나의 고엘"이라고 그냥 옮겨본 것입니다.

그러니까 "고엘"은 하느님이기도 하죠. 다시 말하자면 보아스는 룻과 나오미에게 고엘입니다. 물론 더 가까운 친척이 있기는 하지만 사실 고엘 노릇을 하는 이는 보아스죠. 그 가장 가까운 친척은 자신의 의무를 다하지 않았기에 룻기에는 그의 이름조차 나오지 않습니다. 보아스가 바로 고엘의 역할을 했기에 그의 이름만 나오죠. 다시 말하자면 보아스는 룻과 나오미에게 하느님 같은 존재입니다.

나오미가 생활하기가 어려워 땅을 내놓자 그 땅을 대신 사주고 죽은 엘리멜렉의 이름으로 남겨 준 이가 바로 보아스죠. 그 의무를 다하지 않은 친척은 룻이라는 여인을 아내로 맞아들여야 하는 까닭에 그 의무를 포기했습니다. 그러나 보아스는 기꺼이 그 역할을 수행한 것이죠.

사실 고엘의 역할을 하는 것은 손해보는 일입니다. 그러나 보아스는 손해를 감수하면서까지 고엘 노릇을 한 것입니다. 그래서 룻과 결혼까지 하게 된 것이죠. 룻기가 참 재미난 책인 것이 이렇게 고엘 노릇하는 것이 실생활에서 어떻게 적용되는지 잘 보여주는 책이라는 점입니다. 그래서 이 "고엘"이라는 말도 무척 많이 나옵니다. 위에서 언급한 레위기와 신명기 속의 법 말고 이사야에 이 말이 많이 나오는데 사실 룻기같이 짧은 단편소설에 이토록 "고엘"이라는 말이 많이 나온다는 점이 신기할 따름입니다. 여기 2장뿐만 아니라 3장(9절, 12절)에도 또 4장에도 무척 많이 나옵니다(룻 4:1, 3, 6, 8, 14). 이렇게 많이 나온다는 것은 룻기의 중심이 바로 이 "고엘"이라는 말에 있다는 점이죠.

보아스는 고엘 노릇을 하기 위해 재판까지 주선합니다. 동네 원로들을 모으고 또 그 가장 가까운 친척도 오라고 하고 다른 사람들도 모두 증인으로 오라고 합니다. 마을 성문 위에서 이렇게 재판을 진행하죠. 성문은 옛날 이스라엘에서 마을회관 역할을 하던 곳입니다. 그러니 그곳에서 재판을 진행하는 것이죠.

재판 광경을 보면 재미있습니다. "우리가 증인입니다"라는 말로 재판이 끝납니다(룻 4:9-11). 그만큼 증인이 중요하다는 얘기인데 증인이 없으면 재판은 무효가 되기 때문이죠. 그리고 이름 없는 그 가장 가까운 친척은 자신의 의무이며 권리인 고엘 노릇을 포기한다는 뜻으로 신발을 벗어 던집니다(룻 4:7-8). 정말 재미있는 관습이 아닌가요? 매일 신고 다니는 신발이 이렇게 중요한 법적 구속력이 있다는 것을 우리는 또 여기서 발견하게 됩니다. 그리고 이 재판에서 가장 많이 나오는 말이 "무르다"는 말입니다. "네가 무르려면 무르려니와 네가 무르지 아니하려거든 내게 고하여 알게 하라 네 다음은 나요 그 외에는 무를 자가 없느니라 그가 가로되 내가 무르리라"(룻 4:4). 이렇게 한 절 안에 "무르다"라는 말이 무려 다섯 번이나 나옵니다. 그만큼 이 재판이 무르는 이 곧 고엘 노릇에 대한 재판이라는 것을 알 수 있습니다. 그 가까운 친척은 처음에는 무르리라고 했다가 룻과 결혼도 해야 한다는 얘기를 듣고는 포기하죠. "네가 나오미의 손에서 그 밭을 사는 날에 곧 죽은 자의 아내 모압 여인 룻에게서 사서 그 죽은 자의 기업을 그 이름으로 잇게 하여야 할찌니라"(룻 4:5)고 말한 까닭이죠.

이렇게 해서 보아스가 고엘이 됩니다. 하느님 역할을 하는 것이죠. 이 일의 증인은 "성문에 있는 모든 백성과 장로들"이라고 했습니다. 곧 모든 마을 사람들과 마을 지도자들이죠. 그런데 그렇게 증인이 된 이들은 축복합니다. "여호와께서 네 집에 들어가는 여인으로 이스라엘 집을 세운 라헬, 레아 두 사람과 같게 하시고 너로 에브랏에서 유력하고 베들레헴에서 유명케 하시기를 원하며 이 소년 여자로 네게 후사를 주사 네 집으로 다말이 유다에게 낳아준 베레스의 집과 같게 하시기를 원하노라"(룻 4:11-12)고 하죠. 그런데 재미난 점이 있습니다. 축복을 받는 사람은 보아스입니다. 그러나 그 복을 가져다 줄 사람은 룻입니다. 룻이 그 집안을 일으킬 수 있기를 비는 것이죠. 아마도 이런 까닭에 이 책의 제목이 "룻"이 아닌지 모르겠습니다.

이스라엘 사람들이 지금도 결혼할 때 부르는 노래가 있습니다. 제목은 "사제 축복"입니다. 사제 축복이라면 민수기(6:24-26)에 나오는 내용입니다. 아론 제사장이 성전에서 떠나가는 사람들에게 복을 비는 것이죠. "여호와는 네게 복을 주시고 너를 지키시기를 원하며 여호와는 그 얼굴로 네게 비취사 은혜 베푸시기를 원하며 여호와는 그 얼굴을 네게로 향하여 드사 평강 주시기를 원하노라"는 것이죠. 한마디로 복을 주시라는 내용이죠. 그런데 그 복을 주시라는 내용이 얼굴을 비추시라는 겁니다. 외면하지 말라는 것인데 그 결론은 "평강"입니다. 히브리어로는 "샬롬"이라고 하죠. 복의 구체적인 내용이 샬롬이죠. "평화"입니다. 이 내용을 두 번 반복하는데 1절에는 그 앞에 신랑에게 복을 비는 내용이 나오고, 2절은 신부에게 복을 비는 내용이 덧붙어 있습니다. 신랑에게는 "그대가 아브라함과 므낫세와 같이 되게 하시길!"이라고 축복하고, 신부에게는 "그대가 라헬과 레아와 같이 되게 하시길!"이라고 축복합니다. 결혼식 때 신부에게 축복하는 내용이 바로 여기 룻에게 동네 사람들과 원로들이 비는 말입니다. 이 비는 말을 그대로 인용하여 노래 부르는 것이죠.

이만큼 룻에게 비는 축복은 중요합니다. 그도 그럴 것이 룻은 이방인이고 이민자고 또 여자지만 다윗의 증조할머니이기 때문입니다. 다윗은 성군이요 메시아이신 그리스도의 조상입니다. 역대기와 마태복음을 보면 그렇습니다. 룻이 없이는 이스라엘이 있을 수 없고, 룻이 없이는 그리스도가 있을 수 없습니다.

룻은 보아스와 결혼하죠. 그리고 아기를 낳습니다. 그런데 재미난 이야기가 하나 더 있습니다. "그 이웃 여인들이 그에게 이름을 주되 나오미가 아들을 낳았다 하여 그 이름을 오벳이라 하였는데 그는 다윗의 아비인 이새의 아비였더라"(룻 4:17)는 것인데요, 이 말 가운데 "나오미가 아들을 낳았다"는 것이죠. 낳기는 룻이 낳았는데 나오미의 아들이라뇨? 이상하지 않나요? 그래서 이것을 이상하게 생각하고 "나오미가 손자를 보았다"고 읽은 성경도 있습니다. 히브리어로 "벤"이라고 하는 말을 이렇게 읽은 것입니다. 사실 이 말은 우리 성경처럼 "아들"이란 뜻입니다. 그렇지만 동시에 이 말은 "손자"를 가리키기도 합니다. 그래서 "나오미의 손자"라고 읽는 것이 맞을 수 있습니다. 하지만 이 아기는 룻의 아들이지만 동시에 나오미의 아들이기도 합니다. 앞서도 룻이 하는 일은 나오미가 하는 일이요, 나오미가 하는 일은 룻이 하는 일이라는 말을 한 적이 있습니다. 2장을 읽으면서 우리는 이런 생각을 해보았는데요, 이렇게 룻과 나오미는 둘이면서 동시에 하나이고 하나이면서 동시에 둘이기도 합니다. 한 이방여인의 아름다운 신앙은 이렇게 "아기"라는 아름다운 결실을 맺습니다.

이렇게 두 여인을 통하여 다윗이 나오고 메시아가 나온 것이죠. 다윗은 사실 메시아의 전형이라고 말할 수 있습니다. 기원전 150년경부터 기원후 68년까지 사해 서북쪽 쿰란이라고 부르는 지역에서 수도원 같은 공동체를 이루며 살았던 무리가 있었습니다. 이들을 쿰란 사람들이라고 부르는데요, 이들이 남긴 두루마리 가운데 『시편 두루마리』라는 글이 있습니다. 시편 101편부터 150편까지 각 시편이 들어 있고 또 이것 말고도 9개의 다른 시가 들어 있는 두루마리입니다. 그런데 이 속에 들어 있는 시 가운데 "다윗 저작"이라는 시가 있죠. 이 시를 읽어보면 다윗은 현인이기도 하고 노래를 무려 3천 개나 지었다는 얘기가 나옵니다. 다윗을 무척 칭송하는 시라고 할 수 있습니다. 시편도 우리는 흔히 "다윗의 시편"이라고 부르죠. 누가복음에 그렇게 되어 있습니다(24:24). 다윗은 이만큼 중요한 인물입니다. 다윗 없이는 이스라엘을 생각할 수 없습니다. 다시 말합니다만 이 다윗의 증조할머니가 바로 룻입니다.

* * *

룻은 이방여인입니다. 그런데도 그가 시어머니를 떠나지 않고 따라간 것은 정말 아름다운 모습이라고 할 수 있습니다. 그의 동서 오르바가 울면서 길을 떠나 친정으로 돌아간 데 반해 룻은 울면서 시어머니와 함께 낯선 땅으로 이민 가는 것이죠. 그러면서 그가 하는 말이 아주 멋집니다. 무척 훌륭합니다(룻 1:16-17).

나로
어머니를 떠나며 어머니를 따르지 말고 돌아가라
강권하지 마옵소서
어머니께서 가시는 곳에 나도 가고
어머니께서 유숙하시는 곳에서 나도 유숙하겠나이다
어머니의 백성이 나의 백성이 되고
어머니의 하나님이 나의 하나님이 되시리니
어머니께서 죽으시는 곳에서 나도 죽어 거기 장사될 것이라
만일 내가 죽는 일 외에 어머니와 떠나면
여호와께서 내게 벌을 내리시고 더 내리시기를 원하나이다

『개역 한글판』을 내용에 따라 이렇게 행갈이를 해서 읽어보았습니다. 룻이 한 이 말은 정말 깊은 뜻이 배어 있는 고백입니다. 이 말을 찬찬히 뜯어보면 이렇게 되어 있는 것을 알 수 있습니다. "가다-유숙하다 : 백성-하나님 : 죽다-장사되다"의 구조입니다. 곧 aba'의 구조라고 말할 수도 있는데요, 말을 약간 바꾸어 이렇게 펼쳐볼 수도 있겠군요.

가다
머물다
백성

하나님

죽다

묻히다

곧 가는 일과 머무는 일 그리고 죽는 일과 묻히는 일 이것이 바로 인생살이 아니겠습니까? 그런데 그 속에는 백성이 있고 하느님이 들어 있습니다. 곧 가고 머무는 일과 죽고 묻히는 일이 백성과 하느님을 감싸고 있습니다. 그러니까 정신없이 어디론가 가다가는 머물고 그렇게 살다가는 죽고 결국은 묻히게 되는데 그런 인생사가 바로 백성들의 삶이요 그 삶을 엮으시는 분이 하느님이시라는 것을 룻이 말하는 것은 아닐까요?

한번 생각해 보십시오. 룻은 유다 사람이 아닙니다. 그는 모압 사람입니다. 그런데도 그는 사는 문제와 죽는 문제가 인생사인데 곧 삶과 죽음 앞에서 너의 백성이니 나의 하느님이니 따지는 것이 무슨 소용이 있느냐고 우리에게 질문하고 있는 것은 아닐까요?

룻은 생존의 기로에 서서 시어머니를 따랐고 그에 따라 자신을 어머니의 백성으로 자리매김하고 또한 어머니의 하느님을 섬기겠다는 각오를 다진 것입니다. 사실 성경 가운데에서 이처럼 아름다운 신앙고백은 찾아보기 힘듭니다. 그렇기 때문에 그가 예수님의 족보에까지 올라온 것이지요.

마태복음의 처음 부분에 나오는 예수님의 족보에는 "살몬은 라합에게서 보아스를 낳고 보아스는 룻에게서 오벳을 낳고 오벳은 이새를 낳고 이새는 다윗왕을 낳으니라"(마 1:5-6). 그리고 이 족보는 "그런즉 모든 대 수가 아브라함부터 다윗까지 열 네 대요 다윗부터 바벨론으로 이거할 때까지 열 네 대요 바벨론으로 이거한 후부터 그리스도까지 열 네 대러라"(마 1:17)로 끝맺는데 이렇게 다윗은 예수님의 족보를 이야기할 때 획을 긋는 중요한 인물로 등장하죠. 그런데 룻은 바로 이 다윗의 증조할머니라는 겁니다. 이것이 중요합니다. 그만큼 훌륭한 신앙고백을 한 인물이기에 이방인 여자지만 신앙의 모범을 보였다는 것입니다. 이방 여인 라합과 함께 그렇다는 겁니다. 뭔가 특별난 점이 있기 때문입니다.

* * *

앞서 보아스는 고엘로서 룻에게 그리고 나오미에게 하느님 역할을 하는 인물이라고 했습니다. 밭에서 주워온 곡식을 보고 또 며느리에게 잘 대해준 보아스 이야기를 듣고 나오미가 한 얘기가 있습니다. “그가 생존한 자와 사망한 자에게 은혜 베풀기를 그치지 아니하도다”(룻 2:20)라는 얘기인데요, 이 말은 앞서도 말씀드린 것처럼 “그가 죽은 사람들에게도 그렇게 잘해 주더니 살아있는 사람에게도 이렇게 잘해 주는구나”라고 읽을 수도 있는 말인데요, 언제나 엘리멜렉 집안사람들에게 한결같이 잘 대해주었다는 얘기이죠. 하지만 이 말 속에는 삶과 죽음을 다 아우르시는 하느님의 모습이 숨겨 있습니다.

또한 “나는 당신의 시녀 룻이오니 당신의 옷자락으로 시녀를 덮으소서 당신은 우리 기업을 무를 자가 됨이니이다”(룻 3:9)라고 룻이 말합니다. 밤중에 보아스에게 타작마당에서 건넨 룻의 말이죠. 여기서 “당신의 옷자락으로 덮으소서”라는 말은 신명기(32:11-12)에도 나오는 말입니다. “마치 독수리가 그 보금자리를 어지럽게 하며 그 새끼 위에 너풀거리며 그 날개를 펴서 새끼를 받으며 그 날개 위에 그것을 업는 것 같이 여호와께서 홀로 그들을 인도하셨고 함께한 다른 신이 없었도다”라는 말이죠. 여기서 날개를 펼치는 일은 보호하는 일이죠. 바로 하느님 역할입니다. 시편을 보면 이런 말씀이 나오죠. “하나님이여 주의 인자하심이 어찌 그리 보배로우신지요 인생이 주의 날개 그늘 아래 피하나이다”(시 36:7).

룻은 “어머니의 백성이 나의 백성이요 어머니의 하나님이 나의 하나님”이라고 고백했는데 하느님은 보아스를 시켜서 이렇게 룻을 보호하십니다. 진실한 마음으로 기대는 것 이것이 바로 믿음이 아닐까 생각합니다. 하느님은 이렇게 보아스를 시켜서 고엘 노릇을 하게 하시죠. 진심으로 믿을 때 하느님은 그 진심을 받아들이십니다.

또 하나 생각해 볼 점이 있습니다. “고엘”이라는 것과 연결되는 점인데요, 이 말을 우리는 “무르는 자”(룻기)나 “구속자”(시편)라고 읽었습니다. 하느님의 역할이죠. 우리의 죄값을 대신 지불하시고 우리에게 영원한 생명을 약속하신 그리스도의 구속 사역입니다. 존 웨슬리는 그리스도의 피가 사람을 죄의 굴레에서 벗어나게 한다고 말한 적이 있습니다. 그런데 이 은총은 값없이 거저 주시는 은총이라고 했습니다. 다시금 우리는 룻과 나오미의 무르는 자 곧 그들의 고엘인 보아스의 모습 속에서 그리스도의 모습을 발견합니다. 그분의 날개 아래 우리가 몸을 기댈 때 그분은 우리에게 값없이 거저 은총을 베푸신다는 사실입니다.

(2) 아가 - 나는 님의 것 님은 나의 것

"아가"(雅歌)는 "가장 아름다운 노래"라는 뜻입니다. 히브리어성경에는 "노래 중의 노래" 곧 "노래 가운데 노래"라는 제목이 붙어 있어요. 이처럼 아름다운 노래가 없다는 것이죠. 이토록 아름다운 노래가 성경 속에 들어 있다는 것이 신기할 따름입니다. 그냥 아름다운 노래가 아니라 남녀 간의 사랑을 노래한 노래이기 때문이죠. "숨막힐 듯한 그대 입술로 내게 입맞춰 주세요"(아 1:2)라는 말로 시작하는 노래라는 점을 생각하면 이 노래가 앞으로 어떻게 나아갈지 짐작할 수 있습니다.

사실 우리말 예배용 성경(개역 한글판)으로 읽어보면 사랑의 그 깊이를 제대로 감상할 수 없어요. 또 그렇게 말하는 분도 있을 겁니다. 예배시간에 어떻게 그렇게 선정적인 노래를 강단에서 읽을 수가 있느냐구요. 바로 그런 이유 때문에 이 책은 본디 유대인들도 한참 동안이나 망설였습니다. 성경 속에 넣어야 할 것인가 말 것인가 말이죠. 그런데 기원후 2세기경 당시 유대교의 최고 랍비였던 아키바(Akibah)의 공헌이 참 컸습니다. 그는 당시 유대교의 뼈대를 형성한 인물로 유명한데요, 이런 말을 한 적이 있습니다.

> "성경이 성소라면 아가는 지성소이다."

성경이 성소라면 아가는 아무나 들어갈 수 없는 지성소라고 선언한 것이죠. 지성소라고 하면 대제사장만 일년에 한 번씩 들어가 하나님께 속죄예물을 드리고 예식을 거행하던 곳입니다. 그러니 아무나 못 들어갑니다. 대제사장이라 해도 일년에 고작 한 번만 들어갈 수 있습니다. 아가는 바로 그런 책이라는 거죠. 성경은 거룩합니다. 거룩하더라도 누구나 읽고 외울 수 있습니다. 그러나 아가는 가장 거룩한 책이기 때문에 어린이들은 손을 대지 못하게 한 것이죠. 그리고는 성경 속에 포함시키자고 해서 지금 우리 성경에 들어와 있습니다.

왜 그랬을까요? 바로 선정적인 내용이기 때문이죠. 한글 『새번역』이나 『공동번역』으로 읽어보면 아가가 얼마나 농질은 사랑의 노래인지 금세 짐작할 수 있습니다. 본디 사랑하는 남녀가 친구들과 한데 어울려 결혼식 때 불렀을 것이라고 사람들은 생각합니다. 그러니 본디 사랑 노래죠. 그러다보니까 너무나 인기가 좋은 거예요. 사람들에게 읽지 말라고 해도 자꾸 읽는 겁니다. 그래서 할 수 없이 성경 속에 넣기로 한 것입니다.

그리고는 이렇게 읽어왔죠. 하나님과 이스라엘의 사랑노래로 읽은 거죠. 또 그리스도와 교회의 사랑노래로 읽은 것입니다. 우리 한국 감리교회에서도 1930년대 유명한 부흥사였던 이용도 목사님의 아가 풀이는 무척 유명합니다. 그만큼 하나님 사랑은 남녀 간의 사랑을 빗대어 말하지 않고는 제대로 설명할 수 없는 부분이 많기 때문입니다.

* * *

이 책은 이렇게 시작합니다. "솔로몬의 아가라"(아 1:1). 그러니까 이 말은 솔로몬이 썼다는 말이죠. 옛날 그리스도교의 어느 교부가 이런 말을 한 적이 있다고 합니다. 솔로몬은 젊은 시절에 아가를 썼고, 중년에는 잠언을, 그리고 노년에는 전도서를 썼다고 말이죠. 젊은 시절은 사랑을 노래하는 시절입니다. 상대방을 생각만 해도, 상대방을 물끄러미 바라보기만 해도 가슴 설레고 또 쿵쾅쿵쾅 가슴이 마구 뛰는 때가 젊은 시절이 아닌가요?

그만큼 솔로몬은 지혜의 임금이지만 젊은 시절 누구 못지않게 사랑을 노래했다는 것이죠. 그리고 중년이 되어서는 인생을 살아가는 데 어떤 생각을 품고 살아가야 하는지 우리에게 교훈을 주기 위해 잠언을 남겼다는 겁니다. 그 핵심은 하나님 경외죠(잠 1:7, 9:10). 무엇보다도 먼저 하느님 모시고 사는 법을 배워야 한다는 것이고 그것이 바로 지혜가 아니겠느냐고 솔로몬이 말했다는 겁니다. 그리고 인생을 다 살아보고 나서 정말 허무하여 "헛되고 헛되니 헛되고 또 헛되다"(전 1:2, 12:8)고 거듭거듭 이야기하는 솔로몬은 어쩌면 우울증을 앓고 있었는지도 모릅니다. 그러면서도 끝에 가서는 잠언과 마찬가지로 "하느님 경외"(전 12:13)라는 말로 끝을 맺죠.

이와는 분위기가 영 다른 책이 아가입니다. 사랑이 주제이기 때문이죠. 아가는 신랑과 신부가 등장하고 친구들이 등장합니다. 이들이 서로 주고받는 사랑 고백의 변주곡이라 말할 수도 있겠군요. 그럼 내용을 살펴보기로 하겠습니다.

* 1장 – 3장 : 신부의 사랑 노래
* 4장 – 7장 : 신랑의 사랑 노래
* 8장 : 신부의 사랑 노래

이렇게 나누어놓기는 해지만 중간 중간에 서로 사랑을 고백하는 노래가 삽입됩니다. 그리고 친구들이 합창하기도 하고 또 시인이나 해설자가 등장하여 두 사람에게 사랑을 부추기기도 하고 상황 설명을 하기도 합니다. 그런데 특별히 신랑이 신부의 몸이 아름답다고 고백하는 노래(아 4:1–7, 7:1–6)와 신부가 신랑의 몸이 아름답다고 고백하는 노래(아 5:10–16)는 사랑의 노래 가운데에서도 압권이라고 할 수 있습니다.

우리는 이렇게 사랑의 노래 속에서 몸이 얼마나 소중한지 깨닫게 됩니다. 사랑은 영혼으로만 하는 것이 아니라 몸이 함께 나누는 것이라는 점입니다. 그러니까 "몸을 사랑하라"(Love your body)는 말을 이 사랑 고백 속에서 읽을 수 있습니다. '사랑은 마음으로만 하는 것이 아니다! 몸과 함께 나누는 사랑이 진정한 사랑이다!' 이런 얘기죠. 몸과 마음이 한데 어울려 나누는 사랑이 진정한 사랑이라는 것이죠.

* * *

신부가 부르는 노래 가운데 이런 노래가 있습니다(아 2:10–13).

나의 사랑, 나의 어여쁜 자야.
일어나서 함께 가자.
겨울도 지나고 비도 그쳤고
지면에는 꽃이 피고 새의 노래할 때가 이르렀는데

반구의 소리가 우리 땅에 들리는구나.
무화과나무에는 푸른 열매가 익었고
포도나무는 꽃이 향기를 토하는구나.
나의 사랑, 나의 어여쁜 자야.
일어나서 함께 가자.

이 노래는 "나의 사랑, 나의 어여쁜 자야"라는 말로 시작하고 이 말로 끝맺습니다. 그러니까 이 노래는 "나의 사랑" 곧 "나의 어여쁜 자"에게 부르는 노래입니다. 남자가 여자에게 하는 말입니다. 그런데 재미있는 것은 남자가 이렇게 사랑 고백하더라고 여자가 하는 말 속에 들어 있는 노래라는 것입니다. 여자는 사랑을 너무나 뚜렷이 기억하여 그 노래를 그대로 되뇌어 읊조립니다. 그러면서 "일어나서 함께 가자"는 말을 또한 반복하더라고 말을 하죠. 이 말을 "일어나라 함께 가자"라고 읽어볼 수도 있습니다. 사랑은 일어나는 것이고 사랑은 함께 가는 것입니다. 그것이 바로 사랑이죠.

더욱 재미있는 점은 이 말 속에 들어 있는 내용입니다. "일어나서 함께 가자"라는 말 속에 들어 있는 과일도 무척 싱싱합니다. 무화과 푸른 열매, 싱그런 향을 토해내는 포도나무가 그렇습니다. 한번 상상해 보세요. 빠알간 속내를 감추고 있는 무화과의 푸르른 열매를 생각해 보세요. 향기로운 향내를 토해내는 포도나무를 상상해 보세요.

더욱이 이렇게 사랑을 머금고 향기를 토해내는 열매가 열리는 계절은 겨울이 지나고 비가 그쳐야만 합니다. 그래야만 새가 노래하고 꽃이 필 것입니다. 인고의 세월이 없이는 사랑이 무르익을 수 없다는 것이죠. 사랑은 그냥 얻어지는 것이 아니라 인내하고 참고 견디고 이겨내야만 얻을 수 있습니다.

겨울이 지나야 하죠. 그렇게 겨울비가 그치면 새가 우는 봄이 찾아옵니다. 그때 가서야 꽃이 피어나죠. 그래야만 싱그런 무화과도 향기로운 포도도 열리는 것이죠. 사랑의 결실이라고 생각해도 좋습니다. 바로 겨울과 봄과 여름이 지나고 가을이 되어서야 사랑이 무르익는다는 것입니다.

이렇게 사랑은 봄과 여름과 가을과 겨울 사계절에 걸쳐 모두 익어갑니다. 아니 사랑은 이렇게 겨울과 봄과 여름을 거쳐 가을이 되어서야 무르익는다는 것이죠. 사랑은 하고 싶은 때만 하는 것이 아니라 일년 사시사철 언제나 계속해야만 하고 그렇게 인내하고 기다려야만 결실을 맺게 된다는 것이 이 노래의 핵심입니다.

"나의 사랑" "나의 어여쁜 자"가 함께 일어나 계속 가야만 한다고 여자는 남자의 말을 그대로 되뇌면서 노래합니다. 이렇게 사랑은 혼자 하는 것이 아니라 함께 하는 것이죠. 한 번만 하는 것이 아니라 일년 내내 해야 합니다. 이것이 바로 진정한 사랑입니다.

덧붙일 이야기가 하나 더 있습니다. 지금도 유대인들은 유월절을 지킵니다. 저는 유월절을 "넘는절"이라고 이름 붙이는데요, 죽음의 신이 히브리 노예들의 집을 들어가지 않고 그냥 넘어가기 때문에 이렇게 붙여본 것입니다. 그것이 중요한 것이 아니라 오늘날 유대인들이 넘는절에 만들어 먹는 음식을 이야기 하려고 합니다.

"하로셋"이라는 음식이 있습니다. 본디 넘는절 곧 유월절에는 누룩을 넣지 않은 빵을 만들어 먹습니다. 무교병이라고 하죠. 그런데 지금도 그렇게 만들어 먹기도 하지만 여기 아가에 나오는 과일과 견과류를 가루로 빻아서 포도주에 반죽하여 만들어 먹는 과자가 바로 "하로셋"입니다. 앞서도 언급했지만 아가를 두루 읽어보면 무화과도 나오고 포도도 나오고 석류도 나오고 호두도 나오고 사과도 나옵니다. 이러한 과일과 견과류를 한데 섞어서 과자를 만들죠. 사실 포도주는 알코올이 들어 있어서 이 과자를 먹으면 얼굴이 불그스레해진다고 합니다.

이렇게 여러 과일과 견과류를 넣어 만든 과자를 유대인들은 왜 넘는절에 먹을까요? 하느님의 창조 사건을 기념하기 위해서입니다. 아름답게 만드신 이 세상 이 땅에 여러 과일을 내신 하느님께 감사하고 또 그것을 생각하면서 창조 사건이 얼마나 중요한가를 다시금 되새기는 것이죠. 출애굽도 새로운 세상을 향하여 나아가는 새로운 창조 사건이라고 생각해도 무리가 없을 듯합니다. 시편을 보면 이런 생각을 읽어볼 수 있습니다. "이스라엘이 애굽에서 나오며 야곱의 집이 방언 다른 민족에게서 나올 때에 … 바다는 이를 보고 도망하며 요단은 물러갔으며 산들은 수양 같이 뛰놀며 작은 산들은 어린 양 같이 뛰었도다 … 땅이여 너는 주 앞 곧 야곱의 하나님 앞에서 떨지어다"(시 114:1–7). 여기 출애굽은 창조 사건과 맞물려 있습니다. 바다가 도망하고 강이 물러가며 산들이 뛰고 땅이 떠는 사건은 출애굽 사건이면서 동시에 창조 사건이죠.

하느님이 창조하신 자연 속에서 사랑을 노래하고 또 포도주도 들어간 "하로셋" 과자를 먹으면서 창조도 물론 생각해 보지만 창조하신 자연 속에서 나누는 은밀한 사랑을 다시금 나누어보자는 것이죠. 아가라는 책과 얽힌 유대인들의 넘는절 관습은 이렇게 오늘날까지도 사랑을 소중한 덕목으로 생각하고 있습니다. 사랑은 하느님이 창조하신 자연 속에서 더욱 아름답게 빛납니다.

* * *

여자는 또 이렇게 얘기하죠. "예루살렘 여자들아 나는 비록 검으나 아름다우니 … 내가 일광에 쬐어서 거무스름할찌라도 흘겨보지 말 것은 내 어미의 아들들이 나를 노하여 포도원지기를 삼았음이라"(아 1:5–6). 그러니까 여자는 지금 포도원지기입니다. 포도원 관리인이라는 거죠. 얼마나 바빴던지 오라비들의 포도원을 가꾸고 지키느라고 자신의 포도원을 돌볼 겨를이 없다고 푸념하기까지 합니다. "나의 포도원은 내가 지키지 못하였구나"(아 1:6)라고 말이죠. 이 이야기 속에서 우리는 두 가지를 생각해 볼 수 있습니다. 하나는 여자가 자신을 "거무스름하다"고 말하는 점입니다. 다른 사람이 자신의 피부가 검기 때문에 눈을 흘겨보았던 모양입니다. 그래서 자신의 얼굴 색깔이 검다고 해서 눈을 흘기고 바라보지 말라고 말하는 거죠.

이 말은 이렇게도 읽어볼 수 있습니다. "나는 검어서 아름답다"고 말이죠. 흔히들 피부미인이라는 말을 합니다. 피부가 하얗고 고와야만 예쁘다고 하고 미인이라고 말합니다. 그런데 아가의 여자는 그렇게 말하지 않습니다. "나는 검다! 그래서 아름답다!" 이렇게 당당하게 얘기합니다. 검기 때문에 아름답다는 것인데, 무슨 까닭일까요?

그 이유는 바로 일을 했기 때문이라는 겁니다. 오라비들이 자기들은 일을 하지 않고 빈둥대면서 자기에게 일을 시킨 까닭이라는 거죠. 이스라엘 땅의 기후는 우리와 달라서 햇빛이 정말 강렬합니다. 무척 뜨겁습니다. 무척 따갑습니다. 그러니 한 시간만 밖에 나가 있어도 거무스름하게 변하는 것은 당연합니다. 그것도 하나만 돌보는 것이 아니라 하루 종일 오라비들의 여러 포도원을 돌아다니며 일을 했으니 얼굴이 어떻겠습니까? 당연히 검을 수밖에요. 그렇기 때문에 여자는 당당하게 얘기합니다. "나는 검다. 내 피부는 거무스름하다. 그래서 나는 아름답다.” 이렇게 말을 하는 것이죠. 노동의 신성함을 노래하는 이야기입니다. 일 때문에 그을린 피부는 아름다운 것이죠. 이런 당당함, 이것이 바로 이 여자의 매력입니다.

하얀 피부만을 최고로 생각하는 요즘 우리의 생각을 뒤집는 말입니다. 우리의 생각을 바꾸어놓는 노래라고 생각해도 무리가 없을 듯합니다. 검은 피부는 아름답습니다. 또 이것과 함께 생각해 볼 것이 바로 피부가 검은 분들에 대한 편견입니다. 우리는 역사적으로 6·25를 경험한 뒤에 피부가 검은 미국인들에 대한 비뚤어진 생각을 가지고 있습니다. 우리 역사의 슬픈 단면이라고 말할 수 있겠죠. 그래서 영어나 우리말이나 희다는 말은 좋다는 뜻이고 검다는 말은 나쁘다는 생각이 스며 있습니다. 그런데 술람미 여자는 그 생각을 뒤집습니다. 그렇지 않다는 것이죠. 따라서 “나는 검으니 아름답다”는 이 말을 우리는 다시금 여러 각도에서 생각해 볼 필요가 있습니다. 우리의 편견을 씻어낼 필요가 있다는 것이죠.

또 있습니다. 이 여자의 적극성입니다. 사실 성경 가운데에서 여자의 목소리가 가장 많이 나오는 책이 아가입니다. 정확한 통계는 아닙니다만 아가의 약 50%는 여자의 목소리입니다. 여기에 비해 남자의 목소리는 약 30% 정도 될까요? 그리고 나머지는 친구들의 목소리 그리고 해설자와 시인의 목소리입니다. 이만큼 독특한 책이 아가인데요, 여자의 적극적인 모습을 우리는 이렇게 아가 속에서 읽습니다.

사랑을 향하여 내딛는 여자의 발걸음은 놀라울 정도입니다. “내가 밤에 침상에서 마음에 사랑하는 자를 찾았구나 찾아도 발견치 못하였구나 이에 내가 일어나서 성중으로 돌아다니며 마음에 사랑하는 자를 거리에서나 큰 길에서나 찾으리라 하고 찾았으나 만나지 못하였구나”(아 3:1-2) 하고 얘기합니다. 적극적이죠. 사랑 때문에 그는 밤중에도 마을을 돌아다닙니다. 사랑 때문에 몽유병에 걸린 것은 아닌지 모르겠습니다. 여자는 이렇게 헤매고 돌아다니다 야경꾼들을 만나서는 붙들고 물어봅니다. “내 사랑을 보셨나요?” 도대체 그의 사랑이 누구인지도 모르는데 어찌 어디 있는지 알겠습니까? 여자는 이토록 사랑이 그리워 찾아다닙니다. 사랑은 이렇게 먼저 나서는 것이라고 여자는 우리에게 알려줍니다. 먼저 하는 것이 사랑이라고 말하고 있죠.

창세기를 보면 이런 얘기를 읽어볼 수 있습니다. “이는 내 뼈 중의 뼈요 내

살 중의 살이라"(창 2:23). 아담이 한 말이라고 성경은 기록하고 있습니다. 남자죠. 남자가 이렇게 사랑을 고백합니다. 탄생한 여자를 보자마자 입을 열어 한 말이 바로 이 말입니다. 정말 이처럼 아름다운 사랑 고백이 창조 이야기에 들어 있다는 것이 신기할 따름입니다.

그런데 아가는 여자가 먼저 사랑을 고백합니다. "네가 내 어미의 젖을 먹은 오라비 같았었더면 내가 밖에서 너를 만날 때에 입을 맞추어도 나를 업신여길 자가 없었을 것이라 내가 너를 이끌어 내 어미 집에 들이고 네게서 교훈을 받았으리라"(아 8:1-2)고 말하면서 친구들에게 이렇게 부탁합니다. "예루살렘 여자들아 내가 너희에게 부탁한다 나의 사랑하는 자가 원하기 전에는 흔들지 말며 깨우지 말찌니라"(아 8:4)고. 창세기의 남자는 뼈 중의 뼈, 살 중의 살이라고 ,그렇게 한몸이라고 했지만, 여기 아가의 여자는 아예 둘이 하나가 되는 합일을 노래합니다. 더 적극적이죠. 더 선정적이기까지 합니다.

그러면서 이렇게 남자에게 부탁하죠. "너는 나를 인 같이 마음에 품고 도장 같이 팔에 두라"(아 8:6). 아예 도장 찍어두라는 겁니다. 어디를 가든 표시가 날 수밖에 없다는 것이고 너는 내 것이라는 것이죠. 팔뚝에 새기는 도장뿐 아니라 마음에 새기는 인(印)까지 이야기하죠. "나는 내 님의 것 내 님은 나의 것"(아 6:3)이라는 말이 생각나는 말이죠. 여자가 하는 말입니다. 또 "내 님은 나의 것 나는 내 님의 것"(아 2:16)이라고 말하기도 하죠.

그러면서 사랑이 얼마나 강렬한지 이렇게 말을 합니다. "사랑은 죽음 같이 강하고 투기는 음부 같이 잔혹하며 불 같이 일어나니 그 기세가 여호와의 불과 같으니라"(아 8:6)고요. 사랑은 "죽음만큼 강하다"는 것이죠. "스올 같이 거세다"는 거예요. 사랑을 죽음에 빗대어 말을 합니다. 이 말은 무척 오래된 표현입니다.

기원전 14세기경 지금 시리아의 지중해 바닷가에 우가릿이라는 마을이 있었는데요, 이곳에서 쐐기문자 토판 수만 개가 발견됩니다. 어느 농부가 밭을 갈다가 찾아낸 것인데요, 1929년의 일이니까 지금부터 약 80년 전의 일입니다. 여기서 발견된 토판을 읽어보니까 아주 긴 이야기가 하나 들어 있는데요, 바로 『바알』이라고 사람들이 이름 붙인 토판입니다. 이 토판의 마지막 부분에는 "바알이 강하다, 모투가 강하다, 바알이 강하다, 모투가 강하다"는 말이 수없이 반복됩니다. 생명의 신 "바알"과 죽음의 신 "모투"가 싸우는 장면에 나오는 말입니다. 바알이 이기다가 모투가 이기고, 또 모투가 이기다가 바알이 이기고 하기를 수없이 반복하는데요, 그러다가 결국 바알이 이기고 맙니다. 생명이 죽음을 이기는 것이죠. 이렇게 끝나는 이야기가 바로 『바알』이라는 이야기입니다.

여기 "바알이 강하다 모투가 강하다"는 표현은 "생명이 강하다 죽음이 강하다"라고 읽을 수도 있는 말입니다. 바알을 생명이라고 부르는 이유는 바알이 바로 구름 신이기 때문이죠. 비를 몰고 오는 구름은 곡식을 자라게 하기 때문에 생명을 상징합니다. 그래서 이렇게 읽어보는 것입니다. 이렇게 삶과 죽음의 싸움에서 결국 삶이 죽음을 극복한다는 것입니다만 여기서도 생명을 위협하는 것은 죽음입니다. 성경에서는 이 죽음의 땅을 "스올"이라고도 부르죠. "음부"(陰府)라는 말은 바로 이 "스올"을 옮긴 말입니다.

사랑은 생명만큼이나 죽음만큼이나 강하다 세다 강렬하다 막강하다는 이야기입니다. 스올만큼이나 잔혹하다 무섭다 세차다 이길 수 없다는 것이죠. 이것이 바로 여자가 고백하는 사랑 노래입니다. 아가를 읽던 옛날 사람들도 다 아는『바알』 이야기까지 동원하면서 자신의 사랑을 적극적으로 표현하는 여자의 사랑은 정말 위대합니다.

그래서 사랑은 "불 같이 일어나니 그 기세가 여호와의 불과 같으니라 이 사랑은 많은 물이 꺼치지 못하겠고 홍수라도 엄몰하지 못하나니"(아 8:6b–7)라고까지 말을 합니다. 사랑이 얼마나 위대한지 "여호와의 불"과 같다는 거죠. 이 말은 "사람이 상상할 수 없을 정도로 엄청난 불"이라고 읽어볼 수도 있습니다. 이렇게 강렬한 사랑의 불은 "많은 물"과 "홍수"라도 끌 수 없다고 하죠.

성경에는 "많은 물"을 "큰 물"이고도 하고, 여기 아가처럼 "홍수"라고도 합니다. "태곳적 물"이라고도 하여 성경에서는 하나님의 원수로 등장하기도 합니다. 그래서 시편 시인은 "여호와께서 홍수 때에 좌정하셨음이여 여호와께서 영영토록 왕으로 좌정하시도다"(시 29:10)라고 말하기도 하는데요, 이 말은 "야훼께서 홍수 위에 자리를 잡으셨음이여 야훼께서 아래세상을 깔고 자리를 잡으셨도다"라고 읽기도 합니다. 요즘은 여호와를 야훼라고 부릅니다. 그래서 이렇게 읽어본 것이죠. 그러니까 여기 아가의 여자가 말하는 것처럼 하나님은 "홍수"를 깔고 그 위에 앉으시고 "아래세상"을 깔고 그 위에 자리잡으셨다는 얘기죠. 한마디로 하느님은 임금이시라는 말입니다. 온 세상을 다스리시는 분이라는 뜻이죠. 하느님의 원수는 이렇게 "홍수"이고 또 "죽음"입니다. 성경이 이렇게 말을 하죠.

아가의 여자는 이런 생각을 염두에 두고 사랑을 노래한 것입니다. 옛날부터 내려오던 생각을 총동원하여 자신의 사랑이 이처럼 강하고 이처럼 강렬하다는 것을 자꾸 각인시키는 것이죠. 위대한 사랑의 고백입니다.

* * *

앞에서 창세기에 나오는 남자의 사랑 고백이 구체적으로 실현되고 확대된 것이 바로 아가에 나오는 여자의 사랑고백이라고 한 적이 있습니다. 그런데 이 사랑은 어디에서 일어납니까? 그렇습니다. 하느님이 창조하신 이 세상 속에서 벌어집니다. 창조 사건의 절정이 바로 사랑 고백이듯이 지금 아가의 여자는 새로운 창조를 꿈꾸고 사랑을 고백하고 있습니다. "여호와가 새 일을 세상에 창조하였나니 곧 여자가 남자를 안으리라"는 예레미야의 말(31:22)이 생각나는 부분이기도 합니다. 여기서 새 일은 무엇일까요? 하느님이 창조하신 새 일은 무엇일까요? 그렇죠. 사랑입니다. 여자가 남자를 껴안은 것이죠. 이렇게 아가의 여자는 창세기의 창조를 완성합니다. 지금 아가의 여자는 남자를 껴안고 있기 때문이죠. 우리의 통념과는 정반대가 바로 아가의 사랑 이야기입니다.

어떤 사람들은 아가가 너무 적나라하고 또 선정적이기까지 하여 강대상에서 읽지 않으려고 합니다. 앞서도 얘기했지만 어린이들은 읽지 못하게도 했습니다. 성인식을 치fms 뒤에야 유대인들도 아가를 읽을 수 있도록 허락했습니다.

그런데 아가는 우리에게 몸의 중요성을 이야기합니다. 남자가 여자의 몸을 구체적으로 묘사하는 이야기나 여자가 남자의 몸을 구체적으로 그려보는 이야기는 어찌 읽으면 포르노 같은 느낌을 지울 수는 없지만 그만큼 몸이 소중하다는 점을 우리에게 가르치는 이야기입니다. 그리고 사랑은 마음으로만 하는 것도 아니고 사랑은 몸으로만 하는 것도 아니라는 점을 가르칩니다. 사랑은 몸과 마음이 함께 하는 것이죠. 몸만으로 사랑하는 것은 진정한 사랑이 아니라는 얘기입니다.

또 있습니다. 하느님은 이스라엘을 이토록 사랑하신다는 거죠. 전 존재를 다 걸고 이스라엘을 보듬으시는 하느님의 사랑은 이처럼 구체적입니다. 우리는 자신을 새 이스라엘이라고 고백하죠. 하느님은 이렇게까지 우리를 사랑하세요. 또 신랑이신 그리스도는 신부인 우리를 이토록 아끼고 사랑하십니다. 그 사랑은 "죽음처럼 강하다"는 거죠. 그 사랑은 "스올처럼 거세다"는 겁니다. 죽음을 넘나드는 사랑이라고 말해야겠죠. 이 사랑을 우리는 "긍휼이 많으신 분"(시 86:15)이라고 고백하는데요, "긍휼"이라는 말 속에는 "아기집"이라는 속뜻이 들어 있어서 아기를 낳을 때 생사를 넘나들며 죽음을 무릅쓰고 아기를 낳듯이 그렇게 우리를 아기집 사랑으로 아끼시는 분이 우리 하느님이시고 그리스도이시라고 우리는 고백합니다.

존 웨슬리도 이렇게 말합니다. 아가의 여자가 온몸으로 남자를 사랑하듯 우리도 그리스도를 온몸으로 사랑해야 한다고 말이죠. "나의 사랑하는 자야 우리가 함께 들로 가서 동네에 유숙하자 우리가 일찍이 일어나서 포도원으로 가서 포도 움이 돋았는지, 꽃술이 퍼졌는지, 석류꽃이 피었는지 보자 거기서 내가 나의 사랑을 네게 주리라"(아 7:11-12). 사랑을 구체적으로 어떻게 해야 하는지 여자가 노래한 것이죠. 이 사랑의 여정을 보고 웨슬리는 우리가 그리스도를 사랑할 때 그 어떤 여정도 마다하지 말아야 한다고 이야기합니다. 그리고 무엇보다도 먼저 사랑은 구체적이어야 한다는 거죠. "포도 움이 돋았는지 꽃술이 퍼졌는지 석류꽃이 피었는지" 세심하게 관찰하고 들여다보고 또 바라보듯 그렇게 구체적으로 그분을 사랑하고자 노력해야 한다고 교훈하였습니다.

그런데 아가는 이런 말로 끝납니다. "나의 사랑하는 자야 너는 빨리 달리라 향기로운 산들에서 노루와도 같고 어린 사슴과도 같아라"(아 8:14). 여기서 우리는 "나의 사랑하는 자야"라는 말은 그냥 아! 사랑하는 사람을 부르는구나! 이렇게 생각할 수 있습니다. 그런데 "사랑하는 자"의 자라는 말을 한자말로 읽어보면 "자"(子) 자입니다. 그러면 "나의 사랑하는 자야"는 "나의 사랑하는 아들아"라는 뜻인가요? 그렇지 않습니다. "내가 사랑하는 그대여"라는 뜻입니다. "자"(子)라는 말 속에 "그대"라는 뜻이 들어 있기 때문입니다. 여자가 하는 말이죠.

이렇게 여자는 "내게 입맞추기를 원하니 네 사랑이 포도주보다 나음이로구나"(아 1:2)라는 말로 사랑 노래를 시작하고 "나의 사랑하는 자야 너는 빨리 달려라"(아 8:14)는 말로 사랑 노래를 끝맺습니다. 아가 전체를 감싸고 있는 것이죠. 그래서 아가는 성경 가운데에서도 무척 독특한 책입니다. 여자의 사랑 노래라 할 수도 있죠. 그런데 갑작스레 노래를 끝맺습니다. "달려라"라는 말로 끝나는 거죠. 왜 그럴까요? 사랑은 이렇게 열려 있다는 거죠. 지금도 여전히 계속해야 하는 것이 사랑이라고 여자는 노래합니다. 우리는 지금도 그분을 이토록 애타게 사랑하고 있나요?

(3) 전도서 - 헛되다?

전도서(傳道書) 하면 우선 떠오르는 것이 무엇인가요? 그렇습니다. "헛되고 헛되다"는 말입니다. 어디에 나오는 말일까요? 그렇습니다. 앞에 나오고 뒤에 나옵니다. 앞이라 하면 1장이고 뒤라 하면 12장입니다. 그러니까 전도서의 앞과 뒤를 감싸고 있는 말이 바로 "헛되다"는 말이죠. 이렇습니다.

전도자가 가로되
헛되고 헛되며 헛되고 헛되니
모든 것이 헛되도다 (전 1:2)

전도자가 가로되
헛되고 헛되도다
모든 것이 헛되도다 (전 12:8)

이렇게 헛되다는 말로 시작하고 헛되다는 말로 끝나는 책이 전도서입니다. 전도자가 하는 말이죠. 또한 전도서를 읽어가다 보면 이렇게 헛되다는 말이 책의 앞뒤에 나오는 것 말고도 여기저기 나오는 것을 알 수 있어요. 그래서 전도서의 분위기는 왠지 우울합니다.

또 하나 자주 나오는 말은 "해 아래"입니다. 우리가 예배용으로 사용하는 성경을 개역 한글판이라고 부르는데요, 이 개역 성경에는 이 말이 주로 "천하에"라는 말로 번역되어 있습니다. "천하에"는 "하늘 아래"란 말이죠. 또 자주 나오는 말이 하나 있어요. "누가 알랴?"라는 말입니다. 아무도 모른다는 겁니다. 도무지 알 수 없다는 것인데 이렇게 잘 알 수 없는 것이 사실은 우리네 인생살이라는 겁니다. 우리가 살아가는 모습은 불확실하다는 거죠.

이렇게 전도서는 "헛되다"는 말과 "누가 알랴?"는 말로 인생살이를 설명하는 것 같습니다. 흔히 전도서는 솔로몬이라는 옛 임금이 나이가 지긋이 든 그 즈음에 썼다고 말을 합니다. 전도서에는 그 어디에도 솔로몬이란 이름이 나오지 않습니다. 다만 "다윗의 아들 예루살렘 왕 전도자의 말씀"이라는 전도서의 첫 구절 때문에 그렇게 생각했습니다. 다윗의 아들이고 예루살렘의 왕이면 솔로몬밖에 더 있겠습니까? 그래서 이름이 나오지 않아도 솔로몬이라고 누구나 생각하기 마련이죠. 하지만 이름이 나오지도 않는데 어떻게 솔로몬이 썼다고 말할 수 있느냐고 되묻는 사람들도 있어요. 맞는 얘기입니다. 하지만 솔로몬이 썼으면 어떻고 솔로몬이 쓰지 않았으면 어떻습니까?

다만 전도자라고 부르는 이 사람이 말하고자 하는 것을 보면 그 분위기가 무척 패배주의적이고 회의적이라는 점이죠. "헛되다"는 말과 "누가 알랴?"는 말이 그렇다는 뜻입니다. 그리고 이러한 인생살이가 바로 "해 아래" 곧 "하늘 아래"에서 펼쳐진다고 말하고 있는 점이죠.

그렇기는 해도 전도자가 패배주의자는 아닙니다. 전도자는 오래 살아보고 난 뒤 자신의 인생을 되돌아보면서 회한에 사무쳐 우울한 분위기 속에서 "헛되다"고 말했지만 그리고 "누가 알랴?"고 슬퍼하기도 했지만 계속해서 그가 외치는 말이 있습니다. 바로 "하느님 경외"죠. 하느님을 모시고 살라는 뜻입니다.

인생이란 오래 살아보니 참으로 "헛되다." 헛된 인생이 앞으로 어떻게 펼쳐질지 어떤 방향으로 흘러갈지 다 "누가 알랴?" 하지만 그래도 "하느님을 경외해야 한다"는 것이 바로 전도자가 말하고자 하는 것은 아닐까 생각합니다. 이 점을 어떻게 알 수 있느냐구요? 바로 전도서의 마지막 부분을 읽어보면 분명합니다.

> 일의 결국을 다 들었으니
> 하나님을 경외하고
> 그 명령을 지킬찌어다
> 이것이 사람의 본분이니라 (전 12:13)

그리고는 이런 말을 덧붙입니다. "하나님은 모든 행위와 모든 은밀한 일을 선악 간에 심판하시리라"는 거죠. 전도서의 마지막 말씀입니다. "일의 결국"과

"모든 행위와 모든 은밀한 일"에서 반복되는 말은 "일"이라는 말인데, 그 일이란 것이 "선악 간에 심판"하시리라는 사실을 기억해야 한다는 점이죠. 그것이 바로 "사람의 본분"이라 말하는데요, 바로 그 "사람의 본분"이란 것이 바로 "하나님을 경외"하는 일입니다. 하느님을 경외하는 구체적인 방법은 바로 그분의 명령을 지키는 일이라는 점을 전도자는 친절하게 설명합니다.

이렇게 하느님 경외는 성경의 핵심 가운데 하나입니다. 성경의 두 축 가운데 한 축이라는 말이죠. 구약과 신약을 통틀어서 이 두 축은 계속해서 이어집니다. 그러니까 전도서는 "헛되다"와 "누가 알랴?"는 말로 인생살이의 여러 모습을 설명하고 있지만 결국은 인간이 해야 할 일이란 "하느님 경외"라는 거죠. "하느님 모시고 살기"라는 뜻입니다. 전도자가 말하고자 하는 것은 바로 이 점입니다.

전도자가 "헛되다"는 말을 중심으로 무엇을 말하고 있는지 한번 생각해 보려고 합니다. 앞서 분명하게 말씀드리지 않았지만 자주 나오는 두 표현 가운데에서 "헛되다"는 말은 전도서의 앞부분(1장-6장)에 자주 나오고, "누가 알랴?"는 말은 전도서의 뒷부분(7-12장)에 자주 나오는 말입니다. 그래서 여기서는 "헛되다"는 말을 중심으로 전도자가 인생을 어떻게 설명하고 있는지 생각해 보려고 합니다.

* * *

"헛되다"는 말은 히브리어로 "헤벨"이라고 합니다. 그런데 이 말이 단지 한 번만 나오지 않고 거푸 연달아서 나오는 것을 알 수 있어요. 전도서 1:1의 "다윗의 아들 예루살렘 왕 전도자의 말씀이라"는 전도서의 제목이라고 할 수 있지요. 따라서 전도서가 실제로 시작하는 말은 그 다음 절입니다.

> 전도자가 가로되
> 헛되고 헛되며 헛되고 헛되니 모든 것이 헛되도다

이 구절에 나오는 말은 두 개입니다. 하나는 "전도자"란 말이고 또 하나는 "헛되다"는 말이죠. 물론 "전도자"란 말은 앞 1절에도 나오지요. 그러니까 전도서를 이야기하는 이는 바로 "전도자"입니다. "전도자"(傳道者)는 말 그대로 "도(道)를 전하는 이"입니다. "도"는 여기서 "길" 그러니까 "인생이 살아가는 길"이나 "인생이 살아가야 할 도리"라고 읽어볼 수 있을 텐데요, 전도자는 히브리어로 "코헬렛"이라고 합니다. 사실 우리는 이 말을 "전도자"라고 읽고 있습니다만 "설교자"라고도 하고 "사람들을 모아 가르치는 이"라고도 합니다. 정확하게 무슨 뜻인지 잘 알 수 없어서 요즘은 그냥 "코헬렛"으로 부르기도 합니다. 사람의 이름이라기보다는 호칭이라고 하는 편이 더 나을 듯합니다. 그는 "슬기로운 사람" 곧 "현자"입니다. "지혜로움으로 … 백성에게 지식을 가르쳤고"(12:9)라고 이 책 말미에 말한 것을 보면 알 수 있지요.

그럼 어떻게 "전도자"라는 말이 생겨났을까요? 해답은 한문성경에 있습니다. 한문성경 가운데에도 『대표본』(代表本)이라고 부르는 성경이 있는데요, 1854년에 중국에서 나온 성경입니다. 이 성경은 코헬렛을 "전도자"(12:8)라고 부릅니다. 전도자가 썼다고 하는 이 책은 사실 요약하기 힘듭니다. 그래도 다음과 같이 나누어볼 수 있습니다.

* 1장–3장 : 모든 것은 돌고 돈다 모든 것은 때가 있다
* 4장–6장 : 모든 것은 같은 운명이다
* 7장–9장 : 먹고 마시고 기쁘게 살라
* 10장–12장 : 죽음을 생각하라 하느님을 경외하라

* * *

성경 여기저기를 살펴보면 "헤벨"이라는 말 속에 "숨"이라는 뜻이 들어 있는 것을 알 수 있습니다. 그것도 "푸– 하고 한번 내쉬는 숨"이라는 뜻이죠. 어떻게 이런 뜻이 담겨 있는지 아느냐고 질문하실 줄 압니다. 시편(62:10)을 찾아보면 이 말이 "숨"이란 뜻으로 사용되는 것을 알 수 있어요. "진실로 천한 자도 헛되고 높은 자도 거짓되니 저울에 달면 들려 입김보다 경하리로다"라고 했는데요, 여기서 "입김보다 경하리로다"는 말 속의 "입김"이 바로 "헤벨"입니다. "입김보다 가볍다"는 말이죠. 그러니까 여기서 "입김"은 인생을 비유하는 것으로 읽어볼 수 있습니다. 여기 "입김"은 "숨"으로도 읽을 수 있어요. 그렇다

면 계속 이어지는 "헛되고 헛되며 헛되고 헛되니 모든 것이 헛되도다"라는 말은 이렇게 읽어볼 수도 있을 것입니다.

숨이고 숨이며 숨이고 숨이니 모든 것이 숨이다.

이렇게 놓고 읽어보면 전도서가 무엇을 말하려고 하는지 짐작할 수 있을 것입니다. 숨 쉬는 인생이라는 거죠. 인생이 숨이라는 것을 전도자는 거듭 얘기합니다.

헛된 생명의 모든 날을 그림자 같이 보내는 일평생에
사람에게 무엇이 낙인지 누가 알며
그 신후에 해 아래서 무슨 일이 있을 것을
누가 능히 그에게 고하리요 (전 6:12)

내가 내 헛된 날에 이 모든 일을 본즉
자기의 의로운 중에서 멸망하는 의인이 있고
자기의 악행 중에서 장수하는 의인이 있으니 (전 7:15)

네 헛된 평생의 모든 날
곧 하나님이 해 아래서 네게 주신 모든 헛된 날에
사랑하는 아내와 함께 즐겁게 살찌어다 (전 9:9)

이 세 곳의 공통점은 무엇일까요? 그렇습니다. 여러 이야기가 섞여 있지만 아무래도 "헛된 … 날"이라는 말이 처음에 나온다는 것이죠. 그런데 "헛된 …. 날"이라는 말 속에서 "헛된"이라는 말이 바로 "헤벨"을 옮긴 것이라는 점은 쉽게 짐작할 수 있습니다. 전도서의 주제어니까요. 그런데 눈치채셨겠지만 이 "헛되다"는 말을 앞에서 설명한 대로 "숨 쉬다"로 바꾸어 읽으면 어떨까요?

숨 쉬는 생명의 모든 날을 그림자 같이 보내는 일평생에
사람에게 무엇이 낙인지 누가 알며

그 신후에 해 아래서 무슨 일이 있을 것을
누가 능히 그에게 고하리요 (전 6:12)

내가 숨 쉬는 날에 이 모든 일을 본즉
자기의 의로운 중에서 멸망하는 의인이 있고
자기의 악행 중에서 장수하는 의인이 있으니 (전 7:15)

네가 숨 쉬는 평생의 모든 날
곧 하나님이 해 아래서 네게 주신 숨 쉬는 모든 날에
사랑하는 아내와 함께 즐겁게 살찌어다 (전 9:9)

이렇게 바꾸어 읽어보니까 무척 다르지 않나요? 맨 위는 모든 사람이 숨 쉰다는 것이고, 가운데는 내가 숨 쉰다는 것이고, 맨 아래는 네가 숨 쉰다는 것이죠. 곧 "나"와 "너" 우리 "모두" 모든 날 숨 쉬고 살아가는 것이 인생이라는 점을 이 세 구절은 말하고 있는 듯합니다.

그런데 숨 쉬는 것이 인생뿐이겠습니까? 그리고 무슨 일을 겪으면서 사람은 숨 쉬고 살아가나요? 또 언제 숨 쉬며 살아갑니까? "모든 날"(6:12)과 "모든 일"(7:15) 그리고 또 "모든 날"(9:9)입니다. "날"과 "일"이 이렇게 "모든"이란 말과 함께 나오는데 그것도 "날"이 "일"을 감싸고 있어요. 날마다 숨 쉬고 일마다 숨 쉰다는 겁니다. 시간이 공간을 압박하고 있습니다. 우리네 인생사에서 겪는 일은 날마다 일마다 쉬는 숨 속에서 일어난다고 이렇게 말하는 듯합니다.

그런데 이 세 구절 모두는 아니지만 앞과 뒤에 공통적으로 오는 말은 무엇일까요? 그렇죠. "해 아래"라는 말입니다. "해 아래"라는 말 또한 전도서에 자주 등장하는 말이라는 점은 앞서도 말씀드렸습니다. 곧 해 아래서 숨 쉬는 것이 인생이라는 것인데 이 점을 코헬렛은 4장에서 이렇게 말합니다.

내가 또 돌이켜 해 아래서 헛된 것을 보았도다 (전 4:7)

돌이킨다는 말은 지금껏 살아온 나날을 되돌아본다는 뜻이겠죠. 돌아보니 내가 본 것 곧 내가 경험한 일은 "헛된 것"이라는 거죠. 곧 "헤벨"을 보았다는 겁니다. "덧없다"는 말로도 바꾸어 읽을 수 있겠죠. 이러한 "덧없음"은 "바람 잡으려는 것"(1:14)이라는 말 속에서도 감지할 수 있어요. 전도서에는 이 말도 자주 나오죠. "바람"이란 뜻의 "루악흐"도 "숨"이란 뜻의 "헤벨"과 비슷한 말로 전도서에 등장하는데요, 이렇게 전도자는 "바람 잡는 일"과 "헛되다"는 말을 번갈아 사용하며 인생을 약간은 비관적으로 설명합니다. 이렇게 놓고 보면 위 4장의 이 말씀은 코헬렛의 우울한 분위기를 잘 표현한 말이라 할 수 있겠군요. 이 말씀은 이렇게 그려볼 수도 있겠어요.

해 아래
⇩
돌이키다 ⇨ 헤벨 (헛된 것) ⇦ 보다
⇧
나 (전도자)

누가 봅니까? 내가 보죠. 전도자가 보는 겁니다. 어디서 보나요? 해 아래서! 무엇을 보죠? "헛된 것" 곧 "헤벨"을 본다는 겁니다. 그것도 "해 아래"에서 본다는 것이에요. 이 말은 다시 "전도자가 가로되 헛되고 헛되며 헛되고 헛되니 모든 것이 헛되도다"(전 1:2)와 "전도자가 가로되 헛되고 헛되도다 모든 것이 헛되도다"(전 12:8)의 반향이라 할 수 있겠군요. 전도서 전체의 앞과 뒤를 감싸고 있는 "헛되다"의 반복이 여기서는 한 번 나오지만 그래도 "해 아래"에서 그것을 보았다고 말하는데 그냥 보는 것이 아니라 되돌아보니 "헛되다"는 겁니다. 그러니까 "해 아래"라는 말은 이렇게 인간의 공간적 제약성을 나타내면서 동시에 "돌이킴"이라는 시간적 제약성을 함께 아우르는 말이라고 해야 하겠군요.

이렇게 시간과 공간의 변주곡 속에서 "헤벨"을 바라본 전도자는 우울한 분위기만 말하고 있지 않습니다. 인생이 그렇지만은 않다는 겁니다. 그래도 희망이 있다는 거죠. "해 아래"서 사는 인생이지만 그래도 "해"를 바라보는 인생이 행복한 인생이라는 겁니다.

빛은 실로 아름다운 것이라
눈으로 해를 보는 것이 즐거운 일이로다 (전 11:8)

"빛은 실로 아름다운 것이라"는 말은 "빛은 정말 달콤하다"로 바꾸어 읽을 수도 있습니다. 아름다운 것이, 달콤한 것이 바로 "빛"이라는 것인데 그 "빛"은 "해"라는 것으로 설명합니다. "해"는 "빛"이니까요. 이렇게 놓고 보면 "해 아래"라는 말은 시간과 공간이라는 씨줄과 날줄이라는 인간사의 제약성을 말하는 것이기는 하지만 동시에 희망을 담고 있는 말입니다. 아름다움이나 달콤함을 드러내는 말이라 설명할 수 있겠군요. 또 하나 "해 아래"란 말과 관련하여 드릴 말씀이 있습니다. 앞서도 인용했지만 9장을 보면 이런 말이 나오죠.

> 네 헛된 평생의 모든 날
> 곧 하나님이 해 아래서 네게 주신 모든 헛된 날에
> 사랑하는 아내와 함께 즐겁게 살찌어다
> 이는 네가 일평생에 해 아래서 수고하고 얻은 분복이니라 (전 9:9)

여기서 "해 아래"라는 말이 거듭거듭 나옵니다. 그런데 이런 해 아래서 "사랑하는 아내와 함께 즐겁게 살찌어다"라고 했어요. 이 말은 "네가 사랑하는 짝과 함께 즐겁게 살아라"는 말로 바꾸어 읽을 수도 있습니다. 그러니까 인간관계를 말하는 것이죠. 혼자만 외로이 살아가는 것이 아니라 함께 더불어 살아가라는 말입니다. 분명히 "아내"라는 말이 나오기 때문에 결혼 관계를 가리키는 말로 읽을 수도 있어요. 하지만 여기서 강조하고자 하는 것은 함께 더불어 행복하게 살아가라는 교훈으로 읽을 수도 있지요. 실제로 "피터슨 역(譯)"과 같은 영어성경은 이렇게 읽기도 하였구요. "해 아래"서 즐겁게 사는 것이죠. 그것도 사랑하는 사람들과 그렇게 살아가라는 겁니다. 그런데 이어지는 구절에는 이렇습니다.

> 무릇 네 손이 일을 당하는 대로 힘을 다하여 할찌어다
> 네가 장차 들어갈 음부에는
> 일도 없고 계획도 없고 지식도 없고 지혜도 없음이니라 (전 9:10)

"음부"(陰府)라는 말은 좀 어려운 말이에요. "죽은 자의 영역"이라는 뜻이죠. 곧 "저승"을 가리키기도 하고 "저세상"을 가리키기도 합니다. 흔히 "스올"이라

고 우리가 부르는 그런 곳이죠. 구약성경에서 죽은 자들은 꼭 이곳에 간다고 말하는데 그곳에는 일도 계획도 지식도 지혜도 없는 곳이며 삶과의 철저한 단절을 말하는 구절이기도 합니다. 구약성경은 자주 이렇게 얘기합니다. 삶과는 완전히 끊어진 곳이 바로 "음부"라고 하는 곳인데요, 이런 생각은 신약성경에도 나오죠. 누가복음에 나오는 부자와 나사로의 이야기에서 아브라함에게 부자는 목마르니 물 한 방울이라도 좀 찍어달라고 부탁하죠. 하지만 아브라함의 대답은 이렇습니다. "너희와 우리 사이에 큰 구렁이 끼어 있어 여기서 너희에게 건너가고자 하되 할 수 없고 거기서 우리에게 건너 올 수도 없게 하였느니라"(눅 16:26). 이렇듯 죽음의 영역은 삶의 영역과 철저한 단절을 말하고 있는 것이 성경입니다. 따라서 인간이 살아있는 동안 가질 수 있는, 아니 가져야만 하는 태도를 전도자는 이렇게 말합니다.

그러므로 내 소견으로는
사람이 자기 일을 즐거워하는 것보다 나은 것이 없나니
이는 그의 분복이라
그 신후사를 보게 하려고 저를 도로 데리고 올 자가
누구이랴 (전 3:22)

우매자는 말을 많이 하거니와
사람이 장래 일을 알지 못하나니
신후사를 알게 할 자가
누구이냐 (전 10:14)

여기서 공통적으로 나오는 말은 "신후사"(身後事)라는 말이죠. 좀 어려운 말인데요, 문자적으로 풀이하자면 "몸 뒤의 일" 또는 "자신 뒤의 일"이라는 뜻이죠. 곧 "그의 뒤에 벌어질 일"이라는 뜻이죠. 달리 말하자면 "그가 죽은 뒤에 생겨나는 일"이라고 읽을 수도 있겠군요. 또 반복되는 말은 "누가 알랴?"입니다. 모른다는 것이죠. 무엇을 모릅니까? 사람이 죽은 다음에 일어날 일을 알 도리가 없다는 겁니다. 그래서 위의 10장은 "우매자"(愚昧者) 곧 "어리석은 사람"은 아는 것처럼 말을 많이 하지만 도무지 알 수가 없는 것이 죽은 다음에 일어날 일이라고 전도자는 말을 합니다. 그런데 앞 3장에서는 그렇기 때문에 사람은 자기 "일"을 즐거워해야 한다고 충고합니다. 일을 재미있게 하라는 겁니다. 이것이 바로 그의 "분복"이라고 했는데 "몫"이라는 뜻이죠. "자기에게 돌아오는 몫" 또는 "자기가 차지할 몫"이라는 뜻으로 풀이할 수 있겠군요. 이 점을 전도자는 이렇게 자주 얘기합니다.

사람이 먹고 마시며 수고하는 가운데서
심령으로 낙을 누리게 하는 것보다 나은 것이 없나니
내가 이것을 본즉
하나님의 손에서 나는 것이로다 (전 2:24)

사람이 사는 동안에
기뻐하며 선을 행하는 것보다 나은 것이 없는 줄을
내가 알았고
사람마다 먹고 마시는 것과 수고함으로 낙을 누리는 것이
하나님의 선물인 줄을
또한 알았도다 (전 3:13)

이에 내가 희락을 칭찬하노니
이는 사람이 먹고 마시고 즐거워하는 것보다
해 아래서 나은 것이 없음이라
하나님이 사람으로 해 아래서 살게 하신 날 동안
수고하는 중에
이것이 항상 함께 있을 것이니라 (전 8:15)

이렇게 놓고 보면 먹고 마시고 즐거워하는 것이 하느님이 주신 선물이라는 것을 알 수 있어요. 이것을 앞에서는 우리의 "분복"이라고 곧 우리의 "몫"이라고 부르는 것이죠. 기뻐하는 것이나 "희락"(喜樂)이나 "낙"(樂)은, 그러니까 "기쁨"은 이렇게 우리의 "수고"와 우리의 "일"을 통하여 그분이 주시는 선물이죠. 이렇게 선물이라고 말하면서 전도자는 3장에서 다음의 말을 덧붙입니다. "무릇

하나님이 행하시는 것은 영원히 있을 것이라 더 할 수도 없고 덜 할 수도 없나니 하나님이 이같이 행하심은 사람으로 그 앞에서 경외하게 하려 하심인 줄을 내가 알았도다"(전 3:14). 여기에 "경외"(敬畏)라는 말이 나옵니다. 그 앞에서 경외한다는 말은 그분을 경외한다, 곧 그분을 모시고 산다는 말로도 읽을 수 있다고 했습니다.

* * *

전도자는 이렇게 "헛됨"(헤벨)을 거쳐 "해 아래"로 그리고 죽음을 거쳐 다시 "기쁨"(樂)으로 그리고 또 다시 "경외"로 넘어가는군요. "하느님 모시고 살기"이죠. 어디서 하느님 경외를 얘기하는지 살펴볼까요?

꿈이 많으면 헛된 것이 많고
말이 많아도 그리하니
오직 너는 하나님을 경외할찌니라 (전 5:7)

지나치게 악인이 되지 말며
우매자도 되지 말라
어찌하여 기한 전에 죽으려느냐
너는 이것을 잡으며 저것을 놓지 마는 것이 좋으니
하나님을 경외하는 자는
이 모든 일에서 벗어날 것임이니라 (전 7:17-18)

죄인이 백번 악을 행하고도 장수하거니와
내가 정녕 아노니
하나님을 경외하여 그 앞에서 경외하는 자가 잘 될 것이요
악인은 잘 되지 못하며 장수하지 못하고
그 날이 그림자와 같으리니
이는 하나님 앞에 경외하지 않음이니라 (전 8:12-13)

일의 결국을 너는 다 들었으니
하나님을 경외하고 그 명령을 지킬찌어다
이것이 사람의 본분이니라 (전 12:13)

앞 3장에서는 "영원"이라는 시간 앞에서 겸손해질 것을 말합니다. 하느님은 사람에게 "영원을 사모하는 마음"(전 3:11)을 주셨지만 모든 것을 다 알 수는 없게 하셨으니 그분을 모시고 살라고 말합니다. "영원을 사모하는 마음"은 사실 좀 어려운 표현입니다. "과거와 현재와 미래를 헤아릴 수 있는 마음"이라고 말할 수도 있겠군요. 히브리어로 "영원"(올람)이라는 말은 이렇게 모든 시간을 다 가리키니까요. 또한 이 말은 때로 "저세상"을 가리키는 말로도 사용합니다. 그러니까 과거와 현재와 미래라는 시간과 저세상이라는 공간을 다 한 번쯤은 생각해보는 그런 마음을 주셨다고 읽을 수도 있겠군요. 그렇지만 그것이 무엇이다! 라고 인간이 다 헤아릴 수는 없게끔 하셨다는 얘기죠. 그러니 우리가 다 알 수 없는 하느님을 그저 경외하라, 그분을 모시고 살라고 말하는 겁니다.

위의 5장은 허황된 꿈이나 말이 많은 것은 좋지 않으니 하나님을 경외하라는 것이죠. 하느님 앞에서 함부로 서원하는 것도 바른 일이 아니라고 합니다(전 5:1–6). 신앙생활에서 서원이라는 것이 무척 조심스런 것이죠. 하느님과 한 약속 이것이 바로 서원이죠. 일을 많이 벌이는 것도 좋은 것은 아니라고 충고합니다. 성전을 중심으로 살았던 옛 사람들에게 어떻게 살아가야 할지 말하는 부분이라고 얘기할 수도 있겠군요.

또 7장은 슬기로움과 어리석음의 대비를 말하면서 그 어떤 것도 최고의 덕목이 될 수는 없다는 말합니다. 이 덕목을 다른 말로는 "의"와 "악"의 대비로 설명하기도 합니다. "자기의 의로운 중에서 멸망하는 의인이 있고 자기의 악행 중에서 장수하는 악이 있으니 지나치게 의인이 되지 말며 지나치게 지혜자도 되지 말라 어찌하여 스스로 패망케 하겠느냐"(전 7:15–16)고 우리에게 반문합니다. 이것은 우리 동양에서 중요하게 생각하는 "중용"(中庸)이 생각나는 구절이기도 합니다. 너무 한쪽으로 치우치지 말라는 것이죠. 이 생각은 신명기(28:14)에도 나오고 잠언(4:27)에도 나오는 생각이에요. "좌로나 우로나 치우치지 말라"는 말씀이 그것이죠. 물론 둘 다 똑같은 생각이라고 말할 수는 없지만 모두 강조하는 것은 어느 한쪽으로 기울지 말라는 것이죠.

위의 8장도 앞 7장과 비슷한 생각이지만 약간 달라요. 흔히들 악인이 장수하고 잘산다고 말하지만 그럴 수 없다는 것이죠. "악한 일에 징벌이 속히 실행되지 않으므로 인생들이 악을 행하기에 마음이 담대하도다"(전 8:11)라고 말하면서 하는 말이 바로 위의 8장 인용입니다. 그러니 반드시 악인은 벌을 받아야 하고 의인은 상을 받아야 한다는 생각입니다. 이 역시 잠언에 많이 나오는 생각입니다. 잠언(3:16, 9:10)은 그 상을 구체적으로 부귀와 장수로 꼽고 있습니다만 여기서도 그와 같은 생각을 우리는 읽습니다. 그런데 사실 전도자는 다른 곳(3:16, 10:5-7)에서 도무지 있을 수 없는 일이 벌어지고 있다고 말합니다. "세상에 행하는 헛된 일이 있나니 곧 악인의 행위대로 받는 의인도 있고 의인의 행위대로 받는 악인도 있는 것이라 내가 이르노니 이것도 헛되도다"(전 8:14). "악한 사람이 받아야 할 형벌을 의인이 받는가 하면, 의인이 받아야 할 보상을 악인이 받는다"고 한글 『새번역』은 이 구절을 멋지게 읽었습니다. 악인의 악행 때문에 고통당하는 의인이 있고 의인의 선행 때문에 복을 받는 악인이 있다는 말이죠. 이러한 모습도 인생을 설명하는 "헛되다"는 말로 전도자는 말합니다. 이러한 어처구니없는 일 속에 살아가는 것이 인생이니 이 또한 "헛되다"는 말로 전도자는 설명하는 거죠. 그럼에도 불구하고 전도자는 단호하게 이야기합니다. 하느님을 경외하는 이는 반드시 잘 되어야 한다고!

앞서도 언급했습니다만 하느님을 경외해야 하는 이유는 하느님이 지켜보고 계시기 때문이라고 마지막 12장에서 말합니다. 그것이 인간이 해야 할 본분이라는 점도 잊지 않고 말합니다. 그리고 항상 염두에 두어야 할 점은 "선악 간에 심판하시리라"(전 12:14)는 거죠. 으름장을 놓는 겁니다. 전도자는 지금 우리가 살아가면서 항상 염두에 두어야 할 것이 하느님 앞에 서는 일이라는 점을 이렇게 빼놓지 않고 이야기합니다. 그렇게 결론내립니다.

* * *

그러면서도 전도자는 이 말을 빼놓지 않습니다. 살다 보면 좋은 날도 있고 나쁜 날도 있지만 좋은 날은 기뻐하고 나쁜 날은 돌아보라는 겁니다.

형통하는 날에는 기뻐하고

곤고한 날에는 생각하라
하나님이 이 두 가지를 병행하게 하사
사람으로 그 장래 일을 능히 헤아려 알지 못하게 하셨느니라 (전 7:14)

재미난 점은 형통하는 날과 곤고한 날 그러니까 좋은 날과 나쁜 날 모두 하느님이 주시는 것이라고 말합니다. 이 말을 들어보면 유명한 욥의 말이 생각납니다. "우리가 하나님께 복을 받았은즉 재앙도 받지 아니 하겠느뇨"(욥 2:10). 여기서 욥이 말하는 복과 재앙도 전도자의 형통하는 날과 곤고한 날, 곧 좋은 날과 나쁜 날의 다른 표현입니다. 그 둘을 하느님이 가져다주신다는 겁니다. 놀라운 통찰력이 아닐 수 없습니다. 그러니 복 받은 좋은 날은 기뻐하여야 합니다. 하지만 액운이 낀 나쁜 날은 생각해야 하죠. 자신을 되돌아보아야 한다는 겁니다. 인간의 한계를 잘 알아라! 사람이 앞날을 다 알 수는 없다! 다만 하느님 모시고 사는 길만이 우리가 걸어야 할 길이다! 이렇게 말하죠. 그래서 도를 전하는 책 전도서입니다. 또한 살아있는 동안 숨 쉬면서!

(4) 애가 – 아, 슬프다!

"애가"(哀歌)는 슬프고 괴로운 책입니다. 말뜻 자체가 "슬픈 노래"라는 뜻이죠. 그래서 애가는 "슬프다"는 말로 시작합니다. "에이카!"라고 히브리어로 부르는데요, "애가"라는 말과 "에이카!"라는 말이 비슷하기도 하죠. "아아! 괴롭구나!"라고 읽을 수도 있는 말이죠. "아아! 슬프구나!"라고도 읽을 수 있죠. 얼마나 슬픈지 1장도 2장도 4장도 "슬프다"라는 말로 시작하죠. 애가가 모두 5장인데 말이죠. 그리고 "밤새도록 애곡하니 눈물이 뺨에 흐름이여"(애 1:2)라고 말하는 것을 보니 지금 예루살렘은 상중(喪中)인 것이 분명합니다(애 3:48-49). 그 고통이 얼마나 심했으면 "위에서부터 내 골수에 불을 보내어"(애 1:13)라고까지 말을 합니다. 골수에 불이 붙었다는 겁니다. 뼈 마디마디 불이 붙었다는 말이죠. 그러니 견딜 수 있겠습니까? 그래서 "내 눈에 눈물이 물 같이 흐름이여"(애 1:16)라고 탄식하죠.

슬픈 이유가 무엇일까요? 왜 애곡(哀哭)할까요? 나라가 망한 때문입니다. 예루살렘이 쓸쓸하고 적막하고 황량할 정도로 폐허가 되었기 때문이죠(애 1:2). 위로하는 자가 하나도 없기 때문입니다(애 1:2, 9, 16, 17, 21). 전도서의 말씀

(4:1)과 시편의 말씀(69:20, 119:82)이 생각나는 대목입니다. 그 이유를 시인은 한마디로 하나님의 진노라고 말을 합니다(애 1:12). "주께서 우리를 아주 버리셨사오며 우리에게 진노하심이 특심하시나이다"(애 5:22)라고까지 말을 하죠.

희망이 보이지 않는다고 합니다. "어린 자녀들이 대적에게 사로잡혔도다"(애 1:5)라고 말하기도 하고, "나의 처녀와 소년들이 사로잡혀 갔도다"(애 1:18)라고도 말을 합니다. 어린 자녀들이, 소년들이 사로잡혀 갔으니 미래가 보이지 않는 겁니다. 처녀들이 사로잡혀 갔으니 앞이 보이지 않는 것이죠. 아기를 낳을 여자들이 더 이상 없기 때문이죠. 그러니 희망이 보이지 않는 겁니다.

그러면서 자신을 돌아봅니다. 이렇게 된 것은 자신의 죄 때문이라 깨닫게 됩니다. "예루살렘이 크게 범죄하므로"(애 1:8) 이렇게 되었다고 하죠. 그러면서 예루살렘은 내가 되고 나는 예루살렘이 됩니다. 그리하여 "나의 패역이 심히 큼이니이다"(애 1:20)라고 고백합니다. 급기야 "내 죄악의 멍에를 그 손으로 묶고 얽어 내 목에 올리사 내 힘을 피곤케 하셨음이여 내가 당할 수 없는 자의 손에 주께서 나를 붙이셨도다"(애 1:14)라고까지 고백합니다. 이런 고백은 "나"와 "우리"가 한데 어울려 구분이 없어집니다. 3장은 이 점을 아주 잘 보여주고 있습니다. "나"라고 했다가 "우리"라고 했다가 다시 또 "나"라고 하죠. 바로 "우리의 죄"가 "나의 죄"라는 거죠.

슬픈 나머지 애곡하고 탄식하면서 시인은 지금 어찌해야 좋을지 갈피를 잡지 못하고 있어요. 그래서 혼자 탄식하다가 하나님께 기도하고 또 혼자 중얼거리며 괴로워하다가 넋두리 늘어놓기를 반복합니다.

> 여호와는 의로우시다
> 내가 여호와의 명령을 거역하였도다 (애 1:18)

그러면서 그분께 기도하죠. "여호와여 내가 비천하오니 나를 권고하옵소서"(애 1:11)라고 말이죠. "야훼님! 내가 만신창이가 되었습니다. 나를 돌아보시죠!"라고 읽을 수 있습니다. "나의 환난을 감찰하소서"(애 1:9)라고도 기도합니다. "내가 당하는 고통을 자세히 들여다보시죠"라고도 읽을 수 있는 말입니다. 그리고는 "화, 복이 지극히 높으신 자의 입으로 나오지 아니하느냐"(애 3:38)고 마치 욥처럼 코헬렛의 전도자처럼 이야기합니다. 욥이 그랬죠. "우리가 하나님께 복을 받았은즉 재앙도 받지 아니하겠느뇨"(욥 2:10)라고요. 또 전도자라고 부르는 코헬렛이 그랬습니다. "형통한 날에는 기뻐하고 곤고한 날에는 생각하라 하나님이 이 두 가지를 병행하게 하사 사람으로 그 장래 일을 능히 헤아려 알지 못하게 하셨느니라"(전 7:14)고 말입니다.

우리는 여기서 중요한 사실 하나를 발견합니다. 재난은 고통으로 이어지고 고통은 애곡으로 바뀌며 애곡은 자신을 돌아보고 다시 하느님께 돌아가는 과정이죠. 그런데 자신은 "나"이기도 하고 "우리"이기도 합니다. 3장이 그렇습니다. 공동체성을 가리키는 대목입니다. 공동체 의식이죠.

재난 ➪ 고통 ➪ 애곡 ➪ 나(우리) ➪ 하나님

온갖 재난을 다 겪고 나서 하나님을 발견하였던 욥의 모습과도 비슷하지요. 하지만 다르기도 합니다. 욥은 위로하러 왔던 세 친구들과 대화를 나누는 과정에서 하느님이 바르지 않다고 말하기 때문이죠. 그런데 애가의 시인은 "야훼님은 바르시다!"(애 1:18)고 선언합니다. 그리고 자신의 죄를 고백하죠. 이런 과정은 이어지는 이야기에서 더욱 구체적으로 드러납니다. 1장에서 4장까지 그렇게 진행됩니다. 그러다가 결국 마지막(5장)에 가서는 기도로 끝맺습니다. "주께서 어찌하여 우리를 영원히 잊으시며 우리를 이같이 오래 버리시나이까"(애 5:20)라고 하느님께 항의하는 거죠.

* * *

애가는 긴 시입니다. 그런데 각 장마다 22절씩 들어 있어요. "나"와 "우리"가 번갈아 나오는 3장만 66절인데요, 그렇다면 22×3=66이니까 3장도 22절씩 나눌 수 있겠죠. 왜 각 장이 22절씩 되어 있을까요? 구약성경의 원어인 히브리어의 알파벳이 모두 22개이기 때문이죠. 그러니까 각 장마다 각 절이 히브리어 알파벳 순서로 시작합니다. 왜 이렇게 썼느냐고 묻는 분이 계시겠죠? 잘 기억할 수 있도록 하려고 그런 거죠. 예루살렘의 멸망을 절대로 잊지 말자는 겁니다. 조상들의 허물과 자신들의 죄를 똑바로 직시하고 하느님께 돌아가자는 겁니다. 나라 사랑과 하느님 사랑이 다르지 않다고 말하는 겁니다. 그럼 애가의 전체 내용을 살펴보죠.

* 1장 : 예루살렘이 폐허가 되다 절망하다 죄를 고백하다
* 2장 : 성읍이 파괴되고 허물어진 것은 하느님의 뜻? 하느님께 탄식하고 애원하다
* 3장 : "나"와 "우리"가 서로 번갈아 가며 탄식하다
* 4장 : 어린이들의 운명이 잔혹하다 선지자들과 제사장들의 죄 때문이다
* 5장 : 언제까지 버리시나요?

지금 시인은 "나"가 되기도 하고 "우리"가 되기도 하면서 예루살렘이 망한 것을 두고 왜 그랬는지 따지고 있습니다. 한마디로 죄 때문입니다. 선조들의 죄와 자신들의 죄 때문입니다. 이것을 이렇게 얘기하죠. 우선은 지도자들의 잘못입니다. 선지자들이 헛된 묵시를 보고 거짓 경고를 하였다는 겁니다. 그것이 죄악이라고 말을 하죠.

네 선지자들이 네게 대하여 헛되고 어리석은 묵시를 보았으므로
네 죄악을 드러내어서
네 사로잡힌 것을 돌이키지 못하였도다
저희가 거짓 경고와 미혹케 할 것만 보았도다 (애 2:14)

그리고 또 하나 있습니다. 의인의 피를 흘렸다는 겁니다. 바른 사람의 피를 아무런 거리낌 없이 흘렸기에 그것이 바로 죄라는 것인데 이렇게 피를 흘린 이들은 선지자들과 제사장들입니다. 지도층 사람들이죠.

그 선지자들의 죄와
제사장들의 죄악을 인함이니
저희가 성읍 중에서
의인의 피를 흘렸도다 (애 4:13)

어떻게 피를 흘리는가는 다음 대목에서 좀 더 구체적으로 등장합니다.

세상에 모든 간힌 자를 발로 밟는 것과
지극히 높으신 자의 얼굴 앞에서
사람의 재판을 굽게 하는 것과
사람의 송사를 억울케 하는 것은
다 주의 기쁘게 보시는 것이 아니로다 (애 3:34-36)

감옥에 갇힌 자들을 짓밟는 것이요. 재판을 굽게 하는 일입니다. 억울한 사람이 생겨나는 재판을 하는 것이죠. 이것은 주님이 기뻐하시는 것이 아니라고 시인은 말합니다. 한마디로 정의 문제입니다. 정의로운 세상을 만들어야 한다는 것입니다. 이것이 바로 지도층의 죄악입니다. 이렇게 세상을 바로 보지 못하니 그들은 하느님의 뜻을 제대로 헤아릴 수도 없습니다. 그래서 "왕과 방백들이 율법 없는 열방 가운데 있으며 그 선지자들은 여호와의 묵시를 받지 못하는도다"(애 2:9)라고 했어요. 제대로 된 눈이 없기 때문에 지금 그들은 포로로 끌려갔다는 것이죠. 그곳은 "율법"도 없는 이방 땅입니다. "율법"은 히브리말로 "토라"라고 하는데요, 이 말은 기억해야 할 필요가 있습니다. "토라"는 "가르침"입니다. "말씀"을 뜻합니다. 곧 "성경"이죠. 당시로서야 지금 우리가 가지고 있는 성경과 똑같은 것이 있었겠습니까? 그럴 리 만무하지요. 하지만 "묵시"라는 것도 하느님이 보여주시는 "환상"입니다. "꿈"이죠. 미래에 대한 것이죠. 말씀이 없고 환상이 없으니 이 백성은 망한 백성입니다. 잠언에 그런 말씀이 있지 않습니까? "꿈이 없는 백성은 망한다"(29:18)고요. 이렇게 말씀이 없고 꿈이 없는 백성의 미래는 없는 것이죠. 이런 백성을 우리는 망한 백성이라고 부릅니다.

지도층은 이렇게 내부적으로 정의를 구현하지 못하고 앞날을 제시하지 못하고 또 "토라"도 없이 살았습니다. 그런데 외부적으로도 지도층은 큰 잘못을 저질렀습니다. 외교정책이 틀렸다는 겁니다.

우리가 애굽 사람과 앗수르 사람과 악수하고
양식을 얻어 배불리고자 하였나이다 (애 5:6)

먹고살 길이 막연하다고 이집트와 앗수르와 악수했다는 건데요, 언뜻 보면 이집트와 앗수르와 평화조약을 맺었다고 생각할 수도 있겠군요. 아니면 요즘처럼 FTA를 맺었다고나 할까요? 그래야 먹거리 문제가 해결될 것이라고 당시의 지도층은 생각했습니다. 그런데 당시 이집트와 앗수르는 당대 최고의 제국이었습니다. 이집트는 유다의 왼쪽 아래에 있는 제국이고 앗수르는 유다의 오른쪽 위에 있는 제국이었습니다. 척박한 땅 자그마한 영토에서 살아야만 했던 유다 사람들에게 나일 강이 흐르고 유프라테스 강과 티그리스 강이 흐르는 앗수르는 매력적인 곳이 아닐 수 없었습니다. 강물이 풍부하니 먹거리도 풍요로웠을 것입니다. 그러니 상식적으로 생각하면 그들 제국과 조약을 맺고 양식을 보장받는 것도 그리 나쁜 일이 아닐 듯합니다. 하지만 지금 시인은 그걸 비판하고 있어요. 그들 나라에서 들어오는 것은 양식만이 아니었습니다. 그들의 가치관, 그들의 신앙까지도 함께 묻어 들어오는 것이죠. 그러니 오직 여호와 하나님 곧 야훼 하느님만을 섬겨야 하는 유다 사람들에게는 크나큰 위협이 아닐 수 없습니다. 밥을 택할 것이냐 하나님을 택할 것이냐 하는 질문은 성경 내내 줄기차게 전해 내려오는 질문이 아니었던가요? 달리 말하자면 맘몬이냐 하느님이냐 하는 질문이라고 생각해도 그리 틀리지 않습니다. 이것이 바로 죄악이라는 것이죠.

* * *

지도층의 죄는 이렇게 내부적으로는 정의 문제이고 외부적으로는 신앙 문제였던 것이죠. 그래서 시인은 이렇게 말합니다. "우리 열조는 범죄하고 없어졌고 우리는 그 죄악을 담당하였나이다"(애 5:7)라고. 이렇게 역사의 흐름과 함께 누적된 그들의 죄 때문에 하느님은 진노하셨다고 시인은 말합니다.

맹렬한 진노로 이스라엘 모든 뿔을 자르셨음이여
원수 앞에서 오른손을 거두시고
맹렬한 불이 사방으로 사름같이 야곱을 사르셨도다
원수같이 활을 당기고
대적처럼 오른손을 들고 서서
눈에 아름다운 모든 자를 살륙하셨음이여

처녀 시온의 장막에 노를 불처럼 쏟으셨도다 (애 2:3-4)

하느님은 지금 이스라엘의 원수가 되셨어요. 그러하기에 이스라엘의 "뿔"을 모조리 자르셨다고 시인은 말을 합니다. "뿔"이란 "힘"을 상징합니다. 따라서 "뿔을 잘랐다"는 말은 "힘을 못 쓰도록 모조리 없애버렸다"는 뜻이죠. 그뿐만 아닙니다. 이스라엘을 향하여 마구 활을 쏘기도 하셨죠. 그것으로 끝난 것이 아닙니다. 불까지 놓았습니다. 그 까닭은 이렇습니다.

여호와께서
자기 제단을 버리시며
자기 성소를 미워하시며
궁장을 원수의 손에 붙이셨으매
저희가 여호와의 전에서 훤화하기를
절기 날과 같이 하였도다 (애 2:8)

자기 제단인 예루살렘을 버리시고 자기 성소인 시온을 증오하셨으니 원수가 되어 그렇게 잔혹하게 대한 것도 무리가 아닙니다. 그리하여 "궁장을 원수의 손에 붙이셨다"고 했는데 "궁장"(宮牆)은 "성"과 "담"을 가리킵니다. 예루살렘 성벽이 또 그 담이 지금 "훤화(喧譁)한다"고 했는데 "애곡한다"는 뜻입니다. 가슴 치며 슬피 울고 있다는 말이죠. 애통해하고 있다는 말이죠. 마치 속죄일에 애곡하듯 그렇게 통곡한다고 시인은 말합니다. 이 애곡은 아래에서 더 이야기하기로 하죠. 이렇게 하느님이 진노하시니 피하는 자나 살아남은 자가 없었다고 시인은 말하죠. "여호와께서 진노하신 날에 피하거나 남은 자가 없었나이다"(애 2:22). 그러면서 그렇게 고난당하는 자는 바로 자신이라고 말을 합니다.

여호와의 노하신 매로 인하여 고난당하는 자는
내로다
나를 이끌어 흑암에 행하고
광명에 행치 않게 하셨으며
종일토록 손을 돌이켜 자주 자주 나를 치시도다

나의 살과 가죽을 쇠하게 하시며
나의 뼈를 꺾으셨고
담즙과 수고를 쌓아 나를 에우셨으며
나로 흑암에 거하게 하시기를
죽은 지 오랜 자 같게 하셨도다 (애 3:1-6)

곧 고난당하는 이는 "나"이며 "우리"입니다. 거듭해서 말씀드립니다만 고통당하는 이는 시인 자신이면서 또 이스라엘입니다. 유다 사람이라는 말이죠. 공동체 의식을 말한다고 앞서도 말씀드렸죠. 나라 사랑과 하느님 사랑은 하나인데 바로 이런 이유 때문에 그렇게 얘기하는 것이죠. 그런데 시인은 지금 고난당하는 자신의 모습을 죽은 사람과 견주고 있습니다. "흑암"에서 행하게 하시고 "흑암"에 거하게 하신다고 말을 합니다. "죽은 지 오랜 자"란 말은 "아래세상에 있는 사람"을 가리킵니다. 곧 "죽은 사람"을 가리키죠. 성경은 죽은 사람을 아래세상으로 내려간 사람이라고 자주 말을 하죠. 하느님이 자신을 자꾸 치신 까닭에 그분의 진노 때문에 자신은 지금 죽은 목숨이라는 거죠. 그러면서 자신의 모습을 "살"과 "가죽"과 "뼈"가 뭉그러지고 부러졌다고 합니다. 그러니 죽은 목숨이라는 것인데 그 까닭은 "담즙"(膽汁)과 "수고"로 자신을 에워싸셨기 때문이라는 겁니다. 곧 "쓰디씀"과 "고통"이 자신의 모습 그 자체라는 것이죠. "흑암" 속에 있기 때문이죠. 그래서 시인은 이렇게까지 말합니다.

스스로 이르기를
나의 힘과 여호와께 대한 내 소망이 끊어졌다
하였도다 (애 3:18)

몸이 망가졌으니 힘이 끊어진 것이고 그 이유는 하나님을 향한 소망도 끊어졌기 때문이라고 체념합니다. "나의 힘"과 "내 소망"이라는 말 속에 "나"는 지금 자신에게서 또 하느님에게서 끊어진 철저한 단절을 경험합니다.

그래서 이제 시온의 지도층은 슬피 웁니다. 통곡합니다. 애곡합니다. 자신은 죽은 자라고 여기는 거죠. 곧 망자와 자신의 철저한 동일시입니다. 죽은 자와 하나가 되는 것이죠. 이것을 애곡 의식이라고 부릅니다.

처녀 시온의 장로들이 땅에 앉아 잠잠하고
티끌을 머리에 무릅쓰고
굵은 베를 허리에 둘렀음이여
예루살렘 처녀들은 머리를 땅에 숙였도다 (애 2:10)

땅에 앉아 아무 소리하지 않고 티끌을 머리 위에 뿌리고 굵은 베옷을 허리에 두르는 행위는 욥의 모습과 비슷합니다(욥 2:12-13). 세 친구의 모습이기도 합니다. 예루살렘 처녀들은 머리를 땅에 숙였다고 했는데 땅에 머리를 댔다는 말이죠. 역시 땅과 자신을 하나로 생각하는 거죠. 땅은 여기서 아래세상을 가리키는 말입니다. 성경은 또 아래세상을 "구덩이"라고 부르기도 합니다.

여호와여
내가 심히 깊은 구덩이에서
주의 이름을 불렀나이다 (애 3:55)

그런데 그렇게 죽은 이와 아래세상과 자기가 같다고 애곡하는 이들은 어떤 모습일까요? 침묵하고 아무 소리도 내지 않기도 하지만 그래도 흘러내리는 눈물은 주체할 수 없습니다.

처녀 내 백성의 파멸을 인하여
내 눈에 눈물이 시내처럼 흐르도다
내 눈의 흐르는 눈물이 그치지 아니하고
쉬지 아니함이여 (애 3:48-49)

이토록 쉬지 않고 흐르는 시내처럼 강처럼 눈물이 흘러나오는데 그 때문에 몸이 망가질 지경입니다.

내 눈이 눈물에 상하며
내 창자가 끓으며
내 간이 땅에 쏟아졌으니

이는 처녀 내 백성이 패망하여
어린 자녀와 젖먹는 아이들이 성읍 길거리에 혼미함이로다 (애 2:11)

그 까닭은 내 백성이 망한 때문이죠. 망하여 어린 것들과 젖먹이까지도 먹을 것이 없어 정신 줄을 놓고 있기 때문입니다. 그러니 하나님의 보살핌을 기다릴 수밖에요.

여호와께서
하늘에서 살피시고 돌아보시기를 기다리는도다 (애 3:49)

* * *

이렇게 애곡 의식은 죽은 자와 자신을 동일시하여 아래세상으로 내려간 자라고 스스로 여기고 눈물을 흘리며 하늘의 보살피심을 기다리는 행위입니다. 그러면서 자신을 되돌아보는 계기가 됩니다. 그래서 시인은 성곽을 사람이라고 생각하고 이렇게 요청하죠. "처녀 시온의 성곽아 너는 밤낮으로 눈물을 강처럼 흘릴찌어다 스스로 쉬지 말고 네 눈동자로 쉬게 하지 말찌어다"(애 2:18). 밤낮으로 눈물을 강처럼 흘리며 자신을 돌아보라고 하죠. 또 구체적으로는 마음을 쏟아 붓고 하느님을 향하여 손을 들어 올리라고 합니다.

밤 초경에 일어나 부르짖을찌어다
네 마음을 주의 얼굴 앞에 물 쏟듯 할찌어다
각 길머리에서 주려 혼미한 네 어린 자녀의 생명을 위하여
주를 향하여 손을 들찌어다 (애 2:19)

마음을 쏟아 붓는 것도 그냥 붓는 것이 아니라 "물 쏟듯" 하라는 겁니다. 강물처럼 눈물을 쏟아 붓듯 이번에는 마음을 그렇게 쏟아 부으라는 것인데 바로 하느님의 얼굴 앞에다 쏟아놓으라고 합니다. 내 마음은 주님의 얼굴 앞에 쏟아 부어야 한다는 거죠. 왜 그래야 하나요? 너무나 배고파 제정신이 아닌 어린 생명을 위해서 그렇게 하라는 것인데 주님을 향하여 손을 들어 올리며 그

렇게 하라고 시인은 말합니다. 다른 이유는 또 무엇이 있을까요?

우리가 스스로 행위를 조사하고
여호와께로 돌아가자
마음과 손을 아울러
하늘에 계신 하나님께 들자 (애 3:40-41)

하느님께 돌아가기 위함입니다. 그래서 스스로 돌아보자는 것이죠. 그러면서 상징적인 행위로 손을 하느님께 들어 올리라는 것인데 손뿐만 아니라 하늘을 향해 바로 "마음"까지 함께 들어 올리라고 합니다. 그렇게 하는 이유가 있습니다.

여호와의 자비와 긍휼이 무궁하시므로
우리가 진멸되지 아니함이니이다
이것이 아침마다 새로우니
주의 성실이 크도소이다
내 심령에 이르기를
여호와는 나의 기업이시니
그러므로 내가 저를 바라리라 하도다
무릇 기다리는 자에게나 구하는 영혼에게
여호와께서 선을 베푸시는도다
사람이
여호와의 구원을 바라고 잠잠히 기다림이 좋도다 (애 3:22-26)

바로 하느님의 "자비"와 "긍휼"과 "성실" 때문입니다. 이것이 바로 그렇게 하는 근본 이유입니다. 앞에서는 하느님이 원수가 되셨다고 하더니 시인은 이제 그분의 자비와 긍휼과 성실에 의지합니다. 그러면서 우리가 그토록 고통당하는 것은 그분의 본심이 아니라는 것이죠. "주께서 인생으로 고생하며 근심하게 하심이 본심이 아니로다"(애 3:33). 그 까닭은 하느님이 나의 "기업"이기 때문이라는 것인데 "기업"은 바로 "차지할 몫"이라는 뜻이죠. 그래서 "바라라" 또

"기다리라" 이렇게 시인은 구체적인 방법까지 제시합니다. 잠잠히 기다리고 구하는 자에게 하느님은 선을 베푸신다는 것인데 좋은 것으로 복을 내리신다는 말이죠. 말할 수 없는 고통 속에서도 자신을 돌아보고 하느님께 향하는 신앙인의 자세입니다.

* * *

그리하여 마음을, 손을 하느님의 얼굴 앞에 쏟아 놓으라고 시인은 권면합니다. 하느님은 은혜로우시고 자비로우시고 한결같이 성실하신 분이기 때문이죠. 성경 속에 면면히 흘러내리는 신앙고백입니다. 시편 시인(86:15)도, 요나(4:2)도, 요엘(2:13)도, 느헤미야(7:17)도 그렇게 고백했어요. 이것이 바로 은총의 근거가 되죠. 바로 하느님의 얼굴을 뵙기 위함이죠(민 6:24-26). 여기 애가의 시인도 같은 말을 합니다. "야훼님이 얼굴을 돌리신다 다시는 그들을 쳐다보지 않으신다 그리하여 제사장들은 얼굴을 들 수 없고 원로들은 은총을 입을 수 없다"(애 4:16)라고. 얼굴 메타포입니다. 그리하여 시인은 이런 기도로 슬픈 노래를 끝맺습니다.

여호와여
우리를 주께로 돌이키소서
그리하시면 우리가 주께로 돌아가겠사오니
우리의 날을 다시 새롭게 하사
옛적 같게 하옵소서 (애 5:21)

(5) 에스더 – 페르시아의 꽃

에스더는 "죽으면 죽으리이다"(에 4:16)라는 구절 때문에 유명한 책입니다. 옛날 안이숙 선생이 이 구절을 제목으로 『죽으면 죽으리라』나 『살면 살리라』라는 책을 써서 유명해진 것이죠. 일본 강점기 때 어떻게 신앙생활을 해왔는지 그 영웅담을 기록한 책이죠. 또 "슬픔이 변하여 기쁨이 되고 애통이 변하여 길한 날이 되었으니"(에 9:22)라는 구절은 CCM 가사로도 잘 알려져 있죠. 물론 시편(30:11)에도 나오기는 하지만 "슬픔 대신 기쁨을! 재 대신 화관을!"이라는 표현은 아무래도 에스더에서 온 말인 듯합니다.

에스더가 유명한 까닭이 또 하나 있습니다. 하느님의 이름이 한 번도 등장하지 않는다는 점이죠. 이 때문에 이 책을 성경 속에 넣어야 할지 말아야 할지 논란이 많았습니다. 그런데 결국 집어넣기로 했죠. 유대인들이 자신들의 정체성을 지켜나가는 데 두고두고 들려줘야 할 이야기라고 생각한 때문이죠.

이 책의 배경은 페르시아 시대입니다. 아하수에로 왕이 등장하고 바사니 메대니 하는 나라 이름뿐만 아니라 수산이라는 도시 이름이 등장하는 것은 그 배경을 짐작케 하는 이름이죠. "바사"는 "페르시아"를 가리키는데요, 오늘날의 이란과 같은 지역이라고 생각하시면 됩니다. "메대"는 어딘지 잘 알 수 없는 지역입니다. "수산"은 "수사"라고 하는데요, 페르시아의 수도였습니다. 그러니까 지금 에스더서는 수사에 있던 왕궁에서 벌어진 이야기입니다. 페르시아 시대는 기원전 6세기 후반부터 4세기 후반까지 약 200년간 계속되어 온 나라인데요, 그리스의 알렉산더 대왕이 지중해 연안과 인도까지 점령했던 기원전 332년에 패망한 나라입니다.

주인공인 "에스더"와 그의 사촌 "모르드개"라는 이름을 설명해 보겠습니다. "에스더"와 "모르드개"는 모두 바빌론 사람들과 아시리아 사람들이 최고신으로 떠받들던 신들의 이름입니다. "에스더"는 "이쉬타르"라는 여신의 이름이구요, "모르드개"는 "마르둑"이라는 남신의 이름입니다. "이쉬타르"라는 여신은 기원전 2천년대와 1천년대까지 약 2천년 동안 고대 중동 사람들이 섬기던 최고 여신입니다. 그러니까 메소포타미아 지역 곧 유프라테스 강과 티그리스 강을 에워싸고 있는 지역에서 가장 유명한 여신이었습니다. 얼마나 유명했던지 그냥 "여신"(女神) 하면 바로 "이쉬타르"를 가리키는 말로 사용하기도 했어요. 사랑의 신 그리고 전쟁의 신으로 유명합니다. 자애로운 신 또는 무서운 신이라고도 합니다. 에스더는 바로 이런 여신의 이름입니다. 지금도 영어 속에는 이 말의 흔적이 들어 있습니다. "별"이라는 뜻의 "스타"("star")도 천천히 읽어보면 "이쉬타르"에서 비롯되었다는 것을 알게 됩니다. 사실 "이쉬타르"는 "비너스"라는 새벽별 신으로 부르기도 하거든요.

또 "모르드개"라는 이름은 역시 고대 중동 사람들이 최고신으로 떠받들던 "마르둑"이라는 남신의 이름이죠. "마르둑"은 "바람의 아들" 또는 "태양의 아들"이라는 뜻을 지니고 있는데요, 특히 성경에 나오는 "하닷"이라는 신이나 "벨"

이라는 신과 같은 신으로 생각합니다. 바람을 주관하는 신이기 때문에 구름을 몰고 오고 또 비를 몰고 와서 대지에 초목과 곡식을 자라나게 하는 신으로 생각해 왔습니다. 그래서 무척 유명한 신이죠. 바벨론 사람들은 이 신을 최고 신으로 숭배하기도 했습니다. 에스더서의 배경으로 등장하는 바사, 곧 페르시아는 바벨론의 문화와 관습을 그대로 따라 살았던 나라입니다. 그래서 이 두 사람이 바벨론 식 이름을 지니고 있는 것이죠.

그렇다면 "에스더"와 "모르드개"는 무슨 까닭으로 이런 이름을 갖게 되었을까요? 그 이유를 정확하게 알 수는 없습니다. 다만 이들이 이민자라는 사실을 염두에 두면 좋을 것 같습니다. 페르시아의 서울인 수산에서 살던 유대인 이민자들입니다. 지금 우리나라에 이주노동자들이 많이 들어와 살고 있습니다. 약 150만쯤 된다고 추정하는데요, 이분들도 각각 고향땅이 있지만 특별히 결혼해서 살고 계신 분들은 한국식 이름을 많이 갖고 있습니다. 마찬가지로 에스더와 모르드개도 거기에 살고 있는 사람들의 이름처럼 그렇게 이름을 지었을 가능성이 가장 큽니다. 모르드개는 잘 모르겠습니다. 그러나 에스더는 분명 본명이 있습니다. "하닷사"라는 이름이죠(에 2:7). "도금향"이라는 뜻을 지니고 있는 참 예쁜 이름입니다. 그러니까 히브리 식으로 부르는 이름이죠. "에스더"는 "에스테르"라고도 하는데요, 페르시아 식으로 붙인 이름입니다. 페르시아 식이라고 했습니다만 사실은 바벨론 식입니다. 페르시아가 바벨론을 정복하고 나서도 그들은 바벨론의 문화를 그대로 따라 살았습니다. 그래서 이름만 가지고는 그들 조상의 고향이 어딘지, 그들이 어느 종족인지 알 수 없었던 것이죠(에 2:10).

* * *

에스더서를 읽어보면 같은 말이 많이 나옵니다. "인도로 구스까지 일백 이십 칠도"(에 1:1, 7:9)라는 말이 그렇구요. "각 도 각 백성의 문자와 방언"(에 1:22, 3:12, 7:9)이 그렇습니다. 이것은 무엇을 말하는 것일까요? 바로 여러 민족이 한데 어울려 살던 나라가 고대 페르시아, 곧 바사라는 나라였다는 점을 말하는 것이죠. 무려 127도가 되었다고 하니까 무척 광활한 지역을 아하수에로 왕은 다스렸던 것 같습니다. "인도"는 물론 지금의 인도고, "구스"는 지금의 에티오피아입니다. 그러니 갠지스강 유역에서 아프리카 나일강의 상류 지역까지 엄청나게 넓은 땅을 모두 127지방으로 나누어 다스린 셈이죠. 이렇게 광활한 지역을 다스리던 수산 성의 왕궁에서 벌어지는 이야기가 어떻게 전개되는지 그 내용을 보기로 합니다.

* 1장-2장 : 왕후 와스디가 물러나다 에스더가 왕후가 되다
모르드개가 왕의 목숨을 구하다
* 3장-5장 : 하만이 유대인을 죽일 음모를 꾸미다
* 6장-7장 : 모르드개가 높아지다 하만의 음모가 드러나다
* 8장-9장 : 부림절 잔치

이렇게 광활한 땅을 점령하고 다스리던 왕은 잔치를 벌입니다. 180일간 잔치를 벌였다고 했는데요(에 1:4). 각 지역 장군들과 귀족들과 지도자들을 모두 불러 모아 벌인 잔치였습니다. 그뿐만 아니라 잔치가 끝나고서도 수산 성에서 일주일간 잔치를 또 열었습니다. 그런데 이 잔치는 남자들만의 잔치였습니다. 그래서 왕후도 잔치를 벌인 거죠. 왕후 와스디는 왕궁에서 여자들에게 잔치를 열었습니다.

문제는 이때 생겼습니다. 왕궁에서 벌인 잔치에 왕후의 아름다움을 뽐내고 싶었던 왕은 왕후를 나오게 합니다. 그러나 잘 아시는 대로 왕후는 그 잔치자리에 얼굴을 내밀지 않습니다. 무슨 이유인지 우리는 잘 모릅니다. "그러나 왕후 와스디가 내시의 전하는 왕명을 좇아 오기를 싫어하니"(에 1:12)라고만 되어 있습니다. 그러자 왕은 분노합니다. 왕명을 어긴 것이죠.

사람들은 그렇게 생각합니다. 와스디가 건방지다고 말이죠. 어떻게 문제를 처리해야 할지 몰라 왕은 대신들과 상의합니다. 왕후를 처단하지 않으면 온 제국 모든 여자들이 남편을 업수이 여길 것이니 반드시 처단해야 한다는 것입니다(에 1:17-18). 왕은 왕후의 아름다움을 과시하고 싶었습니다. 그러나 왕후인 와스디는 그것이 싫었는지 모릅니다.

와스디라고 생각이 없었겠습니까? 어명을 거역하면 죽음이라는 것을 몰랐을 리 없습니다. 그러나 와스디는 나가지 않았습니다. 아름다운 여자였지만 아름다움을 자신의 전부로 생각하지 않았는지도 모릅니다. 그러기에 자신의 판단

대로 한 것이지요. 제국의 왕이 내린 명령을 거역한다는 것은 아무리 왕후라 할지라도 엄두가 나지 않는 일일 것입니다. 그러나 와스디는 그 명령을 따르지 않은 거지요.

자아가 분명한 사람이었습니다. 주체성이 강한 사람이죠. 성경에는 "내시의 전하는 왕명을 좇아 오기를 싫어하니"(에 1:12)라고만 되어 있는데 "싫어하다"는 말은 "거절하다"(메엔)라는 뜻입니다. 어떤 요청을 받았을 때 하지 않겠다고 거부 의사를 분명히 밝히는 것이죠. 민수기(22:13-14)에 보면 이런 예가 또 나옵니다. 발락이 발람에게 이스라엘을 저주하라고 요청하자 발람은 분명히 거절했다고 했습니다. 이처럼 자신의 생각을 분명히 밝히는 행위가 바로 "거절하다"는 말입니다. 정말 한글 『새번역』은 "왕 앞에 나오기를 거절했다"고 읽었군요.

이처럼 자신의 생각이 분명한 사람, 이런 사람이 바로 와스디입니다. 그런데 우리는 와스디를 멍청한 여자라고 얘기합니다. 물론 무엇 때문에 그랬는지 성경에 나와 있지 않습니다. 그런데 바로 앞에 "그 아리따움을 뭇 백성과 방백들에게 보이게 하라 … 왕후의 용모가 보기에 좋음이라"(에 1:11)라고 되어 있는 것을 보면 자신의 아름다움을 물건처럼 사람들에게 보이는 것이 싫었는지도 모릅니다. 여자는 물건이 아니다! 이렇게 항변하고 있는 것은 아닌지 모르겠습니다. 이러한 생각은 왕이 어떻게 왕후를 처리하면 좋겠느냐고 조언을 구했던 그 사람들(그 남자들)의 생각에서 분명히 드러납니다. 왕후를 그냥 두면 온 나라의 여자들이 남편을 우습게 알 것이라고 말이죠. "남편으로 그 집을 주관하게" 하라는 어명(에 1:22)은 이 점을 분명히 하고 있습니다. 가부장적 사회에서 살아가는 남자들의 생각은 예나 지금이나 다르지 않은 것 같습니다. 이런 측면에서 생각해 보면 와스디의 행보는 정말 대단한 용기가 아닐 수 없습니다. 왕명을 거절하면 모든 것을 잃게 되니까요. 그런데도 그는 거부했습니다. 가부장적 가치관을 거부한 것이라고 말하면 너무 지나친 생각일까요?

또 잠언 끝부분(31:30)에 나오는 말씀이 생각나는군요. "고운 것도 거짓되고 아름다운 것도 헛되나 오직 여호와를 경외하는 여자는 칭찬을 받을 것이라"는 말씀입니다. 물론 와스디가 야훼 하느님을 경외하는 여자라는 것은 아닙니다. 당연히 아니겠죠. 페르시아 사람이니까요. 그러나 적어도 그의 생각 속에는 고운 것이 거짓이요 아름답다는 것도 덧없다는 생각을 하고 있었는지 모릅니다.

"외모도 실력이다"라고 하면서 외모 지상주의가 판을 치고 있는 요즘 우리나라에서 와스디의 태도는 다시 한 번 생각해 볼 만한 가치가 있다는 생각이 드는군요.

와스디는 어쨌든 역사의 무대에서 사라집니다. 그리고 대신 에스더가 왕후로 등장합니다. 그가 왕후가 되는 과정을 보면 다니엘이 생각납니다. 바빌론 왕실 음식을 거부하면서도 얼굴이 환하게 빛났던 다니엘과 세 친구의 왕실생활과 여기 페르시아 수산 성 왕실에서 왕후 수업을 받고 있던 에스더의 모습은 여러모로 비슷하면서도 다른 데가 있습니다. 다니엘과 세 친구는 그들의 관습을 거부한 반면 에스더는 하라는 대로 따라 했던 인물입니다.

이런 면에서는 또 와스디와 비교해 볼 때 에스더의 성격은 정반대입니다. 사실 에스더는 삼촌의 슬하에서 자라나 그가 하라는 대로 따라 하는 인물로 등장합니다. 그렇게 유순한 성격의 소유자인 에스더는 그렇긴 하지만 큰일을 내고 맙니다.

* * *

사실 에스더는 와스디의 화신이라고 생각해 볼 수도 있습니다. 같은 왕후입니다. 같은 여자입니다. 그리고 그들 이름 속에도 같은 글자가 둘씩이나 들어 있습니다. "ㅅ"(시옷)과 "ㄷ"(디귿)이 그렇습니다. 그런데 한 사람은 성격이 분명한 사람이요 한 사람은 유순한 사람입니다. 그렇지만 유심히 에스더의 행실을 살펴보면 그는 유순하기만 한 사람은 아니었습니다. 왕실에서 일년 동안 왕후 수업을 받을 때 후보들에게 주어지는 화장품이나 기타 소품이 많았다고 했습니다(에 2:12). 그렇지만 왕에게 나아갈 때에는 달라는 대로 무엇이든지 다 주어야만 했습니다(에 2:13). 그러나 에스더는 그렇게 하지 않았습니다(에 2:15). 그런데도 에스더는 사람들의 사랑을 받았습니다. 성경은 이것을 "굄을 얻더라"(에 2:15)는 말로 표현합니다. 다니엘의 모습과도 비슷하군요. 다니엘도 왕실 음식을 거부하지 않았습니까? 에스더도 자기가 필요한 물건을 모두 달라고 하지 않을 만큼 생각이 분명히 서 있던 사람입니다. 그러니 에스더를 너무 유순한 성격의 소유자라고 말하기에는 무리가 있어 보입니다. 와스디의 또 다른 모습이라는 거죠. 이것을 성경은 "왕이 그 머리에 면류관을 씌우고 와스디를 대신하여 왕후를 삼은 후에"(에 2:17)라고 표현합니다. 그런데 "죽으면 죽으리이다"(에 4:16)라는 말은 어떻구요? 죽음을 무릅쓰고 왕 앞에 나아가고자 했던 에스더의 결단은 그가 단순히 유순한 성격의 소유자만은 아니라는 사실입니다. 이렇게 에스더는 와스디의 화신입니다. 다만 약간 다른 모습으로 등장할 뿐입니다.

그런데 문제가 생깁니다. 바로 모르드개입니다. "대궐 문에 있는 왕의 모든 신복이 다 왕의 명대로 하만에게 꿇어 절하되 모르드개는 꿇지도 아니하고 절하지도 아니하니"(에 3:2)라는 말이 그 문제입니다. 하만은 아마도 국무총리와 같은 위치에 오른 듯합니다. 그런데도 모르드개가 자신에게 꿇지도 않고 절하지도 않는 것을 알고는 분노하죠. 그리고는 "모르드개만 죽이는 것이 경하다"(에 3:6) 하고 유대인 모두를 죽이려고 합니다. "경(輕)하다"는 말은 "가볍다"는 뜻이죠.

문제는 바로 모르드개입니다. 무슨 까닭인지 성경은 말하지 않습니다. 그를 비난하지 않습니다. 다만 유대인들에게 상황이 나쁘게 돌아갈 뿐입니다. 그 빌미를 제공은 한 것은 바로 모르드개입니다. 그가 공손하게 굴었더라면 자신뿐만 아니라 동족 유대인들에게 위기 상황이 찾아올 리 만무했습니다. 그런데도 성경은 그저 모르드개를 감싸고 그가 오히려 왕을 살해하려는 음모를 알려 왕을 구하는 데 공을 세웠다고 그를 치켜세우기까지 합니다. 그것을 "에스더가 모르드개의 이름으로 왕에게 고한지라"(에 2:22)라고 말합니다. "모르드개의 이름으로"라는 표현은 이렇게 모르드개를 비난할 뜻이 전혀 없음을 말하는 표현입니다. 분명 유대인들의 위기 상황은 순전히 모르드개의 경솔한 행동에서 비롯됩니다. 우리는 이것을 어떻게 읽어야 할까요? 그런데 사태의 심각성을 깨닫고 모르드개는 자신의 행동을 뉘우쳤던 것 같습니다. 그래서 성경은 이렇게 보도합니다.

> 모르드개가 이 모든 일을 알고
> 그 옷을 찢고 굵은 베를 입으며 재를 무릅쓰고
> 성중에 나아가서 대성 통곡하며
> 대궐 문 앞까지 이르렀으니
> 굵은 베를 입은 자는 대궐 문에 들어가지 못함이라 (에 4:1-2)

애가(2:10)에도 욥기(1:20)에도 이렇게 애곡(哀哭)하는 모습은 등장합니다. 성경에 이런 애곡 의식은 자주 등장합니다. 그런데 이처럼 "대성통곡"(大聲痛哭) 한다는 얘기는 별로 없습니다. 큰 소리 내어 고통스럽게 운다는 뜻이죠. "재를 무릅쓴다"는 말은 "재를 머리 위로 끼얹는다"는 말인데요, 여기서 "재"는 "죽음"을 상징합니다. 그리고 "죽을 수밖에 없는 인생의 운명"을 가리키기도 합니다. 창세기(18:27)에도, 욥기(30:19, 42:6)에도 이런 뜻으로 등장합니다. "흙"이란 말과 함께 등장하기도 하죠. 이렇게 애곡 의식은 죽은 자와 자신을 동일시하는 것이죠. 우리는 이것을 "석고대죄"라고 했습니다. 모르드개는 이렇게 옷을 찢고 베옷을 입고 재를 머리 위에 뿌리고 심하게 울었습니다. 그리고 그것으로 끝나지 않고 왕궁까지 찾아갑니다. 하지만 그 안으로 들어가지는 못합니다. 그것이 허락되지 않기 때문이죠.

이렇게 어처구니없는 모르드개의 실수로 온 동족이 죽음의 상황까지 몰리게 되는데요, "왕의 조명이 각 도에 이르매 유다인이 크게 애통하여 금식하며 곡읍하며 부르짖고 굵은 베를 입고 재에 누운 자가 무수하더라"(에 4:3)라고. "조명"(詔命)은 "조서로 내리는 왕의 명령"이라는 뜻이죠. 민족적 위기 상황 앞에서 금식하고 "곡읍"(哭泣)합니다. 밥을 굶고 소리내어 슬피 웁니다. 이렇게 민족의 위기는 왕명으로 시작합니다. 모르드개의 실수는 어찌 보면 고의적인 실수인 듯합니다만 이런 상황은 이야기가 전개되면서 점점 심각한 양상을 띱니다. 그 시작을 성경은 이렇게 보도합니다.

> 아하수에로의 온 나라에 있는 유다인
> 곧 모르드개의 민족을 다 멸하고자 하더라 (에 3:6)

그리고 심각한 사태는 구체적으로 이렇게 명시되죠.

> 하루 동안에 모든 유다인을
> 노소나 어린 아이나 부녀를 무론하고
> 죽이고 도륙하고 진멸하고
> 또 그 재산을 탈취하라 (에 3:13-14)

모든 유대인을 죽이는 거죠. 이것을 "죽이고 도륙하고 진멸하고"란 말로 표현합니다. "도륙(屠戮)한다"는 말은 "모두 잡아 죽인다"는 뜻이구요, "진멸(殄滅)한다"는 말은 "모조리 죽여 없앤다"는 말입니다. 그러니 죽이고 모두 죽이고 또 죽여 없앤다는 말인데 이처럼 심한 말이 어디 있겠습니까? 이 표현은 이야기가 끝날 때까지 계속해서 거듭거듭 등장합니다. 죽이는 것으로 끝나지 않습니다. 재산까지 빼앗으라는 겁니다. 이럼에도 불구하고 누구 하나 모르드개를 비난하지 않았습니다. 심지어 그의 사촌 에스더까지도 그러지 않았습니다. 그 이유를 에스더는 몰랐는지도 모르죠. 하지만 이야기가 진행되어 가는 과정을 살펴보면 에스더라고 그 까닭을 몰랐을 리 없습니다. 민족에게 몰아닥친 절체절명의 위기가 어떻게 시작되었는지 그 이유를 왜 몰랐겠습니까? 그런데도 에스더는 결단을 내립니다. 모르드개의 잘못을 대신해서 수습하려고 에스더는 결단하죠. "죽으면 죽으리이다"(에 4:16). 그래서 이토록 심각한 상황을 에스더는 왕 앞에서 이렇게 설명하죠.

> 나와 내 민족이 팔려서
> 죽임과 도륙함과 진멸함을 당하게 되었나이다 (에 7:4)

그런데 "왕을 위하여 충성된 말로 고발한 모르드개를 달고자 하여 하만이 고가 오십 규빗 되는 나무를 준비하였는데 이제 그 나무가 하만의 집에 섰나이다"(에 7:9)는 신하의 보고에 왕이 "하만을 그 나무에 달라"(에 7:9)고 함으로써 위기 상황은 끝납니다. 여기서도 "왕을 위하여 충성된 말로 고발한 모르드개"라는 말은 성경이 모르드개를 전혀 비난할 생각이 없다는 점을 암시합니다. "폭풍의 아들"이란 뜻을 지니고 있는 바빌론 최고신의 이름을 지니고 있는 자를 성경이 전혀 비난하지 않는다는 것은 아이러니가 아닐까요?

이제 이야기는 수습 국면으로 접어듭니다. 그런데 앞서도 거듭 나왔던 "죽이고 도륙하고 진멸하고"란 말로 위기 상황이 뒤바뀌는 것을 발견할 수 있어요. 왕이 조서를 내리죠. "조서"(詔書)란 왕이 사인하고 또 도장을 찍은 공문서입니다(에 8:10).

> 조서에는 왕이 여러 고을에 있는 유다인에게 허락하여

저희로 함께 모여 스스로 생명을 보호하여
각 도의 백성 중 세력을 가지고 저희를 치려하는 자와 그 처자를
죽이고 도륙하고 진멸하고
그 재산을 탈취하게 하되 (에 8:11)

이 말을 성경은 또 달리 말합니다. 이렇게 상황이 뒤바뀐 날을 "유다인의 대적이 저희를 제어하기를 바랐더니 유다인이 도리어 자기를 미워하는 자를 제어하게 된 그 날"(에 9:1)이라고 하죠. "죽이고 도륙하고 진멸하고" 심지어 "그 재산까지 탈취하라"고 했지만 그들은 재산에 손대지 않았습니다. 이 점을 성경은 무척 강조합니다.

유다인이 칼로 그 모든 대적을
쳐서 도륙하고 진멸하고
자기를 미워하는 자에게 마음대로 행하고 …
그 재산에는 손을 대지 아니하였더라 (에 9:5-9)

아달월 십 사일에도
수산에 있는 유다인이 모여 또 삼백인을 수산에서
도륙하되
그 재산에는 손을 대지 아니하였고 (에 9:15)

왕의 각 도에 있는 다른 유다인들이 모여 …
자기를 미워하는 자 칠만 오천인을
도륙하되
그 재산에는 손을 대지 아니하였더라 (에 9:16)

사람을 죽이지만 재산은 손대지 않았다는 겁니다. 그런데 심각한 점은 자신들이 해를 입지 않았는데도 사람들을 그렇게 무수히 죽이느냐는 겁니다. 그래서 종교개혁자 마틴 루터는 에스더서를 싫어했습니다. 민족 이야기가 너무 편향되고 심지어 죽이는 이야기까지 나온다는 이유 때문입니다. 재산에 손대지

않았다고 수도 없이 반복하지만 사람이 죽어가는 마당에 재산이 무슨 소용이 있겠습니까? 이 또한 성경의 아이러니입니다.

* * *

사실 에스더 이야기는 반전이 그 플롯입니다. 첫째가 꼴찌 되고 꼴찌가 첫째 되는 상황, 그것을 반전이라고 하죠. 한나도, 마리아도 이렇게 반전을 노래했습니다. 사무엘상(2:1-10)과 누가복음(1:46-55)을 읽어보면 이들 여인들은 아기를 임신한 몸인데도 아기는 걱정하지 않고 "높은 자를 낮추시고 낮은 자를 높이시는" 하나님을 찬송합니다. 반전이 어떻게 전개되는지 읽어보기로 하겠습니다. 먼저 이야기가 힌트를 주죠. 반전의 힌트입니다.

그 후에 아하수에로왕이
아각 사람 함므다다의 아들 하만의 지위를 높이 올려
모든 함께 하는 대신 위에 두니 (에 3:1)

하만이 왕복과 말을 취하여
모르드개에게 옷을 입히고 말을 태워 성중 거리로 다니며
그 앞에서 반포하되
왕이 존귀케 하시기를 기뻐하시는 사람에게는 이렇게 할 것이라
하니라 (에 6:11)

하만을 높였지만 하만은 모르드개를 높입니다. 반전의 상황을 암시하는 거죠. 운명이 갈리는 모습을 이 두 구절 속에서 읽어볼 수 있습니다.

모르드개가 이 모든 일을 알고
그 옷을 찢고 굵은 베를 입으며 재를 무릅쓰고
성중에 나아가서 대성 통곡하며
대궐 문 앞까지 이르렀으니
굵은 베를 입은 자는 대궐 문에 들어가지 못함이라

왕의 조명이 각 도에 이르매
유다인이 크게 애통하여 금식하며 곡읍하며 부르짖고
굵은 베를 입고 재에 누운 자가 무수하더라 (에 4:1-3)

모르드개가 푸르고 흰 조복을 입고 큰 금면류관을 쓰고
자색 가는 베 겉옷을 입고
왕의 앞에서 나오니
수산성이 즐거이 부르며 기뻐하고
유다인에게는 영광과 즐거움과 기쁨과 존귀함이 있는지라
왕의 조명이 이르는 각 도, 각 읍에서
유다인이 즐기고 기뻐하며 잔치를 베풀고
그 날로 경절을 삼으니
본토 백성이 유다인을 두려워하여 유다인 되는 자가 많더라 (에 8:15-17)

머리에 재를 뒤집어쓰던 모르드개는 머리 위에 금 면류관을 씁니다. 애통해하며 슬피 울던 유대인들은 즐거워하고 기뻐합니다. 그리고 잔치를 벌이죠. 심지어 수산 성읍 모든 사람들도 기뻐하면서 유대인이 되는 사람들까지 생겨났습니다. 이런 반전을 성경은 한마디로 이렇게 표현합니다.

슬픔이 변하여 기쁨이 되고
애통이 변하여 길한 날이 되었으니 (에 9:22)

이날은 바로 부림절의 기원입니다. 민족의 명절이죠. 잊어서는 안 되는 날입니다. 운명이 바뀌었기 때문입니다. 슬픔이 기쁨으로, 애통이 환희로 바뀌었기 때문입니다.

무리가 부르의 이름을 좇아 이 두 날을 부림이라 하고
유다인이 이 글의 모든 말과 이 일에 보고 당한 것을 인하여
뜻을 정하고 자기와 자손과 자기와 화합한 자들이
해마다 기록한 그 정기에 이 두 날을 연하여 지켜

폐하지 아니하기로 작정하고
각 도, 각 읍, 각 집에서 대대로 이 두 날을 기념하여 지키되
이 부림일을 유다인 중에서 폐하지 않게 하고
그 자손 중에서도 기념함이 폐하지 않게 하였더라 (에 9:26-28)

"부르"는 "제비"라는 뜻으로 성경에 나오지만 이 말은 "주사위"라는 뜻도 들어 있구요, "운명"이란 뜻으로 사용하기도 합니다. 따라서 부림일은 운명이 뒤바뀐 날이죠. 반전의 극치입니다. 세월이 흐르면서도 이날을 잊지 말자는 것이죠.

* * *

와스디의 모습으로 에스더의 모습으로 등장한 여자는 민족을 구원합니다. 이야기의 말미는 그럼에도 불구하고 모르드개의 영광으로 끝맺습니다. 목숨을 내걸고 민족을 구했던 미리암과 드보라와 유딧이 생각납니다. 에스더는 이런 여자들의 또 다른 이름입니다. 그런데 그는 역사 속으로 사라집니다.

이렇게 홀연히 사라진 여인들을 통하여 하느님은 민족을 구하고 은총을 베푸십니다. 이렇게 여인들을 통하여 당신의 일을 하십니다. 존 웨슬리는 이것을 "선재(先在) 은총"("prevenient grace")이라 불렀습니다. "앞서 오는 은총"이란 뜻이죠. 에스더는 하느님의 선재 은총을 몸으로 보여준 여자입니다. 남자인 모르드개의 잘못도 탓하지 않고 다만 그를 감싸고 수습하고 일을 좋은 방향으로 이끌어갑니다. 위대한 신앙의 인물이 아닐 수 없습니다. 하느님은 반전을 통하여 당신의 일을 하십니다. 이 일을 실행한 이는 바로 에스더입니다. 에스더는 이방 땅 페르시아에서 활짝 핀 한 송이 꽃입니다.

제3부

성경 앞에서

"성경 앞에서"는 성경을 앞에 놓고 읽으면서 오늘날 우리에게 어떤 의미를 갖고 있는지 살펴보고자 한 부분입니다. 제1부 "성경 뒤에서"와 짝을 이룬다고 할 수 있죠. 그러니까 "성경 뒤에서"는 성경의 배경에 초점을 맞추고 있다면 여기 "성경 앞에서"는 성경의 의미를 탐구한다고 할까요? 성경이 그 배경에서 본디 의미가 무엇인지 살펴본다기보다는 독자의 입장에서 성경을 읽는다는 뜻입니다. 넓게는 문예비평 방식으로 성경을 읽는 것을 말합니다. 곧 원문의 배경과는 상관없이 나의 입장에서 성경을 읽는다는 뜻이죠. 따라서 이러한 읽기는 때로 어처구니없는 설명으로 보이기도 하지만 오늘날 널리 유행하는 문예비평의 관점에서 볼 때는 무척 중요한 힌트와 통찰을 여기서 찾아볼 수 있습니다.

제3부에서는 유대인들이 성경을 어떻게 읽어왔는가를 두 부분으로 나누어 설명합니다. 하나는 유대인들의 성서주석인 미드라쉬의 성경 읽기이고, 또 하나는 유대교 신비주의의 출발점인 『조하르』의 성경 읽기입니다. 물론 여기서 말하는 성경이란 구약을 가리킵니다. 유대인들은 구약을 성경이라고 부르기 때문에 이렇게 붙여본 것입니다.

미드라쉬라는 말은 "탐구"라는 뜻입니다. 그런데 현대 유대인들은 이 말을 설교라는 뜻으로 사용하기도 하죠. 그만큼 미드라쉬라는 것이 역사적 관점에서 볼 때는 현대의 적용에 더 초점을 맞춘 설교에 가깝다는 뜻으로 이해할 수 있습니다. 미드라쉬는 기원후 2세기부터 13세기까지 유대인들이 남긴 성경 해설서를 가리키는 말인데요, 이들 해설서를 모두 "미드라쉼"라는 이름으로 부르기도 합니다. 이들 미드라쉬 가운데에는 특히 기원후 2세기에서 5세기에 나온 모세 오경의 주석이 중요합니다. 출애굽기의 주석인 『메킬타』와 레위기의 주석인 『씨프라』 그리고 민수기와 신명기의 주석인 『씨프레이』가 그들입니다.

이들 주석에서 주로 많이 인용되는 책 가운데 『미쉬나』라는 책이 있는데요, 기원후 약 200년경에 나온 책입니다. 신약에서는 이 책을 "장로들의 유전"이나 "장로들의 전통"이라고 부릅니다. 곧 모세 오경 속에 들어 있는 종교 규정을 시대 상황에 맞게 재해석한 것입니다. 이 책을 말하는 이유는 기원후 5세기 이후에도 미드라쉬가 계속에서 나오는데요, 『창세기 라바』니 『출애굽기 라바』니 하는 책들이 그들입니다. 이들 후대 해석서가 바로 『미쉬나』뿐만 아니라 앞서 설명한 세 권의 토라 주석서를 많이 참조하고 때로는 그대로 베끼기도 하기 때문입니다. 물론 미드라쉬는 구약 각 권을 모두 해설한 것은 아닙니다. 빠진 책도 많이 있어요. 하지만 오늘날 다시 각광을 받고 연구하는 책이 바로 미드라쉬라는 여러 성경 해설서입니다.

이들 미드라쉬의 내용은 한마디로 성경 본문이 오늘날 우리에게 어떤 의미가 있는가 하는 점입니다. 레위기 주석 『씨프라』에 나오는 "토라를 오늘과 연결시키라. 토라 속에 깊이 침잠한 뒤 밖으로 나와 우리의 삶과 이 세계 속에서는 무엇을 말하는지 생각해 본다. 그렇지 않다면야 무엇 때문에 읽는가?"라는 말은 유대인 랍비들의 성경 읽기 목적이 무엇인지 단적으로 보여주는 예입니다. 또한 이들의 성경 읽기 방식은 간(間)본문 읽기 방식이죠. 곧 성경 본문 한 곳을 성경 본문 다른 곳으로 해석하는 방식이라고 말할 수 있습니다. 미드라쉬 본문을 잠깐 훑어보면 수많은 성경 본문이 인용되어 있는 것을 알 수 있습니다. 그만큼 그들은 성경을 꼼꼼하게 읽고 본문을 서로 연결시켜 읽습니다. 또 하나 미드라쉬는 집단적 읽기라는 점입니다. 어느 한 미드라쉬도 한 사람이 쓴 것이 아니고 학파로 나뉘어 시대가 흐를수록 그 생각을 보존하고 또 수정하여 발전시킨 본문이란 것을 알 수 있습니다. 이렇게 미드라쉬의 성경 읽기 방식은 상황적 읽기, 간 본문 읽기, 집단적 읽기라는 특징을 지니고 있습니다.

이와 관련하여 유대교 신비주의의 효시인 『조하르』의 성경 읽기도 같은 맥락에서 이해할 수 있습니다. 이 책은 기원후 13세기에 프랑스의 랍비 모세스 데 레온(Moses de Leon)이 아람어로 쓴 책으로 네 권으로 되어 있구요, 모세 오경 곧 토라를 해설한 책입니다. 이 책의 모세스 데 레온은 토라에 대해 이런 말을 한 적이 있습니다. "토라의 말씀은 호두와 같다. 이건 무슨 뜻일까?

호두에 딱딱한 겉껍질과 속 알맹이가 있듯이 토라의 말씀에는 마아쎄(이야기), 미드라쉬(설명), 하가다(비유)와 쏘드(신비)가 있다. 뒤의 것은 각각 앞의 것보다 더 깊은 의미를 드러낸다." 이러한 네 가지의 의미가 본문에 있다는 생각은 교회 교부들이 말하는 본문의 사중적 의미와도 같은 구조라고 할 수 있습니다. 이렇게 신비한 의미를 더욱 추구한 책이 바로 『조하르』인데요, 이러한 신비주의 관점의 성경 읽기가 오늘날 우리에게 의미를 주는 것은 창세기 1장을 양성평등 관점에서 해석하고 있다는 점입니다. 바로 지난 50년 전부터 북미에서 출발한 페미니즘 성서 해석의 단초를 우리는 여기서 찾아볼 수 있구요. 또한 창세기 뒷부분의 요셉을 꿈 해석의 시초로 보고 있다는 점입니다. 곧 지난 20년 전부터 시작된 심리분석비평의 시작을 바로 이 책 『조하르』에서 찾아볼 수 있습니다.

또 하나 『조하르』에서는 하느님을 "에인 쏘프"(אין סוף)라는 말로 부릅니다. "에인 쏘프"는 하느님의 초월성을 나타내는 용어로 "끝없음"(infinite)이나 "무한"(無限)입니다. 때로 이를 줄여서 "아인"(אין)이라고도 부릅니다. "무"(無)나 "공"(空)이라는 뜻이죠. 그런데 "에인 쏘프"이신 하느님에게는 열 가지 속성이 있다고 말하죠. 이 열 가지 속성 가운데에는 여성성을 나타내는 "헤세드"라는 속성도 있고 악을 나타내는 "딘"이라는 속성도 있다고 설명합니다. 이렇게 『조하르』는 성경 읽기를 통하여 하느님의 모습 속에서 여신의 이미지도 찾아내고 또한 악의 근원도 설명합니다. 이런 면에서 『조하르』는 현대 문예비평에도 큰 공헌을 할 뿐만 아니라 하느님 이해에도 새로운 빛을 던져줍니다.

1. 옛 유대인 스승들의 성경 읽기[1)]

오늘날 성경 해석은 두 가지로 그 방법을 크게 나누어 볼 수 있는데, 하나는 역사비평(historical criticism)이고 또 하나는 문예비평(literary criticism)입니다. 역사비평은 통시적(通時的) 읽기이고 문예비평은 공시적(共時的) 읽기입니

1) 이 부분은 마이클 카츠 & 게르숀 슈바르츠, 『모세 오경 미드라쉬의 랍비들의 설교』, 이환진 옮김, 고양: 한국기독교연구소, 2008, 414-432에 실려 있는 필자의 글, "옮긴이의 말 - 옛 유대인 스승들의 성경 읽기"를 재인용한 것이다.

다. 그러니까 역사비평은 본문에 초점을 맞춘 방식이고 문예비평은 독자에 초점을 맞춘 방식이라 할 수 있습니다. 이렇게 생각해 보면 "미드라쉬"는 문예비평에 속하는 유대인들의 성경 읽기 방식입니다. 흔히 미드라쉬를 그 복수형인 "미드라쉼"이라 부르고 하나의 문학 장르로 구분하는 경향이 있습니다.

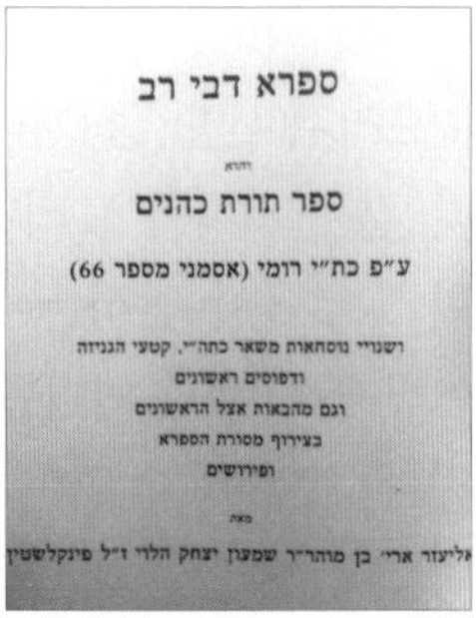
ספרא דבי רב
והוא
ספר תורת כהנים
ע"פ כת"י רומי (אסמני מספר 66)
ושנויי נוסחאות משאר כתה"י, קטעי הגניזה
ודפוסים ראשונים
וגם מהבאות אצל הראשונים
בצירוף מסורת הספרא
ופירושים
מאת
אליעזר ארי' בן מוהר"ר שמעון יצחק הלוי ז"ל פינקלשטין

미드라쉬(씨프라)의 겉표지

예를 들어 설명하기로 하죠. 출애굽기 31장을 다루는 『출애굽기 라바』(40, 1)는 "그리고 그분은 그것을 바라보고 따져보고 준비하고 탐구하셨다"라는 욥기(28:27)를 인용합니다. 그러면서 랍비들은 이렇게 말합니다.

> "누구든 모범을 통해서 배워야 한다.
> 여러 사람 앞에서 어떤 본문이나 아가다나 미드라쉬를 가르치기 전에 말이다.
> '잘 알고 있으니까 그냥 가서 가르치면 돼'
> 라고 말해서는 안 된다."

여기서 "모범"은 물론 "하느님이 보이시는 모범"이죠. 히야라고 부르는 랍비는 여기에 설명을 덧붙입니다.

> "너희는 하느님한테서 배워야 한다.
> 그분은 토라를 이스라엘에게 발표하기 전에 네 번씩이나 속으로 되뇌셨다.
> 그리고는 한번 가르치셨다. '그분은 그것을 바라보고 따져보고 준비하고 탐구하셨다'(욥 28:27)는 말씀처럼 말이다.
> 이렇게 하신 뒤에야 비로소
> '그분은 그 사람에게 말씀하셨다'(욥 28:28).
> 마찬가지로 '하느님은 이 모든 말을 하셨다'(출 20:1).
> 그리고 그런 뒤에 이스라엘에게 '이야기하셨다.'"

이렇게 출애굽기 31장을 설명하면서 랍비들은 교육 방법론을 끄집어냅니다. 곧 하느님의 교육 방식입니다. 무엇을 가르치든 다 알고 있다고 생각하고 태만하지 말고, 하느님이 이미 알고 있는 토라를 네 번씩이나 살펴보고 음미했던 것처럼 그렇게 해야 한다고 랍비들은 가르칩니다. 여기서 우리가 배울 수 있는 것은 두 가지인데, 하나는 간본문(間本文) 읽기이고 또 하나는 상황적 읽기입니다.

옛 랍비들은 성경을 거의 외우고 있었습니다. 그래서 한 본문을 해석하는데 다른 본문을 자유자재로 인용합니다. 이러한 방식을 우리는 간본문(間本文) 읽기라는 말로 그 특징을 설명하는데 영어로는 intertextual reading이라고 부릅니다. 곧 한 본문은 다른 본문으로 해석할 수 있다는 생각이 깔려 있는 셈이죠. 출애굽기 31장을 해석하면서 출애굽기 20장을 인용할 뿐만 아니라 욥기 28장도 인용합니다. 물론 이러한 생각 속에는 해석자들의 의도가 또한 깔려 있는 것이죠. 그 의도라는 것은 지금 나의 입장에서 성경을 읽는 것인데, 출애굽기 31장은 성막 제조 전문가인 브살렐에 대한 내용을 담고 있지만 여기서 어떻게 교육 방법론을 찾아낼 수 있느냐 하는 것이죠. 그 방식을 랍비들은 욥기 28장에서 찾아냅니다.

욥기 28장의 본디 문맥은 욥이 그의 세 친구들과 나누는 대화(또는 논쟁) 속에 들어 있는 본문입니다. 욥기의 대화 부분을 읽어보면 욥은 신명기(D) 신학에 강한 의문을 갖고 있는 인물입니다. 자신이 열심히 하느님을 섬겼지만 이렇게 만신창이가 되었으니 신명기 신학이 틀렸다는 것인데, 재미난 점은 욥기 28장 마지막에서 욥은 "하느님 경외가 지혜라 악을 멀리하는 것이 슬기라"고 말합니다. 신명기 신학에 도전하면서도 결국 신명기 신학의 옹호자가 되었으니 아이러니가 아닐 수 없죠. 이렇게 지혜가 주제로 나오는 부분이 바로 욥기 28장입니다. 그러니까 욥기 28장은, 욥기의 프롤로그(1장-2장)와 에필로그(42장)가 욥기 전체를 감싸고 있는 구조를 다이얼로그(3장-41장) 부분에서 확인하는 장(章)입니다.

그런데 특히 랍비들이 미드라쉬에서 인용하고 있는 욥기의 구절("그리고 그분은 그것을 바라보고 따져보고 준비하고 탐구하셨다," 28:27)은 본디 지혜를 바라보고 따져보고 준비하고 탐구했다는 얘기입니다. 그런데 이 "지혜"를 랍비들은 "토라"로 읽습니다. 어떻게 지혜를 토라로 읽을 수 있을까요? 탈무드에 보면 하느님은 세상을 지으실 때 토라를 읽어가면서 세상을 지으셨다는 얘기가 나옵니다. 그만큼 토라가 중요하다는 얘기인데, 이러한 생각은 기원후 1세기에 랍비 유대교가 생겨나고부터 특별히 더욱 강화되었습니다. 그 이유는 두 번째 성전이 무너지고 나서 토라를 더욱 강조해야 할 필요성을 느꼈기 때문입니다.

이렇게 토라를 지혜와 연결시키는 전통은 랍비 유대교 내내 이어집니다. 바로 위의 미드라쉬는 이렇게 토라를 어떻게 가르쳐야 하는가 그 준비 방식을 욥기에 나오는 하느님의 창조 방식과 연결시킨 것이죠. 하느님이 이리저리 살피고 따져보고 준비하고 또 탐구하듯 스승들도 토라를 가르치기 위하여 그렇게 해야 한다는 것입니다. 한 번 가르치기 위하여 이렇게 네 번씩이나 준비하듯이!

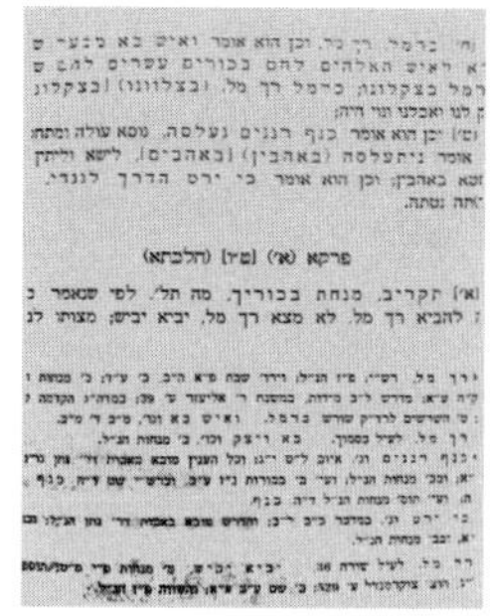

미드라쉬(씨프라)의 내용

* * *

이러한 랍비들의 성경 읽기는 미드라쉬에서만 찾아볼 수 있는 것은 아닙니다. 이미 쿰란 공동체와 중세 카발라 신비주의의 성경해석 속에서도 같은 방식을 읽을 수 있습니다. 먼저 쿰란 공동체의 성경 읽기를 살펴보기로 하죠.

기원전 150년경에서 기원후 68년까지 사해 서북부 쿰란 지역에서 무리를 이루고 살았던 쿰란 공동체는 자신들을 "공동체"("약하드," 1QS I 12)나 "사독 사람들"("브네이 짜독," CD-A IV 3)이라고 불렀는데, 이들의 성경 해석 또한 상황적 읽기입니다. 이 공동체가 남긴 문헌 가운데 『하박국 주석』에는 이런 얘기가 나옵니다(1QpHab VI 12-VIII 13).

> "내가 초소 위에 올라가서 서겠다. 망대 위에 올라가서 나의 자리를 지키겠다. 주님이 나에게 무엇이라고 말씀하실지 기다려 보겠다. 내가 호소한 것에 대하여 주님께서 어떻게 대답하실지 기다려 보겠다. 주님께서 나에게 대답하셨다. [너는 이 묵시를 기록하라. 판에 똑똑히 새겨서 누구든지 달려가면서도 읽을 수 있게 하라…"(합 2:1-2) 이 구절의 뜻은 이렇다…] 하느님이 하박국에게 마지막 세대에게 일어날 일을 적으라고 말씀하셨다. 하지만 언제가 마지막 때인지는 그에게 알려주시지 않았다. "누구든지 달려가면서도 읽을 수 있게 하라"라는 구절은 바른 스승에 대한 구절이다. 하느님은 그분에게 당신의 종인 예언자들의 말씀 속에 담긴

신비한 비밀을 모두 알려주셨다.

"이 묵시는 정한 때가 되어야 이루어진다. 끝이 곧 온다는 것을 말하고 있다"(합 2:3a). 이 구절의 뜻은 이렇다. 곧 마지막 때가 길어질 것이다. 마지막 때는 예언자들이 말한 그 어떠한 것보다도 더 엄청나다. 하느님의 신비는 놀랍기 때문이다. "이것은 공연한 말이 아니니 비록 더디더라도 그 때를 기다려라. 반드시 오고야 만다. 늦어지지 않을 것이다"(합 2:3b). 이 구절은 진리를 사랑하는 사람들에 대한 구절이다. 이들은 토라를 실천하는 사람들로, 마지막 때가 더디 오더라도 그 진리를 실천하는 일에 게으르지 않은 사람들을 가리킨다. 하느님이 정하신 마지막 때는 그들을 위해 정해놓으신 그 순서에 따라 반드시 오기 때문이다. 이는 신비한 하느님의 비밀에 따른 것이다.

"[마음이] 한껏 부푼 교만한 자를 보아라. 그는 정직하지 못하다"(합 2:4a). 이 구절의 뜻은 이렇다. 그들은 벌을 갑절로 받을 것이다. 심판받을 때 [그들은 용서받지 못할 것이다.]

"[그러나 의인은 믿음으로 산다]"(합 2:4b). 이 구절은 유다 집안의 토라를 실천하는 모든 사람들에 관한 구절이다. 하느님은 이들이 시련을 당하고 바른 스승에게 신실하기 때문에 심판 때 구원받을 것이다.

"부유한 재산은 사람을 속일 뿐이다. 탐욕스러운 사람은 거만하고 탐욕을 채우느라고 쉴 날이 없다. 그러나 탐욕은 무덤과도 같아 그들이 스올처럼 목구멍을 넓게 벌려도 성이 차지 않을 것이다. 그들이 모든 나라를 정복하고 모든 민족을 사로잡지만 정복당한 자가 모두 빈정대는 노래를 지어서 정복자를 비웃으며 조롱하는 시를 지어서 욕하지 않겠느냐?"(합 2:5-6) 이 구절은 악한 사제에 대해서 말하고 있는 구절이다. 그는 처음 사제직에 오를 때 진실하다는 소리를 들었다. 그러나 이스라엘을 다스리기 시작하면서 거만해져서는 하느님을 배신하였다. 급기야는 부(富)를 쌓으려고 토라를 저버리기까지 하였다. 그는, 하느님께 등 돌리고 폭력을 일삼는 자들의 재산을 훔쳐 긁어모았다. 뿐만 아니라 백성들의 재산을 빼앗아 죄를 쌓았다. 온갖 부정한 일만 일삼으며 가증스러운 짓을 하였다.

위의 인용은 하박국 2장의 앞부분(1절-6절)을 해설한 부분입니다. 하박국은 바빌론 포로기가 끝나고 얼마 지나지 않아 정체성의 위기 속에서 어떻게 신앙생활을 해나가야 할까를 고민한 책으로 볼 수 있습니다. 특히 유명한 구절,

"의인은 믿음으로 말미암아 살리라"(2:4)는 로마서에도 인용되어 우리에게 친숙한 구절입니다. 에스겔은 이와 정반대로 "누구든 자신이 실천하는 바름으로 생명을 얻으리라"(18:22)라고 말한 것을 보면 하박국이 살고 있던 즈음에도 행함과 믿음에 대한 논쟁이 있었던 것으로 보이며, 또한 "믿음"이 도대체 무엇이냐 하는 문제로 하박국은 고민했던 듯합니다. 하박국의 이 구절은 "바른 이는 자신의 든든함으로 생명을 얻으리라"로도 읽을 수 있는데, 이렇게 정체성의 위기 속에서 하박국은 당시 동족 이스라엘 사람들에게 하느님을 향한 믿음 또는 그 믿음에서 비롯되는 배짱을 지녀야 한다고 말합니다.

그런데 『하박국 주석』은 기원전 2세기 후반의 상황 속에서 하박국을 읽습니다. "바른 스승"(모레 하-쩨덱)이나 "악한 사제"(하-코헨 하-라샤)라는 말이 자주 나오는 것을 보면 이 문헌을 쓴 이는 바른 스승과 악한 사제의 갈등을 그리고 있습니다. "바른 스승"은 쿰란 공동체를 세운 공동체의 지도자이고, "악한 사제"는 예루살렘의 대사제를 가리킨다는 것이 일반적인 해석입니다. 특히 "마지막 때"라는 말을 많이 언급하는 것으로 보아 자신들이 살고 있는 시대를 종말론적으로 이해하고 살았던 것을 알 수 있습니다. 그러면서도 토라에 깊이 침잠해야 한다는 점을 누누이 강조합니다.

이렇게 자신들이 처해 있는 상황에서 성경을 놓고 자신들의 이야기를 하는 것이 유대인들의 전통적인 성경 읽기 방식입니다. 물론 위에서 인용한 부분에서는 성경의 다른 본문을 인용한 것을 찾아볼 수 있으나 『공동체 규정』(1QS)이나 『멜기세덱』(11Q13) 같은 문헌을 보면 자신들의 생각을 주장하기 위하여 스스럼없이 성경을 인용합니다. 이번에는 13세기 말에 스페인에서 나온 것으로 추정하는 『조하르』를 읽어보기로 하죠. 우선 창세기를 읽기로 합니다.

> "다음은 사람이 생겨난 내력이다. 하느님이 사람을 지으시던 날, 하느님의 모습으로 그를 지으셨다. 남자와 여자로 그들을 지으셨다. 그들을 지으시던 날, 그 분은 그들에게 복을 내리시고 사람이라 부르셨다"(창세기 5:1-2).

이 구절을 『조하르』는 이렇게 설명합니다(Zohar I, 55b).

> 랍비 시므온이 말했다. 이 두 구절 속에 놀라운 신비가 드러나 있다. "남자와 여

자로 그들을 지으셨다." 드높은 영광을 알게 하시려는 것이다. 신앙의 신비를. 이 신비로움 속에서 사람을 지으셨다.

와서 보라. 신비로움으로 하늘과 땅을 지으셨다. 사람을 지으셨다. 이들에 대해 기록하기를 "다음은 하늘과 땅이 생겨난 내력이다"(창 2:4). 사람에 대해 이렇게 기록하고 있다. "다음은 사람이 생겨난 내력이다." 이들에 대해 기록하기를 "그들을 지으시던 때."

사람에 대해 기록하기를 "그들을 지으시던 날." "남자와 여자로 창조하셨다." 여기서 배울 점은 이렇다. 남자와 여자를 모두 아우르지 않은 모습은 고귀한 그리고 참 모습이 아니라는 것이다. 신비로운 미쉬나 속에서 우리는 이를 확인할 수 있다. 와서 보라. 남자와 여자를 모두 아우르는 자리가 아니면 거룩하신 분은, 님은 찬양받으시길, 그 어떤 자리도 머무시려 하지 않는다. 복(福)은 오직 여자와 남자가 함께 아우르는 곳에만 머무를 뿐이다. 기록하기를, "그들을 창조하시던 날, 그분은 그들에게 복을 주시고 그들을 사람이라 부르셨다." 이렇게 기록한 것이 아니다. "그 분은 그에게 복을 내리시고 그를 사람이라 부르셨다." 여자와 남자가 하나일 때 비로소 사람이라 부르신 것이다.

위에 『조하르』가 인용한 창세기(5:1-2)는 바빌로니아 포로 공동체의 인권선언으로 읽을 수도 있습니다. 옛 바빌로니아인들은 "타클림투"(Taklimtu)라 부르는 의례를 성대하게 거행하였는데, 아래세상으로 내려가는 두무지(Dumuzi)나[2] 이난나(Inanna) 신상을 모시며 드리는 의식입니다. 신상을 목욕시키고 최고급 향유를 바르고 값비싼 보석으로 치장하고 또 유프라테스와 티그리스 강을 따라 배를 타고 도시마다 돌아다니며 거행하던 의식입니다. 이렇게 신상을 극진히 모시고 섬기던 의식은 시편에도 반영되어 있습니다. "우상은 입이 있으나 말하지 못하고 눈이 있으나 보지 못하고 귀가 있으나 듣지 못하고 코가 있으나 냄새를 맡지 못하니"(시 135:16-17). 이 부분은 바빌로니아인들을 포함한 고대 메소포타미아인들이 거행하던 "미스 피"(mis pī) 의식을 반영하는 부분입니다.

두무지나 이난나는 고대 메소포타미아의 풍요제의(fertility cult)에 중요한

---

2) 두무지는 히브리어로 "타무즈"(담무스)라고 하며 에스겔(8:14)에도 나온다.

역할을 하는 신들이었기에, 이들 신상 의례를 통하여 고대 바빌로니아인들이 얼마나 자신들의 신상에 애착을 갖고 신앙생활을 하였는가를 잘 알 수 있지요. 그런데 바빌로니아로 포로로 끌려가 노예생활을 하던 포로 공동체에게 이러한 신상 의례는 허례허식으로 보였을 것이 분명합니다. 자신들을 그렇게 모질게 부려먹으면서도 한낱 신상들에게 저토록 정성을 기울여 치장하고 또 모시고 다니며 섬기는 바빌로니아인들에게 이렇게 선언하죠. "인간은 하느님의 모습이다!"

이렇게 생각해 보면 하느님이 사람을 지으시되 당신의 모습으로 지으셨다는 말은 또 달리 인간은 신과 같은 존재라고 읽어도 될 것입니다(시 82:6; 요 10:34 참조). 인내천(人乃天)이라는 말과 통하는 말은 아닐까요? 이렇게 창세기는 인간의 존엄성을 말합니다. 그런데 그것에서 끝나지 않고 "남자와 여자"로 창조하였다는 것은 남자 노예나 여자 노예나 똑같이 하느님의 모습이라는 인권선언이면서 동시에 성차별에 대한 고발입니다. 성서의 창조 신앙은 이렇게 남자와 여자, 여자와 남자 모두를 아우르는 인권선언으로 읽어볼 수 있죠. 적어도 창세기 5장을 여기에 위치시킨 사제(P) 신학자(들)의 의도를 여기서 엿볼 수 있습니다.

창세기 5장은 이렇게 바빌로니아 포로생활이 그 역사적 정황입니다. 그런데 『조하르』는 창세기 5장을 신비주의 관점에서 읽습니다. 어찌 읽어보면 음양의 조화를 얘기하는 동양 전통과도 맥이 통하는 이야기로 들리기도 합니다. 『조하르』는 유대교 신비주의인 카발라(Kabbalah) 전통을 시작한 책으로, 모세스 데 레온(Moses de Leon)이라는 프랑스의 랍비가 모세 오경을 주석한 책으로 알려져 있는데, 아람어로 기록한 이 책은 신비주의 관점에서 오경을 읽습니다.

하느님이 지으신 "세상"을 "하늘과 땅"으로 이해하고 이 하늘과 땅을 "남자와 여자"로 읽습니다. 우리 조상들의 사고방식과 비슷합니다. 그런데 하느님은 이들 남자와 여자를 "그"라고 부르기도 하지만 "그들"이라고 부른다는 점에 착안하여 "남자와 여자가 모두 아우르는 자리가 아니면 그분은 그 어떤 자리도 머무시려 하지 않는다"고 말하죠. 곧 "그들"은 "그"이고 "그"는 "그들"이라는 독특한 해석을 내놓습니다. 그러면서 여자와 남자가 하나일 때 비로소 그들을 사람이라고 불렀다는 말을 덧붙입니다. 그러면서 이를 신비라고 부릅니다. 카발라 문헌에서 자주 나오는 용어 가운데 하나가 바로 "신비"(라자)라는 용어입니다. 아니 "라자"는 카발라 문헌의 중심 용어입니다. 창조가 하느님의 신비이고 또한 남자와 여자 또는 여자와 남자로 지으신 것이 신비이며 이는 하늘과 땅 또는 땅과 하늘의 모습 속에서 이미 그 신비를 읽어볼 수 있다는 것이 『조하르』의 관점인 듯합니다. 이렇게 이 읽기 방식은 꼼꼼히 읽기(close reading)입니다.

* * *

다시 미드라쉬의 랍비들은 어떻게 성경을 읽는지 돌아가 봅시다. 미드라쉬는 한 개인의 작품이 아니라 수많은 현자들의 해설을 모아놓은 이야기이기도 합니다. 창세기 21장에 나오는 하갈 이야기가 그 한 예입니다. 우선 성경을 읽어보기로 하죠(21:14-19).

> "다음날 아침 일찍 아브라함은 빵 얼마와 물 가죽부대 하나를 하갈에게 주었다. 그는 그것을 그의 어깨에 메워주고는 그 아이와 함께 그를 떠나보냈다. 그는 브엘세바 광야에서 이리저리 헤맸다. 가죽부대의 물이 다 떨어지자 그는 아이를 어느 가시덤불 아래에 남겨두고 좀 떨어진 곳에 가서 앉았다. 화살을 쏘아 떨어질 정도의 거리였다. '저 아이가 죽어가는 것을 보고 싶지 않아!' 하고 그는 속으로 생각한 때문이다. 그렇게 떨어진 곳에 앉아 그는 울음을 터뜨렸다. 아이가 우는 소리를 하느님이 들으셨다. 그러자 하느님의 천사가 하늘에서 하갈을 불렀다. 그에게 말했다. '무슨 일이에요, 하갈? 걱정하지 말아요. 아이가 있는 곳에서 아이가 우는 소리를 하느님이 들으셨어요. 가서 아이를 일으키세요. 그리고 그 손을 잡으세요. 그를 큰 민족이 되게 할 참이에요.' 그때 하느님이 그의 눈을 밝게 하셨다. 그러자 그가 샘을 보았다. 그는 가서 가죽부대에 물을 가득 채웠다. 그리고 그에게 물을 먹였다."

아브라함이 하갈과 그 아들을 내보내는 이야기는 잔인한 아브라함, 무기력한 아브라함, 당연한 벌을 받은 하갈, 하느님의 심부름꾼을 만난 하갈, 고통의 경험 속에서 눈이 뜬 하갈, 한 민족 영웅의 고난 이야기 등 수많은 해석을 낳은 이야기입니다. 『창세기 라바』는 이 부분을 이렇게 설명합니다(53, 14).

> 그러자 하느님의 천사가 하갈을 불렀다. 아브라함을 위해서이다.
>
> 아이가 있는 곳에서. 그 아이를 위해서이다. 아픈 사람이 자기 자신을 위해서 드리는 기도는 다른 이를 위해서 드리는 기도보다 더 효험이 있다.
>
> 아이가 있는 곳에서. 랍비 시몬이 말한다. "책임 맡은 천사들이 그를 고소하려고 뛰어가 그분께 아뢰었다. '세상을 내신 주님! 먼 훗날 님의 자녀들을 목마르게 하여 죽일 자를 위해 샘을 파실 셈이신가요?' 그분이 그들에게 말했다. '지금 그는 바른가, 악한가?' 그들이 그분께 말했다. '바릅니다.' 그분이 그들에게 말씀하셨다. '나는 누구든 그가 있는 바로 그곳에서 그 순간 그를 판단한다.'"
>
> 가서 아이를 일으키세요. … 그때 하느님이 그의 눈을 밝게 하셨다. 랍비 빈야민은 말한다. "거룩하신 분께서, 님은 찬양받으시길, 눈을 밝게 하시기 전까지 모든 사람의 눈은 닫혀 있다. 그래서 '그때 하느님이 그의 눈을 밝게 하셨다'고 한 것이다."

이 미드라쉬에는 이렇게 익명의 현자들과 랍비 시몬과 랍비 빈야민이 등장합니다. 수많은 세월에 걸쳐 해석한 이야기를 이어놓았기에 문맥이 매끄럽지 않은 것이 사실입니다. 하지만 해석하는 이들이 누구이건 그것은 중요하지 않습니다. 다만 그들이 본문을 어떻게 읽고 있느냐 하는 점이 중요하죠.

"그러자 하느님의 천사가 하갈을 불렀다"는 구절은 아브라함을 위해서 하느님의 천사가 하갈을 불렀다는 얘기입니다. 사라와 하갈 사이에서 아무것도 할 수 없었던 아브라함을 위해 하느님의 천사가 하갈을 불렀다는 해석이죠.

"아이가 있는 곳에서"라는 구절은 두 사람이 해석합니다. 먼저 익명의 현자는 기도의 효험에 대해 말합니다. 자신을 위해서 드리는 기도가 다른 이를 위해서 드리는 기도보다 더 효험이 있다는 얘기입니다. 기도는 신앙생활에서 빼놓을 수 없는 요소이죠. 하갈이 "아이가 있는 곳에서" 울며 탄식하는 것을 익명의 현자는 기도로 이해하고 이렇게 해석합니다.

다음은 랍비 시몬의 해석입니다. 역시 "아이가 있는 곳에서"를 해설한 것인데, 랍비 시몬은 무한한 상상력을 동원하여 이 부분을 설명합니다. 천사들이 하갈의 아들 이스마엘을 고소하기 위해 하느님을 찾아갔습니다. 사실 성경 이야기 속에는 이스마엘이 등장하지 않습니다. 그는 어린아이로 그저 울고만 있을 뿐 말 한마디 없습니다. 이름조차 등장하지 않죠. 그래서 랍비 시몬도 이스마엘을 단지 "그"라고만 했습니다. 그런데 천사들은 하느님의 마음을 이미 알아차리고 하느님께 항변합니다. "세상을 내신 주님! 먼 훗날 님의 자녀들을 목마르게 하여 죽일 자를 위해 샘을 파실 셈이신가요?"

이 항변 속에는 역사적 배경이 들어 있습니다. 사실 이스마엘은 브엘세바 광야에서 목말라 울고만 있는 어린아이일 뿐입니다. 그런데 랍비 시몬은 이스마엘을 가리키는 "그"라는 말 속에서 이스마엘의 후손들을 보고 있습니다. 랍비들의 전하는 전설을 읽어보면 제1성전이 무너지고 바빌로니아 포로가 시작될 무렵 그러니까 기원전 6세기 초반경 이스마엘 후손들은 목말라 죽어가는 유대인들을 도와주지 않았습니다. 랍비 시몬은 하느님이 이스마엘에게 주실 물과 이스마엘 후손들이 먼 훗날 아브라함의 자손들에게 나눠주지 않은 물을 이렇게 연결시킵니다. 그러니까 성경을 읽을 때 전설이라고는 해도 자신들의 역사와 연결시켜 성경을 읽습니다. 미드라쉬의 이 설명 속에는 유대인들의 가슴속에 여전히 남아 있는 응어리가 들어 있습니다. 아랍인들과의 갈등이죠. 이렇게 보자면 하느님의 천사들은 유대인 자신들이기도 한 셈입니다.

그런데 랍비 시몬은 대화 기법을 통하여 유대인들을 교육합니다. 하느님의 입을 빌어 이렇게 묻습니다. "지금 그는 바른가, 악한가?" 그러자 천사들이 대답하죠. "바릅니다." 성경에 익명으로 등장하는 이스마엘은 아무 죄도 없는 어린아이일 뿐입니다. 그러니 "바르다"는 대답을 할 수밖에 없습니다. 그러자 하느님은 천사들에게 말씀하십니다. "나는 누구든 그가 있는 바로 그곳에서 그 순간 그를 판단한다."

성경을 읽으면서 편견을 갖고 읽지 말라는 교훈이죠. 이 교훈은 또한 다른 사람을 판단할 때도 마찬가지입니다. 그래서 지금 바로 여기에서 누구든 판단한다는 것이 하느님의 생각이라고 랍비 시몬은 해석합니다. 이 교훈은 "그대가 남을 판단하는 대로 남도 그대를 판단하다"는 신약의 교훈과도 유비되는 교훈이죠.

미드라쉬의 교훈은 "지금 여기"를 더 강조하고 있는데 이는 사실 히브리성경 전체의 흐름과도 무관하지 않습니다. 히브리성경은 히스기야의 기도(이사야 38장)와 시편 88편 등에서 죽음 이후의 삶을 부정하는데 바로 "지금 여기"를 강조합니다. 따라서 랍비 시몬의 해석은 문맥을 보고 성경을 읽어야지 마음속에 응어리가 있다고 하여 성경을 터무니없이 읽지 말라는 뜻으로도 받아들일 수 있습니다. 그러면서도 한 구절 한 구절 꼼꼼히 읽어가면서 전체의 흐름을 놓치지 않는 치밀함도 엿볼 수 있죠.

* * *

이렇게 옛 유대인 스승들의 성경 읽기는 간(間)본문 읽기, 꼼꼼히 읽기, 상황적 읽기, 집단적 읽기 등 여러 가지로 설명할 수 있을 것입니다. 하지만 결국 나에게, 우리에게 그 본문이 어떤 의미를 던지는가에 초점을 맞추어 읽습니다.

특별히 표현 하나하나를 그냥 지나치지 않고 꼼꼼히 따져 읽으면서도 전체 구조에 주의를 기울이는 읽기 방식을 요즘은 수사비평(rhetorical criticism)이라 부릅니다. 제임스 마일렌벅(James Muilenburg)에게서 시작하여 필리스 트리블(Phyllis Trible)에게서 활짝 꽃핀 이 읽기 방식은 역사비평과 문예비평 가운데에서 문예비평에 속하는 읽기 방식입니다. 곧 상황적 해석이라 부를 수 있죠. 수사비평은 양식비평을 보완하고자 생겨난 읽기 방식이지만 오늘날 많은 학자들은 수사비평을 또 하나의 독자적 비평 방식으로 발전시켜 나가고 있습니다. 본문 자체보다는 읽는 이의 시각에 더 강조점을 두고 발전시킨 이 이론의 기원을 필리스 트리블 교수는 고대 그리스 철학자 아리스토텔레스에게서 찾고 있는데, 유대인들의 전통적인 성경 읽기 방식에서도 그 기원을 찾아볼 수 있습니다.

이렇게 유대인들의 성경 읽기는 상황적 읽기입니다. 독자의 관점에서 텍스트가 무슨 의미를 갖느냐 하는 점에 주의를 기울이는 읽기이죠. 이는 달리 표현하자면 "본문 뒤에서" 본문의 역사를 따져보는 자료비평, 본문비평, 양식비평, 편집비평보다는 "본문 앞에서" 본문의 의미를 헤아려보는 이데올로기비평, 해체비평, 포스트식민주의비평, 독자반응비평 또는 "본문 속에서" 본문의 미학을 감상하고자 하는 수사비평, 이야기비평에 오히려 가깝다고 말할 수 있을 것입니다.[3)]

이러한 관점은 본 책 맨 뒤에 실려 있는 "토라를 해석하는 열세 지침"을 보

3) 물론 "본문 뒤에서" 읽는 방식은 역사비평에 속하는 방식이고, "본문 앞에서"와 "본문 속에서" 읽는 방식은 문예비평에 속하는 방식이다.

면 금세 알 수 있습니다. 랍비 메이르와 랍비 게르숀이 정리해 놓은 이 지침은 레위기의 미드라쉬인 『씨프라』(기원후 3세기경)에 실려 있는 것으로, 마지막 지침에는 이런 얘기가 나옵니다.

> "토라를 오늘과 연결시키라.
> 토라 속에 깊이 침잠한 뒤
> 밖으로 나와
> 우리의 삶과 이 세계 속에서는 무엇을 말하는지 생각해 본다.
> 그렇지 않다면야 무엇 때문에 읽는가?"

꼼꼼히 성경을 읽고 그 속에 깊이 침잠한 뒤에는 밖으로 나와 오늘날 우리에게 무슨 의미가 있는지 살펴보아야 한다는 것이 전통적인 유대인들의 성경 해석 방식입니다. 따라서 미드라쉬는 상황적 읽기의 산물이라고 부를 수 있죠. 곧 본문의 의미가 오늘날 우리의 삶에 어떤 의미를 던져주는지 깊이 따져보는 방식입니다.

2. 유대교 신비주의 『조하르』와 구약[4)]

미쉬나 (모에드) 겉표지

영성의 시대인 요즘 카발라 신비주의는 기독교 학자들뿐만 아니라 유대교 학자들에게도 매력을 느끼는 분야입니다. 『미쉬나』 속에 들어 있는 "아보트"라는 문헌에는 이런 얘기가 있습니다. "이 세상을 떠받치고 있는 것이 셋이 있다. 바로 토라와 예배와 나눔이다." 토라를 읽고 예배드리는 정적인 삶과 나눔이라는 동적인 실천을 강조한 말입니다. 그러니까 정적인 종교생활과 동적인 사회생활을 겸해야만 이 세상이 제대로 돌아간다는 말로도 이해할 수 있죠. 그런데 나는 이와 비슷하게 유

4) 이 부분은 필자가 2006년 봄 변선환아키브(동서신학연구소)에서 발표했던 글이다.

대교를 떠받들고 있는 셋이 있다고 말하고 싶습니다. 토라와 탈무드와 『조하르』입니다. 토라는 물론 우리가 구약성서라고 부르는 히브리성경입니다. 탈무드는 이 토라를 해석한 미쉬나를 또 해석한 책입니다. 거기에 물론 『조하르』를 덧붙이는 이유는 유대교의 지평을 새롭게 연 까닭입니다.

우선 성경(구약)과 탈무드를 읽을 때 문자에 얽매이지 않는다는 점입니다. 한마디로 성서와 탈무드의 본문을 현재화하여 읽습니다. 예를 들어 탈무드의 "올 세상"(하-올람 하-바)이라는 표현은 메시아가 오실 세상을 가리키는 말인데, 이 표현을 "지금도 계속해서 끊임없이 오고 있는 세상"으로 읽죠. 곧 미래로 이 표현을 읽지 않고 현재화하여 읽습니다. 그러니까 메시아의 시대는 먼 미래에 일어날 사건이 아니라 바로 지금 여기에서 일어날 수 있는 세상이라고 "올 세상"이라는 표현을 읽습니다.

탈무드(키두쉰)의 겉표지

탈무드의 한 페이지

심지어 성경과 탈무드 본문 속에 들어 있는 하느님의 명령(미쯔보트)을 읽고 실천하는 독자의 현재화를 강조하여 이렇게까지 말하죠. "미쯔보트를 실천하는 일은 정말 신비로운 일로 바로 온 세상을 고치는 일이다. 곧 위에서 뻗어 내려오는 빛을 끌어들이는 일이다." 더 나아가 이 세상에서 말씀을 읽는 독자의 그 실천은 신의 영역까지도 영향을 미친다고 말합니다. 이러한 생각은 예수께서 하신 말씀, "너희가 땅에서 매면 하늘에서도 매일 것이요, 땅에서 풀면 하늘에서도 풀릴 것이다"가 생각나는 표현입니다.

이렇게 고전을 현재화하여 읽는 것은 요즘 한참 유행하고 있는 문학비평에서 흔히 찾아볼 수 있는 읽기 방식이라 하겠습니다. 따라서 카발라 전통의 성경 읽기나 탈무드 읽기 방식은 오늘날 우리의 문학비평 방식에 시사하는 바가 크다는 점을 말하고 싶습니다.

또 하나는 카발라 전통의 신 이해가 유대교의 지평을 넓혀주었다는 점입니다. 성서나 탈무드의 신은 가부장적 성격이 지배적이라는 점을 우리는 부인할 수 없습니다. 그런데 카발라 전통에서는 하느님의 속성에 열 가지 요소(쎄피로트)가 있다고 말하는데, 그 가운데 "쉐키나"(שכינה)라는 속성은 하느님의 여성성을 분명하게 표현하는 요소입니다. 물론 이 요소는 전통적으로 탈무드에서 얘기해오던 하느님의 속성이기는 하나 카발라 전통에서 이 요소를 적극적으로 해석하여 남성 중심의 신 이해를 좀 더 발전시켰습니다. 곧 하느님의 남성성과 여성성의 조화를 꾀했다는 말입니다. 곧 신 이해의 균형을 잘 보여주고 있는 전통이 카발라 전통이죠.

또 하나 지적해야 할 점은 악의 문제입니다. 그리스도교에서 그리고 유대교에서 악의 문제, 그 기원을 두고 많은 논란이 있어 왔으며 풀리지 않는 숙제이기도 합니다. 그런데 카발라 신비주의에서는 일찍이 악 그 자체도 신에게서 발현되는 것으로 설명합니다. 앞서 말한 신의 열 가지 속성(쎄피로트) 가운데에는 "딘"(דין)이라고 하는 속성이 있는데 이 속성이 바로 악이 발현하는 신의 속성이라고 설명하고 있습니다.

이렇게 볼 때 카발라 신비주의는 오늘날 우리에게 시사하는 점이 많습니다. 여성의 문제나 악의 문제를 설명하는 데 우리에게 많은 힌트를 제공하고 있다는 점입니다. 또한 현대에 이르러 유행하고 있는 문학비평 역시 이 신비주의의 성경 읽기를 통해서 배울 수 있습니다.

이 글에서는 카발라 전통 가운데에서도 가장 기본적인 문헌이라 할 수 있는 『조하르』를 중심으로 얘기를 풀어가려 합니다. 『조하르』는 어떻게 성경을 읽는지, 또 『조하르』는 후대 카발라 전통에 어떤 영향을 미쳤는지를 살펴볼 것입니다. 그리고 『조하르』로 시작하는 카발라 전통은 오늘날 다종교 사회인 아시아의 우리 그리스도인들에게 무슨 의미가 있는지 질문을 열어놓고 대화의 장을 마련하고자 합니다.

* * *

수많은 카발라 학자들이 있지만 그중에서도 네 학자를 소개하려고 합니다. 게르숌 숄렘(Gershom Scholem)과 모쉐 이델(Moshe Idel)과 엘리엇 울프슨(Elliot R. Wolfson) 그리고 다니엘 하난 매트(Daniel Chanan Matt)입니다.

20세기에 이르러 카발라 신비주의를 학문적으로 접근한 이는 게르숌 숄렘입니다. 그의 책 『유대 신비주의의 주요 흐름』은 카발리라고 부르는 유대 신비주의를 역사적으로 접근한 책입니다. 카발라를 연구하는 이들에게 입문서이면서 가장 기본적인 책으로 평가받고 있습니다. 그는 또한 『유대학 백과사전』(Encyclopaedia Judaica)에 실은 "카발라"라는 글을 통하여 역사적이고 사상적인 접근을 한꺼번에 시도하기도 하였습니다. 이 외에도 숄렘은 『카발라와 그 상징주의에 대하여』와 『조하르』를 통하여 유대 신비주의의 학문적 작업을 계속 이어나갔습니다.

20세기 후반에 들어서 주목받고 있는 카발라 문헌 학자로는 모쉐 이델을 들 수 있습니다. 이델은 그의 책 『카발라, 새로운 관점』이라는 책에서 유대교 신비주의를 종교 현상학적으로 접근합니다. 특별히 카발라 신비주의에 견신론적(見神論的, theosophic-theurgical) 경향과 무아경적(ecstatic) 경향으로 나누어 이 두 경향이 우리에게 어떤 의미가 있는가를 살펴본 책입니다. 이 책은 많은 반향을 일으켰습니다. 또한 메시아 운동과 카발라 신비주의의 관계를 조명한 책, 『메시아 신비가들』을 펴내기도 했으며, 최근에는 『카발라와 에로스』라는 책을 펴내어 여성의 시각에서 카발라 신비주의를 조명하기도 했습니다.

20세기 후반 미국의 일반적 경향은 페미니즘의 발흥이라고 말할 수 있는데, 이러한 경향에서 본격적으로 카발라 신비주의를 연구하고 있는 학자로는 엘리엇 울프슨을 들 수 있습니다. 『네모 안의 동그라미』는 그의 대표적인 저작입니다. 이외에도 그는 여러 연구논문을 통하여 자신의 관점과 견해를 계속 발전시켜 나가고 있습니다.

다니엘 하난 매트를 소개하는 이유는 그의 조하르 번역이 매우 훌륭한 번역으로 평가받고 있는 까닭입니다. 단지 번역만 한 것이 아니라 번역하고 또 주석까지 단 책이기 때문에 단순히 번역서라고 부를 수는 없습니다. 그의 『조하르』는 20세기 후반에 나온 조하르에 대한 책으로 가장 아름다운 문장과 설명을 담고 있는 책으로 알려져 있습니다. 이 학자는 조하르의 주석서를 2004년부터 지금까지 다섯 권 펴냈습니다. 이외도 매트는 카발라 신비주의 입문서인 『핵심 카발라』를 펴내어 우리의 이해 지평을 넓히기도 하였습니다.

* * *

1280년경 모세스 데 레온(Moses ben Shemtov de Leon)이라고 부르는 스페인의 유대인 신비가가 동료들에게 책자를 돌리기 시작했습니다. 아람어로 기록된 이 책은 잘 알 수 없는 낱말, 신비스런 상징, 성애적(性愛的)인 이미지로 가득한 책이었습니다. 이 책 속에 들어 있는 이야기나 가르침은 비밀스러운 내용이었지만 외우기에는 쉬운 그런 책이었습니다. 모세스 데 레온은 이 책을 돌리면서 자신은 단지 옛날 신비가가 전해준 이야기를 단지 베낀 사람이라고 말했다고 하죠. 본디 기원후 2세기에 살았던 유명한 랍비 아키바(Akiba)의 제자로 랍비 쉬므온 바르 요하이(Shim'on bar Yohai)라는 신비가가 있는데 그가 제자들과 나눈 이야기를 베꼈다는 것입니다. 하지만 학자들은 『조하르』라는 책은 앞서 언급한 모세스 데 레온이 쓴 것으로 받아들입니다. 다만 이 책의 뒷부분을 그의 제자들이 덧붙여 본문을 더 확장시켰다고 말합니다.

『조하르』는 성경 다니엘서(12:2)에 나오는 말로 "환함"이나 "휘황찬란함"이라는 뜻을 담고 있습니다. 『조하르』는 오경의 주석서입니다. 흔히 유대인들의 주석은 미드라쉬라고 부르는데, 탈무드 시대 이후에 나온 주석서라고 해야 할 것입니다. 『조하르』는 아람어로 기록된 문서입니다. 탈무드는 약 1/3이 아람어로 기록되어 있는데, 바로 이 탈무드 아람어와 비슷한 아람어로 기록되었습니다. 13세기 말 모세스 데 레온이 쓰고 그의 제자들이 덧붙여 편집한 『조하르』는 아래와 같이 모두 4권으로 구성되어 있습니다.

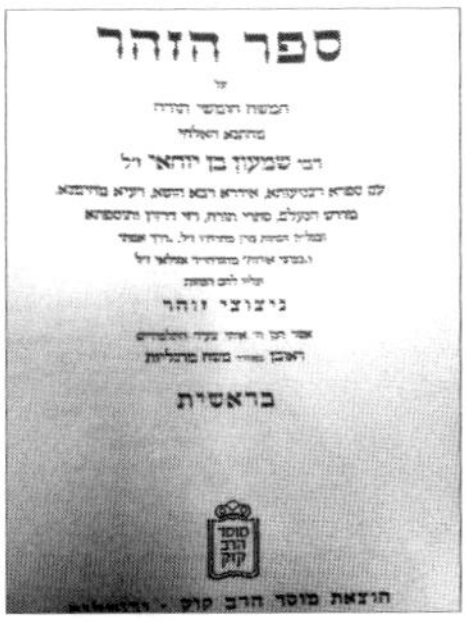

조하르 창세기 주석 겉표지

Re'uven Margaliot, ed. Sefer ha-Zohar, 3 vols., 4th ed. Jerusalem: Mossad ha-Rav Kook, 1964.

Re'uven Margaliot, ed. Zohar Hadash, Jerusalem: Mossad ha-Rav Kook, 1978.

"카발라"(קבלה)라는 말은 히브리어로 "물려받은 것" 또는 "전통"이라는 뜻을 지니고 있습니다. 따라서 "카발라"는 랍비 유대교가 오래전부터 물려받은 전통이라는 말입니다. 그러니까 사실 『조하르』라는 책도 모세스 데 레온이 어느 날 갑자기 쓴 것이 아닙니다. 『조하르』 역시 역사적인 산물로 그 이전부터 비밀리에 전해 내려오던 신비주의 전통이 모세스 데 레온에 와서야 활짝 꽃을 피웠다고 말할 수 있습니다. 학자들은 이 "카발라"라는 용어가 유대교 신비주의를 가리키는 말로 본격적으로 사용되기 시작한 것은 13세기 이후라고 말합니다.

성경 가운데에서 카발라 신비가들이 자신들의 모델로 생각하는 책은 바로 에스겔이죠. 그중에서도 에스겔의 앞부분(1장)에 나오는 마차 이야기가 바로 그 부분입니다. "마차"를 히브리어로는 메르카바(מרכבה)라고 부르는데, 이 이야기를 중심으로 2-3세기에 메르카바 신비주의로 발전하였습니다. 탈무드에 이러한 운동이 길게 묘사되어 있기도 합니다. 이러한 신비한 환상에 얽힌 이야기를 후대의 카발라 신비가들은 자신들의 상황에 맞게 재해석하기도 하고 어떤 신비가들은 그 이야기를 그대로 흉내내기도 합니다.

이후에 이어지는 전통 그룹으로는 쿰란 공동체(150 BCE-68 CE)를 들 수 있습니다. 아직도 연구 중에 있는 쿰란 공동체의 문헌 가운데에서도 『안식일 제사 노래』라는 문헌이 유명합니다.[5] 이 문헌은 하늘 성전에서 사제들과 천사들이 안식일에 제사 드리면서 부르는 노래를 담고 있는 문헌으로 4-8세기의 헤이칼로트("성전") 문학과 비슷한 표현이 많이 나오는 문헌으로 주목을 받고 있습니다. 이뿐만 아니라 『축복문』, 『빛의 말씀』, 『위(僞) 에스겔』, 『현자의 노래』, 『매일 기도』, 『멜기세덱』, 『감사 찬송』 등의 문헌이 쿰란 공동체가 남긴 신비주의 문헌이라고 말할 수 있습니다.[6] 이 가운데에서 『감사 찬송』이라는 문헌은 초기 쿰란 공동체를 이끌었던 이른바 "바른 스승"(모레 하-쩨덱)이 쓴 문헌으로 알려져 있는데, 천사들과의 "이후드"(יחוד, 合一) 경험을 묘사하고 있는 문헌입니다.

이렇게 유대교의 신비주의 운동을 성경과 쿰란 공동체의 문헌과 탈무드 속에서도 찾아볼 수 있지만, 이 운동을 카발라 신비주의로 부르기 시작한 것은

5) 쿰란 제4동굴(4Q400-407), 제11동굴(11Q17) 그리고 마싸다(Mas1k)에서 발견된 12 노래를 가리킨다.

6) 이들 문헌은 앞에서부터 각각 쿰란 제4동굴(4Q286-290, 4Q504-506, 4Q385c-386, 4Q510-511, 4Q503)과 제11동굴(11Q13) 그리고 제1동굴(1QHa, 1Q35)에서 나온 문헌들이다.

13세기 후반의 일입니다. 이 운동은 프랑스의 프로방스(Provence)와 스페인 북부에서 시작되었습니다.

카발라 신비가들의 작품 가운데에서 가장 이른 작품으로 알려져 있는 책은 『쎄페르 하-바히르』(Sefer ha-Bahir)라는 책입니다. 이 책은 1150년에서 1200년 사이에 프로방스 지역에서 돌아다녔다고 하는데, 상징주의를 통하여 하느님의 속성을 설명한 책으로 성경 주석 형태로 되어 있습니다. 이 책이 중요한 이유는 이 책과 더불어 랍비 유대교 내에서 영지주의적 모티브가 출현했다는 점입니다. 이 책은 하느님의 속성을 10쎄피로트(Sefirot)로[7] 설명하고 있습니다. 곧 하느님에게는 열 가지 속성이 있다고 설명하는 거죠. 이 책의 기원은 불분명하지만 카발라 신비가들은 이 책을 카발라 신비주의의 기원으로 삼습니다.

이후 12세기와 13세기에 활동한 유명한 카발라 학자들로는 에스파냐 게로나(Gerona) 출신의 시각장애자 이삭(Isaac the Blind)과 아즈리엘(Azriel) 그리고 에스파냐 카스틸랴(Castile) 출신인 토도로스 아불라피아(Todoros Abulafia)를 들 수 있습니다. 이중에 맹인 이삭은 신플라톤주의의 영향을 받은 학자로 10쎄피로트를 유출설로 설명합니다. 곧 하느님의 생각에서 하느님의 말씀이 나오고 그 말씀을 통하여 세상이 창조되었다고 합니다. 또한 아즈리엘은 영지주의 전통과 신플라톤주의 전통을 종합한 인물로 평가받고 있으며, 아불라피아라는 학자의 특이한 점은 하느님에게서 거룩한 쎄피로트뿐만 아니라 악한 쎄피로트도 나온다고 설명하고 있는 점입니다. 곧 신의 속성과 악의 문제를 본격적으로 거론한 카발라 학자입니다.

아무래도 이들의 사상을 체계화하고 구체화한 인물로는 앞서 언급한 모세스 데 레온을 꼽습니다. 그의 『조하르』는 이렇게 앞서 활동한 프랑스와 스페인의 카발라 학자들의 사상을 체계화한 책으로, 16세기 이후부터는 유대인들 사이에서 토라와 탈무드와 함께 유대교의 정경으로 자리매김하기 시작했습니다.

『조하르』가 지금의 형태가 되기까지는 어떠한 경로를 거쳤을까요? 모세스 데 레온이 처음 쓴 문헌으로는 『숨어 있는 미드라쉬』(Midrash ha-Neelam)를 들고 있습니다. 이 책은 1275년에서 1280년경에 썼을 것으로 추정하는데, 오

---

7) "쎄피로트"(ספירות)라는 용어는 "사파이어"라는 뜻의 히브리어 쎄피르(ספיר)의 복수형으로, 흔히 "빛"으로 해석하기도 한다.

경과 룻기, 애가 및 아가의 여러 구절을 주제로 쓴 짤막한 설교가 그 주요 내용을 이루고 있으며, 『조하르』의 주요 부분은 그 이후 1280년에서 1286년 사이에 썼을 것으로 추정하는데, 여러 이야기, 독백 또는 소설 속에 등장하는 대화의 형식을 빌려서 오경을 주석한 책입니다.

조하르의 한 페이지

또한 모세스 데 레온은 여러 책을 참조하여 『조하르』를 썼습니다. 물론 카발라 전통은 앞서 언급한 『쎄페르 하-바히르』뿐만 아니라 여러 카발라 신비가들의 책을 참조하였으며, 성서 주석으로는 중세 시대의 라쉬(Rashi), 아브라함 이븐 에즈라(Abraham Ibn Ezra), 다비드 킴키(David Kimchi), 모세 벤 나아만(Moses ben Nahman)이 쓴 주석을 참조하였습니다. 철학적으로는 역시 람밤이라고 부르는 중세 유대인 철학자 마이모네데스(Maimonides)가 쓴 『미쉬나 주석』(Commentary to the Mishnah), 『당혹해 하는 이들을 위한 안내서』(Guide of the Perplexed), 『미슈네 토라』(Mishne Torah)를 참조한 것으로 알려져 있습니다.

* * *

『조하르』에는 또한 성경의 신비스런 의미를 찾아내는 일이 어떠한가를 보여주는 유명한 구절이 있습니다. 이를 그대로 옮겨보기로 합니다(Zohar II, 99a-b).

> 토라는 말씀을 내비친다. 하지만 아주 조금만 내비칠 뿐이다. 그리고는 곧 숨어버린다. 하지만 이렇게 하는 것도 단지 토라를 알고 순종하는 이들에게뿐이다. 토라는 매우 아름다운 아가씨와 같다. 궁궐의 한적한 방에 숨어 지내면서 남모르는 연인을 두고 있는 아가씨 말이다. 그를 사랑하는 연인은 그 집 문을 넘나들며 그가 어디 있는지 찾느라 여기저기 두리번거린다. 아가씨는 자기 연인이 그렇게 자기 집 문을 두리번거린다는 것을 잘 알고 있다. 그렇게 잘 알고 있으면서도 그는 어떻게 하는가? 단지 자기 방문을 조금만 열어놓고는 아주 잠깐 자신의 얼굴을 연인에게 보여줄 뿐이다. 그리고는 이내 숨어버린다. 누군가 그 연인과 같이 있었

다고 해도 그는 그의 얼굴을 못 보았을 것이다. 아무것도 알아채지 못했을 것이다. 그의 연인만이 그의 얼굴을 보았을 뿐. 이렇게 그 연인은 단지 자신의 마음과 혼과 온 몸으로 그를 알아볼 뿐이다. 이렇게 그 연인은 그가 사랑에 불타올라 그 마음으로 언뜻 자신을 드러냈을 뿐이라는 것을 알고 있다. 토라의 말씀도 이와 같다. 토라를 사랑하는 사람에게만 자신을 드러낼 뿐이다. 토라는 신비가(神秘家)가 자신의 집 문을 열심히 두리번거리는 것을 잘 알고 있다. 그러면 토라는 어떻게 하는가? 비밀스런 궁전 안에서 자신의 얼굴을 살짝 비치면서 몸짓으로 신호를 보내고는 궁전 안으로 이내 숨어버린다. 같이 있던 사람들은 아무것도 눈치 채지 못한다. 알지 못한다. 단지 그 사람만이 마음과 혼과 온 몸으로 알아볼 뿐이다. 이렇게 토라는 자신을 비치고 숨는다. 연인을 사랑하는 마음으로 나가 그의 가슴에 사랑을 불붙인다. 와서 보라. 토라는 바로 이렇다. 우선 토라가 자신을 어떤 이에게 드러내려 할 때, 토라는 순간적으로 신호를 보낸다. 그가 신호를 알아챘다면 참 다행스런 일이다. 그렇지 않다면 그에게 사람을 보낸다. 그를 단순한 이라고 부르면서 말이다. 그 심부름꾼에게 토라는 말한다. 그 단순한 이에게 이를 말이 있으니 오라고 말이다. 성경(잠 9:4)에 기록되어 있는 대로이다. "단순한 이는 누구든 이리로 오라. 깨달음을 얻고자 하는 이에게 토라는 이렇게 말한다." 그가 찾아오면 토라는 그가 깨달음을 얻을 때까지 아주 천천히 커튼 뒤에 숨어서 계속해서 얘기한다. 이를 드라샤(Derashah)라고 부른다. 그리고는 비칠 듯 말 듯한 베일을 통하여 그는 비유(millin de hidah)를 얘기해 준다. 이것이 바로 하가다(haggadah)이다. 그 사람과 친숙해진 뒤에야 비로소 토라는 그와 얼굴을 맞대고 자신의 비밀, 곧 자신의 마음속에 있는 비밀을 모두 털어놓는다. 이런 사람을 완전한 사람이라 하고, 주인 곧 '토라의 신랑'이라고 한다. 그에게 토라는 아무것도 숨기지 않고 비밀을 모두 털어놓기 때문이다. 토라는 그에게 말한다. 첫날 내가 당신에게 보낸 몸짓 속에 얼마나 많은 신비가 숨어 있는지 당신은 아시나요? 그 참뜻은 아시나요? 그러면 이들 말씀 속에 어떤 것도 더하거나 빼서는 안 된다는 것을 그는 이해한다. 그제서야 그는 토라의 말씀 속에 어떤 참뜻이 들어 있는지 안다. 어떤 구절이나 글자도 더하거나 빼서는 안 된다는 것도 말이다. 그렇기 때문에 사람은 토라에 깊이 침잠해야 한다. 매우 신중히 연구해야 한다. 앞서 얘기한 대로 토라의 참된 연인이 되기 위해서 말이다.

이러한 태도를 우리는 유혹받았던 요셉의 이야기 속에서 읽어볼 수 있습니다. "그 위와 아래"라고 제목이 붙어 있는 부분을 읽어보기로 하죠(Zohar I, 189b-190b).

> 이런 일 다음에 생긴 일이다. 마님이 요셉에게 눈길을 던졌다. 그리고는 말했다. "함께 자자!" 그러나 그는 거절했다… 날마다 요셉에게 억지를 부렸으나, 넘어가지 않았다. 곁에 눕지 않았다. 함께 눕지 않았다. (창 39:7-8, 10)
>
> "날마다 요셉에게 억지를 부렸으나." 랍비 엘아자르는 입을 열어 말했다. "'자신을 지키라. 악한 여성으로부터, 부드러운 말하는 이방인의 혀로부터.' (잠 6:24)
>
> 바른 이는 복되다. 찬양받으실, 거룩하신 이의 길을 아는 이는. 밤낮으로 토라를 파고들어 따르는 길을 아는 이는! 밤이면 밤, 낮이면 낮 토라에 침잠하는 이는 누구든 두 세상을 얻은 이이다. 높은 세상을, 낮은 세상을. 이기심으로 토라에 침잠할지라도 그는 이 세상을 얻을 것이다. 그분의 이름을 위해 토라에 침잠한다면 그는 저 세상을 얻을 것이다.
>
> 기록된 말씀을 와서 보라. '장수는 그의 오른손에 그의 왼손에는 부와 명예를.' (잠 3:16) 토라의 오른쪽을 걷는 이는 오는 세상에서 장수할 것이다. 찬란한 토라를 얻을 것이다. 엄청난 권위를 지닌, 소중한 왕관을.
>
> 랍비 히야가 바빌론에서 이스라엘 땅에 와서는 얼굴이 태양같이 환해질 때까지 토라를 읽었다. 토라를 공부하는 사람이면 누구든 그 앞에 서면 이렇게 말하곤 했다. '어떤 사람은 그분의 이름을 위해 토라에 침잠하죠. 그렇게 하지 않는 사람도 있더군요.' 랍비 히야는 앞 사람이 늘 그렇게 하여 오는 세상을 차지했으면 해서 기도하곤 했다. 또한 그는 그렇게 하지 않는 사람이 그분의 이름을 위해 토라에 깊이 침잠하여 영원한 생명을 얻도록 하려고 기도하곤 했다.
>
> 어느 날 그는 어떤 학생이 토라와 씨름하면서 얼굴이 사색이 된 것을 보았다. '죄스런 마음을 품고 있구나!' 이렇게 생각하는 그를 붙들고 그의 눈을 들여다보았다. 그리고는 그의 마음이 평정을 되찾을 때까지 토라의 말씀을 쏟아 부었다. 그때부터 그는 나쁜 상상을 하지 않고 그분의 이름을 위해 토라에 침잠할 수 있었다."
>
> 랍비 요세가 말한다. "속에서 나쁜 상상이 마구 회오리칠 때 토라에 침잠하라. 곧 사라질 것이다." 랍비 엘아자르가 말한다. "악이 다가와 사람을 유혹할 때 토라를

향하라. 악이 떠날 것이다.

우리가 배운 것을 와서 보라. 찬양받으실, 거룩하신 이를 거슬러 악이 들고 일어나 세상이 악하다고 고소할 때 찬양받으실, 거룩하신 이는 세상을 한없이 측은히 여기시어 그 악에서 벗어날 길을 마련해 주신다. 그들과 그들이 하는 행동을 당신의 힘으로 누르시는 것이다.

어떻게? 토라에 침잠함으로.

바로 이것이다. 어떻게 아는가? 기록된 대로이다. '미츠바는 등불이라. 토라는 빛이라. 수련(修練)으로 생명을 얻는다.' (잠언 6:23) 그 다음에는 뭐라 쓰여 있는가? '악한 여인에게서 자신을 지키라. 부드러운 혀를 지닌 이방 여인에게서.' 이는 깨끗하지 않은 쪽이다. 다른 쪽이다. 찬양받으실, 거룩하신 이에게 언제나 대드는 쪽을 이른다. 사람이 짓는 죄로 그렇게 압박하는 것이다. 사람에게 언제나 대든다. 구부러진, 잘못된 길 그 아래로 이끌고 간다. 언제나 위에 있다. 사람의 죄를 낱낱이 보고하고 그 한 일로 소송한다. 그의 손아귀에 넣으려는 것이다. 욥의 경우처럼 말이다. 동시에 그는 사람 앞에 홀연히 나타난다. 잘못된 길로 이끌려는 것이다. 지은 죄를 자꾸자꾸 곱씹게 한다.

찬양받으실, 거룩하신 이가 심판하시는 날 그는 일어나 사람들이 지은 죄를 낱낱이 세신다. 하지만 찬양받으실, 거룩하신 이는 이스라엘을 매우 측은히 여기셔서 거기서 빠져나올 방도를 마련해 주셨다. 무엇인가? 새해(로쉬 하샤나)의 뿔나팔(쇼파르)이다. 속죄일(욤 키푸르)의 희생양을 주셨다. 그리하여 그는 사람들을 그냥 둘 수밖에 없다. 자신의 몫을 챙길 수밖에 없다. 이렇게 하신 것이다.

와서 보라. 뭐라고 기록되었는지. '그의 다리는 죽음으로 이끈다. 그의 발자국은 저세상을 움켜쥐고 있다.' (잠언 5:5) 이 믿음의 신비에 대해 기록된 대로이다. '그의 길은 기쁨의 길. 그의 모든 길은 평화.' (잠언 3:17) 이 길이 바로 토라의 길이다. 모두 하나다. 동전의 양면이다. 평화도 죽음도…

이 부분은 자신들의 신비주의를 왜 카발라라고 부르는지 잘 이해할 수 있는 부분입니다. 신비한 것을 경험하되 그 경험은 바로 토라라고 하는 말씀을 읽고 그 속에 깊이 침잠하는 일을 통해서만이 가능하다고 믿는 거죠. 그렇다면 이들은 토라를 어떻게 읽을까요? 요셉의 꿈 이야기(Zohar I, 183a-b)와 창세기 1장의 인간 창조 이야기(Zohar I, 55b)를 그 예로 들어보기로 하죠.

요셉이 꿈을 꾸었다. 그리고는 그의 형들에게 그 꿈 이야기를 했다. 그러자 형들이 그를 더욱 미워했다. (창세기 37:5)

랍비 히야가 입을 열어 말했다. "'그가 말했다, "내 말을 들으라. 너희 가운데 예언자가 있다면 나 야훼는 환상을 통해 나 자신을 드러냈을 것이다. 나는 꿈으로 그와 이야기한다."(민수기 12:6)

와서 보라. 찬양받으실, 거룩하신 이가 만드신 계단 안에 얼마나 많은 계단이 있는지. 하나를 다른 하나 위에 차곡차곡 이것은 저것보다 더 높게 이들은 저들을 감싸 안고, 또 그래야 하고 이들은 오른편에 저들은 왼편에 각각 그 맡은 자리가 있으니 모두 그래야만 하느니.

와서 보라. 세상의 모든 예언자들은 잘 알려진 두 계단을 통해 오직 한 단면만으로 양육을 받았느니. 이들 계단은 빛나지 않는 거울에 나타난다. 기록되었으니 '나는 나 자신을 환상, 곧 마르아로 그에게 드러낸다.' 마르아가 무엇인가? 이렇게 설명해 왔다. 모든 빛깔이 드러나는 거울이라고. 이 거울은 빛나지 않는 거울이다.

'나는 꿈으로 그와 이야기한다.' 이는 여섯 예언 중 하나이다. 이는 예언이라는 계단의 여섯째 계단이다. 가브리엘의[8] 계단이다. 꿈을 통해서 대화하는 계단을 가리킨다. 이미 알려진 이야기이다.

와서 보라. 각각 꿈은 바로 이 단계에서 비롯된다. 따라서 서로 뒤섞여 있는 거짓 상상력 없이 어떤 꿈도 꿀 수 없다. 곧 어느 부분은 진실이고 어느 부분은 거짓이다. 이 면과 저 면을 반영하지 않은 꿈은 어떤 꿈도 꿀 수 없다.

모든 것이 꿈속에 들어 있는 까닭에 세상의 모든 꿈은 해석이 따르기 마련이다. 바로 이 구절에 근거하여 하는 말이다. '그가 우리에게 해석해 준 대로 일어났다' (창세기 41:12). 왜 그런가? 꿈에는 환상과 진실이 담겨 있는 까닭이다. 말이 모든 것을 지배한다. 따라서 꿈은 해석해야만 한다.

랍비 유다가 말했다. "모든 꿈은 낮은 계단에서 비롯된다. 말은 이 계단을 지배한다. 모든 꿈에는 해석이 뒤따르는 법이다."

그가 입을 열어 말한다. "'졸음이 밀려와 잠자리에 들 때 꿈에서, 밤중 환상에서 그분은 사람의 귀를 여신다. 신호를 보내어 훈련하신다.' (욥 33:15-16)

와서 보라. 어떤 사람이 잠자리에 들었다. 먼저 그는 왕관을 쓰고 하늘나라를 받

8) 다니엘서(8:16, 9:22)에 가브리엘은 꿈을 해석하는 천사로 나온다. 메르카바 신비주의에서는 가브리엘을 네 명의 천사장 가운데 하나로 생각한다. 여기서는 꿈을 주관하는 이로 등장한다.

아야 한다.[9] 그리고 자비를 구하는 구절을 외워야 한다.[10] 랍비들이 정해놓은 규정대로 말이다. 잠을 잘 때 영혼은 그를 떠나 날개를 펴고 위로 올라가는 까닭이다. 각각 그 길이 따로 있다. 흔히들 말하듯 영혼은 이렇게 올라간다. 어떻게 쓰여 있는가? '꿈속에서, 한밤중 환상 속에서.' 잠을 자려고 잠자리에 들 때 영혼은 사람을 떠난다. 기록된 대로이다. '잠자리에 들 때 그분은 인간의 귀를 여신다.' 그리고는 찬양받으실, 거룩하신 이는 그 영혼에게 알려주신다. 꿈을 지배하는 그 단계를 통하여, 세상에서 일어날 일을, 마음에 반영되어 있는 일을. 그리하여 꿈꾸는 이는 그 경고에 반응할 것이다.

몸이 주문에 얽매여 있을 때는 아무것도 알려주지 않는다. 흔히 하는 말이다. 오히려 천사가 영혼에게 말한다. 그리고 영혼은 사람에게 말한다. 그 꿈은 저기서 비롯된다. 각 그 길을 따라 영혼이 몸을 떠나 올라갈 때 말이다.

신비로운 꿈속에는 계단 위 계단이 있다. 신비로운 지혜 속에는 모두 들어 있다. 자, 와서 보라. 꿈은 한 계단이다. 환상은 한 계단이다. 예언은 한 계단이다. 이 모두 계단 속에 들어 있는 계단이다. 하나 위에 또 하나.

'요셉이 꿈을 꾸고 형들에게 꿈 이야기를 했다 … 그러자 그 꿈 때문에 형들은 그를 더욱 미워했다.' (창세기 37:5, 8) 여기서 우리가 배울 점은 꿈을 꾸면 자기를 아끼는 사람에게 꿈 이야기를 해야 한다는 점이다. 그렇지 않으면 꿈 이야기를 듣고 왜곡할 수 있다. 꿈을 왜곡하면 말한 이가 문제를 일으키는 셈이다.

와서 보라. 요셉은 형들에게 꿈 이야기를 했다. 그러자 형들은 그 꿈을 사라지게 했다. 22년이나 지체된 것이다."[11] 랍비 요세가 말한다. "그것을 어떻게 알 수 있는가?" "그들이 그를 더욱 미워했다"로 쓰여 있지 않은가? 이 말 속에는 그들이 그를 비난했다는 뜻이 담겨 있다. 어떻게 기록되어 있는가? '그가 그들에게 말했다. "제발 제가 꾼 꿈 이야기를 들어보세요."' (창세기 37:6) 그는 들어달라고 애걸했다. 그리고는 무슨 꿈인지 말했다. 그 꿈의 뜻을 그들이 왜곡했다면 그들이 말한 대로 되었을 것이다. 그러나 그들의 반응은 어땠는가? '네가 우리를

9) 탈무드 브라코트(ברכות) 4b에는 쉐마("이스라엘아, 들으라, 야훼님은 우리 하느님, 야훼님은 한 분")를 외울 때 이렇게 된다고 말한다.

10) 시편 31:6의 "님의 손에 나의 영혼을 맡깁니다. 나를 구해주세요. 야훼님, 미쁘신 하느님!"를 가리킴.

11) 탈무드 브라코트(ברכות) 55b에는 요셉에게 형들이 머리를 조아린 것이 22년 걸렸다고 기록되어 있다.

지배하려느냐? 네가 우리를 다스리려느냐?' (창세기 37:8) 갑자기 그들은 꿈의 뜻을 알아차리고 자신들의 운명을 드러냈다. 그리하여 '그들이 그를 더욱 미워' 한 것이다."

다음은 사람이 생겨난 내력이다. 하느님이 사람을 지으시던 날 하느님의 모습으로 그를 지으셨다. 남성과 여성으로 그들을 지으셨다. 그들을 지으시던 날 그분은 그들에게 복을 내리시고 사람이라 부르셨다.(창세기 5:1-2)
랍비 시므온이 말했다. "이 두 구절 속에 놀라운 신비가 드러나 있다. '남성과 여성으로 그들을 지으셨다.' 드높은 영광을 알게 하시려는 것이다. 신앙의 신비를. 이 신비로움 속에서 사람을 지으셨다.
와서 보라. 신비로움으로 하늘과 땅을 지으셨다. 사람을 지으셨다. 이들에 대해 기록하기를 '다음은 하늘과 땅이 생겨난 내력이다'(창 2:4). 사람에 대해 이렇게 기록하고 있다. '다음은 사람이 생겨난 내력이다.' 이들에 대해 기록하기를 '그들을 지으시던 때'. 사람에 대해 기록하기를 '그들을 지으시던 날.'
'남성과 여성으로 창조하셨다.' 여기서 배울 점은 이렇다. 남성과 여성을 모두 아우르지 않은 모습은 고귀한 그리고 참 모습이 아니다. 신비로운 미슈나 속에서 우리는 이를 확인할 수 있다.
와서 보라. 남성과 여성을 모두 아우르는 자리가 아니면 찬양받으실 거룩하신 이는 그 어떤 자리도 머무시려고 하지 않으신다. 복(福)은 오직 여성과 남성을 함께 아우르는 곳에만 머무를 뿐이다. 기록하기를, '그들을 창조하시던 날 그분은 그들에게 복을 주시고 그들을 사람이라 부르셨다.' 이렇게 기록한 것이 아니다. '그분은 그에게 복을 내리시고 그를 사람이라 부르셨다.' 여성과 남성이 하나일 때 비로소 사람이라 부르신 것이다.

이렇게 우리가 『조하르』에서 뽑은 창세기의 주석은 두 가지 점에서 시사하는 바가 큽니다. 하나는 프로이트 이래로 유행하기 시작한 정신분석이 어렴풋하기는 하지만 바로 『조하르』의 꿈 해석에서 그 근원을 유추해볼 수 있다는 점입니다. 꿈을 예민하게 살피고 그 꿈을 분석하고 그 꿈속에 나타난 그분의 뜻에 예민하게 반응하여 그분의 뜻을 실천하고자 하는 모습을 위의 요셉의 꿈 이야기를 통하여 살펴볼 수 있습니다. 그리고 두 번째 창세기 앞부분에 나오는 인간창조 이야기는 20세기에 이르러 대두하기 시작한 페미니즘에 응답하여 매우 훌륭한 성서해석을 제시하고 있다는 점입니다. 하느님은 남자 홀로 또는 여자 홀로 당신의 모습을 드러내시지 않고 여성과 남성, 남성과 여성 두 성을 모두 똑같이 보아야만 하느님의 모습을 제대로 볼 수 있다고 하는 점은 훌륭한 해석이라 하지 않을 수 없습니다. 이러한 점을 간파하여 양성평등 창조를 갈파한 현대 성서학자로는 미국의 필리스 트리블(Phyllis Trible)을 들 수 있습니다.

* * *

『조하르』의 저자인 모세스 데 레온(Moses de Leon)은 그의 첫 저작인 『숨어 있는 미드라쉬』(Midrash ha-Ne'elam)에서 성경 말씀에는 네 겹의 뜻이 있다고 이렇게 말한 적이 있습니다.

> "토라의 말씀은 호두와 같다. 이건 무슨 뜻일까?
> 호두에 딱딱한 겉껍질과 속 알맹이가 있듯이
> 토라의 말씀에는
> 마아쎄(이야기), 미드라쉬(설명), 하가다(비유)와 쏘드(신비)가 있다.
> 뒤의 것은 각각 앞의 것보다 더 깊은 의미를 드러낸다."

이렇게 네 겹의 의미를 따라 가면서도 카발라 신비가들은 토라의 신비스러운 뜻이 무엇인지 알아내고자 했습니다. 이러한 네 가지 뜻을 『조하르』는 다음의 비유를 통하여 설명하기도 합니다(Zohar II, 176a).

> 어떤 사람이 산 속에 살고 있었다.
> 그는 도시에 살고 있는 사람들이 어떤 사람들인지 전혀 알지 못했다.
> 그는 그저 밀을 심어 그 곡식을 날로 먹을 뿐이었다.
> 어느 날 그는 도시로 들어갔다.
> 사람들이 그에게 빵을 갖고 왔다.
> 그가 물었다. "이 물건이 무엇에 쓰는 물건이죠?"

사람들이 대답했다. "빵이라고 해요. 먹는 것이죠."
그는 먹었다. 무척 맛있었다.
그가 이렇게 물었다. "무엇으로 만드나요?" 그들이 대답했다. "밀로 만들죠."
나중에 사람들이 기름으로 반죽한 케익을 갖고 왔다.
그 사람은 그걸 먹어보고는 물었다. "이건 무엇으로 만드나요?"
그들이 대답했다. "밀로 만들죠."
그들이 또 꿀과 기름을 섞어 만든, 매우 맛있게 생긴 과자를 갖고 왔다.
그가 물었다. "이건 무엇으로 만드나요?" 그들이 대답했다. "밀이예요."
그가 말했다. "난 밀의 장인이오. 이 모든 걸 다 잘 아는 장인이란 말이오. 이 모든 빵은 밀로 만들어야만 하는데, 나는 날마다 이 밀을 먹기 때문이오."

이 비유의 마지막 부분에 나오는 "밀의 장인"이라는 말은 탈무드에도 나오는 표현으로, 토라의 문자적인 의미를 너무나 잘 아는, 토라에 정통한 사람이라는 뜻입니다. 그리고 밀의 곡식과 그 곡식으로 만든 빵, 케이크, 과자는 각각 토라의 문자적 의미, 미드라쉬(설명), 하가다(비유), 신비스런 의미를 가리키는 말입니다. 따라서 토라라고 하는 밀, 곧 그 문자적 의미에만 매달리지 말고 신비적인 의미까지 추구해야 할 것을 『조하르』는 말하고 있습니다.

* * *

성경 속에서 신비스런 의미를 어떻게 찾아내고 있는가는 창세기 1:1의 해석을 읽어보면 잘 알 수 있습니다. 히브리어로 "브-레쉬트 바라 엘로힘"(בראשית ברא אלהים)인데, 『조하르』는 이 구절을 히브리어 문법에 따라 해석하지 않습니다(Zohar I, 15a). 이 문장을 히브리어 낱말 순서대로 읽자면 "처음 - 그가 창조했다 - 하느님"입니다. 따라서 이 문장을 우리말 어법에 맞게 옮기면, "처음 하느님이 창조하셨다"이죠.

그런데 이 문장을 『조하르』는 "처음과 함께 그분은 창조하셨다, 엘로힘을—"으로 읽습니다. 곧 히브리어 문장을 읽는 순서대로 앞부터 차례로 그냥 읽어 내려갑니다. "브-레쉬트"는 "처음(레쉬트)과 함께"로 읽습니다. 흔히 "처음에"라고 옮기는 "브-레쉬트"를 "처음(레쉬트)과 함께"로 읽는 전통은 유대교의 여러 문헌에서도 자주 찾아볼 수 있는 읽기입니다. 그리고 "바라"는 "그가 창조하셨다"로, "엘로힘"은 이 문장에서 주어가 아닌 목적어로 읽는 거죠.

이 가운데에서 "그가 창조하셨다"는 뜻의 동사 "바라"의 주어는 어느 특정한 주어를 가리키지 않고 그저 막연하게 "그"라는 점에 착안하여 처음 창조한 분은 드러나지 않으면서도 이런 창조행위를 통하여, 카발라 신비주의의 용어로는 유출(emenation)을 통하여, 자신을 드러내는 "케테르"라고 말합니다. 이 "케테르"는 하느님의 호칭인 "에인 쏘프"와 밀접하게 관련되어 있으면서도 또 다른 속성이라고 말하죠. 그러니까 "케테르"는 "에인 쏘프"이기도 하고 또한 아니기도 합니다. 이렇게 "케테르"는 "에인 쏘프"를 감추기도 하고 드러내기도 하는 속성이라고 말할 수 있습니다. 이러한 점을 잘 나타내는 말이 바로 히브리어 동사 "바라"라는 것입니다.

그뿐만 아니라 "처음"(레쉬트)은 "호크마"를 가리키고, "엘로힘"은 "비나"를 가리킨다고 말합니다. "케테르"와 "호크마"와 "비나"는 뒤에서 언급한 카발라 신비주의의 상징체계인 10쎄피로트의 윗 부분에 등장하는 "에인 쏘프"의 세 속성입니다. 이렇게 『조하르』는 "에인 쏘프"라 부르는 하느님의 세 속성이 창세기 1장 1절에 이미 들어 있다고 말하고 있죠.

이러한 이해를 바탕으로 현대 카발라 학자인 대니얼 매트(Daniel Matt)는 이 구절을 이렇게 옮기기도 합니다. "처음 곧 호크마와 함께, 말로 어떻게 설명할 수 없는 근원이, 엘로힘 곧 비나라는 궁전을 창조했다."[12)]

* * *

우선 카발라 신비주의는 하느님을 그 무엇보다도 "에인 쏘프"(אין סוף)라는 말로 부릅니다. "에인 쏘프"는 아즈리엘(1160-1238)의 글과 『조하르』에서 본격적으로 사용되기 시작한 용어로, 하느님의 초월성을 나타내는 용어이며 그 문자적인 뜻은 "끝없음"(infinite)이나 "무한"(無限)입니다. "모든 근원의 근원"(root of all roots) 또는 "원인의 원인"(cause of causes)이라 부르기도 하죠.

이렇게 그 어떤 말로 표현할 수 없는 "에인 쏘프"는 자신의 속성을 드러내

---

12) 영어로는 이렇게 되어 있다. "With Beginning [by means of the point of Wisdom] the Ineffable Source created Elohim [the palace of Binah]." Matt, Zohar, 210을 보라.

는데, 그 드러낸 여러 속성을 카발라 신비주의에서는 “쎄피로트”(ספירות)라고 부릅니다. 이들 속성은 “에인 쏘프”에서 비롯되어 나오는 속성으로 열 가지 속성이 있다고 말하죠. 이렇게 쎄피로트라는 말은 하느님의 본질적 속성을 나타내는 상징어인 셈입니다. 게르숌 숄렘은 이들 용어가 성경 역대상 29:11에서 빌려온 용어라고 설명하기도 하죠.[13)]

“에인 쏘프”는 인간이 이해할 수도 없고 잡을 수도 없는 하느님을 나타내는 말이지만, 이에 반해서 쎄피로트는 인간이 이해할 수 있고 또 상상할 수 있는 상징이라고 말합니다. 그래서 카발라 문헌에서는 쎄피로트를 옷이나 색깔, 얼굴, 왕관, 이름 등에 비유하여 말하기도 하는데, 무엇보다도 빛의 이미지로 흔히 말하기도 합니다.

10쎄피로트 가운데 “에인 쏘프”와 가장 가까운 쎄피라(ספירה)는 “케테르”(כתר, “왕관”)입니다. 이를 원초적 의지나 무(無)라고도 부릅니다. “에인 쏘프”와 가장 밀접하게 묶여 있기 때문에 “에인 쏘프”를 가장 가까이 드러내는 쎄피라라고 말할 수 있습니다. 그러니까 “에인 쏘프”의 감춤과 드러냄, 그 경계 선상에 있는 쎄피라인 셈입니다.

두 번째 얘기해야 할 쎄피라는 “호크마”(חכמה, “지혜”)입니다. 케테르는 밑으로 흘러 호크마를 낳습니다. 이 호크마는 “시작”이라고 부르기도 하고 원초적 “점”이라고도 부릅니다. 처음으로 알아볼 수 있는 하느님의 속성이기 때문입니다. 이 속성은 하느님의 능동적인 남성적 원리로서, “위에 있는 아버지”(Upper Father)라고도 부르죠. 이 호크마는 셋째 쎄피라인 비나(בינה, “지성”)를 낳습니다. 비나는 호크마의 여성 파트너로서 “위에 있는 어머니”(Upper Mother) 또는 “아기집”(Womb)이라고 부르기도 합니다.

하느님의 남성성과 여성성인 호크마와 비나의 결합으로 말미암아 이 두 속성 아래에 놓여 있다고 생각되는 나머지 일곱 쎄피라가 생겨납니다. 이렇게 다른 속성의 어머니인 비나는 “건물” 또는 “궁전”이라고 부르기도 하는데, 이런 호칭에 걸맞게 그 안에 많은 방이 있어 일곱 쎄피라를 품고 있다고 말합니다. 호크마와 비나의 관계는 에덴(호크마)에서 흘러나오는 시내가 강(비나)으로 흘러가는 모습에 빗대어 설명하기도 합니다.

---

13) 역대상 29:11에는 “주님, 위대함(הגדלה)과 능력(הגבורה)과 영광(התפארת)과 승리(הנצח)와 존귀(וההוד)가 모두 주님의 것입니다”(새번역)라고 되어 있다.

그 다음 말해야 할 쎄피라로는 "딘"(דין, "정의")입니다. 카발라 신비주의는 이 쎄피라를 악(惡)의 근원이라고 설명하죠.[14] 카발라 신비주의는 이렇게 하느님 안에 악의 원리가 존재하고 있다고 말합니다. "헤세드"(חסד, "자비")라는 속성과 균형을 이루지 못할 때 딘은 악이 된다는 것입니다. 인간의 죄성 때문에 나타나기도 하죠. 하느님을 자극하여 한계에 다다르게 할 때, 엄격성을 자극할 때 그 결과 악이 나타난다는 것입니다. 이 두 속성은 신의 윤리적 본질을 설명하는 용어로, 또한 모든 사물에 내재하는 대칭 원리라고도 설명합니다.

"티프에렛"(תפארת, "미"[美])이라는 속성은 쎄피로트 구조의 한가운데에 있는 속성으로서, 헤세드와 딘을 조화롭게 하는 쎄피라입니다. 또한 티프에렛을 통하여 모든 쎄피라의 균형이 유지된다고 말합니다. 일곱 쎄피라가 모두 호크마와 비나의 자녀라고 했는데, 특히 티프에렛은 호크마와 비나의 아들로 생각하며, "거룩한 이 – 찬양받으실 그분"(카도쉬 바룩 후)이라는 이름으로 흔히 부릅니다.

"네짜흐"(נצח, "영속"[永續])와 "호드"(הוד, "위엄")는 각각 티프에렛의 아래 오른쪽과 왼쪽에 있는 쎄피라입니다. 이 두 속성은 하느님의 왕권을 나타내는 말로, 네짜흐는 자애로운 왕으로서의 하느님을, 호드는 제왕으로서의 하느님을 나타내는 말입니다.

"예쏘드"(יסוד, "토대")라는 속성은 아홉째 쎄피라로 성기를 상징합니다. 이 속성을 통하여 하느님의 생명력이 아래로 흘러간다고 믿는 것이죠.

마지막으로 "말쿠트"(מלכות, "다스림")라는 쎄피라는 여성성을 상징하는 속성으로 흔히 "쉐키나"(שכינה, "임재")라고 부릅니다. 이 속성은 수동적이며 그저 받아들이기만 하는 속성입니다. 독립적으로 무엇을 할 수 있는 속성이 아니며 다른 쎄피라에게서 받아들이기만 하는 역할을 맡고 있습니다. 이 쎄피라는 호크마와 비나의 딸로 이해하고 있으며, 이 쎄피라를 부르는 다른 이름으로는 "아래에 있는 어머니"(Lower Mother), "공주," "여왕," "신부," "라헬," "땅," "달"이 있으며 티프에렛의 연인이기도 합니다. 인간 남성과 여성의 관계처럼

14) 카발라 신비주의에서 악의 문제를 처음으로 제기한 이는 "에인 쏘프"라는 용어를 처음으로 도입하기도 했던 아즈리엘(1160–1238)이다. 그는 자신의 책 『쎄페르 하-테무나』(Sefer ha-Temunah)에서 긍정적이고 부정적인 유출이 겹을 이루어 나온다고 말한다. 이 가운데 부정적인 유출이 악의 근원이라고 말하였다. Ginzberg, "Cabbalah," Jewish Encyclopedia Vol. 3, 468 참조.

티프에렛과 쉐키나의 관계는 일종의 긴장관계라고 설명합니다.

이 "쉐키나"는 "(하느님의) 임재"라는 뜻으로, 하느님의 속성을 나타내는 말이기도 하지만 또한 하느님과 이스라엘의 관계를 설명하는 말이기도 합니다. 그래서 "신비스런 이스라엘 공동체"라는 뜻의 "크네쎄트 이스라엘"(כנסת ישראל)이라고도 부르죠. 심지어 "쉐키나"는 이스라엘이 포로로 끌려갈 때에도 동행한다고 말합니다(Zohar III, 114a-115b). 레위기 26장을 설명하면서 『조하르』는 이 쉐키나를 또한 어떻게 설명하는지 잠깐 읽어보기로 하죠(Zohar III, 114a-115b).

> "나는 내 미슈칸을 너희 가운데 두겠다 …" 내 미슈칸은 쉐키나이다. 나의 미슈칸은 나의 마슈콘이다. 곧 나의 거처는 나의 담보물이라는 말이다. 이스라엘의 죄 때문에 묶여 있는 내 담보물 말이다.
>
> "나는 내 미슈칸을 두겠다." 나의 마슈콘은 문자적으로 내 소유라는 말이다. 비유를 들어보자. 어떤 사람이 다른 이를 사랑하여 이렇게 말했다. "그대를 향한 나의 사랑은 정말 크죠. 그대와 함께 살고 싶을 만큼요." 그가 이렇게 물었다. "나와 함께 살겠다는 것을 어떻게 믿을 수 있죠?" 그래서 그가 자신의 귀중품을 모두 챙겨 와서는 그에게 이렇게 말했다. "여기 내가 그대를 절대로 떠나지 않겠다는 담보물이에요."
>
> 이렇게 찬양받으실, 거룩한 분은 이스라엘과 함께 살고 싶어 하신다. 그분은 어떻게 하셨는가? 귀중품을 모두 챙겨 와서는 내려놓고 이렇게 말씀하셨다. "이스라엘아, 여기 내가 가져온 담보물을 가지라. 나는 그대를 결코 떠나지 않으리라."
>
> 찬양받으실, 거룩한 분께서 사라지셨다 할지라도 그분은 우리 손에 담보물을 쥐어주셨다. 이렇게 우리는 그분의 보물을 지키고 있지 않은가? 그분이 그 담보물을 원하신다면 그분은 와서는 우리와 함께 사셔야만 한다.
>
> 이렇게 "나는 내 미슈칸을 너희 가운데 두겠다"는 말씀은 "내가 너희와 함께 살겠다는 점을 확실하게 하기 위해 너희 손에 마슈콘을 맡겨두겠다"는 뜻이다. 이스라엘이 지금 포로생활을 하고 있을지라도 찬양받으실, 거룩한 분의 담보물은 이스라엘과 함께 있다. 이스라엘은 그 담보물을 결코 버린 적이 없다. …
>
> 찬양받으실, 거룩한 분이 모세에게 말씀하셨다. "모세야, 이건 옳지 않아. 나는 그들에게 내 담보물을 주었다. 그들이 나를 거슬러 죄를 짓는다 할지라도 담보물이 그들과 함께 있기 때문에 나는 절대로 그들을 떠나지 않을 것이다. 너는 내가

이스라엘을 떠나 영영 되돌아오지 않기를 바라느냐? 내 담보물을 그들에게 돌려 주어라. 담보물 때문에 나는 그들을 버리지 않을 것이다. 그들이 어디에 있든지 말이다."

이스라엘이 하느님을 거슬러 죄를 지었을지언정, 그들은 절대로 그분의 담보물을 버리지는 않았다. 찬양받으실, 거룩한 분께서 그것을 이스라엘에게서 도로 빼앗지 않았기 때문이다. 이렇게 이스라엘이 어디로 포로로 끌려가든 쉐키나는 그들과 함께 있다. 이렇게 기록된 대로이다. "나는 내 미슈칸을 너희 가운데 두겠다. 확실하다."

또한 모든 이스라엘을 "쉐키나" 지체라고도 부릅니다. "쉐키나"는 하느님의 남성적 속성이 그의 자녀인 이스라엘에게 벌주는 것을 못하게 막기도 합니다. 벌을 내리려 할 때는 오히려 자기 자신이 주체적으로 나서기도 하죠(Zohar II, 188a-b, 190b-191a, 193b). 그런데 이 "쉐키나"는 인간의 죄 때문에 "티프에렛"과 합일을 이루지 못하기도 합니다. 이를 『조하르』는 이렇게 표현하죠. "위에 있는 힘센 뱀이 세상으로 하여금 죄를 짓도록 충동질하고는, 쉐키나와 합일을 이루어 쉐키나 속에 독을 뿜어댄다. 이때 티프에렛 쉐키나와 떨어질 수밖에 없다. 쉐키나가 오염되었기 때문이다."(Zohar III, 79a)

남성성인 티프에렛과 여성성인 쉐키나의 합일을 통하여 인간의 혼이 탄생하게 된다고 카발라 신비가들은 믿었는데, 바로 이러한 영성적 각성을 통하여 영의 신비스런 여행이 가능하다고 또한 설명합니다. 『조하르』는 쉐키나가 바로 그 여행을 떠나는 문이라고 하면서, "들어가는 이는 반드시 이 문을 통해 들어가야만 한다"고 말합니다(Zohar I, 7a). 그러니까 쉐키나를 통하여 에인 쏘프의 다른 속성을 죽 따라가며 명상하는 영적 여행을 떠나게 되는데, 이 여행에는 어려움도 따른다고 말하죠. 그 한 예를 아브라함이 아들 이삭을 바치는 성경 이야기를 비유로 설명하기도 합니다. "이삭을 묶음"이라는 제목이 붙은 부분을 읽어보기로 하죠(Zohar I, 119b).

이런 드바림의 다음에 생긴 일이다. 엘로힘이 아브라함을 시험했다. 그를 불렀다. "아브라함아!" 그가 대답했다. "예." "네 아들, 사랑하는 네 아이, 이삭을 데리고 모리아 땅으로 가라. 그를 제물로 바쳐라." (창 22:1-2)

랍비 시므온이 말했다. "우리는 배운다. '…한 날에 생긴 일이다"라는 표현은 슬픔은 나타낸다. '…한 날에'라는 말없이도 '생긴 일이다'라는 표현에는 이미 슬픔이 배어 있다.

'…의 다음에 생긴 일이다.' 가장 낮은 터 다음에. 무슨 뜻인가? 드바림이다. '나는 드바림의 사람이 아니죠' (출 4:10)라고 모세가 말했듯이. 이 터의 다음에는 누가 왔는가? '엘로힘이 아브라함을 시험했다.' 악을 도모하는 이가 왔다. 찬양받으실, 거룩하신 이 앞에서 그를 고소하려고.

우리는 이 말씀을 깊이 들여다보아야 한다. '엘로힘이 아브라함을 시험했다.' 사실 이 구절은 '이삭을 시험했다'로 읽어야 한다. 이삭의 나이가 이미 서른일곱인 까닭이다. 그의 아버지가 책임질 나이는 아니지 않는가? '싫어요'라고 이삭이 말했다면 그의 아버지는 벌 받지 않았을 것이다. 그러면, 왜 '이삭'이 아니라 '아브라함을 시험했다'고 했는가?

그렇다. 아브라함이어야 한다! 그는 엄격함이라는 왕관을 써야 했다. 여태껏 아브라함은 엄격하지 않았다. 물과 불은 섞일 수 없다. 아브라함은 완전하지 않았다. 심판할 능력으로 옷 입을 때까지는. 일평생 그는 온전하지 않았다. 물이 불이라는 왕관을 쓰고, 불이 물이라는 왕관을 쓸 때까지는.

바로 이 때문에 이삭이 아닌 '아브라함을 엘로힘이 시험했다'고 기록하고 있다. 엄밀함으로 왕관을 씌우고자 아브라함을 부르신 것이다. 그제야 비로소 불이 물 속으로 들어갔다. 함께 사는 상생(相生)이다. 한 사람은 심판받고 한 사람은 심판한다. 서로 왕관을 씌우는 것이다.

악을 도모하는 이가 나타나 아브라함을 고소한 이유이다. 이삭을 묶어 심판할 때까지 그는 완벽하지 않았다. 악을 도모하는 이는 말과 행동의 배후에 늘 숨어 있다. 늘 와서 대든다.

와서 보라. 이 말씀의 신비를. 시험받는 이는 이삭이 아니라 아브라함이다. 하지만 이 말 속에는 이삭이 숨어 있다. '엘로힘이 에트 아브라함을 시험했다.' 그냥 '아브라함'이 아니라 '에트 아브라함'이다. 이 에트라는 말은 분명 이삭을 가리킨다. 이삭은 낮은 터에 머물러 있었다. 그를 제단에 묶자 아브라함이 곧 심판한 것이다. 아브라함과 같은 터에 있게 된 것이다. 불이 물이라는 왕관을 쓴 것이다. 둘은 위로 높이 치솟았다. 싸움이 일어났다. 물과 불 사이에. 자애로운 아버지가 잔인해지던가?

물과 불이라는 두 기둥을 나타내는 말이다. 각자 자신의 터에 머무를 뿐이다. 야곱이 나타나 조화를 이룰 때까지는. 한 쌍의 세 조상. 아래와 위의 대칭이다.

『조하르』에 따르면 하느님이 아브라함에게 이삭을 바치라고 명한 것은 사랑과 엄격함의 균형을 이루도록 가르치기 위하여 그렇게 명한 것이라고 말합니다(Zohar I, 119b). 명상을 오래 하다 보면 악마의 힘이 위협하고 유혹하기도 하는데, 이러한 악마적 힘은 지혜의 어두운 면이라는 것이죠. 이러한 지혜의 어두운 면을 바로 알고 맞서 싸웠기 때문에 아브라함이 청정(淸淨)해졌다는 것입니다.

* * *

『조하르』를 중심으로 하는 카발라 신비주의는 14세기 이후 약 300년 동안 별로 달라진 것 없이 계속 이어져 내려갔습니다. 그런데 이쯔학 루리아(Isaac Luria)라는 인물을 통하여 이 생각이 바뀌어 갑니다. 이렇게 생각이 바뀌어간 이유는 1492년 스페인에서 유대인들이 학살당하고 추방당하는 사건 때문이죠. 이 사건을 유대인들은 "대학살"이라는 뜻의 포그람(Pogrom)이라고 부릅니다.

이 사건 이후로 북아프리카, 이탈리아, 지중해 동쪽 연안까지 도망칠 수밖에 없었던 유대인들은 『조하르』를 카발라 신비주의 운동의 교과서로 삼아 이 운동을 펼쳐 나갔습니다. 그러다가 급기야 팔레스타인까지 이 운동이 퍼지게 되는데, 특별히 1540년경부터 갈릴리 바다 북쪽에 있는 싸페드(Safed)라는 마을이 이 운동의 중심지가 되었습니다. 여러 이유가 있기도 했지만, 특별히 이곳 가까이에는 『조하르』에 등장하는 전설적인 인물 쉬므온 바르 요하이의 무덤이 있었기에 더욱 이 마을이 카발라 신비주의의 중심지가 되었죠.

모세스 코르도베로(Moses Cordovero, 1522-1570)가 시작하고 그의 제자 이삭 루리아 그리고 루리아의 제자들을 중심으로 펼친 이 신비주의 운동을 싸페드 카발라 주의(Safed Kabbalism)라고도 부릅니다. 싸페드 카발라 신비가들은 특히 하느님의 창조활동을 강조하면서 매우 독특하게 이론을 전개하는데 이 이론을 "찜쭘"(צמצום) 이론이라고 부릅니다. "찜쭘"은 "움추림, 줄임, 수축, 단축"이라는 뜻을 지닌 말이죠. 곧 하느님 자신이 그 몸을 줄여 유출을 시작한다는 말이죠.

이러한 생각은 『쎄페르 하-이윤』이라는 책에서 비롯되었다고 합니다.

"그분은 어떻게 이 세상을 내셨는가?
자그마한 폐에 그보다 더 큰 양의 공기를 담으려고
자신의 몸을 움추려(메짬쩸, מצמצם)
숨을 들이마시는 사람처럼, 그분은 한 움큼 숨만큼 자신의 빛을 줄이신다.
그리하여 세상은 어둠 속에 남는데,
이 어둠 속에서 그분은 옥석을 깎아내고 바위를 쪼개어 내신다."

이렇게, "에인 쏘프"는 창조활동을 하기 위해 아무런 공간도 남겨두지 않았다는 것입니다. 삼라만상에 하느님이 없는 공간을 상상할 수 없기 때문이죠. 이러한 생각은 하느님을 무한(無限)하심, 곧 "에인 쏘프"에 한계가 있다고 말할 수밖에 없는 자기모순에 빠지는 일입니다. 그래서 창조하기 위하여, 곧 자신을 발현하기 위하여 하느님은 자기 자신의 몸을 움츠려야만 했다는 것이죠. 곧 스스로 자기 자신 속으로 들어가야 했다는 것입니다. "에인 쏘프"는 자기 자신을 제한하는 일(self-limitation)이라고도 부르죠. 이것을 "에인 쏘프"가 자신의 몸을 움츠렸다고 말하는 것인데, 이러한 현상을 "찜쭘"이라 합니다. 여기서 루리아와 그의 제자들이 말하는 창조활동이란 바로 하느님의 속성이 유출하는 현상을 말합니다. 곧 10쎄피로트의 속성으로 끊임없이 발현하는 것을 말하죠. 그런데 엄밀하게 말하면 "에인 쏘프"가 첫째 쎄피라인 케테르로 발현하기 전, 바로 "찜쭘" 현상이 일어날 수밖에 없다고 말합니다. 루리아는 이러한 찜쭘이 "에인 쏘프"에게서 나오는 무서운 정의를 - 이 정의를 "딘"이라는 쎄피라라고도 부릅니다 - 없애기 위해서 공간을 만드는 일이라고도 설명하죠. 이를 다른 말로는 "에인 쏘프" 자신을 정화하는 일(카타르시스)이라고도 부릅니다.

싸페드 카발라 신비가들의 이러한 사상적 변화는 그들의 역사적 경험과 맞물려 있는데 자신들이 경험한 고난(포그람)을 바로 하느님의 고난으로 동일시한 듯합니다. 그들은 『조하르』에 나오는 한 구절에 근거하여 한 공동체가 거룩한 삶을 살면 메시아가 곧 오신다는 믿음을 지니고 있었습니다. 이러한 믿음으로 이들은 서로를 격려하며 이상적인 공동체를 이루고자 새로운 예배를 드리기도 하였습니다. 금요일 저녁 안식일을 환영하는 의식이죠. 금요일 해질 무렵 들판에 나가 신부이며 여왕인 안식일을 맞이하면서 인사드리는 노래를 부르기도 하였습니다. 안식일을 그들은 또한 하느님의 여성성의 발현인 쉐키나라고 생각하였습니다. 이들이 쉐키나인 안식일을 맞이하며 부르던 "레카 도디"라는 노래는 "사랑하는 이여, 신부께 인사드리러 어서 오시라. 안식일이 오시니 함께 환영하자"라는 시로 되어 있는데 지금도 전 세계의 유대인들은 안식일이 시작될 때마다 매주 이 노래를 부릅니다.

다시 찜쭘으로 되돌아가, "에인 쏘프"는 이렇게 찜쭘으로 생긴 공간으로 빛을 발현합니다. 이 빛의 발현을 우리는 유출이라고도 말했는데, 이 발현은 그릇을 통하여 이루어진다고 그들은 믿었습니다. 보통 그 빛은 그릇을 통하여 잘 발현하지만 어떤 그릇은 그 빛을 감당하지 못하고 깨지기도 한다는 것입니다. 그래서 그 빛은 다시 "에인 쏘프"에게로 되돌아가는데, 그렇지 못한 빛은 그릇조각들과 함께 부딪쳐 불똥이 튄다는 것이죠. 이렇게 튀어버린 불똥은 물질세계의 덫에 걸릴 수밖에 없는데 인간이 할 일이란 바로 이 불똥의 신성을 회복시키는 일이라는 거죠. 이렇게 인간이 해야 할 일을 "티쿤"이라고 부르는데, "꿰맴, 수선"이라는 뜻입니다. 이러한 "티쿤"은 거룩한 삶을 통해서만 가능한데, 따라서 우리가 어떻게 사느냐에 따라 메시아가 빨리 오기도 하고 더디 오기도 한다는 것입니다. 대니얼 매트는 이러한 루리아의 사상이 프란츠 카프카의 다음의 말에 메아리친다고 말합니다.

> "메시아는 더 이상 필요하지 않을 때에만 오신다.
> 메시아는 도착한 다음날이 되어서야 오신다!"15)

18세기 동유럽에서 유행한 하시디즘은 루리아의 카발라 사상이 대중화한 것입니다. 이스라엘 바알 쉠 토브(Israel Baal Shem Tov, 1700-1760)에게서 시작한 하시디즘의 모토는 "불똥을 꿰매는 일"이라고 흔히 말합니다. 또한 "모든 존재는 하느님의 몸이다"라고 말한 현대의 카발라 신비가 아브라함 이삭 쿡(Abraham Isaac Kook, 1865-1935)도 같은 흐름의 사상가로서, 신비주의적 명상과 사회정치 운동을 같은 것으로 생각한 인물입니다.

---

15) "The Messiah will come only when he is no longer necessary; he will come only on the day after his arrival."

＊ ＊ ＊

앞서 언급한 대로 『조하르』는 현대의 성서해석을 발전시켜 나가는 데 대단한 모티브를 제공하는 문헌입니다. 또한 자세히 언급하지는 못했지만 악의 문제를 신의 속성으로 적극적으로 수용하려는 자세를 볼 수도 있죠. 뿐만 아니라 여성의 문제가 화두로 대두되고 있는 현대 우리의 신 이해에 많은 점을 시사해 줍니다.

우리가 더 살펴보아야 할 점은 역시 동양 사상과의 대화입니다. 신의 속성을 말하는 "에인 쏘프"와 불교의 "공"(空)과는 어떻게 같고 다를까요? 그리고 "에인 쏘프"의 발현인 10쎄피로트와 힌두교나 선불교에서 얘기하는 차크라나 경락은 어떻게 같고 다를까요? 또한 역(易)과 카발라의 유출(emanation) 또는 발현은 어떻게 같고 다를까요?

참고서적

제1부 성경 뒤에서

1. 한글성경

『예수셩교젼셔』, 활판, 경셩: 문광셔원, 1887.
김정현, 『처음 선교사 羅約翰』, 대구: 계명대학교출판부, 1986.
김정훈, 『칠십인역 입문 - 본문의 역사와 연구의 실제』, 유다 그리스도교 고전 입문 총서 I-1. 서울: 바오로딸, 2009.
됴원시, 『구약공부』, 1893.
문익환, "히브리어에서 한국어로 - 성서번역의 문제들," 그리스도교회와 겨레문화 연구회 편, 『한글성서와 겨레문화』, 서울: 기독교문사, 1985, 49-65.
민영진, 『교회 밖에 핀 예수꽃 - 시인 김춘수의 예수 시 읽기』, 서울: 창조문예사, 2011.
민영진, 『히브리어에서 우리말로』, 서울: 두란노, 1998.
민영진, 『國譯聖書硏究』, 서울: 성광문화사, 1984.
서미원, "시인으로 만난 민영진," 「창조문예」 제128호 (2007), 159-177.
이덕주, "한글성서 번역사 개관," 한영제 편, 『한국 성서 찬송가 100년』, 한국기독교사료전시회자료집 3, 서울: 기독교문사, 1986.
이성배, 『유교와 그리스도교. 초대 한국 교회사를 통하여 본 유교 문화와 그리스도교 문화의 갈등과 수용』, 수정 증보판, 왜관: 분도출판사, 2001.
이환진, "쉐레쉐브스키 주교와 초기 한글성경 - 전도서 1장을 중심으로," 「성경원문연구」 제28호 (2011년 4월), 35-57.
이환진, "『셩경젼셔』의 번역 대본 고찰 - 시편과 잠언과 욥기를 중심으로," 「성경원문연구」 제17호 (2010년 10월), 31-55.
이환진, "존스(조원시)의 『구약공부』(1893) 룻기 번역 분석," 「신학과 세계」 제69호 (2010년 봄), 6-92.
이환진, "성공회 강화성당 본당 다섯 기둥에 써 있는 한문 문장" 「기독교사상」 제614호 (2010년 4월), 224-235.
이환진, "알렉산더 피터스의 한글 개역 구약 개정 작업 - ""구약 개정에 대한 노트"(1940)를 중심으로," 「성경원문연구」 제22호 (2008), 48-72.
이환진, "알렉산더 피터스의 『시편촬요』 번역 평가," 김이곤교수정년퇴임기념논문집 편집위원회 편, 『시편 우리 영혼의 해부학 - 김이곤교수정년퇴임기념논문집』, 서울: 한들출판사, 2006, 413-453.
이환진, 전무용, "예수셩교젼셔," 「성서한국」 제33권 제1호 (1986), 8-18.
『한글성경이 한국 교회와 사회, 국어 문화에 끼친 영향 - 한글성경 완역 및 출간 100주년 기념 학술 심포지엄』, 서울: 대한성서공회, 2011.
Eber, Irene. The Jewish Bishop and the Chinese Bible. S. I. J. Schereschewsky (1831-1906). Leiden: Brill, 1999.

Hobbs, Thomas, "Publication and Distribution," The Korean Mission Field (May 1938), 99-101.
Yi, Hwan-Jin "James Legge, the Chinese Delegates's Version of the Bible and Korean Translations of the Bible," 「Sinhak Gwa Saige」(Theology and the World) 5 (2008), 9-35.

2. 쿰란 사람들이 남긴 성경

『벤시라 서 - 본문, 콘코단스, 낱말 분석』, 예루살렘: 히브리어 아카데미와 책의 전당, 1973 (히브리어와 영어).
송창현, "쿰란 메시아 사상 연구의 역사," 『사해사본과 그리스도교의 기원 특별강연, 2007. 12. 11(화)』, 65-80.
송창현, "쿰란의 מורה הצדק는 메시아였는가?," 2006년 9월 21일. 한국신학정보연구원 학술 세미나.
이환진, 『시편 풀님』, 서울: 한모임, 2005.
허셜 생크스, 『사해 두루마리의 미스터리와 의미』, 허종열 옮김, 파주: 경세원, 2007.
C. 마빈 패트, 『사해사본과 신약성서』, 유태엽 옮김, 서울: 감리교신학대학교출판부, 2008.
Brownlee, M. ed. The Dead Sea Scrolls of St. Mark's Monastary. New York: American Schools of Oriental Research, 1950.
Collins, John J. Beyond the Qumran Community. The Sectarian Movement of the Dead Sea Scrolls. Grand Rapids, Michigan: Eerdmans, 2010.
Fields, Weston W. The Dead Sea Scrolls. A Short History. Leiden: Brill, 2006.
Fitzmyer, Joseph A. The Dead Sea Scrolls and Christian Origins. Studies in the Dead Sea Scrolls and Related Literature. Grand Rapids, Michigan: Eerdmans, 2000.
Fitzmyer, Joseph A. The Dead Sea Scrolls. Major Publications and Tools for Study. SBL Resources for Biblical Study 20. Atlanta, Georgia: Scholars Press, 1990.
Flint, Peter W. ed. The Bible at Qumran. Text, Shape, and Interpretation. Studies in the Dead Sea Scrolls and Related Literature. Grand Rapids, Michigan: Eerdmans, 2001.
Flint, Peter W. The Dead Sea Psalms Scrolls and the Book of Psalms. Leiden: Brill, 1997.
Freedman, David Noel, and Pam Fox Kuhlken. What Are the Dead Sea Scrolls and Why Do They Matter? Grand Rapids, Michigan: Eerdmans, 2007.
Horgan, Maurya P. Pesharim: Qumran Interpretations of Biblical Books. The Catholic Biblical Quaterly Monograph 8. Washington, D. C.: The Catholic Biblical Association of America, 1979.
Martinez, Florentino Garcia, and Eibert J. C. Tigchelaar. The Dead Sea Scrolls. Study Edition. Vol. 1 (1Q1-4Q273), Vol. 2 (4Q274-11Q31). Grand Rapids, Michigan: Eerdmans, 2000.
Puech, Emile. "What can the Dead Sea Scrolls teach us about the belief in the resurrection in Ancient Judaism?," 2007년 12월 13일 한국신학정보연구원 학술 세미나.
Sanders, J. A. The Dead Sea Psalms Scroll. Ithaca, New York: Cornell University Press, 1967.
Sanders, J. A. The Psalms Scroll of Qumran Cave 11 (11QPs^a). Discoveries in the Judean Desert 4. Oxford: Clarendon, 1965.
Schiffman, Lawrence H. The Halakhah at Qumran. SJLA 16. Leiden: Brill, 1975.

Sukenik, E. L. The Dead Sea Scrolls of the Hebrew University. Jerusalem: Hebrew University and Magnes Press, 1955.
Tov, Emanuel. "The Contribution of the Different Groups of Biblical Dead Sea Scrolls to Exegesis," 2007년 12월 13일 한국신학정보연구원 학술 세미나.
Tov, Emanuel. "The Biblical Dead Sea Scrolls,"『사해사본과 그리스도교의 기원 특별강연, 2007. 12. 10(월)』, 23-34.
Ulrich, Eugene, Frank Moore Cross, Joseph A. Fitzmyer, Peter W. Flint, Sariana Metso, Catherine M. Murphy, Curt Miccum, Patrick W. Skehan, Emanuel Tov, and Julio Trebille Barrera. Qumran Cave 4. XI: Psalms to Chronicles. Discoveries in the Judean Desert XVI. Oxford: Clarendon, 2000.

3. 고대어 번역 성경

피에르 그럴로,『타르굼』, 이기락 옮김, 서울: 가톨릭출판사, 1998.
김근주 김선종 김정훈 우상혁, "칠십인역 우리말 번역을 위한 연구 1 - 창세기 1:1-2:3의 예로,"「성경원문연구」21 (2007), 53-68.
김근주 김선종 김정훈 우상혁, "칠십인역 우리말 번역을 위한 연구 2 - 창세기 1:1-2:3의 예로,"「성경원문연구」22 (2008), 94-121.
김정훈,『칠십인역 입문 - 본문의 역사와 연구의 실제』, 유다 그리스도교 고전 입문 총서 I-1. 서울: 바오로딸, 2009.
이수민, "시리아어성경 페쉬타 - 구약성경,"「Canon & Culture」제1권 1호 (2007), 105-124.
이환진,『시편 풀님』, 서울: 한모임, 2005.
Abegg, Martin. Jr., Peter Flint and Eugene Ulrich. The Dead Sea Scrolls Bible. The Oldest Known Bible Translated for the First Time into English. New York: HarperSanFrancisco, 1999.
Brock, S. P. "Syriac Versions," pp. 794-799 in The Anchor Bible Dictionary. Vol. 6: Shi-Z. David N. Freedman. ed. New York: Doubleday, 1992.
Min, Yong-Jin. The Minuses and Pluses of the LXX Translation of Jeremiah as Compared with the Masoretic Text. Ph. D. diss. Hebrew University, 1977.
Mulder, M. J. ed. Mikra. CRINT 2/2. Philadelphia, 1988.
Tov, Emmanuel. "Textual Criticism (Old Testament)," pp. 392-412 in The Anchor Bible Dictionary. Vol. 6: Shi-Z. David N. Freedman. ed. New York: Doubleday, 1992.

4. 구약과 고대 중동 문학

놀(K. L. Noll),『고대 가나안과 이스라엘 역사』, 한국구약학총서 KOTL 010, 소형근 옮김, 서울: 프리칭아카데미, 2009.
이환진,『히브리 가락 히브리 노래 히브리 성서』, 서울: 대한기독교서회, 2011.
이환진, "아람어 아히카르 이야기에 나오는 지혜의 여신과 잠언의 창조 모티브,"「성경원문연구」21 (2007), 34-52.
이환진,『시편 풀님』, 서울: 한모임, 2005.
이환진,『우가릿의 바알』, 서울: 한모임, 2005.
이환진, "고대 메소포타미아 신들의 전쟁 - 에누마 엘리쉬를 중심으로,"「영상문화」7 (2003), 33-37.

이환진, "'마르헤페트'를 '신들의 싸움' 신화로 읽기 – 하나님의 바람이 물 위에 내리꽂다," 「성경원문연구」 제9호 (2001), 125-141.
조철수, 『수메르 신화』, 서울: 사해문집, 2004.
유진 피터슨, 『이 책을 먹으라』, 양혜원 옮김, 서울: Ivp, 2006.
마이클 카츠 & 게르숀 슈바르츠, 『모세 오경 미드라쉬의 랍비들의 설교』, 이환진 옮김, 고양: 한국기독교연구소, 2008.
새뮤얼 노아 크레이머, 『역사는 수메르에서 시작되었다』, 역사 명저 시리즈 1, 박성식 옮김, 서울: 가람기획, 2000.
Arnold, Bill T. and Bryan E. Beyer. ed. Readings From The Ancient Near East. Primary Sources for Old Testament Study. Grand Rapids, Michigan, 2002.
Beckman, Gary. "Hittite and Hurrian Epic," pp. 255-263 in A Companion to Ancient Epic. John Miles Foley. ed. Oxford: Wiley-Blackwell, 2009.
Bordreuil, Pierre, and Dennis Pardee. A Manual of Ugaritic. Linguistic Studies in Ancient West Semitic 3. Winona Lake, Indiana: Eisenbrauns, 2009.
Bottéro, Jean. Relition in Ancient Mesopotamia. trans. T. L. Fagan. Chicago and London: The University of Chicago Press, 1998.
Cowley, A. Aramaic Papyri of the Fifth Century B.C. Oxford: Clarendon, 1923.
Dietrich, Manfried, Oswald Loretz, Joaquín Sanmartín. The Cuneiform Alphabetic Texts from Ugarit, Ras Ibn Hani and Other Places (KTU: second, enlarged edition). ALASP 8. Münster: Ugarit-Verlag, 1995.
Foster, Benjamin R. Before the Muses. An Anthology of Akkadian Literature. 3d ed. Bethesda, Maryland: CDL Press, 2005.
Foster, Benjamin R. "Atra-Ḫasis (1:130)," pp. 450-453 in William Hallo and K. Lawson Younger, Jr. ed. The Context of Scripture: Canonical Compositions from the Biblical World. Vol. 1. Leiden: Brill, 1997.
George, Andrew. The Epic of Gilgamesh. The Babylonian Epic Poem and Other Texts in Akkadian and Sumerian. Penguin Classics. London: The Penguin Press, 2003.
Gibson, J. C. L. Canaanite Myths and Legends. 2d ed. Edinburgh: T. & T. Clark, 1978.
Hallo, William M. and K. Lawson Yonger, Jr. ed. The Context of Scripture. Canonical Compositions from the Biblical World. Vol. 1 (1997), Vol. 2 (2000), Vol. 3 (2003). Leiden: Brill.
Jacobsen, Thorkild. The Treasure of Darkness: A History of Mesopotamian Religion. London: Yale University Press, 1976.
KAI: Donner, Herbert, und Wolfgang Röllig. Kanaanäische und aramäisch Inschriften. Band 1. 5., erweiterte und überarbeitet Auflage. Wiesbaden: Harrassowitz Verlag, 2002.
Keel, Othmar. The Symbolism of the Biblical World. Ancient Near Eastern Iconography and the Book of Psalms. Winona Lake, Indiana: Eisenbrauns, 1997.
Lambert, W. G. "The Cosmology of Sumer and Akkad," pp. 42-62 in Ancient Cosmology. Carmen Blackery and Michael Loews. ed. London: George Allen & Unwin, 1975.
Lambert, W. G. "New Evidence for the First Line of Atra-hasis,' Orientalia 38 (1969): 533-538.
Lambert, W. G. and A. R. Millard. Atra-ḫasīs: the Babylonian Story of the Flood. Oxford: Clarendon, 1969.

Leik, Gwendolyn. Mesopotamia. The Invention of the City. London: The Penguin Press, 2001.
Levine, Baruch A. Numbers 21-36. AB 4A. New York: Doubleday, 2000.
Lindenberger, James M. "Ahiqar (Seventh to Sixth Century B.C.)," pp. 479-507 in The Old Testament Pseudepigrapha, Vol. 2. James H. Charlesworth, ed. New York: Doubleday, 1985.
Lindenberger, James M. The Aramaic Proverbs of Ahiqar. Baltimore and London: The Johns Hopkins University Press, 1983.
Litke, Richard L. A Reconstruction of The Assyro-Babylonian God-Lists. An: ^{d}A-nu-um and An: Anu ša Amēlu. Texts from the Babylonian Collection 3. New Haven: Yale Babylonian Collection, 1998.
Niditch, Susan. 'The Challenge of Israelite Epic' pp. 277-287 in A Companion to Ancient Epic. John Miles Foley. ed. Oxford: Wiley-Blackwell, 2009.
Noegel, Scott B. 'Mesopotamian Epic,' pp. 233-245 in A Companion to Ancient Epic. John Miles Foley. ed. Oxford: Wiley-Blackwell, 2009.
Porten, Bezalel, and Ada Yardeni. Textbook of Aramaic Documents from Ancient Egypt. 1: Letters (1986), 2: Contracts(1989), 3: Literature·Accounts·Lists(1993), 4: Ostraca and Assorted Inscriptions(1999). Jerusalem: The Hebrew University.
Porten, Bezalel. 'Elephantine Papyri,' pp. 445-455 in David N. Freedman. ed. Anchor Bible Dictionary Vol. II: D-G. New York: Doubleday, 1992.
Sarna, Nahum M. On the Book of Psalms. Exploring the Prayers of Ancient Israel. New York: Shocken, 1993.
Sasson, Jack M. 'Comparative Observations on the Near Eastern Epic Traditions,' pp. 215-232 in A Companion to Ancient Epic. John Miles Foley. ed. Oxford: Wiley-Blackwell, 2009.
Tournay, Raymond Jacques, et Aaron Shaffer. L'épopée de Gilgamesh. Littératures Anciennes du Proch-Orient. Paris: Les Éditions du Cerf, 2007.
Wyatt, N. 'Epic in Ugaritic Literature,' pp. 246-254 in A Companion to Ancient Epic. John Miles Foley. ed. Oxford: Wiley-Blackwell, 2009.
Wyatt, N. Religious Texts From Ugarit. The Words of Ilimilku and his Colleagues. Sheffield: Sheffield Academic Press, 1998.

제2부 **성경 속으로**

1. 토라

1) 창세기 - 맨 처음

김정훈, 『칠십인역 입문』, 서울: 바오로딸, 2009.
유연희, 『아브라함의 하나님 리브가의 하나님 야곱의 하나님』, 서울: 대한기독교서회, 2009.
필리스 트리블, 『하나님과 성의 수사학』, 유연희 옮김, 서울: 태초, 1996.
ANET: Prichard. J. B. ed. Ancient Near Eastern Texts Relating to the Old Testament. 3d ed. Princeton: Princeton University Press, 1969.
Loewenstamm, Samuel E. Comparative Studies in Biblical and Ancient Oriental

Literatures. AOAT 204. Neukirchen-Vluyn: Neukirchener Verlag, 1980.
Meyers, Carol. Discovering Eve. Ancient Israelite Women in Context. New York: Oxford, 1988.
Pfeiffer, Robert H. State Letters of Assyria. New Haven, 1935.

2) 출애굽기 - 어머니 하나님

이환진, 『히브리 가락 히브리 노래 히브리 성서』, 서울: 대한기독교서회, 2011.
이환진, 『시편 풀님』, 서울: 한모임, 2005.
필리스 트리블, 『하나님과 성의 수사학』, 유연희 옮김, 서울: 태초, 1996.
Bendavid, Abba. Parallels in the Bible. Jerusalem: Carta, 1972. (히브리어)
Foster, Benjamin F. Before the Muses. An Anthology of Akkadian Literature. 3d ed. Bethesda, Maryland: CDL Press, 2005.
Gibson, J. C. L. Davidson's Introductory Hebrew Grammar - Syntax. Sheffield: T. & T. Clark, 1995.
Trible, Phyllis. "Bringing Miriam out of the Shadows," pp. 166-186 in A Feminist Companion to Exodus to Deuteronomy. Athalya Brenner. ed. Sheffield: Sheffield Academic Press, 1994.

3) 레위기 - 거룩하라

이환진, "존스(조원시)의 구약공부 룻기 본문 분석," 「신학과 세계」 제69호 (2010년 봄), 6-92.
이환진, "니다(nidah)와 쿰란 공동체의 『정결 규정』(4QTohorot A)," 「감신학보」(2006년 11월).
이환진, "니다(nidah)와 베트남 소수인종 성경 번역가들," 「감신학보」(2006년 10월).
ANET: Pritchard, J. B. ed. Ancient Near Eastern Texts Relating to the Old Testament. 3d ed. Princeton: Princeton University Press, 1969.
Delavault, B., and A. Lemaire. "Une stèle 〈Molk〉 de Palestine dédiée à Eshmoun? RES 367 reconsidéré," Revue Biblique 83 (1976), 569-583.
Eissfeldt, O. Molk als Opferbegriff im Punischen und Hebräischen und das Ende des Gottes Moloch. BRA 3. Halle, 1935.
Fleming, Daniel. "Mari's Large Public Tent and the Priestly Tent Sanctuary," Vetus Testamentum 50 (2000), 484-498.
Gianto, Agustinus. "Some Notes on the Mulk Inscriptions from Nebi Yunis," Biblical 63 (1987), 397-401.
Heider, George C. "Molek," pp. 895-898 in Anchor Bible Dictionary. vol. 4. David N. Freedman, ed. New York: Doubleday, 1992.
DNWSI: Hoftijzer, J., and K. Jongeling. Dictionary of the North-West Semitic Inscriptions. Part One: '-L. Part Two: M-Z. HdO. Leiden: E. J. Brill, 1995.
KAI: Donner, Herbert, und Wolfgang Röllig. Kanaanäische und aramäisch Inschriften. Band 1. 5., erweiterte und überarbeitet Auflage. Wiesbaden: Harrassowitz Verlag, 2002.
Lagrange, M. -J. "Une inscription phénicienne." Revue Biblique 1 (1892), 275-281.
Mosca, P. "Child Sacrifice in Canaanite and Israelite Religion. A Study in Mulk and מלך." Ph. D. diss. Harvard University, 1975.
Levine, Baruch A. Leviticus. The JPS Torah Commentary. Philadelphia: The Jewish Publication Soceity, 1989.

Muffs, Johanan. Studies in the Aramaic Legal Papyri from Elephantine. Leiden: E. J. Brill, 1969.
Tomback: Tomback, Richard S. A Comparative Semitic Lexicon of the Phoenician and Punic Languages. SBLDS 32. Missoula, Montana: Scholars Press, 1978.

4) 민수기 - 하느님의 얼굴

슈무엘 아히투브, 『고대 히브리어 새김글 모음집』, 예루살렘: 비알렉 연구소, 1992. (히브리어)
ANEP: Prichard, J. P. ed. Ancient Near Eastern Pictures Relating to the Old Testament. Princeton, NJ: Princeton University Press, 1969.
CAD: The Assyrian Dictionary of the Oriental Institute of the Chicago University. Chicago: Chicago University, 1956-.
Cowley, A. Aramaic Papyri of the Fifth Century B.C. Oxford: Clarendon, 1923.
Deutsch, R., and M. Heltzer, Forty New Ancient West Semitic Inscriptions. Tel Aviv-Jaffa: Archaeological Center Publication, 1994.
Dever, W. G. "Iron Age Epigraphic Material From the Area of Khirbet El-Kom," Hebrew Union College Annal 40-41 (1969-1970), 139-189.
KAI: Donner, Herbert, und Wolfgang Röllig. Kanaanäische und aramäisch Inschriften. Band II. Wiesbaden: Harrassowitz Verlag, 1973.
Driver, G. R. 1957. Aramaic Documents of the Fifth Century B.C. Oxford: Clarendon, 1957.
Fitzmeyer, J. A., and D. J. Harrington. A Manual of Palestinian Aramaic Texts. Rome: Biblical Institute Press. 1978.
Hoftijzer, J., and K. Jongeling, Dictionary of the North-West Semitic Inscriptions. Part One: '-L. Part Two: M-T. HdO. Leiden: E. J. Brill, 1995.
McKarter, P. Kyle. "Pieces of the Puzzle," Biblical Archaeology Review 22/2 (1996), 42-43.
Levine, Baruch A. Numbers 1-20. AB 4A. New York: Doubleday, 1993.
Levine, Baruch A. Leviticus. JPS Commentary. Philadelphia: The Jewish Publication Society, 1989.
Porten, Bezalel, and A. Yardeni. Textbook of Aramaic Documents from Ancient Egypt 3. Winona Lake, Indiana: Eisenbrauns, 1993.
Puech, Emil. "Palestinian Funerary Inscriptions," pp. 126-135 in Anchor Bible Dictionary Vol. 5. David N. Freedman, ed. New York: Doubleday, 1992.
Roesel, H. "Zur Formelierung des aaronitischen Segens auf den Amuletten von Ketef Hinnom," Biblische Notizen 35 (1986), 30-36.
Zeira, Dov. ed. HORA: The Most Famous Israeli Folk-Songs. Haifa: Ha Taklit, 1989.

5) 신명기 - 온 맘과 온 몸과 온 힘으로

대표본: 『文理 舊新約聖書』 (British and Foreign Bible Society, Shanghai, 1933 (Ed. No. 2908) Wenli Bible, Delegates' Version).
이경재, 『욥과 케보이 - 현대사상에서 욥을 읽다』, 서울: 기독교서회, 2009.
이기석, 한용우 역해, 『대학 중용』, 2판, 서울: 홍신문화사, 2007.
이환진, "욥이 옳은가? 친구들이 옳은가? - 마소라 본문 욥 32:1의 '그는 그의 눈에 옳다'(בעיניו ק צד הוא)란 표현을 중심으로," 「신학과 세계」 제 64호 (2009), 5-33.

최병헌, "수양의 요결", 「신학세계」 제8권 제2호 (1923), 64-65.
최병헌, "수양요결," 『신천옹』(필사본), 1922.

2. 예언서

1) 신명기 역사가들의 신학 - 요시야의 경우

이환진, 『히브리 가락 히브리 노래 히브리 성서』, 서울: 대한기독교서회, 2011.
J. 맥스웰 밀러, 존 H. 헤이스, 『고대 이스라엘 역사』, 박문재 옮김, 중판, 고양: 크리스찬다이제스트, 2001.

2) 이사야(1) - 스올 신탁

Albright, W. F. Yahweh and the Gods of Canaan. A Historical Analysis of Two Contrasting Faiths. Winona Lake, Indiana: Eisenbrauns, 1990 (originally published in 1968).
ANEP: Prichard, J. B. The Ancient Near East in Pictures Relating to the Old Testament. 2d ed. New Jersey, Princeton: Princeton University Press, 1969.
Borger, Riekele. Babylonische-Assyrische Lesestücke. Heft I: Die Texte in Umschrift. 2. Auf. Analecta Orientalia 54. Roma: Editrice Pontificio Istituto Biblico, 1994.
Bottéro, Jean. "Les inscriptions cunéiformes funéraires." La mort, les morts dans les sociétés anciennes. G. Gnoli and J. P. Vernant. ed. Cambridge: Cambridge Univeristy, 1982. 373-406.
Cowley, A. Aramaic Papyri of the Fifth Century B.C. Oxford: Clarendon, 1923.
Fleming, Daniel E. The Installation of Baal's High Priestess at Emar. Havard Semitic Studies 42. Atlanta, Georgia: Scholars Press, 1992.
Hackett, Jo Ann. The Balaam Text from Deir 'Allã. Harvard Semitic Monographs 31. Chino, California: Scholars Press, 1980.
Hallo, William W. and K. Lawson Younge, Jr. The Context of Scripture. Vol. II: Monumental Inscriptions from the Biblical World. Leiden: Brill, 2000.
Jacobsen, Thorkild. The Treasure of Darkness. A History of Mesopotamian Religion. New Haven and London: Yale University Press, 1976.
Kramer, Samuel N. "The Death of Ur-Nammu and His Descent to the Netherworld." Journal of Cuneiform Studies 21 (1967): 104-122.
KTU: Dietrich, Manfried, Oswald Loretz and Joaquín Sanmartín. The Cuneiform Alphabetic Texts from Ugarit, Ras Ibn Hani and Other Places (KTU: second, enlarged edition). Münster: Ugarit-Velag, 1995.
Levine, Baruch A. Numbers 12-36. Anchor Bible 4A. New York: Doubleday, 2001.
McKay, J. W. "Helel and the Dawn-goddess. A re-examination of the myth in Isaiah XIV 12-15." Vetus Testamentum 20 (1970): 451-464.
Oldenburg, Ulf. "Above the Stars of El. El in Ancient South Arabic Religion." Zeitschrift für Alttestamentlicher Wissenschaft 82 (1970): 187-208.
Del Olmo Lete, G. and J. Sanmartin. A Dictionary of the Ugaritic Language in the Alphabetic Tradition. trans. Wilfred G. E. Watson. Leiden: Brill, 2003.
Pardee, Dennis. "The 'Aqhatu Legend (1:103)." The Context of Scripture. Vol. I: Canonical Compositions from the Biblical World. ed. William W. Hallo and K. Lawson Younger,

Jr. Leiden: Brill, 1997. 343-356.
RIMA 3: Grayson, A. K. The Royal Inscriptions of Mesopotamia. Assyrian Period. Vol. III: Assyrian Rulers of the Early First Millennium BC II (858-745 BC). Toronto: University of Toronto, 1995.
Rosenberg, Ruth. The Concept of Biblical Sheol within the Context of Ancient Near Eastern Beliefs. Ph. D. diss. Havard University, 1981.
Sandars, N. K. Poems of Heaven and Hell From Ancient Mesopotamia. London: Penguin Books, 1971.
Smith, Mark S. The Ugaritic Baal Cycle. Vol. I: Introduction with Text, Translation & Commentary of KTU 1.1-1.2. Leiden: E. J. Brill, 1994.
Tromp, Nicholas J. Primitive Conceptions of Death and the Nether World in the Old Testament. Biblia et Orientalia 21. Rome: Pontifical Biblical Institute, 1969.
Wyatt, N. Religious Texts from Ugarit. The Words of Ilimilku and his Colleagues. The Biblical Seminar 51. Sheffield: Sheffield Academic Press, 1998.
Yi, Hwan Jin. The Biblical Hebrew 'Olam ("Afterworld") in Time and Space: The Spatial Use of a Temporal Term. Ph. D. diss. New York University, 2002.

3) 이사야(2) - 국제질서 속의 평화 지킴이

Borger, Riekele. Babylonische-Assyrische Lesest cke. Heft II: Die Texte in Umschrift. Roma: Pontificium Institutum Biblicum, 1965.
Duhm, B. Das Buch Jesaja. 4th ed. Göttingen, 1922.
KAI: Donner, Herbert und Wolfgang Röllig. Kanaanäische und aramäische Inschriften. Band 1. 5. erweiterte und überarbeitete Auflage. Wiesbaden: Harrassowitz Verlag, 2002.

4) 예레미야 - 반항하는 눈물의 예언자

존 J. 콜린스, 『히브리성서 개론』, 유연희 옮김, 고양: 한국기독교연구소, 2011.
필리스 트리블, 『하나님과 성의 수사학』, 유연희 옮김, 서울: 태초, 1996.
Berlin, Adele and Marc Zvi Brettler. ed. The Jewish Study Bible. Jewish Publication Society Tanakh Translation. Oxford: Oxford University Press, 2004.

5) 에스겔 - 환상의 예언자

『東亞 百年玉篇』, 전면 개정판, 서울: 두산동아, 2005.
이환진, "하느님의 마을에 흐르는 생명의 강," 「새하늘 새땅」 9호 (2006년 여름호), 75-81.
이환진, 『시편 II』 (대한기독교서회창립100주년기념 18-1), 서울: 대한기독교서회, 2010.
존 J. 콜린스, 『히브리성서 개론』, 유연희 옮김, 고양: 한국기독교연구소, 2011.
HALOT: Ludwig Koehler and Walter Baumgartner. The Hebrew and Aramaic Lexicon of The Old Testemant. 2 vols. trans. M. E. J. Richardson. Study Edition. Leiden: Brill, 2001.

6) 호세아 - 마음 바꾼 예언자

민영진, "고멜을 변호함," 이우정 선생 회갑기념 논문집 출판위원회 편, 『예수 여성 민중』, 서울: 한신대학출판부, 1983, 24-28.
이환진, "해천 윤성범 교수의 『孝』와 히브리 성서의 토착화," 「신학과 세계」 제55호 (2006년 봄),

5-36.
J. Cheryl Exum, 『산산이 부서진 여성들 - 페미니즘 비평으로 본 성서의 여성들』, 김상래 외 역, 서울: 한들출판사, 2001.
Adele Berlin and Marc Zvi Brettler. The Jewish Study Bible. Oxford: Oxford University Press, 2004.
H. Balz-Cochis. "omer oder die Macht der Astarte: Versuch einer feministischen Interpretation von Hos. 1-4,"Evangelische Theologie 42 (1982), 37-65.
H. Louis Ginsberg. The Israelian Heritage of Judaism. New York: The Jewish Theological Seminary, 1982.
Yvonne Sherwood. "oxing Gomer: Controlling the Deviant Woman in Hosea 1-3," pp. 101-125 in Athalaya Brenner. ed. A Feminist Companion to The Latter Prophets. Sheffield: Sheffield Academic Press, 1995.

3. 성문서

1) 시편의 인간 - 죄인인 나더러 의인이라 하더이다

이환진, 『시편 풀님』, 서울: 한모임, 2005.

2) 시편 시인이 한밤중에 부르는 노래

대표본: 『文理 舊新約聖書』(British & Foreign Bible Society, Shanghai, 1933 (Ed. No. 2908). Wenli Bible, Delegates' Version)
브루스 M. 메츠거. 『신약 그리스어 본문 주석』 제2판. 장동수 역. 서울: 대한성서공회 성경원문연구소, 2005.
Abbott-Smith, G. A Manual Greek Lexicon of the New Testament. 3d ed. Edinburgh: T. & T. Clark, 1986.
Abegg, Martin Jr., Peter Flint and Eugene Ulrich. The Dead Sea Scrolls Bible. New York: HarperSanFrancisco, 1999.
Das Alte Testament Hebräisch-Deutsch. Biblia Hebraica mit deutscher Übersetzung. Stuttgart: Württembergische Bibelanstalt, 1974.
Flint, Peter W. The Dead Sea Psalms Scrolls and the Book of Psalms. Leiden: Brill, 1997.
KTU: Dietrich, Manfried, Oswald Loretz, Joaquin Sanmartin. The Cuneiform Alphabetic Texts from Ugarit, Ras Ibn Hani and Other Places (KTU: second, enlarged edition). Münster: Ugarit-Verlag, 1995.
Muraoka, T. A Greek-English Lexicon of the Septuagint. Chiefly of the Pentateuch and the Twelve Prophets. Louvain-Paris-Dudlry, MA: Peeters, 2002.
NJPS: JPS Hebrew-English Tanakh. The Traditional Hebrew Text and the New JPS Translation - Second Edition. Philadelphia: The Jewish Publication Society, 1999.

3) 잠언 - 지혜와 야훼 경외

대표본: 『文理 舊新約聖書』 (British & Foreign Bible Society, Shanghai, 1933 (Ed. No. 2908). Wenli Bible, Delegates' Version)
이경재, 『욥과 케 보이 - 현대사상에서 욥을 읽다』. 서울: 대한기독교서회, 2009.
이환진, 『히브리 가락 히브리 노래 히브리 성서』, 서울: 대한기독교서회, 2011.

이환진, “아람어 아히카르 이야기에 나오는 지혜의 여신과 잠언의 창조 모티브,” 「성경원문연구」 제21호(2007년 10월), 34-52.
「죠션 크리스도인 회보」 제1권 47호 (1897년 12월 22일자).
홍자성, 『채근담 - 자연과 인생에 관한 명상』, 조지훈 역주, 서울: 현암사, 1996.
Anderson, G. A. Sin: A History. New Haven: Yale University Press, 2009.
DNWSI: Hoftijzer, J. & K. Jongeling. Dictionary of the North-West Semitic Inscriptions. Part One: '-L. Part Two: M-T. Leiden: E. J. Brill, 1995.
Healey, John F. “he Targum of Proverbs.” p. 51 in Kevin Cathcart, Michael Maher, Martin McNamara. ed. The Aramaic Bible: The Targums. Vol. 15. The Targum of Job by Celine Mangan, The Targum of Proverbs by John F. Healey, The Targum of Qohelet by Peter S. Knobel. Collegeville, Minnesota: The Liturgical Press, 1991.
KAI: Donner, Herbert und Wolfgang Röllig. Kanaanäische und aramäische Inschriften. Band 1. 5., erweiterte und überarbeitete Auflage. Wiesbaden: Harrassowitz Verlag, 2002.
KTU: Dietrich, Manfried, Oswald Loretz, Joaquin Sanmartin. The Cuneiform Alphabetic Texts from Ugarit, Ras Ibn Hani and Other Places (KTU: second, enlarged edition). Münster: Ugarit-Verlag, 1995.
Levine, Baruch A. Numbers 21-36. AB 4. New York: Doubleday, 2000.
Mandelkern, Solomon. Veteris Testamenti Concordantiae Hebraicae atque Chaldaicae. Tel Aviv: Sumptibus Schocken Hierosolymis, 1986.
Tomback: Tomback, Richard S. A Comparative Semitic Lexicon of the Phoenician and Punic Languages. Missoula, Montana: Scholars Press, 1978.
Townsend, John T. Midrash Tanḥuma English. (S. Buber Recension) Vol. 1. Genesis. Hoboken, NJ: Ktav Publishing House, Inc. 1989.

4) 욥이 옳은가? 친구들이 옳은가?

강선남 편역, 『칠십인역 그리스어 문법』, 한님성서연구소, 2006.
대표본: 『文理 舊新約聖書』 (British and Foreign Bible Society, Shanghai, 1933 (Ed. No. 2908), Wenli Bible. Delegates' Version)
메시지: Peterson, Eugene H. The Message. The Bible in Contemporary Language. Colorado Springs, Colorado: Navpress, 2002.
불가타역: Biblia Sacra Iuxta Vulgatam Versionem. Dritte verbesserte Auflage. Stuttgart: Deutsche Bibelgesellschaft, 1983.
칠십인역: The Septuagint Version of the Old Testament. with an English Translation and with Various Readings and Critical Notes. London: Samuel Bagster and Sons.
페쉬타역: Syriac Bible 63DC, United Bible Societies, 1979.
BHK: Das Alte Testement Hebräisch-Deutsch. Biblia Hebraica mith deutscher Übersetzung. Stuttgart: Württembergische Bibelanstalt, 1974.
BHS: Biblia Hebraica Stuttgartensia. Verkleinerte Ausgabe. Stuttgart: Deutsche Bibelgesellschaft. 1984.
Greenberg, Moshe, Jonas C. Greenfield and Nahum M. Sarna. The Book of Job. A New Translation According to the Traditional Hebrew Text. Philadelphia: The Jewish Publication Society, 1980.
HALOT: Koehler, Ludwig, and Walter Baumgartner. The Hebrew and Aramaic Lexicon of

the Old Testament. 2 vols. trans. R. E. J. Richardson. Student Edition. Leiden: Brill, 2001.
Levine, Baruch A. Numbers 1-20. AB 4A. New York: Doubleday, 2000.
Muraoka: Muraoka, T. A Greek-English Lexicon of the Septuagint. Chiefly of the Pentateuch and the Twelve Prophets. Louvain: Peeters, 2002.
Van der Ploeg, J. P. M., and A. S. van der Woude. Le Targum de Job de la grotte XI de Qumrân. Leiden: Brill, 1971.
Pope, Marvin H. Job. AB 15. Garden City, New York: Doubleday, 1973.
Rycroft, Charles. A Critical Dictionary of Psychoanalysis. 2d ed. New York: Penguin Books, 1995.

5) 다섯 두루마리

대표본: 『文理 舊新約聖書』 (British & Foreign Bible Society, Shanghai, 1933 (Ed. No. 2908). Wenli Bible, Delegates' Version)
『東亞 百年玉篇』, 전면 개정판, 서울: 두산동아, 2005.
이현주, 『이현주 목사의 대학 중용 읽기』, 서울: 삼인, 2006.
이환진, 『히브리 가락 히브리 노래 히브리 성서』, 서울: 대한기독교서회, 2011.
이환진, 『우가릿의 바알』, 서울: 한모임, 2005.
필리스 트리블, 『하나님과 성의 수사학』, 유연희 역, 서울: 태초, 1996.
Berlin, Adele and Marc Zvi Brettler. The Jewish Study Bible. Jewish Publication Society Tanakh Translation. Oxford: Oxford University Press, 2004.
The Wesley Study Bible. NRSV. Nashville: Abingdon Press, 2009.

제3부 **성경 앞에서**

1. 옛 유대인 스승들의 성경 읽기

마이클 카츠 & 게르숀 슈바르츠, 『모세 오경 미드라쉬의 랍비들의 설교』, 이환진 옮김, 고양: 한국기독교연구소, 2008.
이경재, 『현대 문예비평과 신학』 서울: 다산글방, 2004.
필리스 트리블, 『수사비평 - 역사, 방법론, 요나서』 유연희 옮김. 서울: 한국기독교연구소, 2007.
Holtz, Barry W. "Midrash," pp. 177-211 in Back to the Sources: Reading the Classic Jewish Texts. Barry W. Holtz. ed. New York: Summit Books, 1984.
Martinez, Florentino G. and Eibert J. C. Tigchelaar. ed. The Dead Sea Scrolls. Study Edition. Vol. 1 (1Q1-4Q273). Leiden: Brill, 1997.
Matt, Daniel C. The Zohar. Pritzker Edition. Volume One. Stanford, California: Stanford University Press, 2004.
Matt, Daniel C. Zohar: The Book of Enlightenment. Ramsey, NJ: Paulist Press, 1983.
Muilenburg, James. "Form Criticism and Beyond," Journal of Biblical Literature 88 (1969): 1-18.
Sladek, William R. "nanna's Descent to the Netherworld," Ph. D. diss. The Johns Hopkins University, 1974.

2. 유대교 신비주의 『조하르』와 구약

조철수 역주, 『선조들의 어록 – 초기 유대교 현자들의 금언집』 서울: 성서와 함께, 1984.

필리스 트리블, 『하나님과 성의 수사학』 유연희 옮김, 서울: 태초, 1996.

Holtz, Barry W. ed. Back to the Sources: Reading the Classic Jewish Texts. New York: Summit Books, 1984.

Idel, Moshe. Kabbalah and Eros. New Haven and London: Yale University Press, 2005.

Idel, Moshe. Messianic Mystics. New Haven and London: Yale University Press, 1998.

Idel, Moshe. Kabbalah: New Perspectives. New Haven and London: Yale University Press, 1988.

Matt, Daniel C. The Zohar. Pritzker Edition. Vol. 1. Standford, California: Standford University Press, 2004.

Matt, Daniel C. The Essential Kabbalah: The Heart of Jewish Mysticism. New York: HarperCollins, 1995.

Matt, Daniel C. Zohar. The Book of Enlightenment, Ramsey, N.J.: Paulist Press, 1983.

Scholem, Gershom. "Qabbalah," pp. 489–653 in Encyclopaeda Judaica, Vol. 10: Jes–Lei, Jerusalem: Keter Publishing House, 1972.

Scholem, Gershom G. On the Kabbalah and Its Symbolism, New York: Schoken Books, 1965.

Scholem, Gershom. ed. Zohar, The Book of Splendor: Basic Readings from the Kabbalah, 1949.

Wolfson, Elliot R. Circle in Square: Studies in the Use of Gender in Kabbalistic Symbolism, Albany, N. Y.: SUNY Press, 1995.

찾아보기

주제 색인

성구 색인

구약

외경

위경

신약

밀알 아카데미 08
이환진 교수의 구약 강의
구약성서 속에서 노닐다

초판 1쇄 2011년 9월 19일

지은이_이환진
발행인_최병천

편집위원_조선혜 김정숙 이현주 홍이표 홍승표 홍민기
디자인_강면실 윤진선
교정_김영옥

발행처_신앙과지성사
출판등록 제9-136(88. 1. 13)
주소| 서울시 서대문구 연희2동 78-43 옥산빌딩 2층
전화| 335-6579 · 323-9867 · 323-9866(F)
E-mail | miral87@hanmail.net
홈페이지| http://www.miral.biz

ISBN 978-89-85602-78-5 94230
ISBN 978-89-85602-50-1 (세트)

값 20,000원